INDEX MÉTHODIQUE

DES

ARCANES CÉLESTES

SAINT-AMAND-MONT-ROND (Cher)
IMPRIMERIE DE DESTENAY, RUE LAFAYETTE, 70.
Place Mont-Rond.

INDEX MÉTHODIQUE

ou

TABLE

ALPHABÉTIQUE ET ANALYTIQUE

DE CE QUI EST CONTENU DANS LES

ARCANES CÉLESTES D'EM. SWEDENBORG

PAR

J.-F.-E. LE BOYS DES GUAYS

TOME DEUXIÈME
L—Z

SAINT-AMAND (CHER)
A la Librairie de LA NOUVELLE JÉRUSALEM, chez Porte, libraire.

PARIS
M. MINOT, rue Monsieur-le-Prince, 58.
E. JUNG-TREUTTEL, Libraire, rue de Lille, 19.

LONDRES
Swedenborg Society, 36, Bloomsbury street, Oxford street.

NEW-YORK
New Church Book-Room, 346, Broadway.

1864

# INDEX MÉTHODIQUE

DES

ARCANES CÉLESTES

Illustré signifie plus pleinement expliqué ; et *Montré*, montré d'après la Parole. — *Sign.* est l'abréviation de *signifie* ou de *signifient.* — Les lettres *c. m. f.*, placées après un N°, signifient *commencement, milieu, fin* de l'article. — L'acception dans laquelle certains mots doivent être pris est présentée en *Observations*.

L

LABAN *sign.* l'affection du bien dans l'homme naturel, 3129, 3130, 3160. Laban dans Charan est l'affection du bien externe ou corporel ; c'est particulièrement le bien collatéral d'une souche commune, 3612. Laban est l'affection du bien externe et particulièrement le bien collatéral d'une souche commune, aussi 3665, 3778. Le bien représenté par Laban n'est pas réel, mais néanmoins il sert pour introduire les vrais et les biens réels, 3974, 3982, 3986, *f.* Du bien moyen qui est représenté par Laban ; comment il sert à introduire les vrais et les biens réels ; *illustré*, 4063 ; cela est fait par des sociétés d'esprits et d'anges, 4067. Laban Araméen est le bien dans lequel il n'y a pas le divin bien ni le divin vrai, 4112. Laban représente le bien sur le côté, tel qu'est celui des nations qui sont dans les biens des œuvres, 4189, 4206 ; il est aussi le bien de l'homme externe ou naturel, 3129, 3130, 3160, 3612, 3665, 3691, 3778, 4112, 4189, 4206 ; à quoi sert ce bien ? 3974, 3982, 3986, 4063. Les filles de Laban sont les affections du vrai provenant du bien qui est Laban, 3818. Ce sont les connaissances du vrai externe et corporel, qui admettent le vrai et le bien spirituel et céleste, 3665.

LABOUR, *Aratio.* C'est la préparation par le bien pour recevoir le vrai, ainsi c'est le bien ; *montré*, 5895. Le labour *sign.* le bien, parce que le champ qui est labouré *sign.* le bien, et que les bœufs avec lesquels on laboure *sign.* les biens dans le naturel, 5895. Dans le sens opposé, le labour *sign.* le mal qui détruit le bien, et par conséquent la vastation, 5895. Le labour est l'implantation du vrai dans le bien, 10669. *Voir* LABOURER.

LABOUREUR, *Arare.* C'est préparer par le bien pour recevoir les vrais, 5895. C'est implanter le vrai dans le bien, 10669. Labourer avec un bœuf, c'est préparer par le bien ; labourer avec un âne, c'est préparer par le vrai, 10669. Il avait été défendu dans l'église représentative de labourer avec un bœuf et un âne ensemble ; pourquoi ?

5895, 10669. *Voir* LABOUR.

LABYRINTHE. Les esprits qui appartiennent à la province des lymphatiques sont transportés dans des lieux qui ont relation avec le mésentère; et il y a là comme des labyrinthes, 5181.

LAC, *Lacus*. Les eaux amassées et les lacs *sign.* dans le complexe les connaissances par lesquelles on a l'intelligence, 7324.

LACÉRATION, *Laceratio*. La peine de la lacération est infligée aux esprits qui persistent opiniâtrement dans leur vengeance, et qui se croient plus grands que les autres, considérant ceux-ci comme rien par rapport à eux-mêmes, 956. En quoi consiste cette peine, 956.

LACETS, *Loramenta*. Les lacets *sign.* la conjonction, parce que par eux il se fait une conjonction, 9605.

LACS, *Laquei*. Ce sont les attraits et les déceptions par les plaisirs des amours de soi et du monde, et c'est par eux la destruction de la vie spirituelle et la perdition; *montré*, 9348. Être dans les lacs ou en piége, c'est être pris par son mal, 7653.

LAIDEUR. Combien est grande la laideur de l'homme externe, quand il a été séparé de l'homme interne! 1598.

LAINE (la) *sign.* le bien extérieur de l'église spirituelle, et le lin le vrai extérieur, 9960. La laine *sign.* les biens inférieurs ou extérieurs, qui appartiennent au sensuel de l'homme, 9331. La laine et le lin, — Hosée, II. 5, 9, — ce sont les biens de l'amour et les vrais de la foi externes, 9470. Il avait été défendu dans l'église représentative de s'habiller d'un vêtement tissu de laine et de lin, 5895; pourquoi? 9470.

LAINE DE CHÈVRES, *Lana caprarum*. C'est le vrai du bien de l'innocence, ou le vrai céleste, dans l'homme externe; *montré*, 9470.

LAIT (le) *sign.* le bien spirituel, 2967; — *sign.* le bien du vrai, 6380. Le lait, parce qu'il contient une chose grasse, *sign.* le céleste-spirituel, ou, ce qui revient au même, le vrai du bien, ou l'affection du vrai dans laquelle est intérieurement l'affection du bien; *montré*, 2184, 4563. Le lait est le spirituel d'origine céleste, ou le vrai qui procède du bien, 2643. Dans Ésaïe, — VII. 22, — où il s'agit du royaume du Seigneur, le lait est le bien spirituel, le beurre le bien céleste, et le miel ce qui provient de l'un et de l'autre, ainsi la félicité, le charme, le plaisir, 5620. Le lait se dit du vrai du bien, et le miel se dit du bien du vrai, 8056. Le lait est aussi le charme qui procède du vrai du bien, 6857. Une terre découlant de lait et de miel, c'est où il y a charme et plaisir, c'est-à-dire, allégresse et joie, 8056, 10530. « Ne point cuire le chevreau dans le lait de sa mère, » c'est ne point conjoindre le bien de l'innocence de l'état postérieur avec le vrai de l'innocence de l'état antérieur, 9301; le chevreau est le bien de l'innocence, et le lait de la mère est le vrai de l'innocence première, 9301.

LAME (petite) extérieure de la dure-mère, *Lamella duræ matris exterior*. Esprits qui ont relation avec cette petite lame; quels ils sont, 4046.

LAMECH, fils de Méthuschaël, est le sixième en ordre à partir de Caïn; par lui est signifiée la vastation, en ce qu'il n'y a plus aucune foi, 405, 406. Ceux que représente Lamech nient même absolument la foi, 409. Par les deux épouses de Lamech, Adah et Zillah, est signifiée l'origine d'une nouvelle église, 405.

LAMECH, fils de Méthuschélach, *sign.* une neuvième église, dans laquelle la perception du vrai et du bien fut si commune et si obscure, qu'elle était presque nulle, 523, 526, 527. Des choses presque semblables ont été signifiées par Lamech, fils de Méthuschélach, et par Lamech, fils de Méthuchaël, 527.

LAMENTABLE. État lamentable dans les enfers, quand il y a soulèvement, 7773. *Voir* LAMENTATION.

LAMENTATION. La jactance des infernaux a été changée en lamentation, lorsque le Seigneur est venu dans le monde, 8289. Pitoyables lamentations de ceux qui sont en enfer, et de ceux qui sont dans la terre inférieure, 699. La lamentation de David sur Saül, — II Sam. I. 17, — traite de la doctrine du vrai combattant contre le faux du mal, doctrine qui est signifiée par l'arc, 10540.

LAMENTER (se), *Plangere.* « Toutes les tribus de la terre se lamenteront, » — Matth. XXIV. 30, — *sign.* que tous ceux qui sont dans le bien de l'amour et dans le vrai de la foi seront dans la douleur; *montré,* 4060.

LAMPE, *Lampas.* Les lampes avec les flambeaux *sign.* les vérités qui brillent d'après le bien, 4638, 7072, 9548, 9783. Le chandelier est le ciel spirituel, et la lampe est la foi et aussi l'intelligence du vrai et la sagesse du bien, qui procèdent du Seigneur; *montré,* 9548, 9783. Les lampes, lorsqu'il s'agit des dix vierges, sont les spirituels dans lesquels il y a le céleste, 4638. L'huile dans les lampes *sign.* le bien de l'amour dans la foi, 9369. Les lampes sans huile, ce sont les vrais de la foi sans le bien de la charité, 7778, *f.* Les sept lampes de feu ardentes devant le trône, — Apoc. IV. 5, — sont les affections du vrai d'après le bien, causant du dommage à ceux qui ne sont pas dans le bien, 5313. La lampe (*lucerna*) *sign.* la foi et l'intelligence du vrai, qui procèdent du Seigneur seul, 9569. Par faire fumer le parfum chaque matin quand on préparait les lampes, il est signifié qu'il y a principalement audition et réception de toutes les choses du culte, quand on est dans l'état clair de l'amour, et par suite dans l'intelligence et la sagesse du vrai, 10201.

LANCE, *Lancea.* De même que les autres armes de guerre, la lance *sign.* le vrai qui combat, 2799. La lance de Josué, lorsqu'il l'étendait avec la main, signifiait la puissance du Seigneur, 878. La lance (*hasta*) est la puissance intérieure, 9141.

LANGAGE, *Loquela.* Voir LANGUE, MOTS.

Langage de l'homme. La très-ancienne église, ou les très-anciens sur notre terre, avait un langage, non par les mots, mais par la face et par les lèvres, au moyen d'une aspiration interne, 607, 1118, 7361. Ce langage était tacite, et consistait dans le mouvement des lèvres; il n'avait rien de sonore, 1118, 7361. Comment s'opérait ce langage, et comment il était perçu par autrui, 1118, 7361; *voir* LÈVRE. De la perfection et de l'excellence de ce langage, 1118, 7360, 7361, 10587, 10708. Le langage de mots par la respiration externe est ensuite survenu, 607, 608, 1120. Par le premier langage, les hommes pouvaient exprimer les sentiments du cœur et les idées de la pensée bien plus pleinement qu'on ne le peut jamais faire par des sons articulés ou des mots sonores, 1118, 7361. Langage par la face, montré tel qu'il est, 8248. De son excellence au-dessus du langage de mots; plusieurs détails, 8249. Le langage par la face a subsisté tant qu'il y a eu chez l'homme la sincérité et la droiture, 8249. Le langage de mots n'a pu être celui des très-anciens, parce que les mots d'une langue ne sont pas infusés immédiatement, mais qu'il faut les trouver et les appliquer aux choses, ce qui ne peut être fait que par laps de temps, 8249. Le langage de mots est survenu, lorsque les faces eurent été changées, que les intérieurs eurent été contractés, et que les extérieurs eurent été préparés pour la dissimulation ; *illustré*, 8250.

Par les représentatifs adjoints aux idées vit une sorte de langage, bien peu chez l'homme, parce qu'il est dans le langage de mots, davantage chez les anges du premier ciel, encore davantage chez les anges du second ciel, et le plus possible chez les anges du troisième ciel, 3344, 3345. Les représentatifs spirituels se font par des variations de la lumière, et les célestes par des variations de la chaleur, par conséquent des affections; et l'homme a intérieurement en lui ce langage, 3343, 3344. A quelle forme les anges comparent les mentals humains, et les pensées de ces mentals et les langages qui en résultent, 3347. Les intérieurs des mots du langage de l'homme tirent beaucoup de choses de la correspondance avec le très-grand homme, 4624, 4653. Le langage d'après la mémoire extérieure se fait au moyen des mots, et le langage d'après la mémoire intérieure au moyen des idées, 2470, 2478, 2479. Les hommes, aussitôt après la mort, viennent dans la perception des représentatifs, et peuvent par le sens du mental (*animus*) exprimer en un moment plus de choses que pendant des heures, lorsqu'ils étaient dans le corps; pourquoi? 3226. Le langage angélique est chez l'homme, quoiqu'il n'en sache rien, 4104. Dans le langage humain, il y a beaucoup d'expressions qui viennent des correspondances avec le monde spirituel, 8990. Dans le langage, il y a beaucoup de choses qui viennent de la perception de l'esprit; par exemple, que la vue des choses internes, et la lumière, appartiennent à l'entendement, 3693.

Langage des esprits, 1634 à 1650. Les esprits parlent nettement entre eux, 322; leur langage est distinctement entendu, et il influe par les organes intérieurs, 1635. Comment ce langage se distingue du langage humain, 4221. Le langage des esprits est le langage des idées de la pensée; il est discret et universel pour toutes les langues; c'est pourquoi ils peuvent converser entre eux avec tous après la mort, 1637, 1757, 1876. Comme le langage des esprits est universel pour toutes les langues, les esprits ne peuvent énoncer aucun des mots des langues humaines, ni aucun nom, 1876. Le langage des esprits tombe dans des mots convenables, distinctement, de même que la pensée de l'homme tombe dans les mots, 1638. Les esprits parlent d'après la mémoire intérieure, 1639. Supériorité du langage des esprits, 1641. Le langage des esprits entre eux est plus abondant que celui de l'homme, parce qu'il se fait par les idées de la pensée, 1639. Le langage des esprits est comme rythmique, parce qu'ils parlent en société, 1648, 1649. Par son langage, on peut savoir quel est un esprit, 1640. On peut le savoir seulement par le son de son langage et par un seul mot, 6616; *exemples*, 6623. Les langages des esprits offrent des diversités comme ceux des hommes, 1758. Le langage des esprits qui tiennent le milieu entre les célestes et les spirituels est doux; il coule comme une très-douce atmosphère, il flatte les organes qui le reçoivent et adoucit les mots eux-mêmes, 1759. Le langage des spirituels est de même coulant, mais il n'est pas si moelleux ni si doux, 1759. Le langage des mauvais esprits est coulant à l'extérieur et strident à l'intérieur, 1760. Le langage des esprits intérieurs mauvais est insensé et obscène, 1644. Il y a des esprits qui influent, non à la manière d'une eau coulante, mais par vibration et rebroussements presque linéaires plus ou moins aigus, 1761. Esprits qui parlent par des changements introduits dans la face, 1762. Langage extraordinaire; ondoyant; quadruplé; comme d'un broiement; intérieurement en soi; rauque; divisé en deux; enroué; imitant le tonnerre comme s'il provenait d'un grand nombre d'esprits, 1763. Manière de parler par de purs représentatifs, 1764.

Langage des esprits avec l'homme. On croit difficilement que quelqu'un puisse parler avec des esprits, 1634, 1636. Langage des esprits avec Swedenborg de divers lieux et à diverses distances, 1640.

Les esprits parlent avec l'homme au dedans de lui, 4652. Les esprits, même ceux qui sont des enfants, parlent la propre langue de l'homme, et les autres langues que l'homme possède, 1637. Langage des esprits entendu d'une manière aussi sonore que celui des hommes, 4652. Sur notre terre aujourd'hui il est dangereux de parler avec les esprits, si l'homme n'est pas dans la vraie foi, et s'il n'est pas conduit par le Seigneur, 784, 9438, 10751.

Langage des anges, 1634 à 1650. Différence entre le langage des esprits, le langage des esprits angéliques et le langage des anges, 1642. Selon les degrés ils sont plus universels, 1642. Langage des esprits angéliques, 1643. Langage des anges; il est ineffable; ils ont pour idées les fins et les usages, 1645. Le langage des anges célestes est distinct du langage des anges spirituels, et il est plus abondant, 1647. Le langage des anges apparaît, dans le monde des esprits, comme une lumière enflammée, 1646. Le langage des anges célestes est plus abondant, parce que, d'après l'affection de la Parole, ces anges se forment des idées qui sont comme des lumières, 2157. Le langage des esprits, ou des anges du premier ciel, a lieu par des représentations aussi promptes que les idées, 3342, 3345; c'est la même chose dans l'homme, mais il l'ignore, 3342. Le langage des anges du second ciel a lieu aussi par des représentatifs, mais il est au-dessus de la compréhension et de la foi, 3343, 3345; l'homme aussi a intérieurement en lui ce langage, 3344. Le langage des anges du troisième ciel se fait aussi par des représentatifs, mais il est ineffable, 3344,

3345; ce langage aussi est intérieurement dans l'homme, 3344. Tous les langages vivent de la vie du Seigneur, mais avec différence selon les degrés, et en tant qu'ils sont des langages, 3344. Tous ces langages sont un seul langage, parce que l'un forme l'autre, et que l'un est dans l'autre, 3345. Il en est des pensées et des langages des anges comme des extérieurs des corps respectivement aux intérieurs des formes, 3347.

Le langage angélique fait abstraction des personnes; pourquoi? *illustré*, 6040, *illustré*, 7002. La pensée et le langage des anges sont abstraits des idées de la personne et sont dans les idées des choses, 8343. Dans le langage universel, tel qu'est le langage angélique, on regarde, non la personne, mais la chose, 5225, 5287. La pensée est passive et aussi active, et celle-ci est parlante semblable au langage des esprits, parce qu'elle est sans les mots d'une langue humaine; *illustré*, 6987; et le langage angélique n'est point intelligible pour les esprits, de même que le langage des esprits n'est point intelligible pour les hommes, 6987. Quel est le langage des spirituels, et quel est le langage des célestes, 8733. Quel est le langage spirituel, 8734. Le langage des esprits célestes ne tombe pas facilement dans les mots, 1759. Le langage angélique est ineffable, et ne tombe point dans des mots humains, 7089. La plus grande partie des vrais de la foi et des biens de la charité ne peut être exprimée par des mots naturels, 7131. Le discours angélique est continu, parce que des choses innombrables sont liées ensemble; il en est autrement du discours humain, 7191.

Le discours angélique représente la forme du ciel; il y a en lui une consonnance musicale, et elle se termine en unité, 7191, *f.* L'homme ne peut pas comprendre le langage angélique; *illustré*, 7381.

Langage des habitants et des esprits des autres terres. Le premier langage sur chaque terre a été le langage par la face, et cela au moyen des lèvres et des yeux, qui en sont les deux origines; pourquoi? 8249. Du langage des habitants de Mars; il a lieu par le chemin interne, au moyen de la trompe d'Eustache, 7359. Leur langage est plus parfait, et la face et les yeux correspondent, 7360. Semblable a été le langage de ceux qui ont été de la très-ancienne église sur notre terre, 7361. Du langage des habitants de Jupiter par la face, 8247, 8248. Langage par la face montré tel qu'il est, 8248. Les esprits de Mercure ont en aversion le langage de mots, parce qu'il est matériel, 6814. Esprits d'un autre globe qui avaient un langage par des changements de la face vers les lèvres, et aussi autour des yeux, 4799. Langage par la trompe d'Eustache, et aussi par les lèvres, la face et les yeux, chez les habitants d'une certaine terre dans l'univers; sa description, 10587. Du langage par la face et les lèvres se terminant en un sonore modifié par les idées chez les habitants d'une certaine terre dans l'univers, 10708. Sur quelques terres, il apparaît des anges et des esprits en forme humaine, et ils parlent avec les habitants, 10751, 10752. Il y a un langage par la face et par les lèvres au moyen d'une aspiration interne chez les habitants de quelques-unes des autres terres, 4799, 7359, 8248, 10587.

Langage magique des sirènes; elles peuvent parler en plusieurs endroits en même temps, 831.

LANGUE. De la correspondance de la langue avec le très-grand homme, 4791 à 4805. La langue en général correspond à l'affection du vrai, à laquelle se joint l'affection du bien d'après le vrai, 4791. La langue *sign.* l'opinion, 1159, 1215, 1216. Les opinions des esprits sur les vrais influent dans la langue, 1159.

La langue a été destinée à une double fonction, à la fonction de servir au langage, et à la fonction de servir à la nutrition, 4795; en tant qu'elle sert au langage, elle correspond à l'affection de penser et de produire les vrais, et en tant qu'elle sert à la nutrition, elle correspond à l'affection de savoir, de comprendre et de savourer les vrais, 4795. La langue représente une sorte de vestibule pour les spirituels et pour les célestes; pour les spirituels, parce qu'elle sert aux poumons et par suite au langage; pour les célestes, parce qu'elle sert à l'estomac qui fournit des aliments au sang et au cœur, 4791. Elle correspond en général à l'affection du vrai, conduisant à l'affection du bien d'après le vrai, 4791. A la langue appartiennent ceux qui aiment la Parole du Seigneur, et qui par suite désirent les connaissances du vrai et du bien, 4791. Ceux qui reçoivent avec affection seulement les vrais extérieurs et non les vrais intérieurs, sans cependant rejeter ceux-ci, influent dans les extérieurs de la langue et non dans les intérieurs; *expérience*, 4791. Qui sont ceux qui correspondent à la langue, et qui sont ceux qui leur sont opposés; *expérience*, 4801.

Langues dans le monde. Elles appartiennent à la mémoire extérieure de l'homme, 2472, 2476. A la mémoire extérieure appartiennent les langues et les sciences, qui dans l'autre vie ne sont pas utiles, mais par lesquelles l'homme a cultivé son rationnel dans le monde, 2480. Les hommes, d'après la mémoire extérieure, sont dans les langues de mots; mais les esprits, d'après la mémoire intérieure, sont dans la langue universelle, 2472, 2476; *voir* LANGAGE. Les esprits et les anges parlent d'après la mémoire intérieure, et c'est de là qu'ils possèdent la langue universelle, qui est telle, que tous, de quelque terre qu'ils soient, peuvent parler entre eux, 2472, 2476, 2490, 2493, 6987. Comme la langue des esprits est la langue universelle, ils ne perçoivent pas la Parole selon la lettre, 2333. Dans la langue originale, une série n'est point distinguée d'une autre par des signes d'intervalle, comme dans les autres langues, mais tout semble continu depuis le commencement jusqu'à la fin, 4987; *voir* HÉBRAÏQUE. La langue hébraïque est propre pour le sens interne, 618. Dans les langues et dans les mots, il y a beaucoup de choses qui viennent du monde spirituel, 5075, *f.* Les anges peuvent en un moment exprimer plus de choses par leur langage que l'homme en une demi-heure par le sien, et même des choses qui ne tombent pas dans les mots d'une langue humaine, 1641, 1642, 1643, 1645, 4609, 7089.

LANGUIR, *Languescere*. La vie spirituelle est telle, que si les vrais lui manquent, elle languit et tombe pour ainsi dire de faiblesse, comme le corps qui manque de nourriture, 6078.

LAODICÉE. L'église de Laodicée *sign.* l'église qui place le tout dans les connaissances nues, et par suite s'élève au-dessus des autres, lorsque cependant les connaissances ne sont que des moyens pour corriger et perfectionner la vie, 10227.

LAPER, *Lambere.* Ce que signifie, — Jug. VII. 5, — l'action de laper l'eau avec la langue comme le chien, 3242.

LAPIDATION, *Lapidatio.* C'est la peine pour la violation du vrai, 5156, 7456. La lapidation était pour le faux, et la suspension sur le bois pour le mal, 5156. Lapidation des fils désobéissants et réfractaires, — Deutér. XXI. 18 à 22; — pourquoi? 8899.

LAPIDER, *Lapidare.* C'est punir à cause de la violation du vrai qui appartient au culte; et, dans le sens opposé, c'est faire violence au vrai procédant du bien, 8575. Lapider, c'est éteindre et effacer les faux; mais, dans le sens opposé, c'est éteindre et effacer les vrais qui appartiennent à la foi, 7456. Être lapidé, c'est être puni à cause du faux et de la violation du vrai, 8799. *Voir* LAPIDATION.

LARGE, *Latum.* Le large *sign.* le vrai qui appartient à la foi, 6856. Une terre bonne, c'est le bien de la charité; et une terre large, c'est le vrai de la foi, 6856. La terre large d'espace, c'est l'extension du vrai qui appartient à l'église, 4482.

LARGEUR, *Latitudo.* La largeur *sign.* le vrai, 1613, 3433, 3434, 9487, 10179. Ce que c'est que la longueur, la largeur et la hauteur, 650. La longueur est le bien, et la largeur le vrai, 1613; *montré,* 9487; et *illustré* d'après les extensions dans les cieux, 10179. Si la largeur est le vrai, c'est parce qu'elle est censée prise du midi au septentrion, et que le midi et le septentrion signifient le vrai depuis une limite jusqu'à l'autre, 10179. La longueur, la largeur et la hauteur, c'est le bien, le vrai et le saint qui en procède; *montré,* 4482; et la largeur est le vrai; *montré,* 4482. Les largeurs sont les vrais, 3433. Les choses qui appartiennent aux mesures et qui sont des limitations de l'espace, comme les hauteurs, les longueurs et les largeurs, sont, dans le sens spirituel, des choses qui déterminent les états des affections du bien et des affections du vrai, 4483. *Voir* LONGUEUR.

LARRON, *Latro.* Les paroles que le Seigneur a dites au larron sur la croix, — Luc, XXIII. 43, — confirment l'argument que l'homme est ressuscité aussitôt après la mort, 4783. Les larrons et les pirates se plaisent, dans l'autre vie, dans des urines fétides, 820. Des larrons juifs dans le désert, 940, 941.

LARYNX. Esprits qui appartiennent au larynx, 4791.

LAS, *Lassus.* C'est l'état du combat de la tentation, 3318, 3321.

LASCHA. Une des limites des Cananites; *voir* 1207, 1212.

LASCIF, *Lascivum.* L'amour lascif imite l'amour conjugal, 2742. L'amour conjugal chez les lascifs se change en lasciveté, 2741. Ceux qui dans le mariage ont vécu conjoints, non par l'amour conjugal, mais par un amour lascif, sont séparés dans l'autre vie, parce que rien de lascif n'est toléré dans le ciel, 2732.

LASCIVETÉ, *Lascivitas.* Des peines de la lasciveté; *voir* ENFER et ADULTÈRE. Les lascivetés détruisent les intérieurs de l'homme, et sont par suite des causes de maladies, 5712. L'amour conjugal qui influe est changé en lasciveté et en adultère selon la réception, 2741, 2742.

LASSITUDE, *Lassitudo.* C'est l'état après le combat, 3318. *Voir* LAS.

LATRINES, *Latrinæ.* Dans l'autre vie, autour de ceux qui sont dans les faux du mal, il apparaît des latrines, 10194. Les latrines correspondent à l'enfer, 8910. Dans la Parole, l'enfer est appelé latrines, 10037. Ceux qui ont placé toutes leurs jouissances dans les voluptés, qui les ont eues pour dernière fin, qui en ont fait leur souverain bien, et pour ainsi dire leur ciel, se plaisent surtout à demeurer dans des latrines, 954. Qui sont ceux qui, après avoir été vexés dans l'estomac, sont portés dans les intestins et de là sont jetés dans les latrines, c'est-à-dire, dans l'enfer, 5174. Dans les enfers, situés sous les fesses du très-grand homme, il y a des latrines en grand nombre, 5394. Les adultères, dans leurs latrines, aiment les ordures et les excréments, 2755.

LAVAGE, LAVATION, *Lavatio.* Les lavages de vêtements, chez les Israélites, signifiaient que l'entendement était purifié des faux, 5954; *voir* ABLUTIONS. La lavation est la purification, mais la lavation complète, ou de tout le corps, est la régénération qui est appelée baptisation; *montré,* 10239.

LAVEMENT DES PIEDS, *Lavatio pedum.* C'est la purification de l'homme naturel, 3147, 10241. Le lavement des pieds des disciples,— Jean, XIII. 5 à 18, — *sign.* que, quand l'homme naturel a été régénéré, l'homme tout entier a été régénéré, 7442, 7443; il est complètement expliqué, 10243. *Voir* LAVER.

LAVER. Se laver *sign.* se purifier des choses sales spirituellement entendues; de là, c'est le culte; pourquoi? 6730. Laver les pieds, c'était purifier les choses qui sont de l'homme naturel, 3147, 10241. Laver les pieds appartenait aussi à la charité et à l'humiliation, 3147. Il était de coutume de laver les pieds aux voyageurs et aux étrangers; pourquoi? 3148. L'action de laver les habits, c'est la purification, 5954, *f.*

LAZARE. La résurrection de Lazare par le Seigneur, — Jean, XI. 1 et suiv., — *sign.* le relèvement d'une nouvelle église chez les gentils, 2916. Par Lazare étendu à la porte du riche, — Luc, XVI. 20, — il est entendu ceux qui sont hors de l'église et n'ont pas la Parole, mais désirent néanmoins les biens et les vrais du ciel et de l'église, 10227; son désir de se rassasier des miettes qui tombaient de la table du riche signifiait le désir d'apprendre quelques vrais de ceux qui, au dedans de l'église, étaient dans l'abondance; les chiens qui léchaient ses ulcères sont ceux qui hors de l'église sont dans un bien, quoique non dans le bien de la foi; lécher ses ulcères, c'est porter remède de la manière qu'on peut, 9231. Les paroles que le Seigneur a dites du riche et de Lazare confirment l'argument que l'esprit de l'homme est un homme réel, et que cet homme est ressuscité après la mort du corps, 4783.

LAZULI, AGATE, AMÉTHYSTE; *Cyanus, Achates, Amethystus.* C'est l'amour spirituel du bien, ou le bien interne du royaume spirituel, 9870.

LÉAH. Rachel est l'affection du vrai interne, et Léah l'affection du vrai externe; *illustré*, 3793, 3819. Léah représentait l'église externe, et Rachel l'église interne, 409. Par Léah, dont la vue était faible, fut représentée l'église judaïque, et par Rachel l'église nouvelle des gentils, 422. Les yeux faibles de Léah *sign*. que les affections du vrai externes étaient faibles quant à l'entendement, ou, ce qui revient au même, que ceux qui sont dans ces affections sont faibles et vacillants, et se laissent, pour ainsi dire, aller à tout vent, c'est-à-dire, entraîner à une opinion, quelle qu'elle soit; *illustré*, 3820. Léah *sign*. le vrai naturel, 4696. Les fils de Léah *sign*. les divins biens et les divins vrais externes dans leur ordre, 4604.

LECTURE DE LA PAROLE. Celui qui lit la Parole d'après la fin d'être sage, c'est-à-dire, de faire le bien et de comprendre le vrai, est instruit selon sa fin et selon son affection; car le Seigneur influe sans qu'il le sache, il illustre son mental, et là où il est arrêté, il lui donne l'entendement d'après d'autres passages, 8435.

LÉGER COMME L'EAU, *Levis sicut aqua*. C'est n'être d'aucun poids ou d'aucune valeur, comme la foi seule ou séparée d'avec la charité, 6346.

LÉGISLATEUR (le), c'est le vrai d'après le bien, 6372. Jéhovah est appelé Juge, Législateur et Roi, — Ésaïe, XXXIII. 22; — Juge, parce qu'il agit d'après le bien; Législateur, parce qu'il agit d'après le vrai procédant de ce bien; et Roi, parce qu'il agit d'après le vrai, 6372. « Jehudah législateur, » — Ps. LX, 9, — c'est le bien céleste et le vrai céleste de ce bien, 6372.

LÉGISTES (ou docteurs de la loi), *Legisperiti*. Du temps du Seigneur, les légistes furent ceux qui croyaient, moins que tous les autres, qu'il y avait dans la Parole quelque chose d'écrit sur le Seigneur; — Préf. du Chap. XVIII de la Genèse.

LÉGITIME. Ce qui est multiplié par le mariage est légitime, ainsi est le vrai; mais ce qui est multiplié par l'adultère n'est pas légitime, mais est bâtard, ainsi n'est point le vrai, 5345. La conjonction légitime est celle des mentals naturels, quand ils sont dans un semblable bien et un semblable vrai, 9182. Comment d'une conjonction illégitime il se forme une conjonction légitime, 9182, 9184, 9186. Anciennement, les enfants qui naissaient des servantes étaient adoptés comme légitimes; pourquoi ? 2868.

LÉGUME (le), *Olus*, *sig*. les choses viles des plaisirs, ou ce qu'il y a de grossier dans les plaisirs, 996.

LÉHABIM, fils de Mizraïm, petits-fils de Cham, — Gen. X. 13, — *sign*. un des rites purement scientifiques, 1193, 1195.

LENDEMAIN (le), *sign*. à éternité, 3998; *voir* DEMAIN. Le jour d'après ou le lendemain, quand il s'agit de la nation juive, c'est la durée jusqu'à la fin de l'église, 10497. Ce que c'est que l'inquiétude et le souci du lendemain; qui sont ceux qui ont ce souci, et qui sont ceux qui ne l'ont point; *illustré*, 8478, 8480, *f*. La fixation par le Divin, quand elle se rapporte à la perpétuité, est exprimée par le lendemain, 7510.

LENT A COLÈRES, *Longanimis ad iras*. Quand il s'agit de Jéhovah, c'est la divine clémence; lent, c'est supporter et tolérer longtemps, et les colères sont les maux chez l'homme, 10618.

LENTEMENT. Avancer lentement, — Gen. XXXIII. 14, — *sign.* le successif de la préparation, 4381. L'homme est régénéré, non pas à la hâte, mais lentement; pourquoi? 9334.

LENTILLES (les), *Lentes, sign.* le bien des doctrinaux, 3332. Les espèces les plus nobles du bien sont signifiées par le froment et l'orge, et des espèces moins nobles par les fèves et les lentilles, 3332.

LÉOPARD (le), mis en opposition avec le chevreau, *sign.* ce qui est opposé à l'innocence, représentée par le chevreau, 430.

LÈPRE, *Lepra.* Dans le sens interne, la lèpre est la profanation, 8301, *f.* C'est la profanation du vrai; *montré* quelque peu, 6963. Les ulcères de la lèpre *sign.* des genres de faux provenant des maux, 7524. *Voir* LÉPREUX.

LÉPREUX, *Leprosus.* Sont dits lépreux ceux qui sont impurs et désirent cependant être purifiés, 9209. Par le lépreux de la tête aux pieds déclaré pur, — Lévit. XIII. 12 à 14, — est entendu celui qui connaît les vrais intérieurs sans les reconnaître ou sans y croire; celui-là n'est pas intérieurement dans la profanation, mais il est dans une profanation extérieure qui est rejetée, c'est pour cela qu'il est pur, 6963.

LÉSER, *Lædere.* De ceux qui lésent ou détruisent le vrai de la foi ou le bien de la charité chez eux ou chez les autres, 8970, 8971.

LÉSION, *Læsio.* Des lésions qui sont faites tant dans l'homme interne que dans l'homme externe, 9055. La lésion du bien de l'amour vient de la convoitise de l'amour de soi, 9055. Par la lésion du vrai de la foi la vie spirituelle périt, 9007. *Voir* BLESSER.

LÉTHUSCHIM, fils de Dédan, — Gen. XXV. 3, — *sign.* une dérivation du second lot du royaume spirituel du Seigneur, principalement les vrais de la foi d'après le bien, 3241.

LETTRE (la) de la Parole, privée du sens interne, est morte, 3, 755, 1776. De ceux qui n'étudient que le sens de la lettre de la Parole, 3805, 3881. *Voir* PAROLE, SENS DE LA LETTRE.

LÉUMIM, fils de Dédan, — Gen. XXV. 3, — *sign.* une dérivation du second lot du royaume spirituel du Seigneur, principalement les vrais de la foi d'après le bien, 3241.

LEVAIN, *Fermentum. Voir* AZYME. Le levain est le faux; *montré*, 7906. Les azymes, ou les choses non fermentées, *sign.* les purifications des faux et des maux, parce que le ferment ou le levain signifie le faux et le mal; *montré*, 2342. L'azyme est le purifié, et le levain est le faux d'après le mal; *montré*, 9992. Le falsifié qui est signifié par le ferment, et le faux qui est signifié par le levain, diffèrent en ce que le falsifié est le vrai appliqué à confirmer le mal, et que le faux est ce qui est contre le vrai, 8062. La fermentation est le combat spirituel, parce qu'alors il y a combat du vrai et du faux; *montré*, 7906.

LEVER, *Tollere.* Lever les yeux et voir *sign.* comprendre, percevoir et considérer, 2789, 2829, 3198, 3202, 4083, 4086, 4339, 5684; c'est aussi l'intention et la pensée, ou une pensée intense, 4746. Lever la main *sign.* la puissance dans le spirituel, et lever le pied la puissance dans le naturel, 6947. Lever la main, quand cela se dit de Jéhovah, c'est la divine puissance, 7211.

LEVER (se), *Surgere.* C'est l'élévation du mental, 2695; l'expression se lever enveloppe une élévation de l'homme par les spirituels et par les célestes, 3171, 4103. Se lever, c'est l'élévation dans l'état de la lumière, 4881, 6010; c'est l'élucidation, 6010. Se lever *sign.* quelque élévation, 2401, 2785, 2912, 2927, 4103. Se lever matin au matin, c'est l'état de l'illustration, 3458, 3723. Se lever matin, c'est l'élévation vers l'attention, quand il s'agit des méchants, 7435. Se lever matin, c'est aussi être élevé vers le ciel; et, dans le sens opposé, être porté vers l'enfer, 10413; *voir* MATIN. Se lever pour jouer, c'est la réjouissance des intérieurs, 10416.

LEVER (le), *Ortus.* Le lever du soleil, ou son apparition sur la terre, *sign.* la présence du Seigneur, 2441. Le lever du soleil *sign.* le bien de l'amour procédant du Seigneur dans une perception claire, 9653. Le lever du soleil correspond au premier âge de l'église, 1837.

LÉVI. Dans le sens suprême, c'est l'amour et la miséricorde, dans le sens interne la charité ou l'amour spirituel, dans le sens externe la conjonction; *montré*, 3875, 3877. La qualité signifiée par Lévi, c'est le troisième universel de l'église, ou le troisième état quand l'homme est régénéré ou devient église, et c'est la charité, 3877. Schiméon est la foi par la volonté, et Lévi l'amour spirituel ou la charité, et dans le sens opposé ils sont le faux et le mal qui appartiennent à l'église entièrement détruite, en général, 4497, 4502, 4503. Lévi est la foi séparée d'avec la charité, ainsi le contraire de la charité, 6352. Les fils de Lévi *sign.* ceux qui sont dans l'amour spirituel, ou dans la charité à l'égard du prochain, 10485. La tribu de Lévi est devenue le sacerdoce; pourquoi? 3875.

LÉVIATHAN. C'est le scientifique dans le commun; *montré*, 7293, 9755, 10416.

LÉVIRAT, *Leviratus*, ou devoir du beau-frère. Ce que c'était que le lévirat et ce qu'il représentait, 4835. Ceux qui naissaient par suite du lévirat appartenaient, non à celui de qui ils étaient conçus, mais à celui dont la semence était suscitée, 4818. S'acquitter du lévirat envers son frère représentait la conservation et la continuation de l'église, 4834, 4835; c'était continuer la représentation de l'église, 4835.

LÉVITE, *Levita.* Le lévite *sign.* la doctrine du bien et du vrai de l'église, doctrine qui prête son ministère et ses services au sacerdoce, 8908. Les lévites représentaient les vrais qui servent au bien, et Aharon représentait le bien auquel les vrais servaient, 10083. Les lévites représentaient les divins vrais dans le ciel et dans l'église, servant au divin bien représenté par Aharon, et c'est pour cela qu'ils furent donnés à Aharon à la place de tous les premiers-nés qui appartenaient à Jéhovah, 10093. Le sacerdoce, représenté par Aharon, est l'œuvre de salvation de ceux qui sont dans le royaume céleste du Seigneur; le sacerdoce, représenté par les fils d'Aharon, est l'œuvre de salvation de ceux qui sont dans le royaume spirituel du Seigneur procédant le plus près de son royaume céleste; et le sacerdoce, représenté par les lévites, est l'œuvre de salvation du Seigneur, laquelle procède de nouveau de l'œuvre précédente, 10017. Les lévites n'entraient dans leurs fonctions que lorsqu'ils avaient trente ans; pourquoi? 5335.

LÈVRE, *Labium.* C'est la doctrine, 1286, 1288. Les lèvres, comme appartenant à la bouche, signifient ce qui appartient à l'énonciation du vrai, 9048, *f.* L'homme de la très-ancienne église avait un langage, non par des mots, mais par les lèvres et par la face, 607. Par l'inspection des fibres autour des lèvres, on peut voir la vérité; car il y a là des séries de fibres en grand nombre, compliquées et entrelacées, qui ont été créées non-seulement pour la manducation et pour le langage par mots, mais aussi pour exprimer les idées du mental (*animus*), 8247, *f.*; *voir* LANGAGE. Esprits qui appartiennent à la province des lèvres, 4791. Esprits d'un autre globe qui parlaient par des changements de la face, principalement autour des lèvres, 4799.

LIBAN, *Libanus.* C'est le rationnel, 2831. C'est l'église spirituelle, 5922. Les cèdres du Liban *sign.* les perceptions des rationnels, 1443. L'odeur du Liban, c'est-à-dire, des cèdres du Liban, *sign.* l'affection du vrai de la foi, 886. La gloire du Liban ou les cèdres du Liban *sign.* les célestes spirituels du royaume du Seigneur, 2162. Le Liban, — Ésaïe, XXXV. 2, — est l'église spirituelle, Carmel et Scharon sont l'église céleste, 5922. Le Liban, — Ézéch. XVII. 3, — est l'église spirituelle, et le cèdre du Liban le vrai de cette église, 10199.

LIBATION, *Libamen.* Dans les sacrifices, la libation, qui était du vin, signifiait le bien spirituel, qui est le saint vrai, 1072. La libation est le bien du vrai, le bien de la foi, le bien spirituel, 4581. La minchah est le bien céleste, et la libation le bien spirituel, de même que le pain et le vin dans la sainte cène; *montré*, 4581. La libation dans le sens opposé est le culte du faux, 4581. Par dresser une statue de pierre, faire une libation sur elle, et répandre sur elle de l'huile, est représentée la progression de la glorification du Seigneur et de la régénération de l'homme, depuis le vrai jusqu'au bien céleste, 4582. Par la minchah, qui était le pain, et par la libation, qui était le vin, étaient signifiées ces choses qui appartiennent à l'église, ainsi le bien et le vrai; *illustré*, 10137.

LIBERTÉ, *Libertas.* Ce que c'est que l'état de liberté, et ce que c'est que l'état de servitude, 892, 905. La liberté, c'est d'être conduit par le Seigneur, et la servitude est d'être sous la domination des esprits diaboliques, 892, 905. En quoi consiste la liberté de l'homme spirituel, 918. Être conduit par le Seigneur, c'est être élevé de l'homme naturel à l'homme spirituel, ou du monde au ciel, par conséquent de la servitude à la liberté, 10409. Celui qui fait une chose d'après l'affection qui appartient à l'amour du bien, la fait d'après la liberté; mais celui qui agit d'après l'affection qui appartient à l'amour du mal, quoiqu'il lui semble agir d'après la liberté, n'agit pas d'après la liberté, parce qu'il agit d'après des cupidités qui proviennent de l'enfer, 9096. *Voir* LIBRE.

Liberté chrétienne. Le Seigneur insinue les affections pour le bien et l'aversion pour le mal; de là vient qu'il y a pour l'homme liberté à faire le bien, et absolument esclavage à faire le mal : celui qui croit que la liberté chrétienne s'étend au-delà est dans la plus grande erreur, 9096, f. Voir LIBRE.

LIBNI, fils de Gerschon, — Exod. VI. 17. — C'est une première classe des dérivations du bien et du vrai qui proviennent des choses appartenant à la charité, 7230.

LIBRE, *Liberum*. Tout libre appartient à l'amour ou à l'affection, puisque ce que l'homme aime, il le fait librement, 2870, 3158, 8987, 8990, 9585, 9591. Comme le libre appartient à l'amour, il est la vie de chacun, 2873. Il y a le libre céleste et le libre infernal, 2870, 2873, 2874, 9589, 9590. Le libre céleste appartient à l'amour du bien et du vrai, 1947, 2870, 2872. Et comme l'amour du bien et du vrai vient du Seigneur, le libre même consiste à être conduit par le Seigneur, 892, 905, 2872, 2886, 2890, 2891, 2892, 9096, 9586, 9587 à 9591. L'homme est introduit par le Seigneur dans le libre céleste au moyen de la régénération, 2874, 2875, 2882, 2892. L'homme doit avoir le libre pour qu'il puisse être régénéré, 1937, 1947, 2876, 2881, 3145, 3158, 4031, 8700. Autrement, l'amour du bien et du vrai ne peut être implanté dans l'homme, ni lui être approprié en apparence comme sien, 2877, 2879, 2880, 2888, 8700. Rien de ce qui est fait dans le contraint n'est conjoint à l'homme, 2875, 8700. Si l'homme pouvait être réformé d'après le contraint, tous les hommes seraient sauvés, 2881. Le contraint dans la réformation est dangereux, 4031.

Le culte d'après le libre est un culte, mais le culte d'après le contraint n'est pas un culte, 1947, 2880, 7349, 10097. Le vrai culte doit être dans le libre, 7349. La pénitence doit être faite dans l'état libre, et celle qui est faite dans l'état contraint n'a aucune valeur, 8392. Quels sont les états contraints, 8392. Tout libre de penser le vrai et de faire le bien influe du Seigneur, 2882. L'homme a le libre, afin qu'il puisse réciproquement se conjoindre au Seigneur, 8700. Dans le libre sont aussi ceux qui ne sont pas dans un faux confirmé, et dans un grand libre est celui qui est dans le bien, 5096.

Il a été donné à l'homme d'agir d'après le libre selon la raison, afin qu'il soit pourvu au bien pour lui, et c'est pour cela que l'homme est dans le libre de penser et de vouloir le mal, et aussi de le faire en tant que les lois ne le défendent point, 10777. L'homme est tenu par le Seigneur entre le ciel et l'enfer, et ainsi dans l'équilibre, afin qu'il soit dans le libre pour la réformation, 5982, 6477, 8209, 8987. L'homme, étant dans le milieu entre le ciel et l'enfer, est ainsi dans le libre de se tourner vers l'un ou vers l'autre, 5992; il est placé dans le libre par ses plaisirs mêmes, 5993. Une loi divine inviolable, c'est que l'homme doit être dans le libre, et que le bien et le vrai, ou la charité et la foi, doivent être implantés dans son libre, et nullement dans le contraint, 5854. Ce qui a été semé dans le libre reste, mais non ce qui a été semé dans le contraint, 9588. 10777. C'est pour cela que le libre, en tant qu'il apparaît, n'est jamais enlevé, 2876, 2881. Nul n'est contraint par le Seigneur, 1937, 1947. Comment le Seigneur conduit l'homme par le libre dans le bien, à savoir, que par le libre il le détourne du mal, et le tourne vers le bien, en le conduisant si doucement et si tacitement, que l'homme ne sait autre chose, sinon que c'est de lui-même que tout procède, 9597.

Se contraindre vient du libre, mais non être contraint, 1937, 1947. L'homme doit se contraindre pour résister au mal, 1937, 1947, 7914; et aussi pour faire le bien comme par lui-même, mais néanmoins reconnaître que c'est d'après le Seigneur, 2883, 2891, 2892, 7914. L'homme a un libre plus fort dans les combats des tentations dans lesquels il est vainqueur, parce qu'alors l'homme se contraint intérieurement pour résister aux maux, quoiqu'il semble autrement, 1937, 1947, 2881. Dans toute tentation, il y a le libre, mais ce libre est intérieurement chez l'homme par le Seigneur; et c'est pour cela qu'il combat et veut vaincre, ce qu'il ne ferait pas sans le libre, 1937, 1947, 2881. Le Seigneur, par l'affection du bien et du vrai imprimée dans l'homme interne, opère cela à l'insu de l'homme, 5044.

Tout libre est comme le propre, et selon le propre, 2880. Rien n'apparaît comme propre que ce qui découle du libre; afin donc que l'homme reçoive un propre céleste, il est introduit par le libre, 2880. L'homme par la régénération reçoit du Seigneur le propre céleste, 1937, 1947, 2882, 2883, 2891. Ce propre paraît à l'homme comme son propre, mais il ne lui appartient pas, c'est le propre du Seigneur chez lui, 8497. L'homme n'a et n'a eu aucun libre céleste par lui-même, mais c'est par le Seigneur; pas même l'homme, lorsqu'il était dans l'intégrité, 2882. Pour que l'homme ait le libre céleste, il doit penser le vrai par soi-même et faire le bien par soi-même, mais néanmoins savoir que c'est par le Seigneur; c'est dans une telle reconnaissance et une telle perception que sont les anges, 2883, 2891. Celui qui vit dans le bien, et croit que le vrai, le bien et la vie viennent du Seigneur, peut-être gratifié du bien céleste et de la paix; mais celui qui ne croit pas est porté dans les cupidités et dans les anxiétés, 2892. Si l'homme était dans un état à croire que tout bien et tout vrai procèdent du Seigneur, et que tout mal et tout faux viennent de l'enfer, il serait gratifié de la paix et serait dans le libre même, 6325. Autour de chaque homme, il y a par l'enfer une sphère commune d'efforts pour faire le mal, et par le ciel une sphère commune d'efforts pour faire le bien, sphères entre lesquelles il y a équilibre, afin que l'homme soit dans le libre et puisse être réformé, 6477, 8209. Ceux qui sont dans le libre par le Seigneur, ou dans le libre céleste, veulent communiquer aux autres leur bonheur et leur félicité; sur cette communication, 2872.

Tout libre appartient à quelque amour ou à quelque affection, 2870. Le libre infernal appartient à l'amour de soi et du monde, mais le libre céleste appartient à l'amour envers le Seigneur et à l'égard du prochain, ainsi à l'amour du bien et du vrai, 2870. Le libre infernal est d'être conduit par les amours de soi et du monde, et par leurs convoitises, 2870, 2873. Le libre céleste est aussi éloigné du libre infernal, que le ciel est éloigné de l'enfer, 2873, 2874. L'homme est porté par le libre vers des plaisirs opposés, célestes ou infernaux, au sujet de l'amour conjugal, 2744. Les infernaux ne connaissent d'autre libre que celui qui appartient à l'amour de soi ou du monde; s'ils le perdent, ils n'ont pas plus de vie qu'un enfant nouveau-né, 2871. Le libre de l'amour de soi et du monde est absolument le servile, et néanmoins il est appelé le libre, 2884. Les mauvais esprits considèrent l'homme comme un vil esclave; les anges le considèrent comme un frère et le tiennent dans le libre, 2890. L'homme, par les esprits de l'enfer et par les anges du ciel, est placé dans l'équilibre, afin qu'il soit dans le libre, 5982. Les esprits de l'enfer gouvernent l'homme comme un esclave, mais les anges du ciel le gouvernent avec douceur par le libre, 6205.

Qualité et différence des libres, et distinction de l'un et de l'autre, 2874. Dans le libre céleste est insinué le bien de la vie, dans lequel est implanté le vrai de la doctrine, 2875. Ce qui est fait dans le libre est conjoint, ce qui est fait dans le contraint ne l'est pas, 2875. Si l'homme n'a pas le libre, l'affection du bien et du vrai ne peut pas être insinuée en lui par le Seigneur, 2877, 2878. La foi et la charité implantées dans le libre restent, mais dans le contraint elles ne restent pas, 8700. Sans le libre, il n'y a aucune conjonction du vrai avec le bien, ainsi aucune régénération, 3145, 3146. Le vrai ne peut être conjoint au bien, et l'homme ne peut être régénéré que dans l'état libre, 3155. Tout ce qui procède de la volonté apparaît libre, 3158. Le libre céleste procède de la volonté de faire le bien, 9591 Tout libre appartient à la volonté, ainsi à l'amour, et se manifeste par le plaisir, 9585. Il est dans le libre de l'homme de se désister du mal, parce qu'il est perpétuellement tenu par le Seigneur dans cet effort,

8307. L'homme externe doit être sans le libre provenant du propre, et être soumis à l'homme interne; *illustré*, 5786.

C'est le naturel qui est laissé dans le libre, mais non de même le rationnel; pourquoi? 3043. Le Seigneur a aussi laissé le naturel dans le libre, quand il a fait divin quant au vrai son humain, 3043.

Oss. Il faut distinguer entre *le Libre* et *la Liberté* comme entre l'antérieur et le postérieur; l'antérieur est plus universel que le postérieur, — *voir* A. C. No 21. — On peut aussi considérer *le Libre* comme principe, et *la Liberté* comme dérivation.

LIBRE ARBITRE (le), *Liberum arbitrium*, consiste à faire le bien d'après son arbitre ou sa volonté, et dans ce libre sont ceux que le Seigneur conduit, c'est-à-dire, ceux qui aiment le bien et le vrai pour le bien et le vrai, 9591. *Voir* LIBRE.

LIBREMENT, *Libere*. Celui qui est dirigé par la conscience, ou qui agit selon la conscience, agit librement, 918. Plus l'homme est dans l'amour du bien et du vrai, plus il agit librement, 905.

LIBRES, *Liberi*. Ceux qui sont dans le bien de la charité, et dans le vrai de la foi correspondant, sont les hommes libres, parce que le Seigneur les conduit par le bien, 8974. Les serviteurs sont ceux qui agissent seulement d'après l'obéissance à la foi ou d'après les vrais, et non d'après le bien correspondant; mais les maîtres et les libres sont ceux qui agissent d'après l'affection de la charité, 8987, 8990. Obéir, ce n'est pas être libre, 8979. L'homme de l'église interne est libre, mais l'homme de l'église externe est respectivement serviteur, 8979.

LICORNE, *Unicornis*. Les cornes de la licorne, — Deut. XXXIII. 17,

— *sign.* la grande puissance du vrai, 2832. Les vrais divins sont appelés cornes de licorne d'après leur élévation, 2832. Les forces de la licorne, — Nomb. XXIV. 8, — *sign.* la puissance du vrai d'après le bien, 4402.

Lié, *Connexum.* Il n'existe rien qui ne soit lié, 2556, 2758, 2886, 9868. Ce qui n'est point lié par un antérieur à soi, et au moyen des antérieurs par un premier, périt à l'instant, 3627. Ce qui n'est point lié au Premier de tous, par conséquent au Divin, s'anéantit à l'instant même, 5116, 5377. Ce qui n'est pas lié par le Seigneur n'est rien, 3241.

Lien, *Vinculum.* Il doit y avoir un lien universel entre toutes les choses de l'univers, afin que toutes ces choses se tiennent conjointes entre elles, 9613. Le lien universel doit influer dans les liens singuliers et les faire, 9613. Le lien universel est le Seigneur, ainsi l'amour procédant de lui, et par suite l'amour envers lui, 9613; les liens singuliers en proviennent et appartiennent à l'amour mutuel ou à la charité à l'égard du prochain, 9613. S'il n'y avait pas en toutes choses de la nature un lien continu à partir du Premier ou du Seigneur, et ainsi avec le Premier, elles tomberaient en pièces et périraient à l'instant, 4523, 4524. Ce qui est sans lien est dissipé comme nul, 4525. Les correspondances sont ce lien, 4044.

Toutes les affections sont des liens, et sont ou des liens externes ou des liens internes, 3835. Il n'y a absolument que l'affection de l'homme qui le tienne dans des liens, 3835. L'affection est nommée lien, parce qu'elle gouverne l'homme et le tient enchaîné à elle, 3835.

Les liens, dans le sens spirituel, ne sont autre chose que les affections qui proviennent de l'amour, car ce sont elles qui conduisent l'homme et qui l'arrêtent, 9096. Les liens internes sont les affections du vrai et du bien, et les liens externes les amours de soi et du monde, 9096. Chez ceux qui sont dans les amours de soi et du monde, il y a des liens externes, mais aucun lien interne; c'est pourquoi, les liens externes étant ôtés, ils se précipitent dans tous les crimes, 10744 à 10746. Liens externes; quels ils sont; dans l'autre vie ils sont enlevés, 1944, 2126. Les liens externes sont la crainte de la loi, et la crainte de la perte du gain, de l'honneur, de la réputation, de la vie, 1944, 2126. Ceux qui sont sans conscience sont dirigés par les liens externes, 1077, 1080, 1835. Ces liens ne font rien dans l'autre vie, de quelque manière que l'homme ait vécu selon eux, 1835. Si le Seigneur ne gouvernait pas les méchants par les liens externes, ils deviendraient tous insensés, et le genre humain périrait, 4217. Ceux qui sont dans les liens externes peuvent remplir convenablement des fonctions très-éminentes, et font des biens d'après ces liens, 6207. Le Seigneur gouverne l'homme spirituel au moyen de la conscience, qui est pour cet homme un lien interne, 1835, 1862. Si la communication et le lien avec les esprits et les anges étaient ôtés, l'homme mourrait à l'instant même, 2887. Les maux et les faux ont un lien avec les enfers; les biens et les vrais en ont un avec les cieux, 2886.

Délier les liens du cou, — Ésaïe, LII. 2, — *sign.* admettre et recevoir le bien et le vrai, 3542.

Lier, *Ligare.* C'est rendre adhérent, 7967. Lier sur la main, — Gen. XXXVIII. 28, — *sign.* marquer la puissance, 4922. Être lié, c'est revêtir l'état qui consiste à subir les derniers degrés de la tentation, 2813.

Lies, *Fæces.* Par les lies, — Jérém. XLVIII. 11, — sont signifiés les faux par lesquels le bien est corrompu, 2468. Après le combat dans lequel le vrai a vaincu, le faux tombe comme la lie après la fermentation, et le vrai est purifié, 7906.

Lieu, *Locus.* Voir Situation. Lé lieu *sign.* l'état; *citations,* 10580. Dans la Parole, les lieux et les espaces *sign.* les états, 2625, 2837, 3356, 3387, 7381, 10578; *illustré* d'après l'*expérience,* 1274, 1277, 1376 à 1381, 4321, 4882, 10146, 10578. Les mouvements et les changements de lieu dans le monde spirituel sont des changements d'état de la vie, parce qu'ils proviennent de là, 1273, 1274, 1275, 1377, 3356, 9440; *illustré* d'après l'*expérience,* 1273 à 1277, 5605.

Les lieux et les espaces se manifestent à la vue selon les états des intérieurs des anges et des esprits, 5604, 9440, 10146. L'éloignement du lieu est la différence de l'état, et les changements d'état sont selon les différences des intérieurs, comme Swedenborg l'a éprouvé quand il fut conduit par le Seigneur vers une terre dans l'univers, 9967. L'homme quant à l'esprit peut être conduit au loin par des changements d'état, le corps demeurant dans son lieu; *illustré* aussi d'après l'*expérience,* 9440, 9967, 10734. Ce que c'est qu'être emporté par l'esprit dans un autre lieu, 1884. Les lieux et les espaces dans l'autre vie sont les états, 3387. 4882. Dans la Parole, il a été parlé d'après l'idée du lieu et de l'espace; *montré,* 3387. « En tout lieu où je mettrai mémoire de mon Nom, » — Exod. XX. 21, — *sign.* chez chaque homme qui sera par le Seigneur dans un état de réception de la foi, 8938. Dans la terre de Canaan, tous les lieux étaient devenus représentatifs des choses qui sont dans le royaume du Seigneur et dans l'église; pourquoi? 3686, 4447, 5136. On nie aujourd'hui que l'esprit soit dans un lieu, 446.

Lieux (hauts), *Excelsa.* Voir Hauts lieux.

Ligne, *Linea.* La ligne du vide et le niveau du vague, — Ésaïe, XXXIV. 11, — *sign.* la désolation et la vastation du vrai, 5044.

Limaçon, *Cochlea.* Esprits qui ont relation avec le limaçon de l'oreille, 4653.

Limiter, *Limitare.* Il y a dans chaque homme une puissance limitée, 8165. La détermination de la pensée sur un peuple ou sur des personnes limite et borne les idées, et détourne de la perception d'une chose, telle qu'elle est d'une extrémité à l'autre, 6653. L'intuition de la personne dans le langage resserre l'idée et la limite, mais ne l'étend pas et ne la rend pas illimitée, 5253. Les personnes limitent l'idée et la concentrent sur quelque chose de fini, tandis que les choses ne la limitent ni ne la concentrent, mais l'étendent vers l'infini, 5225. Les anges dans le ciel ne déterminent jamais leurs pensées vers des personnes en particulier, ce serait limiter les pensées, et faire abstraction de la perception universelle des choses, d'après laquelle existe le langage angélique, 6804.

Limites, *Limites.* Chaque homme, qu'il soit damné ou qu'il soit sauvé, s'est acquis dans le monde une mesure déterminée, soit de mal et de faux, soit de bien et de vrai, qui peut être remplie; les limites et les degrés d'extension de cette mesure sont clairement visibles dans l'autre vie, 7984.

LIMON, *Lutum.* C'est le bien; et, dans le sens opposé, le mal, 6669. Fouler le limon, c'est d'après le mal penser le faux, 6669. Les pieds plongés dans le limon, c'est le naturel dans le mal, 6669. Le limon que le Seigneur a fait avec sa salive pour en oindre les yeux de l'aveugle-né *sign.* le bien de la foi par lequel se fait la réformation, 6669; *voir* 1300.

LIN, *Linum.* C'est le vrai externe ou vrai naturel, 9959. Le lin ou les habits de lin dont sont vêtus les anges, et ceux que portait Aharon, quand il exerçait son ministère dans le saint, *sign.* le vrai du naturel extérieur, 7601. Le lin est le vrai dans l'homme externe, 10402. Le lin est le vrai, et le *byssus* ou fin lin est le vrai provenant du divin, l'un et l'autre dans l'homme naturel, 9469. Il avait été statué qu'on ne s'habillerait pas d'un vêtement tissu de laine et de lin; pourquoi? 9470. Lin de byssus; *voir* BYSSUS.

LINÉAIRES, *Linearia.* Dans l'autre vie, les biens se présentent comme ronds, et les vrais comme linéaires, 9717.

LINGE, *Sudarium.* Le serviteur qui avait mis la mine dans un linge *sign.* ceux qui acquièrent pour eux les vrais de la foi, et ne les conjoignent pas aux biens de la charité, et qui par conséquent n'en tirent aucun profit ou aucun fruit, 5291.

LINGE, *Lintcum.* C'est le vrai qui procède du divin; ainsi, par le linge avec lequel le Seigneur essuya les pieds de ses disciples, il est signifié que la purification de l'homme naturel est faite par le vrai qui procède du divin, 10243; *voir* aussi 7601.

LINTEAU, *Superliminare.* Ce que signifient les poteaux et le linteau dans la Parole; les poteaux sont les vrais du naturel, et le linteau les biens du naturel; *montré,* 7847, 8989.

LION, *Leo.* C'est le vrai de l'église dans sa puissance; et, dans le sens opposé, le faux aussi dans sa puissance, 6367. Le lion est le bien de l'amour céleste, et par suite le vrai dans sa puissance; et, dans le sens opposé, le mal, 6367. Se courber, quand il s'agit du lion, c'est se mettre en puissance, 6369. Le jeune lion est celui qui est dans la puissance par le vrai d'après le bien, et le vieux lion celui qui est dans la puissance par le bien, 6369. Le jeune lion *sign.* la première chose du vrai, c'est-à-dire, l'affirmation et la reconnaissance, 3928.

LIONCEAU, *Leo juvenis. Voir* LION, LIONNE. Quand le lionceau est mis en opposition avec le veau, il signifie ce qui est opposé à l'innocence représentée par le veau, 439.

LIONNE, *Lexna.* La lionne est le faux d'après le mal pervertissant les vrais de l'église, et le lionceau est le mal dans sa puissance, 9348.

LIRE LA PAROLE. Dans l'illustration sont ceux qui, lorsqu'ils lisent la Parole, sont dans l'affection du vrai pour le vrai et pour le bien de la vie, 10105. Ceux qui ne sont pas dans l'affection du vrai d'après le bien, ni dans le désir de devenir sages, sont plutôt aveuglés qu'illustrès quand ils lisent la Parole, 9382. Lorsque l'homme de l'église, qui est dans le bien de la foi, lit la Parole, les anges s'adjoignent à lui, et prennent du plaisir en l'homme, parce que la sagesse, qu'ils ont par la Parole, influe alors du Seigneur, 9152. *Voir* Parole.

Lis, *Lilium.* Les sphères de la charité et de la foi, lorsqu'elles sont perçues comme odeurs, sont très-délicieuses ; ce sont des odeurs comme celles des fleurs, des lis, etc., 1519.

Lisse, *Lævis.* Le lisse se dit du vrai et du faux ; montré, 3527.

Lit (le) *sign.* le naturel ; *montré*, 6188 ; par conséquent le bien et le vrai du naturel, parce que le bien et le vrai font le naturel chez l'homme, 6463. Le lit est le naturel, parce que le naturel est au-dessous du rationnel et lui sert comme de lit, 6188. S'asseoir sur le lit, c'est se tourner vers le naturel, 6226. La tête du lit est le naturel intérieur, 6188. Dans l'angle du lit et à l'extrémité de la couche, — Amos, III. 12, — c'est dans l'infime du naturel et dans le sensuel, 6183. Les lits d'ivoire, — Amos, VI. 4, — sont les voluptés de l'infime du naturel, qui sont celles des orgueilleux, 6188. Quand les appartements de la couche, ou la chambre à coucher, signifient les intérieurs du mental, la couche ou le lit signifie l'intime, 7354. Quand on pense à Jacob, qui représente le naturel, il apparaît dans le monde des esprits un lit dans lequel un homme est couché, 6463. *Voir* Couche.

Le lit signifie la doctrine ; *illustré* par des représentatifs dans le monde spirituel, 10360. Dans l'autre vie, quand il apparaît un lit et quelqu'un couché dedans, cela signifie la doctrine dans laquelle celui-ci est, 10360 ; il y apparaît par conséquent des lits magnifiquement ornés pour ceux qui sont dans les vrais d'après le bien, 10360.

Livide, *Luridus.* Esprits qui apparaissent avec une face livide comme celles des cadavres, 4417, 4798.

Livre de vie. La mémoire intérieure de l'homme est son livre de vie, 2474, 9841. Le livre de vie est la mémoire intérieure, parce que les choses qui appartiennent à la volonté y ont été inscrites, 9386. Le livre de vie est l'interne, et les choses qui y sont dites écrites sont celles qui procèdent du Seigneur ; *illustré* et *montré*, 10505. Tout ce qui a été dit inscrit dans l'homme interne a été inscrit par le Seigneur, et tout ce qui a été inscrit là fait la vie même spirituelle et céleste de l'homme, 10505. Écrire dans le livre *sign.* pour qu'on s'en souvienne ; *montré*, 8620. Être effacé du livre de vie *sign.* périr quant à la vie spirituelle, 10505, 10506. Chez l'homme, il y a comme deux livres, dans lesquels ont été inscrites toutes les choses qu'il a pensées et faites ; ces livres sont ses deux mémoires, l'extérieure et l'intérieure, 9386 ; les choses qui ont été inscrites dans sa mémoire intérieure restent à éternité, et ne sont jamais effacées, 9386. *Voir* Mémoire.

Livres. Les anciennes églises avaient des livres historiques et des livres prophétiques ; ceux-là étaient appelés les guerres de Jéhovah, et ceux-ci les énoncés prophétiques ; *cités* par Moïse, 2686 Quels sont les livres de la Parole? 10325. Le cantique des cantiques écrit par Salomon n'est pas un livre sacré, parce qu'il ne contient pas intérieurement en série les célestes et les divins, comme les contiennent les livres sacrés, 9942. Il en est de même du livre de Job, qui était un livre de l'ancienne église, 9942. Le livre de Job, bien que son style soit représentatif et significatif, n'est pas un de ces livres qui sont appelés la loi et les prophètes, par la raison qu'il n'a pas un sens interne qui traite seulement du Seigneur et de son royaume; car c'est là seulement ce qui constitue un livre de la Parole réelle, 3540. « Le livre des nativités de l'homme, » — Gen. V. 1, — est le recensement de ceux qui furent de la très-ancienne église, 469, 470.

LOCUTIONS selon les apparences; pourquoi? 1874. Locutions familières d'après les correspondances, 1613, 3693, 3863, 4406, 4624. Locutions solennelles; voir FORMULES.

LOGICIENS. Dans quelles ténèbres ils sont, 3348. Vie misérable des logiciens qui n'ont d'autre fin que de passer pour érudits, et de parvenir ainsi aux honneurs et aux richesses, 4658.

LOGIQUE. La métaphysique et la logique traînent l'entendement dans la poussière, 8343. Celui qui sait bien penser n'a pas besoin d'apprendre à penser par des moyens artificiels; il perdrait par là sa faculté de bien penser, 521. Sur les choses scolastiques, ou logiques, ou métaphysiques, et sur Aristote, plusieurs détails, 4658. *Voir* PHILOSOPHIE.

LOI, *Lex*. La loi est la justice, 10803. La loi, qui est la justice, doit être établie par des jurisconsultes sages et craignant Dieu, 10804. La loi et les prophètes, ou Moïse et les prophètes, c'est toute la Parole de l'ancien testament, 2606. La loi et les prophètes sont la Parole en général et en particulier, 9211, 9259, 9349. La loi, dans le sens large, c'est toute la Parole; dans un sens moins large, la Parole historique; dans le sens strict, la Parole qui a été écrite par Moïse; et dans le sens le plus strict, les dix préceptes du décalogue; *montré*, 6752. La loi divine est la Parole, ainsi le divin vrai; *montré*, 7463. Lorsque la loi était promulguée sur la montagne de Sinaï, les préceptes du décalogue furent compris par les anges autrement que par les hommes, 2609, 7089. Les préceptes du décalogue contiennent en eux les choses qui sont dans le ciel; *illustré*, 8899. Précepte du décalogue sur l'honneur qu'on doit rendre aux parents; comment ce précepte doit être entendu dans le sens interne, 3690. La loi et les préceptes sont le vrai dans le commun et dans le particulier, 9417. Les lois sont toutes les choses de la Parole en particulier, 3382. Toutes les lois, même les lois civiles et judiciaires, qui sont dans la Parole, ont une correspondance avec les lois du bien et du vrai, qui sont dans le ciel, et c'est en raison de cela qu'elles ont été portées, 3540. Toutes les lois données aux fils d'Israël ont leur cause dans le ciel, et tirent leur origine des lois de l'ordre qui existe dans le ciel, 9182. Loi sur la conjonction illégitime, 9182. Loi sur l'usure, 9211. Les jugements et les lois *sign*. les vrais et les vrais du bien, 8695. Parmi les lois, les jugements et les statuts pour l'église israélite et juive, qui était une église représentative, il y en a qui sont encore en vigueur dans l'un et l'autre sens, l'externe et l'interne; il y en a qui doivent être entièrement observés selon le sens externe; il y en a qui peuvent être mis en usage, si on le juge convenable; et il y en a qui sont entièrement abrogés, 9349. Les lois portées pour les fils d'Israël, quoique abrogées, sont toujours la sainte Parole, à cause du sens interne qui est en elles, 9349. Des lois ont été portées au sujet de choses qui arrivent rarement, et néanmoins elles sont très-convenables à cause du sens interne, 9259. Il est dit du Seigneur qu'il accomplirait toutes les choses de la loi; ce sont toutes les choses qui, dans la Parole, sont dites des tentations du Seigneur, et de la glorification de son humain, 10239.

C'est une loi éternelle que chacun soit dans le libre quant aux affections et aux pensées, 2876. Dans le monde spirituel, la loi du talion est constante et perpétuelle, 8223. Les méchants périssent d'après cette loi, que c'est le mal lui-même qui les détruit, 2397. La loi, dans l'autre vie, est que nul ne doit y devenir plus méchant qu'il n'avait été dans le monde; lorsqu'on dépasse la limite du mal, il y a aussitôt correction et répression, 6559. Toutes les lois données aux fils d'Israël ont leur cause dans le ciel, 2567, 5135, f., 8972, 8981, 9182. Toutes ces lois contiennent les arcanes du ciel, et y correspondent, 9301. Les lois commandées par Moïse aux fils d'Israël ne différaient pas des lois qui étaient dans l'église ancienne, 4449, 4835. Les lois portées sur les fiançailles et sur les mariages correspondent d'une manière absolue aux lois spirituelles du mariage céleste, 4434, 9182. Les lois promulguées par Jéhovah étaient distinguées en préceptes qui concernaient la vie, en jugements qui concernaient l'état civil, et en statuts qui concernaient le culte; *montré*, 8972.

Lois de l'ordre. Les divins vrais sont les lois de l'ordre, 2447, 7995. Les lois de l'ordre divin qui sont dans le monde ont été inscrites dans l'homme externe, et les lois de l'ordre divin qui sont dans le ciel ont été inscrites dans l'homme interne, 4523, 4524, 5368, 6013, 6057, 9279, 9283, 9709, 10156, 10472. Les maux et les faux sont gouvernés par les lois de permission; et cela, à cause de l'ordre, 7877, 8700, 10778. Les lois de l'ordre sont les vrais d'après le bien dans le ciel, et les vrais séparés d'avec le bien dans l'enfer, 9048. Dans l'autre vie, les lois de l'ordre ne sont point enseignées d'après les livres, ni par suite déposées dans la mémoire, comme dans le monde chez les hommes; mais elles sont inscrites dans les cœurs, les lois du mal dans le cœur des méchants, et les lois du bien dans le cœur des bons, 9048. Le complexe de toutes les lois de l'ordre est le divin vrai procédant du divin bien du Seigneur, 7995. Les lois de l'ordre défendent et préservent le bien et le vrai, 8223. Toutes les lois de l'église juive, parce qu'elles tirent leur origine du monde spirituel, correspondent aux lois de l'ordre dans le ciel, 5135, f., 9182. C'est une loi de l'ordre que les inférieurs ou les extérieurs doivent servir les supérieurs ou les intérieurs, 5127. *Voir* ORDRE.

LOIN, *Longinquum*. Voir de loin, c'est percevoir dans l'éloignement, 4723. Se tenir de loin, c'est être éloigné des internes, ainsi du bien et du vrai; *montré*, 8918. Se prosterner de loin, c'est l'humiliation et l'adoration de cœur, et alors l'influx du Seigneur, 9377. « Amène mes fils de loin, et mes filles de l'extrémité de la terre, » — Ésaïe, XLII. 10; — les fils de loin *sign.* ceux qui sont dans l'obscur quant aux vrais, les filles de l'extrémité de la terre *sign.* ceux qui sont dans l'obscur quant aux biens, 9666.

LOMBES, *Lumbi.* De la correspondance des lombes et des parties génitales avec le très-grand homme, 5050 à 5062. Les lombes correspondent à l'amour conjugal, ou à ceux qui sont dans cet amour, 5050, 5051, 5052, 5059; ceux-ci sont célestes, et dans le ciel intime, 5052; distincts des autres, 5053; mais quels ils sont, il n'a pas été donné de le savoir; pourquoi? 5055. Sortir de l'utérus et des lombes se dit du bien, et être séparé des entrailles se dit du vrai, 3294. Les lombes sont les intérieurs des amours, et les cuisses en sont les extérieurs, 10488. De l'extension des lombes jusqu'aux cuisses, quand il s'agit des caleçons, c'est l'extension des amours; *illustré*, 9961. Vers les lombes apparaissent les esprits qui sont dans l'amour conjugal, 4403. A la province des lombes appartiennent ceux qui ont vécu dans l'amour conjugal réel; paix délicieuse dont ils jouissent dans l'autre vie, 5051. Ceux qui ont vécu dans l'opposé de l'amour conjugal introduisent une douleur dans les lombes et dans les membres qui sont là, 5059, 5060. La nudité des lombes est la privation du bien de l'amour, 9960. L'enfer de ceux qui ont vécu dans les opposés de l'amour conjugal est sous la partie postérieure des lombes, sous les fesses, où ils vivent dans des ordures et dans des excréments, 5059. *Voir* REINS.

LONGÉVITÉ, *Vita longæva.* Chez les anciens, il y avait santé et vie longue; d'où provenait cela? 7996.

LONGUEUR, *Longitudo*. La longueur *sign.* le bien, 1613, 4482. Ce que c'est que la longueur, la largeur et la hauteur, 650. La longueur est le bien et la largeur le vrai, 1613; *montré*, 9487; *illustré* aussi d'après les extensions dans les cieux, 10179. Si la longueur est le bien, c'est parce qu'elle est censée prise d'orient en occident, et que l'orient et l'occident signifient le bien depuis une limite jusqu'à l'autre, 10179. La longueur, la largeur et la hauteur, c'est le bien, le vrai et le saint qui en procède; *montré*, 4482; *voir* LARGEUR. La longueur appliquée au temps signifie la perpétuité et l'éternité, mais appliquée à l'espace elle signifie la sainteté de la chose désignée par l'espace, 650. Dans les temps anciens, on employait communément les expressions longueur et largeur, lorsqu'il s'agissait du bien et du vrai, ou des célestes et des spirituels, de même qu'aujourd'hui dans le langage ordinaire on emploie les expressions hauteur et profondeur, lorsqu'il s'agit de la sagesse, 1613. Degrés en longueur et en largeur; *voir* DEGRÉS.

LOTAN, fils de Séir, chorite, — Gen. XXXVI. 2, — c'est une première classe de vrais dans le divin humain, et une qualité de ces vrais, 4648.

LOTH. Ce qu'il signifie, 1428, 1434, 1547, 1597, 1598, 1698. Loth représente le sensuel même et le corporel même du Seigneur dans l'état du second âge de son enfance, 1428, 1434, 1547. Par Loth séparé d'avec Abraham sont représentés ceux qui sont dans le culte externe, mais cependant dans le bien,

2317, 2324; par Loth sont représentés plusieurs états successifs de l'église chez eux, 2317, 2324, 2422, 2459. Loth *sign.* le bien, 2399, et même le bien de l'église externe, 2371, 2399.

LOUANGES, *Laudes.* Le Seigneur n'a pas besoin de louanges; mais il veut qu'on fasse les biens de la charité; et, selon ces biens, on reçoit du Seigneur la félicité, 456.

LOUER, *Laudare.* Mener une vie active, consistant à faire les biens de la charité, c'est là louer et célébrer le Seigneur, 456.

LOUP, *Lupus.* Ce qui est entendu par les loups, 2130. Le loup *sign.* l'avidité de ravir; et, dans le sens bon, l'avidité d'arracher et de délivrer les bons, 6441. Dans la Parole, le loup *sign.* ceux qui sont contre l'innocence, 3994, 10132. Quand le loup est mis en opposition avec l'agneau, il signifie ce qui est opposé à l'innocence représentée par l'agneau, 430. Les loups *sign.* les affections du faux qui tirent leur origine des plaisirs des amours de soi et du monde, 9335. La conversation des anges sur les affections mauvaises est représentée, dans le monde des esprits, par des bêtes féroces, par exemple, par des loups, 3218.

LUCIFER. Dans la Parole, par Lucifer sont entendus ceux qui sont dans les amours de soi et du monde, 7375. Lucifer *sign.* l'amour de soi, qui est l'orgueil; autant le frein lui est lâché, autant il se précipite en s'accroissant et s'élève jusqu'au trône de Dieu, 8678. Lucifer est l'amour de soi profanant les choses saintes, 3387.

LUCRE, *Lucrum.* C'est tout faux d'après le mal, qui pervertit les jugements du mental; *montré*, 8711. L'affection du lucre est une affection terrestre, et l'affection du vrai une affection spirituelle, 5433. Celui qui est dans l'affection du vrai pour le vrai ne méprise pas pour cela le lucre, en tant qu'il lui est nécessaire pour la vie dans le monde; toutefois, il a pour fin, non pas le lucre, mais les usages qui en résultent, 5433. A ceux qui ont pour fin le bien même et le vrai même, le Seigneur accorde autant de lucre qu'ils en ont besoin, 5449. Du lucre que recherchent les chefs des diverses communions chrétiennes, 5432; *voir* aussi 9184, 9265.

LUD, fils de Schem, — Gen. X. 22, — *sign.* les connaissances du vrai, 1231, 2686. Les fils de Schem *sign.* les choses qui appartiennent à la sagesse; Lud et ses frères ont été tout autant de nations par lesquelles ces choses étaient signifiées, 1223, 1227. Tharschisch, Pul, Lud, Thubal et Javan, ont été appelés îles, — Ésaïe, LXVI. 19, — parce que par eux sont signifiés les cultes externes, 1158.

LUDIM, fils de Mizraïm, petit-fils de Cham, — Gen. X. 13, — *sign.* un des rites purement scientifiques, 1193, 1195.

LUEUR, *Lumen.* Par la lueur, qui est appelée lueur naturelle ou lueur de la nature, l'homme voit seulement les choses qui appartiennent au monde et celles qui lui appartiennent, mais non celles qui appartiennent au ciel ni celles qui appartiennent à Dieu, 8636. Par la lueur de la nature, l'homme ne connaît pas les lois de l'ordre divin, 10780. Les choses qui appartiennent au mental naturel sont, quant à la plus grande partie, dans la lumière du monde, lumière qui est appelée lueur de la nature; et celles qui appartiennent au mental rationnel sont dans la lumière du ciel, lumière qui est la lumière spirituelle, 7130. La lumière du ciel influe dans la lueur naturelle, et autant l'homme reçoit cette lumière, autant il est sage, 4302, 4408. Chaque régénéré voit les biens et les vrais dans sa lueur naturelle d'après la lumière du ciel, car la lumière du ciel fait sa vue intellectuelle, et la lueur du monde sa vue naturelle, 3993. La lueur nouvelle, ou la première lueur du régénéré, n'existe pas par les connaissances des vrais de la foi, mais elle est produite par la charité, 854. Par la seule lueur naturelle, on ne sait rien de ce qui concerne le Seigneur, le ciel et l'enfer, la vie de l'homme après la mort, et les divins vrais par lesquels l'homme a la vie spirituelle et éternelle, 8944, 10318, 10319, 10320. La lueur naturelle, séparée de la lumière du ciel, n'est qu'obscurité quant aux vrais et aux biens qui appartiennent au ciel, 10227. La lueur naturelle chez les gentils, qui reconnaissent un Dieu et vivent bien, a en elle le spirituel, 3263. Les lueurs, dans le monde spirituel, indiquent les affections, et aussi les degrés de l'intelligence, 4046. *Voir* LUMIÈRE.

Le sensuel interne, qui est le plus proche des sensuels du corps, a une lumière très-grossière; d'après l'*expérience* sur cette lueur, 6310. De l'état de l'homme quand il est dans la lueur sensuelle, 6310 à 6314; *voir* SENSUEL. Quand l'homme est élevé au-dessus des sensuels, il vient dans une lueur plus douce, et enfin dans une lueur céleste, 6313, 6315, 9407. L'homme qui est élevé au-dessus des sensuels, ce qui a lieu au moyen des biens de la foi, est alternativement dans la lueur sensuelle et dans la lueur intérieure, et il est élevé ainsi par le Seigneur, 6315. Quand l'homme est dans la lueur sensuelle, il survient des choses infâmes, 6310; et les avares, les adultères et les voluptueux sont dans cette lueur, 6310. Les enfers sont dans cette lueur, 6311. Ceux qui ne sont pas si méchants, mais qui sont dans cette lueur, apparaissent dans une place publique, portant des fardeaux, 6311.

Dans les enfers, il y a aussi une lueur, mais elle est fantastique, 1532, 3340, 4214, 4418, 4531. La vie des cupidités y apparaît comme un feu de charbon, et le faux comme la lueur qui en provient, 1528, 4417, 4418, 4531. Les ténèbres se disent des enfers; cependant, les enfers ont une lueur, mais comme la lueur d'un feu de charbon, et elle devient comme des ténèbres à la présence de la lumière du ciel, 4531. Ceux qui sont dans les enfers apparaissent dans leur lueur comme hommes; mais, vus par les anges, ils apparaissent comme monstres; d'où vient cela? 4532, 4533, 4674, 5057, 5058, 6605, 6626. Quelle est la lueur dans l'enfer; à la présence de la lumière du ciel, elle devient obscurité, 7870. Les lueurs varient pour les mauvais esprits selon le faux et le mal dans lesquels ils sont, 4416. Dans la Parole, la lueur des infernaux est appelée ombre de mort, et est comparée aux ténèbres, 4531.

LUMIÈRE, *Lux. Voir* LUEUR. Il y a deux lumières par lesquelles l'homme est éclairé, la lumière du monde et la lumière du ciel, 3223, 3224. La lumière du monde vient du soleil, la lumière du ciel vient du Seigneur, 3223, 3224. La lumière du monde est pour l'homme naturel ou externe, et la lumière du ciel pour l'homme spirituel ou interne; plusieurs choses concernant la lumière du ciel, 3223, 3224, 3337. L'homme interne a la vue et l'entendement par la lumière du ciel, et l'homme externe par la lumière du monde; mais la lumière est vivifiée par l'amour, qui est la chaleur spirituelle, 3138. Dans la lumière du monde sont les idées du temps et de l'espace, et dans la lumière du ciel sont les idées intellectuelles, 3223. La lumière du ciel est immensément plus parfaite que la lumière du monde, 3223. Entre ces lumières il y a correspondance, et les choses qui existent dans la lumière du monde sont les représentatifs des choses qui existent dans la lumière du ciel, 3223, *illustré* 3225. Pour ceux qui sont dans la lumière du monde la lumière du ciel est comme des ténèbres, et *vice versâ*, 3224. Autant quelqu'un est dans la lumière du monde, autant les choses qui sont dans la lumière du ciel lui apparaissent comme des ténèbres, 3337. L'imagination et la pensée sont des modifications de l'une et de l'autre lumière, 8337. La lumière du monde est rutilante chez les méchants, et la lumière du ciel est obscurité pour eux; mais chez les bons la lumière du ciel est d'un blanc éclatant, et cela de plus en plus, et la lumière du monde est obscure, 6907.

De la lumière dans les cieux, 1619 à 1632. Il y a une grande lumière dans les cieux, 1117, 1521, 1533, 1619 à 1632. La lumière dans les cieux est plus éclatante que la lumière sur la terre, 3195; elle surpasse d'un grand nombre de degrés la lumière de midi sur la terre, 1117, 1521, 4527, 5400, 8644. Cette lumière a été vue très-souvent par Swedenborg, 1522, 4527, 7174. La lumière pour les anges dans le ciel intime ou troisième ciel est comme la lumière du soleil, mais la lumière pour les anges dans le second ciel est comme la lumière de la lune, 1529, 1530. Dans le ciel intime la lumière est couleur de flamme, mais dans le second ciel elle est d'une blancheur éclatante, 9570.

Toute lumière dans les cieux vient du Seigneur comme soleil, 1053, 1521, 3195, 3341, 3636, 3643, 4415, 9548, 9684, 10809; de là les modifications de la lumière dans les objets qui sont pour les anges, 1530, 1521, 1529, 1530. Le divin vrai procédant du Seigneur dans les cieux apparaît comme lumière, et constitue toute la lumière du ciel; par conséquent cette lumière est la lumière spirituelle, 3195, 3222, 5400, 8644, 9399, 9548, 9684. C'est pour cela que dans la Parole, le Seigneur est appelé la lumière, 3195. Comme cette lumière est le divin vrai, il y a dans cette lumière la divine sagesse et la divine intelligence, 3195, 3485, 3636, 3643, 3993, 4302, 4413, 4415, 9548, 9684. La lumière dans le ciel vient du divin humain du Seigneur; *montré*, 9571. Avant l'avénement du Seigneur la lumière venait du divin par le ciel; depuis l'avénement du Seigneur la lumière divine procède de son divin humain, 4180. L'humain glorifié du Seigneur a été fait divine lumière, 4180. Comment le divin vrai procède du divin humain du Seigneur et influe; *illustré* par des cercles radieux autour du soleil, qui sont les sphères de la lumière, 9407. Le Seigneur a voulu naître homme, afin de pouvoir être la lumière pour ceux qui étaient dans d'épaisses ténèbres, et qui ne s'étaient pas absolument éloignés du bien et du vrai, 3195. Si la lumière provenant de l'amour divin, lumière qui est le divin vrai, influait de sa splendeur ignée sans être tempérée, elle aveuglerait tous ceux qui sont dans le ciel, 8760.

La lumière du ciel, qui est le divin vrai uni au divin bien, éclaire et la vue et l'entendement des anges et des esprits, 2776, 3138; autant il y a de lumière, autant il y a d'entendement, et telle est la lumière, tel est l'entendement, 2776 ; la lumière y est selon leur intelligence et leur sagesse, 1524, 3339; *prouvé* d'après la Parole, 1529, 1830. Les différences de la lumière dans les cieux sont en aussi grand nombre qu'il a de sociétés angéliques et qu'il y a d'anges dans chaque société, 4414. Comme il y a dans les cieux de perpétuelles variétés quant au bien et au vrai, il y en a pareillement quant à la sagesse et à l'intelligence, 684, 690, 3241, 3744, 3745, 5598, 7236, 7833, 7836. La lumière des anges respectivement à la lumière des esprits est selon l'intelligence et la sagesse des uns et des autres, 1524. De la lumière dans laquelle vivent les anges, 1521 à 1533. Lumière dans les demeures des esprits, 1524. Lumière dans laquelle vivent ceux qui étaient de la très-ancienne église, 1117.

La lumière du ciel éclaire l'entendement de l'homme, 1524, 3138, 3167, 4408, 6608, 8707, 9128, 9399, 10569. Quand l'homme vient dans l'intelligence, il y a élévation dans la lumière du ciel, 3190. Quand le vrai est élevé du naturel dans le rationnel, il passe des choses qui appartiennent à la lumière du monde dans celles qui appartiennent à la lumière du ciel, et l'homme passe ainsi dans la sagesse, 3190. Des choses admirables apparaissent d'après la lumière du ciel, quand la vue interne est ouverte, 1532. Quand la lumière du ciel passe du ciel dans le monde des esprits, elle s'y présente sous l'apparence de diverses couleurs, 4742. La vue de l'homme interne est dans la lumière du ciel, et c'est pour cela que l'homme peut penser analytiquement et rationnellement, 1532. La lumière du ciel procédant du Seigneur est toujours présente chez l'homme, mais elle n'influe qu'autant que l'homme est dans les vrais d'après le bien, 4060, 4214. Cette lumière est selon le vrai d'après le bien, 3094. Les vrais brillent dans le monde spirituel, 5219.

Dans l'autre vie, la lumière a en soi l'intelligence et la sagesse, 3933, 4413, d'après l'*expérience*, 4415. Il y a une lumière vraie et une lumière fantastique; ceux qui sont dans le bien sont dans l'illustration par la lumière vraie, mais ceux qui sont dans le mal sont dans la lueur fantastique; *illustré*, 4214. Ceux qui sont dans la lumière du ciel sont dans l'intelligence et dans la sagesse, et non ceux qui sont dans la lumière naturelle, si ce n'est qu'autant que la lumière du ciel influe dans le bien, 4302. Dans la lumière du ciel, il y a l'intelligence et la sagesse, 3195. L'homme spirituel ou interne a de la sagesse par la lumière du ciel, et l'homme naturel ou externe par la lumière du monde, 8167. La progression vers les intérieurs apparaît manifestement dans l'autre vie comme la transition d'un brouillard dans la lumière, 4598. Par la lumière du monde on ne peut pas voir les choses qui sont dans la lumière du ciel, parce qu'elles sont obscurité, 10227. Dans la lumière du ciel, il y a la vie spirituelle, 3885. La lumière du monde n'a pas en elle-même la vie, 5114. La lumière du ciel apparaît devant les yeux comme lumière, mais elle a en soi l'intelligence et la sagesse, 3636, 3643. La lumière réelle éclaire l'entendement, 10569. La lumière influe du ciel par l'interne dans l'externe, 10400, 10582.

D'après la lumière du monde chez l'homme, les choses qui sont dans la lumière du ciel ne peuvent pas être vues ; mais d'après la lumière du ciel les choses qui sont dans la lumière du monde peuvent être vues, 9577. De là vient que ceux qui sont seulement dans la lumière du monde, laquelle est appelée lueur naturelle, ne perçoivent pas les choses qui appartiennent à la lumière du ciel, 3108. La lumière du ciel est une obscurité pour ceux qui sont dans le faux d'après le mal, 1783, 3337, 3413, 4060, 6907, 8197. La lumière du monde brille avec éclat chez les méchants, et autant elle brille avec éclat, autant les choses qui appartiennent à la lumière du ciel sont des ténèbres pour eux, 6907. La lumière du monde n'apparaît pas aux anges, 1521, 1783, 1830. Dans les cieux toute lumière vient du Seigneur, et toute ombre vient de l'ignorance et du propre des anges et des esprits ; de là les modifications et les bigarrures de lumière et d'ombre, qui y sont les couleurs, 3341. Des bigarrures de la lumière par l'Urim et le Thumin, 3362.

La lumière de ceux qui sont dans la foi séparée d'avec la charité est couleur de neige, et elle est comme la lumière d'hiver, 3412, 3513. Cette lumière est changée en de pures ténèbres quand influe la lumière du ciel, 3412. Les amours de soi et du lucre introduisent des ténèbres qui éteignent la lumière, 3413. De la lumière de ceux qui sont dans la foi persuasive et dans la vie du mal, 4416. De quelle qualité apparaît la lumière chez ceux qui sont dans l'intelligence venant du propre, et de quelle qualité elle apparaît chez ceux qui sont dans l'intelligence procédant du Seigneur, 4419. Dans l'enfer, il y a une lumière, mais elle est changée en ténèbres et en obscurité à la lumière du ciel, 6600. Quels monstres apparaissent les infernaux dans la lumière du ciel ; d'après l'*expérience*, 5057, 5058. La lumière du ciel est obscurité pour ceux qui sont dans les faux ; *illustré*, 8197. Les faux et les maux de l'église apparaissent tels qu'ils sont devant la divine lumière dans les cieux, mais non parmi ceux qui sont dans ces maux et dans ces faux ; *illustré* d'après l'*expérience*, 4674.

Correspondance de la vue de l'œil et de la lumière dans le très-grand homme, 4523 à 4533. La vue de l'œil correspond à la vue de l'entendement, et par suite aux vrais de la foi, parce que la lumière du monde correspond à la lumière du ciel, 4526. C'est la lumière de l'intelligence qui influe par l'homme interne, et va au-devant de la lumière qui est entrée par l'homme externe et par l'œil, 4408. La vue d'après la lumière céleste a pour objets les choses spirituelles, civiles et morales, 8861. Il faut qu'il y ait illumination commune de l'entendement par la lumière du ciel, comme il y a illumination de l'œil par la lumière du monde, pour que les objets apparaissent, 8707.

Le divin vrai qui procède du Seigneur, ou qui est la lumière, constitue l'intellectuel, 9399, et la chaleur de la lumière donne la vie à la volonté, 9400. La plus grande partie des choses qui sont dans la lumière du ciel ne tombe ni dans l'idée, ni dans les paroles humaines, 4609. Les apparences dans l'autre vie sont, il est vrai, des apparences, mais vives, par conséquent réelles, parce qu'elles proviennent de la lumière du ciel qui appartient à la sagesse et à la vie procédant du Seigneur ; mais les choses qui proviennent de la lumière du monde ne sont pas réelles respectivement, si ce n'est qu'en tant qu'elles sont conjointes avec celles qui appartiennent à la lumière du ciel, 3485. La lumière spirituelle donne la faculté de penser; et, en influant dans les formes qui proviennent de la lumière du monde, elle présente toutes les choses qui appartiennent à l'entendement, 4415. La lumière chez ceux qui ont été illustrés vient de leur interne, c'est-à-dire, du Seigneur par l'interne, 10691, 10694.

Lumière et chaleur. Dans la lumière qui procède du Seigneur il y a non-seulement la lumière, mais aussi la chaleur ; la lumière elle-même est le vrai qui procède du Seigneur, et la chaleur est le bien, 4410. Le Seigneur est le Soleil du ciel, et par suite la lumière dans laquelle est l'intelligence, et la chaleur dans laquelle est l'amour, et de là viennent les correspondances, 3636, 3643. Dans le monde naturel, il y a deux choses qui y constituent la vie, à savoir, la chaleur et la lumière ; et, dans le monde spirituel, il y a deux choses qui y constituent la vie, à savoir, l'amour et la foi, 7082. La chaleur spirituelle et la lumière spirituelle font la vie de l'homme; *illustré*, 6032. La chaleur dans le monde naturel correspond à l'amour dans le monde spirituel, et la lumière dans le monde naturel correspond à la foi dans le monde spirituel, 7082. L'amour est réellement la chaleur vitale, car l'homme est échauffé par l'amour ; et la foi est réellement la lumière de l'homme, car l'homme est éclairé par la foi, 7082. La lumière du ciel n'est autre chose que la divine intelligence procédant du Seigneur, laquelle aussi brille devant les yeux, et la chaleur de cette lumière est le divin amour du Seigneur, qui aussi est chaud devant le sens, 5097. Le ciel est dans la lumière et dans la chaleur, et l'enfer dans l'obscurité et dans le froid, 3643. S'il est dit que le ciel est dans la lumière et dans la chaleur, cela signifie qu'il est dans la sagesse et dans l'amour, 3643, 9399, 9400.

Dans la Parole, les lumières *sign.* les vrais qui appartiennent à la foi, 3222. Les amours bons sont représentés par des flammes et les vérités par des lumières, 3222. La lumière du soleil correspond au divin vrai, 5377. Le sens interne de la Parole se montre dans la lumière du ciel, mais non de même dans la lumière du monde, 3086. La lumière de la perception est absolument autre que la lumière de la confirmation, 8521, 8780. La lumière de la confirmation est une lumière naturelle pouvant exister aussi chez les méchants, 8780.

Luminaire, *Luminare*. Les deux luminaires placés dans l'étendue des cieux *sign*. l'amour et la foi dans l'homme interne ; le luminaire grand *sign*. l'amour, et le luminaire moindre la foi, 30 à 38 ; *voir* Soleil et Lune. Le luminaire pour l'habitacle *sign*. l'amour mutuel et la charité, l'amour mutuel d'après la flamme, et la charité d'après la chaleur et la lumière qui en procèdent, 9473. Parce que les luminaires représentaient et signifiaient l'amour et la foi envers le Seigneur, il fut commandé, dans l'église judaïque, qu'un luminaire perpétuel serait allumé du soir au matin, 31.

Lumineux. Quand le bien a la domination, il produit des vrais continuellement, et fait de chaque vrai comme une petite étoile dont le milieu est lumineux, 5912.

Lune. *Voir* Soleil. Le Seigneur apparaît comme soleil à ceux qui sont dans le royaume céleste où règne l'amour envers le Seigneur, et comme lune à ceux qui sont dans le royaume spirituel, où règnent la charité à l'égard du prochain et la foi, 1521, 1529, 1930, 1531, 1837, 4696. Le Seigneur comme soleil apparaît à une hauteur moyenne devant l'œil droit, et comme lune devant l'œil gauche, 1053, 1521, 1529, 1530, 1531, 3636, 3643, 4321, 5097, 7078, 7083, 7173, 7270, 8812, 10809. Le Seigneur a été vu comme soleil et comme lune, 1531, 7173. Le soleil est l'amour et la lune la foi, 30 à 38. De là le céleste est représenté par le soleil, et le spirituel est représenté par la lune, 1529, 1530. Le soleil est le céleste de l'amour, et la lune en est le spirituel, 2495. Le soleil est l'amour envers le Seigneur, et la lune la charité à l'égard du prochain, parce que le Seigneur est le soleil et la lune dans les cieux, 4060. Dans le monde spirituel, le Seigneur apparaît comme lune à une moyenne hauteur, vis-à-vis de l'œil gauche, 9684. Ce qui est entendu par la mer, le soleil, la lune, les étoiles, les nations, lorsque le Seigneur parle de la consommation du siècle, 2120, 2495. Quand les anciens, qui étaient dans le culte représentatif, tournaient leurs regards vers la lune, ils étaient remplis d'une certaine vénération sainte, parce que la lune signifiait l'amour spirituel, 4288. « La lune ne fera point resplendir sa lumière, » — Ésaïe, XIII. 10, — *sign*. que la charité et la foi ne peuvent plus exister chez l'homme, qu'ainsi l'homme ne peut plus être régénéré, 8902.

Des esprits de la lune et de ses habitants, 9232 à 9237. Taille et corpulence des esprits de la lune ; dans le très-grand homme, ils ont relation avec le cartilage scutiforme ou xiphoïde, 9232, 9233, 9236. Ils font entendre des voix comme un bruit de tonnerre, 9232, 9233. Ils tonnent ainsi pour effrayer les autres esprits, 9234. Cela vient de ce que la lune n'est pas entourée d'une atmosphère de même nature que celle des autres terres, 9235. Les habitants parlent, non pas d'après le poumon, comme les habitants des autres terres, mais d'après l'abdomen, au moyen d'un certain air qui s'y trouve resserré, 9235. Il y a pareillement des habitants dans les lunes ou satellites qui sont autour de la terre de Jupiter et autour de la terre de Saturne, 9237.

Luthériens, 1799.

Lutte, *Luctatio*. La lutte *sign*. la tentation, 4274, 4283. Luttes de Dieu, et prévaloir, — Gen. XXX.

6, — *sign.*, dans le sens suprême, la propre puissance ; dans le sens intime, la tentation dans laquelle l'homme est vainqueur ; et, dans le sens externe, la résistance de la part de l'homme naturel, 3927, 3928.

LUTTER, c'est être dans la tentation, 4274.

LUXÉ (être), *Luxari.* C'est être disjoint et ainsi blessé, 4281.

LUXURES (les) de divers genre détruisent les intérieurs de l'homme, et par suite sont des causes de maladies, 5712.

LUZ. C'était l'ancien nom de Béthel, 4556. Luz, dans la langue originale, signifie éloignement ou disjonction. C'est la qualité de l'état précédent, c'est-à-dire, c'est lorsque le vrai est placé en premier lieu, et que le bien est négligé, 3730. C'est le naturel dans l'état précédent, 4556, 6229.

LYBIE. Puth ou la Lybie signifie les connaissances d'après le sens littéral, par lesquelles de faux principes sont confirmés, 1163, 1164, 1166. Voir PUTH.

LYMPHATIQUES. Les gyres de ceux qui appartiennent à la province des lymphatiques sont légers et prompts comme un liquide qui coule doucement, de sorte qu'on peut à peine apercevoir une gyration, 5181.

LYMPHE. Purification de la lymphe ; ce qu'elle représente, 5173. La meilleure espèce de lymphe est dans les ventricules du cerveau, 4049. Dans l'entonnoir, la lymphe est de deux espèces, l'une utile et l'autre excrémentitielle ; esprits qui ont relation avec la lymphe utile, et esprits qui ont relation avec la lymphe excrémentitielle ; quels ils sont, 4050.

M

MAACHAH, fils de Nachor par Réumah, — Gen. XXII. 24, — *sign.* une des religiosités et l'un des cultes des nations constituant la troisième classe des spirituels qui sont sauvés, 2869.

MACHALATH, fille de Jismaël, fils d'Abraham, *sign.* l'affection du vrai d'origine divine, 3687.

MACHALATH, instrument de musique, 8337, *f.*

MACHANAÏM. Ce mot, dans la langue originale, *sign.* les deux camps ; dans le sens interne, il signifie l'un et l'autre royaume du Seigneur, à savoir, le royaume céleste et le royaume spirituel, 4237.

MACHINATIONS. Ceux qui, dans le monde, sont parvenus aux honneurs ou aux richesses par des machinations, des artifices et des fourberies, deviennent magiciens dans les enfers, 10410 *f.*

MACHINER, *Machinari.* C'est vouloir d'après une intention mauvaise, 4724.

MACHIR, fils de Ménascheh, fils de Joseph, *sign.* le vrai d'après le bien ; *montré*, 6584. Les fils de Machir sont les biens conjoints avec les vrais, 6584.

MACHLI, fils de Mérari. Les fils de Mérari *sign.* la troisième classe des dérivations du bien et du vrai, 7230.

MACHOIRE (la), *Maxilla, sign.* l'affection du vrai intérieur, 9048. Frapper la mâchoire ou la joue *sig.* détruire le vrai ; et, dans le sens opposé, détruire le faux, 9048. La mâchoire droite *sign.* l'affection du vrai d'après le bien, 9048. Comme appartenant à la bouche, la mâchoire *sign.* ce qui appartient à l'énonciation du vrai, 9048. *Voir* JOUE.

MACHPÉLAH *sign.* la foi qui est dans l'obscur, 2935. Quand à Machpélah il est ajouté la caverne, ou quand il est dit la caverne de Machpélah, il est signifié la foi qui est dans l'obscur, 2970. Mais c'est la régénération qui est signifiée quand il n'est pas parlé de la caverne, 2970. La caverne signifie l'obscur de la foi, et Machpélah la qualité de l'obscur, 6455. Il est souvent dit la caverne du champ de Machpélah; pourquoi cette fréquente répétition? 6551. Dans la caverne du champ de Machpélach *sign.* le commencement de la résurrection, 6548.

MADAÏ, fils de Japhet, est une des nations qui ont eu un culte externe correspondant à l'interne, 1149. Madaï, dans la Parole, *sign.* tantôt le culte externe correspondant à l'interne, tantôt le culte opposé, 1151. Madaï *sign.* l'église externe ou le culte externe dans lequel est l'interne, 1228.

MADIAN. *Voir* MIDIAN.

MADIANITES. *Voir* MIDIANITES.

MAGDIEL, duc d'Édom, — Gen. XXXVI. 43, — *sign.* une qualité des doctrinaux du bien, 4651.

MAGES, *Magi.* Chez les Égyptiens ceux qui possédaient plus particulièrement les scientifiques intérieurs et les scientifiques extérieurs, et qui les enseignaient, étaient appelés mages et sages, 5223; mages, ceux qui possédaient et enseignaient les scientifiques intérieurs, et sages ceux qui possédaient et enseignaient les scientifiques extérieurs, 5223. Les mages de ce temps-là avaient connaissance des choses qui sont du monde spirituel; ils les apprenaient par les correspondances et par les représentatifs de l'église; aussi un grand nombre d'entre eux communiquaient-ils avec les esprits; et par suite ils apprirent les artifices illusoires par lesquels ils firent des miracles magiques; mais ceux qui étaient appelés sages ne s'occupaient pas de cela, ils expliquaient les choses énigmatiques, et enseignaient les causes des choses naturelles; c'est en cela que consistait principalement la sagesse de ce temps-là, 5223; *illustré*, 6052. De là, dans la Parole, les mages dans le sens bon *sign.* les scientifiques intérieurs, et les sages les scientifiques extérieurs; et, dans le sens opposé, les mages *sign.* ceux qui ont perverti les spirituels, et par suite exercé la magie, 5223. On a assigné des bâtons aux mages d'après les représentatifs dans l'autre vie, 7026. Pourquoi il a été permis aux mages de l'Égypte de faire la même chose qu'Aharon, 7298. Les sages de l'orient qui vinrent vers Jésus quand il naquit, sont appelés mages; pourquoi? 3762.

MAGICIENNES, *Magæ.* Quelles sont les femmes qui deviennent magiciennes dans l'autre vie, 831. Artifices inconnus dans le monde, et dont elles s'instruisent, 831. Enfers des magiciennes, 9794, 10165. *Voir* MAGIE, SIRÈNE.

MAGICIENS. *Voir* MAGES. Il y a des magiciens en très-grand nombre dans l'autre vie, 7296. Les magiciens y peuvent introduire chez les autres la stupidité quant à l'aperception du vrai; comment, 7298. Quels sont ceux qui deviennent magiciens dans l'autre vie, 6692. Quel est alors leur sort, 10409, *f.* Aux magiciens est enfin enlevée dans l'autre vie la puissance d'exercer la magie, 7299; elle leur est enlevée de deux manières, 7299. Les enfers des magiciens sont dans un plan sous les plantes des pieds à droite, un peu sur le devant, s'étendant dans une grande distance, 6692; *voir* aussi 4936. D'où vient qu'aujourd'hui les magiciens sont représentés avec un bâton à la main, 4013. Il en était de même dans l'antiquité; pourquoi? 4936. *Voir* MAGIE.

MAGIE, *Magia*. La magie n'est autre chose que la perversion de l'ordre; c'est principalement l'abus des correspondances, 6692. C'est une application perverse des choses qui appartiennent à l'ordre dans le monde spirituel, 5223, *f*. Tous ceux qui sont fortement convaincus que tout appartient à la propre prudence, et rien à la divine Providence, sont dans l'autre vie très-enclins à la magie, 6692. Sont aussi enclins à la magie ceux qui imaginent un grand nombre d'artifices pour parvenir aux honneurs, 6692. A la magie s'adonnent dans l'autre vie ceux qui, dans le monde, imaginaient et machinaient divers artifices par lesquels ils trompaient le prochain, 7097. Les prestiges et les magies constituent l'étude de ceux qui, par ruse, ont imaginé des artifices pour tromper les autres et ont attribué toutes choses à la propre prudence, 7296. Les prestiges, les enchantements et la magie, sont un abus de l'ordre divin; comment se fait cet abus; *illustré*, 7296, 7337. L'église ancienne, par laps de temps, tourna en idolâtrie, et dans l'Égypte, à Babylone et ailleurs, en magie, 4680. La magie égyptienne a tiré son origine de la connaissance des correspondances du monde naturel avec le monde spirituel, et de l'abus de ces correspondances, 4964. Comment chez les Égyptiens la science des correspondances et des représentations fut tournée en magie, 10437. Magie naturelle; d'après elle il n'a pu être prédit rien de divin, mais seulement ce qui était contre le divin, c'est-à-dire contre le Seigneur, et contre le bien de l'amour et le vrai de la foi envers lui, 3698. Dans la Parole, la sagesse de celui qui veut être sage par le monde est appelée magie, 130. *Voir* PRESTIGES, MAGIQUE.

MAGIQUE. Les choses magiques se font par l'abus des correspondances, 6052. Par l'Égypte sont signifiés les scientifiques contraires aux vrais de l'église; c'est parce que les Égyptiens ont changé les scientifiques de l'église en choses magiques, 6692. D'après les hiéroglyphes et les opérations magiques des Égyptiens, il est évident qu'il y a eu chez eux l'église représentative, 7097. Des hiéroglyphes et des opérations magiques des Égyptiens 6692.

Dans l'autre vie, il y a un très-grand nombre d'arts magiques qui sont absolument inconnus dans le monde, 4227. Quels sont les esprits qui s'appliquent le plus ordinairement dans le monde des esprits aux arts secrets et magiques, 4227. Infestation par des artifices magiques, 5566. Il y a quelques esprits qui, par le vrai provenant du divin, exercent une puissance magique, 8200. *Voir* MAGIE.

MAGISTRATS. Les chefs préposés sur ce qui, parmi les hommes, concerne le monde, ou sur les choses civiles, sont appelés magistrats, 10793, 10799.

MAGNIFIQUE (le) de Jacob, c'est le Seigneur, 9378. Le Magnifique qui s'approchera vers Jéhovah, — Jérém. XXX. 21, — *sign.* être uni, car l'approche du divin vers le divin n'est autre chose que l'union, 9378, *f.*

MAGOG, fils de Japhet, est une des nations qui ont eu un culte externe correspondant à l'interne, 1149. Magog, dans la Parole, *sign.* tantôt le culte externe correspondant à l'interne, tantôt le culte opposé, 1151. « Gog, terre de Magog, prince et chef de Meschech et de Thubal, » — Ézéch. XXXVIII. 2, — c'est le culte dans les externes, 1151. Dans l'Apocalypse, — XX. 7 à 9, — Gog et Magog *sign.* ceux qui sont dans le culte externe sans culte interne, par conséquent dans un culte devenu idolâtrique, 2418.

MAHALALEL, fils de Kénan, *sign.* la cinquième église très-ancienne, 506, 510. L'église appelée Mahalalel était telle, qu'on préférait l'agrément que procurent les vrais aux plaisirs provenant des usages, 511.

MAIE, *Mactra.* Voir HUCHE.

MAIGRE, *Macilentum.* C'est ce qui n'appartient à aucune charité, 5258.

MAIGRIR, *Emaciari.* L'homme maigrirait et périrait, s'il prenait de l'eau seule ou de la boisson seule sans faire usage de pain et d'aliment; il en serait de même du vrai de la foi sans le bien de la charité à l'égard de l'homme spirituel, 4977.

MAIN (la) *sign.* la puisssance, 878, 3091, 4931 à 4937, 6947, 10019; et par suite tout ce qui est chez l'homme, par conséquent aussi tout ce qui vient de lui, 9133, 10019, 10405. La main droite *sign.* la puissance du bien par le vrai, 9604, 9736, 10061; et la droite de Jéhovah la divine puissance du Seigneur, ainsi la toute-puissance, 3387, 4592, 4933, 7518, 7673, 8281, 9133, 10019. La droite de Jéhovah est la toute-puissance, et se dit du Seigneur quant au divin vrai; *montré,* 8281. Par la main est signifiée la puissance, et par suite la confiance, 878. Quand il s'agit de Jéhovah la main est la toute-puissance, 878. La puissance, par conséquent la main, se dit du vrai, 3091. La main se dit aussi du bien, parce que la toute-puissance, qui appartient au vrai, procède du bien, 3563. La main est la puissance spirituelle, et le bâton la puissance naturelle, 7011. La main est la puissance procédant du divin rationnel du Seigneur, par conséquent interne, et le bâton la puissance procédant de son divin naturel, par conséquent externe, 6947. La main est la puissance et se dit des vrais d'après le bien, et elle signifie tout ce qui est chez l'homme, ainsi l'homme tout entier, 10019; parce que la tête et tout le corps de l'homme exercent leur puissance par les mains, 10019. Le pouce de la main *sign.* le vrai dans sa puissance, et aussi l'intellectuel, 10062. Les doigts de la main ont la même signification que la main, 10062, *f.* La main, c'est le propre, 10405. La main, c'est la volonté, 8066. Le poing est la pleine puissance par le vrai d'après le bien, et par le faux d'après le mal; *montré,* 9025. Les paumes des mains sont la pleine puissance, 10082.

Imposer les mains, c'est communiquer à un autre ce qui est à soi, et c'est aussi la réception, parce que ce qui est communiqué est reçu par l'autre, 10023. Imposer les mains sur la tête de la bête qui devait être sacrifiée, c'est le représentatif de la réception du divin bien et du divin vrai, 10023. Dans les bénédictions, poser les mains sur la tête est un rite tiré des anciens, parce que la tête, c'est où il y a l'intellectuel et le volontaire, et que le corps, c'est où il y a les actes et l'obéissance, 6292. Le rite d'inaugurer et de bénir par l'imposition des mains vient de ce que les mains signifient la puissance, 878.

Emplir la main, c'est le communicatif et le réceptif du divin vrai procédant du Seigneur, 10493. C'est le représentatif de la divine puissance du Seigneur, dans les cieux, par le divin vrai procédant du divin bien du Seigneur, et aussi son communicatif et son réceptif, là ; *montré*, 10076 ; et c'est le second état de la glorification du Seigneur, 10076. Emplir la main, c'est aussi la purification des maux et des faux ; *montré*, 10076, *f*. Emplir les mains, c'est représenter le Seigneur quant au vrai, 9955. L'emplition de la main est l'inauguration pour représenter le divin vrai procédant du divin bien du Seigneur, et ainsi la puissance ; *montré*, 10049. Etre posé sur les paumes d'Aharon, c'est la reconnaissance que cela appartient au Seigneur, 10082.

« Ouvrage de main, » c'est ce qui vient du propre ; *montré*, 1406. « De ce qui vient en la main, » ce sont des choses qui appartiennent à la Providence, ainsi des divins, 4262. « Sous la main de quelqu'un, » c'est pour la disposition, en toute nécessité, 5296. « Sous la main, » c'est sous l'intuition, 9035. « En sa main, » c'est ce qui est chez lui, parce que ce qui est dans sa puissance est chez lui, et est lui-même, 9133. « Par main forte, » c'est de toute force et de toute puissance, 7188, 7189. « Par la force de la main de Jéhovah, » c'est d'après la divine puissance du Seigneur, 8050 ; de même par « main forte, » 8069. La main haute, c'est la puissance divine ; *montré*, 8153. Étendre la main, c'est la domination de la puissance, dans le sens suprême une puissance illimitée ; c'est aussi agrandir, 7673. S'asseoir à la droite, c'est l'état de la puissance, 3387, S'asseoir à la droite de Dieu, c'est la toute-puissance, 7518. Lever la main, c'est la puissance dans le spirituel, et lever le pied, c'est la puissance dans le naturel, 5327, 5328. Laver les mains et les pieds, c'est purifier les intérieurs et les extérieurs, 10241. Étendre la main vers le ciel, et aussi le bâton, c'est l'action de se tourner vers, et l'approche du ciel, 7568, 7572. Étendre les paumes vers le ciel, quand cela est fait pour un autre, c'est l'intercession, 7596. Poser la main sur les yeux, c'est vivifier ; pourquoi ? 6008. Mettre la main avec quelqu'un, c'est l'obéissance, 9249. Donner en la main, c'est confier, comme aussi en tant qu'il est en la puissance, 5544. Envoyer par la main, c'est médiatement, 6996. Parler par la main de quelqu'un, c'est au moyen de lui, ou médiatement ; *montré*, 7619. La main de Jéhovah contre quelqu'un, c'est la plaie, la punition, et aussi la vastation, 7502.

De la correspondance des mains, des bras et des épaules, avec le très-grand homme, 4931 à 4937. Ceux qui correspondent aux mains sont ceux qui sont puissants par le vrai de la foi d'après le bien, ainsi les mains sont des puissances, 4932. Peau des mains, 5555.

Maison, *Domus*. C'est le mental, 7353. C'est le mental ou naturel ou rationnel, 4973. C'est le mental naturel et le mental rationnel, ainsi l'homme; *montré*, 5023. C'est le mental rationnel quant au bien, et quant au vrai conjoint au bien comme par un mariage, 3538. La maison *sign.* la volonté et les choses qui appartiennent à la volonté, 710. La maison *sign.* le bien; et, dans le sens opposé, le mal, 5134. La maison *sign.* tant l'interne que l'externe de l'homme, 5648. La maison *sign.* l'église quant au bien, ainsi tout ce qui appartient à l'église, 4512. La maison *sign.* les biens, et aussi ceux qui sont dans les biens, 2231, 2233; et même les plaisirs intérieurs qui sont des biens pour eux, 2559. La maison est la volonté du bien, 7848, 7929. La maison *sign.* diverses choses, et même la mémoire, 9150.

La maison, avec ce qui est au dedans, *sign.* les choses qui, chez l'homme, appartiennent à son mental, par conséquent ses intérieurs, 710, 2233, 2234, 2719, 3128, 3538, 4973, 5023, 6619, 6690, 7353, 7848, 7910, 7929, 9150; conséquemment les choses qui appartiennent au bien et au vrai, 2233, 2234, 2559, 4982, 7848, 7929. Les cabinets et les chambres à coucher signifient les choses qui y sont intérieures, 3900, 5694, 7353. Ce que signifient en divers sens les appartements secrets, 3900. Ceux qui sont au dedans de la maison, et plus encore ceux qui sont dans une même chambre, pensent comme un seul; il en est autrement de ceux qui sont au dehors; *illustré* et *montré*, 9213, *f.* Entrer dans son cabinet, c'est se tenir en secret et en soi-même, 5694. Le toit de la maison signifie le bien qui est supérieur, et les choses qui sont dans les maisons signifient les vrais, 3652, 10184. La maison construite en bois *sign.* les choses qui appartiennent au bien, et la maison construite en pierres celles qui appartiennent au vrai, 3720.

La maison de Dieu est l'église, dans un sens plus universel, tout le royaume du Seigneur, et dans le sens suprême le Seigneur quant au bien, et le temple est la même chose quant au vrai, 3720; c'est pour cela que la maison de Dieu, chez les très-anciens, était de bois, parce que le bois est le bien, 3720; et que la maison de Dieu est le royaume de Dieu dans le dernier de l'ordre, 3720. La maison de Dieu, dans le sens suprême, *sign.* le divin humain du Seigneur quant au divin bien, et le temple le signifie quant au divin vrai; et, dans le sens respectif, le ciel et l'église quant au bien et au vrai, 3720. Dans le sens particulier, la maison de Dieu *sign.* l'homme lui-même en qui est le royaume ou l'église du Seigneur, 2048. Quand l'homme est appelé maison, c'est le céleste de la foi chez lui qui est signifié; quand il est appelé temple, c'est le spirituel de la foi chez lui qui est signifié, 2048.

Dans le temps très-ancien, on était distingué en maisons, familles et nations, 470; causes pour lesquelles on habitait ainsi distingué, 471, 483, 1246. Les sociétés des fils d'Israël par divisions en tribus, familles et maisons, ont représenté le ciel et les choses célestes, 7836, 7891, 7996, 7997. La maison de Jacob, c'est l'église externe; la maison d'Israël, c'est l'église interne, 5550, 8770. La maison de Joseph, ce sont les célestes du spirituel, 6526. La maison d'Israël, ce sont ceux qui sont dans les vrais, et la maison d'Aharon ceux qui sont dans les biens, 9806. La maison de Jéhovah est l'église où l'amour est le principal; la maison de Jehudah, l'église céleste; la maison d'Israël, l'église spirituelle, 710. Habiter dans la maison de Jéhovah, c'est être et vivre dans le bien de l'amour, 3384. La maison du père, c'est le bien particulier de chacun; *illustré*, 7823, 7834, 7835. La maison du père, ce sont les maux héréditaires, 5353. La maison du père, lorsque cela est dit du Seigneur, c'est le divin même dans lequel le Seigneur a été par la conception, 3736. La maison de la mère, c'est le bien de l'homme externe, 3128. La maison des frères, c'est le bien dont procède le vrai, 3124. La maison de Pharaon, c'est tout le naturel, 5875, 5933, 6115. Les maisons de Pharaon, de tous ses serviteurs et de tous les Égyptiens, ce sont toutes les choses, en général et en particulier, qui sont dans le naturel, 7648. La maison de serfs ou d'esclaves, c'est la captivité spirituelle, 8049; et aussi l'enfer, 8866.

La maison, qui est le mental naturel, est appelée maison vide et balayée, quand là il n'y a ni les biens ni les vrais qui sont le mari et l'épouse, ni les affections du bien et du vrai qui sont les filles et les fils, ni les choses qui confirment, lesquelles sont les serviteurs et les servantes; l'homme lui-même est la maison, parce que le mental rationnel et le mental naturel font l'homme, 5023. La maison vide, ce sont les intérieurs de l'homme remplis de maux et de faux, 4744. Balayer la maison, c'est se dépouiller de tous les biens et de tous les vrais, et se remplir par conséquent de maux et de faux, 3142. L'homme est la maison, à savoir, son bien interne est la maison du père, les biens qui sont dans un même degré la maison des frères, et le bien externe la maison de la mère, 3128. La maison pour les bons est le bien céleste, et alors le champ est le bien spirituel; et quand la maison est le bien spirituel, le champ est le vrai spirituel, 4982. Le né de la maison; ce qu'il signifie, 1708. Les nés de la maison sont les célestes, et les achetés par argent sont les spirituels, 2048. L'intendant de la maison, c'est l'église externe, lorsque la maison est l'église interne, 1795. Celui qui est sur la maison, c'est ce qui est de l'église externe, lorsque celui qui est dans la maison est l'église interne, 5640. Entrer dans la maison de quelqu'un, c'est la communication, 5776. Dieu fit des maisons aux sages-femmes, *sign.* qu'il disposa les scientifiques dans la forme céleste, 6690. Acquérir des scientifiques, et par eux élever l'homme externe et le bâtir, c'est agir absolument comme lorsqu'on bâtit une maison, 1488.

Il y a divers habitacles ou maisons pour les bienheureux, 4622. Les anges ont des cités, des palais et des maisons, 940, 941, 942, 1116, 1626, 1627, 1628, 1630, 1631, 4622. Habitations des anges; combien elles sont magnifiques; pour eux ce sont des choses réelles; celles qui sont dans le monde ne le sont pas ainsi, 1628, 1629. Ce qui a lieu, quand elles se changent en de plus belles, 1629. Ces habitations vues par des âmes récemment venues du monde, 1630. Les riches sans charité habitent d'abord dans des palais magnifiques, ensuite dans des maisons de plus en plus viles; enfin ils demandent l'aumône, 1631. *Voir* aussi PALAIS.

MAÎTRE, *Magister*. Dans la Parole, par maître ou seigneur (*dominus*), il est entendu le Seigneur quant au divin bien; et par maître (*magister*), il est entendu le Seigneur quant au divin vrai, 9167.

MAÎTRE (le), *Herus*, sign. la domination, 3582. Charité des maîtres à l'égard des serviteurs, 8122.

MAÎTRE DE MAISON, *Paterfamilias*. L'église externe est appelée l'intendant de la maison, lorsque l'église interne est elle-même la maison, et le Seigneur est appelé le maître de maison, 1795.

MAÎTRESSE, *Domina*. Saraï appelée maîtresse, *sign.* l'affection du vrai intérieur, 1936.

MAL, *Malum*. Tous les hommes, en général, naissent dans les maux de tout genre, à un tel point que leur propre n'est que mal, 210, 215, 731, 874, 875, 876, 987, 1047, 2307, 2308, 3518, 3701, 3812, 8480, 8550, 10283, 10284, 10286, 10731. *Voir* PROPRE. Le mal héréditaire de l'homme est de s'aimer de préférence à Dieu, d'aimer le monde de préférence au ciel, de ne faire aucun cas du prochain en le comparant à soi, et de ne le considérer qu'en vue de soi, ce qui est se considérer soi-même; ainsi, le mal héréditaire est l'amour de soi et du monde, 694, 731, 4317, 5660. Des amours de soi et du monde, quand ces amours prédominent, découlent tous les maux, 1307, 1308, 1321, 1594, 1691, 3413, 7255, 7376, 7480, 7488, 8318, 9335, 9348, 10038, 10742. Ces maux sont le mépris pour les autres, les inimitiés, les haines, les vengeances, les cruautés, les fraudes, 6667, 7372, 7373, 7374, 9348, 10038, 10742; et de ces maux provient tout faux, 1047, 10283, 10284, 10286. L'homme naissant dans les amours de soi et du monde, il s'ensuit que dans ces amours sont ses maux héréditaires, 694, 4317, 5660 ; *voir* HÉRÉDITAIRE. L'homme n'est que mal; c'est pourquoi il ne peut pas dominer sur le mal, 947. Les petits enfants ne sont que mal, 2307, 2308.

Il y a d'innombrables genres de maux, 1188, 1212, 4818, 4822, 7574. Il y a le mal d'après le faux ou le mal du faux, et il y a le faux d'après le mal ou le faux du mal, et de nouveau par suite le mal et le faux, 1679, 2243, 4818. Il y a les maux qui viennent de la faute de l'homme et qu'il a confirmés chez lui, et il y a les maux qui ne viennent pas de sa faute, et qu'il a reçus par d'autres et n'a point confirmés, 4171, 4172. Il y a des maux qui proviennent de l'entendement et non de la volonté, et il y a des maux qui proviennent de l'entendement et de la volonté en même temps, 9009.

Origines du mal. L'amour de soi et l'amour du monde sont les origines du mal, 8318. De ceux qui sont dans les maux d'après l'amour de soi; ils sont profondément dans l'enfer selon la qualité et la quantité de cet amour, les maux provenant de cette origine étant les pires de tous, 8318. De ceux qui sont dans les maux d'après l'amour du monde; ils sont aussi dans des enfers, mais non aussi profonds que les enfers de ceux qui sont dans le mal de l'amour de soi, 8318. Il y a en outre une troisième origine du mal, c'est de faire le mal d'après les principes d'une religion fausse, 8318.

Mal du faux. C'est un mal qui tire son origine des principes du faux ; *exemples*, 7272 ; *voir* FAUX. Le mal du faux, c'est quand l'homme a confirmé chez lui le mal et conclu que ce n'est point un mal, et que par suite il le fait ; alors d'après le faux il fait le mal ; *exemples*, 10624. C'est principalement dans les matières de religion qu'existent les maux du faux, 10624. Il y a en général deux origines du mal, l'une d'après la vie, et l'autre d'après la doctrine, 4745. Ce qui provient de la doctrine du faux est appelé le mal d'après le faux, 4745. Il y a autant de maux du faux que de faux de la foi et du culte, 7272. Le mal d'après le faux du mal est le mal de la vie d'après un faux doctrinal tiré du mal de l'amour de soi, et confirmé par le sens de la lettre de la Parole, 4818, 4837. Ce mal est tel, qu'il ferme tout chemin vers l'homme interne, au point que rien de ce qui appartient à la conscience ne peut être formé chez lui ; *exemples*, 4818. Maux d'après les faux et faux d'après les maux, 1679.

Faux du mal. Le faux d'après le mal ou le faux du mal est le faux chez ceux qui sont dans le mal, 10109 ; c'est le mal se montrant dans une forme, 9331 ; *voir* FAUX. Ceux qui sont dans les faux d'après le mal sont jetés dans l'enfer par la présence seule du Seigneur ; *illustré* et *montré*, 8265. Autant les faux d'après le mal sont éloignés, autant sont multipliés les vrais d'après le bien ; *illustré*, 10675.

Tous les maux sont adhérents à l'homme, après la mort, mais autrement chez ceux qui ont vécu dans les maux, et autrement chez ceux qui ont vécu dans la charité, 2116. Combien sont grands aujourd'hui les maux, on le voit dans l'autre vie par ceux qui viennent du monde chrétien, 2121, 2122 ; *voir* JUGEMENT. Le bien et le vrai sont aujourd'hui changés à l'instant en maux et en faux dans le monde des esprits, 2123. Les maux sont séparés d'avec le bien chez ceux qui sont élevés au ciel, et le bien est séparé d'avec le mal chez ceux qui se portent dans l'enfer, 2256. Les biens et les maux sont séparés chez l'homme, sinon l'homme périrait, 2269. Des maux découlent tous les faux, puisque ce sont les faux qui confirment les maux, et que les maux et les faux chez l'homme font un comme la volonté et l'entendement, 10624. Les maux ne peuvent pas être enlevés de l'homme, mais seulement l'homme peut en être détourné et être tenu dans le bien, 865, 868, 887, 894, 1581, 4564, 8206, 8393, 8988, 9014, 9333, 9446, 9447, 9448, 9451, 10057, 10060. Être détourné du mal et tenu dans le bien est effectué par le Seigneur seul, 929, 2406, 8206, 10060. Ainsi les maux et les faux sont seulement éloignés, et cela est fait successivement, 9334, 9335, 9336. Les maux empêchent le Seigneur d'entrer chez l'homme, 5696. L'homme doit s'abstenir des maux pour recevoir du Seigneur le bien, *montré*, 10109. Le bien et le vrai influent du Seigneur en tant qu'on s'abstient des maux, 2388, 2411, 10675. Être détourné du mal et tenu dans le bien, c'est la rémission des péchés, 8391, 8393, 9014, 9444 à 9450. Le mal n'est séparé ni de l'homme ni de l'ange, mais l'un et l'autre sont détournés du mal, 1581. Les hommes sont détournés du mal avec une grande force par le Seigneur, 929. Tout mal reste chez l'homme quoiqu'il soit régénéré, 4564; le mal chez le régénéré est seulement séparé; et, au moyen de la disposition que fait le Seigneur, il est rejeté dans les périphéries, 4564. Quand le régénéré est détourné du mal par le Seigneur, il semble que les maux ont été rejetés, et qu'il en a été purifié, 4564. Les intérieurs sont souillés de mal, de quelque manière qu'il apparaisse autrement à l'extérieur ; *illustré*, 7046. Quand l'homme est tenu par le Seigneur dans le bien et dans le vrai, les maux et les faux sont éloignés, parce que le Seigneur est présent dans le bien et le vrai; *illustré*, 8206.

Le mal est une séparation et un éloignement d'avec le Seigneur, et c'est là ce qui est signifié dans la Parole par le mal, 4997, 5229, 5474, 5746, 5841, 9346. Il est et il signifie une séparation et un éloignement d'avec le bien et le vrai, 7589. Il est et il signifie ce qui est contre l'ordre divin, 4839, 5076. Le mal est la damnation et l'enfer, 3515, 6279, 7155. Le mal efflue de l'intention ou de la fin, 4839. Le mal est une disjonction; et l'on sait ce que c'est que le mal, si l'on s'applique à savoir ce que c'est que l'amour de soi et du monde, 4997. On ne peut pas savoir ce que c'est que le mal, à moins qu'on ne sache ce que c'est que l'amour de soi et du monde, ni ce que c'est que le faux, à moins qu'on ne sache ce que c'est que le mal, 7178. On ne sait pas ce que c'est que l'enfer, à moins qu'on ne sache ce que c'est que le mal, 7181. Les faux d'après le mal sont pesants et tombent comme une pierre; *illustré*, 8278, 8279. Les maux sont pesants et tombent dans l'enfer, et le faux y tombe, non d'après soi, mais d'après le mal, 8298. L'homme se jette dans l'enfer quand il fait les maux d'abord par consentement, puis de propos délibéré, et enfin par le plaisir de l'affection; par là il s'ouvre l'enfer, 6203; par suite le mal s'attache opiniâtrement, 6203. Le mal qui entre dans la pensée ne nuit pas, mais celui qui passe dans la volonté et dans l'acte nuit, 6204. Dans les faux de leur mal sont ceux qui sont dans le mal de la vie, soit qu'ils le sachent, soit qu'ils ne le sachent pas, 7577, 8094. Le mal de la vie est le mal de la volonté et de la pensée qui provient de la volonté; ainsi c'est l'homme tel qu'il est intérieurement, et tel qu'il serait extérieurement sans les obstacles qu'y mettent les lois et les craintes de perdre les richesses, les honneurs, la réputation, et aussi la vie, 7795. Le mal de la vie a en soi le faux qui se manifeste, quand on pense aux vrais et au salut, si le vrai est alors falsifié, 8094. Le mal est approprié à l'homme, parce qu'il croit penser et agir par lui-même; s'il croyait autrement, il ne lui serait pas imputé, 6206. Quoique toutes choses influent, l'homme néanmoins devient coupable, parce qu'il s'approprie le mal, en ce qu'il croit qu'il le fait par lui-même, 6324; s'il croyait autrement, il ne pourrait pas lui être approprié, 6325. Le mal n'est pas approprié à l'homme, s'il croit que le mal influe de l'enfer et que le bien influe du Seigneur, et s'il se laisse conduire par le Seigneur, 4151. Si le bien et le vrai forment le rationnel et le naturel, alors l'homme devient l'image du ciel, mais si c'est le mal et le faux, il devient l'image de l'enfer, 3513.

Dans l'autre vie, le mal a en lui sa peine, et le bien sa rémunération, 696, 967, 1857, 6559, 8214, 8223, 8226, 9049. Le mal et la peine sont cohérents, 5798. Le mal de la peine et le mal de la faute ont été conjoints, 7344. Le mal retourne sur celui qui fait le mal, et devient le mal de la peine, 592. Le mal porte avec lui sa peine; *illustré*, 8214, 8223, 8226. Le mal se punit lui-même, c'est-à-dire que le méchant se précipite dans la peine qui correspond au mal, 1011, 1857. L'homme, dans l'autre vie, n'est point puni pour les maux héréditaires, parce qu'il n'en est pas blâmable, mais il est puni pour ses maux actuels, 966, 2308. Chez le Seigneur, il n'y eut aucun mal actuel ou propre, ainsi qu'il y en a chez tous les hommes, mais il y eut le mal héréditaire provenant de la mère, 1444; mais il n'y eut chez lui aucun mal héréditaire provenant de la mère, après qu'il eût, par les tentations, vaincu l'enfer, 1444. Les méchants ne sont pas punis avant que leurs maux soient parvenus à leur comble, 1856. Tel est l'équilibre dans l'autre vie, que le mal se punit lui-même, ou que les méchants se jettent dans la peine du mal, mais seulement quand il est parvenu à son comble, 1857. Chaque mal a sa limite, qui est différente chez chacun; quand cette limite est dépassée, le méchant se précipite dans la peine du mal, 1857. Les méchants se dévastent eux-mêmes, quand influe le ciel que le Seigneur met continuellement en ordre; et les maux et les peines sont conjoints, 7643. Le mal de la peine ou du talion est pour les méchants, et non pour les bons; *illustré*, 8223; *voir* TALION. Quand les méchants se font mutuellement du mal, il semble que cela vienne du divin, mais c'est une illusion, comme d'autres illusions, dont il est parlé, 8282. Le bien doit être conjoint avec sa rémunération, et le mal avec sa peine; *illustré* par une loi de l'ordre, dont il est parlé, 9048. Dans l'autre vie, tous sont remis dans leurs intérieurs, par conséquent dans leurs maux, 8870 *f*,

Le mal est attribué au Seigneur dans la Parole, et cependant il ne procède de lui que le bien, 2447, 6071, 6991, 6997, 7533, 7632, 7679, 7926, 8227, 8228, 8632, 9308. Pourquoi il est dit ainsi dans la Parole, 6071, 6991, 6997, 7632, 7643, 7679, 7710, 7926, 8282, 9010, 9128. Le mal est attribué au Seigneur, tandis qu'il vient de l'homme, et qu'il existe d'après la perversion de la vie qui influe du Seigneur, 6991, 7533; pour quelles causes il lui est attribué; *montré*, 6997. De l'homme vient le mal, parce que l'homme tourne vers soi le bien qui influe du Seigneur, et qu'au lieu de considérer dans toutes et dans chaque chose le Seigneur et ce qui appartient au Seigneur, il se considère lui-même, 7643, 7679, 7710. Rien du mal ne vient du Seigneur; *illustré*, 7877, 8632. Du Seigneur il ne vient que le bien, mais le mal vient de ceux-là mêmes qui sont dans le mal; *illustré*, 7926. Le Seigneur tourne le mal en bien chez les bons qui sont infestés et tentés; *démontré* par des représentations chez les esprits de Jupiter, 8631. Les anciens ont attribué le mal à Jéhovah à cause des simples; *illustré*, 7632. Pourquoi les anciens qui étaient simples ont attribué le mal à Dieu, 9010. Rien du mal ne vient du divin, mais tout mal vient des méchants ; *illustré*, 8227, 8228. Il est dans le libre de l'homme de s'abstenir du mal, parce qu'il est tenu dans le bien par le Seigneur, perpétuellement dans cet effort, 8307. Chez ceux qui sont dans le mal et par suite dans le faux, l'homme interne a été fermé en dessus et ouvert en dessous, 9128, *f.* ; de là il est évident que les maux et les faux ne viennent pas du Seigneur, 9128. Laisser à l'homme de faire le mal d'après le libre, c'est permettre, 10778. Les maux et les faux sont gouvernés par le Seigneur au moyen des lois de permission, et ils sont permis à cause de l'ordre, 7877, 8700, 10778. La permission du mal par le Seigneur est non pas comme de quelqu'un qui veut, mais comme de quelqu'un qui ne veut pas, mais qui ne peut pas porter secours en raison d'une fin urgente, 7877. Tout mal que les méchants projettent et font aux bons, le Seigneur le change en bien, 4493, *f.*

Les mauvais esprits ne peuvent exciter rien de mal ni rien de faux chez les petits enfants et chez les simples de cœur, 1667. Il n'est pas permis aux mauvais esprits de prononcer des faux, à moins que ce ne soit des faux provenant du mal qui est leur propre vie, 1695. Le Seigneur n'a aucune puissance par les mauvais esprits, mais il a la puissance seulement par le bien, 1749. Les maux et les faux n'ont absolument aucune puissance ; *illustré* et *montré*, 10481.

Le mal et le faux influent de l'enfer ; ainsi, par les mauvais esprits qui sont chez l'homme, 5846. Le mal met en ordre les faux dans la forme de l'enfer, 5704. Le mal est l'enfer, 6279. Le mal fait l'enfer chez l'homme, 7255. Le mal ne peut être changé en bien, 8765. Le mal a en horreur le bien, et le bien fuit le mal, 9809. Le mal de l'amour de soi n'est point, ainsi qu'on le croit communément, la hauteur externe qu'on nomme orgueil ; mais c'est la haine contre le prochain, et par suite le désir brûlant de la vengeance et le plaisir de la cruauté, 4750. Où est le mal, là est le faux ; le faux s'adjoint au mal comme une épouse à son mari, 5138. Ceux qui sont dans le mal ne peuvent que penser le faux, quand ils pensent d'après eux-mêmes, 7437. Le mal fait obstacle à l'influx du bien procédant du Seigneur, et le rejette, 8880. Le mal rejette et éteint tout vrai divin, 7790. Chez les méchants et chez les infernaux, les biens et les vrais, qui procèdent de la vie du Seigneur, deviennent des maux et des faux, 3743.

Dans le cerveau, les maux sont dans la partie droite, et les faux dans la partie gauche, 5725. Le mal bouche les vaisseaux les plus petits de tous et absolument invisibles, qui sont contigus aux intérieurs de l'homme ; de là, l'obstruction première et intime, et de là le vice premier et intime dans le sang, 5726.

MAL HÉRÉDITAIRE. *Voir* HÉRÉDITAIRE et MAL.

MALADES, *Ægroti*. Les anciens désignaient sous le nom de malades une des classes du prochain, 7260. Qui étaient ceux que les anciens entendaient par les malades qu'on devait visiter, 7261. Dans la Parole, cette expression signifie principalement ceux qui, dans un sens spirituel, sont malades, 7262. Quand les vrais et les biens sont falsifiés et adultérés, l'homme est spirituellement malade; et quand ils sont niés de cœur, l'homme est spirituellement mort, 9324. Lorsque la vie spirituelle est malade, il en dérive dans la vie naturelle un mal qui y devient une maladie, 8364; *voir* 6221, 9031. Lorsque le Seigneur guérissait des malades, il leur a souvent dit d'avoir la foi, et qu'il leur serait fait selon leur foi; c'est parce que, avant tout, il faut reconnaître que le Seigneur est le Sauveur du monde, car sans cette reconnaissance personne ne peut rien recevoir du vrai et du bien venant du ciel, 10083. La guérison du malade *sign.* la purification des maux et des faux du mal dans l'homme, 10360. Le malade *sign.* ceux qui reconnaissent qu'en eux il n'y a que le mal, 4956. Le malade *sign.* celui qui est dans le mal, 4958. Exercer la charité à l'égard de ceux qui sont naturellement malades, c'est être dans le culte externe; l'exercer à l'égard de ceux qui sont spirituellement malades, c'est être dans le culte interne, 7263. Être malade *sign.* le successif de la régénération; *illustré*, 6622.

MALADIE, *Morbus*. La maladie est le vrai falsifié et le bien adultéré, 9324. La maladie, c'est le mal, parce que dans le sens interne elle signifie des choses qui affectent la vie spirituelle; les choses qui affectent cette vie sont les maux, et elles sont appelées cupidités et convoitises, 8364. La maladie *sign.* la mauvaise santé de l'homme interne, 9031. Les maladies *sign.* les maux de la vie spirituelle, et correspondent à ces maux, 8364. Les divers genres de maladies *sign.* par conséquent les divers genres de vices et de maux de la vie spirituelle, 8364. Les choses qui appartiennent aux maladies dans le monde naturel se disent, dans la Parole, des maladies spirituelles, 9031. Toutes les guérisons de maladies, qui ont été opérées par le Seigneur, enveloppent les purifications des maux et des faux, ou les rétablissements de la vie spirituelle, 10360. Les miracles du Seigneur ont été principalement des guérisons de maladies, et ils enveloppaient et signifiaient les états de l'église, 8364, *f*. Les cures des maladies signifient des guérisons de la vie spirituelle, 9031. Cause physique des maladies et de la mort, 5726. Si l'homme vivait la vie du bien, il serait sans maladie, et seulement il décroîtrait vers la dernière vieillesse, jusqu'à ce qu'il redevînt enfant, mais enfant sage, et alors il passerait immédiatement dans le ciel, et serait revêtu d'un corps tel que celui qu'ont les anges, 5726. Les origines des maladies sont en général les intempérances, les luxures de divers genre, les voluptés entièrement corporelles, et aussi les envies, les haines, les vengeances, les lascivetés et autres affections semblables, qui détruisent les intérieurs de l'homme, lesquels étant détruits, les extérieurs souffrent et entraînent l'homme dans les maladies, 5712.

De la correspondance des maladies avec le monde spirituel, 5711 à 5727. Toutes les maladies chez l'homme ont une correspondance avec le monde spirituel, 5711; non pas, il est vrai, avec le ciel, qui est le très-grand homme, mais avec ceux qui sont dans l'opposé, ainsi avec ceux qui sont dans les enfers, 5712. Les maladies correspondent aux cupidités et aux passions du mental;

celles-ci en sont les origines, 5712. Tous les infernaux introduisent des maladies, lorsqu'ils s'appliquent à l'homme, mais avec différence, 5713. Il ne leur est pas permis d'influer jusque dans les parties solides dont se composent les viscères, les organes et les membres de l'homme, mais seulement dans les cupidités et dans les faussetés, 5713. Mais quand l'homme tombe dans une maladie, ils influent dans les impuretés qui appartiennent à la maladie, 5713. Rien n'empêche que l'homme ne puisse être guéri naturellement, car la Providence du Seigneur concourt avec les moyens naturels, 5713. Lorsque l'homme tombe dans telle maladie, qu'il avait contractée par sa vie, aussitôt il s'adjoint à sa maladie une sphère impure correspondante, et elle est présente comme cause fomentatrice, 5715. Les esprits qui ont été adultères au plus haut degré infligent des douleurs aux périostes, et partout où ils vont; d'après l'*expérience*; et aussi une grande oppression dans l'estomac, 5714. De ceux qui ont leur rapport avec les viscosités excrémentitiels du cerveau; ils s'élancent au dedans du crâne et par continuité jusqu'à la moelle épinière, et introduisent des frénésies et la mort; d'après l'*expérience*, 5717; quels ils sont, et où ils sont, 5717. De ceux qui, parce qu'ils veulent dominer et gouverner seuls tous les autres, excitent dans ce but parmi les autres des inimitiés, des haines et des combats; ils ont leur rapport avec la pituite épaisse du cerveau, auquel ils enlèvent le vital et impriment la torpeur, 5718; de là les obstructions, d'où résultent les principes d'un grand nombre de maladies; de là aussi les affaiblissements, 5718. Ceux qui méprisent la Parole, et qui sont en même temps dans l'amour de soi, ont leur rapport avec les vices du sang qui se répandent dans toutes les veines et dans toutes les artères, et corrompent toute la masse, 5719. Les hypocrites qui parlaient saintement des divins, et qui de cœur s'en moquaient, impriment des douleurs aux dents, aux os des tempes et à ceux des joues; d'après l'*expérience*, 5720. De ceux qui, pendant la vie, ont paru plus justes que les autres et ont été de graves personnages, et qui ont vécu de la seule vie de l'amour de soi dans des haines contre ceux qui ne leur rendaient pas une sorte de culte, 5721; ils introduisent, en s'appliquant à l'homme, une grande douleur par un ennui qu'ils insufflent et augmentent continuellement jusqu'à causer une excessive impatience, ce qui introduit dans le mental (*animus*) et par suite dans le corps une telle faiblesse, que l'homme peut à peine se lever du lit, 5721. De ceux qui, dans la vie du corps, ont été très-crapuleux; ceux-là, par leur présence et par leur influx dans les parties solides du corps, introduisent le dégoût de la vie, et une telle torpeur dans les membres et dans les articulations, que l'homme ne peut pas se lever de son lit, 5722. De ceux qui, dans la vie du corps, ne se sont livrés à aucune étude, ni même à aucun soin domestique, mais seulement à la volupté; ils introduisent dans l'estomac une telle oppression, qu'il semble qu'on puisse à peine vivre; d'après l'*expérience*, 5723. La sphère de tels esprits introduit chez les malades la torpeur dans les membres et dans les articulations, 5723. De ceux qui ont placé des scrupules de conscience en toute chose, en chargeant ainsi la conscience des simples; ils introduisent une anxiété sensible dans la partie de l'abdomen, sous la région du diaphragme, 5724; ils sont présents aussi dans les tentations, et produisent des anxiétés parfois intolérables, 5724. Ceux d'entre eux qui correspondent à un flegme visqueux moins vital tiennent alors opiniâtrement la pensée dans ces anxiétés, 5724.

Dans le monde spirituel les maladies sont les maux et les faux; les maladies spirituelles ne sont pas autre chose, car les maux et les faux enlèvent la santé à l'homme interne, et introduisent des malaises dans le mental, et enfin les douleurs, 6502. Les maladies spirituelles sont les maux détruisant la vie de la volonté du bien, et les faux détruisant la vie de l'entendement du vrai, 8364.

MALE, *Masculus*. Le mâle *sign*. l'entendement ou ce qui appartient à l'entendement, ainsi ce qui appartient à la foi, et la femelle *sign*. la volonté ou ce qui appartient à la volonté, ainsi ce qui appartient à l'amour, 476. Dans l'homme spirituel les très-anciens appelaient mâle l'entendement, et femelle la volonté, 54. Le mâle *sign*. le vrai et la femelle le bien, 672. Dans la Parole, quand le mâle *sign*. le bien, la femelle *sign*. le vrai; et, *vice versa*, quand le mâle *sign*. le vrai, la femelle *sign*. le bien, 5198. Par le mâle, en général, quand il s'agit des bêtes, sont signifiés les vrais, et par la femelle les biens, 4005. Par mâle et femelle, — Gen. V. 2, — est sifié le mariage entre la foi et l'amour, 476.

MALÉDICTION. C'est le rejet par le divin et par conséquent la damnation, 5156. Dans la Parole, la malédiction *sign*. l'action de se détourner, 5071. C'est la disjonction ou l'action de se détourner du bien, 245, 379, 1423, 3514, 3530, 3565, 3584. La malédiction *sign*. le faux qui est contre le vrai de la foi, et le mal qui est contre le bien de la charité, 7553.

MALFAIRE, *Malefacere*. Ne pas donner de malfaire, quand cela se dit du Seigneur, c'est ne pouvoir empêcher, 4078. Malfaire ou faire du mal est la seule chose qui réjouisse les infernaux, 3792.

MALHEUR! *Væ!* C'est une formule qui signifie le danger de la damnation éternelle, 3755.

MALHEUREUX, *Miseri*. Voir MISÉRABLES.

MALICE, *Malitia*. Toutes les choses qui appartiennent à la malice sont les plaisirs de la vie pour ceux qui ont vécu dans l'amour de soi et du monde, lorsqu'ils viennent dans l'autre vie, 10745.

MALICIEUX, *Malitiosi*. Des artifices de ceux qui, pendant la vie, ont paru plus justes que les autres et ont été de graves personnages, et qui ont vécu de la seule vie de l'amour de soi dans des haines contre ceux qui ne leur rendaient pas une sorte de culte; combien ils sont malicieux dans l'autre vie, 5721; leur enfer est vers la gauche à une moyenne distance, 5721, *f*. Des plus malicieux sous le talon du pied gauche à une grande profondeur; quels ils sont, d'après l'*expérience*, 4951. Malicieux qui sont assis dans une chambre, à une moyenne distance, 4951, *f*.

MALIGNITÉ, *Malignitas*. Combien est grande la malignité des mauvais esprits, 761. Malignité des génies infernaux, 8593 ; elle ne peut être décrite, mais elle peut être comparée à un venin mortel imperceptible qui pénètre jusqu'aux moelles mêmes, 8625. La malignité persuade et conduit, 9249.

MALKISÉDECH, *sign.* les célestes de l'homme intérieur chez le Seigneur, 1725. Quand il y a communication des célestes, l'homme intérieur du Seigneur est appelé Malkisédech ; et quand il y a communication des spirituels il est appelé Abram hébreu, 1732. Le spirituel qui est adjoint à l'homme interne est Abram hébreu, et le céleste qui est adjoint à l'homme interne est représenté et signifié par Malkisédech, 1741. Le pain et le vin présentés par Malkisédech, roi de Schalem, après la victoire d'Abram, *sign.* l'état de paix après les tentations, 1724 à 1727. Dans l'église représentative ancienne le sacerdoce et la royauté réunis dans une même personne, comme chez Malkisédech qui était roi de Schalem et prêtre du Dieu très-haut, représentaient l'union du divin bien et du divin vrai dans le Seigneur, 2015, 6148 ; et même la personne, dans laquelle ces deux dignités étaient conjointes dans l'ancienne église, était appelé Malkisédech ou roi de justice, 6148. Le Seigneur est appelé Malkisédech, — Ps. CX. 4, — ou Roi de justice, parce qu'il est devenu Jéhovah-Justice ; *montré* et *illustré*, 9809.

MAMELLES, *Ubera.* Ce sont les affections du bien et du vrai, *illustré* et *montré*, 6432. Les mamelles, qui ont été affermies, — Ézéch. XVI. 7, — ce sont les intérieurs du bien et du vrai, 6432 ; c'est le bien naturel, 3301. Les mamelles desséchées, — Hosée, IX. 14, — c'est qu'il n'y a plus d'affections, et qu'elles sont remplacées par les cupidités de pervertir, 9325 ; ce sont les affections du non-vrai et du non-bien, 6432. Se frapper sur les mamelles, — Ésaïe, XXXII. 12, — c'est être dans la douleur à cause de la perte du bien et du vrai, 6432.

MAMRÉ. Aner, Eschkol et Mamré, associés d'Abram, représentent des anges chez le Seigneur, quand il combattit dans le second âge de son enfance, et signifient l'état de l'homme rationnel du Seigneur quant à l'externe, 1705, 1752. Leurs noms *sign.* les biens et les vrais par lesquels le combat était livré, et non pas des noms d'anges, 1754. Ce que signifient les chênaies de Mamré, 2144, 2145. Les chênaies de Mamré, c'est la perception intérieure, 1616. Mamré est la qualité et le quantum de la chose à laquelle ce nom est joint, 2970, 4613, 6456.

MANACHATH, fils de Schobal, chorite, — Gen. XXXVI. 23, — *sign.* une troisième classe de vrais, et une qualité de ces vrais, 4648.

MANASSÉ, fils de Jacob. *Voir* MÉNASSEH.

MANCHOTS, *Manci.* Les anciens désignaient sous le nom de manchots une des classes du prochain, 7260 ; par ceux qui étaient ainsi nommés, ils entendaient ceux qui étaient tels spirituellement, 7261. Exercer la charité à l'égard de ceux qui sont naturellement manchots, c'est être dans le culte externe ; l'exercer à l'égard de ceux qui le sont spirituellement, c'est être dans le culte interne, 7263.

MANDUCATION, *Manducatio.* Dans la sainte cène, la manducation est l'appropriation et la conjonction, 10521.

MANGER. C'est la conjonction et l'appropriation du bien ; *cité*, 10686. Manger *sign.* être approprié et conjoint par l'amour et par la charité, 2187, 2343, 3168, 3513, 5643; par suite manger *sign.* être consocié, 8001. Manger se dit de l'appropriation et de la conjonction du bien, et boire se dit de l'appropriation et de la conjonction du vrai, 3168, 3513, 3832, 9412. Ce que signifie manger et boire dans le royaume du Seigneur, 3832. Manger et boire, c'est l'information sur le bien et sur le vrai; *montré*, 9412. Manger *sign.* aussi l'appropriation du mal, 4745. Manger la pâque *sign.* être en union avec les autres, 8001. Manger les choses sanctifiées des sacrifices *sig.* s'approprier la nourriture céleste et spirituelle, 2187, 2343. Dans la sainte cène, par manger et boire est signifiée l'appropriation du bien et du vrai; pourquoi la vie éternelle est alors appropriée à ceux qui mangent et boivent dignement, et pourquoi ceux qui mangent et boivent indignement s'approprient la mort, 3513. Manger indignement le pain dans la sainte cène, c'est s'approprier le mal et non le bien, 4745. Chez les anciens, quand ils avaient décidé quelque chose de mémorable qui était confirmé par les autres, il était d'usage qu'alors ils mangeassent ensemble; par là il était signifié qu'ils l'avaient approuvé, et qu'ainsi ils se l'étaient approprié, 4745; chez eux, l'action de manger signifiait l'appropriation et la conjonction, et la conjonction avec celui chez qui ils mangeaient, ou dont ils mangeaient le pain, 3596.

Manger, c'est aussi consumer, 5149, 5157. Manger du pain, c'est la confirmation dans le bien, 6791.

Manger de tout arbre, — Gen. II. 16, — c'est connaître et savoir par la perception ce que c'est que le bien et le vrai, 125. Manger de l'arbre de la science du bien et du mal, — Gen. II. 17, — c'est s'enquérir des mystères de la foi par les sensuels et par les scientifiques, 126. — Manger l'herbe du champ, — Gen. III. 18, — c'est vivre comme une bête, 272. Manger ou dévorer les maisons des veuves, — Matth. XXIII. 18, — c'est priver des vrais ceux qui les désirent, et enseigner les faux, 4844. La profanation a été représentée dans l'église israélite et juive par l'action de manger du sang, 1003.

MANIÈRE, *Modus, sign.* changement, 4077. De dix manières, c'est beaucoup de changements, 4077. Manière d'exprimer les choses dans la Parole, 768. L'habitacle que devait dresser Moïse, selon la manière qui lui avait été montrée, *sign.* vers les plages, selon les états du bien et du vrai dans le ciel représenté par l'habitacle, 9668. Manières diverses dont les esprits, qui appartiennent à la province des reins, des uretères et de la vessie, explorent ou scrutent les intentions des autres, 5383. Manières diverses dont ces mêmes esprits exercent les châtiments, 5384.

MANIFESTATION (la) par influx, quant au bien, est l'aperception du bien par l'affection du vrai, et c'est la charité; mais quant au vrai, c'est la reconnaissance du vrai et la foi, 5885.

MANIFESTER. Anciennement, les divins vrais se manifestaient ou par langage, ou par visions, ou par songes, 4682. Dans le premier temps de la régénération, le bien ne se manifeste pas, parce qu'il est dans l'homme interne, mais le vrai se manifeste, parce qu'il est dans l'homme externe, 6717. Se manifester, quand il s'agit du Seigneur, c'est illustrer l'homme dans les vrais de la foi d'après la Parole, 10153, *f.* L'Être Infini, qui est Jéhovah, n'a jamais pu être manifesté à l'homme que par l'essence humaine, 1990. L'Infini, qui est au-dessus de tous les cieux, ne peut être manifesté que par le divin humain, qui est seulement dans le Seigneur, 1990.

MANNE. C'est le bien spirituel ou le bien du vrai; dans le sens suprême, c'est le Seigneur; *montré*, 8464, 3579. C'est le divin vrai qui descend du Seigneur par le ciel, 5620. C'est le Seigneur lui-même quant au divin humain, 5620. Dans la langue hébraïque, *Man* signifie *quoi?* ainsi, une chose non connue, 8462. Le pain donné aux fils d'Israël dans le désert a été appelé manne, parce que le bien que ce pain signifie, à savoir, le bien de la charité qui est engendré par le vrai de la foi, est absolument inconnu avant la régénération de l'homme, 8462. La manne sur les faces du désert, c'est le nouveau volontaire, 8457. La collecte de la manne chaque jour *sign.* la réception du bien, et l'action d'en manger *sign.* l'appropriation; préparer ce qu'on aura apporté *sign.* la disposition des biens appropriés, disposition faite par le Seigneur à la fin de chaque état, qui est signifiée par le sixième jour; après cette disposition vient la conjonction, qui est signifiée par le septième jour, 8422, 8506, 8509. La manne était donnée au temps du matin, et le selav ou la caille au temps du soir, parce que ce qui était donné le matin *sign.* le bien spirituel, et que ce qui était donné le soir *sign.* le bien naturel ou le plaisir, 8431.

MANTEAU, *Pallium.* Les habits d'Aharon étaient l'éphod, le manteau et la tunique; l'éphod représentait l'externe, le manteau le moyen, et la tunique l'intime dans le royaume spirituel du Seigneur, 9825. Le manteau, c'est le divin vrai dans la forme interne dans le royaume spirituel, 9825, 9911. Le manteau en général est le royaume spirituel; *montré*, 9824. C'est le divin spirituel procédant médiatement du divin céleste, 10005. Pourquoi la tunique par la ceinture a été séparée du manteau et de l'éphod, et pourquoi le manteau a été nommé manteau d'éphod, 10005. Les franges du manteau *sign.* les extrêmes où est le naturel, 9917.

MANTEAU, *Velamen.* Le vêtement, — Gen. XLIX. 11, — *sign.* le naturel, et le manteau l'intellectuel, 6377, 6378.

MARAH. C'est l'état et la qualité de la tentation, 8348, 4350. Marah, dans la langue originale, *sign.* ce qui est amer, 4350.

MARAIS, *Paludes.* Les bourbiers et les marais, — Ézéch. XLVII. 11, — *sign.* les scientifiques inapplicables et impurs, 2702.

MARCHAND, *Mercator.* Les marchands *sign.* ceux qui ont les connaissances du bien et du vrai; *montré*, 2967. Le marchand est celui qui s'acquiert les connaissances du bien et du vrai, et par suite l'intelligence et la sagesse, 2967. Voir COMMERÇANT, COMMERCE, NÉGOCIER.

MARCHANDISE, *Mercatura.* Les marchandises *sign.* les connaissances du bien et du vrai; *montré*, 2967.

Marchepied des pieds, *Scabellum pedum*. Ce sont les naturels, tant les sensuels que les scientifiques; *montré*, 2162. C'est le divin vrai au-dessous du ciel, telle qu'est la Parole dans le sens littéral, 9166. Le marchepied de Jéhovah est le divin vrai dans les derniers, ainsi la Parole, 9406. La terre, appelée le marchepied des pieds, — Matth. V. 35, — *sign.* ce qui est au-dessous du ciel, par conséquent l'église, 5313.

Marcher, *Ambulare*. C'est vivre, 519, 1794, 8417, 8420, 10087. Aller et marcher avec le Seigneur, c'est recevoir la vie spirituelle et vivre avec lui, 10567. Marcher est une formule solennelle, qui signifie vivre; par exemple, marcher dans la loi, marcher dans les statuts, marcher dans la vérité, 519. Marcher concerne proprement la vie qui appartient à la vérité, par conséquent, qui appartient à la foi, ou à la doctrine de la foi, 519. Marcher dans la loi de Jéhovah, c'est vivre la vie du vrai et du bien selon la doctrine, 3420. Si marcher signifie vivre, c'est parce que dans le monde spirituel il n'y a point d'espaces, et qu'au lieu des espaces il y a des états de vie, 8420. Marcher avec Dieu, c'est enseigner et vivre selon la doctrine de la foi; mais marcher avec Jéhovah, c'est vivre d'une vie d'amour, 519. Marcher dans les largeurs de la terre, — Habak. I. 16, — c'est détruire les vrais, 1613. Le serpent qui marchera sur le ventre, — Gen. III. 14, — *sign.* que le sensuel ne pourrait plus regarder en haut vers les célestes, comme auparavant, mais tournerait ses regards en bas vers les corporels et vers les terrestres, 247.

Mari, *Maritus*. Dans la Parole, il est souvent dit l'homme (*vir*) et l'épouse, et aussi le mari et l'épouse, 4823. Quand il est dit l'homme et l'épouse, le vrai est signifié par l'homme, et le bien par l'épouse; et, dans le sens opposé, le faux par l'homme et le mal par l'épouse; mais quand il est dit le mari et l'épouse, le bien est signifié par le mari et le vrai par l'épouse; et, dans le sens opposé, le mal par le mari et le faux par l'épouse, 4823, 4843. La raison de cela, c'est que dans l'église céleste le mari était dans le bien et l'épouse dans le vrai de ce bien, tandis que dans l'église spirituelle l'homme (*vir*) est dans le vrai, et l'épouse dans le bien de ce vrai; et même en actualité ils sont ainsi et ils ont été ainsi, car les intérieurs chez l'homme ont eu ce renversement, 4823. Quand le mari, dans la Parole, est appelé mari, comme aussi quand il est désigné par son nom, il signifie le bien, et l'épouse *sign.* le vrai; mais quand le mari est appelé homme (*vir*), il signifie le vrai, et l'épouse *sign.* le bien, 2581, 1468, 2517. Le mari représente le bien, et l'épouse le vrai, 3236. Le bien est représenté par le mari, parce qu'il est au premier rang, et le vrai est représenté par l'épouse, parce qu'il est au second rang; c'est pour cela que le Seigneur, dans la Parole, est appelé fiancé, homme (*vir*), mari; et l'église, fiancée, femme, épouse, 3236. Dans le royaume céleste les maris sont dans l'affection, et les épouses sont dans les connaissances du bien et du vrai, 8994, *f*. Dans le sens suprême, le mari et l'épouse se disent du Seigneur et de sa conjonction avec le ciel et l'église, 7022. Le Seigneur d'après le divin bien est appelé mari et fiancé, et son royaume et son église d'après la réception du divin vrai qui procède du Seigneur sont appelés épouse et fiancée, 9198, 9961. Chez ceux qui sont dans un culte idolâtrique, par les maris sont signifiés les maux, et par les épouses les faux, 1369. Représentatif de ce que sont les épouses qui n'aiment point leurs maris, mais qui les méprisent, 2745.

MARIAGE, *Conjugium*. Dans le ciel entier, et dans le monde entier, et dans chacune des choses qui les constituent, il y a une ressemblance du mariage, 54, 718, 917, 1432, 2173, 2516, 5194; *illustré*, 7022; principalement entre le vrai et le bien 1904, 2173, 3508; parce que toutes choses dans l'univers se réfèrent au vrai et au bien pour être quelque chose, et à leur conjonction pour produire quelque chose, 2452, 3166, 4390, 4409, 5232, 7256, 10122, 10555. Les anciens aussi avaient institué un mariage entre le vrai et le bien, 1904. La loi du mariage est que deux soient un, selon les paroles du Seigneur, 10130, 10168, 10169. L'amour vraiment conjugal descend du ciel et existe d'après le mariage du vrai et du bien, 2728, 2729. Dans chaque chose de la Parole, il y a une ressemblance du mariage, 683, 793, 801, 2516, 2712. Dans la Parole, et dans chacune des choses de la Parole, il y a le mariage divin et le mariage céleste, 683, 793, 801, 2173, 2516, 2712, 5138, 7022.

Mariage divin. C'est le mariage du divin bien et du divin vrai, ainsi le Seigneur en qui seul existe ce mariage, 3004, 3005, 3009, 5138, 5194, 5502, 6343, 7945, 8339; *illustré*, 9263, 9314. Par Jésus est signifié le divin bien, et par Christ le divin vrai, et par l'un et l'autre le mariage divin dans le ciel, ce qui est le mariage du divin bien et du divin vrai, 3004, 3005, 3009. Dans chaque chose de la Parole, dans son sens interne, il y a ce mariage, par conséquent le Seigneur quant au divin bien et quant au divin vrai, 5502.

Mariage céleste. C'est le mariage du bien et du vrai d'après le Seigneur dans le ciel et dans l'église, 2508, 2618, 2803, 3004, 3211, 3952, 6179. Dans la Parole, le ciel est assimilé à un mariage, d'après le mariage du bien et du vrai, là, 2758, 3132, 4434, 4835; le Seigneur y est appelé fiancé et mari, et le ciel et l'église y sont appelés fiancée et épouse, 10168.

Entre le bien et le vrai il y a mariage, 1904, 2173, 2508. Le mariage du bien et du vrai dans le ciel et dans l'église procède du Seigneur, 10168, 10172. Le mariage du bien et du vrai est l'église et le ciel chez l'homme, 2173, 7752, 7753, 9224, 9995, 10122. Du mariage du bien et du vrai descendent tous les amours, dont les variétés sont ineffables, et sont selon les consanguinités et les affinités telles que sont celles-ci dans les mariages, 2739. Sans le mariage du vrai et du bien rien n'est produit, toute production et tout effet vient de là, 3793. Le mariage du bien avec le vrai et du vrai avec le bien n'est pas toutefois entre le bien et le vrai d'un seul et même degré, mais il est entre le bien d'un dégré inférieur et le vrai du degré supérieur, 3952, 3969; ainsi ce mariage n'est pas entre le bien de l'homme naturel et le vrai de ce même homme, mais il est entre le bien de l'homme naturel et le vrai de l'homme spirituel, 3952. De même dans l'homme interne ou spirituel, ce n'est pas entre son bien et son vrai qu'il y a mariage céleste, mais c'est entre le bien de l'homme spirituel et le vrai de l'homme céleste, 3952. De même dans l'homme céleste, ce n'est pas non plus entre son bien et son vrai qu'il y a mariage céleste, mais c'est entre le bien de l'homme céleste et le vrai divin qui procède du Seigneur, 3952. Enfin le mariage divin même du Seigneur n'est point entre le divin bien et le divin vrai dans son divin humain, mais il est entre le bien du divin humain et le divin même, c'est-à-dire, entre le Fils et le Père, 3952. Entre le bien rationnel et le vrai évoqué du naturel et devenu divin, il se fait, non pas un mariage, mais une alliance à l'instar de l'alliance conjugale ; l'union de l'essence divine avec l'essence humaine et de l'essence humaine avec l'essence divine est le mariage divin même, 3211. Le mariage du bien avec le vrai et du vrai avec le bien est représenté dans la conjonction du cœur et du poumon, 9495. Les mariages sur la terre représentent la conjonction du bien et du vrai, 9182. Par le mariage, dans la Parole, il est entendu le mariage du bien et du vrai, tel qu'il est dans le ciel, et tel qu'il sera dans l'église, 3132, 4434, 4835. Quand, dans la Parole, il s'agit des mariages, il est signifié le mariage céleste, qui est celui du bien et du vrai ; et, dans le sens suprême, le mariage divin qui est dans le Seigneur, 3132, 4137, f.

Le mariage, dans le sens suprême, est le divin même et le divin humain dans le Seigneur, et dans le sens respectif le Seigneur et le ciel, c'est-à-dire, le divin bien et le divin vrai, là, 6179. Dans chacune des choses de la Parole, il y a le mariage du bien et du vrai, ainsi le Seigneur ou Jésus-Christ, 5502. Dans le Seigneur, il y a le mariage divin du bien et du vrai, d'où procède le mariage céleste; *montré*, 2803. Dans le Seigneur lui-même est le mariage céleste, de sorte que le Seigneur est ce mariage même, car le Seigneur est le divin bien même, et le divin vrai même, 2508. Dans le ciel, dans l'église, chez chacun, dans chacune des choses de la nature existe aussi ce mariage entre les célestes et les spirituels, ou entre les choses de l'amour et celles de la foi, ou entre les choses de la volonté et celles de l'entendement, 2173. Le mariage céleste, et par suite l'amour conjugal, vient du mariage du divin bien avec le divin vrai, et du divin vrai avec le divin bien, ainsi du Seigneur, 2508, 2618, 2728, 2729. Les hommes et les anges sont dans le mariage céleste, en tant qu'ils sont dans l'amour envers le Seigneur et dans la charité à l'égard du prochain, et en tant qu'ils sont dans la foi qui procède de l'amour et de la charité, 2508. Tout doctrinal de la foi a en soi le mariage céleste, 2516. Pour que l'homme puisse être dans le mariage céleste, le bien doit être conjoint au vrai, 3975. Le mariage céleste a lieu dans le propre vivifié par le Seigneur, 155, 252, 253.

Chez les très-anciens, les mariages étaient leurs plus grandes félicités et leurs plus chères délices, 54 ; ils assimilaient aux mariages toutes les choses qui pouvaient y être assimilées, afin de percevoir par là la félicité du mariage, 54. Ils nommaient mariage la conjonction de l'entendement et de la volonté, ou de la foi et de l'amour, 55. Ils appelaient fructifications tout ce que ce mariage produisait de bien, et multiplications tout ce qu'il produisait de vrai, 55. La loi des mariages découle principalement des principes célestes ou de l'ordre de la vie de l'homme céleste, 162. La loi des mariages dérive du mariage céleste, en ce que le mariage doit se composer d'un seul mari et d'une seule épouse, 162. Quand il en est ainsi, les époux représentent le mariage céleste, et sont une image de l'homme céleste, 162. Chez les très-anciens les mariages étaient contractés entre les familles; pourquoi? 471, 483. Les mariages étaient contractés au dedans des familles de la même nation, afin de représenter le ciel et les conjonctions des sociétés célestes, quant au bien et au vrai, 3665. Les fiançailles précédant les mariages avaient été reçues dans les temps anciens, et elles représentaient la première conjonction, qui est celle de l'homme interne sans l'homme externe; ensuite les mariages eux-mêmes représentaient la seconde conjonction, qui est celle de l'homme interne avec l'homme externe, 9182.

Les mariages sont les pépinières du genre humain, et par cela même les pépinières du royaume du Seigneur, 2733, 5053. Les mariages et toutes les choses qui appartiennent aux mariages *sign.* la conjonction du bien avec le vrai; *montré*, 4434. Il n'y a de mariage réel qu'entre un seul mari et une seule épouse, 3246, 9002, 10172. Que le vrai mariage soit celui d'un seul mari et d'une seule épouse, et qu'un tel mariage soit le représentatif du mariage céleste, qu'ainsi dans ce mariage il puisse y avoir la félicité céleste, mais non dans le mariage d'un mari avec plusieurs épouses, ceux qui ont la perception le voient clairement, mais non de même ceux qui ont la conscience, 865. L'amour conjugal consiste en ce que l'un veut appartenir à l'autre, et cela réciproquement, ainsi mutuellement; et le mariage entre les époux doit être tel que le mariage entre la volonté et l'entendement chez l'homme, 2731. Ceux qui ont vécu dans un tel mariage, dans la vie du corps sont ensemble dans les cieux; mais ceux qui n'y ont pas vécu sont séparés, 2732. Ceux qui, dans la vie du corps, ont eu dans les mariages la félicité par l'amour conjugal, ont aussi la félicité dans l'autre vie, 2734.

S'il a été permis aux Israélites d'avoir plusieurs épouses, et d'adjoindre à leurs épouses des concubines, et si cela n'a pas été permis aux chrétiens, ce fut parce que les Israélites étaient dans les externes sans être dans les internes, tandis que les chrétiens peuvent être dans les internes, et ainsi dans le mariage du bien et du vrai, 3246, 8809. Où il y a église, il n'est point permis d'avoir plusieurs épouses; mais cela fut permis chez les Juifs, parce que chez eux il n'y avait point église, 4837. Il fut permis aux Juifs d'avoir plusieurs concubines, à cause de la représentation, c'est-à-dire, afin que par les externes, ils représentassent les internes de l'église, 9002; mais dès que les internes de l'église eurent été ouverts par le Seigneur, il ne fut plus permis d'avoir plusieurs épouses ni d'adjoindre des concubines aux épouses, 9002. Les célestes sont dans le mariage du bien et du vrai, et non les spirituels, lesquels sont appelés fils des concubines, 3246.

Ne point contracter des mariages avec les filles des nations; c'était un représentatif que le bien et le faux et que le mal et le vrai ne devaient pas être conjoints, 3024, *f.* Si les fils de Jacob ne devaient pas contracter mariage avec les nations, c'était afin qu'ils ne devinssent pas idolâtres, et afin que les maux et les faux ne fussent pas mêlés avec les biens et les vrais, 4444. Mais il était permis de contracter mariage avec les nations qui recevaient le culte de Jéhovah; ceux qui le recevaient étaient appelés voyageurs, 4444. Dans le ciel sont regardés comme abominables les mariages sur la terre entre ceux qui sont de religions différentes, et bien plus encore entre ceux qui sont de l'église et ceux qui sont hors de l'église, 8998.

Doctrine sur le mariage, 10167 à 10175. L'amour vraiment conjugal vient du ciel, et son premier être vient du mariage du bien et du vrai dans le ciel, 10168. Cet amour est l'union de deux mentals d'après le mariage du bien et du vrai; *illustré*, 10169. Vouloir commander dans les mariages détruit l'amour vraiment conjugal, 10173. Les mariages sont très-saints, et les adultères sont très-profanes, 9961, 10174. C'est pourquoi, blesser les mariages, c'est blesser ce qui est saint, 10174. Ceux qui prennent le plaisir dans les adultères méprisent et nient de cœur les choses qui sont de l'église et du ciel, parce que l'amour de l'adultère vient du mariage du mal et du faux, qui est le mariage infernal, 10175.

MARIE. Quand le Seigneur glorifiait son humain, il dépouillait l'humain provenant de la mère, et revêtait l'humain procédant du Père; c'est pourquoi il n'était plus alors le fils de Marie, mais il était le fils de Dieu de qui il était issu, 10830. Le Seigneur a rejeté tout l'humain qu'il tenait d'une mère, au point qu'enfin il n'était plus le fils de Marie, 9345. Le fils de l'homme, nom que se donne le Seigneur, n'est point le fils de Marie, mais c'est le divin vrai, 10053; *voir* en outre, 2649, 2657, *f.*

MARIER (se) et DONNER EN MARIAGE, *Nubere* et *Nuptui dare.* C'est la conjonction avec le bien, et la conjonction avec le vrai; et, dans le sens opposé, — Matth. XXIV. 38, — se marier *sign.* la conjonction avec le mal, et donner en mariage la conjonction avec le faux, 4334.

MARMITE, *Olla.* Comme récipient et contenant, la marmite *sign.* le bien et le vrai; et, dans le sens opposé, le mal et le faux, 8408. La marmite *sign.* la doctrine, parce que celle-ci contient le bien et le vrai de l'église, 8408. La marmite vide, — Ézéch. XXIV. 3 à 6, 11, — c'est ce en quoi il y a le mal et le faux, 4744; c'est le peuple de la ville, dans lequel il y a le mal de la profanation du bien, 8408. La marmite bouillonnante, — Jérém. I. 13, — c'est la doctrine du faux d'après le mal, 10105; c'est le peuple que les faux ont envahi, 8408. La marmite, — Ézéch. XI. 7, — c'est aussi la doctrine du faux d'après le mal, 10105; c'est aussi le peuple de la ville, 8408. La marmite, — Zach. XIV. 20, — c'est la doctrine du vrai d'après le bien, 10105; ce sont les fidèles, 8408. La marmite, — II Rois, IV. 38 à 42, — c'est la doctrine qui provient de la Parole, 10105; par ce miracle il est représenté que le bien de l'église falsifié devient le bien par le vrai tiré de la Parole, 8408.

Marque. *Voir* Signe.

Mars (terre ou planète de). Des habitants et des esprits de la planète de Mars, 7358 à 7365, 7475 à 7487, 7620 à 7622, 7742 à 7751. Où apparaît cette planète dans l'idée des esprits, 7358. De tous les esprits qui sont des terres du monde de notre soleil ceux de Mars sont les meilleurs, 7476. Leur langage est très-doux; il est interne ou par la trompe d'Eustache, 7359, 7360. C'est un langage non-sonore, mais presque tacite, s'insinuant dans l'ouïe et la vue intérieures par un chemin plus court, 7360. La face et les yeux y correspondent; il n'y a en eux ni hypocrisie, ni fourberie, ni fraude, 7360. Il y a eu un pareil langage chez les très-anciens sur notre terre, 7361. Leur respiration est interne, 7362. Par suite ils sont d'un génie céleste, 7362. Ils représentent quelque chose qui est intérieurement dans l'homme, c'est le médium entre l'intellectuel et le volontaire, ainsi la pensée d'après l'affection, et les meilleurs d'entre eux, l'affection de la pensée, 7480. Et comme c'est là ce qu'ils représentent dans le très-grand homme, la province moyenne qui est entre le cerveau et leur cervelet leur correspond, 7481. C'est pour cela qu'ils ne peuvent pas dissimuler, 7480, 7481. Vie des habitants, 7363, 7364. Dans cette terre il y a des sociétés et non des empires, et ils se consocient selon la convenance des caractères, 7363. De la société sont rejetés ceux qui commencent à mal penser et à mal vouloir, 7364. Ils se mettent ainsi sur leurs gardes, afin que la cupidité de la domination et la cupidité du gain ne s'introduisent point dans leur société, 7364.

Leur culte divin, 7477. Plus que tous les autres ils reconnaissent et adorent le Seigneur, et ils croient qu'il gouverne l'univers, 7477. Leur humiliation; elle est intime et profonde, 7478. Ils croient que chez eux il n'y a rien qui ne soit impur et infernal, et que tout bien vient du Seigneur, 7479. Les esprits de notre terre sont quasi insensés quand ils s'introduisent dans leur sphère, 7482. La partie inférieure de la face des habitants est noire à la place de la barbe, mais la partie supérieure est comme celle des habitants de notre terre, 7483. Ils se nourrissent de fruits et de légumes, 7484. Ils sont vêtus d'habits qu'ils fabriquent avec les fibres de l'écorce de certains arbres, 7485. Ils savent faire des feux fluides, par lesquels ils ont de la lumière le soir et la nuit, 7486.

Vue d'un objet enflammé, d'une couleur qui variait, lequel était attaché à une main, ce qui signifiait l'amour céleste chez plusieurs des habitants; et cet objet enflammé fut changé en un oiseau d'un beau plumage, mais qui enfin devint de pierre, ce qui signifiait l'amour spirituel des habitants qui s'étaient éloignés de l'amour céleste, 7620, 7622. Vue d'un esprit qui s'élevait d'en bas par la région des lombes vers la région de la poitrine, lequel voulait enlever cet oiseau, et persuadait qu'il agissait d'après le Seigneur; mais peu après il le remit en liberté, ce qui signifie qu'ils sont dans une telle persuasion, 7621, 7622. Le bel oiseau signifie les habitants de Mars qui sont dans l'amour céleste, et cet oiseau devenu de pierre, ceux qui aiment les connaissances et non la vie selon ces connaissances, 7743, spécialement ceux qui ont inventé l'art de parler au moyen des lèvres et des expressions du visage, et alors d'en écarter les affections et de soustraire leurs pensées aux autres, 7745. Ceux qui aiment les connaissances seules ont relation avec la membrane interne du crâne, 7748. Ceux qui s'accoutument à parler sans l'affection, et à tirer vers eux la pensée et à la soustraire aux autres, ont relation avec cette membrane, mais devenue osseuse, 7748. Ceux-ci ont mauvaise opinion des autres et du ciel, et bonne opinion d'eux-mêmes, 7747.

MARTEAU, *Malleus*. Esprits qui ont relation, dans le très-grand homme, avec le marteau de l'oreille, 4653.

MARTYR. Les couronnes du martyr étaient des marques de l'empire accordé par le Seigneur sur les maux, 9930.

MASCH, fils d'Aram, — Gen. X. 23, — *sign.* un genre des connaissances du bien qui sont signifiées par Aram son père, 1233, 1234.

MASCULIN. Le sexe masculin a été formé de manière que l'entendement ou la raison règne de préférence à la volonté; telle est la disposition des fibres des hommes et telle est leur nature, 568.

MASSAH fils de Jischmaël, — Gen. XXV. 14, — *sign.* des choses qui appartiennent à l'église spirituelle, surtout chez les nations, 3268.

MASSAH, nom de lieu. C'est l'état de la qualité de la tentation quant au vrai, 8587. Respectivement aux Juifs, c'est la tentation contre le divin, mais dans le sens interne spirituel, c'est la qualité de la tentation chez ceux qui sont conduits au dernier degré de la tentation avant d'être régénérés, 8588. La qualité de la nation israélite et de sa religiosité est décrite par la contestation avec Moïse à Massah et à Méribah, 8588; *voir* MÉRIBAH. Dans la langue originale, Massah *sign.* tentation, 8587.

MATELOTS, *Nautæ*. Expériences relatives à des matelots, 3647; *voir* aussi, 9755.

MATÉRIEL. Les substances matérielles chez l'homme sont des formes capables de recevoir les célestes et les spirituels qui influent du Seigneur; *illustré*, 3741. Les choses matérielles rétrécissent et par conséquent arrêtent la vie interne, 6811. Les choses matérielles sont comme des pesanteurs qui donnent de la nonchalance et retardent, car elles portent le mental en bas et le plongent dans les terrestres, et par conséquent éloignent du monde spirituel, d'où provient toute perspicacité, 6921. Les choses corporelles et matérielles chez l'homme correspondent aux choses célestes et spirituelles dans les cieux, et correspondent tellement que c'est de là qu'elles existent et subsistent, 3745. Les noms d'hommes, dans la Parole, sont au nombre des choses matérielles qui ne sont que pour l'homme corporel-sensuel, 10216. Ceux qui prennent la Parole partout selon la lettre ont du vrai une idée matérielle et terrestre, et par conséquent remplie d'illusions; *montré* et *illustré*, 10582. L'homme de l'église est aujourd'hui tellement corporel, qu'il veut, comme les Juifs, ne saisir ce qui est dit dans la Parole que dans le sens matériel et le plus grossier; *montré*, 680. Les anges, qui sont chez l'homme, ne font attention qu'aux fins et aux usages, et ne s'occupent nullement des choses matérielles, parce qu'elles sont bien au-dessous de leur sphère, 1645. Dans la lumière du ciel sont dissipées les choses matérielles qui sont dans la pensée d'après le corps, 9127.

MATÉRIELLEMENT. La lumière qui procède du Seigneur se présente matériellement au moyen de la vue dont les objets sont les choses appartenant au monde visible, 4411.

MATERNEL. Chez le Seigneur, le maternel est l'humain qu'il tenait de Marie, 1793. Le Seigneur s'est entièrement dépouillé du maternel, au point qu'il ne fut plus le fils de Marie, 2159; *voir* MARIE. L'affection, c'est la vie maternelle; le céleste et le spirituel dans l'affection, c'est la vie paternelle, 1895.

MATIN. Dans la Parole, le matin *sign.* l'état de l'amour, midi l'état de la lumière dans le clair, le soir l'état de la lumière dans l'obscur, et la nuit ou le crépuscule l'état de l'amour dans l'obscur, 10134. Le matin, dans le sens propre, *sign.* le Seigneur, son avénement, et ainsi l'approche de son royaume, 2405. Dans le sens universel le matin est le céleste de l'amour, 2405. Le matin *sign.* l'état de paix et d'innocence, et aussi le Seigneur et son royaume, 2780. Il en est de la paix dans les cieux comme de l'aurore ou du matin dans les terres, 2780. Le matin *sign.* le commencement d'un état nouveau, et l'état d'amour, 7216, 8426, 8427, 8812, 10114, 10134. Le matin *sign.* un état nouveau; et il y a un état nouveau chez l'homme, quand une vieille église finit et qu'une nouvelle église commence, 10114. Le matin *sign.* en général tout ce qui vient du Seigneur, et le soir tout ce qui est le propre de l'homme, 22.

Le soir est tout état précédent, parce que c'est un temps d'ombre, ou un état de fausseté et d'absence de foi; et le matin est tout état suivant, parce que c'est un temps de lumière ou un état de vérité et de connaissance de la foi, 22. Le matin est l'état du bien de l'amour; pourquoi? 8812; c'est l'état de l'amour et de la lumière dans l'homme interne; *illustré* et *montré*, 10134. Le matin *sign.* le commencement de l'illustration et de la salvation respectivement aux bons, et le commencement de l'obscurité et de la destruction respectivement aux méchants; *montré*, 8211; et c'est aussi le dernier temps de l'église, et le premier temps de la nouvelle église, ou le jugement dernier; *montré*, 8211. Quand la Parole est lue par l'homme, au lieu du matin les anges perçoivent le Seigneur, ou son royaume, ou les célestes de l'amour et de la charité, et même ces célestes avec variété selon la série des choses, 2333.

Dans l'autre vie, c'est l'état du matin quand le bien spirituel ou de l'homme interne est dans la clarté, et que le bien naturel ou de l'homme externe est dans l'obscurité; et c'est l'état du soir quand le bien naturel est dans la clarté, et le bien spirituel dans l'obscurité, 8431. Quand, dans la Parole, il est dit le matin et le soir, le matin enveloppe midi, et le soir enveloppe aussi la nuit ou le point du jour, 10135. Dans le ciel, il y a soir et point du jour avant le matin, et non pas nuit, celle-ci étant pour l'enfer, 8426. Dans le monde spirituel, quand c'est le matin, on est dans l'amour ou dans le bien; quand c'est midi, on est dans la lumière ou dans le vrai, 8426. Quand les anges sont dans l'état de l'amour c'est pour eux le matin, 10135. Les esprits et les anges ont le matin, midi et le soir, puis le point du jour, et de nouveau le matin, et ainsi de suite; leur matin, c'est quand le Seigneur est présent et les béatifie d'une félicité manifeste, alors ils sont dans la perception du bien, 5962. Quand a lieu pour les esprits l'état du matin et du midi, leur pensée est dans l'état libre, car alors il leur est permis de penser aux choses qu'ils aiment, 7218.

Dans la Parole, se lever matin, c'est être élevé; et, dans le sens opposé, c'est être abaissé, parce le matin, dans le sens opposé, c'est quand on est dans les amours infernaux, et alors dans les haines, 10413. Se lever au matin, c'est l'état d'illustration, 3458, 3723. « Lève-toi matin au matin, » c'est l'élévation vers l'attention, quand il s'agit des méchants, 7435, 7538. Le matin *sign.* ce qui a été révélé et ce qui est clair; pourquoi? 5097. « Le matin luit, » c'est l'état d'illustration, 5740. « Le matin se fit » *sign.* l'état du ciel dans l'ordre, 7681. « Au matin » *sign.* l'élévation, 7306. « Depuis le soir jusqu'au matin devant Jéhovah, » c'est sans cesse dans tout état; *illustré*, 9787. « La graisse de ma fête ne passera point la nuit jusqu'au matin, » *sign.* le bien du culte toujours nouveau, non d'après le propre, mais par le Seigneur, 9299. Ce qui est resté jusqu'au matin, *sign.* les biens spirituels et célestes non conjoints à l'état nouveau, 10114. Ce qui est resté jusqu'au matin ne doit pas être mangé, *sign.* qu'il ne doit pas être mêlé avec le propre, 10115; c'est une profanation, 10117. Le chant du coq est la même chose

que le matin; *montré*, 10134.

MATURITÉ. Description de l'homme de l'église spirituelle, tel qu'est son état quand il n'est pas encore en maturité, et tel qu'il est quand il commence à être en maturité, et enfin quand il est en maturité, 2960. *Voir* MURIR.

MAUDIRE, *Maledicere*. C'est se détourner, 927. Le Seigneur ne maudit qui que ce soit et a compassion de tous, 245, 592, 1093, 1874. Être maudit, c'est se détourner du céleste et se tourner vers le corporel, 245, 379, 927, 1423; c'est être puni pour s'être détourné du vrai et du bien, 4502. Maudire enveloppe toutes les choses opposées à celles qu'enveloppe bénir, 1423. Maudire son père et sa mère, *sign.*, chez ceux qui sont de l'église, nier en toute manière le Seigneur, et ce qui appartient à son royaume et à son église, 9024. Ne point maudire Dieu, *sign.* qu'il ne faut point blasphémer les vrais divins, 9221.

MAUDITS, *Maledicti*. Sont appelés maudits ceux qui se sont détournés du vrai et du bien, 5071.

MAUVAIS. La nation la plus mauvaise était la nation juive et israélite, 3881, *f.*, 9320, 10396, *f.* Dans l'autre vie, les plus mauvais de tous sont ceux qui viennent du monde chrétien, Préf. du Chap. XVI de la Genèse, 2121. *Voir* MÉCHANTS.

MÉCANIQUE. Tous les arcanes de la mécanique ont été inscrits dans l'homme externe, et lui ont été appliqués, 6057.

MÉCHANCETÉ. Toute méchanceté provient de l'amour de soi et de l'amour du monde, 6667, 7372, 7373, 7374, 9348, 10038, 10742.

MÉCHANTS. La vie influe aussi du Seigneur chez les méchants, par conséquent chez ceux qui sont dans l'enfer, 2706, 3743, 4417, 10196 ; mais eux tournent le bien en mal, et le vrai en faux, ainsi la vie en mort spirituelle; car tel est l'homme, telle est la réception de la vie, 4319, 4320, 4632. Les méchants ne veulent pas être convaincus que la vie influe, 3743. Chez les méchants les biens et les vrais, qui procèdent de la vie du Seigneur, deviennent des maux et des faux, 3743. L'homme méchant intérieurement a pour plaisir de sa vie de faire le mal, et est en effort pour le faire, quoiqu'il apparaisse autrement à l'extérieur dans le monde, 7032. La vie des méchants leur semble être la vie, mais c'est une vie qui est appelée mort spirituelle, 4417. Les méchants ne peuvent jamais recevoir le vrai, 4416.

Si les méchants réussissent dans leurs artifices, c'est parce qu'il est de l'ordre divin que chacun fasse d'après la raison ce qu'il fait, et aussi le fasse d'après le libre, 10777. Le Seigneur gouverne le monde spirituel au moyen des méchants, en les conduisant par leurs propres amours qui se réfèrent à l'amour de soi et à l'amour du monde, 6481, 6495. Les méchants peuvent, de même que les bons, remplir des fonctions et faire des usages et des biens, parce qu'ils regardent les honneurs et le gain comme des récompenses pour lesquelles ils agissent dans la forme externe de même que les bons, 6481, 6495. Le méchant qui, dans l'état contraint, promet de faire pénitence, et qui même fait le bien, retourne dans sa précédente vie du mal, quand il vient dans l'état libre, 8392. Les méchants sont dévastés quant aux biens et aux vrais qui sont dans l'extérieur naturel et qui regardent en bas, et non quant aux biens et aux vrais de l'intérieur naturel qui sont tournés en dedans, 7601, 7604, 7607. Les méchants se dévastent eux-mêmes, en ce qu'ils tournent en mal le bien qui influe du Seigneur, et cela a lieu successivement, et davantage selon que le Seigneur met en ordre le ciel pour influer de plus près, 7679, 7710; *illustré*, 7926. Les méchants, dans l'autre vie, sont remis dans leurs maux, 8870. Les biens et les vrais leur sont ôtés, 7770 ; *montré*, 2449; pourquoi cela? 7039. Ils sont alors laissés dans le mal et dans le faux, mais il ne leur est pas permis d'augmenter leur faculté du mal, 6977. Ils se plaisent surtout à se punir et à se tourmenter les uns les autres; c'est en cela que consiste leur plus grande jouissance, 391. Ils se jettent dans l'enfer à la seule présence du Seigneur, 8137, 8265. Les méchants ne peuvent pas même approcher du ciel, 1397. Ils ne peuvent pas même soutenir la présence d'un ange, 1271, 1398. Les méchants sont dévastés par degrés, avant d'être damnés et envoyés dans l'enfer; et cela, afin que les méchants soient confirmés qu'ils sont dans le mal, et aussi afin que les bons soient illustrés sur l'état de ceux qui sont dans le mal, 7795. Quand les vrais et les biens ont été ôtés aux méchants, alors comme des poids sans support, ou comme des oiseaux privés d'ailes, ils tombent dans l'abîme, 7545. Pour ceux qui ont été de l'église et ont vécu la vie du mal, c'est pire que pour ceux qui étaient hors de l'église; raison de cela, 7554. *Voir* MAUVAIS.

MÉCHUJAEL, fils d'Irad, fils de Chanoch, fils de Caïn, *sign.* une hérésie dérivée de l'hérésie appelée Irad, 404. *Voir* IRAD.

Médan, fils d'Abraham et de Kéturah, représente une des portions communes ou lots du royaume spirituel du Seigneur dans les cieux et dans les terres, 3238, 3239.

Médecin. Dans la Parole, le médecin *sign.* ce qui préserve des maux et des faux; *illustré* et *montré*, 6502. Le Seigneur se nomme Médecin, parce que seul il préserve des maux et des faux, 8265.

Médecine. Même signification que Médecin, 6502; *voir* Médecin. La médecine naturelle peut être employée, car la Providence du Seigneur concourt avec les moyens naturels, 5713.

Médiastin. Sur certains esprits mauvais, lorsqu'ils sont dans le médiastin, 5188.

Médiat. L'influx médiat est dans le sensuel externe de l'homme, 8701. L'influx médiat vient du Seigneur de même que l'influx immédiat, 8726. L'influx du divin vrai est immédiat dans le premier état de l'homme quand il est régénéré, mais l'influx est immédiat et médiat dans le second état, à savoir, quand l'homme a été régénéré, 8701. *Voir* Influx.

Médiatement, *Mediate.* Ce qui est fait médiatement est fait par une divine puissance déléguée, 7619. Le Seigneur fait toutes choses, en général et en particulier, d'après soi immédiatement, et par le ciel médiatement, 8719; s'il agit médiatement par le ciel, ce n'est pas qu'il ait besoin du secours des anges, mais c'est afin que les anges aient des fonctions et des emplois, et par suite la vie; et, selon les emplois et les usages, la félicité, 8719. C'est par les anges que le Seigneur gouverne médiatement le genre humain, et chaque homme en particulier, 4077, *f.* Du divin vrai procédant médiatement et de son influx, 7055, 7056, 7058. *Voir* Influx.

Médiateur. D'où vient que le Seigneur est appelé Médiateur et Intercesseur auprès du Père; *illustré*, 8705. Le Seigneur quant au divin humain est Médiateur et Intercesseur, mais il exerce auprès de lui-même la Médiation et l'Intercession, 8705, 8864; *voir* aussi, 4211, 4724, 6804, et Médiation.

Médiation. *Voir* Intercession. La médiation et l'intercession appartiennent au divin vrai, parce qu'il est le plus près chez le divin bien qui est le Seigneur lui-même, 8705. Fausse idée que l'on a sur la médiation du Seigneur et sur son intercession, 8705. La médiation se fait par le divin vrai, parce que par ce vrai, qui est accessible, il est donné accès auprès du divin bien qui est inaccessible, 8705. Le divin vrai procédant immédiatement du divin humain du Seigneur ne peut être entendu ni perçu par aucun homme, ni même par aucun ange; afin donc qu'il soit entendu et perçu, il doit y avoir une autre médiation, cette médiation se fait par le ciel, et ensuite par les anges et par les esprits chez l'homme, 6996.

Médicament. C'est ce qui préserve des maux et des faux, 6502. « La feuille de l'arbre pour médicament, » — Ézéch. XLVII. 12, — *sig.* le vrai de la foi, 6502.

Méditer, c'est penser; et méditer dans le champ, c'est penser dans le bien, 3196, 3317. De là l'ancienne formule méditer dans le champ pour dire dans le bien, ce qui est l'état d'un homme non marié qui pense à une épouse, 3196.

Médium. L'interne ne peut avoir

communication avec l'externe, ni l'externe avec l'interne, à moins qu'il n'y ait un médium, 5411. Le médium, pour qu'il soit médium doit participer de l'un et de l'autre, c'est-à-dire, de l'interne et de l'externe, 5411; autrement, il n'est pas médium conjoignant, 5822. Le médium est entre l'interne et l'externe, 5411. Le médium procède de l'interne et se conjoint l'externe, 5413. Il faut qu'il y ait un médium, afin que l'externe perçoive ce qui se fait dans l'interne, 5427, 5428. Pour que l'interne et l'externe soient conjoints, il doit y avoir aussi un médium, 5586. S'il faut qu'il y ait un médium, c'est parce que l'interne et l'externe sont très-distincts entre eux, et tellement distincts qu'ils peuvent être séparés, comme est séparé l'externe dernier de l'homme, qui est le corps, quand il meurt, d'avec son interne, qui est son esprit, 5411. L'externe meurt quand le médium est rompu, et l'externe vit quand le médium s'interpose; et autant et selon que le médium s'interpose, autant et de la même manière vit l'externe, 5411, Le rationnel de l'homme forme un certain médium entre l'interne et l'externe, car l'interne, au moyen du rationnel, opère dans l'externe, 268, 978. L'intellectuel a été distingué du volontaire par un certain médium qui est la conscience, dans laquelle la charité est placée par le Seigneur, 863. Il n'y a ni bien ni vrai de l'église sans un médium, 5612. Le Seigneur ne se montre pas avant que la conjonction ait été faite par le médium, 5696. Benjamin représente le médium entre l'interne et l'externe, ou entre le céleste du spirituel que le Seigneur eut dans le monde, et le naturel qu'il eut aussi et qu'il devait faire divin, 5688, 5689.

MÉDULLAIRE (substance), 4222. La sphère de l'amour des anges célestes, si elle n'était pas tempérée, pénétrerait jusqu'aux parties médullaires des anges inférieurs, lorsqu'ils se présentent à eux, et les ferait tomber en défaillance, 4750.

MEILLEUR (le), *Optimum*. Dans le milieu, c'est-à-dire, dans le centre ou l'interne, est le meilleur, 6028. Le meilleur de la terre d'Égypte, c'est l'intime du mental naturel où sont les scientifiques, 6084. « Du meilleur de son champ et du meilleur de sa vigne il paiera, » — Exod. XXII. 4, — *sign.* le rétablissement d'après les biens et les vrais encore entiers, 9142.

MÉLANCOLIQUE. Dans l'anxiété mélancolique il y a parfois quelque chose de la tentation spirituelle, 8164. D'où vient l'influx chez ceux qui, sans aucune cause, sont accablés d'une anxiété mélancolique, 6202.

MÉLANGE (le) du bien et du mal, et aussi du vrai et du faux, chez l'homme, est la profanation, 6348, 5897. Le mélange du saint et du profane a été représenté dans l'église juive par l'action de manger la chair avec le sang, 1001. *Voir* MÊLER.

MELCHISÉDECK. *Voir* MALKISÉDECK.

MÊLER. Chez l'homme, il y a des maux avec lesquels les biens ne peuvent être mêlés, et il y a des maux avec lesquels ils peuvent être mêlés; et il en est de même pour les faux et les vrais, 3993. Les mélanges et les alliages en sont si variés et si multipliés, qu'ils excèdent des myriades de myriades, 4005. Jamais les biens ne sont mêlés avec les maux, ni les maux avec les biens, au point de ne pouvoir être séparés, 2256, 2284. Le Seigneur pourvoit continuellement à ce que le mal ne soit point mêlé avec le bien, 2426. Entre le mal et le bien existe une forte inimitié, afin qu'ils ne soient jamais mêlés ensemble, car s'ils étaient mêlés ensemble, l'homme périrait, 2269. Le bien peut être mêlé avec les maux et les faux, mais néanmoins ils ne sont point pour cela conjoints, 6724. Les vrais d'après le bien ne doivent pas non plus être mêlés avec les faux d'après le mal, 9298.

MEMBRANES. Ceux qui, dans la vie du corps, n'ont agi que d'après l'obéissance constituent dans le très-grand homme les parties qui sont au service des intérieurs, comme sont les membranes et les peaux, 8990. Esprits ayant relation avec les membranes qui couvrent les viscères du corps; quels sont ces esprits, 5557. Ceux qui aiment les connaissances seules, et non la vie selon les connaissances, ont relation avec la membrane intérieure du crâne, 7748. Ceux qui s'accoutument à parler sans l'affection, et à tirer vers eux la pensée et à la soustraire aux autres, ont relation avec cette même membrane, mais devenue osseuse, 7748.

MEMBRE. Les membres du corps correspondent à des sociétés dans le ciel, 3630, 4322. Un membre entier correspond à des sociétés qui, dans le très-grand homme, sont plus universelles, et les parties du membre et les parties de parties correspondent à celles qui sont moins universelles, 4625. Il y a un grand nombre de sociétés du ciel auxquelles correspond un seul membre, et plus ce nombre est grand, plus il y a de force, 3629. Les membres de la génération correspondent à l'amour conjugal réel, par conséquent aux sociétés où résident ceux qui sont dans cet amour, 5050.

MÉMOIRE. La mémoire est le champ des objets spirituels de la vue interne, 4301.

Il y a deux Mémoires. L'homme possède deux mémoires, l'une extérieure et l'autre intérieure, ou l'une naturelle et l'autre spirituelle, 2469 à 2494. L'extérieure est propre à son corps, et l'intérieure est propre à son esprit, 2469. Tant que l'homme vit dans le corps, la mémoire intérieure fait presque un avec la mémoire extérieure; pourquoi? 2470; mais cependant elles sont absolument distinctes entre elles, 2471. Les choses qui sont dans la mémoire extérieure sont dans la lumière naturelle, et celles qui sont dans la mémoire intérieure sont dans la lumière spirituelle, 5212. Les choses qui sont dans la lumière extérieure sont des scientifiques et des connaissances, et celles qui sont dans la mémoire intérieure sont des vrais, 5212, 9922. Les scientifiques qui appartiennent à la mémoire extérieure sont dans une ombre très-grande et dans la confusion respectivement aux choses qui appartiennent à la lumière intérieure, 2831. La mémoire extérieure et la mémoire intérieure sont organiques; elles sont décrites, 2487. Dans l'autre vie, des mémoires se présentent à la vue comme des corps calleux, 2492.

Mémoire extérieure ou naturelle. C'est la mémoire des choses particulières ou matérielles, 1639. C'est d'après cette mémoire que les hommes parlent dans le monde, 1639. Les vases de la mémoire extérieure sont formés par les connaissances et par les sciences, 1900. Toutes et chacune des choses qui entrent par les sens chez l'homme restent dans sa mémoire, 7398. Dans la mémoire extérieure de l'homme, il entre des objets du monde par les sensuels d'un côté, et il entre des objets par les rationnels d'un autre côté ; ces objets se séparent dans la mémoire ; ceux qui entrent par les rationnels se placent intérieurement, et ceux qui sont entrés par les sensuels se placent extérieurement ; de là le naturel devient double, à savoir, intérieur et extérieur, 5094. Les choses qui entrent chez l'homme sans l'affection tombent dans l'ombre de la mémoire, mais celles qui entrent avec l'affection viennent dans la lumière qui est là ; les choses qui y sont dans la lumière sont vues et se montrent clairement et vivement à la moindre excitation d'une chose semblable ; mais il n'en est pas de même des choses qui sont cachées autour dans l'ombre, 4018. Les vrais que l'on apprend, dont l'homme n'est pas affecté, entrent à la vérité dans la mémoire, mais ils s'y attachent aussi légèrement que le duvet à une muraille, le moindre souffle suffisant pour le disperser, 4018. Dans la mémoire naturelle, comme dans leur humus, sont implantées les connaissances du vrai et du bien par la vie, 3762. Tout ce qui est insinué dans la mémoire de l'homme externe, que ce soit naturel, spirituel ou céleste, y reste comme scientifique, et est de là produit par le Seigneur, 27. Rien ne peut jamais être retenu par la mémoire, si ce n'est d'après quelque idée formée d'une manière quelconque, 2249. Sans l'idée, aucune chose ne reste dans la mémoire, 2831. A la mémoire extérieure appartiennent les langues et les sciences, qui, dans l'autre vie, ne sont pas utiles à l'homme, mais par lesquelles il a cultivé son rationnel dans le monde, 2472, 2476, 2480. Les choses qui chez l'homme appartiennent à la foi sont continuellement dans la mémoire, même quand on pense à d'autres choses, et qu'on fait autre chose, 8067 ; comment il faut entendre qu'elles sont perpétuellement dans l'entendement et perpétuellement dans la volonté, 8067. Les choses de la mémoire servent de miroir à la partie intellectuelle pour voir dans les choses spirituelles ; *illustré*, 9394 ; mais l'intellectuel n'évoque que ce qui est favorable aux amours et aux principes saisis, 9394. Sur les scientifiques qui sont des choses de mémoire, plusieurs détails, 9922. Scientifiques de la mémoire comparés aux muscles, 9394.

Mémoire intérieure ou spirituelle. L'homme ne sait pas qu'il a une mémoire intérieure, 2470, 2471 ; parce que la mémoire des choses particulières ou matérielles, qui est corporelle, fait tout et obscurcit la mémoire intérieure, 1639. Combien la mémoire intérieure l'emporte sur la mémoire extérieure, 2473. C'est d'après la mémoire intérieure que l'homme peut penser et parler intellectuellement et rationnellement, 9394. Toutes les choses, en général et en particulier, que l'homme a pensées, prononcées et faites, et toutes celles qu'il a entendues et vues, ont été inscrites dans sa mémoire intérieure, 2474, 7398. Cette mémoire est le livre de la vie de l'homme, 2474, 9386, 9841, 10505, parce que les choses qui appartenaient à sa volonté y ont été inscrites, 9386. Dans la mémoire intérieure sont les vrais qui sont devenus choses de la foi, et les biens qui sont devenus choses de l'amour, 5212, 8067. Les choses qui sont passées en habitude, et sont devenues choses de la vie, et qui par cela même ont été oblitérées dans la mémoire extérieure, sont dans la mémoire intérieure, 9394, 9723, 9841.

Mémoire chez l'homme après la mort. La mémoire reste chez l'homme après la mort, et il a réminiscence des choses qu'il a faites dans la vie du corps, 2469 à 2494. L'homme a avec lui, dans l'autre vie, toutes les choses de la mémoire extérieure et de la mémoire intérieure, 2475. Les hommes, après la mort, ne perdent rien de la mémoire extérieure; *expérience*, 2481, 2482, 2485, 2486. Mais alors l'homme ne peut rien tirer hors de cette mémoire, comme il le faisait dans le monde, et cela pour plusieurs causes, 2476, 2477, 2479. Cette mémoire est là comme un plan fondamental dans lequel tombent les vrais et les biens intérieurs, 4588. Ainsi la mémoire extérieure se repose dans l'autre vie, 4901. Mais la mémoire intérieure de l'esprit, qui est sa propre mémoire, est en sa possession, et c'est d'après cette mémoire qu'il parle la langue universelle, 2472.

Mémoire chez les esprits et chez les anges. Les esprits et les anges retiennent par la mémoire les choses qu'ils voient et entendent, et par suite ils croissent en sagesse éternellement, 6931. Les anges ne s'occupent ni du passé ni du futur; mais néanmoins ils ont par le Seigneur une mémoire très-parfaite, telle que, dans tout présent chez eux, il y a le passé et le futur, 2493. Les esprits et les anges parlent d'après la mémoire intérieure, et c'est de là qu'ils possèdent la langue universelle, qui est telle, que tous, de quelque terre qu'ils soient venus, peuvent parler entre eux, 2472, 2476, 2490, 2493. C'est d'après la mémoire intérieure que les esprits parlent, 1639. Dans la mémoire intérieure sont aussi imprimées les choses que l'esprit entend et voit dans l'autre vie, mais avec une distinction, de laquelle il est parlé; de là vient qu'on peut être instruit, 2490. Les choses qui appartiennent à la mémoire intérieure se manifestent par une sphère, 2489. La mémoire des esprits est beaucoup plus parfaite que celle des hommes, 6812. Les esprits conservent avec eux leur mémoire naturelle ou extérieure, mais elle n'est ouverte que selon le bon plaisir du Seigneur, 10751.

Les esprits et les anges savent toutes les choses qui sont dans la mémoire et dans la pensée de l'homme, 2488. Les esprits qui sont chez l'homme sont en possession de toutes les choses de sa mémoire, 5853, 5857, 5859, 5860. Quand les esprits viennent vers l'homme, ils voient dans sa mémoire chacune des choses qu'il connaît, 6809. Ils entrent dans toute sa mémoire, et y réveillent les choses qui leur conviennent, et même ils lisent comme dans un livre celles qui y sont, 6811. Il n'est pas permis aux esprits d'influer dans l'homme d'après leur mémoire extérieure, 2477. Si les esprits influaient dans l'homme d'après la mémoire extérieure, l'homme ne pourrait pas penser d'après sa mémoire, mais il penserait d'après celle de l'esprit, par conséquent l'homme n'aurait plus sa vie ni sa liberté à sa disposition, mais il serait obsédé, 2477; *expérience*, 2478.

Les esprits de Mercure ont relation avec la mémoire des choses qui sont dans l'univers, 6696. Des esprits qui ont relation avec la mémoire intérieure, 2491.

MÉMORIAL, *Memoriale*. En signe et en mémorial, c'est ce dont on doit perpétuellement se ressouvenir, ou ce qu'il faut avoir continuellement en mémoire, 8066, 8067, 8620. Quand il s'agit du Seigneur, le mémorial se dit de la qualité du divin dans le culte quant au vrai, et le nom se dit de la qualité du divin quant au vrai et quant au bien, mais spécialement quant au bien, 6888. « Ce jour vous sera pour mémorial, » — Exod. XII. 14, — *sign*. la qualité de cet état dans le culte, 7881.

MÉNASSEH. C'est le nouveau volontaire dans le naturel, 5348, 5351, 5353, 5354, *f.*, 6222. Le nouveau volontaire, qui est Ménasseh, est le bien de la charité, 6222; c'est le bien de l'église par l'interne, 6234, 6238, 6267. Ménasseh *sign*. le bien spirituel dans le naturel, bien qui appartient au nouveau volontaire, 5351, *f.* Ménasseh est le bien du volontaire dans le naturel, né de l'interne, 6295. Ménasseh est le volontaire et Éphraïm l'intellectuel, qui appartiennent à l'église dans le naturel, 6025. Ménasseh est l'homme de l'église céleste externe, et Éphraïm l'homme de l'église spirituelle externe, 6296. Ménasseh est le bien de la volonté, et Éphraïm, le vrai de l'entendement; et, dans le sens opposé, Ménasseh est le mal de l'entendement, et Éphraïm le faux de l'entendement, 10283. *Voir* ÉPHRAÏM.

MENDIANTS, *Mendicantes*. Par les pauvres, dans la Parole, il n'est pas entendu les mendiants; car ceux qui mendient dans les rues mènent, pour la plupart, une vie impie et même criminelle, méprisent tout ce qui concerne le culte divin, et sont entièrement abandonnés à l'oisiveté et à la paresse, 3888.

MÉNINGES, *Meninges*, 501, 5724.

MENSONGE, *Mendacium*. Le mensonge *sign*. le faux et le mal de la foi; *montré*, 8908. C'est le faux provenant du mal, 9261. Le témoin de mensonge *sign*. la confirmation du faux, 8908. Ne point répondre envers le prochain en témoin de mensonge, c'est dans le sens interne ne point dire à quelqu'un le faux, à savoir, que le bien est le mal et que le vrai est le faux; ni, *vice versa*, que le mal est le bien et que le faux est le vrai; et, dans la vie civile, c'est se garder de dire et de persuader que ce qui est juste est injuste, et que ce qui est injuste est juste; *montré* et *illustré*, 8908. Dans la Parole, quand il est dit vanité et mensonge, la vanité est le faux de la doctrine, et le mensonge le faux de la vie; *montré*, 9248, 10287, *f.* Dans l'autre vie, quels sont et comment agissent ceux qui, dans le monde, ont agi par des artifices et par des mensonges, 5188.

MENSTRUES, *Via feminarum*. C'est l'impureté; les vrais intérieurs sont dits être dans l'impureté, quand ils sont parmi des scientifiques qui ne correspondent pas encore, ou qui sont en discordance, 4161.

MENTAL, *Mens*. La volonté et l'entendement constituent le mental de l'homme, 3888. Ces deux facultés doivent constituer un seul mental, mais elles sont séparées,

35, 3623, 5835, 10122. Ceux chez qui elles le constituent, et ceux chez qui elles ne le constituent pas, 7179. Chez les hommes de la très-ancienne église le mental était un, 310. Il n'est pas permis à l'homme de diviser son mental, ni de séparer mutuellement l'une de l'autre ces deux facultés, c'est-à-dire, de comprendre et prononcer le vrai, et de vouloir et faire le mal; pourquoi ? 7180. L'entendement et la volonté font un seul mental et une seule vie, quand l'entendement procède de la volonté, mais non quand l'homme pense et parle autrement qu'il ne veut, 3623. La volonté et l'entendement sont ramenés à l'unité dans l'autre vie, et il n'est pas permis d'y avoir un mental divisé, 6250, 8701. Ceux qui agissent selon ce qu'ils comprennent et croient être vrai et bien, ont un mental non-divisé, 9114.

Le mental de l'homme est l'homme lui-même; *illustré*, 5302, 6158. Il y a deux mentals chez l'homme, le mental rationnel et le mental naturel, 5301. Le mental rationnel appartient à l'homme interne, et le mental naturel à l'homme externe, 5301. Le mental naturel est distinct du mental rationnel, et dans un degré au-dessous de ce mental, 3020. Le mental rationnel doit être comme un maître de maison qui commande, et le mental naturel comme un serviteur qui obéit, 3020. Le mental naturel, et aussi le mental rationnel, est comme une maison; là, le mari est le bien, l'épouse est le vrai, les filles et les fils sont les affections du bien et du vrai, les servantes et les serviteurs sont les voluptés et les scientifiques qui servent et confirment, 5023. Le mental intérieur ou rationnel de l'homme qui est dans le bien est dans le monde spirituel et pense spirituellement, et son mental extérieur ou naturel est dans le monde naturel et pense naturellement; alors ce qui est spirituel tombe dans ce qui est naturel, et ils font un par correspondance, 5614. Les choses qui appartiennent au mental, c'est-à-dire, à la pensée et à la volonté, ont coutume de briller tellement sur la face, qu'elles se montrent à découvert dans son expression, 2988. De même que la face doit être l'expression du mental naturel, de même le mental naturel doit être l'expression du mental rationnel, 3573. Dans le mental il n'existe pas des effigies telles que celles qui se présentent dans la physionomie, mais seulement il y a des affections qui sont ainsi effigiées, 2989. Dans le mental il n'existe pas non plus des actes tels que ceux qui se présentent par les actions dans le corps, mais il y a des pensées qui sont ainsi figurées, 2989. Les choses qui appartiennent au mental sont des spirituels, et celles qui appartiennent au corps sont des naturels, 2989.

Mental naturel. Les choses qui sont dans le naturel, d'après lesquelles l'homme pense et conclut, constituent son mental naturel, 7562. Le mental naturel, quant à la partie qui a été soumise à l'intellectuel, consiste seulement en scientifiques, 5373. Chez l'homme, c'est par le mental naturel que les choses qui appartiennent au ciel, c'est-à-dire, au Seigneur, influent et descendent dans la nature, et que montent celles qui appartiennent à la nature; *illustré*, 3721. Le mental naturel se porte selon l'état intérieur des parties récipientes qui appartiennent au corps, 8378. Le mental naturel est régénéré par le mental rationnel, 3509.

Mental rationnel. Ce mental, dont les idées de la pensée sont appelées intellectuelles et sont dites immatérielles, ne pense d'après les mots d'aucune langue, ni par conséquent d'après les formes naturelles, 5614. Il y a deux chemins qui conduisent au mental rationnel de l'homme ; un chemin supérieur ou interne par lequel entrent le bien et le vrai qui procèdent du Seigneur, et un chemin inférieur ou externe par lequel entrent le mal et le faux qui sortent de l'enfer, 2851. Le mental intérieur ou rationnel de l'homme est dans la lumière du ciel ; l'homme ignore cela, quoiqu'il appelle vue son entendement, et qu'il lui attribue une lumière, 3223. Les vrais et les biens, qui procèdent de la lumière du ciel, influent dans le mental intérieur ou rationnel, 3224 ; ce mental a été ouvert seulement chez ceux qui sont dans l'innocence, dans l'amour envers le Seigneur, et dans la charité à l'égard du prochain, 3224.

La faculté de penser appartient, non au mental, mais à la vie qui influe du Seigneur dans le mental, 3347. Toutes les choses du mental, ou de la pensée et de la volonté, se réfèrent au vrai et au bien, 10756. Les mentals humains ne saisissent d'abord que les terrestres et les mondains, 8783. L'homme doit s'étudier à avoir un mental sain dans un corps sain, 3951, 4459, 5159, 5293, 6936.

Oss. On trouve dans les écrits de l'Auteur quatre expressions qui paraissent synonymes, mais qui sont cependant à distinguer, à savoir, *Spiritus, Anima, Mens* et *Animus.* Le *Spiritus* (l'Esprit proprement dit), organisé en parfaite forme humaine et spirituellement visible et tactile, contient en lui l'*Anima*, le *Mens* et l'*Animus.* — L'*Anima* (l'Âme) est l'intime de l'Esprit ; c'est d'après elle que l'Esprit est et vit, car elle est l'essence même de sa vie. — Le *Mens* (le Mental) est l'homme interne au dedans duquel est l'homme intime ou l'âme, et il est aussi l'homme externe au dedans duquel est l'homme interne ; car il y a deux mentals, l'un interne et l'autre externe, parce qu'il y a chez l'homme entendement interne et entendement externe, volonté interne et volonté externe ; l'entendement et la volonté internes constituent l'homme interne ou le mental interne ; l'entendement et la volonté externes constituent l'homme externe ou le mental externe. L'*Animus* est une sorte de mental plus externe, ou extérieur, formé par des affections et des inclinations résultant principalement de l'éducation, de la société et de l'habitude ; voir ANIMUS, Oss. Dans notre monde, l'esprit ou l'homme-esprit, qui renferme en dedans de lui l'*animus*, le mental et l'âme, est enveloppé d'un corps terrestre, qui le rend invisible ; mais, dégagé de ce corps par la mort naturelle, l'homme-esprit se trouve dans le monde des esprits avec son corps spirituel, et est appelé simplement esprit.

MENTION (faire), *Memorare.* C'est penser, 9283.

MENTON. Comment des sociétés du monde spirituel agissent dans les muscles du menton, 3661, 4800.

MENU, *Minutum.* Le menu, ou ce qui est menu, se dit du vrai ; pourquoi ? 8458, 8459.

MÉPHAATAH, nom de ville. C'est un des genres de faux qui se rencontrent chez ceux qui sont nommés Moab, 2468.

MÉPRIS (le) pour les autres en les comparant à soi vient de l'amour de soi et de l'amour du monde, 6667, 7372, 7373, 7374, 9348, 10038, 10742.

MÉPRISER, *Contemnere.* De ceux qui méprisent les autres ; quel est leur état dans l'autre vie, 4949. De ceux qui méprisent et tournent en dérision la Parole dans la lettre et les doctrinaux tirés de la Parole, et qui sont dans l'amour de soi ; ils ont relation avec les vices du sang qui se répandent dans toutes les veines et dans toutes les artères, et corrompent toute la masse, 5719. De ceux qui méprisent et ont même en aversion les choses qui appartiennent au ciel, 5786. Mépriser les maris et les fils, — Ézéch. XVI. 45, — c'est rejeter avec dédain les biens et les vrais, 1203.

MER (la) est la collection des scientifiques d'après lesquels on raisonne sur les vrais, et aussi le naturel et le sensuel qui en sont les contenants ; *montré* et *illustré*, 9755. Les eaux sont les connaissances et les scientifiques ; la mer en est l'amas, 28. Ce que signifient la mer, le soleil, la lune, les étoiles, la nation, quand le Seigneur parle du jugement dernier, 2120. Être plongé dans la mer, c'est être plongé dans les scientifiques d'après les mondains et les terrestres jusqu'à nier le vrai divin, 9755. Le sable du bord de la mer *sign.* les scientifiques, 2850. La mer d'airain de Salomon signifiait le naturel de l'homme, dans lequel se fait la purification, 10235, *f.* La mer, prise pour l'occident, *sign.* l'état du bien dans l'obscur, 9653 ; — *sign.* ceux qui sont dans les maux, 10261, *f.* La mer de Suph, ou mer Rouge, *sign.* l'enfer où sont ceux qui sont dans la foi séparée d'avec la charité et dans la vie du mal, 8099. La mer de Suph, comme dernière frontière de la terre d'Égypte, *sign.* les vrais sensuels et scientifiques, qui sont les derniers chez l'homme, 9340 ; et la mer des Philistins, où étaient Tyr et Sidon, *sign.* les vrais intérieurs de la foi, 9340. La mer de sel *sign.* les faussetés qui sortent des cupidités avec impétuosité, 1666. Fendre la mer, c'est dissiper les faux, 8184. La mer de verre devant le trône, — Apoc. IV. 6, — *sign.* tout vrai dans le naturel, 5313. La mer, dans laquelle fut jetée la grande montagne, — Apoc. VIII. 8, — *sign.* le scientifique en général, 9755. Dans l'autre vie, ceux qui, par tous moyens licites ou illicites, ont voulu devenir grands sur la terre, voient une mer agitée par des vagues effrayantes, et sont dans une crainte continuelle d'y être engloutis, 953.

MÉRARI, fils de Lévi. C'est l'amour spirituel, et ses doctrinaux en général, 6024.

MERCENAIRE, *Mercenarius*. Dans la Parole, les mercenaires *sig.* ceux qui font le bien pour en tirer profit, et ceux qui le font pour une récompense dans le ciel, 7997 ; *montré*, 8002, 9392. Dans le sens abstrait, le mercenaire *sign.* le bien du gain ou la récompense, 9179, 9180.

MERCURE (terre ou planète de). Des esprits de la planète de Mercure, 2491, 6807 à 6817, 6921 à 6932, 7069 à 7079. Des esprits et des habitants de la planète de Mercure, 7170 à 7177. Les esprits de Mercure ont relation, dans le très-grand homme, avec la mémoire, mais avec la mémoire des choses, abstraction faite de ce qui est terrestre et matériel, 6808. Quand de la mémoire de Swedenborg ils extrayaient des villes et des lieux, ils ne voulaient pas en connaître les temples, les palais, les maisons, etc., mais ils s'informaient des choses et des faits qui s'y étaient passés, 6809. Ils ne font aucune attention aux objets terrestres et corporels, 6810. Combien est grand leur désir d'acquérir des connaissances ; *expérience*, 6811. Ils savent mieux que les autres ce qui est dans l'univers, 6812.

Dans les autres sociétés, ils s'informent des choses qu'elles savent, 6813. Ils sont fiers de leurs connaissances, 6813. Ils ont en aversion le langage de mots, parce qu'il est matériel, 6814. Quoiqu'ils aient des connaissances en abondance, ils brillent peu par la faculté du jugement, 6814. Il leur fut dit de faire usage des connaissances, mais ils répondaient que les connaissances étaient pour eux les usages, 6815. Ils ne peuvent pas être avec les esprits de notre terre, parce que ceux-ci aiment les choses mondaines et terrestres, et non de même les choses abstraites, 6816. Ils veulent regarder non l'enveloppe, mais les choses tirées de leur enveloppe, ainsi les intérieurs, 6816. Quand ils examinent, pensent et parlent, ils sont plus prompts que les autres esprits, parce qu'ils ne sont pas dans les choses matérielles, 6921. Avec quelle promptitude ils parcoururent les choses qui étaient dans la mémoire de Swedenborg, 6922. La même promptitude existe quand ils parlent tous ensemble (*volumatim*), 6923. Avec quelle promptitude ils jugent du discours des autres, s'il y a affectation d'élégance et d'érudition, 6924. Ils parcourent l'univers pour acquérir des connaissances, 6925, 6926. Ils fuient les esprits qui aiment les matériels, c'est-à-dire, les corporels et les terrestres, 6925, 6926. Ils vont par cohortes et par phalanges, 6926. Ils disent qu'ils savent qu'il y a dans l'univers des centaines de milliers de terres, 6927. Les esprits de Mercure diffèrent entièrement des esprits de notre terre, 6928. Conversation de Swedenborg avec eux au sujet des habitants de notre terre; combien ils sont matériels, 6929.

Les esprits de Mercure savent que sur notre terre, les connaissances sont imprimées sur du papier, et qu'on en fait des livres, 6930. Ils retiennent par la mémoire tout ce qu'ils voient et entendent dans l'autre vie, et peuvent être instruits de même que lorsqu'ils étaient hommes, 6931. Ils croissent continuellement en science des choses, mais non par suite en sagesse, parce qu'ils aiment les connaissances, qui sont les moyens, et non les usages qui sont les fins, 6931. Quand quelqu'un leur parle de choses terrestres et matérielles, ils les changent en d'autres, et souvent en choses opposées, 7070. *Exemple;* comment ils noircissaient les prairies, les forêts, les fleuves représentés devant eux, 7071. Il n'en était pas de même des oiseaux, parce qu'ils signifient les vérités qui brillent d'après le bien, 7072. Ils ne voulaient pas entendre parler de brebis ni d'agneaux, parce qu'ils ne savaient pas ce que c'est que l'innocence qui est l'agneau, et n'en connaissaient que le nom, 7073. Ils agissent d'une manière cachée, non pour tromper, mais pour d'autres motifs, dont il est parlé, 7074, 7075. Comment ils perfectionnent leur mémoire, 7074. Ils parlent avec les habitants de leur terre, 7075. Comment ils les instruisent, 7075. Ils ne disent pas aux autres les choses qu'ils savent, mais dans leur société ils se communiquent tout, 7076. Comme ils étaient fiers de leurs connaissances, des esprits de notre terre leur dirent qu'ils ne savaient que peu de choses, 7077. Ensuite un ange leur fit une énumération d'un très-grand nombre de choses qu'ils ne savaient point, en leur disant qu'ils ne pourraient pas même durant toute l'éternité savoir les choses communes, 7077. Par suite ils s'humilièrent; comment fut représentée leur humiliation, 7077. Les esprits de Mercure n'apparaissent pas vers une plage déterminée, ni à une distance constante, parce qu'ils parcourent l'univers, 7078. Leur planète est par derrière eux, et de même le soleil du monde, quand ils y pensent, car il n'en apparaît pas la moindre chose, 7078. Les esprits de Mercure s'approchèrent de la planète de Vénus, vers la partie tournée du côté opposé au soleil, mais ils dirent qu'ils ne voulaient pas y rester, parce que les habitants étaient méchants, 7170; puis ils vinrent vers l'autre partie de cette terre, celle qui regarde le soleil, et ils dirent qu'ils voulaient y demeurer, parce que les habitants étaient bons, 7170. Les esprits de Mercure disaient qu'ils croyaient en Dieu, et qu'un grand nombre d'esprits de notre terre ne croient en aucun Dieu, 7172. Le Seigneur apparut dans le Soleil aux esprits de Mercure, et aussi en même temps à d'autres, et alors ils s'humilièrent profondément, 7173. Grande lumière alors vue par quelques-uns, 7174. Femme de leur terre, vue telle qu'elle était quant à son visage, à sa taille et à son vêtement, 7175. Les habitants de Mercure, quand ils viennent dans l'autre vie et deviennent esprits, veulent apparaître comme des globes de cristal, 7175. Bœufs et vaches de leur terre; dans quelle forme, 7176. Le soleil du monde apparaît grand chez eux, et la température n'y est pas trop chaude, parce que la chaleur vient de la hauteur et de la densité de l'atmosphère, et de l'incidence droite ou oblique des rayons du soleil, 7177. Les esprits de Mercure viennent souvent vers les esprits de Saturne pour en tirer des connaissances, 9106.

MÈRE. Dans la Parole, la mère est l'église, 289, 2691, 2717. La mère *sign.* l'église quant au vrai, par conséquent aussi le vrai de l'église, et le père *sign.* l'église quant au bien, par conséquent aussi le bien de l'église, 2691, 2717, 3703, 5581, 8897; et, dans le sens opposé, ils signifient le faux et le mal, *ibid.* Le père est le Seigneur quant au divin bien, et par suite le bien même, et la mère est le Seigneur quant au divin vrai, et par suite le vrai même, 8897. Par père, mère, enfants, frères, sœurs, et autres noms de parenté, sont signifiés les biens et les vrais; et, dans le sens opposé, les maux et les faux; *montré* et *illustré*, 3703, 10490. L'homme reçoit du père l'interne, et de la mère l'externe, 1815. Chez chacun les maux intérieurs viennent du père, et les maux extérieurs viennent de la mère, 3701. La mère *sign.* l'affection du vrai spirituel, 3583. Le Seigneur est entendu par le père, et le royaume du Seigneur par la mère, 8900. La très-ancienne église est dite mère de tous vivants, — Gen. III. 20, — parce que cette église était dans la foi envers le Seigneur, qui est la vie même, 287, 290. Cette église principalement est appelée ainsi, parce qu'elle fut la première, comme aussi la seule qui ait été céleste, et c'est pour cela que, plus que toutes les autres, elle fut aimée du Seigneur, 289. Par honorer père et mère est signifié l'amour pour le bien et pour le vrai; et, dans le sens suprême, l'amour pour le Seigneur et pour son royaume, 8897. Frapper mère sur fils était, chez les anciens, une formule qui signifiait la destruction de l'église et de toutes les choses appartenant à l'église, soit dans le commun, soit dans le particulier chez l'homme qui était église, 4257. Le Seigneur a rejeté par degrés l'humain qu'il tenait d'une mère, au point qu'enfin il ne fut plus le fils de Marie, 2574. *Voir* Marie.

Méribah. C'est la qualité de la plainte dans l'état de la tentation quant au vrai, 8588 ; et, respectivement aux Juifs, c'est qu'ils ont provoqué Jéhovah ; *montré*, 8588 ; *voir* Massah. Dans la langue originale, Méribah *sign.* contestation ou querelle, 8588.

Mérite. Au Seigneur seul le mérite et la justice, 9715, 9979. Puisque tout bien et tout vrai viennent du Seigneur, et que rien du bien et du vrai ne vient de l'homme, et puisque le bien qui vient de l'homme n'est pas le bien, il s'ensuit que le mérite n'appartient à aucun homme, mais qu'il appartient au Seigneur seul, 9975, 9981, 9983. Le mérite et la justice du Seigneur consistent en ce que d'après la propre puissance il a sauvé le genre humain, 1813, 2025, 2026, 2027, 9715, 9809, 10019. Le bien de la justice et du mérite du Seigneur est le bien qui règne dans le ciel, et ce bien est le bien de son divin amour par lequel il a sauvé le genre humain, 9486, 9979, 9984.

Ceux qui placent le mérite dans les œuvres, ou qui veulent mériter le ciel par les biens qu'ils font, veulent être servis dans l'autre vie, et ne sont jamais contents, 6393 ; ils méprisent le prochain, et s'irritent contre le Seigneur lui-même, s'ils ne reçoivent pas une récompense, 9976 ; quel est leur sort dans l'autre vie, 942, 1774, 1877, 2027 ; ils sont du nombre de ceux qui, dans la terre inférieure, apparaissent fendre du bois, 1110, 4943. Ceux qui croient que par les biens qu'ils font ils méritent le ciel font les biens d'après eux-mêmes, et non d'après le Seigneur, 9974. Ceux qui placent le mérite dans les œuvres ne peuvent combattre contre les maux qui proviennent de l'enfer, car personne ne le peut par soi-même, 9978. Quant à ceux qui ne placent pas le mérite dans les œuvres, le Seigneur combat et est vainqueur pour eux, 9978. Autant l'homme vient dans le bien de l'amour et de la foi, autant il est éloigné d'avoir en vue le mérite dans les biens qu'il fait, 9982. Faire le bien, qui est le bien, doit avoir lieu d'après l'amour du bien, ainsi pour le bien ; ceux qui sont dans cet amour ont en horreur le mérite, car ils aiment faire, et par là ils perçoivent le bonheur ; et, *vice versa*, ils sont attristés, si l'on croit qu'ils agissent pour quelque avantage propre, 9983. Ceux qui entrent dans le ciel dépouillent tout mérite d'eux-mêmes, 4007 ; et ne pensent pas à la rémunération pour les biens qu'ils ont faits, 6478, 9174. Ceux qui sont dans la pensée du mérite sont loin de reconnaître que toutes choses appartiennent à la miséricorde, 6478, 9174. Ceux qui pensent d'après le mérite pensent à la récompense et à la rémunération ; vouloir mériter, c'est donc vouloir être rémunéré, 5660, 6392, 9975. Ceux qui placent le mérite dans les œuvres succombent dans les tentations, 2273, 9978. Ceux qui placent le mérite dans les actions de leur vie n'ont pas la foi de la charité, 2027.

Par les tentations l'homme n'est pas sauvé, s'il a placé en elles quelque chose du mérite, car alors il a perdu les pensées qu'il a reçues du Seigneur dans les tentations, pensées vers lesquelles d'autres pensées peuvent être ployées, 2273. Dans la Parole est appelé juste celui à qui le mérite et la justice du Seigneur sont attribués, et injuste celui qui s'attribue sa propre justice et son propre mérite, 5069, 9263. *Voir* MÉRITER, MÉRITOIRE.

MÉRITER. Vouloir mériter, c'est vouloir être rémunéré, 5660, 6392, 9975. Ceux qui ont voulu mériter ne peuvent pas recevoir en eux le ciel, 1835, 9977, 8480. Il en est autrement de ceux qui ont cru dans la simplicité du cœur avoir mérité le ciel, et qui ont vécu dans la charité; pour eux, mériter le ciel a consisté en ce qu'ils l'ont considéré comme une promesse, et ils reconnaissent facilement qu'il est dû à la seule miséricorde du Seigneur, 2027. Ceux qui font le bien à cause de la récompense méprisent le prochain, et s'irritent eux-mêmes contre le Seigneur de ce qu'ils ne reçoivent point de récompense, disant qu'ils en ont mérité, 9976. La croyance que le bien vient de soi, et que par soi on mérite le salut, existe dans le commencement de la réformation, mais n'est point confirmée; et celui qui la confirme chez soi n'est point susceptible d'être amendé, 4174. Ceux qui s'attribuent les vrais et les biens, et ainsi croient mériter, les trois peines dénoncées à David les poursuivent, à savoir, 1° d'abord la famine, en ce qu'ils ne peuvent rien recevoir du bien de l'amour ni du vrai de la foi; 2° la fuite devant l'ennemi, en ce que les maux et les faux les poursuivent continuellement; 3° et la peste, en ce que les vrais et les biens reçus par l'enfance périssent, 10219. *Voir* MÉRITE.

MÉRITOIRE. La charité réelle est sans aucune chose méritoire, 2343, 2371, 2400, 3887, 6388 à 6393; parce qu'elle procède de l'amour, par conséquent du plaisir de faire le bien, 3816, 3887, 6388, 6478, 9174, 9984. Ceux qui, chez eux, ont séparé la foi d'avec la charité, font méritoires dans l'autre vie la foi, et aussi les bonnes œuvres qu'ils ont faites dans la forme externe, ainsi pour eux-mêmes, 2371. Ceux qui font les biens méritoires agissent d'après le mal, 9980; et ne peuvent pas recevoir en eux le ciel, 9977. *Voir* MÉRITE, MÉRITER.

MERVEILLES, *Mirabilia.* Dans la Parole, les merveilles *sign.* les moyens de la puissance divine, 6910. Les merveilles que Jéhovah devait faire, — Exod. XXXIV. 10, — *sign.* les divins dans toutes et dans chacune des choses de la Parole, 10633. Dans le sens historique, par ces merveilles il est entendu que Jéhovah, chez le peuple juif, ferait des miracles inouïs dans toute la terre; mais, dans le sens interne, ce ne sont pas des miracles qui sont entendus, ce sont les merveilles que le Seigneur ferait, en donnant une telle Parole, par laquelle il y aurait conjonction du Seigneur avec l'église, etc., 10634.

Merveilles qui existent dans l'autre vie, 1274. Merveilles sur la distance, la situation, le lieu, l'espace et le temps dans l'autre vie ou dans le monde spirituel, 1273 à 1277. Merveilles concernant la présence, la consociation, etc., 10130; — concernant l'inspection des mauvais esprits par les anges, 4533; — concernant la communication des pensées et des affections, 5383 ; — concernant la langue universelle, 1637 ; — concernant le Seigneur, 6626. Une des merveilles de la divine Providence, 10225.

MESCHA (nom de lieu) *sign.* le vrai ou le terme d'où l'on part, et Séphar le bien ou le terme où l'on tend, 1248, 1249.

MESCHECH, fils de Japheth, est une des nations qui ont eu le culte externe correspondant à l'interne, 1149. Meschech, dans la Parole, *sign.* tantôt le culte externe correspondant à l'interne, tantôt le culte opposé, 1151.

MÉSENTÈRE. Lieux qui ont relation avec le mésentère ; esprits qui sont dans ces lieux, 5181.

MÉSOPOTAMIE, ou la Syrie des fleuves. *Voir* ARAM.

MESSAGER, *Nuntius.* Envoyer des messagers, c'est communiquer, 4239.

MESSIE, *Messias, sign.* la même chose que Christ ; *voir* CHRIST. Sur le Messie les Juifs ne pensaient autre chose, sinon que ce serait un très-grand Prophète, plus grand que Moïse, et un très-grand Roi, plus grand que David, qui les introduirait dans la terre de Canaan par des miracles étonnants, 4692, 8780. Le Messie qu'ils attendaient, ils ne le reconnaissaient que comme un roi qui les élèverait au-dessus de toutes les nations et de tous les peuples du globe entier, et les leur soumettrait comme de très-vils esclaves ; c'était là l'origine de leur amour envers lui, 4769. C'est pour cela qu'ils n'ont pas voulu entendre parler d'un Messie qui viendrait pour leur salut et pour leur félicité éternelle, 9409. Combien les Juifs sont profondément aveugles au sujet du Messie à venir, 8780. Conversation de Swedenborg avec des Juifs, dans l'autre vie, sur la Parole, la terre de Canaan et le Messie, 3481.

MESURE, *Mensura.* Les nombres et les mesures signifient des spirituels et des célestes, 647, 648, 649, 650. Le poids *sign.* l'état de la chose quant au bien, et la mesure l'état de la chose quant au vrai, 3104, 3405, 5658. Dans la Parole, les mesures *sign.* les qualités de l'état, car les mesures enveloppent un espace, et dans l'autre vie il n'y a pas d'espaces, mais il y a des états qui y correspondent, 4482. La mesure est l'état de la chose quant au vrai et au bien ; *montré*, 9603. La quantité et la qualité du bien chez chacun, et dans l'église, sont déterminés par des poids et des mesures dans la Parole, 8533. Chacun, qu'il soit damné ou qu'il soit sauvé, a une mesure déterminée qui peut être remplie, le méchant une mesure déterminée de mal et de faux, et le bon une mesure déterminée de bien et de vrai, 7984. Cette mesure est acquise dans le monde par les affections qui appartiennent à l'amour, et elle est remplie chez chacun dans l'autre vie ; *montré*, 7984.

Deux mesures, qui étaient en usage saint, sont mentionnées dans la Parole, à savoir, le hin et l'éphah ; avec le hin on mesurait l'huile et le vin, et avec l'éphah la farine et la fleur de farine, 10262. Le hin était divisé en quatre parties pour signifier le conjonctif, et l'éphah était divisé en dix parties pour signifier le réceptif, 10262 ; *montré*, 10136, 10137. Les mesures, dans l'usage commun, étaient aussi de deux genres, le chomer et l'omer pour les matières sèches, le kore et le bath pour les liquides, 10262. Le chomer contenait dix éphahs, et l'éphah dix omers; le kore contenait dix baths, et le bath dix parties plus petites, 10262. Dans Ézéchiel, où il s'agit du nouveau temple, il se présente une nouvelle division de l'éphah et du bath; l'éphah et le bath y sont divisés, non en dix, mais en six; et le hin y correspond à l'éphah; et cela, parce que là il s'agit, non pas du bien céleste, ni de sa conjonction, mais du bien spirituel et de sa conjonction, 10262. Les mesures pour les matières sèches *sign.* les biens, et les mesures pour les liquides les vrais, 8540.

MESURER, *Mensurare.* Dans le commun, mesurer *sign.* l'état du vrai et du bien, 9603. Dans l'autre vie, toutes les choses sont mesurées par des progressions de l'état, et par leurs changements successifs depuis le commencement jusqu'à la fin, comme dans le monde par des temps, 8750.

MÉTAPHORIQUE, Dans la Parole, il n'y a pas de locutions métaphoriques, mais il y a seulement des correspondances, 8989. Les locutions qui semblent être métaphoriques sont des correspondances réelles, de même que les comparaisons, 9272, 9828.

MÉTAPHYSICIENS. Dans quelles ténèbres ils sont, 3348. Vie misérable des métaphysiciens qui n'ont eu d'autre fin que de passer pour érudits, et de parvenir ainsi aux honneurs et aux richesses, 4658.

MÉTAPHYSIQUE. La métaphysique et la logique traitent l'entendement dans la poussière, 3348; *voir* LOGIQUE. Sur les choses scolastiques, ou logiques et métaphysiques, et sur Aristote, plusieurs détails, 4658. *Voir* PHILOSOPHIE.

MÉTAUX, *Metalla.* Tous les métaux *sign.* le bien ou le vrai; et, dans le sens opposé, le mal ou le faux, 8298. Les très-anciens comparaient aux métaux les biens et les vrais qui sont chez l'homme; à l'or, les biens intimes ou célestes qui appartiennent à l'amour envers le Seigneur; à l'argent, les vrais qui procèdent de ces biens, à l'airain, les biens inférieurs; et au fer, les vrais inférieurs, 1551. De là vient que les temps ont été assimilés à ces mêmes métaux, et ont été appelés siècles d'or, d'argent, d'airain et de fer, 1551. L'état de l'église est comparé aussi à ces métaux, 1837. Tout métal, nommé dans la Parole, a une signification dans le sens interne; ainsi l'or *sign.* le bien céleste, l'argent le vrai spirituel, l'airain le bien naturel, et le fer le vrai naturel; *montré*, 425. *Voir* aussi 643.

MÉTHUSCHAËL, fils de Méchujaël, descendant de Caïn, *sign.* une hérésie dérivée de l'hérésie appelée Méchujaël, 404. *Voir* IRAD, MÉTHUSCHÉLACH.

MÉTHUSCHÉLACH, fils de Chanoch, *sign.* la huitième église très-ancienne, 463, 1546. Le perceptif de cette église devint commun et obscur, de sorte qu'il y eut décroissance d'intégrité, et par conséquent de sagesse et d'intelligence, 524. Par Méthuschaël et par Méthuschélach il a été signifié quelque chose qui se meurt, 527.

MEUBLES, *Supellectilia.* Voir USTENSILES.

MEULE, *Mola.* La meule se dit des choses qui appartiennent à la foi, parce que par elle le blé est préparé pour devenir pain, et que le pain signifie le bien qui provient du vrai, 7780. La meule *sign.* l'application soit à des usages bons, soit à des usages mauvais, 10303. La servante qui est après les meules *sign.* les choses de la foi qui sont au dernier rang, 7780. S'asseoir aux meules, c'est apprendre des choses qui doivent servir à la foi et ensuite à la charité; *montré*, 7780, 9050. La meule d'âne *sign.* le scientifique naturel et mondain, 9755, *f.* La meule et la meule de dessus, — Deutér. XXIV. 6, — *sig.* ce qui prépare le bien, afin qu'il puisse être appliqué aux usages, 10303. Prendre une meule et moudre de la farine, — Ésaïe, XLVII. 2, — c'est forger des doctrinaux avec des vrais qu'on pervertit, 4335. Esprit assis près d'une meule, s'imaginant que tout était fantastique, 1510, *f.* Voir MOUDRE.

MEURTRE (le), *Occisio, sign.* la destruction des biens et des vrais, 8902.

MEURTRIERS, *Occisores.* Ce sont ceux qui détruisent les biens et les vrais, 8902. Ce sont ceux qui privent de la vie spirituelle, ou de la vie du bien et du vrai, 9325.

MEURTRISSURE, *Livor.* La blessure *sign.* la foi désolée, et la meurtrissure la charité dévastée, 431.

MIBSAM, fils de Jischmaël, — Gen. XXV. 13, — *sign.* des choses qui appartiennent à l'église spirituelle, surtout chez les nations, 3268.

MIBSAR, duc d'Édom, — Gen. XXXVI. 42, — *sign.* une qualité des doctrinaux du bien, 4651.

MICHA. D'un gentil qui entendit parler de Micha et de son image taillée (Jug. XVII-XVIII); quelle était l'affection de sa douleur; il rejeta l'idée de l'image taillée, 2598.

MICHAËL (Michel). Michaël, Raphaël, et d'autres anges dont on trouve les noms dans la Parole, ne sont pas des anges qui portent de tels noms; mais ils sont ainsi nommés par suite de la fonction dont ils sont chargés, 1705. Par Michaël, dans la Parole, il est signifié, non pas un seul ange, mais une fonction angélique, par conséquent aussi le divin du Seigneur, quant à ce qui concerne cette fonction, 8192, *f.*

MICROCOSME. D'où vient que l'homme a été appelé par les anciens petit monde ou microcosme, 4523, 5115, 6013, 6057. L'homme, quant à son corps, est un petit monde, car tous les mystères du monde de la nature ont été déposés en lui; *illustré*, 3702, 4523, 6057. L'homme interne a été créé à l'image du ciel, et l'homme externe à l'image du monde, et ainsi l'homme est un microcosme, 6057. Les anciens, qui ont appelé l'homme microscome (petit monde), l'auraient même appelé petit ciel, s'ils avaient eu plus de connaissances sur l'état du ciel, 5115.

MICROSCOPE. Les formes organiques qui appartiennent à la vue interne, et qui enfin appartiennent à l'entendement, ne peuvent jamais être découvertes par l'œil nu, ni avec le microscope, 4224. Sur le microscope, *voir* aussi 1869, 6614.

MIDI. Ce que c'est que le septentrion, le midi, l'orient et l'occident, 1605. L'orient et l'occident sont les états du bien; le midi et le septentrion, les états du vrai; *montré*, 3708. Le midi *sign.* la lumière, et même la lumière de l'intelligence, qui est la sagesse, 3195. Le midi *sign.* l'état de lumière, 3693, 5672; c'est l'état de lumière chez ceux qui sont dans les connaissances, 3708. C'est l'état de clarté, 1458. C'est l'état d'illustration de l'entendement par le Seigneur, 8106. Le midi ou le sud, c'est le vrai dans la lumière; *montré*, 9642, 9684. La terre du midi, c'est la divine lumière, 3195. Dans le midi sont dits être ceux qui sont dans la lumière du vrai; dans le levant ou l'orient, ceux qui sont dans l'amour du bien; vers la mer ou l'occident, ceux qui sont dans les maux; et dans le septentrion, ceux qui sont dans les faux, 10261, *f*. Dans Daniel, — XI. 1 à 45, — le roi du midi *sign.* ceux qui sont dans la lumière du vrai, et le roi du septentrion, ceux qui sont d'abord dans l'ombre et ensuite dans l'obscurité du faux, 3708, *f*. Dans le ciel, le midi est où le Seigneur apparaît comme lune, et l'orient où le Seigneur apparaît comme soleil, 9684.

Midi (milieu du jour), correspond à l'état de lumière; pourquoi? 5672; ainsi l'état spirituel, 5643. Dans le ciel, il y a le matin, midi et le soir, puis le point du jour, et de nouveau le matin, et ainsi de suite, 5962. Le matin des anges, c'est quand le Seigneur est présent et les béatifie d'une félicité manifeste, alors ils sont dans la perception du bien; midi, c'est quand ils sont dans la lumière des vérités; et le soir, c'est quand ils en sont éloignés, alors il leur semble que le Seigneur est plus éloigné, et caché pour eux, 5962. Pour les infernaux, c'est le contraire; le matin est l'ardeur des cupidités, midi est le prurit des faussetés, le soir est l'anxiété, et la nuit est la torture, 6110. Midi correspond à l'état du vrai dans la lumière, 9648.

Midian, fils d'Abraham et de Kéturah, représente une des portions communes ou lots du royaume spirituel du Seigneur dans les cieux et dans les terres, 3238, 3239. Les fils de Midian représentent les dérivations de la troisième portion, 3242. Midian représente ceux qui sont dans le vrai de la foi conjoint au bien de la foi; et, dans le sens opposé, ceux qui sont dans le faux par cela qu'il n'y a pas en eux le bien de la vie, 3242. Midian, dans le sens bon, *sign.* ceux qui sont dans le vrai du bien simple et qui se laissent facilement séduire; et, dans le sens opposé, ceux qui falsifient les vrais, 3242. Les dromadaires de Midian et d'Épha, *sign.* les doctrinaux, 3242. La terre de Midian, c'est l'église chez ceux qui sont dans le bien simple, 6773.

Midianites (les) *sign.* ceux qui sont dans le faux, parce que les biens de la vie ne sont point en eux, 3242. Les Midianites, qui tirèrent Joseph de la fosse et le vendirent aux Jischmaélites, *sign.* ceux qui sont dans le vrai du bien simple, 3242, 4756, 4788, 6773; ce sont ceux qui sont dans les externes de l'église, 6775.

Miel, *Mel.* Ce que c'est, 2184; c'est le plaisir et le charme, principalement dans le naturel extérieur; *montré*, 5620. Une terre découlant de lait et de miel, c'est le charme et le plaisir, 6857; c'est l'allégresse et la joie, 8056. Le miel est le plaisir externe, mêlé avec le plaisir de l'amour du monde, 10137, *f*. Le miel, c'est le bien céleste, qui est le bien de l'amour, 10530. Le miel sauvage, dont Jean le baptiste se nourrissait dans le désert, *sign.* le charme des vrais les plus communs, 9372. Manger du miel et du beurre, c'est prendre de la nourriture céleste-spirituelle, 680, *f*. Le miel sauvage *sign.* le charme externe, 7643, *f*.

MIETTES, *Micæ*. Le désir de se rassasier des miettes qui tombaient de la table du riche, signifiait le désir d'apprendre quelques vrais de ceux qui, au dedans de l'église, étaient dans l'abondance, 9231.

MIGDAL (nom de lieu), *sign.* le commencement de l'état pour subir les tentations, 8130.

MILCHOM. C'était un des dieux des fils d'Ammon, 2648. *Voir* AMMON.

MILIEU. *Voir* CENTRE. Le milieu est l'intime, 200, 1074. C'est le principal et l'intime, 2940, 2973. Les vrais qui sont directement sous l'intuition interne de la vue sont dans le milieu, 6068, 6084. Par suite le milieu ou l'intime est le meilleur, 6084, 6103. Les vrais sont dans le milieu chez les bons, et les faux sont dans le milieu chez les méchants, 3436, 9164. Les faux tiennent la périphérie chez les bons, et les vrais tiennent la périphérie chez les méchants, 9164. L'intime est dans les successifs; cet intime est le milieu ou le centre dans les simultanés, 5897. Faire des merveilles au milieu de l'Égypte, c'est agir directement par la puissance divine contre les faux, 6910, 6911. Sortir par le milieu de l'Égypte ou de la terre, et par toute l'Égypte, c'est la présence en quelque lieu que ce soit, 7777. Le milieu du champ, c'est l'intérieur de l'église, par conséquent ceux qui sont dans la charité, 4686. Le milieu de l'arbre du jardin *sign.* le bien naturel, dans lequel il y a quelque perception, 225. Le milieu de la tente, c'est le principal de la foi, c'est-à-dire, la charité, 1076. Le milieu de la ville *sign.* intérieurement dans le vrai, 2261. Le milieu de la nuit, c'est quand l'obscurité est très-épaisse, c'est-à-dire, quand il n'y a plus que le faux sans mélange, 7776. Dans le milieu des années, c'est dans la plénitude des temps, c'est-à-dire, quand il n'y a plus aucun vrai ni aucun bien, 2906.

MILKA, épouse de Nachor, frère d'Abraham. C'est le vrai chez les nations, 2863, 3078, 3142.

MILLE *sign.* beaucoup et sans nombre, et quand il se dit du Seigneur il signifie l'infini, 2575, 3186, 9716. Mille, c'est beaucoup; *montré*, 8715. Mille *sign.* ce qui est innombrable, 2575. Mille fois *sign.* un nombre indéterminé, comme dans le langage ordinaire, 2575. Mille deux cent soixante jours, — Apoc. XI. 3, — *sign.* jusqu'au plein, ou jusqu'à la fin, 9198. Mille ans *sign.* un temps infini ou l'éternité, 2575. Mille ans pour les anges sont comme une minute, 1382. La lumière spirituelle surpasse mille fois la lumière de midi dans le monde, 6032. Mille hommes peuvent paraître dans une semblable affection quant au vrai et au bien, et cependant chacun d'eux est dans une affection dissemblable quant à l'origine, c'est-à-dire, quant à la fin, 3796.

MILLE, *Milliare*. Le mille, ou kilomètre, *sign.* la même chose que le chemin, à savoir, ce qui conduit au vrai, 9048.

MILLET, *Milium*. Le millet *sign.* une espèce de bien, mais moins noble que celle qui est signifiée par le froment, 3332.

MILLIÈME, *Millesima*. L'homme aperçoit à peine la millième partie des choses au sujet desquelles combattent les mauvais esprits et les anges pendant les tentations, 5036.

MILLIERS, *Millia*. Dans l'intérieur sont par milliers les choses qui dans l'extérieur apparaissent comme une seule, 5707. Quand après la mort l'homme vient dans le ciel, il peut recevoir, de plus que quand il vivait dans le monde, des milliers de milliers de choses relatives à l'intelligence et à la sagesse, et aussi à la félicité, 5707. A des milliers, c'est à perpétuité et à éternité, 10620.

MILLIERS, *Milleni*. Les princes ou chefs de milliers *sign*. les principaux vrais qui sont dans le premier degré sous le vrai procédant immédiatement du Seigneur, parce qu'ils sont au-dessus des princes de centaines, qui signifient les principaux vrais dans le second degré, 8712.

MINCE, *Tenue*. Mince et grêle, c'est ce qui n'est d'aucun usage, 5214.

MINCHAH. Ce que c'est que la minchah, 2177. La minchah était le pain azyme, les gâteaux et les beignets azymes mêlés avec de l'huile, 10129. Dans les sacrifices, les minchahs, qui étaient des gâteaux et des beignets, signifiaient le culte d'après le bien de l'amour, 4581, 10079, 10137. Ce que signifiaient les diverses minchahs en particulier, 7978, 9992, 9993, 9994, 10079. La minchah consistait en fine farine mêlée avec de l'huile, à quoi l'on ajoutait encore de l'encens, 2177. La minchah est le bien céleste, et la libation, le bien spirituel, de même que le pain et le vin dans la sainte cène; *montré*, 4581. Les célestes dans leur ordre ont été représentés par le pain, par les gâteaux et par les beignets d'azymes, 9992. Le pain dont était composée la minchah sur les holocaustes et les sacrifices, est la purification de l'homme céleste dans l'intime, les gâteaux la purification dans l'interne, et les beignets la purification dans l'externe; *montré*, 9993, 9994. On offrait, dans les sacrifices, non-seulement de la chair, mais aussi des minchahs; c'est parce que les sacrifices n'étaient pas acceptés dans le ciel, mais que les pains étaient acceptés; voilà pourquoi on les offrait ensemble, 10079. La chair dans les sacrifices *sign*. le bien spirituel, mais le pain le bien céleste, 1079, *f*. La minchah, qui est le pain, et la libation, qui est le vin, *sign*. des choses qui appartiennent à l'église, ainsi le bien et le vrai; *illustré*, 10137. La minchah était dite saint des saints à Jéhovah; pourquoi? 10129.

MINE (monnaie). Celui qui a mis sa mine dans un linge,—Luc, XIX. 20, — *sign*. ceux qui acquièrent pour eux les vrais de la foi et ne les conjoignent point aux biens de la charité, et qui par conséquent n'en tirent aucun profit ou aucun fruit, 5291.

MINISTÈRE, *Ministerium*. Le double ministère du jugement et du culte était signifié par deux frères, 9806. Ceux qui exerçaient le ministère du jugement étaient appelés juges, et plus tard rois, et ceux qui exerçaient le ministère du culte étaient appelés prêtres, 9806. Le ministère d'Aharon signifiait tout ce qui appartient à la doctrine et au culte, 9921. Exercer le ministère se dit du vrai et du scientifique, 4976. Exercer le ministère, c'est instruire, 5088. Exercer le ministère, quand il s'agit du prêtre, c'est le culte et l'évangélisation, 9925. Ministère ou fonction des anges, 5992.

MINISTRE, *Minister*. L'entendement de l'homme est dit être le ministre de sa volonté, 9274. Le vrai et le scientifique sont dits ministres relativement au bien, 4976. Le bien peut être insinué à autrui par tout homme dans la patrie, mais le vrai ne peut l'être que par ceux qui sont ministres instruisants; si c'est par d'autres, il s'élève des hérésies, et l'église est troublée et déchirée, 6822.

Minuit, ou le milieu de la nuit, *sign.* la dévastation totale, 7776; c'est la privation de tout bien et de tout vrai, 7947.

Minute. L'homme ne pourrait vivre une minute, s'il cessait d'être en communication avec le ciel par les bons esprits et avec l'enfer par les mauvais esprits, 637, 687, 697.

Miracles, *Miracula.* Voir Signes, Prodiges. Les miracles sont des moyens de la puissance divine, 6910, 7030, 7465. Les signes et les miracles sont des avertissements, 7273. Tous les miracles dont il est parlé dans la Parole ont été faits au moyen des correspondances, 8615. Ils ont été faits par le divin vrai, qui est la puissance même; *illustré,* 8200. Tous les miracles, rapportés dans l'ancien testament, *sig.* l'état de l'église et du royaume du Seigneur, 6988. Tous les miracles faits par le Seigneur *sign.* l'état de l'église et du genre humain sauvé par son avénement dans le monde, c'est-à-dire que ceux qui ont reçu la foi de la charité ont alors été délivrés de l'enfer, 6988. Les miracles ne font rien pour la foi; *illustré,* 7290. Si tant de miracles ont été faits chez les fils de Jacob, c'était pour qu'ils fussent tenus dans les externes; ces miracles n'auraient pas eu lieu, s'ils eussent été dans les internes, 4208. Mais chez ceux qui sont dans le culte interne, c'est-à-dire, dans la charité et dans la foi, il n'est point fait de miracles, parce que les miracles sont dangereux pour eux, car ils forcent à croire; et ce qui est l'effet de la contrainte ne reste point, mais se dissipe, 7290. Voilà pourquoi il y a eu des miracles chez les Juifs, qui étaient dans un culte externe sans l'interne, et qu'il n'y en a point aujourd'hui, 5508. Si aujourd'hui l'homme de l'église voyait des miracles divins, il les rejetterait comme choses fantastiques, et enfin il se moquerait de quiconque les attribuerait au divin et non à la nature, 7290.

Miracles divins et *Miracles magiques.* Distinction entre les miracles divins et les miracles diaboliques ou magiques, 6988, *f.* Tous les miracles divins enveloppent des choses qui appartiennent au royaume du Seigneur et à l'église, 7337, 8408. Les miracles divins ont été principalement des guérisons de maladies, et ils ont enveloppé et signifié les états de l'église, 8364, 9051, *f.* 9086. Les miracles divins procèdent du divin vrai, et s'avancent selon l'ordre; les effets dans les derniers sont des miracles, quand il plaît au Seigneur que les effets se montrent dans cette forme, 7337. Les miracles magiques sont des abus de l'ordre divin, 7337. Les miracles magiques diffèrent des miracles divins, comme l'enfer diffère du ciel, 7337. Ce sont les méchants qui font les miracles magiques, afin d'acquérir pour eux de la puissance sur les autres, 7337. Les miracles magiques se montrent dans la forme externe semblables aux miracles divins; pourquoi? 7337; mais ils diffèrent totalement, car les miracles magiques ont en eux une fin contraire, à savoir, celle de détruire les choses qui appartiennent à l'église; 7337.

Des Miracles faits en Égypte. Chaque miracle fait en Égypte *sign.* l'état particulier dans lequel viennent ceux qui sont dans les faux et infestent dans l'autre vie les esprits probes, 7465. Il y a dix états ou degrés de vastation dans lesquels ils viennent successivement avant d'être entièrement dépouillés de tout vrai, ainsi avant d'être jetés dans l'enfer, 7465. Le *premier* degré de vastation, qui consiste en ce que chez eux commençaient à régner de pures illusions d'où provenaient les faux, est décrit par le serpent en lequel fut changé le bâton d'Aharon, 7265. Le *second* degré, qui consiste en ce que les vrais mêmes chez eux devenaient des faux et les faux devenaient des vrais, est décrit par le sang en quoi furent changées les eaux, 7265. Le *troisième* degré, qui consiste en ce qu'ils raisonnaient d'après les faux contre les vrais et les biens qui appartiennent à l'église, est décrit par les grenouilles sortant du fleuve, 7265. Le *quatrième* degré consiste en ce qu'ils étaient dans des maux qui détruisaient chez eux tout bien, même tout ce qu'ils tenaient du bien naturel, ce qui est signifié par les poux provenant de la poussière de la terre, 7378. Le *cinquième* degré consiste en ce qu'ils étaient dans les faux d'après ces maux, par lesquels tout vrai était détruit, ce qui est signifié par le volatile nuisible, 7378. Le *sixième*, le *septième* et le *huitième* degré sont décrits par la peste, par l'ulcère de pustules florescent et par la pluie de grêle, ce qui signifie la vastation quant aux choses qui appartiennent à l'église chez eux, 7495. Le *neuvième* et le *dixième* degré sont décrits par la sauterelle et par l'obscurité, par lesquelles est signifié le faux d'après le mal dévastant toutes les choses qui appartiennent à l'église chez eux, 7628. Il a été permis aux magiciens d'Égypte de faire plusieurs fois la même chose qu'Aharon; pourquoi? 7298.

La foi qui entre par les miracles est une foi contrainte, qui ne reste point, et qui même serait nuisible, 10751. Miracle des miracles, 1880.

MIRACULEUSEMENT, *Miraculose.* Le saint externe dans lequel ont pu être les Juifs pour eux-mêmes pouvait être miraculeusement changé en un saint interne pour Dieu, 10602; *voir* aussi 4288, *f.* Quand le volontaire de l'homme fut devenu entièrement corrompu, le Seigneur sépara miraculeusement le propre intellectuel d'avec ce propre volontaire corrompu, et forma dans le propre intellectuel une nouvelle volonté qui est la conscience, 1023, 4601, 5113.

MIRIAM, la prophétesse, sœur d'Aharon, *sign.* le bien de la foi, qui procède médiatement du Seigneur, 8337.

MIROIR, *Speculum.* La face de l'homme a été formée de manière que les intérieurs y apparaissent comme dans un miroir représentatif, 5695. Les scientifiques sont comme des miroirs dans lesquels les vrais et les biens de l'homme interne apparaissent et sont perçus comme en image, 5201. Les choses de la mémoire servent de miroir à la partie intellectuelle, pour voir dans les choses spirituelles; *illustré*, 9394. Si le naturel extérieur ne servait pas aux intérieurs pour plan dans lequel les intérieurs se voient comme dans un miroir, l'homme ne pourrait nullement penser, 5165, 5168. Il semble que l'extérieur pense d'après lui-même, mais c'est une illusion ; il en est de cela comme d'un homme qui voit un objet dans un miroir et ne sait pas qu'il y a là un miroir, il s'imagine que l'objet est où il paraît, et cependant il n'y est pas, 5259. Ceux qui sont dans le bien naturel non spirituel n'ont par l'intérieur aucune sorte de miroir, mais ils ont seulement par l'extérieur une sorte de miroir devant lequel l'illusion se présente comme une réalité, 5033. L'action du mental naturel de voir en avant provient de l'intérieur qui voit en avant dans l'extérieur, à peu près comme un homme se voit en avant dans un miroir, dans lequel l'image apparaît comme y étant, 5286. Chez le régénéré, les choses qui appartiennent au bien et au vrai apparaissent dans la lumière naturelle comme dans un miroir représentatif, par l'illustration que produit la lumière spirituelle, 5477. Voir, en outre, au sujet du miroir, 4373, 5036, 5113.

MISCHAËL, fils d'Uziel, kéhathite, — Exod. VI. 22, — sign. une seconde dérivation successive provenant de la seconde classe quant au bien dans le vrai, 7230.

MISCHMAH, fils de Jischmaël, — Gen. XXV. 14, — sign. des choses qui appartiennent à l'église spirituelle, surtout chez les nations, 3268.

MISÉRABLES, *Miseri*. Qui étaient ceux que les anciens entendaient par les misérables, 7260, 7261. Ceux qui sont dans les tentations sont principalement entendus dans la Parole par les misérables, 5042.

Comment il faut entendre qu'il n'y aura d'admis dans le ciel que les misérables et ceux qui ont souffert des persécutions, puisque les riches et ceux qui sont constitués en dignité peuvent y entrer, 2129. Par les pauvres et les misérables, auxquels appartiendra le royaume des cieux, sont entendus ceux qui sont spirituellement pauvres et misérables, et non ceux qui ne le sont que naturellement, 5008.

MISÈRE, *Miseria*. D'où vient la misère de l'homme, 270. C'est une erreur de croire que, pour être heureux dans l'autre vie, l'homme doit se réduire à la misère dans la vie présente, 995. *Voir* MISÉRABLE.

MISÉRICORDE. Le Seigneur est la miséricorde même, 8393, 9452. Pure miséricorde ; en quoi elle consiste, 587, 1735. L'essence de la miséricorde est l'amour, 3063. La miséricorde est l'amour divin, 5132 ; elle provient de cet amour, 5585, 9528, 18659. L'amour du Seigneur est la miséricorde envers le genre humain placé dans de si grandes misères, 3875. La miséricorde est un amour compatissant, 5480. La miséricorde du Seigneur est la paix et le bien, 5585. La miséricorde est le divin amour dont provient le bien dans l'homme qui est dans l'état de misère, puisque par lui-même l'homme est tout entier dans le mal et dans l'enfer, 8676. Tout salut vient de la miséricorde, c'est-à-dire que tout homme est par lui-même dans l'enfer, mais qu'il en est tiré par le Seigneur d'après la miséricorde, 5758. Être détourné des maux, et être régénéré et ainsi sauvé, c'est la miséricorde, 10659. La miséricorde est l'influx du bien et du vrai, 8879. La miséricorde du Seigneur influe seulement dans le cœur humble, c'est-à-dire, chez l'homme qui reconnaît que par lui-même il n'est que mal, 5758. Le bien du mérite du Seigneur est la miséricorde, 9528.

Toute miséricorde appartient à l'amour, 6180. Tous ceux qui sont dans la charité sont dans la miséricorde, 5132. Distinction entre la miséricorde de la charité et la miséricorde de l'amitié, 5132. Punir les méchants pour empêcher que les bons ne soient lésés par eux, c'est de la miséricorde, 2258. L'amour est tourné en miséricorde quand, par amour, on porte ses regards sur quelqu'un qui a besoin de secours, 3063. L'amour est appelé miséricorde quand il s'exerce envers ceux qui sont dans les misères, 9219. Les célestes reconnaissent et implorent la miséricorde du Seigneur, et les spirituels la grâce, 598, 981, 2423. Ceux qui sont seulement dans l'affection du vrai ne peuvent s'humilier au point de reconnaître de cœur que toutes choses appartiennent à la miséricorde; aussi, au lieu de dire la miséricorde, disent-ils la grâce, 2423. Ceux qui sont dans le vrai et par le vrai dans le bien implorent seulement la grâce du Seigneur, mais ceux qui sont dans le bien et par le bien dans le vrai implorent la miséricorde, 2412. Ceux qui sont plus éloignés de l'interne nomment la grâce et non la miséricorde, et cela à cause de l'amour de soi, 5929. Faire grâce, quand il s'agit du Seigneur, c'est gratifier du bien spirituel; et faire miséricorde, c'est gratifier du bien céleste; *montré* et *illustré*, 10577. Comment le Seigneur, par la divine miséricorde, régénère l'homme, 9452. Par la miséricorde et la vérité procédant du Seigneur, les très-anciens entendaient la réception de l'influx de l'amour envers le Seigneur et celle de l'influx de la charité à l'égard du prochain, mais les anciens entendaient la charité et la foi; pourquoi cette différence? 3122. Faire miséricorde et vérité était une formule solennelle chez les anciens, parce qu'ils savaient que le bien de l'amour, signifié par miséricorde, était inséparable du vrai de la foi signifié par vérité, 6180. Rémission des péchés par miséricorde; ce qui est entendu par là, 9452.

Le ciel est donné, non d'après une immédiate miséricorde, mais selon la vie; et tout ce qui appartient à la vie, et par quoi le Seigneur conduit l'homme au ciel, provient de la miséricorde, 5057, 10659. Si le ciel était donné d'après une immédiate miséricorde, il serait donné à tous, 2401, 4783, 7186. Il est impossible que l'homme qui vit dans le mal puisse être sauvé d'après la seule miséricorde, parce que cela est contre l'ordre divin, 8700. Il n'y a pas admission dans le ciel seulement par miséricorde, quelle qu'ait été la vie, 5057, 5058. Il y a admission par miséricorde pour ceux qui reçoivent la miséricorde, c'est-à-dire, les choses de la vie du bien et de la foi du vrai, qui sont données par miséricorde, 5058. Il n'y a pas de miséricorde immédiate, mais il y a une miséricorde médiate, c'est-à-dire, pour ceux qui vivent selon les préceptes du Seigneur, et le Seigneur d'après la miséricorde les conduit continuellement dans le monde, et ensuite durant l'éternité, 8700; *illustré*, 10659. De quelques méchants, précipités du ciel, lesquels avaient cru que le ciel était donné à chacun d'après une immédiate miséricorde, 4226. Enfer de ceux qui ne sont doués d'aucune miséricorde, 5393.

Dans la Parole, la miséricorde signifie la charité, 5132. L'esprit de Dieu est la miséricorde, 19. La miséricorde, dans le sens interne, est l'amour, 3063, 3073, 3120. La miséricorde et la vérité *sign.* l'amour et la foi ; *montré*, 10577. Conduire dans la miséricorde le peuple, c'est le divin influx chez ceux qui s'abstiennent des maux, et ainsi reçoivent le bien, 8307. La miséricorde est signifiée par la colère de Jéhovah, 6997. Les exercices de la charité sont décrits par des œuvres de miséricorde, 5132.

MISÉRICORDIEUX, *Misericors*. Être miséricordieux, quand cela est dit du Seigneur, *sign.* que de Lui vient tout ce qui appartient au secours, 9219. Jéhovah est appelé miséricordieux, parce que du Seigneur procède tout bien, 10617.

MISCHPATH. Voir EN-MISCHPATH.

MISGAB *sign.* les faux dont sont imprégnés ceux qui sont signifiés par Moab, 2468. *Voir* MOAB.

MITE, *Blatta*. La mite qui ronge la laine, — Ésaïe, LI. 8, — *sign.* les maux dans les extrêmes de l'homme, parce que la laine signifie les biens inférieurs ou extérieurs, qui appartiennent au sensuel de l'homme, 9331.

MITRE, *Cidaris*. Voir TURBAN.

MIZPAH. Monceau posé par Jacob et par Laban. Ce que c'est, 4198.

MIZRAIM, fils de Cham, *sign.* les sciences ou les divers scientifiques par lesquels on veut scruter les arcanes de la foi et confirmer par là les principes du faux, 1163, 1165. Mizraïm ou l'Égypte *sign.* les sciences, et aussi celles qui sont utiles, 1165. *Voir* ÉGYPTE.

MIZZA, fils de Réuel, fils d'Ésaü, — Gen. XXXVI. 13, 17, — *sign.* un état des dérivations d'après le mariage du bien et du vrai, 4646, 4647.

MOAB, dans le sens bon, *sign.* ceux qui sont dans le bien naturel, et se laissent facilement séduire; et, dans le sens opposé, ceux qui adultèrent les biens, 3242. Moab *sign.* ceux qui adultèrent les biens, et les fils d'Ammon ceux qui falsifient les vrais, 2468. Édom est le bien naturel auquel ont été conjoints les doctrinaux du vrai, et Moab est le bien naturel tel qu'il se trouve aussi chez ceux chez qui ces doctrinaux n'ont point été conjoints, 3322. Moab *sig.* le bien naturel; et, dans le sens opposé, le bien adultéré, 6000. « Moab l'orgueilleux » *sign.* ceux qui sont dans le mal de l'amour de soi, et qui par conséquent falsifient les vrais, 8908. « Les puissants de Moab » *sign.* ceux qui sont dans la vie du faux d'après l'amour de soi, 8315.

MOBILITÉ. Dans la Parole, la vie est représentée par la mobilité, 4225.

MODE, *Modus*. Sans la substance, qui est le sujet, il n'y a aucun mode, ou aucune modification, ou aucune qualité, qui se manifeste activement, 4224. *Voir* MODIFICATIONS.

MODÉRATEURS ou directeurs, *Moderatores*. Les exacteurs *sign.* ceux qui infestent de très-près, et les modérateurs ou directeurs ceux qui reçoivent de très-près les infestations et les communiquent; les directeurs étaient d'entre les fils d'Israël, et les exacteurs étaient d'entre les Égyptiens, 7111, 7136, 7137. Ceux qui infestent de très-près sont des sujets envoyés par les enfers, et ceux qui reçoivent de très-près et communiquent sont des esprits simples probes qui servent principalement pour un tel usage, 7111, 7137.

MODÉRER. Le Seigneur modère l'influx du bien selon l'état de l'homme ou de l'ange, 5479. Quand les méchants sont punis, il y a toujours des anges qui sont présents pour modérer la peine et adoucir les douleurs de ces malheureux, 967.

MODIFICATIONS, *Modificationes*. *Voir* MODE. Les modifications reçoivent leur forme des formes qui sont les substances, 7408. Toutes les couleurs qui apparaissent dans le ciel sont des modifications de la lumière et de la flamme célestes, et ces modifications sont les nuances du vrai et du bien, et par conséquent de l'intelligence et de la sagesse, 9467. Dans l'autre vie, les couleurs viennent de la modification et de la bigarrure de la lumière et de l'ombre dans le blanc et dans le noir, 3993; la modification de la lumière selon les sujets qui reçoivent, lesquels sont les esprits et les anges, y présente à la vue divers phénomènes, par exemple, des nuées, des arcs-en-ciel, etc., 9814.

MOELLE, *Medulla*. Moelle épinière, 4222, 4325. Qui sont et quels sont ceux qui ont relation avec la moelle épinière, 5717, 8593. Moelle allongée, 4222, 4325. Qui sont et quels sont ceux qui ont relation avec la moelle allongée, 9670. Aux anges intermédiaires qui approchent du ciel intime et du ciel moyen, et qui les conjoignent, correspond la moelle allongée où la fibre du cervelet est conjointe avec la fibre du cerveau, 9670.

MŒURS, *Mores*. Par les mœurs d'un peuple on peut distinguer ce qui vient de l'héréditaire, 783. Les mœurs sont les types des intérieurs, 788.

MOI. « Par moi, » c'est le certain, 6981, 6995. « Moi, Jéhovah, » *sign.* la confirmation par le divin, 7202, confirmation qui est irrévocable, 7192. « Moi (je suis) Jéhovah, » *sign.* que le Seigneur est le seul Dieu, 7636.

MOINDRE (le), *Minor*. Le plus grand est le bien, et le moindre est le vrai, 3296. La plus grande ou l'aînée est le vrai externe, parce que ce vrai est appris d'abord; la moindre ou la cadette est le vrai interne, parce qu'il est appris ensuite, 3819. Par « le moindre dans le royaume de Dieu est plus grand que Jean le baptiste, » — Luc, VII. 28, — il est signifié que la Parole dans le sens interne, ou telle qu'elle est dans le ciel, est dans un degré au-dessus de la Parole dans le sens externe, ou telle qu'elle est dans le monde, ou telle que Jean le baptiste l'a enseignée, 9372.

MOINES, *Monachi*. Dans l'autre vie, des esprits moines, c'est-à-dire, d'entre ceux qui dans le monde avaient été moines voyageurs ou missionnaires, parcourent l'univers spirituel, comme ils parcouraient la terre, pour dominer et s'enrichir; mais ils sont ensuite jetés dans l'enfer, 10785, 10812, 10813.

MOIS. Dans la Parole, une période quelconque est désignée tout entière, soit par un jour, ou par une semaine, ou par un mois, ou par une année, lors même qu'elle serait de cent ou de mille ans, 893. Le mois, de même que tous les temps, signifie l'état, 3814. Quand il est dit au singulier un mois, ou une année, ou un jour, c'est l'état entier qui est signifié, par conséquent la fin de l'état antérieur et le commencement de l'état suivant, ainsi un état nouveau, 3814. Le mois d'Abib, qui est le premier mois de l'année, est le commencement d'un état nouveau, 8053, 9291; c'est le commencement d'où proviennent tous les états qui suivent, 8057. La tête du mois, ou son premier jour, est l'état principal, 7827, 7828. Le second mois *sign.* tout état avant la régénération, 900. Le troisième mois *sign.* la plénitude de l'état, 8750. Le septième mois *sign.* le saint, 852. Le dixième mois *sign.* les vrais qui appartiennent aux restes (*reliquiæ*), 858. Trois mois *sign.* le plein du temps et le plein de l'état, 6721, 6722. Quarante mois, de même que quarante années et quarante jours, *sign.* l'état complet des tentations depuis le commencement jusqu'à la fin, 730, 862, 2272, 8098. La ville sainte qui devait être foulée par les nations pendant quarante-deux mois, *sign.* la fin de la vieille église et le commencement de la nouvelle église, 9741.

MOÏSE, *Moscheh*. Moïse enfant fut mis dans un coffret, parce qu'il devait représenter le Seigneur quant à la loi divine; *illustré*, 6723. Il avait été prévu par le Seigneur que Moïse serait à la tête de la nation israélite; de là son éducation à la cour du roi Pharaon, où il y avait des dominations, 10563. Il pouvait mieux que tous les autres de sa nation recevoir le langage procédant du divin, parce qu'il n'était pas autant que cette nation dans l'externe séparé de l'interne, 10563. L'habitation de Moïse dans Midian signifiait la vie avec ceux qui étaient dans le bien simple, et son retour vers ses frères *sign.* la vie avec ceux qui ont dans le vrai et le bien de l'église spirituelle, 7016. Moïse représentait le Seigneur quant à la loi divine, et spécialement quant à la parole historique, 6752; et aussi le vrai divin chez l'homme qui est régénéré, 6752. Moïse est le vrai qui appartient à la loi venant du divin, 6771; il est la loi venant du divin, 6827. Moïse a représenté le Seigneur, d'abord quant à la loi ou au vrai venant du divin, ensuite quant au divin vrai, 7014. Moïse représente la postérité de Jacob, et il est le représentatif de l'église chez elle, 7041. Moïse est le divin vrai procédant immédiatement du Seigneur, 7010.

Moïse est la loi divine ou la parole dans le sens interne, et Aharon la doctrine qui en provient, quand ils sont nommés ensemble, 7089. Moïse est la loi interne ou le vrai interne, et Aharon la loi externe ou le vrai externe, 7382. Moïse est l'interne et Aharon l'externe, 10468. Moïse est l'externe de l'église, du culte et de la parole, non toutefois séparé de l'interne comme l'était cet externe chez la nation israélite, 10571. Moïse est l'externe de la parole, de l'église et du culte, qui reçoit l'interne, et le peuple israélite l'externe qui ne reçoit pas l'interne; *illustré*, 10607, 10614. Moïse, Aharon et Chur sont les divins vrais en ordre successif, 8603. Moïse et Aharon, Nadab et Abihu, c'est la Parole dans le sens interne et dans le sens externe, et la doctrine d'après l'un et l'autre sens, 9403. Moïse, ayant le bâton à la main, représente le Seigneur quant au divin vrai, 8579. Moïse est le divin vrai d'après le divin bien qui est au-dessous du ciel, 8760, 8787; ce vrai représenté par Moïse est l'intermédiaire (*medians*) entre le divin et ceux qui sont de l'église, 8787. Moïse représente ce vrai conjoint au vrai divin dans le ciel, et par suite intermédiaire (*medians*) entre le divin dans le ciel et le bien dans lequel doivent être implantés les vrais, bien qui appartient à l'église spirituelle, ainsi intermédiaire (*medians*) entre le Seigneur et le peuple, 8805. Moïse est le saint externe qui est intermédiaire entre le Seigneur et le représentatif dans lequel était le peuple israélite; *montré*, 9414, 9419, 9435. Ce saint; ce que c'est, et quel il est, 9419. Moïse hors du camp représente la Parole, mais rentré au camp il représente le chef de la nation israélite, 10556. Moïse ne fut pas admis au-delà de la première entrée du ciel, où se termine le saint externe de la Parole, 9435. Le rayonnement de la peau de sa face représentait l'interne de la Parole, 4859. Sa face couverte d'un voile, lorsqu'il parlait au peuple, représentait que le vrai interne avait été caché aux Israélites, et ainsi obscurci, au point qu'ils ne supportaient rien de la lumière qui en provient, 4859. S'il est dit que Moïse parla à Jéhovah face à face, — Exod. XXXIII. 11, — c'est que Jéhovah lui apparut dans une forme humaine adéquate à la réception qui était externe, à savoir, comme un vieillard barbu assis près de lui, ainsi que Swedenborg en a été instruit par les anges, 4299.

Moïse, c'est la loi et la Parole ou le Seigneur, 5922, 9372. Le sens externe de la Parole a été changé, et est devenu autre que celui de l'ancienne Parole, à cause de la nation israélite, de laquelle il est partout question; et c'est pour cela que la loi est çà et là appelée Moïse; *illustré et montré*, 10453, 10464, 10603.

Moïse et Élie sont pris pour tous les livres de l'ancien testament. Préf. du Ch. XVIII de la Gen. Moïse représente la partie historique et Élie la partie prophétique, 9372. Quand il est dit Moïse et les prophètes, par Moïse est entendu la Parole historique, et par les prophètes la Parole prophétique, 5922. Par « Jéhovah parla à Moscheh, disant, » il est signifié le perceptif d'après l'illustration par la Parole procédant du Seigneur, 10234. Les statuts, les jugements et les lois, qui ont été commandés par Moïse à la nation israélite et juive, ne différaient pas des statuts, des jugements et des lois qui étaient dans l'ancienne église, 4449.

MOISSON, *Messis*. La moisson est le vrai qui provient du bien, 5895. Dans le sens le plus large, la moisson *sign.* l'état de tout le genre humain quant à la réception du bien par le vrai; dans un sens moins large, l'état de l'église quant à la réception des vrais de la foi dans le bien; dans un sens plus strict, l'état de l'homme de l'église quant à cette réception ; et, dans un sens encore plus strict, l'état du bien quant à la réception du vrai, 9295. La moisson, qui est la consommation du siècle, — Matth. XIII. 39, — *sign.* le dernier état de l'église quant à la réception des vrais de la foi dans le bien, 9295. La moisson est la fructification du vrai, ainsi l'implantation du vrai dans le bien, 9294. La moisson *sign.* les vrais produisant le bien, 9294. La moisson des froments, c'est l'état d'amour et de charité qui se manifeste, 3941. De la fête des prémices de la moisson, 9294, 9295; *voir* FÊTE.

MOISSON DEBOUT, *Seges*. Voir MOISSON. La moisson debout est le vrai en conception; *montré*, 9146, 10669. La moisson dans le champ, c'est le vrai dans l'église, 4686. La moisson debout, — Hos. VIII. 7, — *sign.* le vrai de la foi d'après le bien, 9995. *Voir* Moisson.

Moissonner, *Metere*. *Voir* Moisson. Semer et ne point moissonner, —Mich. VI. 15,— c'est être instruit, dans les vrais de la foi, mais sans profit, 9272. Semer des froments et moissonner des épines, — Jérém. XII. 13, — c'est enseigner et apprendre les vrais, mais les étouffer par les soucis du monde, la séduction des richesses et la convoitise, 9272.

Moissonneurs (les), qui sont les anges, — Matth. XIII. 39, — *sign.* les vrais d'après le Seigneur, 9295.

Moitié (la), *Dimidium*. La moitié d'un nombre enveloppe la même chose que le nombre, 5291. Quand le double *sign.* le tout, la moitié *sign.* quelque chose, 9530. La moitié d'un nombre précédent, c'est la qualité correspondante, puis autant qu'il suffit, et quelque chose, 10255. La moitié d'un sicle, c'est toutes les choses du vrai d'après le bien, 10224, 10227. La moitié du sang des sacrifices répandue sur l'autel *sign.* le divin vrai procédant du divin humain du Seigneur, et l'autre moitié répandue sur le peuple *sign.* ce divin vrai reçu par l'homme de l'église, 9393, 9395, 9399. Adorer le divin du Seigneur, et non son humain, c'est adorer seulement une moitié du Seigneur, 4766.

Molaires, *Molares*. *Voir* Dent. Les molaires *sign.* les faux qui détruisent les vrais de l'église, 9052.

Molech. C'était un des dieux des fils d'Ammon, 2468; *voir* Ammon. Sacrifier des fils et des filles à Molech *sign.* étouffer les vrais et les biens, 2468.

Moment, *Momentum*. La vie de l'homme dans le monde est à peine comme un moment par rapport à sa vie après la mort, 5006. Chaque très-petit moment de la vie de l'homme a une série de conséquences qui se continue à éternité, car chaque moment est comme un principe nouveau des moments qui suivent, 3854, 6490. Dans quelle grande erreur sont ceux qui croient que les péchés sont remis en un moment, 5398. Dans une semblable erreur sont ceux qui croient que la vie de l'enfer chez l'homme peut être en un moment transformée en une vie du ciel par la miséricorde, 9336. Les anges conduisent et défendent l'homme, et cela à chaque moment et à chaque moment d'un moment, 5992.

Momentané, *Momentaneum*. Le Seigneur ne regarde les choses momentanées, telles que sont respectivement celles du monde, que comme des moyens pour les choses éternelles, 8717.

Monade, *Monas*. Une illusion des sens, purement naturelle, c'est qu'il y a des substances simples, qui sont des monades et des atomes, 5084.

Monastères. D'un enfer où sont ceux qui ont dépouillé plusieurs maisons pour des monastères, 4951.

Monceau, *Acervus*, *Cumulus*. C'est le bien, 4192. Anciennement, pour représenter le bien de l'amour, on faisait des monceaux; et, plus tard, au lieu de monceaux, on fit des autels, 4192. Un monceau de blé *sign.* le vrai et le bien reçus, 9145. Être amassé par monceaux, c'est être disposé en série et comme en faisceaux, 7408. Le monceau de cadavres,—Nah. III. 3,— *sign.*

des maux innombrables, et ceux qui sont dans ces maux, 6978.

Mondain, *Mundanus.* L'homme mondain et corporel dit dans son cœur : Si je ne suis pas instruit sur la foi par les sensuels pour que je voie, et par les scientifiques pour que je comprenne, je ne croirai pas; quel devient alors son état? 128.

Mondain, *Mundanum.* Dans la Parole, le mondain qui appartient au sens de la lettre est changé en un spirituel qui appartient au sens interne, 4814, *f.* Les mondains sont les représentatifs des célestes, 4104. L'homme ne peut nullement faire de distinction entre les célestes et les mondains, avant de savoir et de connaître ce que c'est que le céleste, et ce que c'est que le mondain, 1557. Il y a chez l'homme des corporels et des mondains extérieurs et intérieurs; les extérieurs sont ceux qui sont les propres du corps, comme les voluptés et les sensuels; les intérieurs sont les affections et les scientifiques, 1412. Les mondains et les célestes sont en concorde chez l'homme, quand les célestes dominent sur les mondains, mais ils sont en discorde quand les mondains dominent sur les célestes, 4099. Les mondains ne peuvent être dissipés, avant que le vrai et le bien soient implantés dans les célestes par les connaissances, 1557, 1563, 7090. Sur les mondains, *voir* aussi, 6210, 6309, 10156, 10396.

Monde, *Mundus.* Les choses qui existent dans le monde et dans la nature du monde sont des causes et des effets provenant des choses du ciel comme principes, 4318. Toutes les choses qui sont dans le monde naturel tirent leur cause du vrai qui est spirituel, et leur principe du bien qui est céleste, 2993. L'homme interne a été formé à l'image du ciel, et l'homme externe à l'image du monde, et ainsi l'homme est un microcosme, 6057. L'homme interne a été formé à l'image du ciel, et l'homme externe à l'image du monde, et les intellectuels et les volontaires sont successivement ouverts, mais par quelles choses; *cité,* 9279, 10156. Chez l'homme sincère et juste, l'homme interne a été formé à l'image du ciel, et l'homme externe à l'image du monde subordonné au ciel, 9283. Chez l'homme non sincère et injuste, l'homme interne a été formé à l'image de l'enfer, et l'homme externe à l'image du ciel subordonné à l'enfer, 9283. Celui qui est dans l'ordre inverse goûte peu les choses du ciel, parce que le monde règne en lui, mais le ciel règne chez celui qui est dans l'ordre direct, 9278.

Monde naturel et Monde spirituel. Il y a un monde naturel, et il y a un monde spirituel; le monde spirituel est où sont les esprits et les anges, et le monde naturel, où sont les hommes, 2990. Dans le sens universel, par le monde spirituel il est entendu non-seulement le ciel, mais aussi le monde des esprits et l'enfer, 5712. Chez chaque homme, il y a monde spirituel et monde naturel, son homme interne est pour lui le monde spirituel, et son homme externe, le monde naturel, 2990. Dans le monde naturel et dans ses trois règnes, il n'y a pas le plus petit objet qui ne représente quelque chose dans le monde spirituel, ou qui n'ait là quelque chose à quoi il corresponde, 2992. Tout le monde visible est le théâtre représentatif du monde spirituel, 5173. Il n'y a rien dans le monde naturel qui ne soit aussi dans le monde spirituel, 1808. Le monde spirituel dans son apparence externe est absolument semblable au monde naturel, 1808. Toutes les choses du monde naturel viennent du divin par le monde spirituel, 1808, 5116. Tout ce qui existe dans le monde naturel tire son origine et sa cause de ce qui existe dans le monde spirituel, 8211. Le monde naturel existe d'après le monde spirituel, comme l'effet d'après sa cause, pour cette fin, que le monde spirituel puisse influer dans le monde naturel, et y mettre en action les causes, 6048. Le monde naturel existe et subsiste par le monde spirituel, 1085, 10196. Les choses qui sont dans le monde spirituel ont en elles-mêmes le vivant (*vivum*) que n'ont point celles qui sont proprement du monde naturel, 5079. Dans le monde spirituel, toutes les choses vivent d'après la lumière qui procède du Seigneur, car dans cette lumière il y a la sagesse et l'intelligence, 6680. Le monde spirituel est visible dans une lumière qui surpasse mille fois la lumière de midi dans le monde, 8939. Le monde spirituel et le monde naturel ont été conjoints dans l'homme, 6057, 10472. Il y a chez l'homme descente du monde spirituel dans le monde naturel, 3702, 4042. Toutes choses en général et en particulier qui sont dans le monde spirituel sont représentées dans le monde naturel; pourquoi? 6275, 6284, 6299. L'homme est un petit monde spirituel en effigie, 4524. Le monde spirituel est terminé dans le naturel de l'homme, dans lequel les choses qui appartiennent au monde spirituel se fixent d'une manière représentative, 5373. Le monde naturel est au-dessous du monde spirituel, 7789. Le monde naturel a, pour ainsi dire, ses pieds et la plante de ses pieds dans le naturel, et chez l'homme, quant à sa vie spirituelle, dans les doctrinaux des scientifiques, 5945. Dans le monde spirituel règnent les fins, qui sont les usages, 454, 696, 1103, 3645.

Monde des esprits (le) tient le milieu entre le ciel et l'enfer, 5852. C'est dans ce monde que viennent les hommes aussitôt après la mort; et, après quelque séjour là, ils sont, ou relégués dans la terre inférieure, ou précipités dans l'enfer, ou élevés dans le ciel, chacun selon sa vie, 5852. Sphère extérieure et sphère intérieure du monde des esprits; combien il est affreux aujourd'hui, 2121 à 2124. Aujourd'hui, dans le monde des esprits, les biens et les vrais de l'église sont tournés à l'instant en maux et en faux, 2123. Le monde des esprits, c'est où sont les esprits qui sont chez l'homme, et aussi où viennent d'abord les hommes après la mort, et où sont terminés les enfers par en bas, et le ciel par en haut, de sorte qu'il est comme un espace entre l'enfer et le ciel, 5852. Quand les esprits de l'enfer sont chez l'homme, ils sont dans le monde des esprits, et alors dans les amours de l'homme, 5852. Dans le monde des esprits, il existe des représentatifs innombrables et presque continuels, qui sont les formes de choses spirituelles et célestes ne différant pas de celles qui sont dans le monde, 2313, 8945.

Il y a autant de mondes, ou de systèmes planétaires, qu'il y a d'étoiles, 6698, 9441.

MONSTRE. Les mauvais esprits

vus dans la lumière du ciel apparaissent comme des monstres, d'une forme d'autant plus horrible qu'ils sont davantage dans le mal; mais entre eux et dans leur lueur fantastique ils se voient comme hommes, 4533, 4839, 5199, 5302, 6605, 6626, 10153. Autant l'homme ne vit pas selon l'ordre, autant dans l'autre vie il apparaît comme un monstre, 4839, 6605, 6626.

MONTAGNE. Chez les très-anciens, les montagnes signifiaient le Seigneur, et par suite les célestes; pourquoi? 795, 1430. De là vint la coutume de sacrifier sur des montagnes, 796. Dans le ciel, il apparaît des montagnes, des collines, des rochers, des vallées, absolument comme dans le monde, 10608. Sur les montagnes habitent les anges qui sont dans le bien de l'amour, sur les collines ceux qui sont dans le bien de la charité, sur des rochers ceux qui sont dans le bien de la foi, 10438. C'est pour cela que, dans la Parole, les montagnes *sign.* le bien de l'amour, 795, 4210, 6435, 8327, 8758, 10438, 10608. C'est de là que par les montagnes est signifié le ciel, 8327, 8805, 9420; et par le sommet de la montagne, le suprême ou l'intime du ciel, 9422, 9434, 10608. C'est pour cela que les anciens ont eu un culte saint sur les montagnes, 796, 2722. La montagne *sign.* le bien divin céleste, 8758. Dans le sens opposé, la montagne *sign.* l'amour de soi et du monde, 1691. La montagne est le bien de l'amour céleste, et la colline le bien de l'amour spirituel, et les collines du siècle sont le bien de l'amour mutuel qui appartient à l'église céleste; *montré* et *illustré*, 6435. Quand le culte que les anciens avaient eu sur les montagnes fut devenu idolâtrique, il fut défendu, 2722.

Dans la Parole, la montagne de Dieu *sign.* le bien du vrai, 8658. Camper à la montagne de Dieu *sign.* l'ordination du vrai et du bien et leur conjonction; c'est quand on arrive au second état de la régénération, 8658. La montagne de Sinaï, c'est le bien dans lequel est le vrai, 8658, *f.* La montagne de sainteté est l'amour envers le Seigneur, et la montagne de hauteur d'Israël, est la charité à l'égard du prochain, 795. La montagne de Jéhovah est le Seigneur quant aux biens de l'amour, et le rocher d'Israël, le Seigneur quant aux biens de la charité, 795. La montagne de Sion *sign.* le bien du divin amour, et sa colline le divin vrai qui en provient, 6367. La montagne d'orient *sign.* la charité qui procède du Seigneur, 1250. La montagne d'Éphraïm, dans le sens interne, est l'intelligence, 1574. La montagne d'Ésaü est le bien de l'amour, et la plaine des Philistins, le vrai de la foi, 9340. La montagne d'héritage *sign.* le ciel où est le bien de la charité, 8327. La montagne des oliviers *sign.* le bien de l'amour et de la charité, par conséquent l'église, 9780. Si le Seigneur monta tant de fois sur la montagne des oliviers, c'est parce que l'huile et l'olivier signifiaient le bien de l'amour, et que cette montagne représentait le ciel quant au bien de l'amour et de la charité, 9780. La montagne des oliviers qui sera fendue vers le levant, vers la mer, et vers le septentrion et le midi, — Zach. XIV. 3, 4, — *sign.* que l'église se retirerait de la nation juive, et serait instaurée chez les nations, 9780. La montagne pleine de chevaux et de chars de feu qui furent vus autour d'Élisée par son serviteur, *sign.* les biens et les vrais de la doctrine d'après la Parole, 4720. La montagne grande, de feu ardente, — Apoc. VIII. 8, — *sign.* l'amour de soi, 6385.

La sphère nuageuse et obscure, qui s'exhale des maux et des faux de ceux qui sont dans l'enfer, apparaît comme une montagne et un rocher, sous lesquels ils sont cachés, 4299. Les racines des montagnes, — Jon. II. 7, — sont les lieux où résident les plus damnés, car les brouillards épais qui apparaissent autour d'eux sont les montagnes, 4728. Par les montagnes et les rochers auxquels les méchants diront de tomber sur eux et de les cacher, — Apoc. VI. 16, — sont signifiés les maux et les faux, 8265.

MONTER, *Ascendere.* Dans la Parole, il est dit monter, quand des inférieurs, qui sont les scientifiques, on s'élève vers les supérieurs, qui sont les célestes, 1543. Monter, c'est aller vers les intérieurs; descendre, c'est aller vers les extérieurs, 5406. Monter, c'est aller de l'extérieur à l'intérieur, 3084, 4969. Monter se dit de la progression vers les intérieurs; *montré*, 4539; ainsi, de l'élévation vers le bien spirituel, 5817, 6007. Quand monter se dit du Seigneur, c'est s'élever vers le divin, 4578. Monter vers Jéhovah, c'est être élevé vers les intérieurs, 9373. Monter au ciel, c'est être conjoint avec le Seigneur, 8760. Monter de l'Égypte, c'est se retirer des scientifiques, 5964.

MONTRER, quand c'est Jéhovah ou le Seigneur qui montre, c'est donner la perception; et comme cela est fait par l'influx, c'est inspirer, 8354.

MONUMENTS magnifiques que se font élever quelques-uns de ceux qui ne croient pas à la vie après la mort; c'est en cela que se change chez eux l'influx du ciel sur la vie permanente; sans cet influx, ils mépriseraient absolument tout ce qui tiendrait à leur mémoire après la mort, 4676.

MOPH. L'Égypte et Moph, — Hos. IX. 6, — sont pris pour ceux qui veulent s'instruire des choses divines par eux-mêmes et par leurs scientifiques, 273.

MORAL. Le bien moral, qui est le sincère, et le bien civil, qui est le juste, sont aussi le prochain; et agir sincèrement et justement d'après l'amour du sincère et du juste, c'est aimer le prochain, 2915, 4730, 8120 à 8123. Sur l'homme moral, *voir* 6941, 6495.

MORCEAUX, *Segmenta* Dépecer en morceaux ou pièces la bête qui était offerte en holocauste, c'est mettre en ordre les intérieurs distincts; les morceaux ou pièces sont les intérieurs; *illustré*, 10048.

MORDRE. C'est s'attacher et porter dommage, 6400. Mordre les talons du cheval, — Gen. XLIX. 17, — c'est affirmer en consultant les intellectuels infimes ou les scientifiques, 3923; *illustré*, 6400.

MOREH. La chênaie de Moreh *sign.* la première perception, 1442, 1616. Pourquoi cette perception est représentée par la chênaie de Moreh? 1443.

MORIAH. La terre de Moriah est le lieu et l'état de la tentation, 2775. Détails concernant la montagne de Moriah, 2777. La montagne de Moriah, sur laquelle Isaac devait être immolé, est le représentatif de l'amour divin par lequel le Seigneur a combattu et vaincu dans les tentations; c'est là aussi qu'un autel fut dressé par David, et que le temple fut construit par Salomon, 2775, 2777.

MOROSE, *Morosus*. L'homme dont le rationnel est tel, qu'il est seulement dans le vrai, quand même ce serait dans le vrai de la foi, sans être en même temps dans le bien de la charité, est un homme morose, n'endurant rien, opposé à tout le monde, voyant chacun comme dans le faux, etc., 1949, 1964.

MORSURE (la) *sign.* les infestations par les maux, 7419.

MORT, *Mors*. *Voir* MOURIR. La mort du corps n'est qu'une continuation de la vie, 1854. Les anges considèrent seulement la mort comme le dépouillement de ce qui appartient à une nature extrêmement grossière et au temps, et comme la continuation de la vie même, 1854. La mort du corps est la continuation de la vie de l'esprit, 4622, 8939; d'après l'*expérience*, 4622. La mort du corps est seulement le rejet des choses qui avaient servi pour l'usage et pour la fonction dans le monde; *illustré*, 8939. Cause physique de la maladie et de la mort, 5726. Si l'homme vivait la vie du bien, il n'aurait pas de maladie, et quand il serait vieux, il deviendrait de nouveau enfant; il passerait dans le ciel, et serait revêtu d'un corps tel que celui qu'ont les anges, 5726. De la vie de l'homme après la mort; *voir* VIE. L'homme ressuscite aussitôt après la mort; *montré* et *illustré*, 5078. Après la mort, l'homme reste tel qu'est sa volonté et tel qu'est l'entendement qui en provient, 9069, 9071, 9386, 10153. Par conséquent l'homme après la mort reste tel qu'est son amour et tel qu'est la foi qui en provient; et alors les choses qui appartenaient à la foi, et non en même temps à l'amour, s'évanouissent, parce qu'elles ne sont pas dans l'homme, et par conséquent n'appartiennent pas à l'homme, 553, 2364, 10153.

Quand la mort est nommée dans la Parole, lorsqu'il s'agit des méchants, il est entendu dans le ciel la damnation, qui est la mort spirituelle, et aussi l'enfer, 5407, 6119, 9008. Par la mort, lorsqu'il s'agit des bons qui meurent, il est entendu la résurrection et la continuation de la vie, puisque alors l'homme ressuscite et entre dans la vie éternelle, 3498, 3505; *illustré*, 4618, 4621, 6036, 6222. La mort *sign.* le mal et le faux, parce que c'est une opposition à la vie de l'intelligence et de la sagesse, 5407. La mort, c'est la résurrection pour la vie, et c'est la régénération; *illustré*, 6221. La mort, c'est la mort spirituelle; *montré*, 6119. La mort spirituelle est la vie de l'enfer, 10596. Comprendre le faux et vouloir le mal, c'est la mort spirituelle, 4417. Dans la désolation se présente l'idée de la mort spirituelle, qui est la damnation, 6119. La mort est la damnation; pourquoi il est dit la mort spirituelle, et cependant on vit; *illustré*, 9008. La mort, quand il s'agit d'Aharon, est la cessation du représentatif et de la conjonction avec le ciel, 9928. La mort, quand il s'agit du ministère des fils d'Aharon, est la cessation du représentatif; *montré*, 10244.

MORT, *Mortuus*. Quel est l'homme mort, quel est l'homme spirituel, et quel est l'homme céleste, 81; *voir* HOMME. Ceux-là ont la vie, et sont dits vivants, qui veulent le bien et croient le vrai; et ceux-là n'ont point la vie, et sont dits morts, qui veulent le mal et croient le faux; *montré*, 7494. Ceux qui ne sont pas dans la foi sont appelés morts, 290, *f*. Celui en qui il n'y a ni les vrais de la foi, ni les biens de la charité, est comme mort, 3809. De la résurrection de l'homme d'entre les morts, 168 à 189; *voir* RÉSURRECTION. Comme les pleurs signifient le dernier adieu, c'était anciennement une coutume de pleurer les morts quand ils étaient ensevelis, quoique l'on sût que par la sépulture il n'y avait que le cadavre de rejeté, et que celui qui avait été dans le cadavre vivait quant aux intérieurs, 4565. Les hommes morts, c'est-à-dire, qui ne sont pas dans la foi et l'amour envers le Seigneur, ni dans l'amour à l'égard du prochain, ne sont pas admis dans les tentations, parce qu'ils succomberaient, 270, 4274, 4299, 8964, 8968. *Voir* MOURIR.

MORVE, *Mucus narium*, 4627. *Voir* NARINES.

MOSCHEH, *Moscheh. Voir* MOÏSE.

MOTIFS pour lesquels le Seigneur a voulu naître sur notre terre, et non sur une autre, 9350 à 9360.

MOTS, *Voces. Voir* EXPRESSIONS. Le langage des mots n'a pu être celui des très-anciens, parce que les mots d'une langue ne sont pas infusés immédiatement; il faut les trouver et les appliquer aux choses, ce qui n'a pu être fait que par laps de temps, 8249. Un mot n'est autre chose qu'une idée formée de manière qu'un sens soit perçu, 1870. Les intérieurs de la chose sont quelquefois dans les mots du langage de l'homme; et cela, parce que c'est l'esprit de l'homme qui pense et perçoit le sens des mots du langage, et parce qu'il est dans une sorte de communication avec les esprits et les anges qui sont dans les principes des mots, 3869. Les significatifs intérieurs des mots tirent, quant à la plus grande partie, leur origine de l'homme intérieur qui est avec les esprits et les anges, 5075. Quoique l'homme externe ne le sache pas, l'homme intérieur est avec les esprits et les anges dans la langue universelle, ainsi dans les origines des mots, 5075. Le sens intérieur d'un grand nombre de mots a découlé des correspondances provenant du monde spirituel, 8990. Les mots doivent être appliqués au sujet dont il s'agit, 6844.

Dans la Parole, il y a des mots particuliers par lesquels sont exprimées les choses qui appartiennent au royaume céleste, et des mots par lesquels sont exprimées celles qui appartiennent au royaume spirituel, et d'autres mots qui sont communs à l'un et à l'autre, 10254. Il y a des mots qui se disent du vrai, d'autres qui se disent du bien, et d'autres qui se disent de l'un et de l'autre ensemble, 8314. Il y a des mots qui constamment signifient le bien, et des mots qui constamment signifient le vrai; et s'ils ne les signifient pas, toujours est-il qu'ils s'y appliquent et les enveloppent, 6343, 8314, 8330. Par le seul emploi des mots, on reconnaît si c'est du bien ou si c'est du vrai qu'il s'agit, 2722. Dans la Parole, il n'y a pas un seul petit mot qui ne signifie, 10127; ainsi la Parole est divine, même quant au plus petit mot, 10632; chaque mot y correspond à une chose spirituelle, qu'on peut dire être cachée dans ce mot, parce que son spirituel est manifesté chez les anges, quand la Parole est lue par l'homme, 10633;

les mots dans leur série y enveloppent des séries de choses spirituelles, qui ne sont manifestes que pour l'homme qui connaît les correspondances, 10633. Les mots sont des significatifs, 1549, 1659, 1709, 1783, 2686, 5147. Il n'est pas un seul mot qui puisse être retranché du sens littéral de la Parole, sans qu'il y ait interruption dans le sens interne, 7933. Dans chaque mot de la Parole, il y a des choses innombrables, 1869. Les anges ne comprennent pas même un seul mot du sens littéral de la Parole, 64, 65, 1434, 1929; cependant le sens littéral de la Parole sert de moyens pour les idées spirituelles des anges de la même manière que font les mots du langage pour le sens de la chose chez l'homme, 2143. *Voir* dans le Tome III, Pag. 124 à 132, le Tableau par ordre alphabétique des Mots dont la signification est confirmée par de nombreux passages de la Parole.

Dans l'autre vie, la différence entre les intérieurs et les extérieurs est clairement perçue dans chaque mot et dans chaque son d'un mot, 8250.

Mouche, *Musca*. *Voir* Insecte. La mouche d'Égypte *sign.* le faux d'après le mal dans le sensuel, 7441. La mouche à l'extrémité des fleuves de l'Égypte, — Ésaïe, VII. 18, — est le faux de l'homme entièrement sensuel, 10582, 9331.

Mouchettes, *Forcipes*. Les mouchettes du chandelier et les écumoires *sign.* les purificatoires et les évacuatoires, 9572.

Moudre, *Molere*. *Voir* Meule. Moudre, c'est disposer des vrais en série et préparer des biens pour qu'ils servent aux usages, 10303. Moudre, dans le sens bon, c'est choisir et expliquer les vrais tirés de la Parole pour qu'ils servent au bien; et, dans le sens mauvais, pour qu'ils servent au mal, 9995. Moudre en poudre, — Exod. XXXII. 20, — c'est former le faux d'après un plaisir infernal, ainsi c'est le faux infernal, 10464. Dans le sens réel, moulu *sign.* le bien rendu évident; et, dans le sens opposé, le mal rendu évident, 9781. Prendre la meule et moudre de la farine, — Ésaïe, XLVII. 2, — c'est arranger la doctrine d'après des choses qui doivent servir de moyens pour la domination et pour les richesses, 9960. Dans la Parole, ceux qui moulent *sign.* ceux qui au dedans de l'église sont dans le vrai d'après l'affection du bien; et, dans le sens opposé, ceux qui au dedans de l'église sont dans le vrai d'après l'affection du mal; *montré*, 4335. Expérience concernant des esprits qui moulaient; c'étaient ceux qui avaient recueilli beaucoup de vrais sans fin d'usage, 4335, f.

Mourir, *Mori*. L'homme, quant à son interne, ne peut pas mourir, 10591. Il est impossible que l'homme puisse mourir durant l'éternité; pourquoi? 4525, 6323, 9231. Chez l'homme, il n'y a que le degré extérieur qui meure, l'intérieur reste alors et vit, 5146, f. Dès que l'homme meurt, et que chez lui les corporels deviennent froids, il est ressuscité dans la vie, et alors dans l'état de toutes les sensations, 4622. L'homme, quand il meurt, ne perd rien que les os et la chair; il a avec lui la mémoire de tout ce qu'il a fait, dit et pensé; il a avec lui toutes les affections et toutes les cupidités naturelles, etc., 5079; *voir* Mémoire. Quand l'homme meurt, la respiration externe cesse; mais la respiration interne, qui est tacite et non perceptible pour lui quand il vit dans le monde, lui reste, 9281. Quand l'homme meurt, il ne meurt que quant au corporel qui lui avait servi pour les usages sur la terre ; mais il continue la vie quant à son esprit dans un monde où ces corporels ne sont plus d'aucun usage, 4618. Dans l'autre vie, on ne sait nullement ce que c'est que mourir, 4618.

Dans la Parole, mourir *sign.* ressusciter, puisque quand l'homme meurt, sa vie néanmoins est continuée, 3498, 3505, 4618, 4621, 6026, 6222. Mourir *sign.* la nouvelle vie, 6036. Mourir se dit du dernier temps de l'église, quand toute foi, c'est-à-dire, toute charité, a expiré, 2908. Mourir se dit aussi de l'église, lorsqu'elle a péri quant aux vrais de la foi, 2908, 2912, 2917, 2923. Mourir, c'est cesser de représenter, 3253, 3259, 3276. Mourir, c'est cesser d'être tel, 494, 6587. Mourir *sign.* un nouveau représentatif, 5975. Mourir *sign.* la fin de l'état précédent et le commencement du suivant, 6644, 6645. Dans le sens opposé, mourir, c'est ne point se relever pour la vie, 3908. Mourir, c'est être consumé, 7507, 7511. Poser la main sur les yeux quand l'homme meurt *sign.* vivifier, 6008. Mourir de soif, c'est par manque de vrai être privé de la vie spirituelle ; *montré*, 8568, *f.* Au lieu de dire mourir, les habitants de Jupiter disent devenir habitant du ciel, 8850. *Voir* Mort.

Moût, *Mustum*. Le froment est le bien naturel, et le moût le vrai naturel ; *montré*, 3580. Quand le froment et le moût sont dits l'un et l'autre du naturel, ils signifient le bien naturel et le vrai naturel, et alors le pain et le vin sont dits du rationnel, 3580. Le moût ou vin doux est le vrai qui provient du bien, 10402.

Moutarde ou grain de sénevé, *Sinapi*. Le grain de sénevé, — Matth. XIII. 31, — *sign.* le bien de l'homme au commencement de la régénération, avant que l'homme soit spirituel ; *illustré*, 55.

Mouvement, *Motus*. Dans le mouvement il n'existe rien de réel que l'effort, 5173 ; rien ne vit que l'effort, 9293. Nul mouvement ne peut exister sans un effort, tellement que l'effort cessant, le mouvement cesse, 9473, 5173 ; *voir* Muscles. Tout mouvement correspond à un état de la pensée, 10083. Les mouvements, les progressions et les changements de lieu, dans l'autre vie, sont les changements de l'état des intérieurs de la vie ; et néanmoins il apparaît aux esprits et aux anges comme si ces choses se faisaient en actualité, 1273 à 1277, 1377, 3356, 5605, 10734. Dans le monde spirituel, les mouvements cardiaques sont selon les états de l'amour, et les mouvements respiratoires sont selon les états de la foi, 3887.

Dans la Parole, les marches, les départs, et autres choses semblables, qui appartiennent au mouvement, *sign.* les états de la vie, 3335, 4882, 5493, 5605, 8103, 8417, 8420, 8557, 10083.

Mouvoir (se). Quand les anciens disaient : « En Dieu nous nous mouvons, nous vivons et nous sommes, » ils entendaient l'externe de la vie par se mouvoir, l'interne par vivre, et l'intime par être, 5605.

Moyen, *Medium*. Où il y a un interne et un externe, il doit y avoir un moyen qui conjoigne, 10286 ;

voir MÉDIUM. Quand le moyen est aimé pour la fin, ce n'est pas le moyen qui est aimé, mais c'est la fin, 7819; *voir* FIN. La crainte des châtiments est l'unique moyen de réprimer les infernaux, 7280.

MUET, *Mutus.* Être muet, c'est ne point confesser le Seigneur et ne point professer la foi en Lui, 6988. Dans la Parole, les muets *sign.* ceux qui ne peuvent ni confesser le Seigneur ni professer la foi en lui, à cause de leur ignorance; *montré*, 6988.

MULE (la), *Mula, sign.* l'affection du vrai rationnel, 2781. Monter sur une mule était une prérogative du roi, et monter sur une ânesse était une prérogative du juge, 2781.

MULET (le), *Mulus, sign.* le vrai rationnel, 2781. Monter sur un mulet était une prérogative des fils du roi, 2781. Le juge chevauchait sur une ânesse, ses fils sur des ânons, le roi sur une mule, et ses fils sur des mulets, 2781.

MULTIPLICATION. Les très-anciens appelaient fructification tout ce que le mariage de l'entendement et de la volonté produisait de bien, et multiplication tout ce qu'il produisait de vrai, 55. La fructification se dit de l'affection, et la multiplication se dit des vrais qui procèdent de l'affection, 2646. La fructification du bien et la multiplication du vrai se font dans l'homme externe; la fructification du bien se fait dans ses affections, et la multiplication dans sa mémoire, 913. Ce n'est que d'après le bien qu'il y a multiplication du vrai, 5345. Comment s'opère la multiplication du vrai chez ceux qui sont régénérés, 984. Telle est l'affection, telle est la multiplication, 1016. Quand il s'agit du Seigneur, par la multiplication est signifiée la fructification, parce que dans son rationnel tout vrai est devenu bien, 1940. Aujourd'hui, dans l'église, il y a rarement multiplication du vrai, parce que aujourd'hui il n'y a pas le bien de la charité, 5355. Les nombres composés signifient la même chose que les nombres dont ils proviennent par multiplication, 10253. *Voir* MULTIPLIER.

MULTIPLIER. Être fructifié se dit des biens, et être multiplié se dit des vrais, 43, 55, 913, 983, 2846, 2847. Rien ne peut être multiplié que par quelque chose de semblable au mariage, 5345. Les biens ne fructifient et les vrais ne multiplient chez l'homme que quand dans son rationnel a été fait le mariage ou la conjonction du vrai et du bien, 3186. Le vrai dans les intérieurs n'est jamais multiplié autrement que par le bien, 5345. Quand le bien a la domination chez l'homme, il produit continuellement des vrais et les multiplie autour de lui, 5912. Être multiplié, quand cela est dit des jours ou du temps, c'est être changé; pourquoi? 4850. *Voir* MULTIPLICATION.

MULTITUDE (la) se dit des vrais de la foi, 6172; elle signifie les vrais, 2006, 6285. Croître en multitude, c'est l'extension à partir de l'intime, 6285. La semence qui ne peut être nombrée à cause de sa multitude, *sign.* le vrai immensément multiplié, 1941. Une multitude, quand cela est dit du Seigneur, *sign.* la toute-science, 3934. La multitude de la mer, — Ésaïe, LX. 5, — c'est l'immense abondance du vrai naturel, 3048.

MUPPIM, fils de Benjamin. Les fils de Benjamin *sign.* l'interne spirituel et ses doctrinaux, 6024.

MURAILLE, *Murus.* La muraille

sign. les vrais de la foi qui défendent ; et, dans le sens opposé, les faux qui sont détruits ; *montré,* 6419. La muraille de la nouvelle Jérusalem, *sign.* les vrais qui la défendent, 6419.

Mûrir, *Maturescere.* C'est avancer dans la régénération, 5117. Faire mûrir *sign.* la progression de la régénération jusqu'à la conjonction du vrai avec le bien, 5117 ; *illustré,* 10185. En tant que le bien mûrit comme le fruit, il se montre dans les œuvres, 10185. *Voir* MATURITÉ.

Murmure, *Murmuratio.* C'est la plainte, telle qu'elle est dans les tentations, 8351, 8428. La première tentation des hommes de l'église spirituelle est décrite par les murmures des fils d'Israël, quand ils virent l'armée de Pharaon, 8125 ; leurs tentations, après qu'ils ont été délivrés des infestations, sont décrites par les murmures des fils d'Israël dans le désert, 8351.

Murmurer, *Murmurare.* C'est se plaindre d'après la souffrance causée par l'âpreté de la tentation ; *montré,* 8351.

Murs de rempart, *Mœnia.* Dans la Parole, lorsque le mal est comparé à une ville, les faux sont comparés à des murs de rempart autour de la ville, 7437.

Muschi, fils de Mérari. Les fils de Mérari *sign.* la troisième classe des dérivations du bien et du vrai, 7230.

Muscle. Du mouvement des muscles résulte l'action, 5173. Si dans le mouvement des muscles il n'y avait pas un effort provenant de la pensée et de la volonté de l'homme, ce mouvement cesserait à l'instant, 5173. Tous les muscles, et dans les muscles les fibres motrices, qui sont dans tout le corps, ont été disposés dans un tel ordre, qu'ils concourent à chaque action au gré de la volonté, et cela d'une manière incompréhensible ; il en est de même des scientifiques de la mémoire ; *illustré,* 9394.

Musculaire. Il y a dans les lèvres de nombreuses séries de fibres musculaires, qui maintenant sont comprimées par suite de la non-sincérité, 4799.

Muses, *Musæ.* Par les vierges qu'ils appelaient muses, les Grecs entendaient les sciences et les affections du vrai ; cette signification était dérivée de l'ancienne église, 2762, 4966, 7729.

Musique. Anciennement, dans les églises, il y avait divers instruments de musique, dont les uns appartenaient à la classe des célestes, et les autres à la classe des spirituels, 4138, 8337. Les instruments correspondent par leurs sons aux affections du vrai et du bien, les instruments à cordes aux affections du vrai, et les instruments à vent aux affections du bien, 418, 419, 420, 4138, 8337, 8802 ; et même, ce que savent très-bien ceux qui sont musiciens, les affections naturelles sont exprimées, les unes par certains genres d'instruments de musique, et d'autres par certains autres, et quand il y a un accord harmonique convenable, ces affections sont réellement excitées par ces instruments, 8337. Les anges et les esprits discernent non-seulement les sons du chant et des instruments, mais encore ceux de la voix, selon les différences quant au bien et au vrai, et ils n'admettent de ces sons que ceux qui sont en concordance, 420 *f.*

Muthlabben. Instrument de musique, 8337, *f.*

MUTUEL, *Mutuus. Voir* AMOUR MUTUEL. Conjonction mutuelle du bien et du vrai, 10555.

MUTUEL (le), *Mutuum.* Entre le bien et le vrai intervient le mutuel même, 4725.

MUTUELLEMENT, *Mutuo.* Il y a mutuellement et réciproquement une conjonction du vrai avec le bien et du bien avec le vrai, 4725. Lorsque la réception se fait mutuellement et réciproquement il y a conjonction en toute manière, 9610.

MYRIADES, *Myriades.* Quand il s'agit du Seigneur, les myriades *sign.* l'infini, 3186. Les myriades, ce sont des choses innombrables, 3186, *f.* Dans le sens interne de la Parole sont les singuliers, dont des myriades font ensemble un seul particulier qui se présente dans le sens littéral; ou bien, dans le sens interne sont les particuliers, dont des myriades font ensemble un seul commun qui est dans le sens littéral, 3438. Des myriades et même des myriades de myriades de choses, que perçoivent distinctement ceux qui sont dans un degré supérieur, se présentent seulement comme une seule chose chez ceux qui sont dans un degré inférieur, 3405. Dans la moindre affection de l'homme, il y a des myriades de myriades d'affections, et dans chaque idée de sa perception il y a aussi des myriades de myriades d'idées, qui lui paraissent n'en former qu'une, 2367. Dans le monde spirituel, il afflue des terres par jour des myriades d'hommes; d'après l'*expérience*, 6699.

MYRRHE TRÈS-BONNE, *Myrrha optima.* C'est la perception du vrai sensuel; *montré*, 10252. La myrrhe, l'aloès et la késia *sign.* les divins vrais, dans leur ordre, procédant du divin bien, 10252, 10258. Dans Matthieu, — II. 11, — l'or est le bien, l'encens est le vrai interne et la myrrhe le vrai externe, l'un et l'autre d'après le bien, 10252; *voir aussi* 9293.

MYSTÈRE. De ceux qui, par les sensuels, les scientifiques et les philosophiques, font des recherches sur les mystères de la foi; dans quelles erreurs ils tombent, 1071, 1072. Les mystères de la foi n'ont été révélés nulle part aux Juifs; pourquoi? 302. Qui sont ceux qui auraient péri pour l'éternité, s'ils eussent été instruits dans les mystères de la foi, 301, 302. Grand mystère maintenant révélé, 3624. Mystère révélé concernant les spirituels, 6854, 6858, 8054, 9315.

MYSTIQUE, *Mysticum.* Le mystique de la Parole n'est autre chose que ce que contient son sens interne ou spirituel, dans lequel il s'agit du Seigneur, de son royaume et de l'église, et non des choses naturelles qui sont dans le monde, 4923. Tout ce qui est dit au-delà du sens littéral est appelé aujourd'hui mystique, et est pour cela seul rejeté, 3482, 2763. Aujourd'hui, les choses intérieures de la Parole, on les appelle mystiques, et on ne s'en inquiète nullement, 9688, 5022. Union mystique; ce que c'est, 2004.

N

NAAMAH, sœur de Thubal Caïn, *sign.* une église nouvelle, ou la doctrine du bien et du vrai naturels hors de l'église signifiée par les deux épouses de Lamech, 421.

NAAMAN, fils de Benjamin. Les fils de Benjamin *sign.* l'interne spirituel et ses doctrinaux, 6024.

NAAMAN, syrien. La guérison de la lèpre de Naaman, parce qu'il s'était lavé sept fois dans le Jourdain selon l'ordre d'Élisée, — II Rois, V. 1 à 14, — représentait le baptême, et le baptême *sign.* l'initiation dans l'église, et la régénération; non pas qu'on soit régénéré par le baptême, mais il est le signe de la régénération, 4255.

NABLION. Instrument à cordes; cet instrument de musique, et les autres instruments à cordes, *sign.* les spirituels, 3880.

NACHATH, fils de Réuel, fils d'Ésaü, — Gen. XXXVI. 13, 17, — *sign.* un état des dérivations d'après le mariage du bien et du vrai, 4646, 4647.

NACHOB, fils de Sérug, fut une nation qui tira son nom de lui comme de son père, et par laquelle est signifié un culte tournant à l'idolâtrie, 1354.

NACHOR, fils de Thérach, était idolâtre, de même que ses frères Abram et Haran, 1356. Les fils de Nachor, par Milkah son épouse, *sig.* ceux qui, hors de l'église, sont dans la fraternité d'après le bien, 2863, 2864, 3778. Ceux que Nachor eut de Reumah, sa concubine, *sign.* ceux qui sont dans un culte idolâtrique et dans le bien, 2868. La ville de Nachor *sign.* les doctrinaux en parenté, 3052. Laban, fils de Nachor, représente le bien collatéral d'une souche commune, et Nachor représente cette souche commune d'où provient ce bien, 3778. Dans le sens respectif Abraham représente l'église réelle, et Nachor l'église des nations, 4207.

NADAB ET ABIHU, fils d'Aharon, *sign.* la doctrine d'après le sens interne et la doctrine d'après le sens externe, 9375, 9403. Nadab et Abihu *sign.* le divin spirituel procédant du divin céleste, 9811. La mort de Nadab et d'Abihu, parce qu'ils avaient mis le parfum sur un feu étranger, représentait le culte d'après un autre amour que celui du Seigneur; de là leur séparation d'avec le ciel et leur destruction, 10244.

NAISSANCES (les), dans la Parole, *sign.* des naissances spirituelles, c'est-à-dire, qui appartiennent à la régénération, 613, 1145, 1255, 2020, 2584, 3860, 3868, 4070, 4668, 6239, 10294. *Voir* NATIVITÉ, NAÎTRE.

NAÎTRE, *Nasci.* L'homme naît, non pas dans le bien et le vrai, mais dans le mal et le faux, ainsi non pas dans l'ordre divin, mais dans le contraire de l'ordre, et c'est de là qu'il naît dans une entière ignorance, et que par conséquent il doit de toute nécessité naître de nouveau, c'est-à-dire, être régénéré, ce qui se fait par les divins vrais procédant du Seigneur, et par la vie selon ces vrais, afin qu'il soit inauguré dans l'ordre, et qu'ainsi il devienne homme, 1047, 2307, 3518, 3812, 8480, 8550, 10283, 10284, 10286, 10731. L'homme par ses parents ne naît pas dans la vie spirituelle, mais il naît dans la vie naturelle, 8549. Chaque homme par ses parents naît dans l'amour de soi et du monde, 8550. Tous les hommes, sans exception, naissent dans les maux de tout genre, au point que leur propre n'est que mal, 210, 215, 731, 874, 875, 876, 987, 1047, 2307, 2308, 3701, 3812, 8480, 8550, 10283, 10284, 10286, 10731. L'homme naît dans les maux de tout genre et par suite dans les faux de tout genre, 10367. L'homme naît sans aucun usage de la raison, usage dans lequel il ne peut être initié que par l'influx provenant des cieux, 5993. L'homme par conséquent doit naître de nouveau, c'est-à-dire, être régénéré, afin de recevoir du Seigneur une nouvelle vie, 3701. L'homme naît dans une complète ignorance, et il doit par les choses mondaines apprendre toutes celles par lesquelles il formera son entendement, 10318. L'homme naîtrait dans toute science, et par suite dans toute intelligence, s'il naissait dans l'amour envers le Seigneur et dans la charité à l'égard du prochain, 6323, 6325; mais parce qu'il naît dans l'amour de soi et du monde, il naît dans une ignorance totale, 10318. Tous les hommes, quels qu'ils soient, naissent naturels avec la puissance de pouvoir devenir ou célestes ou spirituels; mais le Seigneur seul est né spirituel-céleste, 4592, c. D'où vient que la plupart des hommes restent dans les doctrinaux de l'église dans laquelle ils sont nés? 9300, m. Comment naît le rationnel de l'homme, 3264. Causes pour lesquelles le Seigneur est né sur cette terre et non sur une autre, 9350 à 9361. Voir SEIGNEUR.

Dans la Parole, naître *sign.* renaître ou être régénéré, 5160. Être né de Dieu, c'est être régénéré, 10829. Sont appelés nés de Dieu, ceux qui sont dans le bien de la charité et de la foi d'après le Seigneur, 9241. Sont appelés nés de sangs, ceux qui s'opposent aux biens de la foi et de la charité; nés de volonté de chair, ceux qui sont dans les maux par les amours de soi et du monde; et nés de volonté d'homme, ceux qui sont dans les faux provenant de ces maux, 9454, 10829.

NAPHISCH, fils de Jischmaël, *sig.* des choses qui appartiennent à l'église spirituelle, surtout chez les nations, 3266.

NAPHTALI, fils de Jacob, ainsi nommé parce que Léah a lutté et prévalu; c'est dans le sens suprême la propre puissance, dans le sens interne la tentation dans laquelle l'homme est vainqueur, dans le sens externe la résistance de la part de l'homme naturel, 3927, 3928, 4608. Naphtali *sign.* aussi l'état après les tentations; *montré*, 3928, 6412. Par Naphtali est représenté le second vrai commun de l'église, car la tentation signifiée par la lutte, est le moyen de conjonction de l'homme interne avec l'homme externe, 3928.

NAPHTHUCHIM, fils de Misraïm, petit-fils de Cham, — Gen. X. 13; — c'est une nation, ainsi nommée, qui signifie un genre de rites purement scientifiques, 1193, 1195.

NARINES, *Nares*. Dans la Parole, les narines *sign.* la perception, 3577, 4624, 4625, 4748, 5621, 8286, 10054, 10292. D'après l'odeur qui signifie la perception, par les narines il est entendu tout ce qui est agréable, 96; de là il est dit que Jéhovah souffla dans les narines une respiration de vies, — Gen. II. 7, — parce que tout ce qui appartient à l'amour et à la foi lui est très-agréable, 96. Les narines *sign.* la perception du vrai, 9048, *f.* Correspondance de l'odeur et des narines avec le très-grand homme, 4624 à 4634. A la province des narines appartiennent ceux qui sont dans la perception commune, 4624, 4625. Lumineux dans lequel vivent ceux qui ont relation avec les internes des narines; d'après l'*expérience*, 4627. Qui sont ceux qui ont relation avec l'humeur découlant des narines, et quels ils sont; ils s'insinuent, dans le but de dresser des embûches, chez ceux qui constituent les intérieurs des narines, et ils en sont chassés, 4627. Les esprits qui apparaissent vers les narines sont ceux qui brillent par la perception, 4403. Le vent des narines de Jéhovah, — Exod. XV. 8, — est la vie par le divin, et c'est le ciel; *montré*, 8286. Les narines ont été formées selon le sens des parties qui flottent dans l'atmosphère, 6057. *Voir* Nez.

NATIONS, *Gentes*. *Voir* GENTILS. Dans les très-anciens temps on était distingué en maisons, familles et nations, 470, 1159, 1246, 1252, 8117, 8118. Si l'on était ainsi distingué, c'était afin que par ce moyen l'église se conservât saine, et que toutes les maisons et les familles dépendissent de leur chef (*parens*), et persistassent ainsi dans l'amour et dans le vrai culte, 471, 483; et parce qu'ainsi on représentait les consociations dans le ciel, 471, 483. Dans la terre de Jupiter, on est distingué en nations, familles et maisons, 8117. Dans notre terre, il en a été de même anciennement, et alors on était accepté par le Seigneur, 8117.

Des nations et des peuples hors de l'église, de leur état et de leur sort dans l'autre vie, 2589 à 2604. Les nations ou gentils sont sauvées de même les chrétiens, 932, 1032, 1059, 2284, 2589, 2590, 3778, 4190, 4197. Les nations ou gentils peuvent être dans les vrais, mais non dans les vrais de la foi; cependant quand elles sont dans la charité, elles reçoivent facilement les vrais de la foi, 2049. Tous, de quelque religion qu'ils soient, sont sauvés, pourvu qu'ils aient des restes du bien, 2284. Différence entre le bien dans lequel sont les nations et le bien dans lequel sont les chrétiens, 4189, 4197. Des vrais chez les nations, 3263, 3778, 4190. Les intérieurs ne peuvent pas être fermés chez les nations de la même manière que chez les chrétiens, 9256. Chez les nations, qui vivent selon leur religiosité dans une charité mutuelle, il ne peut pas y avoir une aussi grande nuée que chez les chrétiens qui ne vivent dans aucune charité; pourquoi? 1059, 9256. Les nations, ne connaissant pas les choses saintes de l'église, ne peuvent pas les profaner comme les chrétiens, 1327, 1328, 2051; elles craignent les chrétiens à cause de la vie qu'ils mènent, 2596, 2597. Ceux d'entre les nations qui ont bien vécu selon leur religiosité sont instruits par les anges dans l'autre vie; ils reçoivent facilement les vrais de la foi et reconnaissent le Seigneur, 2049, 2595, 2598, 2600, 2601, 2603, 2661, 2863, 3263.

Quoique les nations ne sachent rien sur la Parole, ni par conséquent rien sur le Seigneur, néanmoins elles ont des vrais externes, tels qu'en ont les chrétiens, 4190. Chez les nations ou gentils, il y a dans l'obscur une sorte de conscience, contre laquelle ils ne veulent pas agir, et même contre laquelle quelques-uns ne peuvent pas agir, 4190. Chez les nations ou gentils, l'homme interne n'est point fermé; mais il est, comme chez les enfants, susceptible d'être ouvert et de recevoir le vrai, 9256; quand ils ont été instruits, ils sont plus que les chrétiens dans une perception claire, et par suite dans une perception intérieure sur la vie céleste chez l'homme, 9256. Les nations ou gentils ne sont pas véritablement spirituels avant d'être instruits dans les vrais de la foi, et ceux qui ont vécu dans le bien de la charité sont instruits dans l'autre vie, et deviennent spirituels, 2861;

les vrais chez eux sont des apparences externes, qui en elles-mêmes sont des illusions; mais néanmoins ceux qui ont vécu dans le bien sont sauvés, 3778. Les nations qui sont dans le bien des œuvres sont dans la ligne collatérale, tandis que ceux qui sont au dedans de l'église sont dans la ligne directe, 4189. Les nations ont des vrais externes, tels que ceux du décalogue, et aussi, sous un certain rapport, des vrais internes, 4190. Le bien chez les nations est sur le côté, mais chez les chrétiens il est dans la ligne directe, 4197. Le bien des nations ou gentils peut être ouvert et est ouvert dans l'autre vie chez ceux qui ont vécu dans la charité; il en est autrement chez les chrétiens qui ne sont pas dans cette charité, 4197. Ceux d'entre les gentils qui ont bien vécu, et qui ont été dans la charité mutuelle et dans l'innocence, sont régénérés dans l'autre vie, 1032; quand ils vivaient dans le monde, le Seigneur était présent chez eux dans la charité et dans l'innocence, car point de charité, point d'innocence, qui ne procède du Seigneur, 1032, 1059. Tous ceux qui ont été dans le bien ont été conjoints avec le divin du Seigneur, 4191. Il y a plus d'hommes de sauvés chez les nations que chez les chrétiens; pourquoi? 1059, 2284. Les nations, parce qu'elles sont dans l'ignorance, peuvent être dans l'état de l'innocence, 593. Elles sont réformées selon leur religion, et selon l'état de leur vie, 2600. Voir GENTILS.

Les fils d'Israël, dans la terre de Canaan, ont représenté les célestes, et les nations y représentaient les choses infernales, et c'est pour cela qu'elles ont été livrées à l'extermination, et qu'il fut défendu de faire alliance avec elles, 6306. Les Israélites ne devaient pas contracter des mariages avec les nations, de peur qu'ils ne devinssent idolâtres et ne conjoignissent les maux et les faux avec les biens et les vrais, 4444. La nation israélite et juive était pire que toutes les autres nations; il est décrit quelle elle était, même d'après la Parole de l'un et de l'autre testament, 4314, 4316, 4444, 4503, 4750, 4751, 4815, 4820, 4832, 5057, 5998, 7248, 8819, 9320, 10454 à 10457, 10462 à 10466. Cette nation était idolâtre de cœur, et plus que toutes les autres nations elle adorait d'autres dieux, 3732, 4208, 4444, 4825, 5998, 6877, 7401, 8301, 8871, 8882. Avec quelle cruauté elle traitait les nations par plaisir, 5057, 7248, 9320. Voir JUIF.

Le sort des nations ou gentils est meilleur que celui des chrétiens, parce qu'elles ne peuvent pas profaner les vrais, 1327, 1328; c'est pourquoi l'église doit être instaurée chez les nations, 1366. Une nouvelle église est toujours instituée chez les gentils ou nations; pourquoi? 2986. Une nouvelle église est instaurée chez les nations, parce que la vieille est dans un état à ne pouvoir recevoir le vrai, 4747. L'église nouvelle est instaurée chez les gentils ou nations, parce qu'ils reconnaissent le Seigneur; *montré et illustré*, 9256. Voir ÉGLISE, GENTILS, GENTILISME CHRÉTIEN.

Dans la Parole, les nations *sign.* les biens et ceux qui sont dans le bien; et, dans le sens opposé, les maux et ceux qui sont dans le mal, 1849. Les nations dans le commun sens sont les biens et les vrais, 1152, 1258; elles sont les biens, 1259, 1260, 1416, 1849. Les nations aussi sont les maux et les faux, 1259, 1260, 1849, 1868. Les peuples sont ceux de l'église spirituelle, et les nations ceux de l'église céleste, 10288. La nation est le bien céleste, ainsi le royaume du Seigneur; et, dans le sens suprême, le Seigneur, *montré*, 1416. La nation est le bien, 6005; et, dans le sens opposé, le mal, 3353. La nation sainte, c'est le royaume spirituel, 8771. Par les nations chassées de la terre de Canaan ont été signifiés les maux et les faux, 1868. Ce qui est signifié en ce que les nations seraient dépouillées et que leurs biens seraient possédés, 2588, f. « Une assemblée de nations, » ce sont les vrais d'après le bien et les formes de la doctrine, 4574. Les nations *sign.* les biens ou les maux, et les royaumes les vrais ou les faux, 2547. « Nation contre nation et royaume contre royaume, » — Matth. XXIV. 7, — *sign.* maux contre maux et faux contre faux 2547. Nation grande se dit des célestes ou des biens, 1417. « Nation grande et nombreuse, » *sign.* tant le bien que le vrai qui en procède, 2027. Les nations *sign.* ceux qui sont dans les biens ou dans les maux, et les rois ceux qui sont dans les vrais ou dans les faux, 2015. Dans la Genèse, — XVII. 16, — les nations sont les célestes de l'amour, et les rois des peuples les spirituels de la foi qui en procède, 1416. La nation de Jéhovah, c'est où le divin même habite; et, dans le sens spirituel, c'est où est l'église du Seigneur, 10566. Tous ceux qui reconnaissent le Seigneur par la foi et par l'amour sont la nation de Jéhovah, 10566. Les terres des différentes nations sont prises pour leurs amours, qui sont en général

l'amour de soi et l'amour du monde, 585. *Voir* PEUPLES.

NATIVITÉ, *Nativitas*. *Voir* GÉNÉRATION. La nativité *sign.* la renaissance par la foi et par la charité, 5160, 5598, 9042, 9843. Les nativités et les générations *sign.* de semblables choses spirituelles qui appartiennent au bien et au vrai ou à l'amour et à la foi, 613, 1145, 1755, 2020, 2584, 3860, 3868, 4070, 4668, 6239, 8042, 9325, 10249. La nativité *sign.* le vrai, parce que le vrai naît du bien, 4070. Les nativités appartiennent au vrai par le bien, ou à la foi par la charité, 4668. Les nativités sont les choses de la foi, 1145, 1255; ce sont les dérivations de l'église, 1330, 3263; elles sont les dérivations; mais quand il s'agit du Seigneur, c'est que du divin est né le rationnel, et du rationnel le naturel, 3279. Nativité du Seigneur, 4641. Par les nativités, ce sont des conceptions et des enfantements spirituels qui sont entendus, 3860, 3868. Quand un homme renaît ou est régénéré par le Seigneur, toutes les choses, en général et en particulier, que de nouveau il reçoit, sont des nativités, 1255. Les nativités sont des dérivations, à savoir, du bien et du vrai, 4641, 4668, 8982. Les nativités des cieux et de la terre, — Gen. II. 4, — sont les formations de l'homme céleste, 89. Le livre des nativités de l'homme, — Gen. V. 1, — *sign.* le recensement de ceux qui furent de la très-ancienne église, 469, 470. Les nativités des fils de Noach *sign.* les dérivations des doctrinaux et des cultes de l'ancienne église, qui, en général, est Noach, 1145. Les nativités de Schem *sign.* les dérivations de la seconde église ancienne, 1330. Les nativités de

Thérach, père d'Abraham, *sign.* les origines et les dérivations de l'idolâtrie, d'où sortit l'église représentative, 1360. Les nativités de Jischmaël, fils d'Abraham, *sign.* les dérivations de l'église spirituelle représentée par Jischmaël, 3263. « Selon leurs nativités, » *sig.* selon qu'ils ont pu être réformés, la nativité étant la réformation, 1255.

NATURALISME. Cause du naturalisme, 5116, 6876. *Voir* NATURE.

NATURALISTE. *Voir* ATHÉE, NATURE.

NATURE, *Natura.* Quelle perversion aujourd'hui dans le monde d'attribuer tant à la nature et si peu au divin ! 3483. Pourquoi il en est ainsi, 5116; lorsque cependant toutes et chacune des choses dans la nature non-seulement ont existé, mais encore subsistent continuellement par le divin; et cela, au moyen du monde spirituel, 775, 8211. Les divins, les célestes et les spirituels, sont terminés dans la nature, 4240, 4939. La nature est le dernier plan dans lequel ils s'arrêtent, 4240, 4939, 5651, 6275, 6284, 6299, 9216. De là vient que toute la nature est le théâtre représentatif du monde spirituel, ou du royaume du Seigneur; *exemple*, 2758, 2999, 3000, 3648, 4318, 4409, 4939, 8848, 9280, 10292; et ce royaume est le théâtre représentatif du Seigneur lui-même, 3483. Tout ce qui est dans la nature tire son origine de choses qui sont dans le monde spirituel; *montré*, 8211. Toutes les choses dans la nature sont représentatives des spirituels et des célestes, 519, 521, 2896. Dans la nature, toutes choses représentent et correspondent; *cité*, 9280; *voir* REPRÉSENTATIONS et CORRESPONDANCES. Les représentatifs dans la nature se réfèrent à la forme humaine; *illustré*, 10185. Les choses qui sont dans la nature sont représentatives, parce qu'elles viennent de l'influx du monde spirituel, 1632. Dans toute la nature, il y a le mariage du vrai et du bien; ce que c'est que ce mariage, 3793. Toutes les choses de la nature, jusqu'aux dernières, non-seulement ont existé par le Premier, qui est le Seigneur, mais subsistent aussi par le Premier, 4523. Dans toutes les choses de la nature, il y a intérieurement cachées une cause et une fin venant du monde spirituel, 3562, 5711. Les choses qui sont dans la nature sont les derniers effets, dans lesquels des antérieurs sont contenus, 4240, 4939, 5051, 5711, 6275, 6284, 6299, 9216. Toutes les choses dans la nature ont été disposées en ordre et en série selon les fins, 4104; cela vient du monde spirituel, c'est-à-dire, du ciel, parce que là règnent les fins qui sont les usages, 454, 696, 1103, 3645, 4054, 7038. La nature subsiste d'après l'influx selon l'ordre, 4239. Dans toute la nature, il y a un influx du ciel ou du monde spirituel, 10185. Toutes et chacune des choses qui sont dans la nature sont les images dernières, 3483. Dans la nature, toutes et chacune des choses se réfèrent au vrai et au bien, 4409. Dans la nature, toutes et chacune des choses représentent, en tant qu'elles correspondent et selon la qualité de la correspondance, 3002. Dans toute la nature, il y a des représentatifs du royaume du Seigneur, 3349. Les représentatifs dans la nature viennent de l'influx du Seigneur, 3349.

L'homme a été créé de manière que par lui les divins du Seigneur descendent jusque dans les derniers de la nature, et que des derniers de la nature ils montent vers le Seigneur, de sorte que l'homme fût le médium de l'union du divin avec le monde de la nature, et de l'union du monde de la nature avec le divin, et qu'ainsi par l'homme, comme médium d'union, le dernier même de la nature vécût d'après le divin, 3702; c'est ce qui serait, si l'homme avait vécu selon l'ordre divin; car en l'homme, comme petit monde quant à son corps, tous les mystères du monde de la nature ont été déposés; *illustré*, 3702. Quel renversement il y a, en ce qu'aujourd'hui le globe attribue tout à la nature et rien au divin, 3483. De ceux qui attribuent tout à la nature, et à peine quelque chose au divin, 4941, 5572, 5573. Ceux qui attribuent tout à la nature, et cependant disent qu'il y a un être suprême, ne peuvent pas avoir une idée d'une déité vivante, 4950.

Chacun retient dans l'autre vie la nature qu'il avait revêtue dans la vie du corps, 4663. La nature de l'homme ne peut être chassée, et si on la chasse, il ne reste rien de la vie, 4663. Ce qui a été introduit dans la nature de l'homme par le fréquent usage, et enfin par l'habitude, est transmis en héritage à ses descendants, 2910. Autre chose est de faire le bien par nature, et autre chose de le faire par religion; *illustré*, 5032. La nature du mal consiste à vouloir attaquer chacun, et la nature du bien à ne vouloir attaquer personne, 1683.

Nature divine et Nature humaine. Le divin même ou le Père, qui est l'âme du Seigneur, est ce que dans le langage commun on appelle la nature divine ou plutôt l'essence du Seigneur, 4235. Les chrétiens distinguent entre la nature divine et la nature humaine du Seigneur; d'où vient cette distinction? 4692; *illustré* d'après *l'expérience*, 4738; Toutefois, ceux qui vivent la vie de la foi ne pensent pas à cette distinction entre la nature divine et la nature humaine, quand en se prosternant ils adorent le Seigneur comme Dieu sauveur, 4724, 4731.

NATUREL, *Naturale*. Le naturel dérive du spirituel et du céleste, et ainsi du Seigneur, 775, 880, 1096, *f.*, 1702, 1707. Chez l'homme, le naturel ne reçoit quelque vie que du spirituel, le spirituel n'en reçoit que du céleste, et le céleste n'en reçoit que du Seigneur seul, qui est la vie même, 880. Le naturel est le troisième ou le dernier de l'ordre, 4240, 4939. Le naturel est le plan dans lequel se termine le spirituel, 5651, 6275, 6284, 6299. Le naturel est le dernier dans lequel se terminent les spirituels et les célestes, et sur lequel ils subsistent comme une maison sur son fondement, 9430, 9433, 9824, 10044, 10436. Le naturel n'est autre chose que la représentation des spirituels par lesquels il existe et subsiste, 4053, 5118. Le naturel représente de la même manière qu'il correspond, 4053. Le spirituel est dans tout naturel comme la cause efficiente est dans l'effet, 3562, 5711; puis aussi comme l'effort est dans le mouvement, 5173; et comme l'interne est dans l'externe, 3562, 5711, 5326. Le spirituel ne voit rien à moins que le naturel ne corresponde, 3493, 3620, 3623. Le spirituel influe dans le naturel, et le naturel n'influe pas dans le spirituel, 3219, 4667, 5119, 5259, 5427, 5428, 5477, 6322, 9109, 9110. Le naturel constitue l'homme externe, 4585. Le naturel existe par le spirituel, 7384. Sans l'influx de l'interne, le naturel n'a aucune vie; il subsiste et vit par l'interne, 6063. Pour que le naturel de l'homme vive, il faut un influx immédiat du Seigneur et un influx médiat par le monde spirituel, 6063. Le naturel est un plan dans lequel se termine l'influx; c'est pourquoi, il faut qu'il soit subjugué par la vie, 5651. Le naturel doit être nécessairement régénéré, afin qu'il y ait influx par l'interne; autrement l'interne est fermé, 6299. L'homme n'a pas été régénéré avant que le naturel ait été régénéré, 9043, 9046, 9061. Voir SPIRITUEL, CÉLESTE.

Il y a chez l'homme un naturel intérieur et un naturel extérieur, 3293, 3294, 3793, 5118, 5126, 5497, 5649. Il y a aussi un naturel intermédiaire, qui communique avec l'un et avec l'autre, 4570. Il y a un naturel intérieur de l'homme, il y a un naturel extérieur ou moyen, et il y a un naturel extrême; le naturel intérieur communique avec le ciel; le naturel extérieur communique d'une part avec le naturel intérieur et par lui avec le ciel, et de l'autre part avec le naturel extrême et par lui avec le monde, 9215. Le naturel extrême est le sensuel; il reçoit les objets du monde, et est ainsi utile aux intérieurs, 9215. Ce que c'est que le naturel extérieur, et ce que c'est que le naturel intérieur; illustré, 5497. Le naturel intérieur est ce qui reçoit du rationnel les idées du vrai et du bien, et les serre pour l'usage; et le naturel extérieur est ce qui reçoit du monde les images et par suite les idées des choses par les sensuels, 5133. Le naturel, principalement le naturel extérieur, est un plan, et comme une face, dans laquelle se voient les intérieurs; autrement l'homme ne peut pas penser, 5165, 5118. Le naturel tout entier est dans le faux et dans le mal dans ses extrêmes, et les vrais n'y sont point, 7645. Par le naturel simplement nommé, il est entendu le mental naturel, 5301. Voir MENTAL.

Dans l'homme, il y a le corporel, le naturel et le rationnel, et les trois communiquent entre eux, 4038. C'est par les sensuels externes que le corporel de l'homme communique avec son naturel, et c'est par les sensuels intérieurs que le naturel de l'homme communique avec son rationnel, 4038. Le naturel communique d'un côté avec le monde par les sensuels, et de l'autre avec le ciel par les rationnels, 4009. Le rationnel vit dans le naturel; illustré, 4618. Quand l'homme vit dans le corps, il lui semble que le rationnel vit dans le naturel, et le rationnel n'apparaît pas distinct du naturel, 3498. Le naturel ne voit en avant et ne fait par lui-même aucune chose, quoiqu'il lui semble ainsi, mais c'est d'après l'intérieur, 5286. L'effort dans le naturel vient du monde spirituel, sans lequel rien de ce qui existe n'existerait, 5173. Le naturel interne communique avec le rationnel, et le naturel externe communique avec le monde, 5118, 5126. Le naturel est comme le corps, la fin dans le rationnel est comme l'âme, et les choses qui sont dans le naturel sont comme le corps de cette âme respectivement, 3570. Dans le naturel sont les communs et dans le rationnel les particuliers, et le naturel est formé des particuliers du rationnel, 3513. Le naturel est sous le rationnel, et s'ils concordent, le naturel comme commun n'est que la formation des choses qui sont dans le rationnel, 4667. Le rationnel reçoit les vrais plus tôt que ne les reçoit le naturel, parce que le naturel doit être régénéré par l'influx provenant du rationnel, 3321, 4612. Le bien du rationnel influe dans le bien du naturel, et cela est signifié en ce que Jischak aimait Ésaü, et Rachel Jacob, 3314, 3573, 3616, 3969. Le naturel est régénéré par le bien du rationnel comme père, et par le vrai du rationnel comme mère, 3286, 3288. Le naturel est régénéré par le rationnel, et autant le naturel ne combat point contre le spirituel ou le rationnel, autant il est régénéré, 3286, 4341. Si le naturel n'est pas régénéré, le rationnel ne peut produire rien du vrai, ni rien du bien, 4588. Le naturel doit être régénéré avant qu'il puisse être conjoint au rationnel; pourquoi? 4612. Le rationnel, c'est d'où viennent les semences du bien et du vrai ; le naturel, c'est l'humus où elles prennent racine, 3671. Il semble au rationnel qu'il ne voit rien, à moins que le naturel ne corresponde, 3493, 3620, 3623, 3629. L'homme rationnel pense dans le naturel, 3679; *voir* Pensée. Le naturel est plus grossier que le rationnel, 4612. Le naturel doit servir, parce qu'il est postérieur, extérieur, inférieur, et plus éloigné du divin, 5013. Le naturel voit d'après l'effet, et le rationnel d'après la cause, 3533. Le rationnel est distinct du naturel à un tel point que le rationnel peut vivre sans la vie du naturel, mais non le naturel sans la vie du rationnel, 3498. Le naturel du Seigneur n'a pu être fait divin, avant que le rationnel eût été fait divin, 3245. Dans le Seigneur le divin naturel a existé, d'après le divin bien rationnel, par le divin vrai qui y était, 3283. Plusieurs causes d'après lesquelles le naturel est régénéré plus tard et plus difficilement que le rationnel, 3321. *Voir* Rationnel.

L'interne de l'homme est appelé le spirituel, et l'externe le naturel ; d'où vient cela? 9383. Le spirituel est l'antérieur, et le naturel le postérieur ; *illustré*, 5013. Les choses qui sont dans le naturel sont respectivement obscures, 6686. Le naturel est dans la lumière du monde, et le spirituel dans la lumière du ciel ; celui-là est l'externe de l'église et celui-ci l'interne, 5965. Dans le naturel, il y a aussi le bien et le vrai, 2184, *f*.; son bien est appelé plaisir, et son vrai est appelé scientifique, 2184, 3293. Quant au bien le naturel est intérieur et extérieur, 3293 ; et de même quant au vrai, 3294. Le naturel non spirituel considère le spirituel comme un serviteur, 5025. Dans la régénération, le naturel est d'abord préparé, afin qu'il puisse recevoir les biens et les vrais, 4588. Le naturel ne sait pas quand il est régénéré, ni comment il est régénéré; pourquoi? *montré*, 6686. Quand le bien influe par l'interne, le naturel n'en sait absolument rien, 6686. Il en est du naturel de l'homme par rapport à l'interne, à peu près comme du langage de l'homme par rapport à la pensée, 6105. Le naturel est principalement mis dans les tentations, quand il doit recevoir le spirituel; pourquoi? 6097. Le naturel couvre de son ombre le spirituel, 5614, *f*. Autant le naturel ne devient pas comme rien, autant l'interne est fermé, 5651. Quand le vieux naturel, qui a été formé de maux et de faux, devient comme rien, l'homme est gratifié d'un nouveau naturel, qui est appelé naturel-spirituel, 5651. Le nouveau naturel, quant à penser, à vouloir et à produire l'effet, n'est que le représentatif du spirituel, 5651. Chez l'homme qui est régénéré le naturel est absolument autre que chez l'homme qui n'est pas régénéré, 5326. Le naturel, chez les régénérés, est constitué par le spirituel, comme l'effet par la cause, 5326. Quand l'homme meurt, il a avec lui tout le naturel; et tel dans le monde a été formé chez lui le naturel, tel aussi il reste, 5094. Tel est le naturel, quand l'homme meurt, tel il reste; il ne peut pas ensuite être corrigé; pourquoi? 10243. Après la mort, le naturel intérieur reste, et le naturel extérieur cesse, 3293. De la subjugation du naturel, 6567; voir RÉGÉNÉRATION. De l'obéissance du naturel; elle a lieu alors qu'il considère le ciel et non le monde, 5368. Si le naturel n'a pas été subordonné, et ainsi n'est point en correspondance, l'homme ne peut avoir aucune pensée intérieure, ni même avoir aucune foi, 5168.

Du bien naturel; il vient des parents, et il doit être extirpé par degrés, 3470. Distinction entre le bien naturel et le bien du naturel; celui-là vient des parents, et celui-ci vient du Seigneur, 3518. La vie selon le bien naturel ne sauve point, mais la vie selon les préceptes de la foi et de la charité sauve, 7197. La vie naturelle, quoique dans le bien, ne donne pas le salut, mais la vie de la foi, qui est la vie spirituelle, le donne, 8772. Par la lumière naturelle et par la théologie naturelle, on ne sait rien de Dieu ni du ciel; mais d'après la révélation on sait toutes choses; *illustré*, 8984. Du bien du rationnel se composent les biens et les vrais dans le naturel, 3576. En ordre se suivent le céleste, le spirituel et le naturel; ou le bien de l'amour, le bien de la charité et le bien de la foi se suivent en leur ordre, 4938, 4939, 9992, 10005, 10017. Le bien et le vrai naturels sont d'une double origine; ils viennent de l'héréditaire et de la doctrine, de l'héréditaire le bien et le vrai naturels, et de la doctrine le bien et le vrai naturels-spirituels; *illustré*, 4988, 4992. Le bien du ciel intime ou troisième ciel est appelé céleste, le bien du ciel moyen ou second ciel est appelé spirituel, et le bien du dernier ou premier ciel est appelé spirituel-naturel; de là on peut savoir ce que c'est que le céleste, le spirituel et le naturel, 4279, 4286, 4938, 4939, 9992, 10005, 10017, 10068. Le vrai spirituel se rencontre dans les derniers avec le vrai naturel, mais alors il y a seulement affinité et non conjonction, 5008, 5028.

NATUREL (homme), *Naturalis homo*. Voir HOMME. Ce que c'est que l'homme naturel, et ce que c'est que l'homme spirituel, 3167; *illustré*, 3913. L'homme naturel est opposé à l'homme spirituel, 3913, 3928; principalement dans les tentations qui sont des combats entre l'homme naturel et l'homme spirituel, 3927, 3928. Alors l'homme spirituel est gouverné par le Seigneur au moyen des anges, et l'homme naturel est gouverné par les esprits infernaux, 3927. L'homme spirituel a l'intelligence et la sagesse par les choses qui appartiennent à la lumière du ciel, et l'homme naturel a l'intelligence et la sagesse par celles qui appartiennent à la lumière du monde, 3167. Par la chute l'homme naturel s'est séparé de l'homme spirituel, et s'est élevé au-dessus de lui ; c'est pourquoi il faut qu'il y ait régénération, 3167. L'homme purement naturel est dans l'enfer, à moins qu'il ne devienne spirituel par la régénération, 10156. De la régénération de l'homme naturel, 8742 à 8747. Quel est l'homme naturel non régénéré, et quel est l'homme naturel régénéré, 8744, 8745. A l'homme naturel n'apparaît rien de ce qui est dans l'homme spirituel, à moins qu'il n'y ait correspondance et médium ; et, *vice versâ*, à l'homme spirituel apparaissent toutes les choses qui sont dans l'homme naturel, 5427, 5428, 5477. A l'homme naturel appartiennent les scientifiques, l'imaginatif tel qu'il est dans l'enfance principalement, et les affections naturelles que l'homme a de commun avec les brutes, 3020. Il faut qu'il y ait correspondance de l'homme naturel avec l'homme spirituel ou interne, pour que l'homme ait été régénéré, et l'homme n'a pas été régénéré avant que le naturel ait été régénéré ; *cité*, 9325, *f*. L'homme naturel doit être subordonné à l'homme spirituel, et le servir, 3019, 5158. L'homme naturel séparé de l'homme interne ne supporte pas la sphère spirituelle, 9109. L'interne vit dans l'homme naturel, mais l'interne se revêt de choses par lesquelles il puisse dans la sphère inférieure produire l'effet, 6275, 6284, 6299. Les vrais de l'homme naturel sont les sensuels, les scientifiques et les doctrinaux, et ceux-ci succèdent les uns aux autres, 3309, 3310, *f*. La première affection du vrai dans l'homme naturel n'appartient pas au vrai réel, mais elle y parvient successivement, 3040. Distinction entre l'homme naturel et l'homme rationnel, 3020. Du combat de l'homme rationnel et de l'homme naturel, et quel est l'homme si celui-là ou si celui-ci est vainqueur, 2183. Les ablutions sont les purifications de l'externe, ainsi de l'homme naturel ; *illustré*, 3147. L'homme naturel est le serviteur le plus ancien de la maison, et l'administrateur, 3020. L'homme naturel est dans la lumière du monde, 3223, 5965 ; et il a de la sagesse selon qu'il reçoit la lumière du ciel, 4302, 4408.

NATURELLEMENT, *Naturaliter*. L'influx des enfers n'empêche pas que l'homme ne puisse être naturellement guéri de maladies, car la Providence du Seigneur concourt avec les moyens naturels, 5713.

NATURELS, *Naturalia*. Les naturels sont les derniers de l'ordre, 4938. Les célestes, les spirituels et les naturels se suivent et se succèdent en ordre, ainsi avec eux les divins, parce que ceux-là procèdent du divin, 880, 4938, 4939, 9992, 10005, 10017, 10068. Dans le très-grand homme les célestes sont la tête, les spirituels le corps, et les naturels les pieds, et c'est ainsi qu'ils se suivent et qu'ils influent, 4938, 4939. Les naturels sont comme des pieds sur lesquels s'appuient les supérieurs, 4939. Les spirituels se présentent dans les naturels ; de là, les correspondances et les représentations, 2997 à 3002. Tous les naturels représentent les choses qui appartiennent aux spirituels auxquels ils correspondent, 2991. Dans la Parole, les naturels sont signifiés par les pieds, les naturels inférieurs par les plantes, et les naturels infimes par les talons, 4936,

NATURELS, *Naturales*. Les hommes naturels veulent saisir toutes choses naturellement, 7850. Ceux qui sont entierement naturels éprouvent du dégoût pour les choses qui appartiennent au ciel, et au seul nom de choses spirituelles; d'après l'*expérience*, 5006, 9109. Les naturels ne regardent le bien et le vrai spirituels que comme des serviteurs; *montré*, 5013, 5025. Ceux qui font le bien d'après le seul penchant naturel, et non d'après la religion, ne sont pas reçus dans le ciel, 8002, 8772. De ceux qui sont dans le bien naturel, et non en même temps dans le bien spirituel, et de leur sort dans l'autre vie, respectivement à ceux qui sont en même temps dans le bien spirituel ou dans le bien d'après la religion; *illustré*, 5116. De quelle manière apparaissent dans l'autre vie les hommes purement naturels, et quel y est leur état et leur sort, 4630, 4633, 4940 à 4952, 5032, 5571. Les naturels apparaissent, dans la lumière du ciel, les pieds en haut et la tête en bas, 5025. Les naturels habitent sous les pieds et sous les plantes des pieds, où est la terre inférieure, 4940 à à 4951. La plus grande partie des chrétiens sont envoyés dans la terre inférieure, parce qu'ils sont naturels, 4944. Ceux qui sont entièremet naturels ont une touffe de poils à la place de la face, 5571. Une puanteur de dents et une odeur comme d'os brûlés s'exhalent d'esprits qui sont entièrement naturels, et ces esprits naturels sont invisibles; qui ils sont, 4630. Des Hollandais; plusieurs d'entre eux sont absolument naturels, 5573.

NAUSÉE, *Nausea*. Quand l'homme est dans les terrestres, dans les corporels et dans les mondains, les choses qui concernent le ciel lui causent des nausées, 5006. Ceux qui sont dans le mal et par suite dans le faux ont tellement en aversion le bien et le vrai de l'église, que, quand ils en entendent parler, ils sentent en eux comme des nausées et des dispositions au vomissement, 5702. Aujourd'hui, dès que le spirituel est seulement nommé, il survient aussitôt chez la plupart quelque chose de ténébreux et de triste en même temps, qui excite des nausées et le fait rejeter, 5006, 3427.

NAVIRE, *Navis*. Les navires *sign.* les connaissances et les doctrinaux d'après la Parole; et, dans le sens opposé, ce sont les doctrinaux et les scientifiques du faux et du mal; *montré*, 6385, 9755, 10416. Ceux qui sont sur les navires *sign.* ceux qui vantent les faux et qui les enseignent, 9755. D'un navire, qui fut vu en songe, chargé de mets délicieux, 1977.

NAZIRÉAT, *Naziræatus*. La sainteté du naziréat consistait dans la chevelure, qui correspond au naturel et le représente, 6437. La chevelure, qui était le naziréat, correspond aux derniers du bien et du vrai, ou au bien et au vrai dans les derniers, 9836. Le naziréat n'était autre chose que le représentatif du Seigneur quant au divin naturel, 5247. Voir NAZIRÉEN.

NAZIRÉEN, *Naziræus*. Les Naziréens ont représenté le Seigneur quant au divin humain, surtout quant à son divin naturel, et par suite l'homme de l'église céleste, 3301, 6437. Le Naziréen, pendant les jours de son naziréat, représentait l'homme céleste, qui est la ressemblance du Seigneur, 2187, 2830; et tant qu'il avait les cheveux, il représentait le naturel de cet homme, 3301. De là, la force de Samson, parce que c'est le vrai qui combat, et nullement le bien; et cette force sainte était chez l'homme céleste, principalement en ce qu'il représentait le Seigneur, 3301. Le Naziréen a représenté le divin naturel du Seigneur; *montré*, 6437. Il a représenté par la chevelure le naturel de l'homme céleste, 3300, 3301. Après l'accomplissement des jours du naziréat, le Naziréen représentait l'homme céleste, ou le Seigneur quant au divin céleste, 10132. Tout ce qui provenait du cep avait été défendu au Naziréen; pourquoi? 5113, *f*. Le sommet de la tête du Naziréen *sign.* le divin vrai dans les derniers, 6437. Les Naziréens *sign.* la Parole dans le sens de la lettre, 9407. *Voir* NAZIRÉAT.

NÉ DE LA MAISON (le), *Natus domus.* Ce que c'est, 1708. Né de Dieu, — Jean, I. 13. — *Voir* NAÎTRE.

NÉBAJOTH et KÉDAR. Ce sont les choses qui appartiennent à l'église spirituelle, principalement chez les nations; *montré*, 3268, 3686. Nébajoth est l'affection du vrai céleste ou du bien spirituel, 3688. Les troupeaux de Kédar sont les divins célestes, et les béliers de Nébajoth sont les divins spirituels, 2830, *f*. Les troupeaux de l'Arabie sont tous les biens de l'homme interne, et les béliers de Nébajoth sont les biens de l'innocence et de la charité dans cet homme, 10042.

NÉBO *sign.* les faux dont sont imprégnés ceux qui sont signifiés par Moab, 2468. *Voir* MOAB.

NÉBUCHADNESSAR, roi de Babel, *sign.* ce qui dévaste, 3727, 10227. C'est le dévastateur du bien et du vrai, 7519. La statue vue en songe par Nébuchadnessar; ce qu'elle signifie, 10030. *Voir* BABEL.

NÉCESSAIRE. Ce qui est au-dessus de la portée de beaucoup d'hommes n'est pas nécessaire pour le salut, 978, *f*. Pour que le genre humain fût sauvé, il était nécessaire que le Seigneur fût réellement et essentiellement homme; c'est pour cela qu'il lui plut de naître, et de prendre ainsi en actualité une forme humaine dans laquelle était Jéhovah lui-même, 10579.

NÉCESSITÉ, *Necessitas.* Il n'y a chez l'homme aucune nécessité absolue provenant de la Providence, mais il y a pleine liberté, 6487. Nécessité de l'avénement du Seigneur dans le monde, 3637. Au moyen des restes renfermés dans les intérieurs du mental naturel, l'homme est spirituellement nourri dans toute nécessité et dans toute indigence, c'est-à-dire, dans toute famine spirituelle, 5297. Nécessité qu'il y eût, par la divine Providence du Seigneur, une révélation quelconque, par conséquent la Parole, 1775.

NÉCHILOTH. Instrument de musique, 8337, *f*.

NECTAR, 4966.

NÉGATIF, *Negativum.* A ceux qui sont dans le négatif sur les vrais de la foi, il n'est pas permis de les confirmer intellectuellement par les scientifiques, parce que le négatif qui précède attire tous les scientifiques dans son parti, 2568, 2588, 3913, 4760, 6047. Il y a le doute affirmatif, et il y a le doute négatif; celui-là chez quelques bons, et celui-ci chez les méchants, 2568. Les négatifs sont excités chez l'homme par les esprits qui lui ont été adjoints, 4096. Chez ceux qui sont dans le négatif, c'est-à-dire, chez qui le négatif règne universellement, les doutes ne peuvent jamais être écartés, car chez eux un seul scrupule a plus de force que mille confirmatifs, 6479. Qui sont ceux qui sont imbus des négatifs du vrai, 4776. Qui sont ceux qui ne peuvent être que dans le négatif sur le sens interne de la Parole, 3427. La véritable cause du négatif du vrai et du bien vient de la vie du mal, 2689. Dans l'intellectuel perverti règne le négatif, 6125. Quand le négatif règne universellement, les scientifiques qui confirment sont rejetés sur le côté, ou sont expliqués en faveur des scientiques qui nient, et ainsi le négatif est affermi, 6383. Quand ceux qui sont dans le négatif consultent les scientifiques, ils se jettent davantage dans les faux, 4760. Les négatifs du vrai sont représentés par des nuées sombres et descendantes, 3221. *Voir* AFFIRMATIF, DOUTE.

NÉGATION, *Negatio*. D'où vient la négation du vrai, 3420. Négation du sens interne de la Parole; chez qui elle a lieu, 3427.

NÉGINOTH. Instrument de musique, 8337, *f*.

NÉGOCE, *Negotiatio*. Le négoce *sign.* l'acquisition et la communication des connaissances du bien et du vrai, 5886. Les négoces et les marchandises ne signifient que des choses qui appartiennent aux connaissances du bien et du vrai, 4453. *Voir* COMMERCE.

NÉGOCIANTS (les) sont ceux qui ont les connaissances du bien et du vrai, et qui les communiquent, car ces connaissances sont des richesses, des trésors et des marchandises dans le sens spirituel, 4756, 10042, 10199. *Voir* MARCHAND.

NÉGOCIER. C'est acquérir pour soi des connaissances et aussi les communiquer; *montré*, 4453, 5527. Le genre de connaissances qu'on acquiert est indiqué par l'objet avec lequel on négocie, 4453. Parcourir la terre en négociant, c'est entrer dans les connaissances du bien et du vrai, 4453; et faire fructifier les vrais d'après le bien, 5527. *Voir* COMMERCER.

NÈGRES qui, devenus esprits, savent que leurs âmes sont blanches, 2603. Les vrais et les biens naturels extimes, qui proviennent du mal, sont comparés, — Jérém. XIII. 23, — à la peau d'un Éthiopien ou d'un nègre, 3540.

NEIGE, *Nix*. La neige se dit du vrai, 7918; à cause de sa blancheur; *montré*, 8459. La lumière de ceux qui sont dans la foi séparée d'avec la charité est couleur de neige, et est comme la lumière d'hiver, 3412, 3413.

NÉPHEG, fils de Jishar, fils de Kéath, *sign.* une dérivation successive provenant de la seconde classe des dérivations du bien et du vrai signifiées par Jishar, 7230.

NÉPHILIM (les), ou géants, *sign.* ceux qui, d'après la persuasion de leur élévation et de leur prééminence, ne firent aucun cas de ce qui est saint et de ce qui est vrai, et aussi ceux qui s'étaient imbus de persuasions affreuses, 581. Les Néphilim sont ceux qui plongèrent les doctrinaux de la foi dans les cupidités, et qui par là et par l'amour de soi, conçurent d'affreuses persuasions de prééminence au-dessus des autres, 557. Ils habitaient la terre de Canaan, comme on le voit, — Nomb. XIII. 33, 34, — par les fils d'Énach, en ce qu'ils étaient d'entre les Néphilim, 567. Ils furent ensuite appelés Énakim et Réphaïm, 581. Cette race qui vécut avant le déluge est telle, que par les affreuses fantaisies, qui se répandent comme une sphère empoisonnée et suffocante, elle anéantit et suffoque n'importe quel esprit, au point qu'il ne peut plus penser à quoi que ce soit, et qu'il lui semble être à demi-mort, 581. Le faux, chez ceux qui infestaient, était affreux avant l'avénement du Seigneur à cause des Néphilim, 7686. Les Néphilim jetés dans l'enfer par le Seigneur, quand il était dans le monde, 7686. Si le Seigneur, par son avénement dans le monde, n'eût délivré le monde des esprits d'une race si pernicieuse, aucun esprit n'aurait pu y habiter, et le genre humain, que le Seigneur gouverne par les esprits, aurait par conséquent péri, 581. Ils sont maintenant dans un enfer, sous le talon du pied gauche, comme sous une roche épaisse et couverte de brouillards formés par leurs fantaisies, et ils n'osent point sortir de cette prison, 581, 1266, 1673. La roche nébuleuse sous laquelle ils sont les sépare des autres enfers, et leur ôte toute communication avec le monde des esprits, 1266. Ceux qui font des efforts pour sortir sont plongés encore plus profondément au-dessous de la roche nébuleuse, 1267. *Voir* ÉNAKIM.

NERF (le), *Nervus*, *sign.* le vrai, car les vrais sont dans le bien comme les nerfs dans la chair; et aussi dans le sens spirituel les vrais sont les nerfs, et le bien est la chair, 4303. Par les fibres sont signifiées les formes intimes qui procèdent du bien, et par les nerfs les vrais, 5435. Le nerf de déplacement sur l'emboîture de la cuisse est le faux, 4303, 4317, 5051. Les fins sont représentées par les principes des fibres; les pensées par les fibres dérivées de ces principes; et les actions qui en proviennent, par les nerfs, 5189, *f.*

NETTOIEMENT, *Mundatio*. Le nettoiement des impuretés se fait par les vrais de la foi, 5954.

NETTOYÉ (être), *Mundari*, c'est être sanctifié; montré, 4545. Être nettoyé, c'est être purifié des maux et des faux par les vrais et les biens qui proviennent de la Parole, 9468.

NETTOYER, *Purgare*. Nettoyer seulement l'extérieur de la coupe et du plat, — Matth. XXIII. 25, — c'est cultiver le vrai de la foi, sans le bien de la foi, 5120. *Voir* BALAYER.

NEUF, *Novem*. Ce nombre *sign.* la conjonction, ou ce qui est conjoint, 2075, 2269. Ce que c'est que quatre-vingt-dix-neuf, quand ce nombre précède cent, 1988.

NEZ, *Nasus*. *Voir* NARINES. Le nez *sign.* la perception, 3869. Le nez *sign.* la vie du bien d'après la respiration et d'après l'odeur, 3103; c'est pour cela que la boucle, qui était donnée à la fiancée, était portée sur le nez, 3103. Oter le nez et les oreilles, — Ézéch. XXIII. 25, — c'est ôter la perception du vrai et du bien, et l'obéissance de la foi, 3869.

NICODÈME. Les questions que fit Nicodème, qui était un chef des Juifs, à Jésus, — Jean, III. 1 à 13, — montre que les internes de l'église, que le Seigneur a enseignés, ont été connus des anciens, mais qu'ils avaient été entièrement perdus chez la nation juive, 4904, *f.*

NID, *Nidus*. Les vrais rationnels ou naturels sont comme des nids, 776. C'était une formule ordinaire de dire que les oiseaux faisaient leur nid dans les branches, et par elle étaient signifiés les vrais, 776.

NIER, *Negare*. Celui qui nie le Seigneur est dans les maux et dans les faux, 10287. Ceux qui ne sont pas dans la foi nient de cœur, 4621. Celui qui ne reconnaît pas de cœur le Seigneur, et n'aime pas de cœur le prochain, ne peut faire autrement que de nier qu'il y ait un sens interne dans la Parole, 3427. Ceux qui nient la Parole ne peuvent rien recevoir du vrai et du bien de la foi, 9222. Le vrai suprême ou intime est nié par ceux qui sont dans la foi seule, 4731. Il ne faut pas nier, c'est-à-dire, éteindre le vrai apparent, 9033. Ceux qui sont dans les externes sans l'interne nient Dieu dans leur cœur, 10412. L'homme entièrement naturel, quoiqu'il se croie plus que les autres dans la lumière, nie de cœur les divins et les célestes; pourquoi? 10156. Celui qui est sensuel, ou croit seulement aux sens, nie que l'esprit existe, parce qu'il ne le voit pas, 196. Si l'on niait toutes les choses dont les causes ne sont pas connues, on en nierait d'innombrables qui existent dans la nature, et dont à peine, quant à la millième partie, l'on connaît les causes, 4321.

Nil, *Nilus*. Le fleuve d'Égypte, ou le Nil, est l'extension des spirituels, et le fleuve d'Euphrate est l'extension des célestes, 1866. Le Nil, fleuve d'Égypte, ce sont les sensuels soumis à la partie intellectuelle, 5196. Le fleuve d'Égypte est le faux; *montré*, 6693. Les eaux du Nil sont les faux scientifiques, 6975. La moisson du Nil, c'est le bien hors de l'église, 9295, *f*.

Nimrod *sign.* un culte externe dans lequel il y a les maux et les faux, 1133. Nimrod *sign.* aussi ceux qui ont fait du culte interne un culte externe, 1175. Nimrod, puissant à la chasse, *sign.* que ce culte ou la foi séparée d'avec la charité captiva un grand nombre de personnes, 1178, 1179. Nimrod sortit pour aller en Aschur, *sign.* qu'un tel culte raisonne sur les spirituels et sur les célestes, 1185. La terre de Nimrod, c'est le culte qui est signifié par Nimrod, et qui renferme les maux et les faux intérieurs, 1186.

Ninive *sign.* les faux des doctrinaux, 1184, 1188. Ninive est le faux d'après les raisonnements, 1184. Ninive *sign.* les faux provenant des illusions des sens, d'un entendement non illustré, et de l'ignorance, 1188. C'est le faux d'après les raisonnements, 1190.

Nissi. Jéhovah-Nissi, dans la langue originale, signifie Jéhovah mon étendard ou ma bannière, et l'étendard ou la bannière, dans la Parole, *sign.* la convocation pour la guerre, 8624. Nissi *sign.* aussi protection, 8624.

No. Sin est le mal qui provient du faux, et No est le faux dont provient le mal, 8398.

Noach (Noé), *Noachus*. Le petit nombre d'hommes chez lesquels il y avait quelques restes (*reliquiæ*), quand l'église très-ancienne fut arrivée à sa fin, sont appelés Noach, 468. Par Noach est signifiée l'église ancienne, ou la mère de trois églises après le déluge, 529. Noach n'a pas été l'église ancienne elle-même, mais il a été comme le père et la semence de cette église; Noach, Schem, Cham et Japhet, constituaient l'ancienne église, qui succéda immédiatement à l'église très-ancienne, 788. Noach, c'est-à-dire, tout homme de cette église, était un descendant de l'église très-ancienne, par conséquent, quant au mal héréditaire, dans un état presque semblable à celui de cette autre postérité qui périt, 788. Quel était l'homme de l'église appelée Noach, 736, 773. Les fils de Noach *sign.* les doctrinaux, 769. L'épouse de Noach *sign.* l'église elle-même, car lorsque l'homme de l'église est nommé, il est le tout de l'église, ou la tête de l'église, et alors l'épouse est l'église, 770. Le peu de bien et de vrai qui restait de la très-ancienne église était chez ceux qui constituèrent l'église appelée Noach, 530. L'église Noach ; quelle elle fut, 1126 ; cette église doit être appelée ancienne, parce qu'elle a été d'un caractère tout à fait différent de celui des églises très-anciennes, et aussi par ce fait, qu'elle a existé à la fin des siècles avant le déluge, et dans le premier temps après le déluge, 530. Noach dans l'arche et entouré des eaux du déluge, c'est la captivité, c'est-à-dire, être agité par les maux et les faux, 905. Nudité de Noach expliquée, 9960.

Noces, *Nuptiæ.* Les fils des noces, — Matth. IX. 15, — *sign.* ceux qui sont de l'église, 4434. Les vierges qui entrèrent aux noces avec le fiancé, — Matth. XXV. 10, — *sign.* que ceux qui étaient dans le bien et par suite dans le vrai furent reçus dans le ciel, 4638. Ce que c'est que ne pas être vêtu d'un habit de noces et entrer, — Matth. XXII. 11, 12 ; — cela représente ceux qui, étant dans une fourberie hypocrite, peuvent s'insinuer dans les sociétés célestes, mais ils se précipitent d'eux-mêmes dans quelque enfer, 2132. *Voir* Mariage.

Nod. Habiter en terre de Nod, — Gen. IV. 16, — *sign.* être hors du vrai et du bien, 397, 398. Nod signifie être errant et fugitif, et être errant et fugitif, c'est avoir été privé du vrai et du bien, 398.

Nœuds (petits) de fibres dans le cerveau ; sociétés qui ont relation avec ces nœuds, 4051.

Noir, *Nigrum.* En général, le noir *sign.* le mal, et en particulier le propre de l'homme, parce que ce propre n'est absolument que le mal, 3993. Le noir *sign.* le propre volontaire de l'homme ou le mal, 1042. Une colonne noire *sign.* ce volontaire entièrement détruit, 4328. Le noir dans les agneaux est le propre de l'innocence ; il en est parlé, 3994, 4001. La vie corporelle de l'homme apparaît aux esprits comme une masse noire sans aucune vie, 5835. La lumière du vrai est absorbée et éteinte dans l'obscurité, comme la lumière du soleil dans le noir, 6000. Les objets qui étouffent la lumière et la corrompent apparaissent d'une couleur noire ou hideuse, mais toujours est-il qu'ils ont leur teinte noire et hideuse par la lumière du soleil ; de même est la lumière ou la vie procédant du Seigneur chez les méchants, 4320. Esprits qui deviennent noirs ; quels ils sont, 939, 950, 952. Un esprit qui s'imaginait avoir vécu saintement, sans les œuvres de la charité, devint noir, 952. Dans le domicile des dragons, on apparaît noir, 950.

Noirceur, *Nigror.* Les esprits infernaux apparaissent dans une noirceur et une difformité, qu'on ne saurait exprimer, 5377.

Noircir, *Nigrescere.* Les cieux sont dits noircis, et n'avoir point de lumière, quand dans l'église il n'y a plus de sagesse du bien ni d'intelligence du vrai, 1066. Le soleil et la lune sont dits noircis, quand il n'y a plus ni amour ni foi, 1066.

Noix de térébinthe, *Nuces te-*

rebinthinæ. Ce sont les biens de la vie correspondants aux vrais du bien naturel extérieur, 5622.

Nom, *Nomen.* Par le nom les anciens n'entendaient que l'essence de la chose, et par appeler de nom ils entendaient connaître quel on est, 144, 145, 1754. Ils donnaient à leurs fils et à leurs filles des noms selon des choses qui étaient signifiées, car chaque nom renfermait quelque chose de particulier, d'après quoi et par quoi l'on connaîtrait l'origine et la qualité, 144, 1946, 2643, 4591, 5351. Le nom *sign.* la qualité de la personne, ou quelle est la personne, 1896, 2009. Anciennement, les noms étaient significatifs de l'état, 3422, 4298. Les noms signifient des choses, 18329. Les noms des lieux, comme les noms des personnes, et aussi les choses mêmes, ne *sign.* pas dans un sens la même chose que dans l'autre; par exemple, Jacob, 4310.

Par les noms dans les premiers Chapitres de la Genèse, il a seulement été entendu des églises, 1114. Jusqu'au Chapitre XI, ou jusqu'à Éber, les noms signifient des choses et nullement des personnes, 470. Dans le Chapitre X, par les noms, excepté Éber et sa postérité, sont entendues autant de nations, qui constituaient l'église ancienne alors dispersée au loin à l'entour de la terre de Canaan, 1140. Dès les temps très-anciens, tous les lieux de cette terre étaient les représentatifs des choses qui appartiennent au royaume du Seigneur, et les noms qui leur avaient été donnés enveloppaient ces choses, 6516. Chaque nom qui est donné du ciel à quelque lieu, et à quelque personne, enveloppe un céleste et un spirituel; et quand il a été donné du ciel, il y est perçu, 6516. C'était par la très-ancienne église, qui était céleste et avait communication avec le ciel, que ces noms avaient été donnés, 6516. Noms que les anciens donnaient à ceux envers lesquels ils devaient exercer la charité, 7260. Ces mêmes noms sont dans la Parole, et signifient ceux qui sont tels dans le sens spirituel, 7262.

Quand il s'agit du divin, le nom est l'essence, 3237. Le nom de Jéhovah est le divin humain du Seigneur, 2628; *montré,* 6887. Invoquer le nom de Dieu, c'est le culte, 2724. Le nom de Dieu est dans un seul complexe tout ce par quoi Dieu reçoit un culte, ainsi tout ce qui appartient à l'amour et à la foi; *montré,* 2724. Quand l'interne du culte eut péri, on n'entendit plus par le nom de Dieu autre chose que le nom seul, et on adressa un culte au nom lui-même, 2724. Porter le nom de Dieu en vain *sign.* profaner et blasphémer, et appliquer les statuts divins à un culte idolâtrique, comme ont fait les Juifs quand ils adoraient le veau d'or, 8882. Invoquer le nom de Jéhovah est une formule solennelle et commune de tout culte du Seigneur, 440. Le nom du Seigneur ou de Jéhovah est le tout de la foi et de la charité par quoi il est adoré; *montré,* 6674. Le nom du Seigneur est tout bien de l'amour et tout vrai de la foi, procédant du Seigneur; *montré,* 9310. Ce que signifient les deux noms du Seigneur, Jésus et Christ, 3004 à 3011. Par Jésus, quand ce nom est prononcé par un homme qui lit la Parole, les anges perçoivent le divin bien, et par Christ le divin vrai, et par l'un et l'autre le divin mariage du bien avec le vrai et du vrai avec le bien; ainsi tout le divin dans le mariage céleste qui est le ciel, 3004.

Dans la Parole, tous les noms de personnes et de lieux *sign.* des choses, abstraction faite des personnes et des lieux, 768, 1888, 4310, 4442, 10329. Les anges ne savent pas les noms de personnes et de lieux qui sont dans la Parole, 1434, 1888, 4442, 4480. Les noms de personnes et de lieux, dans la Parole, ne pénètrent point dans le ciel, mais ils sont changés en choses et en états; les noms ne peuvent pas non plus être énoncés dans le ciel, 1876, 5225, 6516, 10216, 10282. Les esprits par leur langage ne peuvent pas non plus énoncer un seul mot, 1876. Tous les noms, dans la Parole, sont changés dans le ciel en idées de la chose qu'ils signifient, 768, 1888, 4310, 4442, 5225, 10329. Combien est élégant le sens interne de la Parole, lors même qu'il n'est composé que de noms; prouvé par des exemples tirés de la Parole, 1224, 1264, 1888, 2395. Et même une série de plusieurs noms exprime dans le sens interne une seule chose, 5095. On perçoit à l'instant dans le ciel ce que signifient les noms de lieux et de personnes dans la Parole; d'où vient cela? 6516. Les sociétés du ciel et les anges n'ont aucun nom, mais ils sont distingués d'après la qualité du bien, et d'après l'idée qu'on a de cette qualité, 1705, 1754. Michaël et Raphaël sont des sociétés angéliques ainsi nommées d'après leurs fonctions, 8192. Dans chaque nom des fils de Jacob a été enveloppé un universel de l'église, 3861. Dans les prophétiques, où il s'agit de l'église, on rencontre fréquemment six noms, à savoir, Jehu-dah, Joseph, Benjamin, Ephraïm, Israël et Jacob, 4592. Dans la Parole, la plupart des noms ont aussi le sens opposé, 3322. Ce que signifie faire grand le nom, 1419. « Jéhovah est son nom, » signifie que le Seigneur est le seul de qui toutes choses procèdent, 8274. Quand il est dit d'une personne « son nom est, » cela signifie que le nom renferme quelque chose qui doit être observé, 1896. Appeler de nom, c'est connaître quelle est la qualité, 1896, 3421. Lorsque, dans la Parole, un homme est désigné par son nom, il est signifié l'église et tout ce qui appartient à l'église, 768. Les noms des fils de Jacob et des douze tribus *sign.* toutes les choses du vrai et du bien ou de la foi et de l'amour, mais avec variété, selon l'ordre dans lequel ils sont placés; *illustré* et *montré*, 3861, 3862, 4603, 4605, 6640, 7230, 7231, 9846, 10216; ils représentent aussi le ciel avec toutes ses sociétés, 9863; et, dans le sens opposé, ils signifient tous les faux et tous les maux, 4503.

NOMBRE, *Numerus.* Tous les nombres, dans la Parole, *sign.* des choses, 482, 487, 647, 648, 755, 813, 1963, 1988, 2075, 2252, 3252, 4264, 4670, 6175, 9488, 9659, 10217, 10253; d'après l'*expérience*, 4495, 5265. Les nombres qui sont le produit d'une multiplication ont la même signification que les nombres simples d'où ils viennent, 5335, 5708, 7973. En général, les nombres multipliés enveloppent la même chose, mais plus pleinement; et les nombres divisés enveloppent la même chose, mais non si pleinement, 5291. Un nombre, moitié ou double d'un autre nombre, a la même signification que ce nombre, quand il s'agit d'une chose semblable, 3960, *f*. Le nombre composé enveloppe la même chose que les nombres simples dont il provient, 5335. La multiplication et la division d'un nombre, pourvu qu'il y ait similitude, ne varient pas la chose elle-même quant à l'essence, 3239, *f*. Le nombre *sign*. la qualité de la chose et de l'état; *montré*, 10217, *f*. La moitié d'un nombre *sign*. la quantité correspondante, autant qu'il suffit, et quelque chose, 10255. Remplir le nombre *sign*. jusqu'à l'état plein, 9326. Compter le nombre de la bête, — Apoc. XIII. 17, 18, — c'est examiner et savoir les vrais falsifiés de l'église; nombre d'homme *sign*. la chose et l'état de cette église; son nombre six cent soixante-six *sign*. la qualité quant à tous les vrais falsifiés d'après les maux, et aussi la profanation du saint, et la fin, 10217.

Les très-anciens, par des nombres diversément composés, avaient désigné les états et les changements d'états de l'église; mais quant au comput de leurs choses ecclésiastiques, c'est une de ces connaissances entièrement perdues, 575; ils exprimaient ainsi d'une manière universelle les choses qui s'expriment d'une manière particulière par les mots, 5265; leurs descendants n'eurent pas la connaissance de ce que chaque nombre enveloppait, ils surent seulement ce que signifiaient les nombres simples, à savoir, 2, 3, 6, 7, 8, 12, et par suite 24, 72, 77, etc., 5265. Aujourd'hui on ne sait pas même que les nombres, dans la Parole, signifient autre chose que le nombre, 6175. Le comput des très-anciens consistait en nombres, dans lesquels étaient insérées des choses célestes non saisissables par les idées du mental naturel, 6175. Les nombres découlent de l'idée spirituelle qui est chez les anges, 5291. Les anges ne savent même pas ce que c'est qu'un nombre, 716. On ignore encore d'où vient la correspondance des nombres; mais il suffit de savoir qu'il y a correspondance, et que d'après cette correspondance tous les nombres dans la Parole signifient quelque chose dans le monde spirituel, qu'en conséquence il y a aussi renfermé en eux un divin inspiré, 5291. Les nombres n'ont été insérés dans la Parole que pour former avec ordre la série historique que le sens de la lettre renferme, 813. On y rencontre souvent le nombre ternaire, puis aussi le septenaire, et partout ces nombres signifient quelque chose de saint ou d'inviolable quant aux états que les temps ou d'autres expressions enveloppent ou représentent, 482. Si, comme il peut être évident, les nombres 3, 7, 12, enveloppent des arcanes, il s'ensuit qu'il y en a aussi dans tous les autres nombres qui sont dans la Parole, car la Parole est sainte dans tout ce qu'elle contient, 4495. Des nombres appartiennent à la classe spirituelle, et d'autres à la classe céleste; les nombres 3, 6, 12, à la classe spirituelle, et les nombres 2, 4, 8, à la classe céleste; les nombres de la classe spirituelle se disent des vrais ou des faux, et ceux de la classe céleste se disent des biens ou des maux, 10624. Papiers pleins de nombres, envoyés du ciel vers les esprits qui sont au-dessous, et lus en série continue par quelques-uns d'eux comme si cela avait été écrit en lettres, 10127. Nombres apparaissant aux yeux de Swedenborg, et enveloppant les choses dont les anges parlaient entre eux, 6175, 10127. Ces nombres apparaissent, non dans le ciel, mais dans le monde des esprits, 5265.

NOMBREUX, *Numerosum.* Le grand se dit du bien, et le nombreux se dit du vrai, 2227. Devenir nombreux *sign.* croître abondamment quant aux vrais, 6648. Être nombreux, c'est prévaloir, 6654.

NOMMER. Quand les descendants de Jacob nommaient et adoraient Jéhovah, alors était présent le divin du Seigneur, et avec lui le ciel; mais s'ils nommaient et adoraient d'autres dieux, alors étaient représentées des choses infernales, 9284.

NON, dans l'acception de refus, *sign.* le doute qui a coutume d'accompagner la tentation; pourquoi? 2324. « Que votre parole soit : Oui, oui; non, non; car ce qui est en sus de cela vient du malin, » — Matth. V. 37; — cela signifie que ceux qui d'après le Seigneur perçoivent et voient le vrai, ne le confirment pas autrement; ainsi font les anges du troisième ciel; il est ajouté que la parole en sus de cela vient du malin, parce que ce qui est en sus vient du propre de l'homme qui est le mal, et non du Seigneur, 9166.

NONCHALANCE, *Inertia.* Les esprits qui ont vécu dans la nonchalance, sans s'occuper en rien des autres, introduisent une grande oppression dans l'estomac, 5723.

NORD. *Voir* SEPTENTRION.

NOTION, *Notio.* Par les affections mondaines et corporelles l'homme peut avoir des notions célestes et spirituelles, quoiqu'il y ait cependant entre elles autant de différence qu'entre le ciel et la terre; *exemples*, 3857. Les notions sont tirées des choses qui sont et existent devant les sens, 4901. Dans l'autre vie, comme le soleil, qui est le Seigneur, est toujours levé et ne se couche jamais, il s'ensuit qu'il n'entre dans les idées aucune notion du temps, mais qu'il y entre la notion de l'état et de la progression de l'état, 4901. La notion, la conception, ou l'idée qu'on a au sujet des vrais et des biens, c'est-à-dire, au sujet des doctrinaux de la foi et de la charité, est l'intellectuel de l'église, 5354.

NOURRICE, *Lactatrix, Nutrix.* Celle qui allaite ou la nourrice, *sig.* de même que l'enfant qui tette, l'état de l'innocence, car l'état de celui qui donne et l'état de celui qui reçoit sont perçus semblables, 3183. La nourrice *sign.* l'insinuation du bien; *montré*, 6740. Allaiter et la nourrice, c'est l'insinuation de l'innocence par le céleste-spirituel, et c'est aussi le mal héréditaire; pourquoi? 4563. « Des rois seront les nourriciers, et leurs dames tes nourrices, — Ésaïe, XLIX. 23, — *sign.* à savoir, les nourriciers l'intelligence, et les nourrices la sagesse qui appartient à l'innocence, 3183; les rois nourriciers, c'est l'insinuation du vrai qui appartient à l'intelligence; et les dames nourrices, c'est l'insinuation du bien qui appartient à la sagesse, 6740.

NOURRIR, *Nutrire.* La science, l'intelligence et la sagesse, par conséquent le bien et le vrai, nourrissent le mental, 4459, 5293, 5576, 6277, 8418. Les vrais nourrissent la vie spirituelle; *illustré*, 6078. De même que l'aliment et le breuvage nourrissent la vie naturelle, de même le bien et le vrai nourrissent la vie spirituelle, 8562. L'homme dans l'autre vie se nourrit, non de quelque aliment ni de quelque boisson naturels, mais d'un aliment et d'une boisson spirituels; l'aliment spirituel est le bien, et la boisson spirituelle est le vrai, 4979. Les aliments, d'après la correspondance, *sign.* des choses analogues qui nourrissent la vie spirituelle, 3114, 4459, 4792, 5147, 5293, 5340, 5342, 5410, 5426, 5576, 5582, 5588, 5655, 8562, 9003. *Voir* NOURRITURE.

NOURRITURE. Il y a nourriture céleste, nourriture spirituelle et nourriture naturelle, et ce que c'est que ces nourritures, 56, 57, 58, 680, 1480, 1695. La nourriture *sign.* tout ce qui nourrit la vie spirituelle, 4979, 5147, 5915, 6277, 8418. La nourriture de la vie spirituelle est le bien et le vrai, comme la nourriture de la vie naturelle est le manger et le boire, 8352. La nourriture *sign.* le soutien de la vie intérieure, 9003. Par la nourriture il est signifié le céleste et le spirituel, 680. La nourriture spirituelle est la science, l'intelligence et la sagesse, par conséquent le bien et le vrai dont elles proviennent, 3114, 4459, 4792; *illustré* et *montré*, 5147, 5293, 5340, 5342, 5410, 5426, 5576, 5582, 5588, 5655, 8562, 9003. C'est de là que la nourriture, dans le sens spirituel, est tout ce qui sort de la bouche du Seigneur, 681. Comment les nourritures se succèdent en ordre du céleste au naturel, 1480. Le pain, dans la Parole, est pris pour toute nourriture spirituelle et céleste, 276, 680, 2165, 2177, 3478, 6118, 8410. La nourriture spirituelle pour l'homme est de savoir, 3114. C'est le bien du vrai, 5410, 5426, 5487, 5582, 5588, 5655. La nourriture, ce sont les choses qui nourrissent l'interne de l'homme ou l'âme, et ce sont les biens et les vrais; en général, toutes les choses qui appartiennent à l'usage; *montré*, 5293. La nourriture est le vrai adjoint au bien, 5340, 5342. Ce que c'est que la nourriture spirituelle; elle nourrit les mentals, et ce sont les choses qui appartiennent à l'intelligence et à la sagesse; *illustré* par l'expérience, 5576. Celui qui est homme spirituel ne méprise point la nourriture, ni les voluptés qu'elle procure, mais il ne les a pas pour fin; il les a pour moyen de servir à la fin, c'est-à-dire, d'avoir un mental sain dans un corps sain, 3951, *f.*

Dans le monde spirituel, comme dans le monde naturel, quand on ne fait pas usage de nourriture, on éprouve de la faim, 5579. Les spirituels n'ont pas le goût, mais à la place ils ont le désir de savoir, qui est leur nourriture, 1973, 4794. Les habitants de Jupiter préparent la nourriture, non pour le goût, mais pour l'usage; et ceux qui préparent les aliments pour le goût sont dans la mollesse, dans la volupté et dans l'obésité du mental, 8378. La nourriture qui est profitable à l'homme a pour lui de la saveur, 8378. Si l'homme, pendant ses repas, parle ou écoute, la nourriture lui est plus profitable que lorsqu'il mange seul, 6078. Aujourd'hui, dans les repas et les banquets, il y a nourriture du corps, mais il n'y en a aucune pour le mental, 7996. Quand l'homme prend de la nourriture, les anges chez lui sont dans l'idée concernant le bien et le vrai, avec différence cependant selon les espèces d'aliments, 5915. La vie de l'homme, quand il meurt et entre dans l'autre vie, peut être comparée avec la nourriture amenée par la bouche dans l'estomac, 5175. *Voir* NOURRIR, NUTRITION.

NOUVELLES-LUNES, *Novilunia.* Connaître les nouvelles lunes,

Ésaïe, XLVII. 13, — c'est voir les connaissances et les scientifiques d'après le monde et non d'après le ciel, 9128, m.

NOVICE, *Novitius.* Ce que c'est, 1708. Les novices, qui viennent dans le ciel, sont dans une surprise inquiète, de ce qu'il n'y a qu'un Dieu, et ceux qui ont vécu au dedans de l'église, de ce que tout le trine est dans le Seigneur, 3704, m.

NU, *Nudus.* Les anciens désignaient sous le nom de nus une des classes du prochain, 7260. Par ceux qui étaient ainsi nommés, ils entendaient ceux qui étaient tels spirituellement, 7261. Dans la Parole, par les nus qu'on doit vêtir sont aussi entendus ceux qui sont nus dans un sens spirituel, 7262. Exercer la charité à l'égard de ceux qui sont naturellement nus, c'est être dans le culte externe; l'exercer à l'égard de ceux qui sont spirituellement nus, c'est être dans le culte interne, 7263. Le nu est celui qui reconnaît qu'en lui il n'y a rien du vrai ni du bien; *montré,* 4958. Être découvert ou nu, c'est être privé des vrais de la foi, 1073. Être nu, c'est être dans la pénurie du vrai, 5433. Sont dits nus ceux qui ont été abandonnés au propre ou à eux-mêmes, 214. Vêtir le Seigneur nu, — Matth. XXV. 36, — se dit des bons qui reconnaissent qu'il n'y a en eux rien du bien ni rien du vrai, 5433. Couvrir d'un vêtement le nu, — Ézéch. XVIII. 7, — c'est instruire dans les vrais ceux qui désirent les vrais, 5433. Dans le ciel, ceux qui sont innocents apparaissent comme de petits enfants nus et ceints de guirlandes, selon leur degré d'innocence, 465. Quand les esprits veulent se disculper et prouver qu'ils ne sont point coupables, ils se montrent nus pour attester leur innocence, 165. *Voir* NUDITÉ.

NUAGE, *Nimbus.* Dans l'autre vie, ceux qui ne sont que dans les extérieurs sont relativement dans un nuage, et sont vus aussi par les anges dans un nuage, 4598. *Voir* BROUILLARD, NUÉE.

NUANCES. D'où dérivent les nuances des couleurs, 1042. D'où découlent et dérivent les nuances qui appartiennent à la lumière et à l'ombre dans l'autre vie, 3341. Toute lumière, dans l'autre vie, vient du Seigneur, et toute lumière vient du propre; de là les nuances, 3341.

NUDITÉ (la) appartient à l'innocence; et, s'il n'y a pas l'innocence, c'est la honte, 8375. La nudité est prise, dans la Parole, pour une action honteuse et pour le mal, et se dit d'une église corrompue, 213. La nudité n'est point un sujet de honte ni de scandale pour ceux qui vivent dans la chasteté et dans l'état d'innocence; mais elle en est un pour ceux qui vivent dans la lasciveté et dans l'impudicité, 8375. La nudité, dont on ne rougit point, *sig.* l'innocence, 165. La nudité tire sa signification des parties du corps qui se montrent nues, 9960. Quand la nudité concerne la tête, ce qui est la calvitie, elle signifie la privation de l'intelligence du vrai et de la sagesse du bien; *montré,* 9960. Quand la nudité concerne tout le corps, elle signifie la privation des vrais de la foi; *montré,* 9960. Quand la nudité concerne les lombes et les parties génitales, elle signifie la privation du bien de l'amour; *montré,* 9960. Les nudités *sign.* les souillures et les choses infernales, 9961. La nudité, quand il s'agit de ceux qui sont dans le bien céleste, est le bien de l'amour céleste; *montré,*

9960. La nudité de la terre, c'est l'église sans les vrais; *montré*, 5433, 8946. Nudité d'Adam expliquée, 9960. Nudité de Noach expliquée, 9960. *Voir* Nu, INNOCENCE.

NUÉE, *Nubes*. Toutes les apparences, toutes les ignorances et toutes les faussetés sont des nuées, 1043. La nuée, dans la Parole, *sign.* la Parole dans la lettre ou le sens de la lettre de la Parole, 4060, 4391, 5922, 6343, 6752, 8106, 8781, 9430, 10551, 10574. La nuée au lieu du sens littéral de la Parole; *montré*, Préf. Ch. XVIII. de la Genèse. La nuée est le sens littéral de la Parole, et la gloire est le sens interne; *montré*, 5922, 6343, *f*. La nuée est l'externe de la Parole, de l'église et du culte; elle est aussi appelée gloire; *montré*, 10574. La nuée est l'obscur du vrai, 8106. Le sens externe de la Parole, sans la doctrine qui est la gloire, est l'obscur de la nuée, 9430. L'épaisseur de la nuée, c'est la Parole dans l'apparence la plus naturelle, 8781. La nuée *sign.* le dernier de la Parole, qui est relativement obscur, 9433. L'obscurité de la nuée *sign.* les scientifiques, 8443, 10551. Les nuées des cieux *sign.* le sens littéral de la Parole, 49. La nuée et les ténèbres *sign.* la condensation du faux d'après le mal, 8197. La nuée est le vrai accommodé pour la réception, 8443. Colonne de nuée; ce que c'est, 8106; *voir* COLONNE. La colonne de nuée est une épaisse obscurité, ainsi la Parole pour ceux qui sont dans l'externe sans l'interne, 10551. La Parole, quant au sens externe, est dans une nuée; si elle n'était pas dans une nuée, elle serait à peine comprise par quelqu'un; et, en outre, les choses qui appartiennent au sens interne seraient profanées par les méchants, 5922, *m*.

Comme les Israélites étaient dans l'obscur et dans le faux quant aux vrais de la foi, c'est pour cela que le Seigneur leur apparut sur la montagne de Sinaï dans une nuée épaisse et dans la fumée, et aussi dans un feu consumant, 8814, 8819. Il apparaissait sur le tabernacle une nuée pendant le jour, et du feu pendant la nuit; pourquoi? 5922. Le faux obscurcit le vrai, de même qu'une nuée sombre obscurcit la lumière du soleil, 1047. Chez les nations qui vivent selon leur religiosité dans une charité mutuelle, il ne peut pas y avoir une aussi grande nuée que chez les chrétiens qui ne vivent dans aucune charité; pourquoi? 1059, 9256. Ce qui apparaît dans la lumière du monde est comme une nuée respectivement à ce qui apparaît dans la lumière du ciel, 10574. La lumière naturelle est comme une ombre et une nuée, et la lumière céleste comme la gloire et la splendeur après que la nuée a été écartée, 8916, 9031.

Dans l'autre vie, les nuées qu'on aperçoit parfois sous le ciel ont diverses significations selon les couleurs, la transparence et la marche, 9408. Les pensées et le langage des sociétés y sont quelquefois représentés par des nuées qui montent et descendent dans la voûte azurée, 6609. Les conversations angéliques sont quelquefois représentées par des nuées, et par les formes, les mouvements, les couleurs et les passages des nuées; les affirmatifs du vrai par des nuées blanches et montantes, les négatifs par des nuées sombres et descendantes; les affirmatifs du faux par des nuées obscures et noires, 3221. Les conformités de sentiment et les diversités d'avis y sont représentées par les différentes réunions et séparations de nuées, 3221. Les anges dans le ciel sont voilés, chacun en particulier, d'une sorte de nuée légère et convenable, par laquelle est tempérée la chaleur qui influe du soleil spirituel, 6849. Comment le Seigneur apparut avec des anges dans une nuée en forme humaine, et ensuite en une splendeur de flamme, aux habitants d'une certaine terre, 10810; et plus tard, la nuée descendant, il apparut selon la réception, 10811. Les maux et les faux, dans l'autre vie, apparaissent devant les yeux des esprits comme des nuées et comme des eaux, 8137. Chaque enfer est séparé d'un autre comme par des brouillards, des nuées et des eaux, 8137.

Nuire, *Nocere*. Le mal qui influe des mauvais esprits dans la pensée ne nuit en rien à l'homme, si l'homme ne le reçoit point; mais s'il le reçoit, et le transporte dans la volonté, alors il le fait sien, 6308, 8910.

Nuit, *Nox*. C'est le mal et le faux, et par conséquent le propre de l'homme, 9299. La nuit *sign.* l'état de nul amour et de nulle foi, 221, 709, 2353, 6000, 6110, 7870, 7947. Quand il s'agit de l'état de l'église, la nuit est le dernier état de la vieille église et le premier état de la nouvelle église, 4638, 6000, 7844. La nuit est l'état d'ombre, 1712. Le jour est l'état de foi, la nuit est l'état sans aucune foi, 221. La nuit est l'état de non illustration ou de perception obscure, 7680, 8106. La nuit est le temps de la visite, 2345. C'est le dernier temps, quand il n'y a que le faux et le mal, 2353. C'est aussi le sens littéral de la Parole, 3438. La nuit est l'obscur quant au vrai, et aussi le faux, puis le dernier temps de l'église; *montré*, 6000. C'est aussi le faux d'après le mal, car ceux qui d'après le mal sont dans le faux sont dans l'obscur de la nuit; de là sont dits être dans la nuit ceux qui sont dans l'enfer, 6000. La nuit est la damnation, 7851. C'est l'état de la damnation, 7989. C'est le dernier état de l'église, 10134. La nuit, c'est l'état du mal, 7870. C'est l'état du faux d'après le mal, 7947. C'est un état d'obscurité, 8199. C'est l'état d'ombre introduit par le faux d'après le mal, 5093.

Le commencement de la nuit, c'est le premier temps de la visite, 2345. Le milieu de la nuit, c'est une dévastation totale, 7776. Le milieu de la nuit, c'est le dernier temps de la vieille église, quand il n'y a plus de foi, parce qu'il n'y a plus de charité, 6000. La terreur de nuit, ce sont les faux du mal qui proviennent de l'enfer, 6000. Passer la nuit dans la rue, c'est juger d'après le vrai, 2335. Une vision de nuit, c'est une révélation obscure; *montré*, 6000.

Les alternatives du régénéré sont quant aux volontaires comme l'été et l'hiver, et quant aux intellectuels comme le jour et la nuit, 935, 936. La foi qui n'a pas encore été jointe à la charité est comparée à la nuit, et appelée nuit, 862. Toutes les choses qui sont les propres de l'homme sont comparées à la nuit, parce qu'elles appartiennent à l'obscurité, 21. Dans le ciel, il n'y a pas d'état correspondant à la nuit, mais il y en a un correspondant au point du jour avant le matin, 6110. Dans l'enfer, il y a la nuit, et la nuit est la torture, 6110.

Nul ou Personne, *Nullus* vel *Nemo*. C'est purement le négatif, 5225, 5253, 5310.

Nuque, *Cervix*. Le cou ou la nuque *sign.* la conjonction et la communication des supérieurs et des inférieurs, par conséquent l'influx, 10429. « Dur de nuque, » c'est ne point recevoir l'influx procédant du Seigneur; pourquoi? 10429.

Nutrition, *Nutritio. Voir* Nourriture. La nutrition correspond à la nutrition spirituelle, 4792. Ce que c'est que la nutrition spirituelle, 4792.

Nymphes, *Nymphæ*. Transformation des vermisseaux en nymphes ou chrysalides, 2758.

O

Obal, fils de Joktan, — Gen. X. 28, — *sign.* un des rites de l'église hébraïque; c'était une des nations issues d'Éber, 1245, 1247.

Obéir, *Obedire*. C'est agir en conséquence d'un commandement, 8686. Obéir enveloppe faire par acte, 455. Obéir, ce n'est pas être libre, 8979; cependant servir le Seigneur, en faisant ses préceptes, et ainsi en obéissant, c'est être libre; en effet, le libre même de l'homme consiste à être conduit par le Seigneur, 8988. L'homme externe ou naturel obéit ou sert le Seigneur, lorsqu'il considère les corporels et les mondains comme moyens, et non comme fin, 5368.

Obéissance, *Obedientia*. C'est la réception des vrais qui procèdent du Seigneur, 6374. Celui qui agit d'après l'obéissance n'agit pas d'après le cœur ou d'après la volonté, ni par conséquent d'après le libre, 8979, 8987, 8988, 8990. Différence entre agir d'après l'affection et agir d'après l'obéissance, 8987. Ceux qui, pendant la vie dans le monde, ont contracté l'habitude de faire le bien seulement d'après l'obéissance, et non d'après la charité, restent tels durant l'éternité; ils sont perfectionnés, il est vrai, quant à l'obéissance, mais ils n'atteignent à rien de ce qui appartient à la charité, 8991. L'obéissance provient de la volonté, mais c'est la volonté de faire le vrai d'après le commandement, et non d'après l'affection, 8690. L'obéissance d'après l'entendement est signifiée dans la Parole par écouter, et l'obéissance d'après la volonté est signifiée par faire, 9398. C'est en raison des tentations que, dans la Parole, l'expression obéissance est employée en parlant du Seigneur, 3381. Les esclaves chez les Hébreux *sign.* ceux qui agissent d'après l'obéissance à la foi ou d'après les vrais et non d'après le bien correspondant, et les maîtres *sign.* ceux qui agissent d'après l'affection de la charité, 8987. Différence entre eux, 8987, 8988. Il n'y a aucune connaissance de cette différence aujourd'hui; pourquoi? 8987. Des serviteurs hébreux et des libres ou maîtres; *illustré*, 8990. Percer l'oreille à la porte, c'est assujettir à une perpétuelle obéissance, 8990. Il est dit obéissance quand il s'agit de personnes d'un rang inférieur, et consentement quand il s'agit de personnes d'un rang élevé, 6513.

Obésité, *Obesitas*. D'où provient l'obésité pour les choses qui concernent la pensée et le jugement, 8378.

Objectif, *Objectivum* Ce qui est incompréhensible, et ne peut être ni vu ni entendu, ne peut pas non plus entrer dans aucune idée de la pensée, ni dans aucune affection de l'amour; il faut un objectif accommodé de manière à être saisi par la foi et par l'amour, 10267.

OBJECTIONS. Il ne faut pas faire attention aux objections et aux raisonnements qui proviennent d'illusions, 6469.

OBJETS, *Objecta*. Dans le monde naturel, et dans ses trois règnes, il n'y a pas le plus petit objet qui ne représente quelque chose dans le monde spirituel, ou qui n'ait là quelque chose à quoi il corresponde, 3992. Les très-anciens ne percevaient que des célestes et des spirituels dans tous les objets qu'ils voyaient de leurs yeux, 3394; les naturels leur servaient seulement comme objets pour penser sur les spirituels et sur les célestes, 2995, 3857, *f.* Similitude entre les objets de la pensée et les objets de la vue, 6601. Les objets de la pensée ou de l'œil interne sont les scientifiques et les vrais, 6032, 6084. Dans la Parole, il ne faut considérer les historiques que comme des objets, tels que ceux de la vue, fournissant un sujet ou un moyen de penser à des choses plus sublimes, 2143. Les idées de la pensée de l'homme sont les objets des pensées spirituelles chez les anges, et principalement les idées qui proviennent de la Parole; pourquoi? 2953. Si la vue de l'œil n'a pas hors d'elle des objets qu'elle voie, elle se perd, et à plus forte raison si les objets sont absolument contraires, 4618. Effets produits par les objets des sens influant dans la vie du corps, 1389. Effets produits par la lumière du soleil reçue par les objets terrestres, 4320.

OBLATION (l') de l'holocauste est la sanctification, 2776, 2805.

OBLITÉRER, *Obliterare*. La science des correspondances fut d'abord oblitérée chez la nation israélite, et ensuite chez les autres; aujourd'hui elle est tellement oblitérée, qu'on ne sait pas même qu'elle existe, 10252. Les connaissances des intérieurs de l'homme ont été oblitérées, et cependant autrefois ces connaissances constituaient chez les hommes au dedans de l'église tout ce qui appartient à l'intelligence, 4341.

OBOLES, *Oboli*. Le sicle de vingt oboles; *voir* 10221, 10222.

OBSCUR, *Obscurum*. L'obscur est le propre intellectuel de l'homme ou le faux, 1042. L'homme, surtout celui qui ne croit nullement à l'influx, est absolument dans l'obscur, 5036. L'obscur naturel et l'obscur spirituel; quelle est la différence; l'obscur spirituel est triple; l'un vient du faux du mal; l'autre de l'ignorance du vrai; le troisième est celui des extérieurs respectivement aux intérieurs, 5092. L'obscur, dans le sens spirituel, c'est que le vrai n'apparaît point, 6000. Il y a l'obscur, quand les vrais ont été exterminés; et cet obscur peut être illustré, mais non l'obscur qui provient des faux, 5219. L'obscur se dit quand il y a ignorance du vrai, et aussi quand il y a le faux, 5219. Les spirituels sont dans l'obscur respectivement aux célestes, 2849. Chez les spirituels, l'obscur quant au vrai et au bien est éclairé par le divin humain du Seigneur, 2716, 6427. Le naturel ne sait pas quand le bien influe, parce qu'il est dans l'obscur respectivement, 6686. L'obscur de la foi peut devenir clair, 6454. Par le soir est signifié l'obscur, à savoir, l'obscur de l'intelligence quant au vrai, et l'obscur de la sagesse quant au bien, 3693. L'état de l'initiation qui précède la conjonction est obscur respectivement à l'état de la conjonction, 3833. La vie dans les extérieurs est obscure relativement à la vie dans les intérieurs, 6451. Quand on regarde dans les enfers, il y a un brouillard obscur, et la chaleur de ceux qui y sont vient des haines, des vengeances et des massacres qu'ils respirent ; d'après l'*expérience*, 3340. Voir Obscurité.

Obscurité, *Caligo*. L'obscurité est la non intelligence et l'ignorance de toutes les choses qui appartiennent à la foi envers le Seigneur, et par conséquent à la vie spirituelle et céleste, 17. L'obscurité *sign.* le faux du mal, 1839, 1860, 7688, 7711. La lumière du ciel est une obscurité pour ceux qui sont dans les faux d'après le mal, 1783, 3337, 3413, 4060, 6907, 8197. L'obscurité est de toute manière la privation du vrai et en même temps du bien, les ténèbres sont seulement la privation du vrai; *montré*, 7711. L'obscurité *sign.* des faux qui jaillissent du mal, 7711. Tâtonner par obscurité, c'est se heurter souvent contre le vrai et le bien, et ne point trouver; *montré*, 7712. Le vrai divin est obscurité pour ceux qui sont de l'église spirituelle, et il l'était encore plus pour le peuple israélite et juif, 8928. La lumière du ciel est une obscurité pour les méchants, 1861, 6832, 8197. Les choses qui sont dans la lumière du ciel sont dans l'obscurité, quand l'homme voit d'après la lumière du monde; et, *vice versâ*, les choses qui sont dans la lumière du monde sont dans l'obscurité, quand l'homme voit d'après la lumière du ciel, 9577. Toute lumière de la vérité vient du Seigneur, et toute obscurité vient de l'homme, 1321. Quand l'homme est dans le sensuel et dans la lueur du sensuel, il est dans l'obscurité, 6948. L'illustration qui ne vient pas du Seigneur est une pure obscurité dans les choses qui sont du ciel et de l'église, 10201. Il y a ténèbres quand le faux est à la place du vrai, et obscurité quand le mal est à la place du bien, ou la haine à la place de la charité, 1880. Les ténèbres sont les faux, et l'obscurité les maux, 1860. L'obscurité et le froid provenant des idées corporelles éteignent les célestes et les spirituels, 3888.

Dans l'autre vie, l'obscurité a en soi la folie, 3643. Dans les enfers, il y a l'obscurité, et celle-ci vient des faux; et là, il y a le froid, et celui-ci vient des maux, 3340. Les enfers sont dits être dans l'obscurité, parce qu'ils sont dans les faux du mal, 3340, 4418, 4531. La lueur dans les enfers est changée en une obscurité profonde par la lumière du ciel, quand elle y influe, 7870. Voir Ténèbres, Obscur.

Obséder, *Obsidere*. Influer dans les corporels de l'homme, c'est l'obséder, 5990. Quels sont les esprits qui veulent obséder et tentent d'obséder, 5990. L'homme méchant est obsédé intérieurement quant aux pensées, et est seulement retenu par les liens externes, 5990. Ceux qui ont commis des adultères au moyen de menées artificieuses veulent plus que tous les autres, dans l'autre vie, obséder les hommes, et ainsi par eux revenir dans le monde, 2752. Les sirènes n'ont pas de plus grand désir que de détruire la conscience; et quand elle est détruite, elles possèdent les intérieurs de l'homme, elles l'obsèdent même, quoique l'homme l'ignore, 1983 ; *voir* Sirène. Des esprits diaboliques qui surtout obsèdent aujourd'hui les intérieurs de l'homme ; d'après l'*expérience*, 4793. Si les esprits influaient d'après leur mémoire extérieure, ils obséderaient les hommes, et le genre humain périrait, 2477, *f*. Des esprits qui obsèdent les pensées et la volonté des hommes qui leur sont semblables, 4227. Des esprits diaboliques qui désirent obséder les extérieurs de l'homme; ils ont été renfermés dans les enfers, 2752, 5990. Il y avait, du temps des prophètes, certains esprits qui voulaient, non pas obséder les hommes, mais seulement entrer dans les affections corporelles de l'homme ; et, en entrant dans ces affections, ils entraient dans toutes les choses du corps, et ainsi le possédaient, 6212. Exemple d'un savant des plus célèbres qui avait été obsédé intérieurement dans le monde, mais qui dans la forme externe s'était montré comme un homme civil et moral, 5991. *Voir* Obsession.

Observer. C'est faire, 9282. L'homme de l'église chrétienne n'est pas tenu d'observer dans la forme externe les lois qui, dans la Parole, sont appelées jugements et statuts, mais il doit les observer dans la forme interne, 8972. Les anges observent soigneusement et continuellement ce que les mauvais esprits et les mauvais génies tentent et machinent chez l'homme, 5980, 5992.

Observer les observances, *Observare observanda*. C'est faire toutes les choses de la Parole dans le commun; *montré*, 3382. C'est la même chose que garder ce qui doit être gardé, 3382.

Obsession, *Obsessio*. Ce que c'est qu'une obsession, 5862. Il n'y a point aujourd'hui d'obsessions externes, ou du corps, comme autrefois, 1983. Mais il y a aujourd'hui, plus qu'autrefois, des obsessions internes qui concernent le mental, 1983, 4793, 5990. Les obsessions intérieures se font par des esprits infernaux plus pernicieux que les autres ; ce sont ceux qui, ayant contracté dans la vie du corps la cupidité d'entrer dans les affections de l'homme pour lui nuire, retiennent aussi dans l'autre vie cette cupidité, et s'étudient de toute manière à entrer dans le goût de l'homme ; et quand ils y sont entrés, ils possèdent ses intérieurs, à savoir, la vie de ses pensées et de ses affections, 4793. Il y a obsession interne quand l'homme a des pensées impures et scandaleuses au sujet de Dieu et du prochain, et qu'il n'est empêché de les manifester publiquement que par les liens externes, qui sont la crainte de perdre sa réputation, son honneur, sa fortune, sa vie, et la crainte de la loi, 5990. *Voir* Obséder.

Obstacles. Il y a chez l'homme deux obstacles à ce qu'il devienne céleste ; l'un appartient à sa partie intellectuelle, l'autre à sa partie volontaire ; le premier consiste dans les scientifiques inutiles qu'il puise dans le second âge de l'enfance et dans l'adolescence ; le second consiste dans les voluptés procédant des cupidités qui lui plaisent, 1542.

Obstination (l') de l'homme à ne pas vouloir même écouter ce qui contrarie ses opinions est encore plus grande, lorsque c'est d'après une sorte de sainteté qu'il vénère ses fausses opinions, 806.

Obstipation, *Obstipatio*. L'obstipation par les faux du mal est la conjection dans l'enfer, 8334. Obstipations du cerveau ; quels sont les esprits qui causent ces obstipations, 4054.

OBSTRUCTION, *Obstructio*. D'où vient l'obstruction première et intime qui produit le vice premier et intime dans le sang, 5726. Les principes d'un grand nombre de maladies résultent d'obstructions, 5718.

OCHAD, fils de Schiméon. Les fils de Schiméon *sign.* la foi par la volonté et ses doctrinaux en général, 6024.

OCCIDENT, COUCHER DU SOLEIL, *Occidens*, *Occasus solis*. Ce que c'est que le septentrion, le midi, l'orient et l'occident, 1605. L'occident *sign.* ceux qui doivent venir, et pareillement ceux qui ne sont pas dans l'amour, 1605. L'orient correspond à l'état du bien à son lever, et l'occident correspond à l'état du bien à son coucher, 9648. Ce que c'est que le coucher du soleil, 1837. L'orient et l'occident sont les états du bien, le septentrion et le midi les états du vrai ; *montré*, 3708. L'occident est l'état du bien dans l'obscur; *montré*, 3708 ; et, dans le sens opposé, l'état du mal ; *montré*, 3708. L'occident *sign.* l'obscur, 1453 ; et où le bien est dans l'obscur, 9653. Dans le sens interne l'occident est ce qui s'est couché ou ce qui a cessé d'être, 3900. L'occident est le mal, 4769. « Au coucher du soleil, » c'est quand l'état finissait, 8615. Le coucher du soleil est le dernier état de l'église, 1859. Le coucher du soleil est l'état d'ombre provenant des plaisirs des amours externes, 9213. L'occident dans le ciel est à l'opposé du soleil, qui est le Seigneur, et c'est où apparaît le ténébreux au lieu du soleil du monde, 9755. *Voir* ORIENT.

OCCIPUT. Les esprits qui agissent sous l'occiput opèrent plus clandestinement que les autres, 4227. Ceux qui apparaissent sous l'occiput sont ceux qui agissent en secret et avec prudence, 4403. Dans la province de l'occiput, les moments du pouls des célestes étaient par rapport à ceux des spirituels comme cinq est à deux, 3886. Derrière l'occiput, une région qui avait appartenu au ciel est encore aujourd'hui envahie par les méchants, 8054. Peau de l'occiput, 5555.

OCÉAN. L'héréditaire chez l'homme est comme un océan de maux, 4171.

OCTAVE. Instrument de musique, 8337, *f*.

ODEUR. Dans la Parole, l'odeur *sign.* le perceptif de ce qui est agréable ou désagréable, selon la qualité de l'amour et de la foi, dont elle est l'attribut, 3577, 4626, 4748, 5621, 10292. L'odeur suave *sign.* le perceptif agréable, et l'odeur puante le perceptif désagréable, 10199. L'odeur de repos, lorsqu'il s'agit de Jéhovah, est le perceptif de la paix, 925, 10054. C'est pour cela que les encens, les fumigations, les odeurs dans les huiles et dans les parfums, sont devenus des représentatifs, 925, 4748, 5621, 10177, 10292. L'odeur de repos, c'est ce qui est agréable, 925. L'odeur correspond à la perception, 4626. Les sphères des perceptions sont changées en odeurs, 4626. Ces odeurs sont senties aussi manifestement que les odeurs sur la terre, mais elles ne parviennent pas au sens de l'homme chez qui les intérieurs ont été fermés, 4628. Elles proviennent d'une double origine, à savoir, de la perception du bien et de la perception du mal, 4628. Les odeurs très-agréables sont perçues par ceux qui sont dans le bien, et les odeurs très-désagréables et fétides sont perçues par ceux qui sont dans le mal, 4628. Sphère de scandales contre le Seigneur, perçue comme une odeur d'eau croupie, ou d'eau corrompue par des ordures infectes, 4629. Puanteur de dents, et odeur de corne ou d'os brûlé, provenant d'esprits qui sont naturels-invisibles, 4630. Odeur cadavéreuse provenant d'infâmes voleurs et d'assassins, 4631. Odeur excrémentitielle provenant de l'enfer des adultères, 4631. Odeur excrémentitielle mêlée à une odeur cadavéreuse, provenant de l'enfer où sont les adultères qui ont été cruels, 4631. Les odeurs fétides et puantes sont agréables pour ceux qui sont dans l'enfer, 4628. Quelles sphères des esprits sont changées en odeurs, 925, 1514, 1518, 1519. Les sphères de l'amour et de la foi sont changées en odeurs agréables, 925, 1519.

De la correspondance de l'odeur et des narines avec le très-grand homme, 4624 à 4634. A la province des narines appartiennent ceux qui sont dans la perception commune, 4625. Lorsque les perceptions des anges sont changées en odeurs, elles sont senties comme des émanations délicieuses produites par des aromates et des fleurs, 5621. L'odeur du cadavre, quand l'homme est ressuscité, est aromatique à cause de la présence des anges célestes, 175, 1518. L'odeur vineuse procède de la sphère du beau formel, 1517.

Quelle est l'odeur des fourbes, de ceux qui se sont appliqués à l'éloquence, de ceux qui se sont livrés aux voluptés, aux adultères, à la haine et à la vengeance, à l'avarice; de ceux qui persécutent les innocents, 1514. Odeurs fétides de dents, 1631. Odeur fétide de poux domestiques, 1514, 4628. Dans les enfers, la chaleur produit une odeur comme est dans le monde l'odeur de fumiers et d'excréments; et dans les enfers les plus abominables, l'odeur y est comme celle qu'exhalent les cadavres, 814, 815, 817, 943, 944, 5394.

ODORAT, *Odoratus, Olfactus*. L'odorat *sign.* le perceptif du vrai intérieur d'après le bien de l'amour, 10199. L'odorat correspond à la perception commune, 4624. Le sens de l'odorat correspond à l'affection de percevoir, 4404. Le scientifique sensuel, qui est le dernier de l'intellectuel, est puisé par deux sens qui sont l'ouïe et la vue; et le plaisir sensuel, qui est le dernier du volontaire, est puisé aussi par deux sens qui sont le goût et le toucher, le dernier de la perception de l'un et de l'autre est l'odorat, 9996. *Voir* SENS.

ODORIFÉRANT. Les exhalaisons odoriférantes dans l'huile d'onction étaient des représentatifs de spirituels et de célestes, 5621. Aujourd'hui on ne sait pas d'où venait chez les anciens l'usage d'employer des choses odoriférantes dans leur culte sacré, 4748.

OEIL (l') est un organe du corps, organe par lequel l'homme interne voit les choses qui sont hors du corps ou qui sont dans le monde, 3679. L'œil est la forme organique d'après laquelle et par laquelle existe la vue, 4223. On ne peut pas concevoir une vue sans œil, 4223. L'œil est l'organe le plus beau de la face, et il communique avec l'entendement d'une manière plus immédiate que les autres organes (*sensoria*),

4407. Il est même modifié par une atmosphère plus subtile que celle de l'oreille, 4407. Quant à son corporel et à son matériel, l'œil à été formé d'une manière correspondante aux modifications de l'éther et de la lumière, tandis que l'oreille a été formée d'une manière correspondante aux modifications de l'air et du son, 4523. Tout ce qu'il y a d'arcane renfermé dans la nature de l'éther et de la lumière a été inscrit dans l'organisme de l'œil, 4523. Cependant la vue de l'œil naturel est très-grossière et très-émoussée, 9577. L'œil, dans le sens spirituel, est l'entendement, parce qu'il correspond à l'entendement, car l'entendement voit d'après la lumière du ciel, tandis que l'œil voit d'après la lumière du monde, 9051. Les choses que voit l'œil interne ou l'entendement sont spirituelles, et le champ de son intuition est le scientifique qui est dans la mémoire de l'homme; mais les choses que voit l'œil externe sont terrestres, et le champ de son intuition est tout ce qui paraît dans le monde, 9051. L'œil interne a été disposé pour voir les choses du monde spirituel, 5849; mais par plusieurs motifs la vue de cet œil n'est pas ouverte à l'homme pendant qu'il est dans le monde, 5849.

Correspondance de la vue de l'œil avec l'entendement et avec les vrais, 4403 à 4421, 4523 à 4534. Les affections intérieures se peignent sur la face, et les affections encore plus intérieures se manifestent dans les yeux, 4407. Il y a correspondance de la vue de l'œil avec les vrais, parce que ceux-ci appartiennent à l'entendement, et que dans la nature tout se réfère au vrai et au bien, 4409. L'œil correspond à l'entendement parce que l'entendement est la vue interne des choses non matérielles, 2701, 4410, 4526, 9051, 10569. La vue de l'œil gauche correspond aux vrais de la foi, ainsi à l'intelligence, et la vue de l'œil droit aux biens de la foi, ainsi à la sagesse; pourquoi? 4410. Les humeurs et les tuniques de l'œil, avec chacune de leurs parties, correspondent, 4411. Qui sont ceux qui ont relation avec la tunique de l'œil; *expérience*, 4412. La vue de l'œil correspond à la vue intellectuelle et aux vrais de la foi; et cela, parce que la lumière du monde correspond à la lumière du ciel, 4526. La vue de l'œil correspond à ces sociétés qui sont dans les paradisiaques, 4528.

Dans la Parole, l'œil *sign.* l'entendement; *montré*, 2701, 6923, 9051, 10569. L'œil *sign.* le vrai de la foi et aussi le faux de la foi; *montré*, 9051. L'œil, dans le sens suprême, *sign.* la prévoyance du Seigneur, 3869. L'œil ouvert *sign.* un dictamen provenant de l'intérieur, 212. Lever les yeux, c'est penser, 2789, 2829; c'est percevoir, 4083; c'est faire attention d'après le propre, 4086; c'est la réflexion, 5684. Lever les yeux et voir, c'est l'intention, 3198, 3202; c'est la perception et l'intention, 4339. Avoir les yeux faibles, c'est être tel quant à l'entendement, 3820. Dans le sens suprême, l'oreille est la Providence, et l'œil la Prévoyance; *montré*, 3869. L'œil de Jéhovah est la présence du divin du Seigneur dans les vrais et dans les biens de la foi et de l'amour; *montré*, 10569. Les yeux sont l'entendement et la foi, 10569. Poser l'œil sur quelqu'un, c'est l'influx, 5810. Poser la main sur les yeux d'un homme, quand il meurt, c'est vivifier, 6008. Avoir Dieu devant les yeux, ce n'est pas penser continuellement à Dieu, mais c'est faire que l'amour de Dieu ou l'observance du précepte règne universellement chez soi, 5949. Être aux yeux de quelqu'un, c'est être aperçu tel qu'on est, 3529, 3827. Trouver grâce aux yeux de Jéhovah, c'est être reçu, 10569. Avoir des yeux et ne point voir, c'est ne vouloir ni comprendre ni croire, 2701.

OEsophage, *OEsophagus*, 5175.

OEuf, *Ovum*. La vie spirituelle de l'homme sort de chaque âge comme d'un œuf, 4378. L'âge de la première enfance est comme un œuf pour l'âge de la seconde enfance, et l'âge de la seconde enfance comme un œuf pour l'âge de l'adolescence et de la jeunesse, et celui-ci comme un œuf pour l'âge adulte; ainsi l'homme naît, pour ainsi dire, continuellement, 4378. L'âge précédent est toujours comme un œuf respectivement à l'âge suivant, ainsi continuellement l'homme est conçu et naît, 4379; chez lui, les communs sont les choses comparées à l'œuf; car dans les communs sont les particuliers, et dans les particuliers sont les singuliers, 4383.

OEuvre, *Opus*. L'œuvre est l'usage, 5148. Les œuvres sont les fonctions et les usages, 6073. Les œuvres sont les biens, 6048. Les œuvres ne sont autre chose que le bien même et le vrai même dans une forme externe, 6406. Quand le bien qui appartient à la volonté et le vrai qui appartient à l'entendement sont mis en acte, ils sont nommés œuvres, 6406. La charité se montre dans les œuvres, et les œuvres contiennent en elles toutes les choses de la charité et de la foi; *illustré* et *montré*, 6073. Il est souvent dit, dans la Parole, que l'homme sera jugé et rétribué selon ses faits et ses œuvres, 3934; par faits et œuvres y sont entendus les faits et les œuvres, non dans la forme externe, mais dans la forme interne, puisque les méchants font aussi de bonnes œuvres dans la forme externe, mais les bons sont les seuls qui en fassent dans la forme externe et en même temps dans la forme interne, 3934, 6073. Les œuvres, comme tous les actes, tirent leur être, leur exister et leur qualité des intérieurs de l'homme qui appartiennent à sa pensée et à sa volonté, puisqu'elles procèdent des intérieurs; c'est pourquoi tels sont les intérieurs, telles sont les œuvres, 3934, 8911, 10331. Ainsi, elles sont telles que sont les intérieurs quant à l'amour et à la foi, 3934, 6073, 10331, 10333. Ainsi, les œuvres contiennent les intérieurs et sont les intérieurs dans l'effet, 10331. C'est pourquoi être jugé et rétribué selon les faits et les œuvres, c'est l'être selon les intérieurs, 3147, 3934, 6073, 8911, 10331, 10333. Les œuvres, en tant qu'elles ont en vue l'homme lui-même et le monde, ne sont pas bonnes, mais elles le sont en tant qu'elles ont en vue le Seigneur et le prochain, 3147. Les œuvres renferment et entourent les intérieurs de l'homme, et en elles est l'homme tout entier, tel qu'il est quant à l'amour et à la foi; et être jugé selon les œuvres, c'est être jugé selon l'amour et la foi, 10331.

L'homme céleste est appelé l'œuvre de Dieu, 88. Ceux qui placent le mérite dans les œuvres; quels ils sont, 1712; *voir* Mérite. Les bonnes œuvres sont des œuvres mauvaises, si on n'éloigne pas les choses qui appartiennent à l'amour de soi et du monde; et elles sont des œuvres bonnes, si ces choses ont été éloignées, 3147. Les œuvres doivent correspondre au bien de la foi pour qu'elles soient des œuvres bonnes, parce qu'elles sont selon le bien de la foi; et, par comparaison, elles sont au bien de la foi ce que la face est à la volonté, 3934. Dans la Parole, il est souvent parlé des œuvres, parce que la volonté de l'homme est dans les œuvres, 3934. Celui qui doit être régénéré commence par les œuvres, mais celui qui a été régénéré finit dans les œuvres; le vrai ne devient pas le vrai de l'intelligence avant de passer dans la volonté et dans l'acte, 4884. Ce que c'est que la sagesse, l'intelligence, la science, l'œuvre, dans le sens réel; elles se suivent en ordre chez les bons, et elles sont l'une dans l'autre chez eux, ainsi toutes dans les œuvres, 10331. Pierre l'apôtre a signifié la foi, et Jean les œuvres de la charité; *voir* Préf. du Chap. XVIII de la Gen.; *voir* aussi PIERRE, 10087. Comme Jean a représenté les œuvres de la charité, c'est pour cela qu'il s'est penché sur la poitrine de Jésus, 3934, 10087; et c'est pour cela que Jésus a dit à Pierre, qui s'indignait de ce Jean suivait Jésus : « Que t'importe, Pierre? toi, suis-Moi, » — Jean, XXI. 22; — car Pierre avait dit de Jean : « Seigneur, celui-ci, quoi! » 10087. Dans les prophètes, le régénéré est appelé l'œuvre des doigts de Dieu, 63. Par les œuvres des six jours, et par le repos du septième jour, sont signifiées les choses qui existent chez l'homme quand il est régénéré, et celles qui existent chez lui quand il a été régénéré, 9278. Faire des œuvres le jour du sabbath *sign.* être conduit par soi-même ou par les amours de soi et du monde, et non par le Seigneur, 10362, 10731. Les œuvres des nations *sign.* les maux de la vie, 9319. Les œuvres se disent du bien; «ce qu'ont préparé les mains,» se dit du vrai, 8330. Donner pour l'œuvre de la tente de convention *sign.* être conjoint au ciel par la reconnaissance que tous les vrais et tous les biens procèdent du Seigneur, 10230. Ce que c'est que l'œuvre de la salvation et de la rédemption, 10152.

Les œuvres de la charité consistent à faire le juste et l'équitable, chacun dans son emploi, par amour du juste et de l'équitable, et par amour du bien et du vrai, 4783. Dans toute œuvre de la charité, l'œuvre elle-même n'est qu'une chose matérielle, et si elle est animée, cela vient du spirituel et du céleste qui sont en elle, c'est-à-dire, du vrai de la foi et du bien de la foi, 880. Les œuvres de l'homme externe ne sont rien, à moins qu'elles ne procèdent de l'homme interne, par conséquent du bien vouloir, 4368. Les œuvres qui sont faites à cause de la récompense ne sont pas en elles-mêmes de bonnes œuvres; *illustré*, 3956. Les œuvres du bien sans rémunération sont pleines de félicité, 6391, 6392. Quand en l'homme il y a vie nouvelle, le culte divin est dans toute œuvre qu'il fait, car alors l'homme regarde le divin en tout, il le vénère, il l'aime, par conséquent il lui rend un culte; c'est là le culte divin réel, 10143. De ceux qui croient que les œuvres de la charité ne sont point nécessaires pour le salut; comment de tels hommes sont arrivés à cette conclusion erronée, 4730.

OFFRANDES, *Oblationes*. Les prémices qui devaient être données à Jéhovah, lesquelles étaient des offrandes, signifiaient que la première chose de l'église devait être d'attribuer au Seigneur, et non à soi, tous les biens et tous les vrais de la foi, 9223.

OFFRIR, *Offerre*. Être offert en holocauste *sign.* être sanctifié, 2834.

OHALIM. Dans la langue originale, les tabernacles sont appelés *Ohalim*, et les tentes succoth; les tabernacles ou Ohalim *sign.* le saint du bien, et les tentes ou succoth le saint du vrai, 4391.

OHOLAH est l'église spirituelle pervertie, qui est Samarie, et sa sœur Oholibah est l'église céleste pervertie, qui est Jérusalem, 1368, 6534, 9466, 9828.

OHOLIBAH. *Voir* OHOLAH.

OHOLIBAMAH, fille d'Anah, fille de Sibéon Chivéen, épouse d'Ésaü, — Gen. XXXVI. 2. — *sign.* une qualité de l'affection du vrai apparent, qui provient de l'ancienne église, 4643.

OHOLIBAMAH, fille d'Anah, fils de Séir, — Gen. XXXVI. 25, — c'est une troisième classe de vrais dans le divin humain, et une qualité de ces vrais, 4648.

OHOLIBAMAH, duc d'Édom, — Gen. XXXVI. 41, — *sign.* une qualité des doctrinaux du bien, 4651.

OINDRE, *Ungere*. Oindre, c'est revêtir la représentation, 10268. On oignait pour représenter le Seigneur quant au divin bien, ainsi pour représenter le bien de l'amour qui procède de Lui; *montré*, 9954, 10285. On oignait toutes les choses qui devaient représenter le Seigneur et les divins qui procèdent du Seigneur, 10125. Quand ces choses avaient été ointes, elles étaient appelées saintes, non pas que l'huile introduisît quelque chose de saint, mais parce qu'ainsi elles représentaient les divins procédant du Seigneur, qui seuls sont saints, 10125. On oignait les pierres, les armes de guerre, l'autel, et autres choses semblables, les prêtres, les prophètes, les rois, et l'on s'oignait soi-même; pourquoi? *montré et expliqué*, 9954. On s'oignait soi-même avec de l'huile ordinaire, et non avec de l'huile de sainteté; *montré*, 9954. Oindre d'huile de sainteté, c'est revêtir la représentation du divin bien du divin amour du Seigneur quant au divin humain, 10268. Oindre la tente de convention *sign.* représenter le divin du Seigneur dans les cieux, 10268. Oindre l'arche du témoignage, c'est revêtir la représentation du divin dans le bien spirituel, qui est du ciel intime, 10369. Oindre la table et tous ses vases, c'est revêtir la représentation du divin dans le bien spirituel, qui est du second ciel, 10270. Oindre le chandelier et ses vases, c'est revêtir la représentation du divin dans le vrai spirituel, qui est du second ciel, 10271. Oindre l'autel du parfum, c'est revêtir la représentation du divin dans toutes les choses du culte d'après ces biens et ces vrais, 10272. Oindre l'autel de l'holocauste et tous ses vases *sign.* représenter le divin humain du Seigneur, et le culte du Seigneur en général d'après les divins biens et les divins vrais, 10273, 10274. Oindre le bassin et sa base *sign.* représenter toutes les choses qui appartiennent à la purification des maux et des faux, et à la régénération par le Seigneur, 10275. On oignait les pierres, parce que les pierres signifiaient les vrais, et que les vrais sans le bien n'ont point en eux la vie du ciel, c'est-à-dire, la vie procédant du divin, 9954. Oindre une statue, c'est faire que le vrai soit le bien, 4090. On oignait les armes de guerre, parce qu'elles signifiaient les vrais combattant contre les faux, et que ce sont les vrais d'après le bien qui prévalent sur les faux, et non pas les vrais sans le bien, 9954. On oignait l'autel et l'habitacle avec tout ce qu'ils contenaient, afin qu'ils représentassent les choses saintes du culte, 9954. On oignait ceux qui remplissaient les fonctions du sacerdoce, et leurs habits, afin qu'ils représentassent le Seigneur quant au divin bien, et quant au divin vrai qui en procède, 9954. On oignait les prophètes, parce que les prophètes représentaient le Seigneur quant à la doctrine du divin vrai, par conséquent quant à la Parole ou au divin humain, 9954. On oignait les rois, qui de là étaient appelés oints de Jéhovah, afin qu'ils représentassent le Seigneur quant au jugement d'après le divin vrai, 9954. Il avait été reçu en usage commun de s'oindre soi-même et d'oindre les autres, pour témoigner l'allégresse du mental et la bienveillance; *montré*, 9954. *Voir* OINT, ONCTION.

OINT, *Unctus*. L'oint de Jéhovah est le Seigneur quant au divin humain; *montré*, 9954. Messie, oint et roi, c'est la même chose que le divin vrai; *montré*, 3009. Les rois étaient en général appelés oints; pourquoi? 3009. Le Seigneur seul quant à son humain a été l'Oint de Jéhovah, oint non pas d'huile, mais du divin bien même du divin amour, qui est signifié par l'huile, et qui était représenté par l'onction, 10125, *f*. Le Seigneur quant à son humain a été seul l'Oint de Jéhovah, puisqu'en lui était le divin du Père d'après la conception, et que par suite ce divin a été dans son humain, 10269. *Voir* OINDRE.

OISEAU, *Avis*. Les oiseaux *sign.* les rationnels, les intellectuels, les pensées, les idées, les connaissances, 40, 745, 776, 778, 866, 988, 991, 5149, 7441; et cela, avec variété, selon les genres et les espèces d'oiseaux, 3219. Les oiseaux *sign.* des fantaisies et des faux, 778, 866, 988. Les oiseaux *sign.* les vrais ou les faux, 5149, 7441. Les oiseaux *sign.* les rationnels ou les choses qui appartiennent à la pensée, 3219. L'oiseau de mer et sa chair *sign.* le plaisir naturel; et, dans le sens opposé, le plaisir de la convoitise, 8452. Pourquoi les oiseaux n'étaient pas divisés dans les sacrifices, 1832, *f*. Les choses que l'homme produit dans le cinquième état de la régénération sont animées, et sont appelées poissons de la mer et oiseaux des cieux, 11. Les oiseaux de toute aile, ce sont les vrais de tout genre, 5149. L'oiseau *sign.* la vie du vrai, 9182. Quand les anges s'entretiennent sur les connaissances et sur les idées, et aussi sur l'influx, alors dans la partie correspondante du monde des esprits il apparaît des oiseaux, 3219. Vision dans laquelle étaient représentés des oiseaux d'une couleur sombre et d'une forme laide, puis des oiseaux nobles et beaux, pendant qu'on s'entretenait sur l'influx des pensées; et alors des esprits, qui étaient dans les faux, tombaient d'une société angélique, 3219. D'un bel oiseau qui signifiait les habitants de Mars, 7620, 7621, 7622. *Voir* MARS.

OISIVE (vie). De ceux qui croient que le ciel consiste dans une vie oisive; dans quelle erreur ils sont, 454, 455.

OISIVETÉ, *Otium*. Ceux qui ont vécu dans une oisiveté honteuse pensent des infamies, et souvent des choses scandaleuses sur les saintetés de l'église, 6310. La béatitude dans le ciel consiste non dans l'oisiveté mais dans l'activité, 6410. Le plaisir et le charme qu'on a trouvés dans l'oisiveté deviennent déplaisir et désagrément, mais le plaisir et le charme qu'on a goûtés dans l'activité demeurent et haussent continuellement, 6410. Les esprits qui ont vécu dans une honteuse oisiveté et dans la nonchalance, sans s'occuper en rien des autres, introduisent une grande oppression dans l'estomac, 5723.

OLIVAIE, *Olivetum*. L'olivaie *sig.* l'église céleste, ainsi le bien céleste, qui est le bien de l'amour envers le Seigneur, 9277. Les choses qui appartiennent à la vie sont représentées dans le ciel par des vergers, des olivaies, des vignes, etc., 9841.

OLIVE, *Oliva*. L'olive est le bien de la charité, et l'huile le céleste de l'amour, 886. L'olive est l'amour céleste et l'olivier la perception et l'affection de cet amour; *montré*, 10261.

OLIVIER, *Olea*. Le cep est le bien de l'église spirituel, et l'olivier le bien de l'église céleste; *montré*, 9277; *voir* OLIVE. Le bois d'olivier *sign.* le bien de l'amour céleste, 10261. La montagne des oliviers, qui était en face du temple, signifiait le divin bien céleste, 10261. Dans l'apologue de Jotham, — Jug. IX. 7 à 16, — l'olivier *sign.* le bien interne de l'église céleste, le figuier le bien externe de cette église, le cep le bien de l'église spirituelle, et l'épine le bien bâtard, 9277.

Les deux oliviers près du chandelier, — Zach. IV. 3, 11, 14, — sont le bien céleste et le bien spirituel, qui sont à la droite et à la gauche du Seigneur représenté par le chandelier, 9277.

OMAR, fils d'Éliphas, fils d'Ésaü, — Gen. XXXVI. 11, — *sign.* une première dérivation du bien, 4646. Duc Omar, — Gen. XXXVI. 15, — *sign.* une première classification d'un des principaux vrais du bien; sa qualité, et quel est ce vrai dans le royaume du Seigneur, 4647.

OMBRE, *Umbra*. L'entendement, qui est la vue de l'homme interne, a sa lumière et son ombre; dans son ombre tombent les choses qui ne coïncident pas avec celles dont il a eu auparavant quelque notion, 4893. Ce qui tombe dans l'ombre de l'entendement tombe aussi dans la non-foi; *exemple*, 4899. L'ombre de la lumière du ciel n'est pas semblable à l'ombre de la lumière du monde; c'est une lumière qui décroît et s'affaiblit d'une manière incompréhensible aussi bien devant l'entendement que devant la vue, 1972. La lumière du ciel ne peut entrer là où règne une ombre provenant de choses contradictoires; est appelé ombre ce qui n'est nullement entendu, 10659. Les choses qui chez les hommes sont dans l'ombre passent dans la lumière chez les anges, 2551. Les choses qui sont dans le divin n'apparaissent jamais à qui que ce soit, mais celles qui procèdent du divin apparaissent d'une manière très-commune selon l'entendement dans lequel elles tombent, et cela seulement comme des ombres, 4644. On est dans un état d'ombre, quand on ignore si le bien et le vrai sont apparents, ou si le bien et le vrai sont réels,

1712. Le sens littéral de la Parole est relativement au sens interne comme l'ombre est relativement à la lumière, 3438. Entre la lumière du ciel et la lumière du monde il y a la même différence qu'entre la lumière du monde et l'ombre de la nuit, 3438. Quand l'homme est dans l'état d'ombre provenant des plaisirs des amours externes, l'ombre ne reçoit pas les vrais qui ont été enlevés par les illusions; ces plaisirs rejettent ces vrais, et les illusions restent attachées à l'homme, 9213, 9278.

Dans l'autre vie, toute lumière vient du Seigneur, et toute ombre vient de l'ignorance et du propre des esprits et des anges; de là les nuances, 3341. Dans le ciel, il existe des états d'ombre comme celle du soir, provenant, non du soleil spirituel, c'est-à-dire, du Seigneur, qui luit toujours, mais du propre des anges, 5672. L'ombre, dans l'autre vie, quoiqu'elle apparaisse comme ombre, n'est pas cependant comme l'ombre dans le monde; l'ombre y est l'absence de la lumière, par conséquent le manque d'intelligence et de sagesse, 3993. Les ombres, dans l'autre vie, viennent des esprits et des anges; *illustré* par le soleil du monde, 6110. Quand l'ange ou l'esprit est dans les externes, il est aussi dans l'ombre, 9213. Dans le monde spirituel, le soir est l'ombre du jour, 5579.

Dans la Parole, l'ombre du soir *sign.* le faux et aussi l'ignorance du vrai, 7844. « A l'ombre du toit, » — Gen. XIX. 8, — *sign.* dans le commun obscur, 2366, 2367. Habiter dans une terre d'ombre de mort, — Ésaïe, IX. 1, — c'est être dans l'ignorance du bien et du vrai, 3384, 6854, *f.* l'ombre représente la dé-

mence et la folie, 3341. La lueur qui existe dans les enfers est appelée, dans la Parole, ombre de mort, et est comparée aux ténèbres, 4531.

OMER (l'), mesure pour les matières sèches, était la dixième partie de l'éphah, 8468, 10262; *voir* ÉPHAH et CHOMER. L'omer *sign.* autant qu'il suffit, 8468, 8531; et ainsi la puissance, 8473, 8490. C'est le suprême de la puissance, 8525.

ON. La fille du prêtre de On, — Gen. XLI. 45, — *sign.* le vrai du bien, 5332; *voir* 6024.

ONAGRE (âne sauvage), *Onager*. C'est le vrai rationnel, 1949. C'est le rationnel de l'homme, non le rationnel dans son complexe, mais seulement le vrai rationnel, 1949. Il est décrit quel est ce vrai sans le bien, 1949, 1950, 1951. Ce rationnel, semblable à un onagre, est morose, ardent au combat, ayant une vie brûlante et sèche, provenant d'une certaine affection du vrai souillé par l'amour de soi, 1964; *voir* ISMAËL. Les onagres, — Ps. CIV. 11, — *sign.* ceux qui sont seulement dans le vrai rationnel, 2702. *m.*

ONAM, fils de Schobal, chorite, — Gen. XXXVI. 23, — *sign.* une troisième classe de vrais, et une qualité de ces vrais, 4648.

ONAN, fils de Jehudah, représentait le mal et le faux du mal, 4823, 4824, 4836, 4837. Le mot Onan enveloppe la qualité de ce mal, 4821, 4824. Le mal d'après le faux du mal est décrit par l'action que faisait Onan, 4837. Ceux qui sont dans un tel mal sont opposés à l'amour conjugal, 4837.

ONCTION, *Unctio. Voir* OINDRE. L'onction est l'inauguration pour représenter le Seigneur quant au divin bien, 10100. L'aromatique de l'huile d'onction *sign.* l'agréable de la perception interne, et l'aromatique du parfum l'agréable de la perception externe, 9474. L'onction des corps morts avec de la myrrhe et de l'aloès signifiait la conservation de tous les vrais et de tous les biens chez l'homme, et aussi la résurrection, 10252. Par l'onction était représenté le divin bien, et par l'emplition de la main le divin vrai qui en procède, et par suite la puissance, 10019. De l'onction sur la tête dans les inaugurations, 10011. L'onction sur la tête d'Aharon a représenté le divin bien sur l'humain tout entier du Seigneur, 10011. *Voir* Huile.

Onde, *Unda.* Les idées matérielles de la pensée apparaissent comme au milieu d'une sorte d'onde, et il a été observé que cette onde n'était absolument que ce qui avait été adjoint au sujet dans la mémoire, 6200.

Ongle, *Ungula.* C'est le vrai d'après le bien dans le dernier degré, ainsi le vrai sensuel; et, dans le sens opposé, le faux du même degré, 7729. L'ongle de la bête *sign.* les scientifiques provenant des sensuels et des naturels, 2162, *f.*

Onguent, *Unguentum.* L'onguent *sign.* les vrais dans toutes et dans chacune des choses du culte, 10299. Quand il s'agit de l'huile d'onction, l'onguent est le divin dans toutes et dans chacune des choses de l'humain du Seigneur, 10264. Par l'onguent d'onguentation sont entendus les divers aromates dont l'onguent était composé, 10264.

Onguentier, *Unguentarius.* Quand l'onguentier se dit du Seigneur, il signifie le divin même, et l'ouvrage d'onguentier *sign.* l'opération de ce divin, 10265. Ouvrage d'onguentier ou d'aromatiseur *sig.* l'influx et l'opération du divin du Seigneur, 10299.

Onyx, *Onyx.* C'est l'affection du vrai intérieur naturel, 10293.

Onze, *sign.* toutes choses, lorsqu'il s'agit des rideaux de l'habitacle; pourquoi? 9616.

Opération. Il n'y a pas d'opération de l'interne dans l'externe sans un médium, 1702. L'opération de l'homme interne n'est sentie que très-communément dans l'homme intérieur, 1015. Toutes les opérations du mental sont des variations de formes propres à recevoir la vie, variations qui dans les substances plus pures sont d'une telle perfection qu'elles ne peuvent être décrites, 6326. Opérations du ciel chez l'homme observées dans le cerveau, dans la respiration des poumons, dans les reins, et perçues aussi manifestement que ce qui est perçu par l'un des sens, 3884.

Opérer. Le Seigneur opère toujours dans le libre de l'homme, et jamais dans le contraint, 4031. Il est permis aux esprits et aux génies d'opérer dans les choses que l'homme s'est acquises d'une manière actuelle, et non dans celles qu'il tient de l'héréditaire, 1667.

Ophir, fils de Joktan, — Gen. X. 39, — *sign.* un des rites de l'église hébraïque; c'était une des nations issues d'Éber, 1245, 1247.

Opinion. Ceux qui se sont opiniâtrement attachés à des opinions fausses ne se laissent pas instruire, 806. De ceux qui se sont formé une opinion d'eux-mêmes et de leur supériorité au-dessus des autres, 1505. Ténacité des opinions; d'où elle provient, 5386. Fausses opinions sur l'âme et sur sa résurrection, 444, 445, 4527, 4622, 4685. Dans l'autre vie, on peut clairement percevoir quelles opinions les esprits, lorsqu'ils vivaient dans le corps, ont eues au sujet de l'âme, de l'esprit et de la vie après la mort, 443 et suiv.

OPPOSÉ. La plupart des expressions dans la Parole ont un double sens, à savoir, le sens bon, et le sens qui y est opposé, 4750; pourquoi? 4816; d'après leur sens bon, on connaît quel est leur sens opposé, car ce qui est dans l'opposé est diamétralement contre ce qui est dans le bon, 4750. Les opposés ne peuvent jamais être dans un même sujet, 3605. L'un des opposé fuit l'autre, 7878. Certaines choses qui paraissent opposées ne sont pas en elles-mêmes opposées, mais elles paraissent opposées, parce que les hommes sont dans l'opposé, 3425. Les choses qui se font dans le ciel sont changées en des choses opposées, quand elles découlent vers l'enfer, 5268. Les amours mondains, terrestres et corporels sont opposés aux amours célestes, 10492. La vie des cupidités et la vie de l'amour et de la charité sont absolument opposées, 4776. Toute vérité apparaît d'après le rapport avec les opposés, 7075.

OPPOSER (s'). Le divin ne s'oppose jamais à qui que ce soit, mais c'est l'homme qui s'oppose au divin; et quand il s'oppose, parce qu'il ne soutient pas le divin, il lui semble que la résistance vient du divin, 7042; *voir* aussi 5422. Ceux-là qui professent la foi seule sont ceux qui s'opposent à la doctrine de la charité, doctrine tirée de la Parole, 6779. De ceux qui, dans l'autre vie, s'opposent ouvertement à ceux qui sont dans les vrais, et qui les infestent autant qu'il leur est possible, 6907.

OPPOSITION de l'homme spirituel et de l'homme naturel entre eux; *exemples*, 3913. Opposition de l'homme naturel et de l'homme rationnel, 4612. Opposition du royaume naturel et du royaume spirituel, 4104.

OPPRESSION des fils d'Israël par les Égyptiens; ce qu'elle signifie, 6639, 6657, 6863. Oppression d'estomac; quels sont les esprits qui introduisent une telle oppression, 5723, 5714.

OPPRIMER. Affliger, c'est infester par les faux de la foi; et opprimer, c'est infester par les maux de la vie, 9196. Opprimer le voyageur *sign.* infester par les maux de la vie celui qui désire être instruit dans les vrais de l'église, 9268.

OPPROBRE. C'est ce qui est contre la religiosité, 4463.

OPTIQUE. Tous les arcanes de l'optique ont été inscrits dans l'homme externe, et lui ont été appliqués, 6057.

OPULENCE. Ce que c'est que l'opulence spirituelle, 4459, m. Les connaissances du vrai et du bien sont l'opulence pour l'homme spirituel, 3913. L'opulence dans le monde n'est point une réelle bénédiction divine, quoique l'homme, par l'agrément qu'il y trouve, l'appelle ainsi, 10776. L'opulence est donnée aux bons, lorsqu'elle est convenable pour eux, et ne les détourne pas du ciel, 6481. Si l'opulence n'est pas donnée aux bons, quelle en est la raison, 7007.

OPULENT. Dans le ciel, il y en a qui, lorsqu'ils vivaient dans le monde, avaient été opulents, et même parmi les plus opulents, 5573.

OR. D'après la correspondance,

l'or *sign.* le bien céleste, 113, 425, 1551, 1552, 5658, 6914, 6917, 9510, 9874, 9881. L'or est le bien de la sagesse ou de l'amour, 143, 9874. L'or est le céleste intime, 643. L'or est le bien, et l'argent le vrai, 1551, 1552. L'or est le bien de l'innocence, 5658. L'or est le bien; l'or d'Uphaz le bien céleste, l'or d'Ophir le bien spirituel, l'or de Schébah et de Chavillah le bien des connaissances, l'or et l'argent de Tharschisch le bien et le vrai scientifiques, 9881. Les vases d'or et d'argent et les vêtements, empruntés aux Égyptiens, sont les vrais et les biens scientifiques enlevés aux mauvais esprits, et livrés à ceux qui étaient de l'église spirituelle, 6914. Les dieux d'argent et d'or sont les faux et les maux dans la forme dernière; *montré,* 8932. Dans Matthieu, — II. 11, — l'or est le bien, l'encens est le vrai interne et la myrrhe le vrai externe, l'un et l'autre d'après le bien, 10242. Dans Ésaïe, — LX. 17, — l'or, l'airain et le bois *sign.* les célestes ou les volontaires, et l'argent, le fer et la pierre *sign.* les spirituels ou les intellectuels, 643. Les temps ont été appelés siècles d'or, d'argent, d'airain et de fer, par les anciens d'après la correspondance; sur ces siècles, *voir* 5658. Dans l'autre vie, il apparaît de l'or, 5658. Dans la Parole, couvrir d'or, c'est fonder sur le bien, 9490. Faire en or, c'est le représentatif du bien de l'amour, 9510. Être enchâssé d'or, c'est procéder du bien, 9874. — Age d'or, 8118.

ORAISON DOMINICALE. Dans l'oraison dominicale et dans chacune de ses expressions, il y a des choses innombrables; *expérience,* 6619; et dans chacune de ses expressions le Seigneur est présent, 6476. Comment doivent être entendues dans l'oraison dominicale ces paroles : « Ne nous induis point en tentation, » 1875, 3425, 3605. Comment doivent être entendues celles-ci : « Soit sanctifié ton nom! vienne ton royaume! soit faite ta volonté, comme dans le ciel aussi sur la terre! » 2009. Ce qui est entendu par le pain quotidien, 2493. Dans l'oraison dominicale, toutes choses se suivent dans une telle série, qu'elles constituent pour ainsi dire une colonne qui s'accroît à partir du haut jusqu'en bas, dans les intérieurs de laquelle sont les choses qui précèdent dans la série, 8364. Dans l'autre vie, tous, sans exception, esprits et anges, peuvent d'après l'oraison dominicale être connus tels qu'ils sont; et cela, par l'influx de leurs idées de pensée et de leurs affections dans ce que contient cette prière, 4047. L'oraison dominicale lue devant des enfants dans le ciel, 2290, 2291.

ORDINATION, *Ordinatio.* Toute ordination vient du bien par le vrai, 8643. Toute ordination des vrais se fait par le bien de l'amour, 8370. L'ordination de toutes les choses qui sont dans les enfers, et dans les cieux, est décrite dans le sens intime de la Parole, 2249, 7014. Ordination des sociétés dans l'autre monde, 7836. Ordination des cieux par le Seigneur, 7710. La forme du royaume spirituel du Seigneur existe selon l'ordination des affections dans son divin humain, 3189. Ordination des vrais de la foi et des biens de l'amour, 6335. Ordination des intérieurs, 8561, 10048. Ordination des biens chez les régénérés, 6028. Ordination des vrais en séries chez l'homme, 5530. L'ordination des vrais d'après le bien comparée avec les fibres et les vaisseaux sanguins dans le corps, et par suite avec leurs textures et leurs formes, selon les usages de la vie, 3370, 3570, 3579.

Obs. *L'Ordination* est l'action de disposer en ordre.

ORDONNER, *Præcipere.* Voir COMMANDER. Ordonner et dire, c'est réfléchir et par suite percevoir, 3661, 3682. Ordonner, quand cela se dit de l'interne respectivement à l'externe, c'est l'influx, et de la part de l'externe qui reçoit l'ordre, c'est la perception, 5486; *illustré*, 5732. C'est le consentement, 6105. Ordonner, c'est le précepte de l'église, 6561. C'est la cupidité, 7110. Quand il s'agit de Jéhovah, c'est-à-dire, du Seigneur, c'est la loi de l'ordre, 10119. Dans la Parole, il est souvent dit que Jéhovah a commandé ou ordonné, lorsque cependant Jéhovah n'avait pas ordonné, mais seulement il avait permis, 10612.

ORDRE, *Ordo.* Le bien et le vrai, qui procèdent du divin, constituent l'ordre, au point qu'ils sont l'ordre, 7256. C'est du divin vrai procédant du Seigneur que provient l'ordre, et le divin bien est l'essentiel de l'ordre, 1728, 2258, 8700, 8988. De là le Seigneur est l'ordre, puisque le divin bien et le divin vrai procèdent du Seigneur, et même sont le Seigneur dans les cieux et dans les terres, 1919, 2011, 5110, 5703, 10336, 10619. Le divin vrai procédant du Seigneur fait l'ordre, et est l'ordre, 8700, 8988. Puisque le divin vrai est l'ordre, et que le divin bien est l'essentiel de l'ordre, c'est pour cela que toutes et chacune des choses dans l'univers se réfèrent au bien et au vrai pour qu'elles soient quelque chose, parce qu'elles se réfèrent à l'ordre, 2452, 3166, 4390, 4409, 5232, 7256, 10122, 10155. Le bien, parce qu'il est l'essentiel de l'ordre, dispose les vrais dans l'ordre, mais non *vice versâ*, 3316, 3470, 4302, 5704, 5709, 6028, 6690. Tout ordre procède du Seigneur, et toutes choses sont gouvernées d'après le bien et le vrai, 2447. L'essentiel de l'ordre est le bien, et le formel de l'ordre est le vrai, 4839. L'ordre est que les vrais et les biens, qui sont directement sous l'intuition de la vue interne, soient dans le milieu, comparativement aux choses qui sont sous la vue externe, 6068. Où est l'ordre, là le Seigneur est présent, et où le Seigneur est présent, là est la vie, 5703. Où il n'y a pas l'ordre, là n'est pas non plus le Seigneur, 5703. L'essentiel de l'ordre étant le bien divin, ce bien élève tous dans le ciel; le secondaire de l'ordre étant le vrai qui condamne tous à l'enfer, 2258. Le Seigneur gouverne les premiers de l'ordre et en même temps les derniers, et les derniers d'après les premiers et les premiers d'après les derniers, et ainsi toutes choses sont tenues dans un enchaînement et dans l'ordre, 3702, 3739, 6040, 6056, 9828. Le bien est le premier de l'ordre, et le vrai en est le dernier, 3726. Il est de l'ordre divin que les intérieurs se portent vers les derniers, 6004. Il est de l'ordre que les inférieurs puissent être vus du supérieur, mais non *vice versâ*, 8237. L'ordre divin est la justice, 5076. Dans l'ordre établi par le Seigneur réside le salut de l'univers, 967. Le Seigneur a remis en ordre le ciel et l'enfer; comment? 4075. Sans la divine puissance ni les enfers ni les cieux ne peuvent être tenus dans l'ordre, 10452. Quand l'ordre divin est représenté dans une forme, il apparaît comme homme, 4839, f. De l'ordre dans lequel doivent être les vrais pour qu'ils puissent entrer dans le bien, 4302. L'universel, dans lequel sont les très-singuliers, procédant du Seigneur, dispose toutes choses en ordre dans le commun et dans toute partie, 6338.

De l'Ordre céleste. Dans le ciel, le divin même du Seigneur est l'ordre, le divin bien l'essentiel de l'ordre, et le divin vrai le formel de l'ordre, 7995. Le ciel entier, quant à toutes les sociétés angéliques, a été disposé par le Seigneur selon son ordre divin, parce que le divin du Seigneur chez les anges fait le ciel, 6338, 7211, 9128, 9338, 10125, 10151, 10157. Par suite la forme du ciel est une forme selon l'ordre divin, 4040 à 4043, 6607, 9877. Le Seigneur est l'ordre divin dans le ciel, 4839, 8439, 10119. Chaque ange, parce qu'il est un récipient de l'ordre divin procédant du Seigneur, est dans une forme humaine, parfaite et belle selon la réception, 322, 1880, 1881, 3633, 3804, 4622, 4735, 4797, 4985, 5199, 5530, 6054, 9876, 10177, 10594. Le ciel angélique dans tout le complexe est aussi dans une forme comme homme; et cela, parce que le ciel entier, quant à toutes les sociétés angéliques qui y sont, a été disposé par le Seigneur selon l'ordre divin, 2996, 2998, 3624 à 3649, 3636 à 3643, 3741 à 3745, 4625. Le Seigneur, qui est l'ordre même, est au-dessus de l'ordre qui est dans les cieux, 1919. L'ordre du ciel est la vie des usages et la doctrine en tant qu'elle provient de cette vie,

7884. L'ordre du ciel est la disposition des vrais appartenant à la foi dans les biens appartenant à la charité à l'égard du prochain, et la disposition de ceux-ci dans le bien appartenant à l'amour envers le Seigneur, 4302. Le ciel est continuellement tenu dans l'ordre par l'influx universel procédant du Seigneur, 6338. Ordre du ciel depuis que le Seigneur a commencé, d'après son divin humain, à gouverner le ciel et la terre, 7931. Les anges, d'après l'ordre céleste, savent toutes les choses qui sont dans l'homme, 3626.

De l'Ordre chez l'homme. L'ordre de l'homme, ordre dans lequel il a été créé, serait qu'il aimât le prochain comme lui-même, comme font les anges, 5850. En l'homme ont été rassemblées toutes les choses de l'ordre divin, et l'homme d'après la création est l'ordre divin dans une forme, 4219, 4220, 4223, 4523, 4524, 5114, 5850, 6043, 6057, 6605, 6626, 9706, 10156, 10472. L'homme naît, non pas dans le bien et le vrai, mais dans le mal et le faux; ainsi, non pas dans l'ordre divin, mais dans le contraire de l'ordre; et c'est de là qu'il naît dans une entière ignorance, et que par conséquent il doit de toute nécessité naître de nouveau, c'est-à-dire, être régénéré, ce qui se fait par les divins vrais procédant du Seigneur, et par la vie selon ces vrais, afin qu'il soit inauguré dans l'ordre, et qu'ainsi il devienne homme, 210, 215, 1047, 2307, 2308, 3518, 3812, 8480, 8550, 10283, 10284, 10286, 10731. L'homme seul ne naît pas dans l'ordre divin, 3793. Le Seigneur, quand il régénère l'homme, dispose toutes choses chez lui selon son ordre, c'est-à-dire, selon la forme du ciel, 5700, 6690, 9931, 10303. L'homme, qui est conduit par le Seigneur, est conduit selon l'ordre divin, 8512. Les intérieurs, qui appartiennent au mental, ont été ouverts pour le ciel jusqu'au Seigneur à cet homme qui est dans l'ordre divin, et ont été fermés à celui qui n'est point dans l'ordre divin, 8513. Autant l'homme vit selon l'ordre, autant il a d'intelligence et de sagesse, 5292. Autant l'homme vit selon l'ordre, ainsi dans le bien selon les vrais divins, autant alors il est homme, et a en lui l'église et le ciel, 4839, 6605, 8067. Autant l'homme vit selon l'ordre, autant dans l'autre vie il apparaît comme un homme parfait et beau; mais autant il ne vit pas selon l'ordre, autant il apparaît comme un monstre, 4839, 6605, 6626. Vivre selon l'ordre divin, c'est vivre selon les préceptes de Dieu, 2634. L'homme qui est régénéré a beaucoup de faux mêlés aux vrais qui sont disposés dans l'ordre; lorsqu'il a été régénéré, et qu'il agit d'après le bien, les vrais sont dans l'intime, et les faux sont rejetés aux dernières périphéries; c'est le contraire chez les méchants, 4551, 4552.

Des lois de l'Ordre. Les vrais divins sont les lois de l'ordre, 2447, 7995. L'ensemble de toutes les lois de l'ordre est le divin vrai procédant du divin bien du Seigneur, 7995. Les lois de l'ordre sont les vrais d'après le bien dans le ciel, et les vrais séparés d'avec le bien dans l'enfer; ils sont dits séparés, non pas qu'ils le soient par le Seigneur, mais ils le sont par l'homme, 9048. Dans l'autre vie, les lois de l'ordre ne sont pas enseignées d'après les livres, ni par suite déposées dans la mémoire, comme dans le monde chez les hommes; mais elles sont inscrites dans les cœurs, les lois du mal dans le cœur des méchants, et les lois du bien dans le cœur des bons, car chaque homme emporte avec lui dans l'autre vie ce que pendant sa vie dans le monde il avait mis dans son cœur, à savoir, chez les méchants le mal, et chez les bons le bien, 9048. Toutes choses sont gouvernées selon les lois de l'ordre, d'après la volonté, le bon plaisir, la tolérance et la permission, 2447. Aux lois de l'ordre quant au bien appartiennent les choses qui sont faites par volonté et par bon plaisir, et plusieurs aussi qui le sont par tolérance, et même quelques-unes qui le sont par permission, 2447; mais lorsque l'homme se sépare d'avec le bien, il se jette dans les lois de l'ordre qui appartiennent au vrai séparé d'avec le bien; de là les punitions et les damnations résultant ainsi du fait de l'homme, 2447. Une des lois de l'ordre, c'est que les extérieurs soient soumis aux intérieurs, 5127. Une des lois de l'ordre, c'est que dans l'autre vie le mal se punisse lui-même, ou que les méchants se jettent dans la peine du mal, mais seulement quand il est parvenu à son comble, 1857. Une des lois de l'ordre, c'est que dans l'autre vie, quand les bons esprits tombent dans l'état de l'amour de soi, et par suite dans l'état du faux, ils soient un peu replacés dans leur état naturel, et y soient imbus des connaissances du bien et du vrai quant à la chose dont il s'agit, 3693. Tous les statuts commandés aux fils d'Israël étaient des lois de l'ordre dans la forme externe, tandis que les choses qu'ils représentaient et signifiaient étaient des lois de l'ordre dans la forme interne, 7995. *Voir* Lois.

De l'Ordre successif et de l'Ordre simultané. La plupart des érudits n'ayant des successifs d'autre idée que celle qu'ils ont du continu, ou de ce qui est cohérent par continuité, ignorent par conséquent ce que c'est que l'ordre successif, 10099. Dans l'homme, il y a un intime, il y a des intérieurs, et il y a des extérieurs; et toutes ces choses qui sont distinctes entre elles, se succèdent en ordre, et influent aussi selon l'ordre dans lequel elles se succèdent, 6451. La vie influe par l'intime dans les intérieurs, et par les intérieurs dans les extérieurs, ainsi selon l'ordre dans lequel elles se succèdent; elle ne se repose que dans le dernier de l'ordre, où elle s'arrête; cet ordre est appelé ordre successif, 6451. Mais comme les intérieurs influent selon l'ordre jusqu'au dernier et s'y arrêtent, les intérieurs sont ensemble dans le dernier, où l'intime qui influe tient le centre, les intérieurs sont autour du centre, et les extérieurs font les périphéries; cet autre ordre est appelé ordre simultané, 6451; *voir* Intérieurs. L'ordre successif et l'ordre simultané existent aussi pour les végétaux, et en général dans toute la nature; *illustré*, 8603. Les passages d'une chose à une autre en ordre successifs sont aussi nommés degrés, 8603, *f.*; *voir* Degrés. Il y a trois choses qui se suivent en ordre, à savoir, les fins, les causes et les effets; les fins produisent les causes et par les causes les effets, 4104; *voir* Fins. En ordre se suivent trois choses dans les cieux, et de même dans l'homme, à savoir, le céleste, le spirituel et le naturel, 9915. En ordre se suivent aussi trois biens, à savoir, le bien de la foi, le bien de la charité à l'égard du prochain, et le bien de l'amour envers le Seigneur, 9741. L'ordre divin ne subsiste point dans le moyen, mais il est terminé dans le dernier, et le dernier est l'homme; ainsi l'ordre divin est terminé chez l'homme, 634, 2853, 3632, 5897, 6239, 6451, 6465, 9215, 9216, 9824, 9826, 9836, 9905, 10044, 10329, 10335, 10548. Les intérieurs en ordre successif influent dans les externes jusque dans le dernier, et ils y existent et subsistent, 634, 6239, 6465, 9215, 9216. Dans les postérieurs tous les antérieurs sont dans leur ordre, 6465. Dans le dernier, les intérieurs existent et subsistent en ordre simultané, 5897, 6451, 8603, 10099. Les successifs dans les derniers forment un simultané, dans lequel ils sont en ordre côte à côte, de sorte que les simultanés, qui sont les derniers, servent aux successifs, qui sont les antérieurs, de soutiens correspondants sur lesquels ils s'appuient, et ainsi par lesquels il y a pour eux conservation, 9836. Ce que c'est que les vrais en ordre successif, 8603. De l'ordre successif; et du dernier de l'ordre dans lequel les successifs sont ensemble dans leur ordre, 634, 3691, 4145, 5114, 5897, 6239, 6326, 6465, 8603, 9216, 9828, 9836, 10044, 10099, 10329, 10335. Ordre successif; ce que c'est; illustré par les fins, en ce que les intérieurs et les extérieurs sont distincts, et en même temps conjoints, 8603.

Ordre inverse. Être dans le mal et dans le faux, c'est être dans l'ordre inverse, 5701. Être dans le vrai par le mal, ou dans le faux par le mal, c'est aussi être dans l'ordre inverse, 5076. Quand l'homme est dans l'ordre inverse, ce qui doit dominer sert, et ce qui doit servir domine, 8553. Toutes les choses qui, dans l'univers, sont contraires à l'ordre divin se réfèrent au mal et au faux, 7256. Les maux et les faux sont contre l'ordre, et néanmoins ceux qui sont dans les maux et dans les faux sont dirigés par le Seigneur, non selon l'ordre, mais d'après l'ordre, 4339, 7877, 10778. Les maux et les faux sont gouvernés d'après les lois de permission, et cela, à cause de l'ordre, 7877, 8700, 10778; *voir* PROVIDENCE, LIBRE et PRÉVOYANCE. Ce qui est contre l'ordre divin est impossible; par exemple : Il est impossible que l'homme qui vit dans le mal puisse être sauvé d'après la seule miséricorde; il est impossible que, dans l'autre vie, les méchants puissent être consociés avec les bons; l'homme ne peut pas être contraint à vivre bien; il en est de même de beaucoup d'autres choses, 8700; *voir* LIBRE. Il est contre l'ordre qu'on voie par la lumière naturelle les choses qui appartiennent à la lumière spirituelle, mais il est selon l'ordre qu'on voie par la lumière spirituelle les choses qui sont dans la lumière naturelle, 5008, *f*. Les scientifiques sont dits être dans un ordre inverse, quand on abuse de l'ordre céleste pour faire le mal, 5700. Les scientifiques dans l'ordre réel ont été disposés selon la forme du ciel, mais les scientifiques qui sont dans l'ordre inverse ont été disposés selon la forme de l'enfer, 5700. Dans l'autre vie, le mal est contre l'ordre, et le bien est dans l'ordre, et autant on est dans le mal ou contre l'ordre, autant dans l'autre vie on apparaît comme monstre, mais autant on est dans le bien ou dans l'ordre, autant on apparaît comme homme, 4839. Combien celui qui est dans l'ordre inverse goûte peu les choses du ciel! *exemple*; c'est parce que chez lui le monde gouverne le ciel; *illustré*, 9278.

Ordre dans le monde. Tout ordre sur la terre existe par le divin vrai, 8200. L'ordre ne peut pas être tenu dans le monde sans des chefs chargés de surveiller tout ce qui se fait conformément à l'ordre, et tout ce qui se fait contre l'ordre, 10790. S'il n'y a pas de chefs, le genre humain périra, 10791. Parmi les chefs il faut qu'il y ait un ordre, 10792. Ordre ecclésiastique et ordre civil, 10789, 10793 à 10806.

Ordre de la vie, 121 ; dans l'homme spirituel; dans l'homme céleste, 99. Ordre de la régénération de l'homme, 3701, 3726. Dans quel ordre se suivent les vrais, 8861. Ordre dans lequel doivent être les vrais pour qu'ils puissent entrer dans le bien, 4302. Ordre des noms des fils de Jacob et des tribus, 3862. Ordre des pierres précieuses du pectoral, 9868. Ordre des pierres précieuses dans l'Urim et le Thumim, 3862.

ORDRE (mettre en), *Ordinare*. Le Seigneur met continuellement en ordre les cieux, et il y reçoit sans cesse de nouveaux habitants, auxquels il donne des habitations et des héritages, 7643, 7710.

ORDURES (les) correspondent aux voluptés des adultères, 5059. Ceux qui ont été cruels et adultères n'aiment, dans l'autre vie, rien plus que les ordures et les excréments, 2755, 5394.

OREILLE, *Auris*. La fonction de l'oreille est de recevoir le langage d'un autre, et de le porter au sensorium commun, afin que par là il aperçoive ce que l'autre pense, 5017. L'oreille a été entièrement formée selon la nature des modifications de l'air et du son, 4523; ainsi, quant à son corporel et à son matériel, l'oreille correspond à l'air et au son, 4523. Tout ce qu'il y a d'arcane, renfermé dans la nature de l'air et du son, a été inscrit dans l'organisme de l'oreille, 4523.

De la correspondance de l'oreille et de l'ouïe avec le très-grand homme, 4652 à 4660. L'oreille correspond à la perception et à l'obéissance, et par suite elle les signifie, 2542, 3869, 4653, 5017, 7216, 8361, 9311, 9397, 10061. L'oreille est l'obéissance, même dans le langage humain, 8990. Les esprits qui apparaissent vers les oreilles sont ceux qui obéissent, 4403. La région où est l'oreille correspond à l'obéissance seule sans l'affection, 4326. Les esprits qui constituent la province de l'oreille sont ceux qui sont dans l'obéissance simple, c'est-à-dire, ceux qui ne raisonnent pas, mais qui croient que telle chose est de telle manière, parce que cela est dit par d'autres, 4653. Ceux qui sont intellectuels, et par là dans la foi, appartiennent à la province de l'œil, et ceux qui sont obéissants, et par là dans la foi, appartiennent à la province de l'oreille, 3869. Il y en a qui correspondent aux extérieurs de l'oreille, et il y en a qui correspondent aux intérieurs de l'oreille, 4653. Esprits qui appartiennent à la province de l'oreille externe ou de l'auricule, 4654; quels ils sont, 4654. Esprits remarqués fort près autour de l'oreille, et aussi presque en dedans de l'oreille, 4655. Les esprits qui font peu d'attention au sens de la chose sont ceux qui appartiennent à la partie cartilagineuse et osseuse de l'oreille gauche externe, 4656. De ceux qui parlent à l'oreille ou qui chuchottent, 4657. De ceux qui s'appliquent à l'oreille droite, 4658. Quels sont ceux qui appartiennent aux intérieurs de l'oreille, 4658. *Voir* Ouïe.

Dans la Parole, l'oreille *sign.* l'obéissance, 2542, 3869, 4523, 4653, 5017, 7216, 8361, 8990, 9311, 9396, 10061, et la volonté de la foi; *montré*, 3869. Dans le sens suprême, l'oreille est la Providence; *montré*, 3869, *f.* L'oreille *sign.* la réception des vérités, 5471, 5475, 9926. L'oreille *sign.* le consentement; il est dit consentement quand il s'agit de personnes d'un rang élevé, et obéissance quand il s'agit de personnes d'un rang inférieur, 6513. L'oreille est le perceptif, 10061. Les oreilles sont l'audition et la perception, et aussi l'obéissance; *montré*, 9397. Les boucles qui étaient placées aux oreilles, ou les pendants, signifiaient le bien en acte ou le mal en acte, 3103. Les pendants d'oreilles étaient des marques représentatives de l'obéissance, 4551, 10402. Percer l'oreille avec un poinçon à la porte, c'est assujettir à une perpétuelle obéissance, 8990.

ORGANE. Toutes les choses que l'homme perçoit par les organes *sensoria sign.* des spirituels qui se réfèrent au bien de l'amour et aux vrais de la foi, 10199. Toutes les choses que l'homme sent par les organes *sensoria* externes influent des internes; *illustré*, 10199. L'homme n'est qu'un organe récipient de l'influx, 7406. L'homme interne n'est qu'un organe de la vie du Seigneur, 5947. L'homme externe n'est que l'organe ou l'instrument de l'homme interne, 5786. Le corps n'est qu'un organe dérivé de ses principes, 6872. Tels sont les organes récipients de la vie, telle est la vie, 3484. Les organes de la génération signifient l'amour conjugal, 3021, 4280, 4462, 5050, 5051, 5052. Chacun des organes du mouvement correspond à des sociétés dans le ciel, 3630, 4022. Un organe entier correspond à des sociétés qui, dans le très-grand homme, sont plus universelles, et les parties de l'organe et les parties de parties, à celles qui sont moins universelles, 4625. Il y a un grand nombre de société du ciel, auxquelles correspond un seul organe, et plus ce nombre est grand, plus il y a de force, 3629. Il y a correspondance avec les fonctions des organes, et par conséquent avec les parties organiques elles-mêmes, parce qu'elles font un avec les fonctions, 4223, 4224. *Voir* ORGANIQUE.

ORGANIQUE. Les anges et les esprits sont des substances organiques, 1533. L'homme externe n'est qu'une sorte d'instrumental ou d'organique, n'ayant en soi aucune vie, c'est de l'homme interne qu'il reçoit la vie, et il semble alors que l'homme externe a la vie par soi-même, 1603. Les vaisseaux organiques de l'homme externe, qui doivent être des récipients, ne s'ouvrent qu'au moyen des sens, et surtout des sens de l'ouïe et de la vue, 1563. Chez le Seigneur, après qu'il eut chassé le mal héréditaire, et purifié ainsi les organiques de l'essence humaine, ces organiques reçurent aussi la vie, de sorte que le Seigneur, de même qu'il était la vie quant à l'homme interne devint aussi la vie quant à l'homme externe, 1603. *Voir* ORGANE.

ORGE, *Hordeum.* C'est le bien du naturel extérieur; *montré,* 7602,

9139, 9295, 10303. Le froment *sig.* l'amour céleste, et l'orge l'amour spirituel, 3941. Le pain d'orge rôti, — Jug. VII. 13, — *sign.* le plaisir des voluptés, 7602. *Voir* FROMENT.

ORGUE, *Organum.* L'orgue *sign.* les spirituels de la foi, 418. Comme l'orgue tient le milieu entre les instruments à cordes et les instruments à vent, il signifie le bien spirituel, 419. *Voir* INSTRUMENTS.

ORGUEIL, *Superbia.* *Voir* AMOUR DE SOI. L'orgueil consiste à s'aimer plus que les autres, à se préférer à eux et à vouloir commander aux autres, 8678. Distinction entre l'orgueil et l'amour de soi, 2219, 4750. L'orgueil du cœur, qui est l'amour de soi, repousse loin de soi le divin, et éloigne le ciel, 8678. L'orgueil du Jourdain, — Jérém. XII. 5, — *sign.* les choses qui appartiennent à l'homme externe, et qui s'insurgent et veulent dominer sur l'homme interne, 1585. Exemple d'un esprit qui était gonflé d'orgueil par l'amour de soi, 1506. Dans la Parole, l'orgueil *sign.* l'amour de soi, 2220.

ORGUEILLEUX, *Superbi.* Tous les orgueilleux non-seulement sont scandalisés, mais aussi tombent dans un piége, par cela que le divin s'est montré dans une forme humaine, et alors non dans une majesté royale, mais sous une apparence méprisée, 9348.

ORIENT, *Oriens.* Ce que c'est que le septentrion, le midi, l'orient et l'occident, 1605. L'orient est le Seigneur, 101, 9668; il est le Seigneur, parce que le Seigneur est le soleil du ciel, qui est toujours au levant, et n'est jamais au couchant, 101, 5097, 9668,; de là l'orient est l'état de l'amour, 1250, 3708; *voir* SOLEIL. De là aussi la sainte coutume, dans l'église représentative judaïque, avant l'édification du temple, de tourner le visage vers l'orient pour prier, 101. L'orient est la charité procédant du Seigneur, 1250. L'orient et l'occident sont les états du bien, le septentrion et le midi sont les états du vrai ; *montré*, 3708. L'orient *sign.* l'amour dans une perception claire, et l'occident l'amour dans une perception obscure, 1250, 3708. Les Syriens ou les fils de l'orient *sign.* ceux qui sont dans les connaissances du bien et du vrai ; de là ils ont été appelés sages ; *illustré*, 3249 ; ce sont aussi les connaissances du bien et du vrai, mais dans le sens opposé les connaissances du faux, 3762. Par les fils de l'orient sont représentés ceux qui possèdent les célestes ou les choses saintes, 414. La terre d'orient *sign.* la charité à l'égard du prochain, laquelle n'est autre chose que la vie selon les préceptes du Seigneur, 3249. Ce que c'est que le vent oriental, 842 ; et ce qu'il signifie, 2128. Le vent d'orient ou l'eurus est le moyen de destruction, 7679. Le vent opposé au vent oriental est le vent de la mer ou vent occidental, 7679, 7702. *Voir* VENT.

ORIENTAUX. La science des correspondances a été connue chez les orientaux, 5702, 6692, 7097, 7779, 9391, 10407 ; mais elle a ensuite été oblitérée, 10252.

ORIGINE de toutes choses, 775. Origine de la lumière, 3195. Deux origines de la chaleur et de la lumière, 5215. Origine du vrai d'après le bien, 6717. Origine de l'amour conjugal, 4823, 8998. Deux origines du bien chez l'homme, 4988. Les origines des maux et des faux provenant du mal, sont en grand nombre, 1188, 1212, 4729, 4822, 7574, 8318, 9348. Deux origines du mal, en général, 4745. Deux origines du mal, chez l'homme, 4171. Deux origines des faux, en général, 1212, 1295. Trois origines du faux, 1188, 1212, 4729, 4770. Origine de l'influx du mal d'après l'enfer, 6203. Origines des maladies, 5712. Origine des statues, 4580. Origine de la circoncision, 4462. Origines de la nation juive, 1167, 4818, 4820, 4874, 4899, 4913. Origine des lois, des royaumes et des empires, 8118. Origine de la plupart des significatifs intérieurs des mots, 5075.

ORNEMENT, *Ornatus*. C'est le saint vrai, ou le divin dans les externes ; *montré*, 10536, 10540. Les ornements de sainteté sont les vrais réels de l'église, 10540. Ornements d'escaliers et de portes dans les villes et les palais du monde spirituel, se mouvant comme s'ils étaient vivants et variant avec une beauté et une symétrie toujours nouvelles, 1627, 1628.

ORPHELIN. Dans le sens céleste, c'est celui qui est dans le bien et non encore dans le vrai, et celui qui est conduit par le vrai dans le bien de la vie ou de la sagesse, 4844, 9198. Dans le sens spirituel, l'orphelin est celui qui est dans le vrai et non encore dans le bien, et néanmoins désire le bien ; *montré*, 9199. Quand il est dit le voyageur, la veuve et l'orphelin, cela tombe chez les anges dans un seul sens et même dans une seule idée, à savoir, que chez ceux qui sont dans l'église le bien et le vrai doivent être conjoints selon l'ordre, ainsi réciproquement le vrai avec le bien et le bien avec le vrai, 9200 ; en effet, par le voyageur sont entendus ceux qui veulent être instruits dans les choses qui appartiennent à l'église, par les veuves la conjonction du bien avec le vrai, et par les orphelins la conjonction du vrai avec le bien, 9200. Les orphelins *sign.* ceux qui sont dans l'état de l'innocence et de la charité, et qui désirent connaître le bien et ne le peuvent, 3703. Dans cet état se trouvent principalement ceux qui sont hors de l'église; le Seigneur en a soin et il les adopte comme fils dans l'autre vie, 3703. Qui étaient ceux que les anciens entendaient par les orphelins, 4844, 9198, 9199, 9200. Sous le nom d'orphelins les anciens désignaient une des classes du prochain, 7260.

ORTIE (l'), *Urtica, sign.* la malédiction et la vastation, 273. Le lieu abandonné à l'ortie, — Séph. II. 9, — *sign.* l'ardeur et la consomption de la vie de l'homme par l'amour de soi, 10300; *voir* aussi 2455.

Os. Les os *sign.* le propre de l'homme, et aussi le propre vivifié par le Seigneur, 149. Les os sont le propre intellectuel ou le propre quant aux vrais; et, dans le sens suprême, le divin vrai, qui est le propre du Seigneur, 3812. Les os *sign.* ce qui est le plus externe, ou le dernier de l'église, ainsi un représentatif de l'église, 6592. L'os *sign.* le dernier dans lequel sont terminés les intérieurs, comme sur leur base, pour être soutenus, afin qu'il ne se fasse pas de disjonction, 8005, 9643. Les os *sign.* le vrai; et, dans le sens opposé, le faux, 3812. Ce que c'est que l'os des os et la chair de la chair, 157. L'os et la chair *sign.* le propre de l'homme; l'os son propre intellectuel, et la chair son propre volontaire, par conséquent l'os le propre quant au vrai ou quant au faux, et la chair le propre quant au bien ou quant au mal, 3812. « Mon os et ma chair, » c'est la conjonction quant aux vrais et aux biens, 157, 3812. C'était une formule chez les anciens de dire, « mon os et ma chair, » en parlant de ceux qui étaient de la même maison, ou de la même famille, ou dans quelque degré de parenté, 3812. L'os de la poitrine ou la côte est le propre, 147, 148, 149. Ne briser aucun os de l'agneau pascal, — Exod. XII. 46. Nomb. IX. 12, — c'est, dans le sens suprême, ne point violer le vrai divin; et, dans le sens représentatif, ne violer le vrai d'aucun bien, 3812. Rendre les os dispos, — Ésaïe, LVIII. 11, — c'est vivifier le propre intellectuel, c'est-à-dire, illustrer par l'intelligence, 3812. Les scientifiques sont dans le spirituel comme les os dans le corps, 8005.

De ceux, dans le très-grand homme, auxquels correspondent les os, 5560 à 5564. Ceux qui constituent les os ont peu de vie spirituelle, 5560, 5561. Ce sont ceux qui ont mené une vie mauvaise, mais qui ont eu cependant quelques restes du bien; ces restes constituent ce peu de vie après des vastations pendant plusieurs siècles, 5561; ceux-là ont la pensée commune presque indéterminée, 5562. L'homme, après la mort, ne laisse absolument que les os et la chair, qui, lorsqu'il vivait dans le monde, avaient été animés, non par eux-mêmes, mais par la vie de son esprit, laquelle était une substance plus pure annexée à ses corporels, 2475, 3993.

OSER, *Hiscere.* Les mauvais esprits n'osent pas introduire quelque mal chez les enfants du premier âge, ni chez les enfants du second âge qui sont bons, ni chez les hommes qui sont simples de cœur, 1667. D'où vient que ceux qui sont dans l'enfer n'osent pas regarder vers le ciel, 9110.

Osseux. Quand l'église est seulement dans les externes sans les internes, elle est comme l'assemblage osseux de l'homme sans la chair, 6592.

Ossu. L'âne ossu est le service infime; qui sont ceux qu'il représente, 6389.

Où, *Ubi*. Où signifie l'état, car dans le sens interne tout ce qui concerne le lieu est l'état, 4719.

Oublier, *Oblivisci*. C'est l'habitude provenant du délai, 3615. C'est l'éloignement, 5170, 5352. Oublier ou mettre en oubli, c'est l'éloignement, et par suite la privation apparente, 5278.

Ouïe, *Auditus*. *Voir* Oreille. S'il n'y avait pas des modifications intérieures, qui appartiennent à la vie auxquelles correspondissent des modifications qui appartiennent à l'air, l'ouïe n'existerait pas, 3628. Le sens de l'ouïe correspond à l'affection d'apprendre, puis à l'obéissance, 4404. L'ouïe *sign.* le perceptif d'après le bien de la foi et d'après l'obéissance, 10199. L'ouïe correspond et à la perception et à l'obéissance; à la perception, parce que les choses qui sont entendues sont perçues en dedans, et à l'obéissance, parce que l'on connaît par là ce qu'on doit faire, 6989. Le bien influe chez l'homme par le chemin interne ou de l'âme, mais les vrais par le chemin externe ou de l'ouïe et de la vue, 3030, 3098. Il en est de l'ouïe par rapport au langage, comme du passif par rapport à l'actif, 4653. L'influx dans les organes internes de l'ouïe est tout autre que n'est l'influx du langage avec les hommes, 1635. Le langage humain s'insinue à travers l'oreille par le chemin externe au moyen de l'air, le langage des esprits ne s'insinue ni à travers l'oreille ni au moyen de l'air, mais il va dans les mêmes organes de la tête ou du cerveau par le chemin interne, 1635. Les vaisseaux organiques de l'homme externe, qui doivent être des récipients, ne s'ouvrent qu'au moyen des sens, et surtout des sens de l'ouïe et de la vue, 1563. Les esprits qui correspondent à l'ouïe sont ceux qui sont dans l'obéissance simple, 4653. Les esprits quant à leurs parties organiques ne sont point où ils apparaissent; *illustré* par l'ouïe et par la vue, 1378. *Voir* Sens.

Ours. Dans l'autre vie, les affections du faux qui tirent leur origine des plaisirs des amours de soi et du monde sont représentées par des bêtes féroces, entre autres par des ours, 9335. La conversation des anges sur les affections mauvaises est représentée dans le monde des esprits par des bêtes féroces; par exemple, par des ours, 3218.

Ouverture, *Aperitio*. L'ouverture des intérieurs, et par suite l'élévation dans la lumière et dans une vie plus près du divin, se font par les divins vrais, 10099.

Ouvrage. *Voir* Œuvre. Ouvrage *sign.* ce qui est fait ou existe, 9915. L'ouvrage ou l'œuvre *sign.* les choses qui appartiennent à la volonté et par suite à l'effet dans l'homme externe, 10331.

Ouvrier, *Artifex*. C'est le sage, l'intelligent, celui qui sait, 424.

Ouvrier en pierre, *Opifex lapidis*. Ce que c'est, 9846. *Voir* Pierre.

Ouvrir, *Aperire*. Chez l'homme sont d'abord ouverts les sensuels externes, ensuite les sensuels internes, et enfin les intellectuels, 5580. L'intellectuel de l'homme n'est jamais ouvert que quand l'homme perçoit et aime les vrais, 10675. La vie selon les préceptes du Seigneur ouvre l'homme interne, 10505, 10578. Par les vrais de la foi l'homme interne est ouvert, et la communication se fait avec les cieux, 10199. Les idées sur les choses de la foi sont ouvertes dans l'autre vie, 1869, 3310, 5510. Le ciel est dans l'homme interne qui a été ouvert, 10199, f. Autant l'homme pense et veut par le ciel d'après le Seigneur, autant son homme interne est ouvert, 9707. Comment sont successivement ouverts les trois degrés de vie chez l'homme, 9594. Après la mort, le mental de l'homme ne peut pas être ouvert vers les intérieurs, s'il n'a pas été ouvert dans la vie du corps, 4464. Dans la Parole, il est dit de Dieu qu'il ouvre les yeux, lorsqu'il ouvre la vue intérieure ou l'entendement, 2701.

OVAIRES. Dans la province des ovaires sont ceux qui ont aimé avec une grande tendresse les petits enfants, 5054; ils sont là dans la vie la plus suave et la plus douce, et plus que les autres dans la joie céleste, 5054.

P

PACIFIQUE. État pacifique, 4048. Par le pacifique dans l'interne, le Seigneur gouverne les choses confuses et en désordre qui sont au dehors, 5396. Le divin vrai procédant immédiatement du Seigneur est pacifique, 8595. Dans les suprêmes, le divin vrai et le divin bien sont pacifiques, et ne produisent absolument aucun trouble; mais quand ils tombent vers les inférieurs, ils deviennent non pacifiques par degrés, et enfin ils produisent du trouble; *illustré*, 8823. Dans le sens spirituel, sont appelés pacifiques ceux qui sont d'accord quant aux doctrinaux et aux dogmes de l'église, 4479. Les sacrifices pacifiques ou eucharistiques étaient des sacrifices volontaires, 10097. *Voir* SACRIFICES.

PADDAN-ARAM. Paddan, c'est l'état des connaissances, 6242. Paddan-Aram, ce sont les connaissances du vrai, 3664. Ce sont aussi les connaissances du bien, 3680. Ce sont les connaissances du vrai et du bien, 4107, 4567. Ce sont les connaissances extérieures, qui servent à introduire les connaissances du bien et du vrai, 4395.

PÆSACH ou souper pascal. *Voir* PAQUE (la). Le statut du pæsach, ce sont les lois de l'ordre pour ceux qui ont été délivrés de la damnation et des infestations, 7995. Le souper pascal représentait les consociations des anges dans les cieux quant aux biens et aux vrais, 7996, 7997.

PAILLE, *Palea, Stramen*. Ce sont les vrais scientifiques de l'homme naturel; le fourrage, ce sont les biens de ces vrais, 3114. La paille, ce sont les scientifiques infimes, et les plus communs de tous, parce que la paille est ce qu'il y a de plus commun pour la nourriture des bestiaux, 7112. La paille, — Matth. III. 12, — *sign.* ceux dans lesquels il n'y a rien du bien, 3941. La paille pour les chameaux, ce sont les scientifiques, 4156. Regarder la paille dans l'œil de son frère, c'est remarquer quelque chose d'erroné quant à l'entendement du vrai, 9051.

PAIN (le) est pris pour toute nourriture, 2165. Quand les anciens disaient « le pain, » ils entendaient toute nourriture en général; voir Genèse, XLIII. 16, 31. Exod. XVIII. 12. Jug. XIII. 15, 16. I Sam. XIV. 28, 29. XX. 24, 27. II Sam. IX. 7, 10. I Rois, IV. 22, 23. II Rois, XXV. 29. Par le pain il est entendu tout ce qui est spirituel et céleste, c'est-à-dire, la nourriture angélique, sans laquelle l'ange ne pourrait pas plus vivre que l'homme qui serait privé de pain ou de nourriture, 276. Le pain *sign.* toute nourriture céleste et spirituelle, 2165, 6118, 8410. En général, le pain *sign.* le bien de l'amour, 2165, 2177, 10686. Quand il s'agit du Seigneur, le pain *sign.* le divin bien du divin amour du Seigneur, et le réciproque de l'homme qui mange, 2165, 2177, 3478, 3735, 3813, 4211, 4217, 4735, 4976, 9323, 9545. Comme le pain signifie toute nourriture en général, il signifie par conséquent tout bien céleste et tout bien spirituel, 276, 680, 2165, 2177, 3478, 6118, 8410; et cela, parce que ces biens nourrissent le mental de l'homme interne, 4459, 5293, 5576, 6277, 8418, 8464. Dans la Parole, lorsqu'il est dit le pain et l'eau, il est signifié le bien de l'amour et le vrai de la foi, 9323. Le vrai est au bien absolument comme l'eau est au pain, ou comme la boisson est à l'aliment, dans la nutrition, 4976. Lorsqu'il est dit le pain et le vin, le pain *sign.* les choses qui appartiennent à l'amour envers le Seigneur, et le vin celles qui appartiennent à la charité à l'égard du prochain, 3596. La minchah qui était le pain, et la libation qui était le vin signifiaient les choses qui appartiennent à l'église; par suite il y a le pain et le vin dans la sainte cène; *illustré*, 10137. Le pain de la minchah signifiait le bien céleste, et la chair des sacrifices le bien spirituel, 10079, *f*. Le pain d'azyme est l'amour pur, 2342, *f*. Les pains sur la table dans le tabernacle représentaient l'amour céleste et spirituel, et dans cet amour le Seigneur lui-même, 3478. Le pain des faces sur la table, c'est le Seigneur quant au bien céleste, 9545. Le pain est le bien de l'amour céleste, 10686; c'est la vie spirituelle, 6118. Par le pain est entendu le principal de ce qui nourrit l'âme et conserve la vie spirituelle de l'âme; et, dans le sens opposé, le principal de ce qui nourrit ceux qui sont dans l'enfer et soutient leur vie, à savoir, le mal de l'amour de soi et de l'amour du monde, 8410.

Ce que c'est que le pain et le vin dans la sainte cène, 1798. Le pain, dans la sainte cène, est le Seigneur, ainsi tout céleste de l'amour, 2165, 2177; par suite le pain est l'amour du Seigneur envers le genre humain, et l'amour réciproque de la part de l'homme, 4211, 4217, 4735. Dans la sainte cène, le pain est le bien de l'amour, et le vin est le vrai de la foi, 10521. Quand l'homme dans la sainte cène est dans le saint, il y a alors pour lui correspondance avec les anges, 3464. Par le pain, dans la sainte cène et dans l'oraison dominicale, les anges perçoivent le bien de l'amour et le Seigneur, 3735. Le pain est la chair du Seigneur, et celle-ci est son divin bien; *montré*, 3813; *voir* CHAIR, CÈNE. Pourquoi dans la religion catholique le pain est donné dans la sainte cène, et non le vin, 10040.

Rompre le pain, c'est la conjonction mutuelle par la charité, 5405. La fraction du pain a été le significatif de l'amour mutuel; ce rite était devenu solennel dans l'église ancienne, 5405. Par le pain quotidien, dans l'oraison dominicale, il est entendu que le Seigneur pourvoit chaque jour aux nécessités, et qu'ainsi on ne doit pas s'inquiéter de leur acquisition par soi-même, 8478; *voir* Souci du lendemain. Pain d'angoisse, pain de misère, pain de larmes, pain de la sueur du visage, *sign.* les célestes qui causent des angoisses, de la misère, des larmes et de l'aversion à ceux qui sont plongés dans les sensuels et dans les corporels, 276. Ne point manger de pain et ne point boire d'eau pendant quarante jours et quarante nuits, c'est l'état de tentation, 10686.

Paître, *Pascere*. C'est être instruit; *montré*, 5201. Paître sur les chemins, c'est être instruit dans les vrais, 6078. Paître, c'est aussi être instruit dans les vrais et sur les biens, 6277. Paître le troupeau, c'est enseigner d'après les doctrinaux ceux qui sont dans l'église, 4671, 4705. Repaître de nourriture, c'est sustenter la vie spirituelle et vivifier, 6277.

Paix, *Pax*. Par la paix, dans le sens suprême, est entendu le Seigneur, parce que la paix vient de Lui; et, dans le sens interne, le royaume du Seigneur et la vie dans ce royaume ou le salut, et même le salut et la santé dans le monde, 4681. La paix est le divin qui procède du Seigneur, ainsi le divin qui influe dans le bien ou dans les affections du bien; *mont.é*, 3780. La paix est ce qui règne universellement au ciel dans tous et dans chacun, 5662. Il en est de l'état de la paix dans les cieux comme de l'état de l'aurore et du printemps dans les terres, 1726, 2780, 5662. La paix dans les cieux affecte intimement de béatitude tout bien et tout vrai qui y sont, et elle est incompréhensible pour l'homme, 92, 3790, 5662, 8455, 8665. L'homme est dans la paix, quand il est dans le bien, mais non quand il n'est encore que dans le vrai, 8722. La paix céleste ne peut être donnée qu'à celui qui est conduit par le Seigneur, et qui est dans le Seigneur, c'est-à-dire, dans le ciel, où le Seigneur est tout dans tous, 5662. Si l'homme était dans cet état, de croire que tout bien vient du Seigneur, et que tout mal vient de l'enfer, il serait gratifié de la paix et serait dans le libre même, 6325. Cette paix n'est donnée que quand les cupidités ont été enlevées, car elles ôtent la paix, et mettent en trouble le repos, 5662. Les cupidités qui appartiennent à l'amour de soi et du monde enlèvent entièrement la paix, 3170. Il en est qui placent la paix dans le trouble et dans les choses qui sont opposées à la paix, 5662. Tout trouble vient du mal et du faux, et toute paix vient du bien et du vrai, 3170. L'état de tranquillité est l'état de la paix externe, 3696. Tous ceux qui sont régénérés sont d'abord dans cet état de tranquillité, et aussi en dernier lieu, 3696. L'état de la paix; quel il est, 92, 93. La conjonction du bien et du vrai se fait dans l'état de la paix, 8517. De l'état de paix dans le ciel, 8455. Le vrai de la foi a son origine par le vrai de la paix, 8456. Il est décrit ce que c'est que la paix; c'est l'intime affectant les intérieurs, et c'est le vrai divin dans le ciel par le Seigneur, 8517. La paix, quand il s'agit du divin dans le ciel, est l'état divin céleste, 8665. Par le sabbat est signifiée la paix dans les cieux et dans les terres, parce qu'il est l'union de l'humain et du divin même dans le Seigneur, et aussi la conjonction de l'homme avec Lui, 10730. Quelles sont les sociétés célestes qui vivent dans le plaisir de la paix plus que toutes les autres, 5050, 5051, 5052. La paix dans les cieux ressemble au printemps qui, dans le monde, répand des délices dans toutes choses; elle est le céleste même dans son origine, 5052.

PALAIS (les) *sign.* les internes de l'église, 3271. Dans Amos, — IV. 3, — le palais *sign.* la Parole, puis le vrai de la doctrine qui procède du bien, 4926. Dans Jérém. — IX. 20, — les palais *sign.* les volontaires, 2348. Villes et palais qui sont vus dans l'autre vie, 1626, 1627, avec les ornements des escaliers et des portes, 1627, 1628. Palais magnifiques représentés devant des esprits dans une des terres du ciel astral, 10513. Dans l'autre vie, les riches qui ont été sans charité habitent d'abord dans des palais, mais ensuite dans des habitations de plus en plus viles, et enfin ils demandent l'aumône, 1631.

PALLAS, *Pallas.* Certaines femmes qui, du monde spirituel, furent quelquefois vues par des hommes de l'antiquité, ont été appelées par eux des Pallas, 4658.

PALLIUM (le) ou manteau d'Aharon *sign.* le divin vrai dans la forme interne, 9825.

PALMES (les) *sign.* la sagesse, 8369. Dans les sculptures sur les murailles du temple, par les chérubins était signifiée la Providence du Seigneur, par les palmes la sagesse qui appartient au bien procédant du Seigneur, et par les fleurs l'intelligence qui appartient au vrai procédant du Seigneur, 8369.

PALMIER (le) *sign.* les biens de l'église spirituelle, puis aussi l'affection du bien et le plaisir qui en résulte; *montré*, 8369. Les branches de palmier *sign.* le bien de la foi, 7093; et les vrais internes du bien, 9296. Comme le palmier signifiait le plaisir qui résulte du bien, c'est pour cela qu'on se servait aussi de branches de palmier dans les réjouissances saintes, 8369.

PALPER, *Palpare.* C'est l'intime et le tout de la perception, 3528, 3559, 3562.

PALPITATION DU CŒUR. C'est la crainte, 5501.

PANCRÉAS. Comment agissent les esprits qui appartiennent à la province du pancréas, 5184.

PANCRÉATIQUE (conduit). Comment agissent les esprits qui ont relation avec le conduit pancréatique, 5185.

PANIER (le) ou la corbeille, lorsqu'il contient des vivres ou de la nourriture, est le volontaire, en tant que là est le bien, 5144. Le panier est le plaisir sensuel et se dit du bien, 9996. Les paniers percés sont les volontaires sans terminaison nulle part dans le milieu, 5145.

PANNICULE, *Panniculum.* C'est le vrai externe, parce que c'était un vêtement, 4874, 4875.

PANTHÈRES (les) représentent des affections du faux, qui tirent leur origine des plaisirs des amours de soi et du monde, 9335.

PAPE. Le monde chrétien ne reconnaît pas l'humain du Seigneur pour divin, par suite d'une décision prise dans un concile à cause du pape, afin qu'il fût reconnu pour le vicaire du Seigneur, 4738. D'un esprit qui, dans le monde, avait été pape; quelle idée grossière il avait du ciel, 3750; de son inspiration imaginaire, quand il siégeait dans le consistoire, 3750. De tels papes sont alors gouvernés par une troupe de sirènes, 3750.

PAPIERS, *Chartæ.* Dans l'autre monde, il y a aussi des papiers imprimés, 6930, 10127. Parfois des papiers pleins de nombres sont envoyés du ciel vers les esprits qui sont au-dessous, et ceux d'entre les esprits qui reçoivent du Seigneur l'influx savent par là, en série continue, les choses qui sont signifiées comme si cela avait été écrit en lettres, 10127.

PAPILLON. Comparaison de l'état conjugal avec l'état des vermisseaux devenus papillons, 2758, 3000. L'état des esprits dans le monde spirituel, quand ils sont préparés pour le ciel, est représenté par les changements des vermisseaux en papillons qui alors sont dans leur ciel, 8848.

PAQUE, *Pascha.* Les statuts et les lois de la pâque ne sont point connus sans le sens interne; mais d'après le sens interne on comprend pourquoi toutes ces choses ont été instituées, 8020. La pâque représentait la délivrance de la damnation, par le Seigneur; et le souper pascal représentait la conjonction avec le Seigneur par le bien de l'amour, 9965. La pâque avait été instituée à cause de la délivrance de la servitude en Égypte, ainsi à cause de la délivrance des spirituels de la damnation, par le Seigneur, 7093, *f.* La pâque est la présence du Seigneur, et la délivrance de ceux qui sont de l'église spirituelle, par le divin humain du Seigneur quand il fut ressuscité, 7867. La pâque représentait la glorification du Seigneur, et ainsi la conjonction du divin avec le genre humain, 2342. La pâque était un souper qui représentait les consociations des bons dans le ciel, 7996. La pâque signifiait la glorification du Seigneur; et, dans le sens représentatif, elle signifie la régénération de l'homme; et l'agneau pascal signifie ce qui est l'essentiel de la régénération, à savoir, l'innocence, 3994. Manger la pâque, c'est être un avec les autres, ainsi être consocié, 8001. La fête de la pâque ou des azymes a été instituée en souvenir de la glorification de l'humain du Seigneur, et c'est pour cela qu'il est ressuscité pendant cette fête, 10655. Elle a aussi été instituée en souvenir de la délivrance des maux et des faux du mal; et c'est l'action de grâces à cause de cela, 10655. Sur cette fête ou fête des azymes, *voir* 9286 à 9292. *Voir* aussi PASCAL et PÆSACH.

PAQUET, *Colligatio.* Les paquets sont les séries dans lesquelles les vrais ont été disposés, 5530. *Voir* FAISCEAU.

PARABOLE, *Parabola.* Dans les paraboles du Seigneur, toutes choses sont des divins, et ainsi des célestes et des spirituels, 4637. Tous les mots que le Seigneur a prononcés dans les paraboles sont des représentatifs et des significatifs, 4637; ils n'ont pas été employés seulement pour mettre la parabole sous une forme historique, car alors ils ne seraient pas provenus du divin, 9057. Pourquoi le Seigneur a parlé par paraboles, 2520, 3898. Les choses que le Seigneur a prononcées dans les paraboles sont telles, qu'elles remplissent tout le ciel, 4637. Paraboles du Seigneur concernant les Juifs, 4314. Parabole du figuier; *explication*, 4231.

PARACLET, *Paracletus*. Quand le Seigneur eut été glorifié, le divin vrai qui alors a procédé de lui est appelé Paraclet, 8724. Par le Paraclet est entendu le divin procédant, 10738. Le Paraclet est le divin vrai procédant du divin bien, 4673. Ce divin vrai est le saint même de l'esprit qui procède du Seigneur, et il est appelé esprit de vérité, 4673. Le Paraclet, qui est appelé esprit de vérité, est le divin vrai procédant du divin humain du Seigneur, 6788. Par le Paraclet ou le Consolateur il est entendu le divin vrai qui était dans le Seigneur, tant que le Seigneur fut dans le monde, et qui procède du Seigneur, depuis qu'il a glorifié son humain et est sorti du monde, aussi le Seigneur dit-il qu'il enverra le Consolateur et qu'il viendra lui-même, 9199. Envoyer le Paraclet ou le Consolateur, c'est illustrer et instruire dans les vrais de la foi, 9199.

PARADIS, *Paradisus*. Le jardin d'Éden ou paradis, c'est l'église, et aussi le ciel et le Seigneur, 4447. Le jardin et le paradis *sign*. l'intelligence et la sagesse, 100, 108, 3220, 10545; c'est l'intelligence et la sagesse célestes, 10644. Le paradis céleste est représenté dans le paradis terrestre, 10185. Pour ceux qui pensent d'après les amours célestes, les choses de la mémoire sont comme des paradis célestes, et sont aussi représentées et signifiées dans la Parole par des paradis, 9394. Quand les anges s'entretiennent de choses qui appartiennent à l'intelligence et à la sagesse, alors sont représentés des paradis, des vignes, des forêts, des prairies avec des fleurs, etc., 3220. Le sens de la Parole dans le ciel diffère autant de son sens dans le monde ou dans la lettre, qu'un paradis céleste diffère d'un paradis terrestre, 9396. *Voir* PARADISIAQUES.

PARADISIAQUES, *Paradisiaca*. Jardins paradisiaques dans l'autre vie, 1620, 1622. Paradisiaques de la très-ancienne église, 1122. Esprits qui communiquent avec les cieux paradisiaques, 4412. Les petits enfants, dans l'autre vie, se promènent dans des lieux paradisiaques, dont il est parlé, 2296. La vue de l'œil correspond à des sociétés qui sont dans des paradisiaques, 4528. Il est décrit d'après l'expérience combien les paradisiaques sont magnifiques, 4528, 4529.

PARADOXES, *Paradoxa*. Propositions vraies, qui paraissent aujourd'hui comme des paradoxes, 1904, 2015, 2429, 9396.

PARALLÉLISME. Il y a parallélisme entre le bien intérieur et le bien extérieur, et non entre le bien intérieur et le vrai extérieur, 3564. Il n'y a pas de parallélisme chez l'homme entre le Seigneur et les vrais ou les spirituels, mais il y en a un entre le Seigneur et le bien ou le céleste, 1831, 1832, 3514, 3564.

PARAN. Ce que c'est que la montagne de Paran, 1675, 1676. C'est le divin humain du Seigneur respectivement au spirituel; *montré*, 2714, 2832.

PARASITES. Quel est leur sort dans l'autre vie, 1509.

PARENT, *Parens*. Tout ce dont les parents ont contracté l'usage fréquent et l'habitude, ou dont ils se sont imbus d'après la vie actuelle, au point qu'il leur est devenu si familier qu'il paraît comme naturel, passe dans les enfants et devient héréditaire, 3469. L'homme tient de ses parents, soit du père, soit de la mère, l'inclination à l'état dans lequel ils se trouvaient lorsqu'ils l'ont conçu, 3469. Charité des enfants à l'égard des parents, et des parents à l'égard des enfants, 8122. Les biens et les vrais ont une conjonction entre eux, comme dans les familles, les parents, les frères, les consanguins, les alliés ou proches, 3612.

PARENTÉ. Les frères, les compagnons, les proches, et plusieurs autres termes de parenté, *sign.* les biens et les vrais du ciel et de l'église et leurs opposés qui sont les maux et les faux, 10490.

PARFAIT, *Perfectus.* Jamais l'homme ne peut être régénéré au point qu'il puisse en quelque manière être dit parfait, 5122. L'homme ne peut jamais être rendu parfait, 3200. Le Seigneur seul est Homme parfait; seul il est Homme, 1414. Les intérieurs sont plus parfaits que les extérieurs, parce qu'ils sont plus près du divin, 3405, 5146, 5147. Les choses qui sont les meilleures et les plus pures, ainsi celles qui sont plus parfaites que toutes les autres, sont dans l'intime, et celles qui sont dans les extrêmes sont les moins parfaites de toutes, 9666; sont dites moins parfaites celles qui peuvent être plus facilement détournées de leur forme et de leur beauté, par conséquent de leur ordre, 9666. Ce qu'il faut entendre par entier et parfait, 9568.

PARFUM (le), ce sont les choses du culte qui sont agréablement perçues; *montré*, 9474. Les parfums, ce sont les confessions, les adorations et les prières, qui proviennent des vrais de la foi d'après l'amour; *montré*, 9475. Les parfums, c'est le culte spirituel, qui se fait par les confessions, les adorations et les prières, 10298. Les aromates du parfum sont les affections du vrai d'après le bien dans le culte, 10291; ils appartiennent à la classe spirituelle, 10295. Comme l'odeur correspond à la perception, de là les encens, les parfums et les odeurs dans les onguents sont devenus représentatifs, 4748; *voir* ODEUR, AROMATE, ENCENS. L'autel du parfum est le représentatif de l'audition et de la réception agréable de toutes les choses du culte qui dérivent de l'amour et de la charité procédant du Seigneur, ainsi le représentatif de toutes ces choses du culte qui sont élevées par le Seigneur; *illustré* et *montré*, 10177. La fumée des parfums est l'élévation des prières; ainsi, en général, l'élévation de toutes les choses du culte, 10198, *f.* Le parfum étranger *sign.* le culte d'après un amour autre que l'amour du Seigneur, 10205.

PARFUMEUSES, *Aromatarix.* Les filles d'Israël que le roi prendrait pour parfumeuses, pour cuisinières et pour boulangères, — I Sam. VIII. 13, — *sign.* les biens de la doctrine, par lesquels il rendra agréables et favorables les faux, 2567.

PARITÉ, *Paritas.* Dans l'autre vie, la parité des pensées conjoint et manifeste la présence, car la pensée est la vue interne, et là il n'y a pas de distance de lieux comme dans le monde, 9213.

PARJURER (se), *Pejerare.* Celui qui se parjure, et la maison du parjure, *sign.* le faux qui enlève les restes du vrai, 3135, *m.*

PARLER, *Loqui.* Dans l'autre vie, il n'est pas permis de parler autrement qu'on ne pense, 4689, 8250. Là, ce ne sont pas les bouches qui parlent, comme dans le monde, ce sont les cœurs, 4689. On y est réduit par divers moyens à parler comme on pense, 8250. Les anges du royaume céleste parlent au moyen des biens de l'amour, et non, comme les anges du royaume spirituel, au moyen des vrais de la foi, 9543. Le Seigneur parle avec chaque homme, car dans ce que veut et dans ce que pense l'homme, tout ce qui est bien et tout ce qui est vrai vient du Seigneur, 904. Le Seigneur, depuis que la Parole a été écrite, parle par elle avec les hommes, et il ne parle pas autrement avec l'homme de l'église ; *illustré*, 10290, cfr. C. E. 305, *note*. Le Seigneur a parlé d'après le sens interne, puisqu'il a parlé d'après le ciel dans lequel est ce sens, 10243. Le Seigneur a parlé par des représentatifs et par des significatifs, et ainsi il a parlé en même temps devant le monde et devant le ciel, 4807. Lorsque le Seigneur était dans l'état des tentations, il parlait avec Jéhovah comme avec un autre, 1745. L'homme peut parler avec les esprits et avec les anges, et les anciens ont fréquemment parlé avec eux, 67, 68, 69, 784, 1634, 1636, 7802. Sur quelques terres, il apparaît des anges et des esprits en forme humaine, et ils parlent avec les habitants, 10751, 10752. Mais sur notre terre aujourd'hui il est dangereux de parler avec les esprits, si l'homme n'est pas dans la vraie foi, et s'il n'est pas conduit par le Seigneur, 784, 9438, 10751.

Dans la Parole, parler, c'est penser, 2271, 2287 ; c'est vouloir, 3037 ; c'est la prédication, 6999, 7063 ; c'est l'exhortation, 7215 ; c'est l'instruction, 7241, 8127 ; c'est l'avertissement, 7220, 7237, 7243 ; c'est aussi l'influx, 2951, 7270, 8128. Quand dire et parler sont nommés, le premier *sign.* percevoir, et le second penser, 2619. « Parler en disant, » c'est persuader, 4478. « Dieu parla » *sign.* du nouveau, mais formant la continuation de ce qui précède, 7191. « Jéhovah parla, » c'est le commandement, 7240. « Jéhovah parla à Moscheh, » c'est l'illustration par la Parole d'après le Seigneur, 10215. « Jéhovah parla à Moscheh, disant, » c'est le perceptif d'après l'illustration par la Parole procédant du Seigneur, 10234 ; et aussi quelque chose de nouveau révélé, 10234. « Ainsi qu'a parlé Jéhovah, » c'est selon la promesse dans la Parole, 7933. « Moscheh parla aux fils d'Israël, » c'est l'information de ceux de l'église par la Parole, 10355. Parler selon le cœur, c'est la confiance, 6578. Parler par la main de quelqu'un, c'est faire au moyen de quelqu'un ou médiatement, 7619. Ne pouvoir parler ni bien ni mal, c'est n'oser ni nier ni affirmer, 3160. Parler de bien à mal, c'est prononcer le bien et faire le mal, et par suite enfin prononcer le mal et faire le mal, 4126. *Voir* PRONONCER.

PARNASSE. Par le Parnasse qu'ils plaçaient sur une colline au-dessous de l'Hélicon, les Grecs entendaient les scientifiques, 4966.

PARNASSIDES. Par les vierges, qu'ils appelaient Parnassides, les Grecs entendaient les affections du vrai, 4966.

PAROI, *Paries*. Les parois *sign.* les intérieurs ou les moyens ; *illustré*, 10185.

PAROLE, *Verbum*. La Parole est

le Seigneur quant au divin vrai, ainsi le divin vrai procédant du Seigneur, 2859, 4692, 5075, 9987. C'est par la Parole que toutes choses ont été créées et faites, ainsi c'est par le divin vrai, 2803, 2894, 5272, 7535. La Parole est la révélation procédant du divin, 10321.

De la nécessité et de l'excellence de la Parole. Par la lumière naturelle on ne sait rien sur le Seigneur, sur le ciel et l'enfer, sur la vie de l'homme après la mort, ni sur les divins vrais par lesquels l'homme possède la vie spirituelle et éternelle, 8944, 10318, 10319, 10320. On peut s'en convaincre par ce fait que beaucoup d'hommes, et parmi eux des érudits, ne croient pas à ces choses, quoiqu'ils soient nés dans des contrées où existe la Parole, et que par elle ils en aient été instruits, 10319. Les maux de l'amour de soi et du monde introduisent l'ignorance; et ceux qui sont dans ces maux ne savent rien sur ces points, 10319. C'est pour cela que Dieu est venu au secours du genre humain en donnant la Parole, 10320. Il a donc été nécessaire qu'il y eut quelque révélation du ciel, car l'homme est né pour le ciel, 1775. C'est pour cela que de tout temps il y a eu une révélation, 2895. Des diverses espèces de révélations qui se sont succédé sur cette terre, 10355, 10632. Chez les très-anciens, qui vécurent avant le déluge, dans le temps qui a été appelé siècle d'or, la révélation était immédiate, et par suite le divin vrai était inscrit dans leurs cœurs, 2896. Dans les anciennes églises, qui existèrent après le déluge, il y a eu une Parole historique et prophétique, 2686, 2897. La partie historique était appelée les Guerres de Jéhovah, et la partie prophétique, les Énoncés, 2897. Cette Parole était semblable à notre Parole quant à l'inspiration, 2897. Moïse en a fait mention, 2686, 2897. Mais cette Parole a été perdue, 2897. Il y a eu aussi des révélations prophétiques chez d'autres, comme on le voit par les paroles prophétiques de Biléam (Balaam), 2898.

La Parole est divine dans toutes et dans chacune des choses qu'elle contient, 639, 680, 10321, 10637. Parce qu'elle est divine, elle est pour les anges et pour les hommes, 10322. La Parole est le médium qui unit la terre avec le ciel, et par le ciel avec le Seigneur, 3476. La Parole est divine et sainte quant à chaque accent et à chaque iota; d'après l'*expérience*, 9349. La Parole a été inspirée jusqu'au moindre accent, 9198, *f*. Ce que c'est que l'inspiration; *illustré*, 9094. Comment aujourd'hui on explique que la Parole a été inspirée quant à chaque iota, et ce que l'on pense à l'égard des historiques, 1886.

L'église est spécialement où est la Parole, et où par elle le Seigneur est connu et les divins vrais sont révélés, 3857, 10761. Cependant ne sont pas pour cela de l'église ceux qui sont nés où il y a la Parole, et où par elle le Seigneur est connu; mais sont de l'église ceux qui sont régénérés par le Seigneur au moyen des vrais tirés de la Parole; ce sont ceux qui vivent selon les vrais qu'elle contient, par conséquent ceux qui vivent la vie de l'amour et de la foi, 6637, 10143, 10153, 10578, 10645, 10829.

La Parole n'est comprise que par ceux qui sont illustrés. Le rationnel humain ne peut saisir les divins, ni même les spirituels, s'il n'est illustré par le Seigneur, 2196,

2203, 2209, 2654. Ainsi il n'y a que les illustrés qui saisissent la Parole, 10323. Le Seigneur donne à ceux qui sont illustrés la faculté de comprendre les vrais, et de discerner ceux qui semblent se contredire, 9382, 10659. La Parole, dans le sens de la lettre, n'est pas semblable à elle-même, et paraît quelquefois se contredire, 9025 ; et c'est pour cela que ceux qui n'ont pas été illustrés peuvent l'expliquer et la tourner de manière à confirmer toute sorte d'opinion et d'hérésie, et à protéger tout amour mondain et corporel, 4783, 10330, 10400. Sont illustrés d'après la Parole ceux qui la lisent d'après l'amour du vrai et du bien, mais non ceux qui la lisent d'après l'amour de la réputation, du gain, de l'honneur, et ainsi d'après l'amour de soi, 9382, 10548, 10549, 10551. Sont illustrés ceux qui sont dans le bien de la vie, et par suite dans l'affection du vrai quand ils lisent la Parole, 8694. Sont illustrés ceux dont l'interne a été ouvert, par conséquent ceux qui peuvent être élevés dans la lumière du ciel quant à leur homme interne, 10400, 10402, 10691, 10694. L'illustration est une ouverture actuelle des intérieurs qui appartiennent au mental, et aussi une élévation dans la lumière du ciel, 10330. Le saint influe de l'interne, c'est-à-dire, du Seigneur par l'interne, chez ceux qui considèrent la Parole comme sainte, et cela à leur insu, 6789. Ceux qui sont conduits par le Seigneur sont illustrés et voient les vrais dans la Parole, mais non ceux qui sont conduits par eux-mêmes, 10638. Ceux qui sont conduits par le Seigneur sont ceux qui aiment le vrai parce que c'est le vrai, et ceux-là sont aussi ceux qui aiment vivre selon les divins vrais, 10578, 10645, 10829. La Parole est vivifiée chez l'homme selon la vie de son amour et de sa foi, 1776. Les choses qui viennent de la propre intelligence n'ont pas la vie en elles-mêmes, parce que rien de bien ne procède du propre de l'homme, 8941, 8944. Ceux qui se sont beaucoup confirmés dans une doctrine fausse ne peuvent être illustrés, 10640.

C'est l'entendement qui est illustré, 6608, 9300. L'entendement est le récipient du vrai, 6222, 6608, 10659. Sur chaque doctrinal de l'église il y a des idées, qui appartiennent à l'entendement et par suite à la pensée, selon lesquelles le doctrinal est perçu, 3310, 3825. Les idées de l'homme, tant qu'il vit dans le monde, sont naturelles, parce que l'homme pense alors dans le naturel ; mais toujours est-il que des idées spirituelles ont été renfermées dans ces idées naturelles chez ceux qui sont dans l'affection du vrai pour le vrai, et c'est dans ces idées spirituelles que l'homme vient après la mort, 3310, 5510, 10237, 10240, 10551. Sans les idées de l'entendement et de la pensée qui en provient, il n'y a aucune perception sur quoi que ce soit, 3825. Les idées sur les choses de foi sont ouvertes dans l'autre vie ; et là, elles sont vues par les anges telles qu'elles sont, et alors l'homme est conjoint aux autres selon ces idées, en tant qu'elles procèdent de l'affection qui appartient à l'amour, 1869, 3310, 5510, 6200, 8885. C'est pour cela que la Parole n'est comprise que par l'homme rationnel ; car croire quelque chose sans l'idée du sujet, et sans l'intuition de la raison, c'est seulement retenir de mémoire un mot destitué de toute vie de perception et d'affection, ce qui n'est pas croire, 2553. Le sens littéral de la Parole est celui qui est illustré, 3619, 9824, 9905, 10548. Toute instruction, concernant les vrais et les biens de l'église et du culte, se fait au moyen de l'externe de la Parole, mais par des illustrés, 10548. Ils reçoivent l'influx et l'illustration lorsqu'ils lisent la Parole, ceux qui aiment le vrai pour la vie, ainsi pour le vrai, mais non ceux qui l'aiment pour eux-mêmes et pour le monde, 10548, 10549, 10551.

La Parole n'est comprise que par une doctrine d'après la Parole. La doctrine de l'église doit être d'après la Parole, 3464, 5402, 6832, 10763, 10765. La Parole sans la doctrine n'est point comprise, 9025, 9409, 9424, 9430, 10324, 10431, 10582. La vraie doctrine est un flambeau pour ceux qui lisent la Parole, 10400. La doctrine réelle doit être donnée par ceux qui sont dans l'illustration venant du Seigneur, 2510, 2016, 2519, 9424, 10105. La Parole est comprise au moyen d'une doctrine faite par quelqu'un qui a été illustré, 10324. Ceux qui sont dans l'illustration se font une doctrine d'après la Parole, 9382, 10659. Différence entre ceux qui enseignent et apprennent d'après la doctrine de l'église, et ceux qui enseignent et apprennent d'après le seul sens de la lettre de la Parole ; quelle est cette différence, 9025. Ceux qui sont dans le sens littéral de la Parole sans une doctrine ne viennent dans aucun entendement sur les vrais divins, 9409, 9410, 10582. Ils tombent dans plusieurs erreurs, 10431. Ceux qui sont dans l'affection du vrai pour le vrai,

quand ils deviennent adultes et qu'ils peuvent voir par leur entendement, ne demeurent pas simplement dans les doctrinaux de leur église, mais ils examinent attentivement d'après la Parole s'ils sont vrais, 5402, 5432, 6047. Autrement, chacun aurait le vrai d'après un autre, ou d'après le sol natal, qu'il soit né Juif ou Grec, 6047. Néanmoins, les choses qui sont devenues choses de foi d'après le sens littéral de la Parole ne doivent pas être éteintes, si ce n'est après une complète intuition, 9039.

La vraie doctrine de l'église est la doctrine de la charité et de la foi d'après la Parole, 2417, 4766, 10763, 10764. Ce qui fait l'église, ce n'est pas la doctrine de la foi, mais c'est la vie de la foi, qui est la charité, 809, 1798, 1799, 1834, 4468, 4677, 4766, 5826, 6637. Les vrais de l'église sont acquis par les doctrinaux et par la Parole ; quand c'est par les doctrinaux, l'homme croit les choses qu'un autre a conclues ; quand c'est par la Parole, il peut croire que les vrais viennent du divin, 5402. Le sens de la lettre, sans la doctrine d'après la Parole, conduit dans des erreurs ; *illustré*, 10431. La doctrine faite d'après la Parole par un homme illustré peut ensuite être confirmée par les rationnels et par les scientifiques, et ainsi elle est comprise plus pleinement, et elle est corroborée, 2553, 2719, 2720, 3052, 3310, 6047. Ceux qui sont dans la foi séparée d'avec la charité veulent qu'on croie simplement les doctrinaux de l'église, sans aucune intuition rationnelle, 3394.

Dans la Parole, il y a un sens spirituel qui est appelé sens interne. On ne peut savoir ce que c'est que le sens spirituel ou interne de la Parole, à moins qu'on ne sache ce que c'est que la correspondance, 2895, 4322. Il est à peine quelqu'un qui sache où est le divin dans la Parole, lorsque cependant le divin est dans son sens interne ou spirituel dont on ignore aujourd'hui l'existence, 2899, 4989; *illustré*, 9280. Le mystique de la Parole n'est autre chose que ce que contient son sens interne ou spirituel, dans lequel il s'agit du Seigneur, de la glorification de son humain, de son royaume et de l'église, et non des choses naturelles qui sont dans le monde, 4923. Les prophétiques, dans un très-grand nombre de passages, ne sont pas compris, et ne sont par conséquent d'aucun usage, sans le sens interne; *montré* par des exemples, 2608, 8020, 8398. Ainsi, ce qui est signifié par le cheval blanc dans l'Apocalypse, 2760 et suivants. Ce qui est signifié par les clés du royaume des cieux données à Pierre, Préf. du Chap. XXII de la Gen. et 9410. Ce qui est signifié par la chair, le sang, le pain, le vin dans la sainte cène, 8682. Ce qui est signifié par plusieurs prophétiques sur Jehudah et Israël, prophétiques qui n'ont point de rapport avec cette nation et qui ne présentent point de coïncidence selon le sens de la lettre, 6333, 6361, 6415, 6438, 6444. Outre plusieurs autres exemples, 2608.

Sur le sens interne ou spirituel de la Parole, en général, 1767 à 1777, 1869 à 1879. Il y a un sens interne dans toutes et dans chacune des choses de la Parole, 1143, 1984, 2135, 2333, 2395, 2495, 2619. Ce sens n'apparaît pas dans le sens de la lettre, mais toujours est-il qu'il y est en dedans, 4442. Dans le sens interne de la Parole, il y a la vie et l'âme, 1405. D'où vient cette vie de la Parole, 1, 2, 3, 4. Le sens interne de la Parole est dans le sens littéral comme l'âme est dans le corps, 4857. Quel est le sens interne de la Parole; *montré*, 1984, 2135, 2395, 2495. Dans le sens interne de la Parole, on ne considère ni le temps, ni l'espace, ni la personne, 5253. L'idée de la personne est changée en une idée de la chose, 5287. Le sens interne est enseigné du ciel, 6597, *f*. Le Seigneur a enseigné selon la conception du peuple, mais il a pensé d'après le céleste-spirituel; de là, le sens interne, 2533. Combien la Parole est pure dans le sens interne, quoiqu'il n'apparaisse pas ainsi dans le sens externe, 2362, 2395.

Le sens interne de la Parole est principalement pour les anges, et il est aussi pour les hommes. La Parole est comprise par les anges dans les cieux autrement que par les hommes dans les terres; le sens interne ou spirituel est pour les anges, et le sens externe ou naturel pour les hommes, 1887, 2395. Les anges perçoivent la Parole dans le sens interne et non dans le sens externe; d'après l'*expérience* de ceux qui du ciel ont parlé avec Swedenborg, lorsqu'il lisait la Parole, 1769, 1770, 1771, 1772. Les idées de la pensée des anges et aussi leurs paroles sont spirituelles, tandis que les idées et les paroles des hommes sont naturelles; c'est pourquoi, le sens interne, qui est spirituel, est pour les anges; *illustré* par des exemples, 2333. Cependant le sens littéral de la Parole sert de moyens pour les idées spirituelles des anges, de la même manière que les mots du langage servent à l'homme pour le sens de la chose, 2148. La plupart des choses qui sont dans le sens interne de la Parole tombent seulement dans la conception des anges, parce qu'alors elles tombent dans ce qui appartient à la lumière du ciel et non dans ce qui appartient à la lumière du monde, 2618, 2619, 2629, *f.*, 3086. Le sens interne est pour les anges; et, dans la Parole, il y a pour eux des choses précieuses, qui sont de peu d'importance pour l'homme, 2540, 2541, 2545, 2551. Les anges célestes se forment des lumières d'idées dans la Parole d'après les affections, et les anges spirituels d'après les significations des choses, 2157, 2275. Les anges ne comprennent pas même un seul mot du sens littéral de la Parole, 64, 65, 1434, 1929. Ils ne savent pas non plus les noms de personnes et de lieux qui sont dans la Parole, 1434, 1888, 4442, 4480. Les noms ne peuvent entrer dans le ciel, ni y être énoncés, 1876, 1888. Tous les noms dans la Parole signifient des choses et sont changés dans le ciel en idées de la chose qu'ils signifient, 768, 1888, 4310, 4442, 5225, 5287, 10329. Les anges pensent même abstractivement des personnes, 6613, 8343, 8985, 9007. Combien est élégant le sens interne de la Parole, lors même qu'il n'est composé que de simples noms; *prouvé* par des exemples tirés de la Parole, 1224, 1888, 2395; et même une série de noms exprime dans le sens interne une seule chose, 5095. Tous les nombres dans la Parole signifient aussi des choses, 482, 487, 647, 648, 755, 813, 1963, 1988, 2075, 2252, 3252, 4264, 6175, 9488, 9659, 10217, 10253. Les esprits perçoivent aussi la Parole dans le sens interne, selon que leurs intérieurs ont été ouverts pour le ciel, 1771. Le sens littéral de la Parole, qui est naturel, est transformé sur-le-champ en sens spirituel chez les anges, parce qu'il y a correspondance, 5648; et cela, sans qu'ils entendent et sans qu'ils connaissent ce qu'il y a dans le sens de la lettre ou dans le sens externe, 10215. Ainsi, le sens de la lettre ou sens externe est seulement chez l'homme, et il ne va pas plus loin, 2015.

Il y a un sens interne de la Parole, et aussi un sens intime ou suprême; sur ces deux sens, *voir* 9407, 10604, 10614, 10627. Les anges spirituels, c'est-à-dire, ceux qui sont dans le royaume spirituel du Seigneur, perçoivent la Parole dans le sens interne, et les anges célestes, c'est-à-dire, ceux qui sont dans le royaume céleste du Seigneur, perçoivent la Parole dans le sens intime, 2157, 2275.

La Parole est pour les hommes et aussi pour les anges; elle a été accommodée pour les uns et pour les autres, 7381, 8862, 10322. C'est la Parole qui unit le ciel et la terre, 2310, 2493, 9212, 9216, 9357. Par la Parole il y a conjonction du ciel avec l'homme, 9396, 9400, 9401, 10452. C'est pour cela que la Parole est appelée alliance, 9396; parce que l'alliance signifie la conjonction, 665, 666, 1023, 1038, 1864, 1996, 2003, 2021, 6804, 8767, 8778, 9396, 10632. Il y a un sens interne dans la Parole, parce que la Parole est descendue du Seigneur par les trois cieux jusqu'à l'homme, 2310, 6397; et ainsi elle a été accommodée pour les anges des trois cieux et aussi pour les hommes, 7381, 8862. C'est de là que la Parole est divine, 2899, 4989; et qu'elle est sainte,

10276 ; et qu'elle est spirituelle, 4480 ; et qu'elle a été inspirée par le divin, 9094. C'est là l'inspiration, 9094.

L'homme qui a été régénéré est même en actualité dans le sens interne de la Parole, quoiqu'il ne le sache pas ; car chez lui a été ouvert l'homme interne, auquel appartient la perception spirituelle, 10400 ; mais chez lui le spirituel de la Parole influe dans les idées naturelles, et se présente ainsi naturellement, parce que, lorsqu'il vit dans le monde, il pense, quant à la perception, dans l'homme naturel, 5614. De là, chez ceux qui sont illustrés, la lumière du vrai vient de leur interne, par conséquent du Seigneur par l'interne, 10691, 10694. C'est aussi par ce chemin que le saint influe chez ceux qui considèrent la Parole comme sainte, 6789. Puisque l'homme régénéré est en actualité dans le sens interne de la Parole, et c'est là être dans son saint, quoiqu'il l'ignore, voilà pourquoi après la mort il vient de lui-même dans ce sens, et n'est plus dans le sens de la lettre, 3226, 3342, 3343. Les idées de l'homme interne sont spirituelles ; mais l'homme, quand il vit dans le monde, ne les remarque pas, parce qu'elles sont dans sa pensée à laquelle elles donnent la faculté rationnelle, 10237, 10240, 10551 ; mais l'homme, après la mort, vient dans ces idées, qui sont siennes, parce qu'elles sont les propres idées de son esprit, et alors non-seulement il pense, mais encore il parle d'après ces idées, 2470, 2478, 2479, 10568, 10604.

Dans le sens interne ou spirituel de la Parole, il y a des arcanes innombrables. La Parole, dans son sens interne, contient des choses innombrables qui surpassent la conception humaine, 3085, 3086. Il y en a même d'ineffables et d'inexplicables, 1955, qui ne se présentent qu'aux anges et ne sont comprises que par eux, 167. Des choses innombrables sont représentées devant les anges quand on lit la Parole, 167, 1767, 1768. Le sens interne de la Parole contient les arcanes du ciel, qui concernent le Seigneur et son royaume dans les cieux et dans les terres, 1, 2, 3, 4, 937. Ces arcanes ne se montrent pas dans le sens de la lettre, 937, 1502, 2161. Plusieurs choses qui, dans les prophètes, paraissent comme décousues, se présentent, dans le sens interne, liées entre elles dans un ordre admirable, 7153, 9022. Il n'est pas un seul mot, pas même un seul iota, qui puisse être retranché du sens littéral de la Parole dans sa langue originale, sans qu'il y ait interruption dans le sens interne ; et c'est pour cela que, par la divine Providence du Seigneur, la Parole a été conservée si entière quant à tout accent, 7933. Il y a des choses innombrables dans chaque particularité de la Parole, 6617, 6620, 8920 ; et dans chaque mot, 1869. Il y en a d'innombrables dans l'Oraison dominicale et dans chacune de ses expressions, 6619 ; et dans les préceptes du Décalogue, dans le sens externe desquels il y a cependant des choses qui ont été connues de chaque nation sans révélation, 8867, 8900.

Dans la Parole, surtout dans la Parole prophétique, il y a des expressions qui semblent désigner une même chose, mais l'une se réfère au bien et l'autre au vrai, 683,

707, 2516, 8339. Dans la Parole, les biens et les vrais ont été conjoints d'une manière admirable, et cette conjonction est seulement manifeste pour celui qui connaît le sens interne, 10554; et ainsi, dans la Parole et dans chacune de ses choses, il y a le mariage divin et le mariage céleste, 683, 793, 801, 2173, 2516, 2712, 5138, 7022; le mariage divin est le mariage du divin bien et du divin vrai, et dans le le Seigneur seul existe ce mariage, 5502, 6343, 7945. Par Jésus est aussi signifié le divin bien, et par Christ le divin vrai, et ainsi par l'un et l'autre le mariage divin dans le ciel, 3004, 3005, 3009. Dans chacune des choses de la Parole, dans son sens interne, il y a ce mariage, par conséquent le Seigneur quant au divin bien et au divin vrai, 5502. Le mariage du bien et du vrai d'après le Seigneur dans le ciel et dans l'église est ce qui est appelé mariage céleste, 2508, 2618, 2803, 3004, 3211, 3952, 6179. Ainsi, sous ce rapport, la Parole est une sorte de ciel, 2173, 10126. Le ciel est assimilé au mariage, dans la Parole, d'après le mariage du bien et du vrai, là, 2758, 3132, 4434, 4835.

Le sens interne est la doctrine réelle même de l'église, 9025, 9430, 10400. Ceux qui comprennent la Parole selon le sens interne connaissent la vraie doctrine même de l'église, parce que le sens interne la contient, 9025, 9430, 10400. L'interne de la Parole est aussi l'interne de l'église, et pareillement l'interne du culte, 10460. La Parole est la doctrine de l'amour envers le Seigneur et de la charité à l'égard du prochain, 3419, 3420. Celui qui s'approprie un doctrinal dans lequel est le mal ne peut pas être illustré d'après la Parole, 10640. La Parole a été revêtue d'apparences par l'humain, par suite aussi la doctrine, 2719, 2720. Les doctrines de la Parole ne sont point comprises, si elles ne sont pas exposées rationnellement, 2553.

La Parole, dans la lettre, est comme une nuée; et, dans le sens interne, elle est une gloire, Préf. Chap. XVIII. Gen., et 5922, 6343, où sont expliquées ces paroles, *le Seigneur doit venir dans les nuées du ciel avec gloire.* La nuée aussi, dans la Parole, signifie la Parole dans le sens de la lettre, et la gloire la Parole dans le sens interne, Préf. Chap. XVIII. Gen. et 4060, 4391, 5922, 6343, 6752, 8106, 8781, 9430, 10551, 10574. Les choses qui sont dans le sens de la lettre sont, par rapport à celles que renferme le sens interne, comme ces traits grossièrement projetés autour d'un cylindre optique poli, d'après lesquels cependant se présente dans le cylindre une belle image d'homme, 1871. Ceux qui ne veulent et ne reconnaissent que le sens externe de la lettre sont représentés dans le monde spirituel par une vieille décrépite; mais ceux qui veulent et reconnaissent en même temps le sens interne sont représentés par une vierge décemment vêtue, 1774. La Parole dans tout le complexe est l'image du ciel, parce que la Parole est le divin vrai, et que le divin vrai fait le ciel; et comme le ciel ressemble à un homme, la Parole est sous ce rapport comme l'image d'un homme, 1871. La Parole se présente devant les anges avec beauté et charme, 1767, 1778. Le sens de la lettre est comme le corps, et le sens interne est comme l'âme de ce corps, 8943. De là la

Parole a la vie par le sens interne, 1405, 4857. La Parole est pure dans le sens interne, et n'apparaît pas ainsi dans le sens de la lettre, 2362, 2395. Les choses qui sont dans le sens de la lettre sont saintes par les choses internes, 10126, 10728.

Dans les historiques de la Parole, il y aussi un sens interne, mais il est au dedans de ces historiques, 4989. Ainsi les historiques de la Parole, de même que les prophétiques, contiennent les arcanes du ciel, 755, 1659, 1709, 2310, 2333. Les anges les perçoivent, non pas historiquement, mais dogmatiquement, parce qu'ils les perçoivent spirituellement, 6884. Les arcanes intérieurs qui sont dans les historiques se présentent moins clairement à l'homme que ceux qui sont dans les prophétiques, parce que le mental est en intention et en intuition au sujet des historiques, 5176, 6597.

Quel est, en outre, le sens interne de la Parole ; *montré*, 1756, 1984, 2004, 2663, 3033, 7089, 10604, 10614 ; et *illustré* par des comparaisons, 1873.

La Parole a été écrite par des correspondances, et ainsi par des représentatifs. La Parole, quant au sens de la lettre, a été écrite par de pures correspondances, ainsi par des choses qui représentent et signifient les spirituels appartenant au ciel et à l'église, 1404, 1408, 1409, 1540, 1619, 1659, 1709, 1783, 2179, 2763, 2899 ; et c'est pour cela que par elle il y a conjonction du ciel avec l'homme, 10687 ; c'est aussi pour cela qu'elle a de la force, 8615. Il en a été ainsi à cause du sens interne dans chacune des choses de la Parole, 2899 ; par conséquent, à cause du ciel, parce que ceux qui sont dans le ciel comprennent la Parole, non pas selon le sens de la lettre, qui est naturel, mais selon le sens interne, qui est spirituel, 2899. Le Seigneur a parlé par des correspondances, par des représentatifs et par des significatifs, parce qu'il parlait d'après le divin, 9048, 9063, 9086, 10126, 10728 ; ainsi le Seigneur a parlé devant le monde et en même temps devant le ciel, 2533, 4807, 9048, 9063, 9086. Les choses que le Seigneur a prononcées ont traversé tout le ciel, 4637. Les historiques de la Parole sont des représentatifs, les mots sont des significatifs, 1540, 1659, 1709, 1783, 2607, 2686. Pour qu'il y eut par la Parole communication et conjonction avec les cieux, elle ne pouvait pas être écrite dans un autre style, 2899, 6943, 9481. La Parole a été écrite, quant au sens de la lettre, dans la forme la plus naturelle ; s'il en eût été autrement, elle ne serait pas saisie, 8783. Combien se trompent grossièrement ceux qui méprisent la Parole à cause du style en apparence simple et peu poli, et qui pensent qu'ils auraient reçu la Parole, si elle eût été écrite dans un autre style, 8783. La manière d'écrire et le style, chez les très-anciens, étaient aussi par correspondances et par représentatifs, 605, 1756, 9942. Les sages anciens faisaient leurs délices de la Parole, parce qu'ils y trouvaient des représentatifs et des significatifs ; *prouvé par l'expérience*, 2592, 2593. Si l'homme de la très-ancienne église eût lu la Parole, il aurait vu clairement les choses qui sont dans le sens interne, et obscurément celles qui sont dans le sens externe, 4493. Les fils de Jacob ont été amenés dans la terre de Canaan, parce que dans cette terre tous les lieux, dans les temps très-anciens, étaient devenus représentatifs, 1585, 3686, 4447, 5136, 6516; et par conséquent afin que là fût écrite une Parole, dans laquelle ces lieux devaient être mentionnés à cause du sens interne, 3686, 4447, 5136, 6516. Mais néanmoins la Parole a été changée, quant au sens externe, à cause de cette nation, mais non quant au sens interne, 10453, 10461, 10603, 10604. Le sens interne est resté le même, 10453, 10461. Plusieurs passages de la Parole concernant cette nation doivent cependant être entendus selon le sens interne, ainsi autrement que selon la lettre, 7051. Comme cette nation représentait l'église, et comme la Parole a été écrite chez elle et parle d'elle, voilà pourquoi les divins célestes ont été signifiés par les noms de ses personnages; ainsi, par Ruben, Schiméon, Lévi, Jehudah, Éphraïm, Joseph, et les autres; et voilà pourquoi par Jehudah, dans le sens interne, il est signifié le Seigneur quant à l'amour céleste, et son royaume céleste, 3654, 3881, 5583, 5782, 6362 à 6381.

Du sens littéral ou externe de la Parole. Le sens littéral de la Parole est conforme aux apparences dans le monde, 589, 926, 1832, 1874, 2242, 2520, 2533, 2719, 2720; et à la portée des simples, 2533, 9048, 9063, 9086. La Parole, dans le sens de la lettre, est naturelle, 8783; et cela, parce que le naturel est le dernier dans lequel se terminent les spirituels et les célestes, et sur lequel ils subsistent, comme une maison sur son fondement, et qu'autrement le sens interne sans l'externe serait comme une maison sans fondement, 9360, 9430, 9433, 9824, 10044, 10436. La Parole, parce qu'elle est telle, est le contenant du sens spirituel et du sens céleste, 9407; et parce qu'elle est telle, elle est le saint divin dans le sens de la lettre; quant à tout ce qu'elle renferme en général et en particulier, jusqu'à chaque iota, 639, 680, 1869, 1870, 9198, 10354, 10637. Les lois portées pour les fils d'Israël, quoiqu'abrogées, sont toujours la sainte Parole, à cause du sens interne qui est en elles, 9211, 9259, 9349. Parmi les lois, les jugements et les statuts pour l'église israélite et juive, qui était une église représentative, il y en a qui sont encore en vigueur dans l'un et l'autre sens, l'externe et l'interne; il y en a qui doivent être entièrement observés selon le sens externe; il y en a qui peuvent être mis en usage si on le juge convenable; et il y en a qui sont entièrement abrogés; *voir* lesquels, 9349. La Parole est divine, même quant aux choses qui ont été abrogées, à cause des célestes qui sont renfermés dans leur sens interne, 10637.

Quelle est la Parole dans le sens de la lettre, si elle n'est pas comprise en même temps quant au sens interne, où, ce qui est la même chose, selon la vraie doctrine tirée de la Parole, 10402. Des hérésies surgissent en nombre immense du sens de la lettre sans le sens interne, ou sans la doctrine réelle tirée de la Parole, 10400. Ceux qui sont dans les externes sans être dans les internes, ne supportent pas les intérieurs de la Parole, 10694. Tels ont été les Juifs, et tels ils sont encore aujourd'hui, 301, 302, 303, 3479, 4429, 4433, 4680, 4844, 4847,

10396, 10401, 10407, 10694, 10701, 10707. Ceux qui nient de cœur la Parole la blasphèment; *illustré*, 9222. De ceux qui rejettent les intérieurs de la Parole; ils placent le mérite dans les œuvres, 1774, 1877.

Le Seigneur est la Parole. Dans le sens interne de la Parole, il s'agit uniquement du Seigneur, et là sont décrits tous les états de la glorification de son humain, c'est-à-dire, de l'union avec le divin même, et en même temps tous les états de la subjugation des enfers, et de l'ordination de toutes les choses qui sont dans les enfers et dans les cieux, 2249, 7014; ainsi, dans ce sens, est décrite toute la vie du Seigneur dans le monde, et par là il y a présence continuelle du Seigneur chez les anges, 2523. Par conséquent, le Seigneur seul est dans l'intime de la Parole, et c'est de là que viennent le divin et le saint de la Parole, 1873, 9357. Par la Parole, il y a connexion du ciel avec le monde, et sans la Parole le genre humain périrait, 9212, *f.*, 9216, *f.* Ces paroles du Seigneur, que tout ce qui a été écrit de Lui a été accompli, signifient que toutes les choses qui sont dans le sens intime ont été accomplies, 7933. Par ces mots dans Jean, — I. 1 à 14, — « La Parole était chez Dieu, et Dieu elle était, la Parole! » il est signifié le Seigneur quant au divin humain, ainsi quant au vrai, par conséquent toute révélation, et la Parole elle-même, 2894. Le Seigneur est la doctrine elle-même, parce qu'il est la Parole, et que la Parole traite de lui et de son royaume, 2859. Le Seigneur est la Parole ou la doctrine, 2533, *f.*

Le Seigneur est la Parole, parce qu'il est le divin vrai et que la Parole est le divin vrai, 2533. Le Seigneur est la Parole, parce qu'aussi la Parole vient de lui et traite de lui, 2859; et parce que la Parole traite du Seigneur seul dans le sens intime, ainsi le Seigneur lui-même est dans ce sens, 1873, 9357; et parce que dans toutes et dans chacune des choses de la Parole il y a le mariage du divin bien et du divin vrai, mariage qui est dans le Seigneur seul, 3004, 3005, 3009, 5138, 5194, 5502, 6343, 7945, 8339, 9263, 9314. Le divin vrai est le réel unique; et, ce dans quoi il est, venant du divin, est le substantiel unique, 5272, 6880, 7004, 8200. Et parce que le divin vrai procédant du Seigneur comme soleil dans le ciel y est la lumière, et le divin bien la chaleur, et parce que par eux toutes choses y existent, de même que, dans le monde, par la lumière et par la chaleur existent toutes choses qui sont aussi dans leurs substances et agissent par elles, et que le monde naturel existe par le ciel ou par le monde spirituel, il est évident que toutes les choses qui ont été créées l'ont été par le divin vrai, par conséquent par la Parole, 2803, 2894, 5272, 6880.

Si le Seigneur a voulu naître sur notre terre, et non sur une autre, c'est à cause de la Parole, 9350 à 9362. Le motif principal a été à cause de la Parole, 9352. En effet, la Parole, dans notre terre, a pu être écrite, 9353. La Parole ensuite a pu être répandue sur toute notre terre, 9354; une fois écrite, elle a pu être conservée pour toute postérité, 9355. Ainsi, il a pu être manifesté à tous, dans l'autre vie, que Dieu a été fait homme, 9356. La Parole est l'union du ciel et du monde; et, dans son sens suprême, elle traite du Seigneur, 9357. Dans les autres terres, le vrai divin est manifesté de bouche par les esprits et par les anges, 9358. Le Seigneur a voulu naître sur notre terre pour devenir la Parole aussi dans le sens externe; *montré,* 9360.

Il y a par la Parole, au moyen du sens interne, conjonction du Seigneur avec l'homme, 10375. Il y a conjonction par toutes et par chacune des choses de la Parole, et c'est de là que la Parole est admirable plus que tout autre écrit, 10632, 10633, 10634. Depuis que la Parole a été écrite, le Seigneur parle par elle avec les hommes, 10290. Si le Seigneur a parlé de vive voix de la montagne de Sinaï, c'est parce que c'était le commencement de la révélation de la Parole, 8931.

De ceux qui sont contre la Parole. De ceux qui méprisent, blasphèment et profanent la Parole, 1878. Quels ils sont dans l'autre vie, 1761, 9222. Ils ont relation avec les viscosités du sang, 5719. Combien de dangers résultent de la profanation de la Parole, 571, 582. Combien il est nuisible de confirmer par la Parole les principes du faux, et surtout les principes qui favorisent l'amour de soi et l'amour du monde, 589. Ceux qui ne sont dans aucune affection du vrai pour le vrai rejettent entièrement les choses qui appartiennent au sens interne de la Parole, et éprouvent du dégoût pour elles; *prouvé* par l'expérience sur leurs semblables dans le monde des esprits, 5702. Ceux qui nient de cœur la Parole la blasphèment; *illustré,* 9222. De quelques-uns, dans l'autre vie, qui s'efforçaient de rejeter tout à fait les intérieurs de la Parole; ils furent privés de la rationalité, 1879.

Quels sont les livres de la Parole. Les livres de la Parole sont tous ceux qui ont le sens interne; mais ceux qui ne l'ont pas ne sont point la Parole. Les livres de la Parole, dans l'ancien testament, sont : les cinq livres de Moïse; le livre de Josué; le livre des Juges; les deux livres de Samuel; les deux livres des Rois; les psaumes de David; les prophètes : Ésaïe, Jérémie, les Lamentations, Ézéchiel, Daniel, Hosée, Joël, Amos, Obadie, Jonas, Michée, Nahum, Habakuk, Séphanie, Aggée, Zacharie, Malachie. Dans le nouveau testament, les quatre évangélistes : Matthieu, Marc, Luc, Jean, et l'Apocalypse. Les autres livres n'ont point le sens interne, 10325.

Le livre de Job est un livre ancien, dans lequel il y a, il est vrai, un sens interne, mais ce sens n'étant pas en série, ce livre n'est point la Parole, 3540, 9942. Il en est de même du Cantique des cantiques; ce livre est plein de significatifs, mais il n'est pas du nombre de ceux qui sont appelés Moïse et les prophètes, 3942.

Diverses autres choses concernant la Parole. Le mot *parole,* dans la langue hébraïque, a différentes significations; il signifie discours, pensée du mental, toute chose qui existe réellement, et aussi quelque chose, 9987; il signifie une chose et le réel; c'est le divin vrai d'où procède tout ce qui est réel; de là, il est dit : « Toutes choses par la Parole ont été faites, » 5272. La Parole signifie le divin vrai et le Seigneur, 2533, 4692, 5075, 9987. Les paroles *sign.* les vrais, 4692, 5075. Elles signifient les doctrinaux, 1288. Les dix paroles *sign.* tous les divins vrais, 10688. Les paroles aussi *sign.* les choses, 1785. Si les paroles, dans la langue originale, *sign.* des choses, c'est parce que la Parole est le vrai, et que tout ce qui existe, existe et devient une chose par le vrai, 5075. « Les mêmes paroles, » *sign.* que la doctrine était la même dans le particulier, et la parole *sig.* toute doctrine sur la charité et sur la foi, 1288. Les jugements et les paroles sont les vrais de l'état spirituel et les vrais de l'état naturel, 9383. Ce que signifie dans Jean, — I. 1 et suiv., — « la Parole était chez Dieu, » 2803, 2894.

Dans la Parole, surtout dans la Parole prophétique, il y a deux expressions d'une même chose; l'une se réfère au bien et l'autre au vrai, qui ainsi sont conjoints, 683, 707, 2516, 8339. Ce n'est que par le sens interne de la Parole qu'on peut savoir quelle expression se rapporte au bien, et quelle expression se rapporte au vrai, parce qu'il y a des mots particuliers pour exprimer les choses qui appartiennent au bien, et des mots particuliers pour exprimer celles qui appartiennent au vrai, 793, 801; et cela, au point qu'on reconnaît par le seul emploi des mots, si c'est du bien ou si c'est du vrai qu'il s'agit, 2722. Quelquefois aussi l'une des expressions enveloppe le commun, et l'autre quelque chose de déterminé d'après le commun, 2212. Il y a dans la Parole une espèce de réciprocation; il en est parlé, 2240. La répétition dans la Parole signifie aussi que c'est autre chose, 734. Dans le sens de la lettre, il y a parfois deux ou trois, quand, dans le sens interne, il n'y a qu'un, ainsi quand il s'agit du Seigneur, 2663. Il y a dans le sens de la lettre plusieurs expressions, qui dans le sens interne font un, comme Jéhovah et le Seigneur, 3035. Dans quelques passages de la Parole, il n'y a point de sens, s'il n'y a pas de sens interne; *montré,* 8398, *f.* La plupart des choses, dans la Parole, ont aussi le sens opposé, 4816. Le sens interne suit d'une manière attributive son sujet, 4502. Combien différent le sens externe de la Parole et le sens interne, 9396.

Ceux qui ont mis leur plaisir dans la Parole reçoivent, dans l'autre vie, la chaleur du ciel dans laquelle est l'amour céleste, suivant la qualité et la quantité du plaisir d'après l'amour, 1773. La Parole est vivifiée et perçue selon la vie de chacun, 1771. La Parole est mieux perçue, quand elle est lue par des enfants, par de jeunes garçons et de jeunes filles, 1776. Toutes et chacune des choses de la Parole, quand elle est lue par ceux qui sont dans la vie de la foi, se manifestent devant les anges; et cela aussi, lors même que ceux qui lisent ne font pas attention à son sens, 3480. Aujourd'hui, l'homme ne sait pas même qu'il y a dans la Parole autre chose que ce qui se présente dans la lettre, ni même qu'il y a un sens spirituel; tout ce qui est au-delà du sens littéral est appelé mystique, et pour cela seul rejeté, 3482. La Parole est obscure pour ceux qui sont de l'église spirituelle, et à plus forte raison pour les Juifs, 8928. L'homme interne est en actualité dans le sens interne de la Parole, mais il ne peut être illustré que selon les connaissances dans lesquelles il est quand son interne est ouvert, 10400, 10402, *f.* La lumière du vrai, dans l'externe de la Parole, est à ceux qui sont dans l'interne, 10691, 10694. Quelle est la Parole dans le sens externe, si elle n'est pas entendue quant au sens interne, 10402, f. Le sens externe de la Parole est saint d'après l'interne, et non sans l'interne; *illustré*, 10276. Ce que c'est que le saint interne de la Parole, et le saint externe de la Parole, que Moïse et Josué représentaient, 9419. L'homme qui est dans le bien pense spirituellement, ainsi selon le sens interne, quoiqu'il ne le sache pas; *illustré*, 5614. Ce que c'est que voir par les externes les internes; ainsi, par le sens de la lettre de la Parole, les choses qui sont du sens interne, 1807. De ceux, dans l'autre vie, qui ont vu et perçu les intérieurs de la Parole, 65, 1769, 1770, 1772. Les choses qui appartiennent au sens interne de la Parole apparaissent à l'homme comme éparses, et de peu d'importance; mais elles sont essentielles et dans une très-belle cohérence, et sont vues ainsi par les anges dans la lumière du ciel, 7153.

Les spirituels de la Parole ne peuvent se présenter autrement que par des naturels, 6943. La divine Parole est dans les cieux absolument dans une autre forme que dans les terres, et elle varie aussi de forme dans les cieux, 8920. La Parole, dans le sens interne, est dans une belle série, quoique, dans le sens de la lettre, les choses soient de sortes très-diverses; *illust.*, 9022. Plusieurs choses, dans le sens de la lettre, apparaissent non divines, lorsque cependant elles le sont d'après le sens interne; par exemple, les lois civiles et autres choses, 8971. Des lois ont été portées, dans la Parole, au sujet de choses qui arrivent rarement, et néanmoins elles sont très-convenables à cause du sens interne, 9259. Les lois prescrites aux Juifs, dans l'ancien testament, ne lient point les chrétiens, et néanmoins elles sont saintes d'après le sens interne, 9211. Les statuts et les lois de la pâque ne sont point connus sans le sens interne; mais d'après le sens interne on comprend pourquoi ces choses ont été instituées, 8020. Dans la Parole, il a été parlé selon les apparences, 589, 926, 1838, 1874. Les illusions et les apparences, dans la Parole, sont adoptées par le Seigneur, afin qu'elles soient comme des vrais, 1832. Quoique l'homme soit dans des illusions par le sens littéral de la Parole, cela n'est point nuisible, 735. Il n'est point nuisible que quelqu'un croie avec simplicité à la Parole, mais il est nuisible que quelqu'un d'après la Parole confirme des principes faux, 589. La Parole, dans la lettre, n'est pas annihilée par le sens interne, mais elle est confirmée, et elle est sainte et divine quant à tout accent et à tout iota; *illustré* et *montré*, 9349. Dans le sens externe de la Parole, il y a le sens interne, et dans celui-ci le sens intime, 10614, 10627. Dans le sens de la lettre de la Parole, il y a le sens spirituel, dans celui-ci le sens céleste, et intimement le divin même; *illustré*, 9407. La Parole, dans la lettre, est l'affermissement et le fondement dans lesquels se terminent, et sur lesquels subsistent les intérieurs, 9430; *montré*, 9433. Le sens de la lettre de la Parole est le plan dans lequel se terminent les intérieurs et sur lequel ils reposent, 10436. La Parole est autre dans le sens interne parce qu'elle est descendue du Seigneur par le ciel, et parce qu'elle est ce qui unit le ciel et la terre, 2310, 2495. Le Seigneur a parlé d'après le divin, ainsi dans chacune de ses paroles il y a le sens interne, 9049, 9063, f. Les choses que le Seigneur a prononcées ont en elles le sens interne, parce qu'il les a prononcées d'après le divin, 9086. Dans le sens interne de la Parole sont décrits tous les états de la glorification du Seigneur; *illustré*, 7014. Le cheval blanc, dans l'Apocalypse, est le sens interne de la Parole, et celui qui est monté dessus est le Seigneur, qui est la Parole, 2760. Ce que signifie « le Seigneur ressuscitera le troisième jour; » cela enveloppe que le sens interne de la Parole, qui avait péri, ressusciterait le troisième jour, c'est-à-dire, à la consommation du siècle, 2813. La loi et les prophètes, ou Moïse et les prophètes, ce sont les livres historiques et les livres prophétiques de la Parole, 2606. Moïse et les prophètes ont écrit la Parole par des représentatifs et par des significatifs; et, pour qu'elle eût un sens interne par lequel il y eût communication entre le ciel et la terre, elle ne pouvait pas être écrite dans un autre style, 3849. Les préceptes de la vie, dans la Parole, sont pour l'usage dans l'un et dans l'autre sens, l'interne et l'externe, 2609. Les préceptes du décalogue sont perçus par les anges autrement que par les hommes; c'est pour cela qu'ils ont été promulgués avec miracles, 2609. Dans les préceptes du décalogue, il y a un sens interne; *confirmé*, 8899. Rendre un culte aux externes de la Parole et de l'église séparés des internes, c'est idolâtrique; *illustré*, 10399.

Pourquoi les intérieurs de la Parole n'ont point été dévoilés aux Juifs, 2520. Pourquoi le sens interne ne se montre pas dans les historiques, 6597. Pourquoi, dans la Parole, la plupart des expressions ont le sens opposé, 4816. Pourquoi, dans le sens interne, il s'agit si souvent de l'union de l'essence divine du Seigneur avec son essence humaine, et aussi de la perception et de la pensée, 2249. Pourquoi le sens interne de la Parole décrit toute la vie du Seigneur; c'était afin que toutes choses fussent alors présentes devant les anges, 2523.

Du style de la Parole, 3482. Il y a quatre styles différents dans la Parole, 66, 1139. Le premier style est celui qui exista dans la très-ancienne église; le second est le style historique; le troisième est le style prophétique; et le quatrième est le style des psaumes de David, qui tient le milieu entre le style prophétique et le langage ordinaire, 66. Les anciens arrangeaient aussi les choses sacrées sous des représentatifs et des significatifs; mais la Parole a, de plus que les écrits de l'antiquité, cela de particulier, que toutes les choses représentent dans une série continue les célestes et les spirituels du royaume du Seigneur; et, dans le sens suprême, le Seigneur lui-même; et que, de plus, ce sont des correspondances réelles, et correspondances continues à partir du Seigneur par les trois cieux, 4442.

PAROLE DE JÉHOVAH, *Dictum Jehovæ*. C'est une confirmation par le divin, 7192. C'est la confirmation divine irrévocable de ce qui est dit, 2842. Si le Seigneur confirme ainsi en quelque sorte par un serment, ce n'est pas que la chose soit plus vraie, mais c'est qu'elle est adressée à des hommes qui ne reçoivent pas le vrai divin s'il n'est ainsi confirmé, 2842.

PAROLE DE L'HOMME, *Loquela hominis.* C'est l'image de ce qui existe au dedans de l'homme, 3393. La parole et le geste chez l'homme sont les images de sa pensée et de sa volonté, de sorte qu'ils sont la pensée et la volonté dans une forme, 3393.

PARTAGER, *Dividere.* C'est exterminer et dissiper, 6360, 6361; *illustré*, 9093. Toutes les choses qui doivent faire un, si elles sont partagées, périssent, 9093. Celui qui sépare le vrai d'avec le bien, ou la foi d'avec la charité, perd l'un et l'autre, 9093. Partager les vêtements du Seigneur, c'est désunir et dissiper les divins vrais, 9942.

PARTICULIERS, *Particularia.* Voir COMMUN, SINGULIERS. Pris ensemble, les particuliers sont appelés le commun, 1919, 6159, 6338. Les particuliers ne dépendent pas de la prudence chez l'homme, 8717, 10775. Par les particuliers existe le commun, et sans les particuliers il n'existe aucun commun, 3513. Il n'y a aucune affection pour les particuliers, si les communs ne sont pas entrés auparavant avec affection, 5454. Pour qu'il y ait quelque particulier, il faut qu'il y ait un commun, 4325. Le particulier ne peut jamais exister ni subsister sans un commun, et même il subsiste dans le commun, 4325. Il en est d'un particulier selon la qualité et selon l'état du commun, 4325. Ce qui se passe dans le particulier se passe aussi de la même manière dans le commun, 3187, *f.*

PARTIE, *Pars.* Les parties doivent être semblables à leur commun, pour qu'elles appartiennent à ce commun, 3633. Pour qu'un homme soit heureux, il ne doit pas être en partie sien, et en partie au Seigneur, 6138. Par les sacrifices dont une partie était brûlée sur l'autel, et l'autre partie donnée au peuple pour être mangée, était signifiée la conjonction du Seigneur avec l'homme, 9416. Passer entre les deux parties du veau *sign.* conjoindre, parce que l'une des parties signifiait le bien procédant du Seigneur, et l'autre le bien reçu par l'homme, 9391.

PARTIR, *Proficisci. Voir* DÉPART. Dans la Parole, partir *sign.* vivre, et signifie aussi le progressif de la vie, 3335, 4554, 4585, 4882, 5493, 5605, 5996, 8345, 8397, 8417, 8420. Partir *sign.* l'ordre et les règles de la vie, parce que les très-anciens, qui avaient un culte très-saint dans leurs tentes, partaient avec ces tentes, 1293, 5605, 7972. Partir c'est progresser, 1457. Partir et aller, c'est le successif, 4375, 8345; c'est le continu, 4554, 4585, 5996. Partir, c'est le successif continuellement, 8181, 8397. C'est l'ordination; quand? 8192. C'est le progressif de la vie spirituelle, 8557. Partir de l'orient, c'est s'éloigner de la charité, qui est signifiée par l'orient, 1289, 1291. Partir de Béthel, — Gen. XXXV. 16, — c'est la continuation de la progression du divin, 4585.

PARVIS, *Atrium.* Le parvis de l'habitacle est le dernier ciel; *montré*, 9741. Il y a le parvis extérieur et le parvis intérieur; celui-ci pour le royaume céleste, et celui-là pour le royaume spirituel; *montré*, 9741. Le parvis appartient à l'un et à l'autre royaume; *illust.*, 9741. Dans le parvis intérieur sont ceux qui sont dans le bien de l'amour mutuel, et dans le parvis extérieur ceux qui sont dans le bien de la foi ; sur ceux-ci, 9741, 9742. Le dernier ciel est représenté et décrit par le parvis, 9741. Les parvis signifient les externes de l'église, et les palais les internes, 3271. Les anciens comparaient aux parvis les choses extérieures du mental humain qui étaient sur les côtés, et aux portiques celles du dehors qui étaient en cohérence avec les intérieurs, 7353.

PASCAL. Le souper pascal signifiait la consociation dans le ciel, 3596, 3832, 4745, 5161, 7996. Il représentait la conjonction avec le Seigneur par le bien de l'amour, 9965. Le sang de l'agneau pascal signifiait le bien du vrai de l'innocence, 7997. Sur les statuts et les lois concernant l'agneau pascal, *voir* 8080. Chacun de ces statuts contient et cache des arcanes célestes. *Voir* AGNEAU, PAQUE, PÆSACH.

PASSAGE, *Transitus*. Ce qui est signifié par le passage des fils d'Israël à travers la mer de Suph, 8099. Le passage du Jourdain *sign*. l'initiation dans les connaissances du bien et du vrai, 6538. Habiter au passage du Jourdain, c'est être dans les choses qui sont des initiations, 4255. Passage par les lieux de damnation ou par les enfers, quand furent délivrés ceux qui étaient gardés dans la terre inférieure, 7849, 7889, 7939, 8039, 8099, 8125, 8345. Chez quels hommes est fermé le passage pour la lumière du ciel et pour son influx, 6974.

PASSAGES DE LA PAROLE. Dans quelques passages de la Parole, il n'y a point de sens, s'il n'y a pas de sens interne ; *montré*, 8398, *f*. — *Voir* dans le Tome III, page 132 à 134, les passages de la Parole qui renferment les principales propositions dogmatiques.

PASSÉ OU PRÉTÉRIT, *Præteritum*. Le sens interne ne tient aucun compte des temps ; la langue hébraïque lui est favorable en ce que, parfois, un seul et même mot peut être expliqué à n'importe quel temps, 618.

PASSER, *Transire*. C'est être sauvé, 8321, 8322. C'est influer, 4205. Passer devant, c'est conduire et enseigner, 8577. Faire passer à Jéhovah, c'est attribuer au Seigneur, 8074, 8078. Passer et revenir, c'est examiner et considérer tout autour depuis une fin jusqu'à l'autre, 10489. Passer par toute la terre d'Égypte, c'est subordonner et soumettre chaque chose dans le naturel, 5338. La Parole a passé du divin même à travers le ciel jusqu'en la terre, 8862. Aucun des mots qui sont dans la Parole ne peut passer jusqu'aux esprits, ni à plus forte raison jusqu'aux anges, 1876. Lorsque le mal qui est dans le volontaire passe dans l'intellectuel, il passe de l'obscurité dans la lumière, 9071. Si l'homme vivait la vie du bien, il passerait sans maladie de son corps terrestre dans un corps tel que celui qu'ont les anges, ainsi de ce monde immédiatement dans le ciel, 5726.

PASSER LA NUIT, *Pernoctare*. C'est se reposer ; et, dans le sens interne, avoir la paix, 3170, 4213. Passer la nuit dans la rue, c'est juger d'après le vrai, 2335. Passer la nuit, c'est vivre dans l'obscur, 3693 ; c'est aussi la tranquillité ; ce que c'est que la tranquillité, 4213. Passer la nuit dans la forêt, c'est être désolé quant au bien, ou ne plus être dans les biens, 3240.

PASSIF, *Passivum*. Dans les parties organiques de l'homme, qu'elles soient simples ou composées, et même dans les plus simples, il y a un passif et un actif, qui, s'ils n'étaient unis par une sorte de mariage à l'instar du mari et de l'épouse, n'y pourraient nullement être, ni à plus forte raison produire quelque chose, 718. Il en est de même dans toute la nature, 718.

PASSION (la) du Seigneur sur la croix a été la dernière tentation et la complète victoire par laquelle il s'est glorifié, c'est-à-dire, par laquelle il a fait divin son humain et a subjugué les enfers, 2772, 10655, 10659, 10828. Sur ce sujet, *voir* 2776, 2818, 2854, 4287, 4735, 5045, 10026, 10152.

PASSIONS (les) sont les origines des maladies, 5712.

PASTEUR, *Pastor*. Le pasteur est celui qui enseigne et conduit au bien de la charité, et le troupeau celui qui est enseigné et conduit, 343, 3795, 6426. Les pasteurs de troupeau *sign.* les vrais qui conduisent au bien, 6044; *voir* BERGER. Les bons pasteurs de brebis sont les prêtres qui enseignent les vrais, et qui par les vrais conduisent au bien de la vie, et par conséquent au Seigneur; mais ceux qui enseignent et ne conduisent pas au bien de la vie sont les mauvais pasteurs, 10794, 343. Voir PRÊTRES.

PATE, *Massa*, dont on fait le pain. C'est le premier état du vrai d'après le bien, 7966.

PATERNEL. L'affection est la vie maternelle; le céleste et le spirituel dans l'affection, c'est la vie paternelle, 1895. Sur la puissance paternelle, *voir* 6492.

PATHRUSIM, — Gen. X. 14, — c'est une nation, ainsi nommée, qui signifie un genre de rites purement scientifiques, 1193, 1196.

PATIENT, *Patiens*. Toutes choses dans le monde spirituel, et par suite dans le monde naturel, se réfèrent au bien et au vrai, au bien comme à l'agent et à ce qui influe, et au vrai comme au patient et à ce qui reçoit, 5194.

PATRIARCHES (les) Abraham, Isaac, Jacob n'ont point adoré Jéhovah, mais ils adoraient le Dieu Schaddaï, 7194.

PATRIE, *Patria*. La patrie est le prochain, 6819; *voir* PROCHAIN. La patrie est le prochain de préférence à une société, parce qu'elle est comme une mère, 6821. On doit par amour faire du bien à la patrie selon ses nécessités, 6821. Celui qui aime la patrie, et qui lui fait du bien d'après le bien-vouloir, celui-là dans l'autre vie aime le royaume du Seigneur, car là le royaume du Seigneur est pour lui la patrie, 6821. La patrie est une mère dans le sens naturel, comme l'église dans le sens spirituel, 8900. Du véritable amour de la patrie, 3816.

PATURAGE, *Pascuum*. C'est ce qui sustente la vie spirituelle de l'homme, 6078, 6279. Le pâturage *sign.* les scientifiques dans lesquels sont les biens du vrai, 6078. C'est l'instruction concernant la doctrine ou la Parole; *montré*, 5201. Ceux qui voient les faux comme des vrais, et les vrais comme des faux, détruisent le bon pâturage, 4783, *f*.

PATURE. Voir PATURAGE. C'est ce qui sustente la vie spirituelle, et c'est principalement le vrai scientifique, 6078.

PAUME, *Vola*. *Voir* MAIN. Les paumes *sign.* la pleine puissance, 10088. Être posé sur les paumes d'Aharon, c'est la reconnaissance que la chose appartient au Seigneur, 10082. Étendre les paumes vers le ciel, quand cela est fait pour un autre, c'est l'intercession, 7596.

PAUVRE, *Pauper*. Qui étaient ceux que les anciens entendaient par les pauvres, 2129, 4459, 4958, 9209, 9253, 10227. Ils désignaient sous ce nom une des classes du prochain, 7259, 7260; par eux ils entendaient ceux qui étaient pauvres spirituellement, 7261. Les pauvres *sign.* ceux qui sont dans peu de vrais et dans des faux par ignorance; et aussi tant ceux qui sont dans le bien que ceux qui sont dans le mal, 9253. Les pauvres *sign.* ceux qui ne sont pas dans les connaissances du vrai, et néanmoins les désirent, 10227. Les pauvres sont ceux qui sont dans peu de bien par ignorance du vrai, et les indigents ceux qui sont dans peu de vrai par ignorance du vrai, et néanmoins désirent être instruits; *montré*, 9209. Faire du bien aux pauvres est l'externe de l'église, et faire du bien à ceux qui sont dans la pauvreté spirituelle est l'interne de l'église; et, en faisant du bien, on doit avoir en vue l'interne et l'externe, 9209. Secourir un pauvre malfaisant, c'est faire par lui du mal au prochain; par le secours qu'on lui donne on le confirme dans le mal, et on lui fournit la faculté de faire du mal aux autres, 3820, 5008, 8120. Comment il faut entendre que le ciel est pour les misérables et les pauvres, lorsque cependant dans le ciel il y a des riches et des hommes constitués en dignités; *montré*, 10227. Les riches peuvent venir au ciel aussi bien que les pauvres, et ceux qui sont constitués en dignités aussi bien que ceux qui sont dans une condition basse, 2129. Comment on doit entendre qu'il faut donner aux pauvres, 3688, 3820. Être pauvre et indigent *sign.* n'avoir par soi-même rien de la sagesse ni rien de la puissance, mais avoir par le Seigneur ces deux choses, 4459, 5008. Est appelé pauvre et indigent celui qui croit de cœur et par affection que par lui-même il ne possède rien, ne sait rien, n'a pas la moindre sagesse, et ne peut rien, celui-là dans le ciel est riche et dans l'abondance, car le Seigneur lui donne toute opulence; il est plus sage que les autres, plus riche que les autres, il habite les palais les plus magnifiques et au milieu des trésors de toutes les richesses du ciel, 4459. Dans la parabole du riche et de Lazare, le riche *sign.* ceux qui sont au dedans de l'église, et Lazare ou le pauvre, ceux qui sont hors de l'église, et aussi ceux qui au dedans de l'église sont dans peu de bien par ignorance du vrai, et cependant désirent être instruits, 9231.

PAYER, *Rependere*. C'est rétablir, 9087, 9097, 9102; et c'est la peine correspondante, 9102. Payer le double, c'est rétablir jusqu'au plein, 9152.

PAYSANS, *Rustici*. Ceux d'entre eux qui ont vécu dans le bien mais dans l'ignorance du vrai reçoivent l'instruction dans l'autre vie, 2759. Expériences relatives à des paysans, 3647.

PEAU, *Cutis*. *Voir* CUTICULE, TÉGUMENTS. La peau des animaux et celle de l'homme *sign.* les externes, qui sont les naturels respectivement aux célestes et aux spirituels; *montré*, 3540. De la correspondance de la peau avec le très-grand homme, 5552, à 5559. Notre globe étant dans les externes réagit contre les internes, comme la peau a coutume de le faire, 5554. Les sociétés auxquelles correspondent les cuticules sont dans l'entrée vers le ciel, 5553. Quelle est leur fonction, 5553. Dans quelques-unes de ces sociétés sont ceux qui avaient eu foi dans les autres, pourvu que ceux-ci eussent confirmé une chose par le sens de la lettre de la Parole, 5554; et ceux qui avaient seulement su les communs de la foi, et par suite avaient été séduits par des fourbes, des hypocrites et des flatteurs, 5555. Les esprits qui constituent la peau extérieure présentent entre eux beaucoup de différence, comme en présente cette peau en divers endroits, 5555. Ceux qui constituent la peau écailleuse raisonnent sur chaque sujet, s'il est ainsi, ou n'est pas ainsi, et ne vont pas plus loin, 5556. Ceux qui constituent la peau tenant peu du sensitif, sont ceux qui ont seulement babillé sans nullement penser à ce qu'ils avaient dit, et qui ont aimé à parler sur tous les sujets, 5557. Conformation de la peau mise en évidence, belle chez les régénérés, affreuse chez les méchants, 5559. Esprits qui ont relation avec la peau externe de la tête, 4046. La peau externe est tournée des intérieurs du corps en dehors, et prend le sens de son toucher par les choses qui sont en dehors, et non sensiblement par celles qui sont en dedans, 6402; de là, ceux qui constituent la province de la peau externe dans le très-grand homme, sont dans les derniers du royaume du Seigneur, 6402. Le dernier ou l'extrême chez l'homme, c'est-à-dire, la peau externe de l'homme, correspond à ceux qui dans les cieux sont seulement dans les vrais de la foi, 9959. Ceux qui sont seulement dans les vrais de la foi, et non dans le bien selon ces vrais, sont dans les derniers du ciel, et ils constituent et représentent la peau, 8980. Les choses qui enveloppent le corps de tous côtés, comme les muscles et la peau, reçoivent pour la plupart les fibres qui partent du cerveau, 4325. Sur les diverses peaux chez l'homme, *voir* 8980.

Dans la Parole, le naturel extrême, qui est le sensuel, est signifié par le vêtement, et le naturel extérieur ou moyen est signifié par la peau, 9215. Être enveloppé par la peau, dans Job, — XIX. 25, 26, — c'est être enveloppé par le naturel, tel que l'homme l'a avec lui après la mort, 3540. Le rayonnement de la peau de la face de Moïse *sign.* la transparence du divin interne de la Parole, de l'église et du culte, à travers leur externe, 10600, 10705. Par « Moïse ne savait pas que la peau de ses faces rayonnait, quand il parla avec Jéhovah, » il est signifié que l'interne de la Parole brillait dans son externe, sans que l'externe le perçut, 10691. Par les serviteurs hébreux, dans l'église représentative, ont été signifiés ceux qui constituent la peau dans le ciel ou le très-grand homme, 8977, 8980.

PEAU, *Pellis.* Voir PEAU, *Cutis.* La tunique de peau est le bien spirituel et naturel, 294, 295, 296. Les peaux de taissons *sign.* les biens, et les peaux de béliers rouges *sign.* les vrais externes qui proviennent du bien, 9471. La peau *sign.* le vrai dans les derniers; et, dans le sens opposé, le faux dans les derniers, 10036. La peau (*pellis*) et la peau (*cutis*), ce sont les extimes; *montré*, 3540.

Péché, *Peccatum.* Tout ce qui est contre l'ordre divin est un péché, 5076. Le péché est et signifie tout ce qui est contre l'ordre divin, 4839; ainsi, c'est le renversement de l'ordre, 5726. C'est une séparation et un éloignement d'avec le Seigneur, 4997, 5229, 5474, 5746, 5841, 9346. Le péché est et signifie une séparation et un éloignement d'avec le bien et le vrai, 7589. Le péché, en général, est pris pour le diable ou la troupe infernale, qui est toute prête, quand l'homme est sans charité, 364. Le péché étant tout ce qui est contre l'ordre divin, il s'ensuit que le mal bouche les vaisseaux les plus petits de tous et absolument invisibles, dont sont tissus des vaisseaux immédiatement plus grands invisibles aussi, et cause la maladie et enfin la mort, 5726. L'homme est né dans le péché, qui s'est accru en une longue série par les pères, aïeuls et ayeux, est devenu héréditaire, et a été ainsi transporté chez les descendants; c'est là le péché originel, 5280. L'homme naît dans autant de maux héréditaires, qui se sont ainsi successivement accrus, d'où il résulte qu'il n'est que péché, 5280. Les péchés que l'homme fait s'enracinent dans sa vie même et la constituent, 9444. Ils s'attachent à l'homme, et ne sont éloignés de lui que par une vie selon les préceptes de la foi, 8393. Si l'homme n'est pas régénéré, il reste tout entier dans le péché, 5280. Nul ne peut retirer quelqu'un des péchés, par conséquent les lui remettre, que le Seigneur seul, 9445. Les péchés sont remis par cela que l'homme en est détourné, et personne ne peut être détourné des péchés et tenu dans le bien, sinon celui qui est régénéré par le Seigneur, 9446, 9447, 9448, 9451. Quoique remis, les péchés restent chez l'homme, seulement l'homme en est détourné, 9451. Ainsi, être détourné du mal et tenu dans le bien, c'est la rémission des péchés, 8391, 8393, 9014, 9444 à 9450. Signes que les péchés ont été remis, 9449. Signes que les péchés n'ont pas été remis, 9450. Par la rémission des péchés, ils sont éloignés, et non extirpés, 8393, 8988, *f.* Les maux et les faux restent; mais ils sont éloignés, parce que l'homme est tenu dans le bien par le Seigneur; *illustré,* 9333, 10057, *f.* Les péchés sont éloignés lentement; pourquoi? 9334, 9335, 9336; *voir* RÉGÉNÉRATION. Ceux qui croient que la rémission des péchés est faite à l'instant, et qu'il y a justification par la foi seule, savent aujourd'hui peu de choses sur la régénération, 5398. Les péchés sont éloignés chez l'homme, en tant que le ciel entre chez lui, ainsi en tant qu'il a été régénéré; *illustré,* 9338. Il appartient à la rémission des péchés de considérer les choses d'après le bien et non d'après le mal, 7697. La rémission des péchés, par miséricorde, se fait au moyen de la régénération, 9452, 9453, 9454. Toute purification ou éloignement des péchés se fait par le bien de l'innocence, 10210. L'homme semble être sans péchés, lorsqu'ils ont été éloignés, 9333. Confession des péchés, 9444 à 9454. *Voir* CONFESSION.

La prévarication est le mal contre le vrai, et le péché est le mal contre le bien, et il est dit l'un et l'autre à cause du mariage, 6563. Les prévarications *sign.* les maux qui sont faits contre les vrais de la foi, les iniquités ceux qui sont faits contre les biens de la foi, et les péchés ceux qui sont faits contre les biens de l'amour et de la charité ; *montré*, 9156. Porter l'iniquité, quand il s'agit du sacerdoce par lequel était représenté le Seigneur, c'est soutenir des combats contre les enfers, et ainsi à éternité pour l'homme ; 9937. Porter l'iniquité, quand il ne s'agit pas du sacerdoce, c'était représenter la damnation, et qu'on était dans les péchés, non pas qu'on fût pour cela damné, mais seulement que c'était représentativement ; *montré*, 9965. Les sanctuaires étaient souillés par les péchés du peuple ; par exemple, l'autel, la tente, le temple ; *montré et illustré*, 10208. Le péché par erreur, — Lévit. V. 1 à 13, — est le péché par suite de l'ignorance dans laquelle est l'innocence, 10132. Le péché contre l'esprit saint est la fourberie spirituelle ou l'hypocrisie ; *montré*, 9013. Ce péché ne peut être remis ; pourquoi ? *illustré et montré*, 9013, 9014. Le péché contre l'esprit saint, c'est nier le divin du Seigneur, ou le divin de la Parole, quand auparavant ce divin a été reconnu et reçu par la foi, et ainsi l'éteindre, 9264.

Le péché, quand par là il est entendu le sacrifice, c'est la purification ; *montré*, 10039.

PÉCHER, *Peccare*. C'est faire et penser le mal et le faux par goût et d'après la volonté, 8925. Par ne point pécher, il est signifié conserver la vie spirituelle, 8925. Pécher, c'est agir contre l'ordre divin, se détourner, se séparer du bien et du vrai, ne point obéir, 7696. C'est la séparation d'avec le bien et le vrai, 7589. *Voir* PÉCHEUR.

PÊCHER, *Piscari*. C'est instruire dans les externes de l'église, 10582.

PÉCHEUR, *Peccator*. Celui qui seulement d'une manière générale reconnaît qu'il est un pécheur, et se déclare coupable de tous les maux sans s'examiner, c'est-à-dire, sans voir ses péchés, fait une confession, mais non la confession de la pénitence, 8390. *Voir* PÉNITENCE, PÉCHER.

PÊCHEUR, *Piscator*. Les pêcheurs sont ceux qui enseignent d'après les vrais sensuels, et les chasseurs ceux qui enseignent d'après les vrais scientifiques, et aussi d'après les doctrinaux, 3309. Les pêcheurs, — Ésaïe, XIX. 9, — sont ceux qui se confient seulement aux sensuels, et qui en tirent des faux, 991. Les pêcheurs, — Ézéch. XLVII. 10, — *sign.* ceux qui enseigneront les vérités de la foi à l'homme naturel, 40. *Voir* PÊCHER.

PECTORAL, *Pectorale*. C'est le divin vrai brillant d'après le divin bien du Seigneur, 9823, 9879, 9901. Il est appelé pectoral du jugement, parce qu'il donnait des réponses, et par elles révélait le divin vrai signifié par le jugement, 9857. Dans ce pectoral, qui était placé sur l'éphod d'Aharon, il y avait douze pierres précieuses, une pierre pour chaque tribu, et l'on en obtenait des réponses par les divers éclats de lumières, auxquelles était adjointe ou une vive voix ou une perception interne, 6640. Pourquoi dans le pectoral quatre rangs de pierres, et dans chaque rang trois pierres, 9864, 9866. Les douze pierres dans le pectoral étaient tous les biens et tous les vrais du ciel dans leur ordre, 9873. Le pectoral était le représentatif du ciel, 9882, 9901, et signifiait le ciel, 9888. L'éphod signifiait la couverture pour les célestes externes, et le pectoral la couverture pour les célestes internes, 9477.

PÉCULE, *Peculium.* Être le pécule de Jéhovah ou du Seigneur, c'est être de l'église où est la Parole; car ceux qui sont de l'église où est la Parole sont plus que les autres le pécule ou la propriété du Seigneur; *montré*, 8768.

PÉGASE. Les anciens sages ont décrit l'origine de l'intelligence et de la sagesse par un cheval ailé, qu'ils appelaient Pégase, 7729; *voir* aussi 4966. Aujourd'hui même, d'après la coutume reçue des anciens, lorsqu'on décrit l'intellectuel, on le représente communément par le cheval volant ou Pégase, 2762.

PEIGNER, *Pectere.* Peigner sa chevelure, c'est arranger les naturels pour qu'ils apparaissent convenables, par conséquent beaux, 5570. Les esprits qui placent tout dans les bienséances peignent leur chevelure, 5579; *voir* CHEVELURE. L'éducation des enfants représentée devant Swedenborg au moyen d'enfants peignés par leurs mères d'une manière si cruelle, que le sang ruisselait, 2125.

PEINDRE, *Pingere.* Les formes que prennent les hommes après la mort sont telles que pourrait les peindre dans un tableau celui qui, doué de quelque force d'imagination, se représenterait le caractère beau ou hideux de ces hommes, 2363.

PEINE, *Pœna. Voir* PUNITION. Dans le mal a été inscrite sa peine, 696, 967, 1857, 6559, 8254. Dans l'autre vie la peine est attachée à son mal, et elle lui est comme inhérente, 10618. La loi du talion existe dans l'autre vie; ainsi, dans le mal est la peine, et dans le bien la rémunération; *illustré*, 8214. Chez les gentils, c'était la coutume, pour le crime d'un seul, d'infliger des peines à ses compagnons et à toute sa maison; et cela, parce qu'il en est ainsi chez les méchants dans l'autre vie; mais chez les hommes, agir ainsi, c'est agir contre l'ordre et contre la loi divine, 5764. La loi divine pour les hommes, c'est que chacun porte la peine de son iniquité; « le fils ne portera pas l'iniquité du père, » — Ézéch. XVIII, 20, — 5764, 8876. Les peines ne sont point subies pour les maux héréditaires, mais elles le sont pour les maux actuels, 966. Toute peine est changée en un bien et en un usage par le Seigneur, 696. Tout mal porte avec lui sa peine; dans l'autre vie, le mal et la peine sont cohérents, et dès qu'un esprit infernal fait du mal plus que de coutume, des esprits correcteurs surviennent et punissent, et cela, sans considération, 5798; c'est ainsi que la peine du mal est infligée dans le monde des esprits; mais dans l'enfer ils se châtient l'un l'autre selon le mal dont ils s'étaient imbus dans le monde, car ils portent ce mal avec eux dans l'autre vie, 6559. Tout mal a des bornes jusqu'où il lui est permis de s'étendre; quand il est porté au-delà de ces bornes, il tombe dans la peine du mal; cette peine est alors appelée jugement, 1311. Le mal de la peine et le mal de la faute correspondent, 9102. Trois peines ou plaies pour ceux qui s'attribuent les vrais et les biens de la foi et de l'amour, ou qui croient mériter le ciel par leurs œuvres; quelles sont ces peines, 10219. Sur l'éternité des peines, *voir* 7541, 8700, 8765, 10749. Il n'est pas possible que les tourments ou les peines qu'on souffre dans l'enfer soient enlevés; *illustré*, 8709. *Voir* PUNITION.

Des diverses peines dans l'autre vie, 955. La peine de la lacération consiste à être déchiré et à être porté, roulé comme un chiffon, en présence des anges, 956. Peines de la discerption; à qui elles sont infligées, et quelles elles sont, 957, 958, 961. Peines de la conglutination; à qui elles sont infligées, et quelles elles sont, 960. Peines de la discerption quant aux pensées, 962. Peine du voile; à qui elle est infligée et quelle elle est, 964. Peine qui consiste à être enveloppé dans un drap; quelle elle est, 964. Des anges sont présents quand les peines sont infligées, et ils les modèrent, 967. Les anges ne peuvent pas enlever les peines, 967.

PÉLEG, fils d'Éber, — Gen. X. 25, — *sign.* le culte interne de la seconde église ancienne, 1137, 1240, 1242. Péleg — Gen. XI. 16, — *sign.* le culte externe; pourquoi? 1345.

PÉLICAN. Dans Séphanie, — II. 14, — le pélican et le canard dans les grenades, ce sont les faux du mal dans les scientifiques du bien, 9552. Le pélican *sign.* un genre du faux, 5044.

PÉLISTHIM, — Gen. X. 14, — c'est une nation, ainsi nommée, qui signifie un genre de rites purement scientifiques, 1193, 1197.

PENCHANT NATUREL. Ceux qui font le bien par le seul penchant naturel, et non d'après la religion, ne sont pas reçus dans le ciel, 8002, 8776. *Voir* INCLINATION.

PENDAISON, *Suspensio*. Chez les Juifs, il y avait deux peines principales, la lapidation et la pendaison; la lapidation était pour le faux, et la pendaison pour le mal, 5156. Il y avait lapidation, si quelqu'un voulait détruire les vrais du culte qui avaient été commandés, et pendaison si quelqu'un voulait détruire le bien de la vie; et cela, parce que dans le sens opposé la pierre signifiait le faux, et le bois le mal, 7456. La pendaison représentait la damnation de la profanation, 5044. La pendaison des chefs du peuple devant le soleil, — Nomb. XXV. 4, — *sign.* l'extinction totale du bien céleste; leur mort *sign.* l'extinction de tous les vrais; c'est ce qui arrive chez ceux qui profanent, 10652.

PENDANTS. Il y en avait de deux genres; les uns étaient mis sur le nez vers le front, et les autres aux oreilles; les premiers étaient des ornements représentatifs du bien, et les seconds étaient des ornements représentatifs de l'obéissance, 4551. *Voir* BOUCLE.

PENDRE, *Suspendere*. Être pendu *sign.* être rejeté et damné, parce que la pendaison était une malédiction, et que la malédiction est le rejet par le divin et par conséquent la damnation, 5156.

PENDU. Chez la nation juive, les pendus restaient sur le bois jusqu'au soir, et non au-delà; pourquoi? 5156. *Voir* PENDRE.

PÉNÉTRER. Le divin vrai sans le divin bien ne peut pénétrer vers les intérieurs, mais s'arrête seulement dans les extrêmes, c'est-à-dire, dans l'homme externe, 4180, *m*. La lumière du ciel, qui procède du divin bien par le divin vrai dans l'humain du Seigneur, pénètre non-seulement vers les célestes, mais même vers les spirituels, et elle illustre par la sagesse et par l'intelligence tous ceux qui sont dans le ciel, 3094.

PÉNIEL, nom de lieu. C'est l'état des tentations, 4298. Dans le sens interne historique, c'est l'état en ce qu'ils revêtaient les représentations, 4310.

PÉNITENCE, *Pœnitentia.* Voir RÉPENTIR (se). La pénitence, c'est fuir le mal et le faux, et les avoir en aversion, 9448. Le principal de la pénitence est de reconnaître que de soi-même on n'est que mal et que faux, 4770, *f.* La pénitence n'existe que chez ceux qui ont reçu du Seigneur une nouvelle vie par la régénération, 9448. Ceux qui doivent faire pénitence doivent voir et reconnaître leurs maux, 9088. Faire pénitence, c'est, après avoir confessé ses péchés devant Dieu et en avoir demandé d'un cœur humble la rémission, y renoncer, et mener une vie nouvelle selon les préceptes de la charité et de la foi, 8389. La confession sans la connaissance et sans la reconnaissance des maux chez soi n'est pas la confession de la pénitence, 8390; *voir* CONFESSION, RÉMISSION DES PÉCHÉS. Celui qui vit la vie de la charité et de la foi fait chaque jour pénitence, 8391. La pénitence qui se fait dans un état libre a de l'efficacité, mais celle qui se fait dans un état contraint n'en a pas, 8392. Celui qui est méchant, et qui dans l'état contraint promet de faire pénitence, et qui même fait le bien, celui-là, quand il vient dans l'état libre, retourne dans sa précédente vie du mal, 8392; *voir* CONTRAINT. La pénitence de la bouche sans celle de la vie n'est point la pénitence, 8393. Par la pénitence de la bouche les péchés ne sont point remis, mais ils le sont par la pénitence de la vie, 8393. Après que l'homme s'est examiné, a reconnu ses péchés et a fait pénitence, il doit rester constamment dans le bien jusqu'à la fin de sa vie; si, au contraire, il retombe dans sa précédente vie du mal et s'y attache, alors il profane; car alors le mal se conjoint au bien, 8394.

PENSÉE, *Cogitatio.* Voir VOLONTÉ. La pensée coule de l'affection, et le langage coule de la pensée, 7745. Il y a une pensée intérieure et une pensée extérieure; quelle est l'une, et quelle est l'autre, 2515, 2552; *illustré*, 5127, 5141, 5168, 6007. La pensée, quand elle coule dans le corps, est représentée par des gestes et des affections qui correspondent, 2988. Tant que l'homme vit dans le monde, il ne perçoit ni la pensée ni l'affection qui sont dans l'interne, mais il perçoit celles qui par suite sont dans l'externe, 10236, 10249. Après la mort, tout ce qui appartient en général et en particulier à la pensée se manifeste, 4633, 5128. Toutes les choses de la pensée influent du dedans et non du dehors, quoiqu'il semble que ce soit du dehors, 3219. Dans la pensée règne universellement ce que l'homme aime, quoiqu'il ne le sache pas; *illustré*, 5130. La pensée de l'homme qui parle n'est autre chose que le langage de son esprit, 4652. La pensée meut toute la face et y présente un portrait d'elle-même; elle meut aussi tous les organes du langage, et cela distinctement selon la perception spirituelle de cette pensée, 3748. La pensée influe dans les formes organiques de la langue et produit le langage, 3741. La pensée de l'homme enveloppe en même temps plusieurs choses, car elle est la forme de plusieurs choses qui sont successivement entrées, 8885.

La pensée n'est pas l'homme lui-même, 8910. La pensée est d'après l'affection et selon l'affection, 7745. Toute pensée de l'homme procède ou de l'enfer ou du ciel, de même que toute affection, 4249. Toute pensée de l'homme est dans une certaine société ou angélique ou diabolique, 4674. La pensée de l'homme, et aussi celle des esprits, comme aussi celles des anges, se répand dans un grand nombre de sociétés dans le monde spirituel, mais la pensée de l'un d'une autre manière que la pensée de l'autre; *expérience*, 6600; la pensée et l'affection s'y répandent de tout côté dans les sociétés; *expérience*, 6601, 6602, 6603, 6605, 6609. Les pensées et les affections n'y excitent pas spécialement les sociétés à penser et à vouloir comme l'homme, l'esprit ou l'ange, de qui sortent ces pensées et ces affections, mais elles entrent dans la sphère universelle de l'affection et de la pensée de ces sociétés; d'après cela, les sociétés n'en savent rien; *illustré*, 6603. Toutes les pensées et toutes les affections entrent dans les sphères des sociétés avec lesquelles elles sont d'accord, 6603. Il en est de l'extension de la pensée à partir des objets, qui sont les choses auxquelles on pense, comme à partir des objets de la vue; *illustré*, 6601. La pensée apparaît comme le courant d'un fleuve, 6606. Quand les pensées se répandent avec les affections, elles circulent presque selon la forme des circonvolutions de la substance cendrée dans le cerveau humain; d'après l'*expérience*, 6607. Les sphères des pensées qui proviennent des sociétés sont représentées par des nuées, 6609, 6614. Quand tombe la pensée des anges qui sont dans les cieux supérieurs, elle apparaît comme une lumière enflammée qui produit une vibration de splendeur, 6615.

La pensée de l'homme est distinguée en idées, et une idée suit l'autre comme un mot suit l'autre dans le langage, 6599. Les idées de la pensée se succèdent l'une à l'autre avec une telle célérité, que la pensée apparaît à l'homme, tant qu'il est dans le corps, comme continue, et ainsi sans qu'il y ait de distinction, 6599; mais, dans l'autre vie, il est manifeste que la pensée est distinguée en idées, car le langage se fait par les idées, 6599. Le langage des esprits est le langage des idées de la pensée, 1637, 1757, 1876. Les idées de la pensée sont les mots des esprits, et les idées d'une pensée plus intérieure sont les mots des anges, 6624. Les idées de la pensée, parce qu'elles sont les mots du langage, sont sonores aussi parmi les esprits et les anges, 6624; de là, la pensée tacite de l'homme est entendue par les esprits et par les anges quand il plaît ainsi au Seigneur, 6624. La pensée consiste en idées qui tiennent lieu de mots dans le monde spirituel; et les idées, qui sont les mots, sont perçues manifestement dans l'autre vie en même temps que la pensée elle-même, avant qu'elle devienne parlante, 7745. Dans une seule idée de la pensée, il y a des choses innombrables; et, à plus forte raison, dans une seule pensée composée d'idées, 6599. Ces choses innombrables, qui sont dans chaque idée de la pensée, n'apparaissent devant l'homme naturel que comme une chose simple, 4946. Dans toute idée de la pensée, il y a l'homme tout entier; *illustré*,

10298. Chez l'homme, les idées de la pensée varient, c'est-à-dire, sont multipliées, divisées, et ainsi consociées de diverses manières; dans chaque idée de sa pensée, il y a quelque chose qui appartient à son entendement et à sa volonté ou à sa pensée et à son amour, 590. Dans l'idée de la pensée intérieure, il n'y a ni espace ni temps, mais au lieu de l'espace et du temps il y a les choses dont résultent les espaces et les temps, 9581. Toutefois, l'homme est tel qu'il ne peut avoir absolument aucune idée de pensée sur les choses abstraites, à moins qu'il n'y joigne quelque chose de naturel qui est entré du monde par les sensuels, car sans cela sa pensée périt comme dans un abîme et est dissipée, 5110. Dans l'autre vie, les idées de la pensée de l'homme sont ouvertes, et se font voir au vif telles qu'elles sont, 1869, 3310, 5510; comment elles apparaissent, 6201, 8885. Chez les hommes dont l'interne a été fermé, les idées de la pensée sont matérielles et nullement spirituelles, 10582. Idées de la pensée de ceux qui vivent mal, et par suite pensent mal, 6625. *Voir* IDÉES, LANGAGE.

Il y a chez l'homme une pensée parlante et une pensée non parlante, 9283. La pensée parlante est celle avec laquelle le langage fait un, et la pensée non parlante est celle avec laquelle la pensée parlante et par conséquent le langage fait un chez les hommes sincères et justes, mais ne fait pas un chez les hommes non sincères et injustes, 9283; car la pensée non parlante est l'intellectuel intérieur de l'homme, procédant de sa volonté même; et la pensée parlante est l'intellectuel extérieur, formé par l'intérieur pour manifester ou pour feindre devant le monde ce qui appartient au juste et à l'équitable, et ce qui appartient au bien et au vrai, 9283. Il y a chez l'homme une pensée active et une pensée passive; l'active, qui peut être appelée pensée parlante, est chez lui quand il parle; c'est le langage de son esprit; la passive est celle qui est chez lui quand il ne parle pas, 6987.

On a cru que l'âme ou l'esprit est une pensée abstraite, 444, 445. On croit encore généralement que l'âme est la pensée seule, 4527; combien cette opinion est erronée; *illustré*, 4527. L'homme interne n'est point la pensée, 978.

La pensée de l'homme est une chose admirable; il ne sait pas qu'elle est telle, 2557. Les pensées proviennent de la perception, de la conscience, et d'une conscience nulle, 2515, 2552. La perception est autre chose que la pensée, et celle-ci vient de la perception, 1919. Il y a la pensée d'après la perception, et il y a la pensée d'après la conscience, 1935. Plus la pensée et la perception sont intérieures, plus elles sont claires, 5920. Plus la pensée va intérieurement, plus elle est parfaite, parce qu'elle est plus proche de l'influx du vrai et du bien procédant du Seigneur, 6007. La pensée intérieure de l'homme qui est dans le bien est telle que celle des anges, car son esprit est alors en société avec eux, 5614; elle est dans le sens interne de la Parole, quoique cet homme, tant qu'il est dans le corps, l'ignore absolument, 5614. L'homme quant à la pensée intérieure, qui est spirituelle, est en société avec les anges, 10604. La pensée de l'homme, après la mort, devient plus distincte et plus claire, et les idées de la pensée deviennent discrètes, de sorte qu'elles servent de formes distinctes pour le langage, 1757.

Les pensées ne sont pas des choses abstraites, mais elles existent d'après des substances plus pures de l'homme, 3726. Le tout de la pensée et de la volonté influe; *voir* Vie, Volonté. Le mal influe de l'enfer dans la pensée, et le bien y influe du Seigneur, 904. Le mal qui influe dans la pensée ne nuit pas; mais il nuit, quand il passe dans la volonté; *illustré*, 6204. C'est selon l'influx commun que la pensée tombe dans le langage, et la volonté dans les gestes chez l'homme, 5862, 5990, 6192, 6211. La pensée de l'homme dans sa première origine est spirituelle, et devient naturelle dans l'homme externe au moyen de l'influx, 10215. Quand l'homme vit dans le monde, sa pensée spirituelle influe dans sa pensée naturelle, et s'y présente naturellement, 3679. Le naturel extérieur est le plan dans lequel les intérieurs se voient comme dans un miroir, et de là vient la pensée, 5165. La pensée vient parfois de l'intérieur rationnel, et parfois du sensuel, selon l'état, 5141. Toute pensée cesse, quand les amours ou les cupidités sont écartés, 33. La pensée des anges, et même celle de l'homme, se fait au moyen des bigarrures (*variegationes*) de la lumière du ciel, 4742. Les pensées sont des variations de l'état, 4850, 6326. La pensée abstraite peut parcourir tout le ciel sans s'arrêter nulle part, mais la pensée déterminée sur une personne ou sur un lieu se fixe et s'arrête, 8985. Dans le ciel, où est la pensée, là est la présence, 8985. Toutes les pensées sont dirigées par le Seigneur, 6474. Dans l'autre vie, les pensées sont toutes communiquées, 2596, 6040. Les anges et les esprits perçoivent les intérieurs des pensées de l'homme, 1931. Combien il est difficile pour l'homme de croire qu'un esprit sait ce qu'il pense, et cependant l'esprit sait mieux que l'homme les moindres choses des pensées de l'homme; *expérience*, 5855; *expérience*, 6214. Des esprits, enlevés parmi les esprits angéliques, voyaient les intérieurs des pensées de Swedenborg, 1769, *f*. Quelle est la forme céleste de la pensée; les choses claires sont au milieu, les choses obscures sont autour, et les choses opposées tournent vers le bas, 8885.

De la pensée céleste, de la pensée spirituelle et de la pensée naturelle; ce qu'elles sont, et quelles elles sont; *illustré*, 10604.

Penser, *Cogitare*. Tout ce que l'homme pense lui vient par influx; *expérience*, 904, 2886, 2887, 2888, 4151, 4319, 4320, 5846, 5848, 6189, 6191, 6194, 6197, 6198, 6199, 6213, 7147, 10219. C'est d'après l'influx que l'homme peut considérer les choses, penser et conclure analytiquement, 2888, 4319, 4320. Le vouloir et le penser chez l'homme viennent des esprits et des anges par lesquels se fait l'influx, 4096. Quand l'homme vit dans le monde, il pense d'après l'interne dans l'externe, 3679. Ceux qui ont la conscience pensent d'après le rationnel extérieur ou naturel, mais ceux qui n'ont pas la conscience pensent d'après le naturel sensuel et corporel, 1914. Ceux qui ont la conscience sont tenus par le Seigneur à bien penser du prochain, et sont détournés d'en mal penser, 1919. C'est l'homme interne ou spirituel qui pense, et même dans l'homme externe ou naturel, mais avec différence quand l'homme est homme, et quand il est esprit; *illustré*, 3679. Comment il est donné à l'homme de penser et d'être homme, 1707. L'homme peut penser en un moment ce qu'il peut à peine énoncer en une heure, 5614. A moins que le naturel ne soit dans l'ordre, comme chez les régénérés, l'homme ne peut pas penser intérieurement, ni par conséquent avoir la foi, 5168. Ceux qui pensent sensuellement perçoivent peu ce que c'est que l'honnête, le juste et le bon, 6598, 6612, 6614, 6622, 6624. L'homme peut difficilement distinguer entre le vrai et le bien, parce qu'il peut difficilement distinguer entre penser et vouloir, 9995. Erreurs dans lesquelles tombent ceux qui pensent d'après les sensuels externes appartenant au corps, 10758. L'homme externe pense selon la conjonction avec l'homme interne, 9702, 9703. L'homme ne pense rien d'après lui-même, mais c'est d'après d'autres, et ces autres d'après d'autres encore, et non d'après eux-mêmes, et ainsi de suite, 4319. Le Seigneur seul a pensé d'après soi, 1904. L'homme sans l'idée du temps ne pense pas; il en est autrement des esprits et des anges, 3404. Les esprits pensent avec perspicacité, 322. Les anges pensent d'après l'intérieur du rationnel, 1914.

Il n'est pas possible de penser à Dieu, si ce n'est dans une forme humaine, 8705, 9359, 9972. Penser trois et dire un, lorsqu'on devrait penser comme on parle et parler comme on pense, 10736. Personne ne peut être admis dans le ciel par le penser seul, 2401. Le mental intérieur pense spirituellement, et le mental extérieur naturellement, 5614. Le penser et le vouloir de l'homme externe appartiennent seulement au naturel extérieur ; *illustré*, 5127. Les choses qui sont pensées dans l'homme interne ne viennent pas manifestement à la perception tant que l'homme est dans le monde, parce qu'en elles les idées sont spirituelles, 10237. L'homme dans le monde peut penser autrement, et même comprendre autrement qu'il ne veut; pourquoi? 8701. Tout ce que l'homme pense et confirme, il l'appelle vrai, 4079.

PÉNUEL. C'est l'état du vrai dans le bien, 4301 Dans le sens interne historique, « comme il passait Pénuel, » c'est quand ils venaient dans la terre de Canaan, 4313.

PÉPINIÈRE, *Seminarium*. Le genre humain est la pépinière du ciel, 6697, 9961. Les mariages sont les pépinières du genre humain, et par cela même les pépinières du royaume du Seigneur, 2733. 5053.

PERCEMENT, *Perfossio*. Voir PERCER. Le percement est l'accomplissement du mal dans le secret; et quand cela est dit d'un voleur, — Exod. XXII. 1, — c'est l'enlèvement du bien ou du vrai par le faux d'après le mal de manière que cela n'apparaisse pas, 9125.

PERCEPTIBLE. Le divin n'a été perceptible, ni par conséquent réceptible, que lorsqu'il eut passé à travers le ciel, 6982, 6996, 7004. L'influx divin est perceptible pour les anges, 2016. Il peut être perceptible devant l'entendement, mais non devant la volonté, que l'amour envers le Seigneur est la vie du ciel, et que l'amour mutuel est l'âme de cette vie, 3539, m. L'homme, quand il vit dans le monde, pense dans l'homme externe, et non d'une manière perceptible dans l'homme interne avant de venir dans l'autre vie, 10685.

PERCEPTIF, *Perceptivum.* Voir PERCEPTION. Le perceptif n'est autre chose qu'un sensitif interne, et le sensitif n'est autre chose qu'un perceptif externe, 3528. Tout perceptif, qui est un sensitif interne, existe d'après le bien, et non d'après le vrai, 3528; *voir* PERCEPTION. Dans le ciel intime il y a un perceptif du vrai d'après le bien; mais dans le ciel moyen il n'y a pas le perceptif du vrai, il y a son intellectuel, et de même dans le dernier ciel, 10062. Perceptif de la foi et du bien de la charité; d'où il vient, 6751, *f.* Le sens du toucher est le commun de tous les sens, ayant son origine dans le perceptif, qui est le sensitif interne, 3528. Du perceptif est né le significatif, et du significatif le représentatif, 1416, *f.* Le perceptif de ceux qui sont dans la province des narines varie selon les communs changements d'états de la société dans laquelle ils sont, 4625.

PERCEPTION, *Perceptio.* Voir CONSCIENCE. La perception est une sensation interne, venant uniquement du Seigneur, relative au bien et au vrai, 104. La perception est une révélation interne, 5097, 5121. La perception consiste à voir qu'un vrai est un vrai et qu'un bien est un bien, et à voir qu'un mal est un mal et qu'un faux est un faux, 7680; mais il n'y a pas perception à voir un vrai comme faux et un bien comme mal; et, *vice versâ*, un mal comme bien et un faux comme vrai, 7680; chez ceux qui voient ainsi, au lieu de la perception, il y a la fantaisie qui constitue une apparence de la perception, 7680. La perception consiste à voir ce qui est vrai et bien par l'influx procédant du Seigneur, 202, 895, 7680, 9128. La perception est autre chose que la pensée, et celle-ci vient de la perception, 1919. La perception réelle vient du Seigneur par le ciel, et affecte l'intellectuel spirituellement, et le conduit d'une manière perceptible à penser comme la chose est réellement, avec un assentiment interne dont il ignore l'origine, 5121; il suppose que cela est en lui, et découle de l'enchaînement des choses, mais c'est un dictamen influant du Seigneur par le ciel dans les intérieurs de la pensée au sujet de choses qui sont au-dessus du naturel et du sensuel, 5121. La perception même n'est autre chose qu'un certain langage interne, qui se manifeste de sorte qu'on perçoit ce qui est dit; tout dictamen intérieur, même la conscience, n'est pas autre chose; mais la perception est un degré supérieur ou intérieur, 1822. La perception de l'église consiste en ce qu'on perçoit par le Seigneur, comme les anges, ce que c'est que le bien et le vrai, non pas ce que c'est que le bien et le vrai de la société civile, mais ce que c'est que le bien et le vrai de l'amour et de la foi envers le Seigneur; d'après une confession de la foi confirmée par la vie, on peut voir quelle est la nature de la perception, et s'il y a perception, 495. La perception spirituelle n'est autre chose que le langage ou la pensée des anges qui sont chez l'homme; quand ce langage ou cette pensée influe, cela devient la perception que telle chose est ainsi ou n'est pas ainsi, mais non chez d'autres que chez ceux qui sont dans le bien de l'amour et de la charité; cette perception chez ceux-ci produit les pensées, car le perceptif est pour eux le commun de la pensée; toutefois, la perception d'après la pensée existe, non pas en actualité, mais en apparence, 5228; *voir* PERCEVOIR. Aujourd'hui, on ignore ce que c'est que la perception, 5228. La perception vient de la faculté de conclure; et aujourd'hui, c'est sur les choses dans le monde, mais non sur les spirituels; pourquoi? *illustré*, 5937.

La perception existe seulement chez ceux qui sont dans le bien de l'amour envers le Seigneur d'après le Seigneur, 202, 371, 1442, 5228. La perception existe chez ceux, dans le ciel, qui, lorsqu'ils vivaient hommes dans le monde, ont mis aussitôt dans la vie les doctrinaux de l'église tirés de la Parole, sans les confier préalablement à leur mémoire; de cette manière, les intérieurs appartenant à leur mental ont été formés pour la réception de l'influx divin, et c'est pour cela que leur entendement dans le ciel est continuellement dans l'illustration, 104, 495, 503, 521, 536, 1616, 1791, 5145. Ils savent des choses innombrables, et ils sont immensément sages, 2718, 9543. Ceux qui sont dans la perception ne raisonnent point sur les vrais de la foi; et, s'ils raisonnaient, leur perception périrait, 586, 1398, 5897. Ceux qui croient savoir et être sages par eux-mêmes ne peuvent pas avoir la perception, 1386. Les érudits ne saisissent pas ce que c'est que la perception; *montré* d'après l'*expérience*, 1387.

Ceux qui sont dans le royaume céleste du Seigneur ont la perception, mais ceux qui sont dans le royaume spirituel ne l'ont pas; à la place de la perception ils ont la conscience, 805, 2144, 2145, 8081. Différence entre la perception et la conscience, 2144. Ceux qui sont dans le royaume céleste du Seigneur ne pensent pas d'après la foi, comme font ceux qui sont du royaume spirituel du Seigneur, parce que ceux qui sont dans le royaume céleste sont par le Seigneur dans la perception de toutes les choses qui appartiennent à la foi, 202, 597, 607, 784, 1121, 1387, 1398, 1442, 1919, 7680, 7877, 8780. C'est pourquoi, au sujet des vrais de la foi les anges célestes disent seulement, oui, oui; non, non, parce qu'ils les perçoivent et les voient; mais les anges spirituels raisonnent, au sujet des vrais de la foi, pour décider si telle chose est un vrai ou n'est pas un vrai, 2715, 3246, 4448, 9166, 10786. Les anges célestes, parce qu'ils savent d'après la perception les vrais de la foi, ne veulent pas même nommer la foi, 202, 337. De la perception de ceux qui ont été de l'église très-ancienne, église qui était céleste, 125, 597, 607, 784, 895, 1121, 5121. Il y avait communication de l'homme de la très-ancienne église avec le ciel; de là venait la perception, qui cessa avec la communication, 784. De la perception chez les fils de la très-ancienne église; ce qu'elle était, 1121. Il y a une perception intérieure et une perception extérieure, 2145, 2171, 2831, 5920. Dans le monde, il y a la perception du juste et de l'équitable, mais rarement la perception du vrai et du bien spirituels, 2831, 5937, 7977. La lumière de la perception est absolument autre que la lumière de la confirmation; et, quoiqu'elle puisse à quelques personnes paraître semblable, elle ne l'est pas, 8521, 8780.

Il y a perception, quand l'amour est le principal, 371, 1442. Il y a d'innombrables genres de perceptions dans le ciel, 483. Ceux qui ont la perception connaissent les singuliers des particuliers, et les particuliers des communs; il n'en est pas ainsi de ceux qui ont la conscience, 865. Ceux de l'église spirituelle n'ont pas la perception du vrai divin comme ceux de l'église céleste, mais au lieu de la perception ils ont une conscience, qui est formée du vrai et du bien qu'ils ont reconnus au dedans de leur église, quels que soient ce vrai et ce bien, 7233. Dans l'autre vie, il y a une double perception, la perception de ce que c'est que le bien et le vrai, et la perception de ce que sont les autres, 1383; on y est consocié selon les perceptions, 1394. En raison des perceptions, les méchants ne peuvent pas approcher du ciel, 1397. Ce que c'est que percevoir quels sont les autres; *illustré* par une chose semblable au moyen de la face, du geste, du langage, 1388. D'où dérive une telle perception, 1388, *f.*; c'est que l'état est plus parfait dans l'autre vie, 1389. Exemple d'une perception à grande distance, 1396. Dans l'autre vie, il y a perception de toutes les idées de la pensée, 1008. Dès qu'un esprit arrive, on sait quel il est, 4626. Dans l'autre vie, il n'y a pas illustration pour les méchants qui infestent, mais cependant il y a perception, 7680; il y a perception pour eux, tant qu'il y a chez eux quelque chose de la connaissance du vrai et du bien de l'église dans laquelle ils ont vécu; mais lorsqu'ils en ont été privés par dévastation, il n'y a plus en eux aucune perception, 7680.

Il y a la perception du bien et du vrai dans les célestes et dans les spirituels, il y a la perception du juste et de l'équitable dans la vie civile, et il y a la perception de l'honnête dans la vie morale; de ces perceptions, 2831. Les spirituels peuvent avoir la perception du bien et du vrai civils et moraux, mais non du bien et du vrai spirituels, 7977. La perception des spirituels n'est autre chose que le langage ou la pensée des anges qui sont chez l'homme, 5228; quand cette pensée influe, elle devient la perception que telle chose est ainsi ou n'est pas ainsi, mais non chez d'autres que chez ceux qui sont dans le bien de l'amour et de la charité, 5228. La perception et l'amour du vrai proviennent du bien, 10675. Toute perception de l'externe existe par l'interne, 10468. Toute perception par l'interne vient du Seigneur, 5779. Toute perception influe par l'interne dans l'externe ou le naturel, car le naturel ne perçoit absolument rien d'après lui-même, 6040. Toute perception du naturel vient du spirituel, ainsi de l'interne, c'est-à-dire, du Seigneur par l'interne, 5680. Toute perception du bien et du vrai de la foi influe du Seigneur par l'intime du rationnel, 2831. Toute pensée, et par suite toute réflexion, vient de la perception, 2770. Toute perception d'une chose est selon la réflexion relative aux différences d'après les contraires en diverse manière et divers degré, 7812. Dans toute perception, il y a et la proposition et la réponse, 2080. Ceux qui ont la perception sont dans la lumière céleste quant à l'entendement, 4301. Sans les idées de l'entendement, et de la pensée qui en provient, il n'y a aucune perception sur quoi que ce soit, 3825. Croire quelque chose sans l'idée du sujet et sans l'intuition de la raison, c'est seulement retenir de mémoire un mot destitué de toute vie de perception et d'affection, ce qui n'est pas croire, 2553. La perception intérieure a péri dans le monde chrétien, et est restée seulement chez les simples qui sont dans la foi, 10737, *f*. Les savants ne savent pas ce que c'est que la perception, 1387.

La lumière de la perception est divine, mais non la lumière de la confirmation, laquelle est purement sensuelle; *illustré*, 8780. La perception est de voir ce qui est vrai et ce qui est faux, mais non de confirmer quoi que ce soit, 7680. Plus la perception est intérieure, plus elle est claire, 5920. Les vrais de l'église sont saisis par ceux qui sont dans le bien tout autrement que par ceux qui ne sont pas dans le bien, 5478. Chez ceux qui ont la perception, le rationnel intérieur a été terminé, 5145. Il y a des perceptions de plus en plus intérieures, 2145, 2171. Révélation d'après la perception, et révélation d'après le langage avec les anges; quelle est la différence, 5121. Connaître par la perception et apprendre par la doctrine sont des choses tout à fait différentes, 521. Ceux qui agissent d'après la perception reçoivent du Seigneur la faculté de connaître par un chemin interne ce qui est bien et vrai, tandis que ceux qui agissent d'après la doctrine le connaissent par un chemin externe ou par le moyen des sens corporels, 521. De ceux qui sont dans la perception de la présence du Seigneur, 5962, 5963; ceux qui sont dans cette perception sont dans la perception que toutes les choses qui leur arrivent tendent à leur bien, et que les maux ne les atteignent point, 5963.

La perception, telle qu'elle est, pour les anges du troisième ciel, vient de l'ordre et du flux du ciel, 10159. Différence entre la perception des anges célestes et la perception des anges spirituels, 202, 203, 865. Différence entre la perception céleste et la perception naturelle, 4302. Perception céleste, chez les hommes; elle a cessé d'exister; quand? 805. Perception spirituelle; comment elle peut exister chez l'homme, 9103; chez qui elle est donnée du ciel, 8685, 8694. Ce que c'est que la perception et la reconnaissance du divin d'après l'amour, 6872. Combien est grossière la perception d'après le sensuel, 6622. Les perceptions, comme aussi les affections, quand l'homme est dans le corps, sont très-communes, par conséquent très-obscures, 2367. D'où vient à l'homme la perception du bien et du vrai, 3747. Sphère de la perception et extension de ses limites. 2694.

La perception est en quelque sorte une odeur spirituelle, 4626. Ceux qui sont dans la province des narines sont des perceptions, car ils perçoivent tout ce qui, dans la société, arrive dans le commun, mais non de même ce qui arrive dans le particulier, 4625. Ceux qui sont dans la province de l'œil discernent et examinent les choses qui appartiennent à la perception, 4625.

Perception du Seigneur, 1442, 1443, 1616, 1701, 1786, 1791, 1815, 1919, 2098, 2136, 2171, 2218, 2245,

2514, 2552, 3619, 4571. Le Seigneur seul a eu d'après lui-même la perception, 1904, 1914, 1919. La perception du Seigneur a été bien au-dessus de toute perception angélique, 1919. Pourquoi dans le sens interne de la Parole il est tant question de l'union de l'essence divine du Seigneur avec l'essence humaine, et de sa perception et de sa pensée, 2249.

PERCEVOIR, *Percipere*. Voir PERCEPTION. Il y a chez chaque homme la faculté de percevoir si telle chose est ou n'est pas; la faculté de conclure intérieurement en soi ou dans son mental fait que la chose est perçue; cette faculté ne peut pas exister à moins qu'il n'y ait un influx provenant du monde spirituel: par ce don, l'un excelle plus que l'autre; ceux qui excellent moins sont ceux qui intérieurement en eux ou dans leur mental concluent peu, et perçoivent par conséquent peu, mais disent qu'une chose est ainsi, parce que d'autres en qui ils ont confiance l'ont dit; ceux qui excellent beaucoup sont ceux qui voient non d'après les autres, mais d'après eux-mêmes que la chose est ainsi; toutefois, la perception, qui est chez chaque homme, est dans les choses mondaines, et n'est aujourd'hui chez personne dans les choses spirituelles; pourquoi? 5937. Percevoir c'est sentir en soi-même, 10219. Percevoir se réfère à la volonté; comprendre, voir et croire, se réfèrent à l'entendement, 10155. L'homme perçoit d'après le bien; il pense au moyen du vrai, 2619. Dans le royaume céleste le divin vrai est perçu; dans le royaume spirituel il est reconnu, 10093. Ce qui s'opère dans l'homme interne, quand l'homme est dans le monde, n'est point perçu; mais on perçoit ce qui s'opère dans l'homme externe ou naturel, 10240, *f*. L'homme qui a été régénéré peut percevoir la béatitude qui procède d'une vie céleste, 8747; il perçoit du plaisir en faisant le bien pour le bien, et en prononçant le vrai pour le vrai, 9449. L'homme sensuel ne perçoit rien de ce qui est dans la lumière du ciel, 6201, 6310, 6564, 6598, 6612, 6614, 6622, 6624. Celui qui ne perçoit pas dans le commun ne peut pas non plus percevoir dans le particulier, 3548. L'homme naturel peut, il est vrai, percevoir ce que c'est que le bien et le vrai, mais seulement le bien et le vrai naturels, et le bien et le vrai civils, mais non le bien et le vrai spirituels; *exemples*, 3768. Lorsque l'homme lit la Parole, les anges qui sont chez l'homme la perçoivent spirituellement, tandis que les hommes l'entendent naturellement, 1769 à 1772. Quand quelqu'un se propose une chose, il la perçoit comme présente, car il doit mettre son mental dans l'état de cette chose, 7017. Dans l'autre vie, on perçoit de quel amour et de quelle foi sont les autres, 1394; ce que c'est que percevoir ainsi, 1388; tout ce qui vient de la fourberie est perçu, 1395. Ceux qui raisonnent perçoivent peu, 1385. Ceux qui s'imaginent savoir par eux-mêmes ne perçoivent point, 1386.

PERCER, *Perfodere*. Voir PERCEMENT. Percer comme un voleur, c'est l'accomplissement du mal dans le secret, 9125. Percer la muraille, — Ézéch. VIII. 8, — c'est entrer dans le secret et voir ce qu'on fait, 9125. Percer les maisons, — Job, XXIV. 16, — c'est enlever dans le secret les biens d'un autre, 9125. Percer jusqu'en enfer, — Amos, IX. 2, — c'est se cacher dans les faux provenant du mal, 9125.

Percer, *Perforare*. Percer l'oreille à la porte avec une alène, c'est assujettir à une perpétuelle obéissance, 8990. Les paniers percés, —Gen. XL. 16,—*sign.* les volontaires sans terminaison nulle part dans le milieu, 5145.

Perdre, *Perdere*. Les mauvais esprits s'efforcent par mille moyens de perdre l'homme, 5863. Perdre quelqu'un quant à l'âme, ainsi pour l'éternité, est le plaisir même de la vie des esprits infernaux, 6574. Quand l'homme a été régénéré, il est garanti contre le mal et le faux, et il ne peut plus se perdre, 929.

Père, *Pater*. Le Seigneur est un avec le Père; *montré*, 3704. Le divin bien du Seigneur est ce qui est nommé Père dans la Parole, et le divin vrai ce qui est nommé Fils; *montré*, 3704. Le Père et le Seigneur sont un, 10818, 10819. Le Seigneur lui-même enseigne que le Père et Lui sont un, 1729, 2004, 2005, 2018, 2025, 2751, 3704, 3736, 4766. Dans le sens de la lettre de la Parole, il est fait une distinction entre le Père et le Fils, ou entre Jéhovah et le Seigneur, mais non dans le sens interne, dans lequel sont les anges, 3035. Dans la Parole, il est dit le Père, le Fils et l'Esprit saint; pourquoi? 6993, 7005. Le trine dans le Seigneur est le divin même, qui est nommé Père, le divin humain qui est nommé Fils, et le divin procédant qui est nommé Esprit saint, et ce trine divin est un, 2149, 2156, 2288, 2321, 2329, 2447, 3704, 6993, 7182, 10738, 10822, 10823. L'humain du Seigneur est divin, parce qu'il procède de l'être du Père, qui était l'âme du Seigneur, 10269, 10372, 10823. Quand le Seigneur était dans le monde, il fit divin vrai son humain, et il appelait Père le divin bien, 7499. L'interne du Seigneur a été le même que Jéhovah son Père, auquel il a uni l'humain, 2004, 2005. Ce que c'est que le Père et le Fils dans le Seigneur; *montré*, 2803. Le Père est le divin bien, et le Fils le divin vrai, 2803. Le Seigneur est reconnu pour père dans le ciel, 14, 15, 1729. Le Père dans les cieux, c'est le bien par le divin dans les cieux; *montré*, 8328. Le divin même, ou le Père, ne peut être vu dans le ciel, ni même être perçu, ni par conséquent être reçu par la foi et par l'amour, 8864; le Père n'apparaît que dans le divin humain du Seigneur, 6849. Les anges ne reconnaissent pas d'autre divin que le divin humain du Seigneur, parce qu'ils peuvent y penser et l'aimer, et non de même à l'égard du divin qui est le Père; *montré*, 10067. Le Seigneur est le père quand l'homme est devenu en état de juger par lui-même, et alors le père naturel n'est plus père comme auparavant, 6492. Retourner vers le Père, quand il s'agit du Seigneur, c'est être uni au divin, 3736.

Tout homme tient de son père l'être de sa vie, 10125. L'homme reçoit du père tout ce qui est interne; l'âme même ou la vie vient du père; mais il reçoit de la mère tout ce qui est externe; *illustré*, 1815. Le père *sign.* le bien et la mère le vrai, 3703; dans le sens opposé ils signifient les maux et les faux, 3703. Chez chacun les maux intérieurs viennent du père, et les maux extérieurs viennent de la mère, 3701. Le père est l'église quant au bien, et la mère l'église quant au vrai,

5581. Le père est le bien, 5902. Le père est le Seigneur quant au divin bien et par suite le bien, et la mère est le Seigneur quant au divin vrai, et par suite le vrai, 8897. Par le père, la mère, le frère, la sœur, et par plusieurs autres noms de parenté, sont signifiés les biens et les vrais, puis aussi les maux et les faux, 10490. Ce qui est entendu, dans le sens interne des préceptes du décalogue, par honorer son père et sa mère, 3690. Le père est l'ancienne église; *illustré*, 6846.

L'externe de l'église, dans lequel est l'interne, est aussi appelé père, 4700. L'externe est dit père de l'interne, comme Jacob à l'égard de Joseph, parce que la progression de l'instruction va des extérieurs aux intérieurs, 5906. Le commun est père de l'interne au commencement, mais non dans la suite; *illustré*, 6089.

Les pères sont les biens et ceux qui étaient de l'église ancienne, 6050. Dans le sens bon, les pères sont ceux qui étaient de l'ancienne église et de la très-ancienne église; *montré*, 6075. Les pères sont les anciens qui étaient dans le bien et dans le vrai, 8055. Le Dieu des pères est le divin de l'église ancienne, et c'est le Seigneur, 6876, 6884. Le Dieu du père est le Seigneur, parce que le Seigneur est le Dieu de l'ancienne église, 6846. « Jéhovah, le Dieu d'Abraham, ton père, » c'est le Seigneur, en ce que le bien vient de lui, 3703. La maison des pères, c'est le bien particulier; *illustré*, 7833, 7834. Le père du troupeau, — Gen. IV. 20. — c'est le bien qui vient des choses saintes de l'amour, 415. Ce que le Père a donné au Fils, c'est ce qui procède du divin bien appartenant au Seigneur; ainsi, c'est ce que le Seigneur s'est donné à lui-même; *montré*, 3705. Ce que c'est que venir en paix vers ses pères, 1853. Ce que c'est qu'être recueilli vers ses pères ou vers ses peuples, 3255. Les pères et les pères des pères, c'est depuis le temps ancien, 7649.

PÈRE (Beau), *Socer.* Voir BEAU-PÈRE.

PÉRÈS, *Peres*, fils de Thamar; ce que c'est, 4927. Comme fils de Jehudah, il signifie l'amour céleste et ses doctrinaux, 6024. Par Pérès et par son frère Zérach a été représentée la contestation sur la priorité et la supériorité à l'égard du bien et du vrai, 3325.

PERFECTION, *Perfectio*. Toute perfection s'accroît vers les intérieurs, 3350. La perfection s'accroît du côté des intérieurs, et décroît du côté des extérieurs, 10194. La perfection dépend de la multitude unanime d'individus qui font un dans une forme céleste, 3629. Jamais aucun ange ne peut, pendant toute l'éternité, parvenir à la perfection absolue: le Seigneur seul est parfait, en lui est et de lui procède toute perfection, 4803. Dans les cieux jamais un état n'est absolument semblable à un autre état, et par là il y a perfection perpétuelle, 10020. Combien sont grandes les perfections des anges, 1524. Comment s'élèvent les perfections, 1642.

PERFECTIONNER, *Perficere*. Les anges dans les cieux sont continuellement perfectionnés; comment, 10200. *Voir* PERFECTION. L'esprit de l'homme se perfectionne par l'âge, tandis que son corps décroît, 4676. Le nouveau volontaire de l'homme est perfectionné; comment, 9296,

PERFIDEMENT, *Perfide*. Agir perfidemcnt, c'est agir contre l'ordre divin ; *montré*, 8999.

PÉRICARDE, *Pericardium*. Sur certains esprits mauvais, lorsqu'ils sont dans le péricarde, 5188.

PÉRIODE, *Periodus*. Dans la Parole, une période quelconque est désignée tout entière, soit par un jour, ou par une semaine, ou par un mois, ou par une année, lors même qu'elle serait de cent ou de mille ans, comme dans le premier Chapitre de la Genèse, où par le jour sont signifiées les périodes de la régénération de l'homme de la très-ancienne église, 893. Une période est appelée semaine, fût-elle de mille ans, de cent ans, de dix ans, ou ne fût-elle que d'un nombre de jours, d'heures, de minutes, 2044.

PÉRIOSTE, *Periosteum*. Esprits qui, par leur présence, infligent de la douleur aux périostes, 5714.

PÉRIPHÉRIES, *Peripheriæ*. Chez l'homme, l'intime qui influe tient le centre, les intérieurs qui sont sous l'intime sont autour du centre, et les extérieurs font les périphéries, 6451. Du centre, où il fait la purification, le Seigneur met en ordre les choses qui sont désordonnées et tumultueuses dans les périphéries, 5396. Chez le régénéré, les vrais fallacieux sont aux périphéries extérieures, et les faux ont été rejetés aux périphéries extimes, 4552. Chez les méchants l'intime est l'amour de soi et l'amour du monde, les choses qui sont autour de cet intime, et qui en constituent pour ainsi dire les périphéries, sont les maux avec les faux qui les favorisent, 7542. Dans l'autre vie ces choses se développent selon l'ordre dans lequel elles ont été disposées ; d'abord se montrent celles qui tiennent les dernières périphéries, puis celles qui sont intérieures, et enfin se manifeste l'intime, 7542. Les faux tiennent la périphérie chez les bons, et les vrais la tiennent chez les méchants, 3436, 9164.

PÉRIR. Tout le genre humain périrait, si la fureur des infernaux n'était continuellement repoussée par le Seigneur, 3340. S'il n'y avait pas sur cette terre une église où est la Parole, et où par elle le Seigneur est connu, le genre humain périrait, 468, 637, 931, 4445, 10276, 10452. Il est impossible que ceux qui profanent les célestes et les spirituels ne périssent point, 2342. On a cru jusqu'à présent que la terre devait périr au jour du jugement dernier, parce qu'on n'a pas compris le sens interne de la Parole, 5360.

PÉRISITE OU PÉRIZÉEN. Le canaanite signifie le mal, et le périsite le faux, 1573, 1574, 1868. Tant que quelque chose de l'église est resté chez eux, c'est-à-dire, tant que l'ancienne église a été en Canaan, le cananéen a été l'église quant au bien, et le périzéen l'église quant au vrai, 4517. Le périzéen est le faux d'après le mal, 6859, 10638.

PÉRITOINE, *Peritonæum*. De la correspondance du péritoine, et de ceux qui constituent le péritoine dans le très-grand homme; quels ils sont quand ils sont infestés par ceux qui constituent les reins, 5378; et quels ils sont quand ils sont infestés par ceux qui constituent le colon, 5379. Le péritoine est une membrane commune qui enveloppe et renferme tous les viscères de l'abdomen, 5378.

PERLE, *Margarita*. La belle perle,—Matth. XIII. 46,— est la charité ou le bien de la foi, 2967.

PERMETTRE. Laisser à l'homme

de faire même le mal d'après son libre, cela est appelé permettre, 10778. On croit que ce qui est permis est fait par le Seigneur qui permet, parce qu'il permet, mais il en est tout autrement, 592, *f.*; *voir* PERMISSION. Pour quels motifs il est permis aux méchants de falsifier chez eux les vrais, 7332, *f.* Quand certain mal est permis par le Seigneur, il est fait par les méchants et par les infernaux qui les poussent à le faire; *exemple*, 4493, *f.* Il n'est pas permis aux chrétiens, comme il l'était aux Juifs, d'adjoindre une concubine à l'épouse; pourquoi? 3247, *f.* Les maux et les faux sont permis à cause de l'ordre, 7877, 8700. Il est permis à chacun de croire les vrais selon qu'il les saisit, 3385. Tout ce qui a été permis à la nation israélite et juive l'a été à cause de la représentation, c'est-à-dire, afin que par les externes fussent représentés les internes de l'église, 9002, 9320. Le Seigneur permet aux infernaux, dans l'autre vie, d'induire les bons dans la tentation; pourquoi? 6574. Si, dans l'autre vie, il est permis à ceux qui sont dans les faux d'après le mal de combattre d'abord contre ceux qui sont dans les vrais d'après le bien, c'est pour qu'il en résulte du bien, 9330. Dans les tentations, le Seigneur ne permet aux esprits infernaux d'attaquer les bons qu'afin qu'il en arrive du bien, 6574.

PERMISSION. Quelque chose sur la permission, 1755. Le Seigneur gouverne toutes choses, en général et en particulier, par volonté, par bon plaisir, par tolérance et par permission, 2447. Les maux qui sont attribués au Seigneur sont faits par permission, 2768. Dans les tentations, le Seigneur, en permettant, ne concourt pas selon l'idée que l'homme a de la permission, 2768. La permission du mal par le Seigneur n'est pas une permission telle que celle de quelqu'un qui veut; mais elle est comme celle de quelqu'un qui ne peut pas porter secours à cause de la fin, qui est la salvation du genre humain, 7877, *f.* Les maux sont régis par le Seigneur au moyen des lois de permission, 8700, 10778. Les mauvais esprits ne peuvent pas même faire à l'homme le moindre mal que ce ne soit par permission, 1664.

PERNUITER, *Pernoctare.* Voir PASSER LA NUIT.

PERPÉTUEL (le), *Perpetuum.* Le perpétuel dans la pensée est ce qui y règne universellement; et, chez l'homme, ce qui règne universellement, c'est ce qui est perpétuellement dans sa pensée, même quand il médite sur d'autres choses, 8885, *c.*

PERPÉTUEL (le), *Juge.* C'est en particulier le sacrifice que se faisait chaque jour, et en général tout le culte, 10042, *m.*

PERPÉTUITÉ (à). C'est tout et dans tout; et, quand il s'agit du culte, c'est le tout du culte et dans tout culte; *illustré* et *montré*, 10133, 10143. A perpétuité *sign.* durant l'éternité, 8991, 9939.

PERSÉCUTIONS (les), — Marc, X. 30, — *sign.* les tentations, 4843, *f.* Les persécutions de la part du monde sont des tentations externes, et les persécutions qui viennent du diable sont des tentations internes, 1846.

PERSÉVÉRER. Celui qui persévère jusqu'à la fin, — Matth. XXIV. 13, — est celui qui ne se laisse pas séduire, ainsi celui qui ne succombe pas dans les tentations, 3488.

PERSONNE, *Persona.* L'idée de la

personne est changée en idée de la chose dans le sens interne ; pourquoi ? 5225, 5287, 5434. Peu importe la personne qui représente, puisque la représentation regarde la chose, mais non la personne, 665, 1097, 1361, 3147, 3881, 4208, 4281, 4288, 4292, 4307, 4444, 4500, 6304, 7048, 7439, 8588, 8788, 8806. Les anges pensent en faisant abstraction des personnes, 8343 ; raison de cela, 8985, 9007. Le nom de la personne n'entre pas dans le ciel, 10282. Les personnes limitent l'idée et la concentrent sur quelque chose de fini, tandis que les choses ne la limitent ni ne la concentrent, mais l'étendent vers l'infini, ainsi vers le Seigneur, 5225, 5253, 5287. De là vient que jamais aucune personne, qui est nommée dans la Parole, n'est perçue dans le ciel, mais à sa place est perçue la chose qui est représentée par cette personne, 5225. Les personnes, dans la Parole, ne signifient que des choses ; dans le sens suprême, les choses divines chez le Seigneur ; dans le sens interne, les choses telles que sont chez l'homme celles dont il s'agit ; ainsi, par deux personnes, deux choses chez le même homme, 3979. Dans les historiques de la Parole, ce sont des choses qui sont signifiées par les personnes, et ces choses elles-mêmes concernent un seul sujet, 5471. Aimer le prochain, c'est aimer non sa personne, mais ce qui fait chez lui qu'il est le prochain, 5028, 10336 ; ceux qui aiment sa personne, et non ce qui fait chez lui qu'il est le prochain, aiment le mal de même que le bien, 3820.

PERSONNE, *Nemo*. C'est purement le négatif, 5225, 5253, 5310. Comment il faut entendre que personne ne peut faire le bien par soi-même, 1712, 2371. Personne, soit dans le ciel, soit dans l'enfer, ne pense et ne veut, ne parle et n'agit que d'après d'autres, et non d'après soi-même, 5986.

PERSPICACITÉ. Toute perspicacité provient du monde spirituel, 6921. Celui qui a de la perspicacité peut voir que dans la nature toutes les choses se réfèrent au vrai et au bien, 4409. Perspicacité de la perception ; comment elle est représentée dans le monde des esprits, 4627.

PERSUADER. Dans la Parole, persuader *sign.* attirer à la conjonction, 9182. Ceux qui sont dans le bien naturel non spirituel se laissent persuader par qui que ce soit, et facilement par les méchants, 5032 ; pourquoi ? 5033. Il est selon les lois de l'ordre que personne ne doive en un moment être persuadé du vrai, c'est-à-dire que le vrai ne soit pas confirmé en un moment de manière qu'il ne reste aucun doute, parce que le vrai, qui est ainsi imprimé, devient vrai persuasif, et est sans aucune extension et aussi sans aucune flexibilité, 7298.

PERSUASIF, *Persuasivum*. Voir FOI PERSUASIVE. Quel est le persuasif ou la foi persuasive, 2343, 2682, 2689, *f*. Le persuasif contrefait la foi ; quel il est, 3865 ; mais il n'est pas la foi, 3865. Le persuasif du faux excite continuellement les choses qui confirment le faux, 1510, 1511, 1675. Le persuasif du vrai existe chez ceux qui sont dans la vie du mal, 3895. D'où vient le fort persuasif contre les vrais, 6907, 10330. Quelle est la force du persuasif, 2694. Comment le persuasif est brisé, 2694. Ceux qui dans le monde aspirent aux grandes choses, et désirent beaucoup de choses, sont dans un plus fort persuasif que ce qu'enseigne la doctrine de leur église est le vrai, que ceux qui n'aspirent pas aux grandes choses, et ne désirent pas beaucoup de choses; pourquoi? 9365; autant ils sont dans le feu des amours de soi et du monde, et autant d'après ce feu ils parlent, prêchent et agissent, autant ils sont dans ce persuasif; mais quand ils ne sont point dans le feu de leurs amours, ils croient peu, et plusieurs d'entre eux ne croient rien, 9366. Quand ceux qui sont dans un fort persuasif approchent des autres dans l'autre vie, ils ferment leur rationnel, et, pour ainsi dire, les suffoquent; *expérience*, 3895, 5128. Les esprits qui montent de l'inférieur par la région des lombes vers la région de la poitrine sont dans un fort persuasif qu'ils sont dans le Seigneur, et par suite croient que toutes les choses qu'ils font, même les maux et les scélératesses, ils les font par la volonté du Seigneur, 7621, 7622. Du vrai persuasif. *Voir* PERSUADER.

PERSUASION, *Persuasio*. Chez ceux qui appellent le mal bien, leur prétendu bien met en ordre les faux qui sont pour eux des vrais, afin qu'ils soient favorables, et il les place dans un tel ordre qu'il en résulte la persuasion, 5704 ; la force de la persuasion enlève toute liberté de penser autre chose, 5096.

De la persuasion du faux telle qu'elle apparaît, et quelle elle est, 5128. La persuasion du faux vient principalement de ce qu'on a confirmé des faux de religion, 845, 8780. Combien est pernicieuse la persuasion du faux, 794, 806, 5096, 7686. Ceux qui sont dans la persuasion du faux sont intérieurement liés; *illustré*, 5096. La persuasion du faux bouche complètement le rationnel, 5128. Autre chose est d'être dans les principes du faux, et autre chose est d'être dans la persuasion du faux, 5128.

Il y a plusieurs genres de persuasions du faux, 1673, 1675, *f*. Les plus abominables persuasions du faux ont existé chez ceux qui vivaient avant le déluge; *illustré*, 1673. Chez les antédiluviens, les persuasions du faux étaient si pernicieuses, qu'elles avaient éteint tout bien, 798. Des affreuses persuasions des antédiluviens qui sont appelés Néphilim, Énakim et Réphaïm, 581, 1268, 1270, 1271, 1673, 7686. Les persuasions des antédiluviens renfermaient les affections du faux, les cupidités, les voluptés, les corporels et les terrestres, 803. Les persuasions du faux et les cupidités du mal sont inséparables, 7577. Les persuasions s'accroissent immensément lorsqu'on plonge les vrais dans les cupidités, ou lorsqu'on fait qu'ils deviennent favorables aux amours de soi et du monde, 794. La vie des persuasions est telle, que non-seulement elle rejette tout ce qui est vrai, et s'empare de tout ce qui est faux, mais qu'elle pervertit encore le vrai qui l'approche, 798. Dans l'homme naturel, il y a des illusions, il y a des cupidités du mal, et il y a aussi des persuasions du faux, 3175. Les persuasions ou les principes enracinés du faux empêchent chez l'homme toute opération du Seigneur, 635. Sphère des persuasions dans l'autre vie; son action sur un autre esprit, 1510.

PERVERTIR, *Pervertere*. Dans la Parole, pervertir *sign*. tourner le vrai en faux et le bien en mal, et *vice versâ*, 9252. Chez les méchants, l'influx du bien et du vrai est perverti, 2284, 3142, 3147, 3743, 6564, 7491. Si le bien ou le vrai est perverti par le faux, ce qui a été perverti doit être amendé par le vrai, 9088. Lorsque le naturel de l'homme a été perverti, les intérieurs, quand ils influent, sont pervertis à son instar, 10243. Si les extrêmes chez l'homme ont été pervertis, les intérieurs y sont pervertis ; car lorsqu'il y a influx, les formes récipientes des intérieurs s'accommodent à l'état des extrêmes, 10208. Si les vrais scientifiques dans l'homme externe ou naturel ont été pervertis ou éteints, l'homme interne ne peut pas voir le vrai, ainsi il ne peut penser ni percevoir que de travers ou faussement, 9061.

PESANT, *Grave*. Les faux et les maux sont pesants, et tombent comme une pierre, 8279. Les maux sont pesants, et les faux le sont, non par eux-mêmes, mais par le mal, 8298. Les maux tombent dans l'enfer comme les graves ou masses, mais non les faux, si ce n'est qu'en tant qu'ils tiennent du mal, 8279, 8298. Les mains de Moïse qui étaient pesantes, — Exod. XVII. 12, — *sig.* que la puissance de regarder en haut, vers le Seigneur, manquait, 8608.

PESANTEUR, *Gravedo*. La pésanteur, qui est dans le monde naturel, correspond au bien dans le monde spirituel, et l'extension correspond au vrai ; d'où cela provient, 5658.

Les choses matérielles sont comme des pesanteurs qui donnent de la nonchalance et retardent ; pourquoi ? 6921 ; *voir* MATÉRIEL. Pesanteur d'estomac ; quels sont les esprits qui introduisent une telle pesanteur, 5714, 5715, 5723. Quels sont ceux qui introduisent une pesanteur comme celle qui provient d'une indigestion, 5177.

PESTE, *Pestis*. C'est la vastation du bien et du vrai, et c'est la damnation, 7102, 7507 ; et, par suite, c'est la consomption, 7505, 7507, 7511. La peste *sign.* la punition du mal qui provient non du faux mais du mal, 7102. Mourir de la peste, c'est être consumé, 7507, 7511. La peste qui se glisse dans les ténèbres, — Ps. XCI. 6, — c'est le mal qui dévaste en secret, 7102, 7505. La peste dans le chemin de l'Égypte, — Amos, IV. 10, — c'est la vastation du bien et du vrai par les faux, qui sont le chemin de l'Égypte, 7102, 7505. Une peste de trois jours, — II Sam. XXIV. 13, — *sign.* la vastation et la consomption des biens et des vrais, qui ont été reçus par l'enfance, 10219.

PETIT GARÇON, *Puerulus*. Voir GARÇON (jeune).

PETIT (le plus), *Minimus*. Dans le ciel, le plus petit est le plus grand, parce qu'il est le plus heureux, 452, 1419. Ce que c'est qu'être le plus petit, 4459, 5428. Être le plus petit, c'est croire qu'on ne peut rien par soi-même, 3417, *f.* Celui qui désire la joie la plus petite dans l'autre vie reçoit du Seigneur la plus grande, et celui qui désire la plus grande ne possède que la plus petite, 1936. Par les plus petits qui sont les plus grands, et par les derniers qui sont les premiers, sont entendus ceux qui plus que les autres sont serviteurs, parce qu'ils sont plus que les autres dans l'obéissance, et plus que les autres dans l'humiliation, 5164.

PETITS, *Pulli*. Les petits de colombes *sign.* le bien de l'innocence, 10210, *f.* Les petits de colombes, qu'on offrait en sacrifice et en holocauste dans l'église juive, *sign.* le bien et le vrai de la foi qu'on reçoit du Seigneur par la régénération, 870.

PÉTRIN, *Mactra.* Voir HUCHE.

PÉTULANTS, *Petulantes.* Esprits pétulants, qui s'attachent avec passion et cherchent de plusieurs manières à découvrir ce que pensent les autres, dans cette fin, ou d'en tirer parti, ou de nuire, 5180.

PEUPLE, *Populus.* Le peuple, ce sont ceux de l'église spirituelle, et la nation ceux de l'église céleste, 10288. Les peuples, ce sont les vrais et les faux, 1259, 1269. Les peuples sont les vrais de l'église, et aussi les vrais du bien, mais ceux-ci sont exprimés par un autre mot ayant cependant de l'affinité, 3581. Le peuple aussi signifie le bien du vrai; mais, dans sa première existence, ce bien est le vrai, 3295. Le peuple de la terre *sign.* les vrais qui appartiennent à l'église, 5418. Le peuple de la terre est une expression employée çà et là dans la Parole, quand il s'agit d'Israël et de Jérusalem, et dans le sens interne il signifie l'église spirituelle ou ceux qui sont de cette église, 2928. Ce que c'est qu'être recueilli vers ses pères et vers ses peuples, 3255. Les très-anciens savaient que tous ceux qui sont dans le même bien se réunissent et sont ensemble dans l'autre vie, et aussi tous ceux qui sont dans le même vrai; ils disaient des premiers qu'ils étaient rassemblés vers leurs pères, et des seconds qu'ils étaient recueillis vers leurs peuples, 3255. Être recueilli vers son peuple, c'est être dans les biens et les vrais du naturel, 6451, 6465. Par les serviteurs et le peuple, il est signifié tous en général et en particulier, 7396. Être en un seul peuple, c'est la conjonction par la doctrine, 4468. Un seul peuple et une seule lèvre; cette locution est employée quand tous ont pour fin le bien commun de la société, le bien commun de l'église, et le royaume du Seigneur, 1316. En assemblée de peuples, c'est l'accroissement jusqu'à l'indéfini, 6232. Prendre à soi pour peuple, c'est qu'on sera adjoint dans le ciel à ceux qui servent le Seigneur, et il s'agit de ceux qui sont de l'église spirituelle, 7207. Le peuple de Jéhovah *sign.* ceux qui sont du royaume spirituel du Seigneur, 7439. Les Israélites et les Juifs sont appelés peuple dur de nuque, parce qu'ils étaient dans les externes sans l'interne, et que ceux qui sont tels refusent tout influx procédant du ciel ou du Seigneur, 10429. Mon peuple, quand cela est dit par Jéhovah, *sign.* ceux de l'église spirituelle, 7551. Le peuple dans le camp *sign.* ceux qui doivent recevoir le divin vrai, 8816. Le peuple indigent *sign.* ceux qui sont dans l'ignorance du vrai, et cependant dans le désir d'apprendre, 9209. Le peuple de Pharaon *sign.* les scientifiques opposés aux vrais de l'église, 6692. Le peuple des Ziim *sig.* ceux qui sont dans les faux, ou les faux eux-mêmes, 9755, *m.*

PEUPLIER, *Populus arbor.* Le peuplier blanc *sign.* le bien qui procède du vrai; ou, ce qui est la même chose, le bien du vrai, 4013.

PEUR, *Pavor.* La peur ou l'épouvante *sign.* le trouble ou la commotion du mental naturel, quand il hésite entre les maux et les biens, et entre les faux et les vrais, 9348.

PHALLU, fils de Ruben. Les fils de Ruben *sign.* les doctrinaux de la foi en général, 6024.

PHANTAISIE, *Phantasia.* Voir FANTAISIE. Les phantaisies qu'on a eues dans la vie du corps se changent, dans l'autre vie, en d'autres phantaisies qui néanmoins leur correspondent, 954. Les mauvais esprits se tourmentent mutuellement par des phantaisies, 1969. Ceux qui s'imaginent que toutes les choses sont des phantaisies, et qu'il n'y a rien de réel, sont assis près d'une meule, 1510. Sphères de phantaisies à l'instar d'un nuage épais, 1512.

PHANTASTIQUE. Voir FANTASTIQUE. Ce que c'est qu'imiter les divins d'après l'étude et l'art; *illustré* par l'imitation phantastique chez les esprits qui alors apparaissent beaux dans les externes, mais sont affreux et diaboliques dans les internes, 10284, 10286.

PHARAON. *Voir* ÉGYPTE. Pharaon *sign.* les sciences en général, 4789. Pharaon, roi d'Égypte, est l'état naturel nouveau ou l'homme naturel nouveau, 5079, 5080, 5224; c'est le nouveau naturel, 5249, 5336; c'est le naturel intérieur, 5080, 5095. Le roi, ou Pharaon, c'est le scientifique dans le commun, qui est contre les vrais de l'église, et c'est aussi le faux, 6651, 6679, 6603. Pharaon étant le scientifique dans le commun, est par suite aussi le naturel dans le commun, 6915. Pharaon *sig.* les scientifiques contraires aux vrais de l'église; pourquoi? 6692. Pharaon *sign.* ceux qui sont dans les faux d'après le mal, ou qui sont dans la damnation, 8132, 8135, 8138. Pharaon *sign.* ceux qui infestent par des faux, 7107, 7110, 7126, 7142. Quand il est dit Pharaon et roi d'Égypte, il est entendu ceux qui infestent par des faux sans mélange, 7220, 7228. La fille de Pharaon, c'est la religiosité; *montré*, 6729; et c'est l'affection des scientifiques, 6750. Les serviteurs de Pharaon, ce sont ceux qui infestent, et qui sont d'une condition inférieure, 7652. Les serviteurs et le peuple de Pharaon, ce sont toutes les choses qui existent dans le naturel, 7355. Quand il est dit Pharaon et ses serviteurs, ou Pharaon et son peuple, il est signifié tous ceux qui sont dans les faux, et aussi tous les faux en général et en particulier, 8147. La maison de Pharaon, de ses serviteurs et de son peuple, *sign.* toutes les choses qui sont dans le mental naturel, 7355. Le chambellan de Pharaon *sign.* les intérieurs des scientifiques, 4789. Par Pharaon et par les Égyptiens sont signifiés ceux qui sont dans les faux d'après le mal; par ses chars, les doctrinaux du faux; par ses chevaux, les scientifiques faux d'après l'intellectuel perverti; par ses cavaliers, les raisonnements qui en proviennent; par son armée et par son peuple, les faux eux-mêmes, 8146.

PHICOL, chef de l'armée d'Abimélech, représente ceux qui font la foi l'essentiel, et qui, il est vrai, ne rejettent pas la charité, mais la placent en second, et préfèrent par conséquent la doctrine à la vie, 3447.

PHILISTÉE, *Philistæa.* Voir PHILISTINS. La Philistée *sign.* la science des connaissances de la foi; ou, ce qui est la même chose, ceux qui sont dans la science de ces connaissances, et non dans les biens de la foi, 2726, 2851, 3410. La Philistée, en tant que portion de la terre de Canaan, a signifié les vrais intérieurs de la foi, 9340. Les habitants de la Philistée *sign.* ceux qui sont dans la foi séparée d'avec le bien de la charité, 8313. Les confins de la Philistée, ce sont tous les vrais intérieurs et extérieurs de la foi, 9340.

PHILISTINS, *Philistæi*. Les Philistins sont ceux qui sont dans la science seule des connaissances et non dans la vie, et qui ont rejeté les doctrinaux de la charité et reconnu les doctrinaux de la foi; et comme ils sont dans les amours de soi et du lucre, ils ont été appelés incirconcis, 3412, 3413. Les Philistins *sign.* en général la science des connaissances de la foi, et en particulier ceux qui placent la foi et le salut dans les connaissances seules, dont ils font des choses de mémoire, 1197, 1198. Les Philistins représentent ceux qui séparent la foi d'avec la charité, 3365, 7097, 7317, 8093, 8313; leurs erreurs; puis aussi quels ils sont, 8313. Les Philistins représentent ceux qui sont dans les doctrinaux de la foi, et non dans la vie selon ces doctrinaux, 4855. Les Philistins *sign.* ceux qui sont dans le vrai de la foi, qui ne procède pas du bien; *montré*, 8093. Dans un sens bon, les Philistins sont ceux qui sont dans la doctrine de la foi; et, quant à la vie, dans le bien du vrai, 3463. Les Philistins *sign.* les vrais intérieurs de la foi; *illustré* et *montré*, 9340. « Depuis la mer de Suph jusqu'à la mer des Philistins, » c'est depuis les vrais scientifiques jusqu'aux vrais intérieurs de la foi, 9340. Les Philistins, montés de Kaphtor, sont ceux qui ont été initiés dans les vrais intérieurs par les vrais extérieurs, mais qui les ont pervertis et les ont appliqués à confirmer les faux et les maux, 9340. Les Philistins sont les vrais intérieurs de la foi, et les restes de l'île de Kaphtor sont les vrais extérieurs, 9340. La plaine des Philistins *sign.* le vrai de la foi, 9340. La mer des Philistins *sign.* les vrais intérieurs de la foi, 9340. Le roi des Philistins *sign.* les doctrinaux, 3365, 3391; le roi des Philistins représente ceux qui font la foi l'essentiel de l'église, et qui la mettent avant la charité, 3459. De ceux qui sont tels: leur habitation dans l'autre vie, 8096, 8099; ils infestent ceux qui sont probes, 8096. Les doctrinaux de l'amour envers le Seigneur, et de la charité à l'égard du prochain, ont été oblitérés par les Philistins de nos jours, 3419, 3420. *Voir* PHILISTÉE.

PHILOSOPHE. Conversation de Swedenborg, dans le monde des esprits, avec un célèbre philosophe décédé depuis peu de temps, 6326. Les philosophes de nos jours en contradiction avec un de leurs principes philosophiques, 4966. Les philosophes, qui veulent être plus subtils que les autres, parlent de l'esprit en termes qu'eux-mêmes ne connaissent pas, puisqu'ils sont en contradiction sur ce point, 196; ils soutiennent qu'on ne saurait appliquer à l'esprit de l'homme un seul mot qui ait le moindre trait au matériel, à l'organique ou à l'étendue; ainsi, ils en jugent d'après leurs idées, de sorte qu'il s'évanouit pour eux, et devient un néant, 196. Les philosophes les plus sensés disent bien que l'esprit est la pensée, mais lorsqu'ils raisonnent sur la pensée, comme ils la séparent du substantiel, ils finissent par conclure qu'elle doit s'évanouir lorsque le corps expire, 196. *Voir* PHILOSOPHIE, PHILOSOPHIQUES.

PHILOSOPHIE (la) rend insensé, si l'on s'arrête aux termes; il en est autrement, si de la pensée on va aux termes; *illustré*, 4658. Par la philosophie, le bien intellectuel périt, 2124. La philosophie, à savoir, la métaphysique et la logique, traînent l'entendement dans la poussière, et sont des écumes de lies, 3348. *Voir* Philosophe, Philosophiques.

Philosophiques, *Philosophica*. Différence entre les scientifiques chez les anciens et les scientifiques qui aujourd'hui sont appelés philosophiques, 4966. De ceux qui raisonnent d'après les scientifiques, les philosophiques et les sensuels, sur l'esprit, 196. Par les subtilités philosophiques on arrive à une confusion du bien et du vrai, et à avoir moins de sens commun, 5556. La plupart des philosophiques sont des mots vides de sens, par lesquels se font des confirmations qui sont saisies par un petit nombre d'hommes, et sur lesquels ce petit nombre d'hommes est même en discussion, 4966. Ces philosophiques détournent plutôt le mental de la connaissance des spirituels et des célestes, parce qu'ils peuvent être également employés à confirmer les faux, et plongent aussi le mental dans les ténèbres, quand les vrais sont confirmés par eux, 4966. En outre, sur les philosophiques, 2588, 5126, 6317. *Voir* Philosophe, Philosophie.

Phrath ou l'Euphrate, 118. *Voir* Euphrate.

Physique, *Physica*. Tous les arcanes de la physique ont été inscrits en l'homme externe, et lui ont été appliqués, 6057, cf. 4523. Un influx physique est absolument contre l'ordre et contre la nature, par conséquent impossible, 9110.

Pichiroth, nom de lieu, *sign.* le commencement de l'état pour subir des tentations, 8130.

Pied, *Pes*. Les pieds sont le naturel, 3761, 3986, 4280; ce sont les naturels; *montré*, 2162. Les pieds *sign.* les choses qui appartiennent à l'homme naturel, 4938 à 4952. Chez l'homme, le naturel interne est signifié par les pieds, le naturel moyen par les plantes des pieds, et le naturel externe par les souliers, 6844, *f.* Le lieu des pieds de Jéhovah est le ciel, l'église, et aussi la Parole dans les derniers, 9406. Le marchepied des pieds de Jéhovah est le divin vrai dans les derniers, 9406; et d'épaisses ténèbres sous ses pieds, c'est le sens de la lettre de la Parole, 9406. C'était la coutume de laver les pieds aux voyageurs et aux étrangers, 3148. Ce que c'est que laver les pieds, 2162. Laver les pieds, c'est purifier les choses qui appartiennent à l'homme naturel, 3147. Laver les pieds appartient aussi à la charité et à l'humiliation, 3147. Laver les mains et les pieds, c'est purifier les internes et les externes, 10241. Le lavement des pieds des disciples *sign.* que, quand l'homme naturel a été régénéré, l'homme tout entier a été régénéré, 7442, 7443, 10243. Par le pied qu'on doit couper, s'il est un sujet de chute, il est entendu que le naturel, qui s'oppose continuellement au spirituel, doit être détruit, s'il s'efforce d'enfreindre les vrais, 4302. « Au pied de l'œuvre, et au pied des enfants; » ce que c'est, 4382, 4383. Lever la main est la puissance dans le spirituel, et lever le pied la puissance dans le naturel, 5327, 5328, 6947. Le pouce du pied; ce que c'est, 10063. Dans la Parole, par les pieds sont signifiés les naturels, 4938.

De la correspondance des pieds, des plantes des pieds et des talons, avec le très-grand homme, 4938 à 4952. Aux pieds correspondent les naturels, aux plantes des pieds les naturels inférieurs, et aux talons les naturels infimes, 4938. Ceux qui sont naturels habitent sous les pieds et sous les plantes, 4940 à 4951. Vers les pieds apparaissent les esprits qui sont naturels, et vers les plantes des pieds les plus grossiers de ce genre, 4403. De ceux qui sont sous le pied gauche, un peu vers la gauche, 4950. Peau des pieds, 5555. Quels sont ceux qui, à la lumière du ciel, apparaissent les pieds en haut et la tête en bas, 5013, 9128, 10307.

PIÉGE. Quand il s'agit des maux, le piége *sign.* l'attrait et la déception; *montré*, 9348. Tomber dans le piége, c'est être attiré par les maux des amours de soi et du monde, 9348. Le piége signifie aussi la destruction de la vie spirituelle et la perdition, 9348. Être en piége, c'est être pris par son mal, 7653.

PIE-MÈRE, *Pia mater*. C'est une seconde enveloppe environnant de plus près le cerveau et le cervelet, et communiquant avec eux par les fils qui en sortent, 4047, 4222. Esprits qui appartiennent à la province de la pie-mère, 4045, 4047; quels ils sont, 4047.

PIERRE, *Lapis*. Dans la Parole, la pierre *sign.* le vrai de la foi, 114, 643, 1298, 3720, 6426, 8609, 10376. La pierre est le vrai dans le dernier de l'ordre, 8609. La pierre est le divin vrai qui est dans le royaume spirituel du Seigneur, et la pierre d'Israël est le divin humain du Seigneur; *montré*, 6426. Les pierres sont les vrais et les intellectuels inférieurs, 643, 1298. La pierre de l'angle est la puissance du vrai, 9643, *f*. L'autel de pierres; ce que c'est; il signifie le représentatif du culte en général d'après les vrais, 8940. Les pierres taillées sont les choses qui proviennent de la propre intelligence; *mont.*, 8941. Les pierres taillées, et sur lesquelles le fer avait été levé, signifiaient des choses artificielles, par conséquent des choses qui viennent du propre de l'homme, 1298. Le ciseau avec lequel sont taillées les pierres est ce qui provient de la propre intelligence, 8942. On oignait d'huile les pierres dressées en statues, parce que les pierres signifiaient les vrais, et que les vrais sans le bien signifié par l'huile n'ont point en eux la vie procédant du divin, 9954. Dans les temps très-anciens, on dressait des pierres pour bornes entre les familles, afin qu'on ne passât point ces bornes pour leur faire du mal; c'était pour eux le droit des gens, 4580. Les pierres de Schoham sont les vrais de la foi qui procèdent de l'amour; *montré*, 9476. Le Schoham, dans le commun sens, est l'externe du royaume spirituel; *montré*, 9873. Les pierres de remplages sont les biens de la foi, ou les biens spirituels, 9476. L'ouvrier en pierre est le bien de l'amour, ou le volontaire pour les régénérés, 9846. Les tables sur lesquelles la loi était inscrite étaient de pierres, parce que la pierre est le vrai dans les derniers, et le sens de la lettre de la Parole, dans lequel est le sens interne, 10376. La pierre sur la bouche du puits, c'est la Parole ainsi bouchée, 3769, 3773, 3789, 3798.

Les pierres précieuses signifient les vrais du ciel et de l'église, resplendissants d'après le bien, 114, 9863, 9865, 9868, 9873, 9905. Les pierres précieuses dans Urim et

Thumim, selon les couleurs, ont signifié toutes les choses appartenant au vrai d'après le bien dans les cieux, 9865, 9868, 9905. Une pierre spéciale était assignée à chaque tribu d'Israël, et cette pierre, par sa couleur et par son brillant, exprimait la qualité qui était signifiée par chaque tribu, 3858, *m*. Il y avait quatre rangs de pierres, et trois pierres dans chaque rang; pourquoi? 9866. Ces douze pierres précieuses du pectoral de jugement, appelées Urim et Thumim, représentaient tous les biens et tous les vrais du ciel dans leur ordre, 9873. Comment les divins vrais, qui étaient les réponses, ont été manifestés par ces pierres, 9873, 9905.

PIERRE, *Petra*. Voir ROCHER.

PIERRE D'ACHOPPEMENT, *Offendiculum*. La pierre d'achoppement et le scandale concernent l'humain du Seigneur, 3488, 3704. Voir SCANDALE.

PIERRE (l'apôtre). Les douze disciples du Seigneur ont représenté l'église quant à toutes les choses du vrai et du bien, de même que les douze tribus d'Israël, 3129, 3354, 3488, 3858, 6397. Pierre, Jacques et Jean ont représenté la foi, la charité et les biens de la charité, 3750. Pierre a représenté la foi, 4738, 6000, 6073, 6344, 10087, 10580. Par les clés du royaume des cieux données à Pierre il est signifié que toute puissance est au vrai d'après le bien, ou à la foi d'après la charité qui procède du Seigneur, qu'ainsi tout pouvoir est au Seigneur, 6344, la clé signifiant le pouvoir d'ouvrir et de fermer, 9410. Les clés données à Pierre *sign*. la foi de l'amour et de la charité, et comme le Seigneur seul donne une telle foi, c'est le Seigneur seul qui introduit dans le ciel, 3750. Dans le monde spirituel, Pierre n'apparaît à qui que ce soit; c'est un simple esprit, qui n'a pas plus de pouvoir qu'un autre, 3750. Pierre, qui nie le Seigneur, c'est la foi qui dans le dernier temps de l'église rejette le Seigneur, 6000, 6073, *f.*; c'est la foi séparée d'avec la charité, 8093. Sont expliquées les paroles du Seigneur à Pierre et à Jean; à Pierre : « M'aimes-tu? pais mes brebis et mes agneaux; » et à Jean : « Toi, suis-moi, » 10087. Pierre, quand il était plus jeune, — Jean, XXI. 18, — *sign*. la foi de l'église telle qu'elle est dans son commencement; et Pierre, quand il sera vieux, *sign*. la foi de l'église, telle qu'elle est à sa fin; *illustré*, 9212. Sur Pierre, *voir* aussi Préf. des Chap. XVIII et XXII de la Gen., et 3869, 8581, 10134, 10182.

PIERREUX (lieux), *Petrosa*. Les choses qui n'appartiennent point à la vie sont représentées par des lieux pierreux et de broussailles, nus et escarpés, 9841.

PIÉTÉ, *Pietas*. En quoi consiste la piété, 8253. La vie de la piété sans la vie de la charité est de vouloir s'occuper seulement de soi et non du prochain, 8254. La vie de la piété avec la vie de la charité est de vouloir s'occuper de soi pour le prochain, 8254. La vie de la piété sans la vie de la charité ne conduit à rien; mais, avec elle, elle conduit à tout, 8252.

PIEU, *Paxillus*. De même que le clou, le pieu *sign*. l'attache et l'adjonction, 8990. Les pieux *sign*. les choses qui conjoignent et affermissent, 9777.

PIGEON. La tourterelle *sign*. les choses qui sont les représentatifs des spirituels extérieurs, et le pigeon celles qui sont les représentatifs des spirituels intérieurs, 1827.

PILDASCH, fils de Milkah et de Nachor, *sign.* une religiosité et le culte qui en provient, 2864.

PILER OU BROYER, *Tundere.* C'est disposer les vrais en série et préparer le bien, afin qu'il puisse être appliqué aux usages; *montré,* 10303. Piler ou broyer se dit des vrais, et moudre se dit des biens, 10303.

PILOTE, *Nauclerus.* Les pilotes *sign.* les connaissances intérieures, et les matelots les connaissances extérieures, 1201.

PIN, *Tæda.* Dans Ésaïe, — LX. 13, — le cèdre du Liban est le bien et le vrai spirituels; le sapin, le pin et le buis, sont les biens et les vrais naturels correspondants, 9406, 2162.

PINCHASE, fils d'Éléazar, fils d'Aharon, — Nomb. XXV. 11 à 13, — *sign.* l'amour et les choses qui appartiennent à l'amour, parce que le sacerdoce était représenté par lui, 1038.

PINON, duc d'Édom, — Gen. XXXVI. 41, — *sign.* une qualité des doctrinaux du bien, 4651.

PIQUETÉ, *Punctatum.* Par le piqueté est signifié le bien épars et mêlé avec les maux, 3993, 4005. Brebis piquetées qui appartenaient au troupeau de Jacob chez Laban; ce qu'elles signifient, 3993, 3995, 4005. Différence entre le bariolé et le piqueté, 4005. Différence entre le bariolé, le piqueté et le tacheté, 4020.

PIQÛRES (faire des), *Pungere.* Les vrais, qui sont pervertis par les faux, combattent néanmoins secrètement et tacitement, et s'efforcent de repousser loin d'eux les faux, et ainsi font des piqûres, 7320.

PIRATE, *Pirata.* État, dans l'autre vie, de ceux qui ont été pirates; à quoi ils correspondent, 820, 5387. Ils se plaisent dans des urines fétides, 820.

PIRE, *Pejor.* Si l'homme pense le faux et veut le mal, il est non-seulement comme un animal brute, mais même pire qu'un animal brute, car par là il détruit l'humain chez lui, et se fait bête féroce, 5302. Si l'homme était privé des *reliquiæ* ou restes qu'il a reçus du Seigneur dans son enfance, il serait pire que les bêtes féroces, 661, 1738.

PISCHON. Ce fleuve *sign.* l'intelligence de la foi procédant de l'amour, 110.

PITHOM (ville). C'est la qualité des doctrines d'après les vrais falsifiés, 6662.

PITIÉ. Il y a présence du Seigneur chez l'homme, dès que l'homme éprouve de la pitié pour celui qui est dans le malheur, et principalement pour celui qui est dans l'erreur au sujet de la doctrine de la foi, 904, 1102. Avoir pitié *sign.* l'influx de la charité procédant du Seigneur, 6737.

PITUITE, *Pituita.* Les esprits qui ont leur rapport avec la pituite épaisse du cerveau sont ceux qui, voulant dominer et gouverner seuls, excitent parmi les autres des inimitiés, des haines et des combats; par leur présence ils enlèvent le vital et impriment la torpeur, 5718. Particules liquides pituiteuses du cerveau, 5386.

PIVOT, *Cardo.* Le pivot des déterminations est tourné en dedans, quand l'homme est régénéré, et autant alors il peut être tourné en dedans, autant l'homme peut être élevé par le Seigneur dans le ciel près de lui, 9730.

PLACE (la), c'est le vrai, 2336. La place de la ville, c'est le vrai de la doctrine, de même que le chemin, 2336; *voir* VILLE et CHEMIN. Les places *sign.* les vrais de la foi; et, dans le sens opposé, les faux, 10227, 10422. Être gisant à la tête de toutes les places *sign.* être privé de tout vrai, 2299. Autrefois on prêchait dans les places, 9412, cf. 3069.

PLAGES, *Plagæ.* Les plages du monde *sign.* les états du bien et du vrai; *montré,* 3708; *voir* ORIENT, OCCIDENT, MIDI et SEPTENTRION. La plage, ce sont les vrais et les biens dans l'ordre, 9642, 9668. Les plages, dans l'autre vie, sont pour chacun selon l'aspect de la face, et par suite elles sont déterminées autrement que dans le monde, 10130, 10189, 10420, 10702. A la droite du soleil dans le ciel est le midi, à la gauche le septentrion, en face l'orient, par derrière l'occident, 10189. Dans l'autre vie, la plage est déterminée par les amours de chacun, parce que chacun se tourne vers ses amours, 10420. Il y a quatre états auxquels correspondent les quatre plages dans le monde, 9648. Quand les quatre plages ou points cardinaux sont tous nommés, ils signifient tous ceux qui vivent sur toute la surface du globe, et aussi ceux qui ont été et ceux qui doivent venir; ils signifient encore les états du genre humain quant à l'amour et à la foi, 1605. Aux états des plages sont semblables les états des intellectuels, 1458. Dans l'autre vie, chaque esprit et chaque ange voit à droite les bons et à gauche les méchants; et cela, vers quelque plage qu'il se tourne; *illustré,* 4882; toutes les positions s'y rapportent au corps humain selon les plages déterminées par lui, c'est-à-dire, à droite, à gauche, devant, derrière, de quelque manière qu'il soit placé, 3639.

PLAIDER (ou débattre la querelle), *Litigare.* C'est discuter au sujet des choses qui appartiennent à l'église, 9024. Plaider la cause, quand cela est dit du Seigneur, c'est délivrer des faux, 9024. Plaider contre (*trahere in jus*), c'est s'efforcer de détruire, 9048.

PLAIE, *Plaga.* La plaie *sign.* l'extinction ou la lésion de l'affection dans l'intellectuel, c'est-à-dire, de l'affection du vrai, 9057. Bander la plaie, dans la parabole du Samaritain, *sign.* guérir l'affection lésée, 9057. La plaie se dit de la foi désolée, et de la charité dévastée, 431. La plaie est la peine du mal, 10219. Il y a trois plaies ou trois peines, lesquelles suivent ceux qui s'attribuent les vrais et les biens de la foi et de l'amour, ou qui croient mériter le ciel par leurs œuvres; quelles sont ces plaies ou peines, 10219. Il est selon l'ordre qu'une plaie suive l'autre, et que les méchants soient ainsi jetés successivement dans l'enfer, 7541. La plaie du cheval, du mulet, du chameau et de l'âne, et de toute bête, — Zachar. XIV. 15, — *sign.* la privation des intellectuels qui se succèdent ainsi en ordre depuis les rationnels jusqu'aux naturels, 3048. Le bien de l'homme naturel ne peut être rétabli jusqu'au plein, car il reste une plaie qui devient dure comme une cicatrice, 9103. Les plaies d'Égypte ont signifié les états successifs de la vastation, 7766, 7877.

PLAINE, *Planities.* Ce sont les choses qui appartiennent à la doctrine; *montré,* 2418, 2450. La plaine du Jourdain *sign.* l'homme externe, quant à tous ses biens et à tous ses vrais, 1585; elle représente les sensuels et les scientifiques qui appartiennent à l'homme externe, 1585. La plaine de la terre, c'est le vrai de l'église, 4236.

PLAISANTER, *Joculari*. De ceux qui, par habitude ou par mépris, se servent d'expressions de l'écriture sainte pour plaisanter; préjudice qui en résulte pour eux dans l'autre vie, 961.

PLAISIR. Tout ce qui se fait conformément à l'amour est un plaisir, 7371. Ainsi, on peut d'après le plaisir savoir quel est l'amour, 7371. Tout bien a son plaisir, car on appelle bien ce qu'on aime, 10530; et tout plaisir appartient à l'amour, 9585, 10530. Le plaisir dans lequel le Seigneur place le bien est le seul qui soit vivant, car il est alors produit par la vie même du bien, 995. Les plaisirs n'ont jamais été défendus à l'homme, pourvu qu'il ne les ait pas pour fin, et qu'il ait pour fin les biens intérieurs, 945, 995. Sans le plaisir qui appartient à l'amour, rien ne peut entrer chez l'homme, 4205. Tout plaisir vient de l'affection du bien, 8369. Tout plaisir du vrai existe par le bien, 8349. Le plaisir de la vie dépend du libre, 5647. Faire le mal d'après le plaisir de l'amour paraît être le libre, mais c'est l'esclavage, parce que cela vient de l'enfer, 9586. Faire le bien d'après le plaisir de l'amour paraît être le libre, et c'est aussi le libre, parce que cela vient du Seigneur, 9586. Les plaisirs de l'amour de soi et du monde sont absolument opposés aux plaisirs de l'amour envers le Seigneur et à l'égard du prochain, 4612, 6391. Le plaisir de l'amour de soi, chez l'homme, est un plaisir infernal, 7371. Les plaisirs des affections du mal et du faux et les plaisirs des affections du bien et du vrai ne s'accordent point; différence entre eux; quelle elle est, 3938. Ceux qui sont dans les affections du mal et du faux ne savent pas ce que c'est que le plaisir des affections du bien et du vrai, et s'imaginent que s'ils étaient privés de leur plaisir ils périraient; montré par *expérience*, 3938. Le combat entre les plaisirs de l'homme naturel et les plaisirs de l'homme spirituel est la tentation, 3928. Le plaisir de l'homme naturel, avant la régénération, est infernal, 3928. Le plaisir est d'autant plus vil, qu'il va davantage vers les extrêmes, 996. Les voluptés ont leur plaisir d'après l'usage, 997. Le naturel est régénéré par des plaisirs et des charmes qui sont convenables, 3502, 3512; et les vrais y obtiennent une place selon les charmes et les plaisirs, 3512.

Le plaisir céleste influe par l'intime de l'homme, et affecte ses intérieurs d'une félicité ineffable, 6391. Le plaisir qui découle de l'amour de soi éteint entièrement le plaisir qui provient de l'amour céleste, 6391. Quand le plaisir de l'amour de soi cesse, le plaisir céleste commence, 6391. Le plaisir procédant de l'amour du vrai et du bien est au-dessus de tout plaisir d'un amour quelconque dans le monde, 10530. Le plaisir même qui réside dans l'amour de faire le bien sans but de rémunération est la récompense qui demeure à éternité, 9984. Dans le plaisir est la vie, 995. Dans les plaisirs, chez les régénérés, il y a aussi des choses mondaines, mais le Seigneur les tempère par les biens, 2204. Le plaisir de l'amour conjugal descend du ciel; le plaisir de l'adultère monte de l'enfer,

10174. Ceux qui prennent le plaisir dans les adultères ne peuvent plus recevoir du ciel aucun bien ni aucun vrai, 10175. Plaisirs affreux dans lesquels sont changées les fantaisies dans l'autre vie, 954.

PLAN, *Planum*. Il y a chez l'homme deux plans sur lesquels sont fondés les célestes et les spirituels qui procèdent du Seigneur; l'un de ces plans est intérieur, l'autre est extérieur; les plans eux-mêmes ne sont autre chose que la conscience; il y a encore un plan extime, qui se présente aussi comme une conscience, mais qui n'est point une conscience; il consiste à mettre en action le juste et l'équitable pour soi-même et pour le monde; ce sont là les trois plans par lesquels le Seigneur gouverne l'homme, 4167. Le naturel est le plan de l'influx, 5651, 6408, 10243. Le naturel doit être le plan pour la conjonction de l'homme interne avec l'homme externe, 4353. Le naturel extérieur sert aux intérieurs pour plan dans lequel ces intérieurs sont vus comme dans un miroir, 5165; ce plan est formé dès l'enfance de l'homme; sans cela, l'homme ne pourrait nullement penser, 5165. Le bien spirituel est un plan dans lequel le Seigneur par le ciel peut influer et conduire l'homme, 7761. Par le plan intérieur, ou par la conscience du bien et du vrai spirituels, le Seigneur gouverne ceux qui ont été régénérés, 4167. Par le plan extérieur, ou par la conscience du bien et du vrai moraux et civils, le Seigneur gouverne ceux qui peuvent être régénérés, 4167. Par le plan extime, qui se présente comme une conscience, et cependant n'est pas une conscience, le Seigneur gouverne tous les autres, même les méchants, 4167. Sans des plans pour l'influx du Seigneur chez l'homme, le bien n'est pas reçu, mais il coule comme à travers un crible, ou comme à travers un panier percé, 5145. Le plan intérieur pour l'influx divin doit être acquis dans le monde; comment il peut l'être, 3957. La régénération de l'homme dans le monde est seulement un plan pour qu'il perfectionne sa vie durant l'éternité, 9334. Dernier plan de l'influx; ce plan n'est rien dans l'autre vie, 6495. L'innocence est le plan dans lequel sont semés les vrais, 10134. La conscience est le plan des tentations spirituelles, 762. Le langage des mots est le plan dans lequel est le sens du langage, 5165. Plan des spirituels et des célestes chez l'homme, 5079, 5081. Plan dans lequel opèrent les anges, 5036, 5893, 6207, 6213, 8002.

PLANÈTE, *Planeta*. Toutes les planètes sont des terres habitées par des hommes, 6697. Situation des planètes dans les idées des esprits et des anges, 7171, 7247; elles apparaissent constamment à leur place, 7358. Les esprits apparaissent près de leur planète, mais au dehors, 7171, 7800.

PLANTATION. Il en est de la régénération comme d'une plantation; *illustré*, 8326.

PLANTE DES PIEDS. *Voir* PIED. La plante du pied *sign.* le dernier du naturel, 7729. Les pieds *sign.* les naturels; les plantes des pieds, les naturels inférieurs; et les talons, les naturels infimes, 4938, 259. Par les pieds est signifié le naturel interne, par les plantes des pieds le naturel moyen, et par les souliers le naturel externe, 6844, *f*. Dans le très-grand homme, aux plantes des pieds correspondent les naturels, 4938. Sous les plantes des pieds sont aussi ceux qui ont vécu pour le monde et selon leur goût, mais seulement par une cupidité externe, et non par une cupidité interne, 4947. Vers les pieds apparaissent les esprits qui sont naturels, et vers les plantes des pieds ceux de ce genre qui sont plus grossiers, 4403. De plusieurs esprits qui ont leurs demeures sous les plantes des pieds, et qui s'efforçaient de monter jusqu'aux genoux, 4949. Esprits qui agissent dans la plante du pied droit, 4946.

PLANTER. C'est régénérer; *illustré* par la comparaison avec un arbre, 8326. Planter des vignes, c'est cultiver les choses qui sont de l'église spirituelle, 5117.

PLAQUE, *Brachtea*. La plaque d'or, sur laquelle était gravé « sainteté de Jéhovah, » *sign.* l'illustration d'après le divin bien du Seigneur, 9930, *c*.

PLAT, *Paropsis*. Le plat neuf, dans lequel Élisée fit mettre du sel, — II Rois, II. 20, — *sign.* les scientifiques et les connaissances du bien et du vrai; *montré*, 9325.

PLATANE, *Platanus*. Dans Ézéchiel, — XXXI. 8, — les cèdres sont les rationnels, les sapins les naturels quant au bien, et les platanes les naturels quant au vrai, 4014.

PLEIN. Ce que c'est que l'état plein; *illustré* et *montré*, 2636. L'état est dit plein, quand le bien est tel, qu'il ne lui manque rien pour recevoir l'influx de l'innocence, 7839. L'état n'est pas plein quand les vrais n'ont pas encore qualifié le bien, de manière qu'il puisse recevoir l'état correspondant d'innocence, 7839. L'état est dit plein quand les intérieurs ont été disposés pour recevoir, 2636. Tout état a son commencement, sa progression et sa fin; quand l'état est parvenu à sa fin, il est plein, 8750. Du dernier et de l'intime doit provenir le plein, et des moyens doit provenir la quantité correspondante, 10259. Plein *sign.* autant qu'il est possible de recevoir, 7518. Dans Luc, — VI. 38, — la mesure bonne, pressée et secouée, et débordante, c'est le plein, 2636. Dans Jérémie, — VI. 11, — le vieillard avec celui qui est plein de jours, *sign.* les faux anciens et confirmés, 2348. Voir PLÉNITUDE.

PLEINEMENT. L'homme ne peut pas être pleinement régénéré, si les intérieurs ne sont pas portés dans les extérieurs, 6004. Comment le Seigneur est parvenu à conjoindre pleinement l'essence humaine à l'essence divine, 1557, *f*.

PLÉNITUDE, *Plenitudo*. Dans la Parole, la plénitude *sign.* le tout; et quand elle ne signifie pas le tout, elle signifie l'abondance, et elle se dit et du vrai et du bien; *montré*, 6297. Ce que c'est que la plénitude de l'état, 8750. Ce qui est entendu par la plénitude des temps; *illustré*, 3398. Venir dans la plénitude des temps, quand il s'agit du Seigneur, c'est venir quand tout est consommé dans l'église, c'est-à-dire, quand il n'y a plus ni bien ni vrai, 2906. La plénitude des états et des temps *sign.* leur fin, 2905. Voir PLEIN.

PLEURER, *Flere*. Voir DEUIL (mener). Ce que c'est que mener deuil et pleurer, quand cela est dit de l'église, 2910. Pleurer, c'est le suprême degré de la tristesse, et le suprême degré de l'amour, 3801, 6566. C'est le comble de la tristesse et le représentatif du deuil interne, 6507. C'est l'effet de la douleur et aussi l'effet de la joie, 4354. C'est l'effet de l'affection, 5930. C'est l'effet de la miséricorde, 5927. Élever la voix et pleurer *sign.* le dernier degré de la douleur, 2689. Pleurer *sign.* la miséricorde, 6034. Pleurer les morts, c'est le dernier adieu, 4565. *Voir* PLEURS.

PLEURS, *Fletus.* Les pleurs sont un effet de la miséricorde, et aussi un effet de l'amour, 5873. Les pleurs *sign.* la miséricorde et la joie, 5873. Comme les pleurs signifient la miséricorde, c'est pour cela que, dans la Parole, les pleurs se disent de Jéhovah ou du Seigneur; *montré*, 5480. Les pleurs à haute voix *sign.* le dernier degré de la douleur, 2689. Les pleurs *sign.* le dernier adieu; de là, c'était une pratique solennelle de pleurer les morts quand ils étaient ensevelis, quoique l'on sût que par la sépulture il n'y avait que le cadavre de rejeté, et que celui qui avait été dans ce cadavre vivait quant aux intérieurs, 4565; *voir* PLEURER. Les pleurs étaient le représentatif du deuil interne, 4786.

PLEUVOIR, *Pluere.* C'est influer, parce que la pluie *sign.* la bénédiction, et que toute bénédiction vient par influx, 8416. *Voir* PLUIE.

PLÈVRE, *Pleura.* C'est une membrane commune qui enveloppe et renferme tous les viscères du thorax, 5378. Sur certains esprits mauvais, lorsqu'ils sont dans la plèvre, 5188. *Voir* TUBERCULES.

PLEXUS. Aux anges intermédiaires qui approchent du ciel intime et du ciel moyen, et qui les conjoignent, correspondent les plexus cardiaques et pulmonaires, par lesquels se fait la conjonction du cœur avec les poumons, 9670.

PLOMB. Comme le plomb est plus vil que les autres métaux, il signifie le mal qui est le plus bas, tel qu'est le mal du naturel extérieur; et, dans le sens bon, il signifie le bien du même degré, 8298.

PLONGER, *Immergere.* L'homme aujourd'hui est tellement plongé dans les corporels, dans les terrestres et dans les mondains, que les célestes sont absolument dans l'obscurité pour lui, 9577. L'homme doit surtout se garder de plonger les biens et les vrais de la foi dans les cupidités, ou de confirmer les maux et les faux par les biens et les vrais qui appartiennent à l'homme interne, 972. Quand l'homme en est venu au point de plonger les vrais de la foi dans ses cupidités désordonnées, il profane les vrais, et se prive des reliquiæ (restes) qui, bien qu'elles subsistent toujours, ne peuvent néanmoins se produire, 571. Quand le saint et le vrai, qui ont été reconnus sont plongés dans les cupidités, c'en est fait de l'homme, 582. Quand les antédiluviens eurent plongé les doctrinaux de la foi dans leurs infâmes cupidités, toute perception fut détruite, 586, 794. Le Seigneur a pourvu d'une manière miraculeuse à ce que l'intellectuel ne fût pas plongé dans la cupidité de l'homme, 863. Quel est l'état de l'homme qui est régénéré, quand il se plonge trop dans les mondains et dans les corporels, 6202. Quand on plonge ses pensées dans des termes et dans des distinctions provenant de ces termes, on ne peut plus s'élever au-dessus des sensuels, 5089. Être plongé dans le profond de la mer, c'est être dans ce qui est purement mondain et corporel, par conséquent dans l'enfer, 9755. *Voir* INONDATION.

PLUIE, *Pluvia.* Dans la Parole, la pluie, prise en bonne part, *sign.* la bénédiction, et même par suite la salvation; mais, dans le sens opposé, elle signifie la malédiction, et même par suite la damnation, 2245. La pluie *sign.* l'influx du ciel, 10570. La grêle et la pluie *sign.* la vastation du vrai et du bien par les faux provenant du mal, 7553.

PLURALITÉ DES TERRES, 6697, 6698. Pluralité de dieux chez les gentils; d'où elle était venue, 2724. La pluralité de dieux était établie chez les Juifs plus que chez les autres nations; *montré*, 8301.

PNEUMA. Ce qu'Aristote pensait de l'âme ou de l'esprit de l'homme, qu'il appelait *Pneuma*, 4658; voir aussi ce qu'en pensent aujourd'hui les érudits, 10492, 10758.

POIDS, *Pondus*. Le poids est l'état de la chose quant au bien, et la mesure l'état de la chose quant au vrai; *montré*, 3104, 5658. La quantité et la qualité du bien chez chacun, et dans l'église, sont représentées par des poids et par des mesures dans la Parole, 8533. Quiconque croit que la Parole est divine, et a un sens interne, avouera que chacun des mots y est d'un certain poids, 8906, *m*. Chaque expression, dans la Parole, a du poids puisqu'elle vient du divin, 7729, *m*.

POIGNÉE, *Manipulus*. Les séries dans lesquelles ont été disposés les vrais chez les bons, et les séries dans lesquelles ont été disposés les faux chez les méchants, sont signifiées dans la Parole par des poignées; *montré*, 10303.

POIL, *Pilus*. Le poil *sign.* le naturel quant au vrai; *montré*, 3301. Si le poil a cette signification, c'est parce que le naturel de l'homme est comme une excroissance de ses internes, de même que les poils sont une excroissance des choses qui appartiennent à son corps, 3301. De là vient que les hommes qui, dans la vie du corps, ont été purement naturels, quand dans l'autre vie ils se présentent à la vue selon cet état, paraissent couverts de poils sur presque toute la face, 3301. Le poil est le vrai perverti du naturel, et le faux; *montré*, 3301. Les prophètes étaient vêtus de tuniques de poil, afin de représenter le vrai quant au naturel, 3301. Le vêtement de poils de chameau et la ceinture de cuir de Jean le baptiste signifiaient le vrai externe, 7643, *f*. Les poils de chameau *sign.* les vrais scientifiques, tels qu'ils se présentent devant l'homme dans le monde, 9372, *m*. Les poils *sign.* les intérieurs qui proviennent du naturel quant au bien, et les écailles de la peau ceux qui proviennent du naturel quant au vrai, 3527. Le poil est le naturel; et tondre, c'est accommoder et rejeter les choses qui ne conviennent point, 5247. Les poils, parce qu'ils sont les derniers, *sign.* le tout; *montré*, 10044. Raser le poil des pieds et consumer la barbe, — Ésaïe, VII. 20, — c'est priver des vrais externes de l'église, 9959. Le poil tant de la tête que de la barbe correspond dans le très-grand homme à l'extérieur naturel, 5247. C'est pour cela que les hommes sensuels, qui n'ont cru que le naturel, apparaissent dans l'autre vie, à la lumière du ciel, couverts de poils au point que la face est à peine autre chose que du poil de barbe, 5247. Ceux qui ont été purement naturels n'ont point de face dans l'autre vie, mais au lieu de la face ils ont une masse de poils, 5571. Hollandais qui sont purement naturels et ne croient rien de la vie spirituelle; ils ont aussi, dans l'autre vie, au lieu de la face, une masse de poils, 5573.

Poilu, *Pilosus*. Anciennement ceux qui avaient été dans le bien naturel étaient appelés hommes poilus, et ceux qui avaient été dans le vrai naturel hommes lisses, 3527. Poilu se dit du bien et du vrai provenant du bien; et, dans le sens opposé, il se dit du mal et du faux provenant du mal, 3527.

Poing, *Pugnus*. Le poing *sign.* la puissance, parce que les bras et tout ce qui leur appartient signifient la puissance, 7518. Le poing est la pleine puissance par le vrai d'après le bien, et par le faux d'après le mal; *montré*, 9025. Frapper avec le poing, c'est avec une pleine force et une pleine puissance par les vrais qui proviennent du bien; et, dans le sens opposé, par les faux qui proviennent du mal, 9025. Esprits qui se plaisent à se battre violemment à coups de poing, 822.

Point du jour, *Diluculum*. Dans la Parole, le point du jour *sign.* le dernier temps de l'église, 10134. Le point du jour *sign.* l'état moyen entre le dernier et le premier, 10134. Dans le ciel, il n'y a point d'état correspondant à la nuit, mais il y en a un qui correspond au point du jour qui précède le matin, 6110. La fin et le commencement des variations des états dans l'autre vie, c'est le matin, et spécialement le point du jour, car alors finit la nuit et commence le jour, 8211. Ce que c'est que le point du jour avant le matin 2323.

Poison, *venenum*. Le poison est la fourberie ou l'hypocrisie dans le sens spirituel, et les serpents venimeux sont les fourbes ou les hypocrites; *montré*, 9013. De l'enfer de ceux qui tuent avec le poison, 816, 817.

Poisson, *Piscis*. Les poissons, dans le sens spirituel de la Parole, *sign.* les scientifiques qui appartiennent à l'homme naturel ou externe, et par suite aussi ceux qui sont naturels ou externes, tant les méchants que les bons, 40, 991. Le poisson *sign.* l'infime naturel, 6394. Les poissons du fleuve *sign.* les scientifiques sous le commun, 6693. Le rayon de miel et le poisson rôti, que le Seigneur a mangés après sa résurrection, *sign.* le sens externe de la Parole, le poisson quant à son vrai, et le rayon de miel quant à son charme, 5620.

Poitrine, *Pectus*. La poitrine *sign.* la charité, parce qu'elle renferme le cœur et les poumons, 148. C'est le bien de la charité; et, dans le sens suprême, le divin spirituel; *montré*, 10087. C'est aussi la miséricorde, 259. Être couché sur la poitrine de quelqu'un, c'est l'aimer, 10087. Jean s'est couché sur la poitrine du Seigneur, parce qu'il représentait le bien de la charité, 10087. Toutes les choses qui appartiennent à la poitrine correspondent à l'amour, parce que dans la poitrine il y a le cœur qui correspond à l'amour céleste, et le poumon qui correspond à l'amour spirituel, 6960. La poitrine *sign.* le bien et le vrai; le bien parce qu'elle contient le cœur, et le vrai parce qu'elle contient les poumons, 1788. Les très-anciens rapportaient à la poitrine toutes les choses qui dépendaient des célestes et des spirituels, comme la charité et la miséricorde, 259. Vers le thorax ou la poitrine du très-grand homme apparaissent les esprits qui sont dans la charité, 4403.

Poix, *Pix*. Enduire de bitume et de poix, c'est mêler avec les maux et les faux; le bitume *sign.* les maux, et la poix les faux, 6724. Dans Ésaïe, — XXXIV. 9, — la poix signifie d'horribles fantaisies, et le soufre de honteuses cupidités, 643, *f.*; la poix ardente *sign.* des faux obscurs et affreux, et le soufre des maux provenant de l'amour de soi, 2446; la poix brûlante est prise pour d'affreuses cupidités, et sa fumée pour des faussetés, 1861.

POLYGAMIE. Pourquoi la polygamie a été permise aux Israélites, et a été défendue aux chrétiens, 3246, 4837, 8809.

POLYTHÉISME. D'où est venu le polythéisme, 3667, 5628, 6003.

PONTIFE, *Pontifex*. Des pontifes ou papes qui se sont persuadés que ce qu'ils prononçaient dans le consistoire était divin; quel est leur état dans l'autre vie, 3750. *Voir* PAPE.

PORT, *Portus*. C'est la station où les scientifiques sont terminés et où ils commencent, 6384, 6385. Au port des mers, c'est où il y a conclusion du vrai d'après les scientifiques, 6384. Au port des navires, c'est où sont les doctrinaux d'après la Parole, 6385.

PORTE (la) *sign.* la communication, 8989. La porte est ce par quoi il y a entrée et sortie, 3721. Il y a, en général, deux portes chez l'homme pour son mental rationnel; l'une, qui est ouverte aux maux et aux faux, a son issue vers l'enfer: à cette porte sont les génies et les esprits infernaux; l'autre, qui est ouverte aux biens et aux vrais, a son issue vers le ciel : à cette porte sont les anges, 2851. Ainsi, il y a une porte qui conduit à l'enfer, et une porte qui conduit au ciel, 2851. La porte de l'enfer est ouverte chez ceux qui sont dans le mal et dans le faux du mal, et c'est seulement par des fentes çà et là que pénètre par en haut quelque lumière du ciel, par laquelle ils puissent penser et raisonner, 2851. La porte du ciel est ouverte chez ceux qui sont dans le bien et dans le vrai du bien, 2851. Le mental rationnel est comparé à une ville que les méchants assiégent; et, quand ils viennent à la porte, aussitôt il est fermé; car s'ils pénétraient dans le mental rationnel, l'homme serait entièrement perdu, 2851. La porte de la ville *sign.* la doctrine par laquelle se fait l'introduction dans l'église, 2943, 4477, 4478; c'est pour cela que les anciens s'asseyaient à la porte de la ville, et y jugeaient, *ibid.* Sortir par la porte de la ville, c'est se retirer de la doctrine, 4492, 4493. La porte est le dernier dans lequel se termine l'ordre, et aussi le naturel de l'homme, 3721. « Ta semence héritera la porte de tes ennemis, » *sign.* que la charité et et la foi viendront à la place où étaient précédemment le mal et le faux; *montré*, 2851. Ils hériteront la porte de ceux qui les haïssent, ou de leurs ennemis, était une expression votive dans les fiançailles; comment elle était expliquée par les sages de l'ancienne église, et comment elle l'a été plus tard, 3187. La porte du camp, — Exod. XXXII. 26, — *sign.* où est l'ouverture vers l'enfer, 10483. Les portes *sign.* la fermeté et la défense, et les barres la puissance qui appartient au vrai d'après le bien, 9496, *f.* Les portes sont les introductions dans le ciel, 10483. Les portes de l'enfer et des ennemis, ce sont les ouvertures des enfers; *montré*, 10483.

Les portes de l'enfer s'ouvrent dans le monde des esprits, 6626, f. Par « les portes de l'enfer ne prévaudront point, » il est signifié que les enfers n'oseront point sortir et détruire les vrais de la foi, 10483. De porte en porte, c'est partout où il y a quelque chose d'ouvert, 10489. Dans la Parole, l'homme est la porte du ciel, lorsqu'il est dans les célestes et dans les spirituels des connaissances, 1453. Ornements des escaliers et des portes, comme vivants, 1627. Voir ENTRÉE.

PORTER, *Portare*. C'est contenir dans l'état du bien et du vrai, ainsi exister et subsister, 9500 ; *montré*, 9737. Porter, c'est conserver, 9900. Porter l'iniquité, quand il s'agit du sacerdoce, par lequel était représenté le Seigneur, c'est soutenir des combats contre les enfers, et ainsi à éternité pour l'homme ; *montré*, 9937. Porter l'iniquité, quand il ne s'agit pas du sacerdoce, c'était représenter la damnation, et qu'on était dans les péchés, non pas qu'on fût pour cela damné, mais seulement que c'était représentativement ; *montré*, 9965. Porter l'iniquité est aussi une véritable damnation, 9965, f. Porter les noms des fils d'Israël, en parlant d'Aharon, *sign*. la conservation du bien et du vrai quant à toute qualité procédant du Seigneur, 9900 ; les porter sur le cœur *sign*. d'après le divin amour, 9902 ; les porter sur les épaules pour souvenir *sign*. le représentatif de la divine conservation du bien et du vrai à perpétuité d'après la miséricorde, 9850. Porter sur l'épaule, quand il s'agit de sujétion, c'est la servitude ; et quand il s'agit de l'empire, — Ésaïe, IX. 5. XXII. 22, — c'est la souveraine puissance, 9836, f.

PORTIONS échues par le sort, *Sortes*. Il est dit portions du royaume du Seigneur, parce que la terre, qui était divisée en portions par le sort, signifie le royaume du Seigneur, 3239.

PORTIQUE (le) de la nouvelle maison, — Ézéch. XL. 9, — *sign*. les vrais qui conduisent au bien, 9659. Les anciens comparaient à des portiques les choses qui étaient en dehors du mental, 7353. Portiques des habitations des bons esprits et des esprits angéliques, 1629.

POSITION dans laquelle apparaissent ceux qui sont dans le ciel et ceux qui sont dans l'enfer, 3641. Position dangereuse au sujet de l'intuition rationnelle, 3394.

POSSÉDER, *Possidere*. Habiter et en même temps posséder se dit du bien céleste, habiter se dit du bien spirituel, 2713. Posséder en héritage et hériter, quand cela est dit des hommes, *sign*. recevoir du Seigneur la vie éternelle ou le ciel ; mais posséder en héritage se dit de ceux qui sont dans l'amour céleste, et hériter se dit de ceux qui sont dans l'amour spirituel, 2658. L'homme, avant la régénération, est possédé par les génies et esprits infernaux, quoiqu'il lui semble qu'il peut être dans le saint avec les autres, 3928. Les esprits possèdent toutes les choses qui appartiennent à la pensée et à la volonté de l'homme, et les anges celles qui sont encore plus intérieures, 6193. Aujourd'hui, un grand nombre d'hommes sont possédés par les mauvais esprits quant aux intérieurs, c'est-à-dire, quant à la vie des pensées et des affections, 4793. Comment avaient été possédés les prophètes par qui les esprits parlaient et agissaient, 6212.

POSSESSEUR. Ce qui est signifié,

quand il est dit du Seigneur qu'il est le possesseur des cieux et de la terre, 1733; et qu'il est le possesseur de l'univers, 1817.

POSSESSION (la) sign. le bien, 6049, f. La possession sign. la station de la vie spirituelle, 6103. En possession éternelle, c'est à éternité, 2029. Avoir en possession éternelle, c'est avoir la vie du Seigneur, 6233. L'homme interne des anges est une possession du Seigneur, 1745. Voir POSSÉDER.

POSSIBLE, *Possibile*. Tout ce qui est selon le divin vrai, étant selon l'ordre, est possible; et tout ce qui est contre le divin vrai, étant contre l'ordre, est impossible; *exemples*, 8700.

POSTDILUVIENS, *Postdiluviani*. Le génie des postdiluviens était tout à fait différent du génie du peuple qui périt par le déluge, 310. Leur état était tout autre que n'avait été l'état des antédiluviens, 310. Voir ANTÉDILUVIENS.

POSTÉRIEUR. Il est contre l'ordre que le postérieur influe dans l'antérieur, 3219. L'antérieur étant ôté, le postérieur tombe nécessairement; il en est de même quand l'antérieur a été séparé du postérieur, 5177. Chez l'homme, le rationnel est antérieur et le naturel est postérieur, 4667. Voir les postérieurs ou les extérieurs de la Parole sans les antérieurs ou les intérieurs, c'est ne rien voir du divin, 3416. Les postérieurs ou derrières de Jéhovah, ce sont les externes de la Parole, de l'église et du culte, 10584. Voir les postérieurs de Jéhovah et non les faces, c'est voir l'externe de la Parole et non l'interne, 10550. Ceux qui nient la Parole ne voient point les postérieurs de Jéhovah, 10584. Voir ANTÉRIEUR.

POSTÉRITÉ, *Posteritas*. De la postérité de la très-ancienne église, 161, 206, 920; de sa troisième postérité, 194; de sa quatrième, 208, 279; de la première à la septième, 280 à 285, 1123 et suiv. De la postérité de l'ancienne église, 1128. De la postérité de Jacob, 4281, 4282, 4317, 7041. De la postérité de Jacob depuis les premiers temps jusqu'à présent, 4316.

POTAGE, *Puls*. Dans la Parole, le potage sign. un amas de doctrinaux et de scientifiques; *montré*, 3316. Le potage de lentilles, que Jacob donna à Ésaü, sign. le bien des doctrinaux, 3332. Le potage, — II Rois, IV. 38 à 42, — c'est le bien des rites externes de l'église juive, 8408; c'est la collection des doctrinaux, telle qu'était celle des Juifs, 10105.

POTEAU, *Postis*. Les poteaux sign. les vrais du naturel, et le linteau sign. les biens du naturel; pourquoi? 7847, 9552. Le poteau sign. la conjonction, 8989.

POTIER, *Figulus*. Dans la Parole, Jéhovah ou le Seigneur est appelé potier, et l'homme qui est réformé est appelé argile, 6669. L'argile et le vase de potier sign. le bien de la charité et le vrai de la foi, par lesquels l'homme de l'église est formé, c'est-à-dire, réformé, 6669. Le potier, — Zach. XI. 13, — représente la réformation et la régénération, 2276.

POUCE, *Pollex*. Le pouce sign. la puissance du bien par le vrai, 7430, f. Le pouce de la main est la puissance du vrai, ou le vrai dans sa puissance, et par suite l'intellectuel, 10062; pareillement le pouce du pied, mais dans un degré inférieur, 10062, 10063.

POUDRE (la), en laquelle fut broyé

le veau d'or, *sign.* le faux confirmé d'après le sens de la lettre de la Parole, 9391, *m.* Moudre en poudre ou très-menu, c'est former le faux d'après un plaisir infernal, ainsi le faux infernal, 10464.

POULS, *Pulsus.* Voir PULSATION. Le pouls du cœur et la respiration des poumons règnent dans tout le corps, et influent mutuellement partout, 3887, 3889, 3890. Le pouls des célestes influe dans le pouls des spirituels, et ainsi sort et passe dans la nature, 3886. Dans la province de l'occiput, les mouvements du pouls des célestes étaient, par rapport à ceux des spirituels, comme cinq est à deux, 3886. Esprits qui influent dans le pouls, 4046.

POUMON. Voir CŒUR. Le poumon est la forme organique d'après laquelle et par laquelle existe la respiration, 4223; *voir* RESPIRATION. On ne peut pas concevoir une respiration sans poumon, 4223. Le poumon règne dans toutes les parties du corps par la respiration, 3887. Le cœur correspond aux célestes et les poumons correspondent aux spirituels, 3635, 3887. La communication et la réciprocation du bien et du vrai par l'intellectuel dans la volonté, et par la volonté dans l'intellectuel, ont lieu comme la communication du cœur et des poumons; *illustré*, 9300. Le cœur se conjoint avec le poumon, et réciproquement le poumon se conjoint avec le cœur, 9495; ainsi, le cœur par sa partie droite envoie le sang dans le poumon, et le poumon le renvoie à son tour dans le cœur, mais dans sa partie gauche, et ainsi continuellement, 9495; tel est aussi le mariage du bien avec le vrai et du vrai avec le bien dans le ciel, où le cœur aussi correspond au bien qui appartient à l'amour, et le poumon au vrai qui appartient à la foi, 9495. Les poumons se plient différemment et varient leurs formes pour chaque mot du langage et pour chaque son du chant, pour chaque mouvement du corps et aussi pour chaque état de la pensée et de l'affection, 6326. Les poumons ont été formés selon toute la nature de la pression de l'air, 6057. De la correspondance du cœur et des poumons, 3883 à 3896.

POURCEAU, *Sus.* Dans l'autre vie, les avares apparaissent à eux-mêmes être parmi des pourceaux, 4751. De l'enfer des avares, où ils sont écorchés comme des pourceaux pour devenir blancs, 939. Pourquoi des démons ont été envoyés dans des pourceaux, 1742.

POURPRE, *Purpura.* C'est l'amour céleste du bien; *montré*, 9467. La pourpre *sign.* le bien céleste, 9467. Les vêtements de pourpre et de fin lin *sign.* les connaissances du bien et du vrai d'après la Parole, ceux de pourpre les connaissances du bien, et ceux de fin lin les connaissances du vrai, les unes et les autres d'origine céleste, 9231, 9467. La pourpre *sign.* l'amour ou l'affection du bien procédant de l'affection du vrai, 9596.

POURSUIVRE, *Persequi.* Quand il s'agit des Égyptiens, c'est s'efforcer de subjuguer, 8136, 8152, 8154, 8208. Poursuivre, quand il s'agit de Laban poursuivant Jacob, c'est continuer à désirer ardemment la conjonction, 4122. Poursuivre *sign.* l'intention d'adjoindre, 5744. Poursuivre *sign.* infester, 8290.

POURVOIR, *Providere.* C'est assister et défendre contre les maux, 4549. De la part du Seigneur, prévoir, c'est voir d'éternité à éternité que telle chose est ainsi; et pourvoir, c'est gouverner pour qu'elle soit ainsi, et plier le libre de l'homme vers le bien, en tant qu'il prévoit que l'homme dans le libre se laisse plier, 3869, 5309. Pourvoir aux choses présentes et ne pas prévoir en même temps les choses futures, et ainsi ne pas pourvoir en même temps aux choses futures dans les choses présentes, ce serait agir sans fin, sans ordre, et par conséquent sans sagesse ni intelligence, et ainsi non d'après le divin, 5195. Le Seigneur, par son divin, pourvoit toujours à ce que dans le genre humain il y ait une église dans laquelle soit le divin vrai révélé, qui, sur notre terre, est la Parole, 9216. Le Seigneur pourvoit à ce que personne n'ait pas plus de vrai, c'est-à-dire, n'en reconnaisse et n'en croie pas plus qu'il ne reçoit de bien, 2429. Il est principalement pourvu par le Seigneur à ce que la profanation n'ait pas lieu, 2426, 10287. *Voir* PRÉVOIR.

POUSSIÈRE, *Pulvis.* C'est ce qui est damné et infernal, 278, 7522; *montré*, 7418. Former l'homme poussière de la terre, — Gen. II. 7, — c'est former son homme externe qui auparavant n'était pas homme, 94. « Tu mangeras de la poussière tous les jours de ta vie, » en parlant du serpent, signifie que le sensuel, qu'il représente, devint tel, qu'il ne pouvait plus vivre que de choses corporelles et terrestres, et qu'ainsi il devint infernal, 249. Comme la poussière signifiait ceux qui regardaient les corporels et les terrestres, et non les spirituels et les célestes, le Seigneur ordonna à ses disciples, si une ville ou une maison n'était pas digne, de secouer la poussière de leurs pieds, 249,

1748. Par la poussière sur les têtes, et par se rouler dans la poussière, était représentée l'humiliation, qui, lorsqu'elle est réelle, est telle, qu'on reconnaît et qu'on perçoit que l'on a été damné, mais que l'on a été retiré de la damnation par le Seigneur, 7418, *cf.* 2265, 2327. Être poussière et retourner en poussière, c'est être damné et infernal, 275, 278. L'homme doit reconnaître qu'il n'est que poussière et cendre, c'est-à-dire, qu'il n'est que mal, 7550. La poussière, dans la Parole, signifie aussi le sépulcre; puis, ce qui est humble; comme aussi ce qui est nombreux, 7418, *f.* « Comme la poussière de la terre, le sable de la mer, et les étoiles des cieux; » ce que cela signifie, 1610, 7522.

POUTRE, *Trabs.* Regarder la paille dans l'œil de son frère, — Matth. VII. 3, 4, 5, — c'est remarquer quelque chose d'erroné quant à l'entendement du vrai; la poutre qui est dans ton œil, c'est le mal immense du faux, 9051.

POUVOIR, *Potestas.* Tout pouvoir est au Seigneur dans les cieux et sur terre, 1607, 1780, 10089, 10827. Pouvoir du royaume céleste avant l'avénement du Seigneur, 6371, 6373. Au Seigneur seul appartient le pouvoir de repousser les enfers, de détourner du mal, de tenir dans le bien, par conséquent de sauver, 10019. Le pouvoir d'ouvrir le ciel et fermer l'enfer pour les bons, et d'ouvrir l'enfer et fermer le ciel pour les méchants, ne peut appartenir qu'au Seigneur seul, 8581, 10795. Tout pouvoir, dans l'autre vie, est aussi par le vrai de la foi d'après le bien, 8581; ainsi c'est à ce vrai, représenté par Pierre, et non à Pierre, que le pouvoir a été donné, 8584. Sous le pouvoir des anges ont été mis les esprits infernaux, 1755, 6344, 6677. Dans la Parole, la gloire se réfère au vrai qui appartient à la foi, et le pouvoir se réfère au bien qui appartient à la charité, 6345. Voir PUISSANCE.

POUVOIR, *Posse*. Pouvoir penser, raisonner, parler et agir dans la forme externe avec décence et civilité, vient de la lumière du ciel, influant par le rationnel, 4612.

POUX, *Pediculi*. La plaie de poux dans l'Égypte est le quatrième degré de la vastation, qui consiste en ce que ceux que représentaient les Égyptiens étaient dans des maux détruisant chez eux tout bien, même tout ce qu'ils tenaient du bien naturel, 7378. Les poux *sign.* les maux, et principalement les maux qui sont dans l'homme sensuel ou entièrement externe, parce que les poux sont sur la superficie de la peau, et s'y tiennent dans l'ordure et dans la crasse, 7419. Le mal des poux *sign.* les maux qui sont agréables, parce qu'ils sont des maux, 7392. Odeur fétide de poux domestiques, 1514, 4628.

PRAIRIES, *Prata*. Ce qu'elles représentent et signifient, 3220. Prairies représentées dans l'autre vie, 5201, 7074. Paître dans une prairie large, — Ésaïe, XXX. 23, — c'est être instruit abondamment, 5201.

PRÉCEPTE, *Præceptum*. Voir DÉCALOGUE. Les dix préceptes promulgués sur la montagne de Sinaï sont les vrais internes, 8793. Les préceptes du décalogue sont perçus par les anges autrement que par les hommes; c'est pour cela qu'ils ont été promulgués avec miracle, 2609. Ces préceptes enseignent la vie et donnent aussi la vie, et par conséquent ouvrent le chemin vers le ciel, et la vue vers le Seigneur, 8767. Les préceptes de la vie, dans la Parole, sont pour l'usage dans l'un et dans l'autre sens, l'interne et l'externe, 2609. Que sont les préceptes du décalogue, sans la vie selon ces préceptes? 5826. Quel est le sens de la Parole dans le ciel; *montré* par les préceptes du décalogue, 7089. Écouter les préceptes, c'est obéir et vivre selon les biens de la foi, 8362. Les préceptes du décalogue ne sont eux-mêmes que les vrais de la foi, 1298. Sainteté des quatre premiers préceptes du décalogue dans leur ordre, 8899. Toutes choses, dans la Parole, ont été accommodées pour ceux qui sont dans les cieux et pour ceux qui sont dans les terres; et de même les préceptes du décalogue, 8862. Dans ces préceptes il y a un sens interne; *confirmé*, 8899. Dans la Parole, la loi *sign.* le vrai dans le commun, et le précepte la loi dans le particulier, 9417. Les préceptes *sign.* les internes de la Parole, et les statuts les externes de la Parole, 3382, 8362.

Les deux principaux préceptes, à savoir, aimer Dieu par-dessus toutes choses et le prochain comme soi-même, sont les préceptes d'où proviennent les vrais, pour lesquels existent les vrais, et auxquels tendent les vrais de près ou de loin, 4353. Tous les préceptes sont fondés sur cette loi unique d'aimer le Seigneur par-dessus toutes choses, et le prochain comme soi-même, 1038. Faire selon les préceptes du Seigneur, c'est là véritablement le culte du Seigneur, et même c'est là véritablement l'amour et véritablement la foi, 10143. Les préceptes de Dieu, ou ce que Dieu a commandé, sont tout ce qui appartient en général et en particulier à l'ordre divin, 2634. Personne n'observe de cœur les préceptes de Dieu, si ce n'est celui qui est dans le bien de la charité à l'égard du prochain, 3875. Ceux qui vivent selon les préceptes du Seigneur sont les seuls qui croient en lui et qui l'aiment, 10645. La doctrine de la charité et de la foi enseigne les commandements et les préceptes qui doivent être gardés, et selon lesquels on doit vivre, 10645, f. Ceux qui gardent les préceptes reçoivent les vrais de la foi, 8881. La vie avant la régénération est selon les préceptes de la foi; mais après la régénération, elle est selon les préceptes de la charité; *illustré*, 8013. Des préceptes dogmatiques, 1798. Les préceptes qui ont été abrogés sont toujours des saints divins de la Parole, parce qu'en eux il y a le saint interne, 10637.

Étaient appelées préceptes les lois qui appartenaient à la vie, jugements celles qui appartenaient à l'état civil, et statuts celles qui appartenaient au culte; *montré*, 8972. 9282, 9417.

PRÊCHER, *Prædicare*. Être prêché, c'est devenir notoire, 3488. De ceux qui prêchent les vrais de la foi comme du fond du cœur, et qui vivent mal, 10286.

PRÉCIEUX (le), *Pretiosum*. Les choses précieuses du ciel *sign.* les spirituels, 3579. Les choses précieuses sont les spirituels; ainsi, les vrais qui procèdent du bien sont appelés choses précieuses dans la Parole, 3166. Certaines choses qui sont précieuses pour les anges sont pour les hommes comme de peu d'importance, et *vice versâ*, 2540, 2551, 2574.

PRÉCIPITER (se). L'homme travaille de tous ses efforts à se précipiter dans l'enfer le plus atroce, 6489. Celui qui n'est pas régénéré est tel, que si le Seigneur ne le détourne des maux et des faux, il s'élance et se précipite dans l'enfer, et au moment qu'il n'est pas retenu, il y court et s'y jette, 789, 2406, 2410. Quand les infernaux essaient d'attaquer les biens, ils sont précipités profondément dans l'enfer parce qu'ils ne peuvent soutenir la présence du bien, 6677.

PRÉDESTINATION, *Prædestinatio*. Il n'y a point de prédestination; mais l'homme a le libre, et la Providence ne suit pas nécessairement l'homme selon l'ordre qu'il se propose, mais elle est comme un architecte, qui ne construit pas une maison selon l'ordre dans lequel ont été accumulés les matériaux, 6487. Tous ont été destinés pour le ciel, et nul ne l'a été pour l'enfer, 6488. *Voir* PROVIDENCE.

PRÉDICATEUR. D'un prédicateur fort pathétique, 10735; son état dans l'autre vie, 10736, 10752, 10754, 10755. Sur les prédicateurs qui simulent le culte divin par les affections du vrai et du bien provenant du propre, 10309. *Voir* PRÊTRE.

PRÉDICATION. Anciennement les divins vrais se manifestaient ou par langage, ou par visions, ou par songes, et d'après ces vrais il y avait des prédications, 4682.

PRÉDICTION, *Prædictio*. Les prédictions procèdent de la divine prévoyance du Seigneur, 3698; toute prédiction existe par cette prévoyance, 6340.

PRÉÉMINENCE. Le plaisir céleste est, non pas le plaisir de la grandeur et de la prééminence, mais le plaisir de l'humiliation et de l'affection de servir les autres, 3417. La prééminence dans le monde n'est point une réelle bénédiction divine, quoique l'homme, par le plaisir qu'il y trouve, l'appelle ainsi, 10776. Elle séduit beaucoup de personnes, et les détourne du ciel, 10776. Elle n'est pas préjudiciable au salut, quand on l'a pour moyen et non pour fin, 7820.

PRÉMICES, *Primitiæ*. Les prémices *sign.* les choses qui doivent être à la première place, ainsi les choses qui sont les premières de toutes, 9223. Les prémices, qui devaient être données à Jéhovah, signifiaient que la première chose de l'église devait être d'attribuer au Seigneur, et non à soi, tous les biens et tous les vrais de la foi; *illustré* et *montré*, 9223. Les prémices de la terre, qu'on devait apporter dans la maison de Jéhovah, signifiaient l'état d'innocence qui existe dans l'enfance, 3519. Le jour des prémices *sign.* l'état de l'enfance, ainsi l'état de l'innocence, 10132, *f*. La troisième fête ou fête des prémices des œuvres, ou des tabernacles, *sign.* l'implantation du vrai dans le bien; *illustré*, 9294, 9300.

PREMIER (le), c'est le Seigneur, 3627, 4044, 4524. Le premier Être est médiatement et immédiatement présent dans les dérivés, ainsi également dans le dernier de l'ordre comme dans le premier, 7004. Toute chose existe par un premier ou un suprême, et le Premier et le Suprême c'est le Seigneur, 9128. Rien n'existe par soi, mais tout existe par un antérieur à soi, ainsi par un premier, et subsiste aussi par ce premier, 2886, 2888, 3627, 3628, 3643, 4523, 4524, 6040, 6056. Toutes choses subsistent perpétuellement par le premier Être, parce qu'elles ont existé par lui, 4523, 4524, 6040, 6056. Le tout de la vie influe du Premier, parce qu'il en dérive, par conséquent influe du Seigneur, 3001, 3318, 3337, 3338, 3344, 3484, 3628, 3741, 3742, 3743, 4318, 4319, 4320, 4417, 4524, 4882, 5847, 5986, 6325, 6468, 6469, 6470, 6479, 9276, 10196. Le Seigneur est appelé le Premier et le Dernier, parce qu'il gouverne les premiers de l'ordre et les derniers, les premiers d'après les derniers, et les derniers d'après les premiers, 3702, 3739, 6040, 6056, 9828. Tous les intérieurs sont contenus dans un enchaînement à partir du premier par le dernier, 9828. Dans la Parole, le premier et le dernier *sign.* toutes choses en général et en particulier, ainsi le tout; *montré* et *illustré*, 10044, 10329, 10335. Le premier du mois de l'année *sign.* le commencement d'où dérivent tous les états suivants à éternité, 7828. Dans le dernier ou la fin de chaque état, il y a un premier ou commencement, d'où résulte la continuité, 4901. Le premier, c'est le commencement, 7887, 7891.

PREMIER-NÉ. Le Seigneur est seul le premier-né; pourquoi? 352. Le premier-né *sign.*, dans la Parole, le premier de l'église, auquel appartient la priorité et la supériorité, 3325. Chez les anciens, on a discuté, au sujet de la première chose ou du premier-né de l'église, si c'est la foi ou si c'est la charité, 365, 2435. Le bien de la charité est le premier-né de l'église en actualité, et le vrai de la foi l'est seulement en apparence, 3325, 3494, 4925, 4926, 4928, 4930, 8042, 8080. Le Seigneur est appelé le premier-né, parce que tout bien de l'amour, de la charité et de la foi, est en lui et vient de lui, 3325. Le Seigneur est le premier-né, et d'après lui sont appelés premiers-nés ceux qui sont dans l'amour envers lui, et aussi ceux qui sont dans la charité à l'égard du prochain; ainsi le bien est le premier-né, quoique chez l'homme spirituel dans le commencement il semble que ce soit le vrai de la foi; *montré*, 3325. Le premier-né est la charité ou le bien de la foi, 8080. Le bien est le fils aîné ou le premier-né; *illustré* par l'état des petits enfants, en ce qu'ils sont dans l'état d'innocence, d'amour envers leurs parents, et de charité mutuelle à l'égard des petits enfants de leur âge, 3494. Le premier-né est la foi de l'église spirituelle, parce que le vrai y est l'essentiel; le bien lui-même y est le vrai, 8042. Le premier-né, ce sont les vrais de la foi qui procèdent immédiatement de la charité, 8042. Comme toutes les générations appartiennent à la régénération ou nouvelle naissance, par suite le premier-né est la foi, 8042. Les spirituels ont été adoptés par l'avénement du Seigneur dans le monde, et étaient appelés fils premiers-nés d'après la foi de la charité, 7035. Les premiers-nés du culte signifient le Seigneur, mais les premiers-nés de l'église signifient la foi, 352. Le premier-né a été appelé le commencement des forces; *montré*, 6344; et cela, parce que la foi de l'église a été signifiée par le premier-né, 6344. La sanctification des premiers-nés *sig.* la foi envers le Seigneur, 8038. Les premiers-nés du troupeau *sign.* ce qui appartient au Seigneur seul, 352. Le premier-né des fils *sign.* toutes les choses de la foi de l'église, c'est-à-dire, les choses qui proviennent du bien de la charité,

9224. Racheter le premier-né de l'homme *sign.* que ce sont, non pas les vrais de la foi qui doivent être attribués au Seigneur, mais les biens de la foi, 8080.

Les premiers-nés d'Égypte sont la foi sans la charité; *illustré*, 7039. La mort des premiers-nés en Égypte est la damnation de la foi séparée d'avec la charité, 7778. Le premier-né de Pharaon, ce sont les vrais de la foi, qui sont mis au premier rang, 7779. Le premier-né de la bête, ce sont les biens de la foi adultérés, 7781. Le premier-né dans la terre d'Égypte, c'est aussi le vrai de la foi falsifié, 7950. Le premier-né de la servante qui est après les meules *sign.* les vrais falsifiés de la foi qui sont au dernier rang, 7780.

PRENDRE. C'est s'approprier, 4170. Prendre dans la main, — Ézéch. XXXIX. 7, — *sign.* avoir confiance, 1085. Prendre de l'arbre de vies et manger, — Gen. III. 22, — c'est savoir, jusqu'au point de reconnaître tout ce qui est d'amour et de foi, 304.

PRÉPARATION. Le ciel est donné selon la préparation, c'est-à-dire, selon la réception du bien, puisque le ciel est dans l'homme, 9305. La préparation pour le ciel est faite vers le bien par le vrai, 8539. Préparation à l'état de réception du bien et du vrai; comment elle est décrite, 7849. Préparation pour recevoir le vrai divin révélé du ciel par le Seigneur, 8748. Préparation du bien pour l'usage de la vie par les vrais de la doctrine, 10105. Préparation de l'homme naturel; ce qui arrive à ce sujet, 3138. Préparation quant aux intellectuels, et préparation quant aux volontaires, 711. La préparation de l'huile d'onction enveloppe aussi la génération et la formation du bien de l'amour chez l'homme par le Seigneur, 10266.

PRÉPARER. Quand il s'agit du ciel, c'est le donner par miséricorde à ceux qui sont dans le bien de la vie et de la foi; *montré*, 9305. Par les tentations l'homme est préparé à recevoir les vrais et les biens, 6505. Personne n'est introduit dans le ciel, à moins d'y avoir été préparé, 9763. Préparer le ciel, c'est préparer ceux qui doivent être introduits dans le ciel, 9305. Comment sont préparés ceux qui doivent être élevés dans le ciel, 4728, 7090. Il est dangereux de venir dans le ciel, avant d'avoir été préparé, 537, 538.

PRÉPOSÉ, *Præfectus*. Les préposés *sign.* les communs, parce que les choses communes sont celles dans lesquelles et sous lesquelles sont les choses particulières, 5290. Voir PRÉPOSER.

PRÉPOSER, *Præficere*. C'est mettre en ordre, 5290. Préposer sur sa maison, quand il s'agit d'un Égyptien, c'est s'appliquer au scientifique ou au vrai naturel, 4977. Préposer, c'est aussi enseigner, 5087. Les chefs préposés sur les choses ecclésiastiques sont appelés prêtres, 10789 à 10799. Il doit y avoir des chefs préposés sur les choses ecclésiastiques, 10793. Voir PRÊTRE.

PRÉPUCE, *Præputium*. Voir CIRCONCISION. Le prépuce correspond à l'obscurcissement du bien et du vrai dans la très-ancienne église, parce qu'elle était homme interne; mais il correspond à la souillure du bien et du vrai dans l'église ancienne, parce que respectivement elle était homme externe; de là, dans cette église, la circoncision, 4462. Le prépuce *sign.* ce qui est souillé, 2039; il signifie tout ce qui couvre, embarrasse et souille les amours célestes, à savoir, l'amour conjugal, l'amour envers les enfants et l'amour de la société ou amour mutuel, 2039. Le prépuce *sign.* les amours terrestres et corporels qui souillent les amours spirituels et célestes, 7045. La chair du prépuce *sign.* le propre de l'homme, qui n'est autre chose que l'amour de soi et du monde, 2041. Couper le prépuce *sign.* éloigner les amours corrompus, 7045. Le prépuce correspond aux amours les plus externes, 7045.

PRÉPUTIÉ, *Præputiatus*. Voir INCIRCONCIS.

PRÉSENCE. Dans le ciel, où est la pensée, là est la présence, 8985. La présence du Seigneur chez l'homme est dans le bien, par conséquent dans le juste et l'équitable, et dans l'honnête et le décent, 2915. La présence du Seigneur chez les hommes et chez les anges est selon l'état de leur amour et de leur charité, 594, 904. Il y a présence du Seigneur chez l'ange et chez l'homme, mais il n'y a pas présence de l'homme ni de l'ange chez le Seigneur, 9415. Les anges par la présence du Seigneur sont davantage dans le bien, mais les infernaux par la présence du Seigneur sont davantage dans le mal, 7989. Les méchants se jettent dans l'enfer à la seule présence du Seigneur, 8137, 8264. La présence du Seigneur sépare les bons d'avec les méchants, 2441. La présence du Seigneur éloigne de tous côtés le mal et le faux, 8206. Les enfers sont éloignés des cieux par cela qu'ils ne peuvent soutenir la présence du divin amour qui procède du Seigneur, 4290, 7519, 7738, 7989, 8157, 8266, 9327. La présence du Seigneur enveloppe la liberté, l'une est la conséquence de l'autre; plus le Seigneur est présent, plus l'homme est libre, 905. L'indice qu'il y a présence du Seigneur, c'est que le volontaire est repoussé, ce qui a lieu par les tentations, 1044. La présence du Seigneur est la lumière céleste elle-même, laquelle est mille fois plus éclatante que la lumière de midi dans le monde, 8197. *Voir* Présent.

Présent, *Præsens*. Le Seigneur est présent chez tous dans le ciel, et aussi chez tous dans l'enfer, 2706. Le Seigneur est présent chez les anges du ciel et chez les hommes de l'église, non dans leur propre, mais dans ce qui est à lui chez eux, ainsi dans le divin, 10157, 10569. Le Seigneur est présent chez l'homme dans le bien de l'amour céleste, 6495. Le Seigneur est seulement présent dans le bien qui appartient à la charité seule, 2063. Le Seigneur est présent dans le bien selon la qualité du bien, 6707. Le Seigneur est présent chez l'homme dans le bien que l'homme reçoit du Seigneur, 10153. Le Seigneur, il est vrai, est présent chez chaque homme, mais il est présent chez les bons autrement que chez les méchants, 10146; chez les bons il est présent dans toutes les choses qu'ils pensent d'après les vrais de la foi, et qu'ils veulent d'après les biens de l'amour, 10146; chez les méchants il n'est pas présent dans chaque chose, parce qu'en eux il n'y a ni la foi ni la charité, mais il est présent dans le commun, et par cette présence ils ont la faculté de penser et de vouloir, et aussi de recevoir la foi et la charité, 10146. Le Seigneur est présent chez l'homme dans les vrais qui proviennent du bien, 10645. Le Seigneur est bien plus présent chez les enfants que chez les adultes, 1100. Dans les tentations, l'homme croit que le Seigneur est absent, parce qu'alors les prières ne sont point exaucées de même qu'elles le sont hors des tentations, mais le Seigneur néanmoins est alors davantage présent, 840. Le Seigneur ne se montre présent devant l'homme que par une intuition interne, qui s'opère par la foi venant de la charité, 6849.

L'amour rend présent en soi celui qui est aimé, 6841, f. Chez le Seigneur, les choses suivantes et futures sont tout à la fois dans le présent, 9787. Chez les anges, dans tout présent, il y a et le passé et le futur, 2493. Pour le Seigneur, et par suite pour le ciel angélique, peu importe qu'une chose doive arriver ou qu'elle soit présente, ce qui doit arriver est présent, 731, f. Tout le genre humain est présent sous les yeux du Seigneur; d'où vient cela? 1999. Dans l'autre vie, celui à qui quelqu'un pense dans le désir de lui parler se trouve présent, 7498. Dans l'autre vie, quand on pense avec intensité à quelqu'un, il se trouve présent, 6893. Les esprits sont présents quand on pense à eux, 1274. *Voir* Présence.

Présent, *Munus*. C'est le culte, 349. C'est aussi toute chose mondaine qui est aimée, soit opulence, ou dignité, ou réputation, ou tout autre chose qui flatte l'homme naturel, 9265. Les présents qui étaient donnés aux rois et aux prêtres *sig.* l'initiation, 4262. Les choses offertes sur l'autel *sign.* le culte, 4262. On offrait un présent aux rois et aux prêtres pour obtenir grâce, et cela signifiait les choses qui doivent être offertes à Dieu d'après le libre procédant de l'amour, 5619, 5671, 5675. Les présents offerts à Jéhovah étaient les témoignages des choses qui sont offertes de cœur; *illustré* et *montré*, 9293. Les dons et les présents sont des choses de la foi et de l'amour données par le Seigneur, quoiqu'elles apparaissent données par l'homme, 9938. Le présent de Jehudah est le culte d'après l'amour céleste, et le présent de Jérusalem le culte d'après l'amour spirituel, 2906. Le présent *sign.* un gain quelconque, 9265. Ne point recevoir de présent, c'est avoir de l'aversion pour un gain quelconque, 9265. « Le présent aveugle ceux qui ont les yeux ouverts, » *sign.* que les gains font que les vrais n'apparaissent point, 9266.

PRÉSIDER, *Præesse.* C'est mettre en ordre et disposer, quand il s'agit des vrais et des biens de la foi et de l'amour, 10217.

PRESSOIR, *Torcular.* Dans le sens bon, le pressoir *sign.* le bien de la foi, et l'aire le bien de l'amour, 6377. Dans le sens opposé, le pressoir *sign.* le faux d'après le mal, 6377, *f.* Le vin qui appartient au pressoir est le vrai d'après le bien, et l'huile qui appartient aussi au pressoir est le bien dont provient le vrai, 9296.

PRESTER (le), ou serpent ardent, *sign.* un genre de haine en rapport avec son venin, 251. Le prester volant, — Ésaïe, XIV. 29, — *sig.* la cupidité qui appartient à l'amour de soi, 251, 1197.

PRESTIGES, *Præstigiæ.* Les prestiges *sign.* les artifices pour présenter les vrais comme faux, et les faux comme vrais, 7297. Ce sont les faux du mal de l'amour de soi conjoints avec les choses qui appartiennent à l'église, et qui détruisent les vrais du bien; *montré*, 9188. Les prestiges sont un abus de l'ordre divin; cet abus, comment il se fait; *illustré*, 7296, 7337. Les prestiges constituent l'étude de plusieurs d'entre ceux qui, par ruse, ont imaginé des artifices pour tromper les autres, et ont attribué toutes choses à la propre prudence, 7296.

PRESTIGIATEURS, *Præstigiatores.* Dans la Parole, les prestigiateurs *sign.* ceux qui conjoignent les faux du mal de l'amour de soi avec les vrais de la foi, 9188. Ce sont ceux qui détruisent les vrais et les biens de l'église par les scientifiques appliqués de travers, 9188. Les prestigiateurs *sign.* aussi ceux qui sont savants par eux-mêmes, et qui se confient en eux seuls, parce qu'ils s'aiment et veulent être adorés comme des déités, 9188. Les prestigiateurs étaient du nombre de ceux qui s'appliquaient à la magie naturelle, d'après laquelle il n'a pu être prédit rien de divin, mais seulement ce qui était contre le divin, c'est-à-dire, contre le Seigneur et contre le bien de l'amour et de la foi envers lui, 3698. Les choses qu'autrefois les prestigiateurs annonçaient sont très-souvent arrivées; pourquoi? 3698. *Voir* PRESTIGES.

PRESTIGIATRICES, *Præstigiatrices.* Quelles sont les femmes qui deviennent prestigiatrices dans l'autre vie, 831. Chez les prestigiatrices, il n'y a aucune conscience, 831. Des fourberies des prestigiatrices ou sirènes, de leur punition et de leur enfer, 831. *Voir* SIRÈNES.

PRÊTER. C'est communiquer les biens du ciel d'après l'affection de la charité, par conséquent instruire; *montré*, 9209. Quand, dans la

Parole, il est dit emprunter et prêter, cela signifie être instruit et instruire d'après l'affection de la charité, 9174. Prêter *sign.* faire le bien d'après l'affection de la charité, ainsi communiquer les biens du ciel, et aussi les biens du monde, mais ceux-ci pour ceux-là comme fin, 9174. Prêter à plusieurs peuples, et ne point emprunter, — Deutér. XXVIII. 1, 12, — *sign.* avoir en abondance les biens de l'intelligence et de la sagesse, et d'après l'abondance les communiquer, et n'avoir pas besoin des autres, parce que toutes choses sont données par le Seigneur, 9174.

PRÉTÉRIT ou PASSÉ, *Præteritum.* Voir PASSÉ.

PRÊTRE, *Sacerdos.* Ce que c'est que le prêtre, puis ce que c'est que le sacerdotal du Seigneur, et ce que c'est que la royauté du Seigneur, 1728. Ce que c'est que le Seigneur comme roi, et ce que c'est que le Seigneur comme prêtre, 2015, *f.* Tous les rois et tous les prêtres représentent le Seigneur, ceux-là quant à la royauté, et ceux-ci quant au sacerdotal; mais autant ils s'attribuent le saint qui en procède, autant ils sont des voleurs spirituels; et autant ils agissent mal, autant ils dépouillent le représentatif, 3670. Les prêtres ont représenté le Seigneur quant au divin bien, et dans la Parole ils signifient les biens; et les rois ont représenté le Seigneur quant au divin vrai, et dans la Parole ils signifient les vrais; *montré*, 6148. Tous les prêtres, en quelque nombre qu'ils aient été, représentaient le Seigneur, même ceux qui étaient méchants et impurs, 1361, 4281, 4677. Les mauvais prêtres qui, dans le monde, par des prédications ont touché le vulgaire jusqu'à lui faire verser des larmes, surtout ceux de l'ordre des Jésuites, infestent le plus les probes, et parlent tout à fait autrement qu'ils ne pensent, 8383. Le prêtre *sign.* le divin bien, 9806. Exercer le ministère, quand il s'agit du prêtre, c'est le culte et l'évangélisation, 9925.

Les prêtres ont été préposés pour administrer les choses qui appartiennent à la loi divine et au culte, 10799. Les prêtres ne s'arrogeront aucun pouvoir sur les âmes des hommes, ni à plus forte raison le pouvoir d'ouvrir et de fermer le ciel, 10795. Ils enseigneront le peuple et le conduiront par les vrais au bien de la vie; mais néanmoins ils ne contraindront qui que ce soit, puisque nul ne peut être contraint à croire le contraire de ce qu'il a pensé du fond du cœur être vrai, 10798. Les prêtres qui s'attribuent l'honneur de leurs fonctions le dérobent au Seigneur, 10796. Le prêtre qui enseigne le vrai, et conduit au bien, pour le vrai et le bien, exerce la charité; mais celui qui agit ainsi pour lui-même et pour le monde, n'exerce pas la charité, parce qu'il n'aime pas le prochain, mais il s'aime lui-même, 8121. Les bons pasteurs sont les prêtres qui enseignent les vrais, et qui par ces vrais conduisent au bien de la vie; mais ceux qui enseignent et ne conduisent pas au bien de la vie, sont les mauvais pasteurs, 10794. Il y aura pour les prêtres dignité à cause des choses saintes, mais ils l'attribueront au Seigneur, et non à eux-mêmes, 10796; parce que l'honneur appartient, non à la personne, mais à la chose, 10797. Celui qui croit autrement que le prêtre, et ne cause pas de troubles, sera laissé en paix; mais celui qui cause des troubles sera séparé, 10798.

Les mauvais prêtres, et même les plus mauvais, qui intérieurement sont des diables, peuvent prêcher les doctrinaux de leur église avec une telle ardeur et un tel zèle simulé, qu'ils portent les cœurs de leurs auditeurs à la piété, 6914. Chez les prêtres et les pasteurs qui prêchent les choses saintes, et cependant vivent mal, il y a non de bons esprits, mais des mauvais, même quand ils sont dans un culte qui paraît saint dans la forme externe, 4311; ces prédicateurs n'ont pas non plus chez eux de communication avec le ciel, mais ceux qui entendent et saisissent les paroles prononcées par eux ont communication avec le ciel, s'ils sont dans un interne pieux et saint; car il n'importe de qui découle la voix du bien et du vrai, pourvu que ceux qui la prononcent ne mènent pas une vie manifestement criminelle, car cette vie scandalise, 4311. Autant ils sont dans le feu des amours de soi et du monde, et d'après ce feu parlent, prêchent et agissent, autant ils sont dans leur foi persuasive; mais quand ils ne sont point dans le feu de leurs amours, ils ne croient rien, et plusieurs d'entre eux nient, 9366.

Chez les fils d'Israël, les juges étaient en même temps prêtres; comme prêtres ils représentaient le divin bien, et comme juges le divin vrai, 2258. Les grands-prêtres représentaient le Seigneur quant au divin céleste ou au divin bien, 4677. Dans Ésaïe, — LXI. 5, — les hommes célestes sont appelés prêtres de Jéhovah, et les hommes spirituels, ministres de notre Dieu, 1097. Le prêtre de Midian *sign*. le bien de l'église où sont ceux qui sont dans le vrai du bien simple, 6827. Le prêtre, qui faisait mouvoir la poignée d'épis devant Jéhovah, représentait le Seigneur qui vivifie les biens du vrai, 9295. Comme les prêtres représentaient le Seigneur, c'est pour cela que le lévite, — Jug. XVII. 10, XVIII. 19, — est appelé père, 3604. Les filles du prêtre *sig*. les choses qui appartiennent à l'église, 6775.

PRÉVARICATION (la) *sign*. tout ce qui est contre le vrai de la foi, ainsi tout ce qui le lèse ou l'éteint, 9156, 9309. Dans la Parole, les maux sont appelés, tantôt péchés, tantôt iniquités, et tantôt prévarications, 9156. Sont appelés prévarications les maux qui sont faits contre les vrais de la foi, iniquités ceux qui sont faits contre les biens de la foi, et péchés ceux qui sont faits contre les biens de la charité et de l'amour, 9156. Les prévarications et les iniquités sortent de l'entendement perverti, et les péchés sortent de la volonté dépravée; *montré*, 9156. La prévarication *sign*. le mal contre le vrai, ce qui est un mal moindre; et le péché *sign*. le mal contre le bien, ce qui est un mal plus grand, 6563.

PRÉVOIR, *Prævidere*. Le Seigneur prévoit le mal et pourvoit au bien, 5155, 5195, 6489. Prévoir de la part du Seigneur, c'est connaître d'éternité à éternité, 5309. Le mal est prévu et il est pourvu au bien, et le mal qui est prévu est ployé vers le bien par la Providence, 6298. La Providence considère l'état successif à éternité, et il ne peut pas être pourvu à cet état s'il n'est pas prévu, 5195. Le Seigneur dans tout ce qui est présent prévoit le mal et pourvoit au bien, et cela depuis le premier fil de la vie jusqu'à éternité, 9296. Tout bien influe du Seigneur, c'est pourquoi il est pourvu au bien ; au contraire, tout mal influe de l'enfer, ou du propre de l'homme, qui fait un avec l'enfer, c'est pourquoi le mal est prévu, 5155. Pourvoir aux choses présentes, et ne pas prévoir en même temps les choses futures, et ainsi ne pas pourvoir en même temps aux choses futures dans les choses présentes, ce serait agir sans fin, sans ordre, par conséquent sans sagesse ni intelligence, ainsi non d'après le divin, 5195. Le Seigneur a prévu d'éternité quel doit être chaque homme, et quel il sera à éternité, 3854. *Voir* Prévoyance.

Prévoyance, *Prævidentia*. Il y a chez le Seigneur la prévoyance et la providence, et l'une n'est pas sans l'autre, 5195, 6489 ; il y a prévoyance respectivement à l'homme pour qu'il soit dans le libre, providence respectivement au Seigneur pour qu'il gouverne le libre, 3854. La prévoyance se dit du non-bien et du mal, et la providence se dit du bien, 5195. La prévoyance ne peut pas se dire du bien, parce que le bien est dans le divin et existe par le divin même et selon le divin ; mais elle se dit du non-bien et du mal, car l'un et l'autre existe hors du divin par d'autres choses qui sont contre le divin, 5195. La divine prévoyance et la divine providence sont dans les très-singuliers, et si elles n'y étaient pas, ou étaient seulement universelles, le genre humain périrait, 5122. Ce que c'est que la prévoyance, et ce que c'est que la providence ; il est toujours pourvu aux choses qui sont prévues ; *illustré*, 3854. L'intelligence qui se dit du Seigneur est une intelligence infinie, qui n'est autre chose que la prévoyance, 3863. C'est de la divine prévoyance du Seigneur que viennent les prédictions sur les choses qui ne coulent pas selon l'ordre commun de la nature, et par conséquent ne peuvent être prévues, 3698. *Voir* Prévoir.

Prier, *Orare*. Quand prier se dit du Seigneur, c'est être révélé, 2580, 2535. Prier *sign.* être mis en communication, la prière n'étant autre chose qu'une communication, 3285. Quand on prie pour soi-même contre tous, le ciel est fermé, car ceux qui sont dans le ciel ne font attention qu'aux fins de ceux qui prient, 4227. *Voir* Prière.

Prière (la), considérée en elle-même, est un entretien avec Dieu, et alors une sorte d'intuition interne des choses qui sont l'objet de la prière, etc. ; *illustré*, 2535. La prière du Seigneur était un entretien avec le divin, et alors il y avait révélation, 2535, *f*. Pour que les prières soient entendues et reçues par le Seigneur, il faut qu'elles viennent du Seigneur lui-même chez l'homme, 10299. Si l'amour et la foi ne sont pas intérieurement dans l'adoration et dans les prières, il n'y a en elles ni âme ni vie ; il y a seulement un externe, tel qu'est celui des flatteurs et des hypocrites, 10143. Il ne faut pas mettre toute sa confiance dans la prière, car dans la prière qui vient du divin on pense et on croit alors toujours que le Seigneur seul sait si telle chose est avantageuse ou non ; c'est pourquoi, celui qui prie soumet au Seigneur l'audition, et alors il supplie également que la volonté du Seigneur soit faite et non la sienne, 8179, *f*. Les prières de ceux qui sont dans les tentations sont peu écoutées ; pourquoi ? et il faut combattre contre les faux et les maux comme par soi-même ; pourquoi ? 8179. *Voir* PRIER, ORAISON DOMINICALE.

PRIMEUR, *Primitiva*. Une primeur, — Michée, VII. 1, — *sign*. la foi ou la droiture, 1071 ; c'est le vrai de la foi dans son commencement, 5117.

PRIMITIF, *Primitivum*. Le primitif de l'homme, provenant de l'âme du père, tend avec effort à la formation de tout l'homme dans l'œuf et dans l'utérus, quoique ce primitif soit, non dans la forme du corps, mais dans une forme très-parfaite connue du Seigneur seul, 3633.

PRIMOGÉNITURE, *Primogenitura*. *Voir* PREMIER-NÉ. La primogéniture est la priorité et la supériorité, 3325. D'où est venue la contestation sur la primogéniture et sur la domination qui en résulte, 367. Il a été controversé au sujet de la primogéniture, si elle appartient à la foi ou à la charité, 2435. La primogéniture est en actualité au bien, et en apparence au vrai, 4925, 4926, 4928, 4930.

PRINCE, *Princeps*. Le prince est le principal vrai ; *montré*, 5044. Il se dit des vrais ; et, dans la Parole, abstraction faite des personnes, il signifie le principal vrai, 1482, 2089. Les princes sont les vrais principaux, 1482, 2089 ; ils se disent des vrais qui appartiennent à la charité ; pourquoi ? 2089. Prince de Dieu *sig*. le Seigneur quant à la puissance du vrai, 2921. Le prince de Tyr *sign*. les choses principales des connaissances du vrai et du bien, 4503 ; il signifie ceux qui sont dans les principes du faux, 4728. Le prince du monde *sign*. l'enfer dans tout le complexe, 10655.

PRINCIPAL, *Principale*. Toutes choses se réfèrent à leur principal, et en tirent leur dénomination, 10143. L'instrumental et le principal en agissant ensemble sont un, 10738. La cause instrumentale et la cause principale font ensemble une seule cause, 6325 ; *voir* INSTRUMENTAL. Les holocaustes et les sacrifices étaient le principal du culte représentatif chez la nation israélite et juive, 10143. Le principal du culte de l'ancienne église était d'adorer Dieu dans une forme humaine, ainsi le Seigneur, 9193. Le principal de l'église est de reconnaître Dieu, de croire en Dieu et de l'aimer, 10816. Le principal de la foi, c'est de croire que tout salut vient du Seigneur ; *montré*, 2343. Le principal de la foi dans les tentations est d'avoir la foi que la salvation vient du Seigneur seul, et que rien de la salvation ne vient de l'homme, 8172.

PRINCIPAUTÉ, *Principatus*. Les anges sont nommés principautés, parce qu'ils sont dans les vrais, 2089, 5044. Les cieux ont été distingués en principautés selon les vrais provenant du bien, 5044. La principauté sur l'épaule, — Ésaïe, IX. 5, — c'est tout divin vrai dans les cieux procédant du Seigneur, 5044.

PRINCIPE, *Principium*. Tout principe doit être tiré des vrais de la doctrine d'après la Parole, 6047. Il y a deux principes, l'un qui conduit à toute extravagance et à toute folie, l'autre qui conduit à toute intelligence et à toute sagesse, 2568 ; celui-là est appelé principe négatif, et celui-ci principe affirmatif, 2568 ; état de ceux qui sont dans le principe négatif, et état de ceux qui sont dans le principe affirmatif, 2568. Le principe est comme l'âme de laquelle tout le reste tire la vie, 4736. Le principe règne dans les conséquences, et est corroboré par elles, 4717. Quand le principe est faux, il n'en peut découler que des faux, 1017. D'un seul faux, surtout s'il tient lieu de principe, découlent des faux en série continue, 1510, 1511, 4717, 4721. Chaque principe, quel qu'il soit, une fois adopté, fût-il le faux même, peut être confirmé par d'innombrables moyens, et se présenter ainsi dans la forme externe comme s'il était le vrai même, 2385. Ceux qui sont dans les principes confirmés du faux n'admettent pas le divin, 3986. Aux principes du faux qu'on a adoptés toutes choses sont favorables, 362, 794. Les faux principes sont facilement confirmés par la Parole, 589. La sphère des principes et des persuasions du faux excite les choses qui confirment, 1510, 1511. La sphère des principes et des persuasions du faux est comme un nuage épais, 1512. Ceux qui sont dans les principes du faux qu'ils ont adoptés ne peuvent pas même voir les vrais, 1017. Les principes du faux empêchent que les restes (*reliquiæ*) ne puissent opérer, 857. Ceux qui sont dans les principes du faux sont dévastés, 1106. On ne se laisse pas persuader contre des principes, quand même des vrais seraient présentés ; si quelque chose de l'amour de soi ou du monde influe, on le saisit avec feu, 2385. Toutes choses sont souillées par le faux du principe, même les vrais, 2383.

Quand on est dans les principes, on sait les choses qui en proviennent, 3620. Les principes mêmes ou les fins premières et dernières, d'où découlent toutes les choses qui sont dans le corps sont dans le cerveau,

4042. La volonté et l'entendement sont en principe dans la tête, 10044. Les principes d'un grand nombre de maladies résultent d'obstructions, 5718.

Printemps, *Ver.* L'état de paix dans les spirituels est comme celui du printemps et de l'aurore dans les naturels, 3696. Il en est de la paix céleste comme de l'aurore et du printemps, 1726. Le premier âge de l'église est comparé au printemps quand tout fleurit, 1837. Printemps des esprits, 5725. Le printemps et l'été sont perpétuels sur une des terres du ciel astral ; pourquoi ? 10834.

Priorité, *Prioritas.* Du droit de priorité ; appartient-il au bien ou au vrai, à la vie ou à la doctrine, à la charité ou à la foi ? 2435, 3233, 3234, 3236, 3495, 3582, 3603, 3863, 4242, 4247, 4256, 4267, 4337, 5351, 6294, 9224. *Voir* Premier-né, Primogéniture.

Prison, *Carcer. Voir* Garde, Fosse, Enchaîné. Être mis en prison, c'est être rejeté, 5083, 5101 ; c'est être séparé, 5456. Le captif ou celui qui est en prison est celui qui est dans le faux, 4958. Être mis en la maison de prison, et y être tenu prisonnier, c'est être mis dans les tentations quant au langage faux contre le bien ; *montré*, 5037 ; ainsi, c'est venir dans la vastation quant au faux, par conséquent dans les tentations, 5037 ; et aussi ce sont ceux qui sont dans les faux par ignorance du vrai, 5037. Est appelé maison de prison ce lieu situé le plus près sous la plante du pied et à l'entour, où sont tenus ceux qui sont en vastation, 5037. Le lieu dans lequel étaient prisonniers les prisonniers du roi *sign.* l'état de la vastation du faux, 5038. « A la maison de prison, » c'est parmi les faux, 5085.

PRISONNIER. Ceux qui sont dans le faux, surtout dans les faux d'après le mal, et qui sont dans la persuasion, sont dits prisonniers; et même, intérieurement, ils sont prisonniers, 5096. Qui étaient ceux que les anciens entendaient par les prisonniers qu'ils devaient aller voir, 5037, 5086, 5096. Chez eux, cette expression désignait une des classes du prochain, et elle signifie principalement ceux qui, dans le sens spirituel, sont prisonniers, 7260. Exercer la charité à l'égard de ceux qui sont naturellement prisonniers, c'est être dans le culte externe; l'exercer à l'égard de ceux qui sont spirituellement prisonniers, c'est être dans le culte interne, 7263. Voir PRISON.

PRIVATION D'ENFANTS (la), *Orbitas.* C'est la privation du vrai et du bien, 5535, 9188.

PRIVÉ D'ENFANT, *Orbus.* Quand il s'agit de l'église, c'est être privé de ses vrais, 5536, 5632.

PRIVER D'ENFANTS, *Orbare.* C'est priver l'église de ses vrais et de ses biens, 5536.

PRIX, *Pretium.* Le prix de la rédemption est le mérite et la justice du Seigneur par les très-graves tentations, par lesquelles il a uni l'essence humaine à l'essence divine et l'essence divine à l'essence humaine, et cela d'après sa propre puissance, et sauvé par cette union le genre humain, et surtout ceux qui sont de l'église spirituelle, 2966. Chez l'homme, le prix de la rédemption est en proportion de ce qu'il reçoit; *illustré*, 2966. Dans la Parole, le prix a été signifié par le sicle, et le prix de la rédemption a été signifié par quatre cents sicles d'argent, 2959.

PROBE. Les esprits probes sont dévastés quant aux faux, et les esprits méchants le sont quant aux vrais, 7474, 7541, 7542. Chez les esprits probes, les vastations se font afin qu'ils soient dépouillés aussi des terrestres et des mondains qu'ils ont contractés quand ils vivaient dans le monde, 7186, 9763; et afin que les maux et les faux soient repoussés, et qu'ainsi il y ait passage pour l'influx des biens et des vrais procédant du Seigneur par le ciel, et faculté de les recevoir, 7122, 9333.

PROBITÉ (la) se défend elle-même, 4227.

PROCÉDANT, *Procedens.* Voir DIVIN PROCÉDANT. Le procédant du Père est le divin vrai d'après le divin bien, ainsi l'exister divin d'après l'être divin, 9303. Les procédants ou les successifs tirent leur être de la chose dont ils procèdent, 10017. Voir SUCCESSIF.

PROCÉDER, *Procedere.* Sortir ou procéder, c'est se montrer présent devant un autre dans une forme accommodée pour cet autre, ainsi se montrer le même seulement dans une autre forme, 5337. Procéder, c'est influer, 9912. Il y a deux choses qui procèdent du Seigneur, et qui par conséquent dans leur origine sont divines; l'une est le bien, l'autre est le vrai, 7623; le bien et le vrai, quand ils procèdent du Seigneur, sont absolument unis, et tellement unis qu'ils sont non pas deux mais un, 7624. Du divin procèdent les célestes qui appartiennent au bien; des célestes procèdent les spirituels qui appartiennent au vrai, et des célestes et des spirituels procèdent les naturels, 3483. Dans la Parole, être envoyé *sign.* procéder, 6831; ainsi, être envoyé par Dieu, c'est procéder du divin, et celui qui procède du divin reçoit le divin, et il l'étend plus loin, 6870.

Procès, *Lis.* C'est le débat sur des choses qui appartiennent à l'église, par conséquent à la foi, 9024. C'est le débat sur les vrais entre ceux qui sont de l'église, et dans le sens abstrait le débat chez soi sur les vrais, 9024. C'est la contestation du vrai contre le faux et du faux contre le vrai, 9253. Le procès *sign.* le débat au sujet des vrais, 9260. Le procès de Jéhovah contre les nations, — Jérém. XXV. 31, — *sign.* le débat du Seigneur pour les vrais contre les faux, et pour les biens contre les maux, 9024.

Prochain, *Proximus.* Par le doctrinal de la charité, et non par le doctrinal de la foi, on peut savoir ce que c'est que le prochain, et l'ancienne église le savait, 2417. Doctrine concernant le prochain, 6703 à 6712, 6818 à 6824, 6933 à 6938. Sans la connaissance du prochain, on ne peut pas savoir comment la charité doit être exercée, 6818, 6703. Le prochain est le bien; *illustré*, 5025. La commune opinion, aujourd'hui, c'est que tout homme est également le prochain; mais il est de la prudence chrétienne de bien examiner la vie de l'homme, et d'exercer la charité selon cette vie, 6704. Les anciens ont réduit en classes le prochain, et ont enseigné comment la charité doit être exercée à l'égard de l'un et à l'égard de l'autre, 6705. Les distinctions du prochain sont en rapport avec le bien qui est chez chacun, 6706. Comme tout bien procède du Seigneur, le Seigneur est, dans le sens suprême et au degré le plus éminent, le prochain de qui procède l'origine, 6706. Ainsi chacun est le prochain en raison de ce qu'il a du Seigneur ou du bien chez lui, 6706; et comme nul ne reçoit de la même manière qu'un autre le bien qui procède du Seigneur, c'est pour cela que l'un n'est pas le prochain de la même manière que l'autre, 6706. La qualité du bien détermine à quel degré et dans quel rapport chacun est le prochain, 6707. Chacun est le prochain dans le même degré où il est plus proche du Seigneur, 6712.

Le prochain est non-seulement l'homme dans le singulier, mais c'est aussi l'homme dans le pluriel; ainsi une société, petite et grande, la patrie, l'église, le royaume du Seigneur, et le Seigneur lui-même, 6819. Une société est le prochain de préférence à un seul homme, 6820. La patrie est le prochain de préférence à une société, 6821. L'église est le prochain de préférence à la patrie, 6822. Le royaume du Seigneur est le prochain de préférence à l'église, 6823. Le Seigneur est le prochain au degré suprême, 6824. Ce sont là les degrés ascendants du prochain; ils sont comme les degrés d'une échelle, au sommet de laquelle est le Seigneur, et la charité s'élèvera selon ces degrés, 6819, 6824; *illustré*, 6023.

Comment il faut entendre que chacun est pour soi-même le prochain, et doit d'abord s'occuper de soi, 6933 à 6938. Chacun est pour soi-même le prochain, non au premier rang, mais au dernier, 6933. Chacun doit d'abord songer pour soi à avoir les nécessités de la vie, afin d'être en état d'exercer la charité, 6934. Si l'homme est le prochain pour soi au premier rang, la fin est mauvaise, 6935; mais s'il n'acquiert des richesses pour soi et pour les siens que pour être en état de faire le bien selon les préceptes de la doctrine de la charité, la fin est bonne, 6935; *illustré* par cela qu'on doit s'occuper du corps à cause du mental, pour qu'il y ait un mental sain dans un corps sain, et que le mental soit imbu de sagesse et d'intelligence; de cette manière on s'occupe du mental, afin qu'il puisse servir le Seigneur, 6936; *illustré* aussi d'après une maison, en ce que le fondement sera d'abord posé, mais l'habitation est la première et la dernière fin, et ainsi le fondement sera pour la maison, 6937. Il en est de même des honneurs dans le monde, on peut les avoir en vue, non pour soi, mais pour le prochain, 6938.

Amour du prochain. Aimer le bien et le vrai pour le bien et le vrai, c'est aimer le prochain et aimer Dieu, 10310. Le bien est le prochain qui doit être aimé; *illustré*, 10336. Aimer le prochain, c'est faire le bien, le juste et le droit dans toute œuvre et dans toute fonction, 8120, 8121, 8122; c'est aimer, non pas la personne, mais ce qui fait chez la personne qu'elle est le prochain; ainsi, c'est aimer le bien et le vrai, 5028, 10336. Ceux qui aiment la personne, et non ce qui fait chez la personne qu'elle est le prochain, aiment le mal de même que le bien, 3820; et ils font du bien aux méchants de même qu'aux bons, lorsque cependant faire du bien aux méchants, c'est faire du mal aux bons, ce qui n'est pas aimer le prochain, 3820, 6703, 8120. Le juge qui punit les méchants pour qu'ils soient corrigés, et pour que les bons ne soient ni corrompus ni lésés par eux, aime le prochain, 3820, 8120, 8121. Ceux qui sont dans le mal sont, il est vrai, le prochain, mais sous un rapport tout autre; et ainsi on doit leur faire du bien d'un autre manière, 6708. Faire le bien et le vrai pour le bien et le vrai, c'est aimer Dieu par dessus toutes choses et le prochain comme soi-même, 10336. Qui sont ceux qui aiment le prochain comme eux-mêmes? 9210. Ce n'est que dans le ciel qu'on peut aimer le prochain plus que soi-même, 548. Toute homme, toute société, la patrie, l'église, et dans le sens universel le royaume du Seigneur, sont le prochain, et leur faire du bien d'après l'amour du bien selon la qualité de leur état, c'est aimer le prochain; ainsi, leur bien, auquel on doit pourvoir, est le prochain, 6818 à 6824, 8123. Le bien moral, qui est le sincère, et le bien civil qui est le juste sont aussi le prochain; et agir avec sincérité et justice d'après l'amour du sincère et du juste, c'est aimer le prochain, 2915, 4730, 8120, 8121, 8122, 8123. Il suit de là que la charité à l'égard du prochain s'étend à toutes les choses de la vie de l'homme, et que faire le bien et le juste et agir avec sincérité de cœur dans toute fonction et dans tout travail, c'est aimer le prochain, 2417, 8121, 8124. Ceux qui ne savent pas ce que c'est qu'aimer le prochain, s'imaginent que chaque homme est le prochain, et qu'on doit faire du bien à quiconque est dans l'indigence, 6704. Ils croient aussi que chacun est son prochain à soi-même, et qu'ainsi l'amour à l'égard du prochain commence par soi-même, 6933. Ceux qui s'aiment par dessus toutes choses, ainsi ceux chez qui règne l'amour de soi, commencent aussi l'amour envers le prochain par eux-mêmes, 8120. Mais il est expliqué comment chacun est son prochain à soi-même, 6933 à 6938. Toutefois, ceux qui sont chrétiens, et qui aiment Dieu par dessus toutes choses, doivent commencer l'amour à l'égard du prochain par le Seigneur, parce que c'est lui qui doit être aimé par dessus toutes choses, 6706, 6711, 6819, 6824. Les différences du prochain sont en aussi grand nombre que les différences du bien procédant du Seigneur, et l'on doit faire le bien avec discernement à l'égard de chacun selon la qualité de son état, 6707, 6709, 6710, 6818. Ces différences sont innombrables, et c'est pour cela que les anciens, qui ont connu ce que c'est que le prochain, ont divisé les exercices de la charité en classes, auxquelles ils ont donné des noms, et par là ils savaient dans quel rapport tel ou tel était le prochain, et comment ils devaient faire du bien avec prudence, 2417, 6629, 6705, 7259 à 7262. La doctrine dans les anciennes églises était la doctrine de la charité à l'égard du prochain, et c'est de là que provenait leur sagesse, 2385, 2417, 3419, 3420, 4844, 6628. L'amour à l'égard du prochain est un degré inférieur de l'amour envers le Seigneur, 615. Différence entre l'amour envers le Seigneur et l'amour à l'égard du prochain, 2023. Celui qui est dans l'amour envers le Seigneur ne peut pas être autrement que dans l'amour à l'égard du prochain, 2023, 2227; mais ceux qui sont dans l'amour à l'égard du prochain ne sont pas tous pour cela dans l'amour envers le Seigneur, 2023. Ceux qui ont l'amour envers le Seigneur sont hommes célestes, mais ceux qui ont l'amour à l'égard du prochain sont hommes spirituels, 2023. La très-ancienne église était dans l'amour envers le Seigneur, mais l'ancienne église était dans l'amour à l'égard du prochain, 2023. L'amour envers le Seigneur et l'amour ou la charité à l'égard du prochain font l'homme et font la vie, etc., 3957. Voir AMOUR, CHARITÉ.

PROCHE (le), c'est ce qui arrive d'abord, 8094. Être proche, c'est la conjonction et la présence; *illustré et montré*, 9378. Être proche, c'est la conjonction perpétuelle, 5911. Approcher ou être proche de Dieu, c'est penser au divin par la foi de la charité, 6843.

PROCLAMER LA FÊTE *sign.* la chose même de l'église qu'on doit célébrer, 10412.

PROCURER (se), *Procurare sibi.* Il est de toute nécessité que l'homme, dans la vie du corps, se procure la communication avec le ciel par les vrais qui appartiennent à l'entendement et par les biens qui appartiennent à la volonté; *illustré*, 4464.

PRODIGES, *Prodigia.* Voir MIRACLES, SIGNES. Les prodiges sont les confirmations de la vérité, 7273; ce sont les moyens de la puissance divine, 7030, 7273; ce sont des avertissements, 7273. Les prodiges sont des choses qui confirment et persuadent par des apparences externes et par des illusions, 3900. Vouloir un prodige, c'est douter avant qu'on soit confirmé d'une manière sensuelle, 7289. Les prodiges ne font rien pour la foi; *illustré*, 7290. Les prodiges sont dangereux, parce qu'ils forcent à croire; et ce qui est l'effet de la contrainte ne reste point, mais se dissipe, 7290. Les prodiges faits dans l'Égypte signifiaient autant de degrés de la vastation de ceux qui, au dedans de l'église, avaient été dans la science des choses appartenant à la foi, et cependant avaient mal vécu, 7795; les prodiges multipliés *sign.* les degrés successifs de cette vastation; *illustré*, 7795, 7796.

PRODIGUE. Par le fils prodigue, — Luc, XV. 22, 23, — sont entendus ceux qui ont prodigué les richesses célestes, qui sont les connaissances du bien et du vrai; par son retour chez son père, et par sa confession qu'il n'était pas digne d'être appelé son fils, sont signifiés le repentir du cœur et l'humiliation; par la robe première dont il fut revêtu sont signifiés les vrais communs; et, par le veau gras, les biens communs correspondants à ces vrais, 9391, *m.*

PRODUCTION. Toute production, dans l'un et l'autre monde, est une continuelle création, 3648.

PRODUIRE. Quand être produit se dit de l'église, c'est le bien qui est produit par le vrai, et il est produit alors que le vrai passe par l'entendement dans la volonté, et de la volonté dans l'acte; *illustré*, 4904.

PRODUIT, *Proventus.* Le produit, c'est le fruit, 6155. Le produit *sign.* des choses appartenant à l'église, 9272. Le produit *sign.* les biens du vrai, 9273. La terre donnera son produit, — Zach. VIII. 12, — *sign.* que le céleste de l'église, ou le bien de la charité, donnera le vrai, 3579.

PROFANATEURS. De ceux qui abaissent les spirituels vers les terrestres et les souillent; ils sont parmi les profanateurs, 4050. Le sort des profanateurs est le pire de tous dans l'autre vie; *expérience*, 6348. Il existe pour les profanateurs un grand nombre d'enfers, qui sont distincts entre eux selon les diversités des profanations, 10287. *Voir* PROFANER, PROFANATION.

PROFANATION (la) est le mélange du bien et du mal, et aussi du vrai et du faux, chez l'homme, 6348. La profanation, c'est reconnaître et croire les vrais et les biens, puis vouloir et vivre contre eux; *illustré*, 4601, 6959. La profanation se fait par le reniement après la reconnaissance; *illustré*, 10287. Il y a divers genres de profanations; sur ces genres, 10287. Le Seigneur veille principalement à ce que chez l'homme la profanation ne se fasse point, 10287, 2427. La profanation est la conjonction du divin vrai avec les vrais d'après le mal, et cette profanation n'existe que chez ceux qui ont d'abord reconnu les choses appartenant à l'église, et principalement le Seigneur, et ensuite les nient, 10287. L'état de l'homme, chez qui il y a profanation, consiste en ce qu'il a communication avec les cieux et en même temps avec les enfers; avec les cieux par les vrais, et avec les enfers par les faux du mal, 10287. La profanation a été représentée dans l'église israélite et juive par l'action de manger du sang; c'est pourquoi cela a été si sévèrement défendu, 1003. Par les degrés prohibés sont signifiés les divers genres de profanations, 6348. Dans la Parole, la profanation du bien est signifiée par Babel, et la profanation du vrai par la Chaldée, 1182, 1283, 1304, 1306, 1307, 1308, 1321, 1322, 1326. La profanation est entendue par les paroles du Seigneur, dans Matthieu, — XII. 43 à 45: — par l'esprit immonde qui sort de l'homme, il est entendu la pénitence de celui qui est dans le mal; par parcourir des lieux arides, et ne point trouver de repos, il est entendu que telle est pour lui la vie du bien; par la maison dans laquelle il retourne, parce qu'il la trouve vacante et ornée pour lui, il est entendu l'homme lui-même, et que sa volonté est sans le bien; par les sept esprits qu'il prend avec lui, et avec lesquels il retourne, il est entendu le mal conjoint au bien; par son état pire que le premier, il est entendu la profanation, 8394; D. C. 172. Quel danger il y a dans la profanation des choses saintes et de la Parole, 571, 582. La profanation détruit entièrement les intérieurs de l'homme, 9818, f. Par la profanation, le rationnel périt entièrement, 5128, m. Les enfers des profanations du bien sont par derrière, et les enfers des profanations du vrai sont sous les pieds et sur les côtés; tous ces enfers sont plus profonds que les enfers des autres maux, et ils sont rarement ouverts, 10287. Voir PROFANER, PROFANATEURS.

PROFANE. Sont profanes ceux qui sont intérieurement dans les choses opposées à la charité, et qui feignent extérieurement la sainteté, 5120. Sont profanes ceux qui peuvent vouloir le mal et faire le bien, penser le mal et enseigner le bien, 3987. Les choses saintes ne doivent pas être mêlées avec les profanes, 1001. De ceux qui tournent les choses pures en impures, et les choses saintes en profanes, 5390. Si la foi n'est pas conjointe au bien, ou elle devient nulle, ou elle est conjointe au mal; de là le profane, 6348. Le sujet, où subsistent des vrais et en même temps des faux qui sont opposés, est appelé tiède; et le sujet, en qui les faux et les vrais ont été mêlés, est appelé profane, 5217. Du profane dans le culte, 1182, 1326, 3899, 9960. Le culte externe est d'autant plus profane que les intérieurs sont profanes, 1182.
— Manière d'écrire des anciens auteurs profanes, 1756.

PROFANER, c'est croire le vrai et vivre mal, et ne rien croire et vivre saintement, 8882. Profaner les biens et les vrais, où les choses saintes de l'église, nul ne le peut que celui qui d'abord les reconnaît, les croit, et plus encore s'il y confirme sa vie, et qui ensuite s'éloigne de la foi, ne les croit pas, et vit pour lui et pour le monde, 593, 1008, 1010, 1059, 3398, 3399, 3898, 4289, 4601, 8394, 10287. Il y a ceux qui profanent les biens de l'église, et ceux qui profanent les vrais de l'église; ceux qui profanent beaucoup, et ceux qui profanent peu; ceux qui profanent intérieurement, et ceux qui profanent extérieurement de plus en plus; ceux qui profanent par la foi contre les biens et les vrais de l'église, et ceux qui profanent par le culte, 10287. Celui qui dans sa première jeunesse croit les vrais, et plus tard ne les croit pas, profane légèrement; mais celui qui plus tard confirme chez lui les vrais, et ensuite les nie, profane grièvement, 6959, 6963, 6971. Ceux qui sont au dedans de l'église peuvent profaner les choses saintes, mais non de même ceux qui sont hors de l'église, 2051. Le bien et le vrai ne peuvent être profanés que par ceux qui d'abord ont reconnu; raison de cela, 3398. Ceux qui n'ont pas reconnu les choses saintes, et à plus forte raison ceux qui n'en ont pas eu connaissance, ne peuvent pas les profaner, 1008, 1010, 1059, 9188, 10287. On est tenu dans l'ignorance, afin que les vrais de la foi ne soient point profanés, et qu'ainsi on ne périsse point, 301, 302, 303. Peuvent profaner ceux qui reconnaissent, mais non ceux qui ne reconnaissent point, et à plus forte raison ceux qui ne savent point, 593. Les gentils, parce qu'ils sont hors de l'église et n'ont point la Parole, ne peuvent point profaner, 1327, 1328, 2051, 2284. Les Juifs non plus ne peuvent point profaner les choses saintes intérieures de la Parole et de l'église, parce qu'ils ne les reconnaissent point, 6963. C'est pour cela que les vrais intérieurs n'ont pas non plus été découverts aux Juifs, car s'ils eussent été découverts et reconnus, ils les auraient profanés, 3398, 3489, 6963. Les intérieurs sont préservés pour qu'on ne les blesse point en profanant, 6595. Pour que les vrais intérieurs ne soient point profanés, ils ne sont révélés que lorsque l'église est à sa fin; c'est pour cela que le Seigneur est venu dans le monde et a ouvert des vrais intérieurs, alors que l'église avait été entièrement dévastée, 3398, 3399. Le culte devient externe afin que le culte interne ne soit point profané, 1327, 1328. Dans la Parole, profaner, c'est faire que le culte soit nul, 8943. Profaner le sabbath, ou faire une œuvre le jour du sabbath, *sign.* être conduit par soi-même, et non par le Seigneur, ainsi être conduit par ses amours, 10362. *Voir* PROFANATION.

PROFOND (le) *sign.* les inférieurs et les enfers quant aux maux, 8279, 8298. Gagner le profond, c'est être entraîné par les maux vers ces enfers, 8298. Les lieux profonds sont les enfers, 8278. Les lieux profonds sont les extérieurs, et les lieux élevés sont les intérieurs, 9656. Pourquoi il est dit que l'enfer est dans le profond, 10181, *f.*

PROFONDEUR. Les profondeurs *sign.* les inférieurs où sont les enfers, 8279. Les profondeurs sont les enfers respectivement aux maux, et les abîmes les enfers respectivement aux faux provenant des maux, 8279. La profondeur de la mer *sig.* l'enfer, 9937. *Voir* PROFOND.

PROGRÈS de la régénération de l'homme; comment il a lieu; il est décrit, 1555, 2343, 2490, 2657, 2979, 3057, 3286, 3310, 3316, 3332, 3470, 3701, 4353, 5113, 5126, 5270, 5280, 5342, 6717, 8772, 8773, 9043, 9103, 10021, 10057, 10367. Du progrès de la régénération de l'homme de l'église spirituelle, 2675, 2678, 2679, 2682; et du progrès de la régénération de l'homme de l'église céleste; quelle est la différence, 5113, 10124.

PROGRESSION. Dans l'autre vie, les progressions sont les changements d'état des intérieurs; *illustré*, 10734. Les espaces et les progressions y sont des apparences selon ces changements d'état, 9440. La progression vers les intérieurs y apparaît manifestement, comme lorsqu'on passe d'un brouillard à la lumière, 4598.

PROIE, *Præda.* La proie *sign.* l'enlèvement et la délivrance des bons par le Seigneur, 6442. Monter de la proie, c'est être délivré de l'enfer, 6368. Dévorer la proie, c'est s'approprier les biens qui ont été ravis par les maux, 6442. « Une proie dans la maison. » — Malach. III. 10, — ce sont les *reliquiæ* ou restes dans l'homme interne, qui sont comparées à une proie, parce qu'elles sont insinuées pour ainsi dire furtivement au milieu de tant de maux et de faux, 576. Dans la Parole, au sujet du Seigneur, il est dit rapine, ravir, dépouille, proie; cela signifie que par le céleste le

Seigneur délivre de l'enfer, 6442.

PROLIFIQUE, *Prolificum*. Le prolifique dans les plantes correspond au bien dans l'homme; *illustré*, 9258.

PROLONGATION (la) des jours *sig.* l'augmentation du bien, 8898. Dans les préceptes du décalogue, la prolongation des jours n'est pas la longévité, c'est un état heureux, 488.

PROMESSE, *Promissio*. Première promesse de l'avénement du Seigneur dans le monde, 2034. Promesse de cet avénement tant dans les livres de Moïse que chez les prophètes, 7933.

PROMPTEMENT, *Festinum*. C'est le certain et le plein, 5284.

PROMULGATION de la loi sur la montagne de Sinaï, 8862.

PRONONCER, *Loqui*. Toutes les choses que le Seigneur a prononcées, il les a prononcées d'après le divin; c'est pour cela qu'elles ont un sens interne, 9198. Ce que le Seigneur prononce est non-seulement pour le monde, mais aussi pour tout le ciel, 8899; *voir* PARLER, DIRE. Prononcer une parole, c'est l'influx et par suite la réception, 5797.

PROPAGATION (la) est une continuelle création, 5116. Chaque chose est une représentation de l'éternel et de l'infini; de l'éternel par la propagation à éternité, de l'infini par la multiplication des semences à l'infini, 5116.

PROPHÈTE, *Propheta*. Les prophètes *sign.* les vrais de la doctrine, ainsi ceux qui enseignent; *montré*, 2534, 7269. Le prophète *sign.* celui qui enseigne; et, abstraction faite de la personne, la doctrine, 9188. Le prophète qui doit venir et enseigner, c'est le Seigneur, 9188, *f.* « Nul prophète n'est reçu dans sa patrie, »

sign. que le Seigneur, et le divin vrai qui procède de lui, sont moins reçus et moins aimés au dedans de l'église que hors de l'église; *illustré*, 9198. « Tous les prophètes et la loi jusqu'à Jean ont prophétisé, » — Matth. XI. 13, — *sign.* que les prophétiques sur le Seigneur et sur son avénement, et les représentatifs du Seigneur et de son royaume, ont cessé quand le Seigneur vint dans le monde, 9372. La loi et les prophètes, ou Moïse et les prophètes, ce sont les livres historiques et les livres prophétiques de la Parole, 2606. La loi et les prophètes *sign.* toute la Parole, 2606, 3382, 6752, 7463. Les prophètes *sign.* les vrais de la doctrine tirée de la Parole, 2534, 7269. Les prophètes et les apôtres, — Luc, XI. 49, — *sign.* les vrais et les biens de l'église, 8902. Quand les prophètes sont nommés dans la Parole, c'est la Parole prophétique, mais avec différence, 3652. Dans les prophètes, lorsqu'il s'agit des spirituels, il s'agit aussi des célestes; pourquoi? 1203. Dans les prophètes, les mots sont employés avec la plus grande exactitude, et jamais l'un n'est mis à la place de l'autre, 519, *f.* Les prophètes, par qui la Parole a été écrite, ont écrit selon que l'esprit a dicté d'après le divin; les paroles qu'ils devaient écrire étaient énoncées à leurs oreilles, 7055; ils n'avaient pas la perception de ce que chaque expression signifiait dans le sens interne, 7055. Le vrai divin était manifesté aux prophètes, ou par langage, ou par visions, ou par songes, 4682, 5121; mais les révélations étaient purement verbales ou visuelles, sans perception de ce qu'elles signifiaient, 5121. Chez les prophètes qui ont vu des esprits et des anges, et aussi plusieurs choses du ciel, le Seigneur avait ouvert leur vue interne, 4527, *f*. Les objets spirituels apparaissaient devant les prophètes, quand leur vue intérieure, qui est celle de l'esprit, était ouverte; *exemples*, 9436. On sait, d'après la Parole, que dans les prophètes il y a eu un influx du monde des esprits et du ciel, partie par des songes, partie par des visions, partie par le langage; et aussi chez quelques-uns dans le langage même et dans les gestes mêmes, ainsi dans les choses qui appartiennent au corps, et qu'alors ils parlaient et agissaient non d'après eux-mêmes, mais d'après les esprits qui alors occupaient leurs corps; quelques-uns se comportaient alors comme des insensés, par exemple, Saül qui s'étendait tout nu, d'autres qui se faisaient des blessures, d'autres qui se mettaient des cornes, etc.; *explication* d'après une vive expérience, 6212. Influx chez les prophètes; quel il était; *expérience*, 6212. Ce que c'est que la vision et la divination, quand elles se disent des prophètes, 9248; *voir* DEVINER. Quand il s'agit des prophètes, la divination concerne la vie, et la vision la doctrine, 9248. Les prophètes étaient vêtus de poil, parce qu'ils représentaient le Seigneur quant aux vrais de la doctrine, qui appartiennent au naturel, 4677, *m*. Voir FAUX PROPHÈTES.

PROPHÉTESSE, *Prophetissa*. La prophétesse signifiait le bien de la foi, car lorsque l'homme représente le vrai, la femme représente le bien, 8337.

PROPHÉTIQUES, *Prophetica*. Différence entre les prophétiques et les historiques de la Parole, 6333. Les prophétiques de la Parole sont obscurs; pourquoi? 6333. Les prophétiques en beaucoup d'endroits ne seraient d'aucun usage, s'il n'y avait pas en eux un sens interne; *exemples*, 2608, 8020, 8398; ainsi, les prophétiques de Jacob sur ses fils, 6306, 6333 à 6465; on peut le voir par plusieurs prophétiques sur Jehudah et Israël, prophétiques qui n'ont point de rapport avec la nation juive et israélite, et qui ne présentent point de coïncidence selon le sens de la lettre, 6333, 6361, 6415, 6438, 6444. Les arcanes du sens interne sont moins évidents dans les historiques que dans les prophétiques, 2176. Les révélations prophétiques dans l'église juive venaient, non pas de la perception, mais du langage avec des anges par lesquels le Seigneur parlait; quelle est la différence, 5121. L'ancienne église avait aussi des livres historiques et des livres prophétiques, inspirés de même, qui étaient pour elle la Parole, 2686, 2897. Des prophétiques divins ont aussi été chez d'autres que les fils d'Israël; *confirmé* par la prophétie de Biléam, 2898. Dans la Parole prophétique, il est ordinaire de traiter du vrai lorsqu'il est traité du bien, et de parler des externes lorsqu'il est parlé des internes, 9391. Dans la Parole prophétique, le céleste est exprimé distinctement, et le spirituel distinctement; de là comme des répétitions, 683, 707, 793, 801.

PROPHÉTISER, *Prophetare*. C'est enseigner et prêcher les vrais, 4682. Souvent ceux qui adoraient les Baals et d'autres dieux ont aussi prophétisé, et les choses qu'ils ont annoncées sont aussi arrivées; pourquoi? 3698.

PROPITIATION (la) du Seigneur est une protection contre l'inondation du mal, 645. La propitiation est le bien de l'amour, d'après lequel il y a audition et réception de toutes les choses qui appartiennent au culte, 9517. Faire propitiation sur l'autel, c'est, après l'éloignement des maux et des faux du mal, l'implantation du bien procédant du Seigneur, et la réception de ce bien par l'homme de l'église et par l'ange du ciel, 10124. Les propitiations sont la réception du bien de l'amour et de la foi procédant du Seigneur, après l'éloignement des maux et des faux du mal, 10122.

PROPITIATOIRE (le) *sign.* la purification des maux ou la rémission des péchés, par conséquent l'audition et la réception de toutes les choses qui appartiennent au culte d'après le bien de l'amour; *illustré* et *montré*, 9506, 9682, 10196.

PROPOS. Agir de propos délibéré, *sign.* penser d'avance d'après la volonté, 9012. Quand l'homme commet deux ou trois fois un mal de propos délibéré, il ne peut pas ensuite cesser de le commettre, car ce mal s'attache continuellement à sa pensée, 6203 *f.*

PROPOSITION. L'église qui reconnaît la foi seule ne croit pas au divin humain du Seigneur; ceux de cette église en ont en aversion la proposition seule, 4727.

PROPRE, *Proprium.* Du propre en général : Chez l'homme corporel et mondain, le propre est tout ce qui lui appartient; un tel homme ne connaît rien autre chose que le propre; s'il perdait le propre, il croirait ne plus exister. Chez l'homme spirituel aussi, le propre se présente de même; car bien que celui-ci sache que le Seigneur est la vie de tous, et qu'il donne la sagesse et l'intelligence, que par conséquent il donne de penser et d'agir, toujours est-il que, lorsqu'il dit cela, il ne croit pas ainsi. L'homme céleste, au contraire, reconnaît que le Seigneur est la vie de tous, qu'il donne de penser et d'agir, car il perçoit qu'il en est ainsi, et ne désire jamais le propre; et, bien qu'il ne désire pas le propre, il lui est néanmoins donné par le Seigneur un propre qui a été conjoint avec toute perception du bien et du vrai, et avec toute félicité, 141. Le propre de l'homme n'est absolument qu'une chose morte, quoiqu'il lui paraisse comme étant quelque chose, et même comme étant tout ; tout ce qui vit chez lui vient de la vie du Seigneur; et, si elle se retirait, il tomberait mort comme une pierre, 149. Le Seigneur seul a un propre ; le propre du Seigneur est la vie ; par le propre du Seigneur est vivifié le propre de l'homme, qui est un propre mort en soi, 149.

Propre de l'homme. C'est de s'aimer de préférence à Dieu et d'aimer le monde de préférence au ciel, et de considérer le prochain comme rien, relativement à soi-même, ainsi c'est l'amour de soi et du monde, 694, 731, 4317, 5660. C'est là le propre dans lequel l'homme naît, et ce propre est le mal condensé, 210, 215, 731, 874, 875, 876, 987, 1047, 2307, 2308, 3518, 3701, 3812, 8480, 8550, 10283, 10284, 10286, 10731. Le propre de l'homme est son volontaire, 4328. Du propre de l'homme provient non-seulement tout mal, mais aussi tout faux, et ce faux est le faux du mal, 1047, 10283, 10284, 10286. Les maux qui proviennent du propre de l'homme sont le mépris pour les autres, les inimitiés, les haines, les vengeances, les cruautés, les fourberies, 6667,

7372, 7373, 7374, 9348, 10038, 10742. Autant le propre de l'homme règne, autant le bien de l'amour et le vrai de la foi sont rejetés, ou étouffés, ou pervertis, 2041, 7491, 7492, 7643, 8487, 10455, 10742. Le propre de l'homme est l'enfer chez lui, 694, 8480. Le bien que l'homme fait d'après le propre, n'est pas le bien, mais il est en soi le mal, parce qu'il le fait pour lui-même et pour le monde, 8480.

Le propre de l'homme doit être séparé pour que le Seigneur puisse être présent, 1023, 1044; et il est séparé en actualité, quand l'homme est tenu dans le bien par le Seigneur, 9334, 9335, 9336, 9445, 9452, 9453, 9454, 9938. Cela est fait par le Seigneur seul, 9445. L'homme par la régénération reçoit un propre céleste, 1937, 1947, 2881, 2883, 2891. Il semble à l'homme que ce propre est le sien, mais ce n'est pas le sien, c'est celui du Seigneur chez lui, 8497. Ceux qui sont dans ce propre sont dans le libre même, parce que le libre est d'être conduit par le Seigneur et par le propre du Seigneur, 892, 905, 2872, 2886, 2890, 2891, 2892, 4096, 9586, 9587, 9589, 9590, 9591. Pour que l'homme reçoive le propre céleste et le libre céleste, il doit faire le bien comme par lui-même, et penser le vrai comme par lui-même, 2882, 2883, 2891. Si l'homme se contraint lui-même à résister au mal et à faire le bien, il reçoit du Seigneur le propre céleste, 1937, 1947. Celui qui est dans le propre céleste a confiance au Seigneur et est heureux, 5660. Tout libre vient du propre, et sa qualité est selon le propre, 2880. Quel est le propre céleste, 164, 5660, 8480. Le propre de l'homme, c'est qu'en chaque chose on pense à soi; le propre céleste, c'est qu'en chaque chose on pense au prochain, au public, à l'église, au royaume du Seigneur et au Seigneur, 5660. Comment est implanté le propre céleste, 1712, 1937, 1947.

Tous les hommes, sans exception, naissent dans les maux de tout genre, au point que leur propre n'est que mal, 210, 215, 731, 874 à 876, 987, 1047, 2307, 2308, 3701, 3812, 8480, 8550, 10283, 10284, 10286, 10731. L'homme lui-même, considéré d'après le propre, est pire que les brutes, 637, 3175. Si donc l'homme était conduit par son propre, il ne pourrait jamais être sauvé, 10731. Tout ce qui provient du propre de l'homme est le mal, de quelque manière que cela se présente, 4319. Quelle est l'intelligence d'après le propre, 4419. Toute démence et toute folie proviennent du propre qui appartient à l'homme, 3341. Chaque homme a un propre qu'il aime par-dessus toutes choses; ce propre est ce qui domine ou règne universellement chez lui; il est présent dans sa pensée et aussi dans sa volonté continuellement, et fait sa vie même, 8853; *exemples*, 8854. L'homme, d'après le propre, ne peut rien faire de bien, ni rien penser de vrai, 874, 875, 876. Du propre, qui est l'amour de soi et du monde, vient l'enfer, 694. La fausseté influe du propre, 1047. Il y a chez l'homme le propre volontaire et le propre intellectuel, le faux en provient, 10283, 10284, 10286. Autant le propre volontaire peut être séparé, autant le Seigneur peut être présent, 1023, 1044. L'homme, ou l'esprit, ou l'ange, quant au propre, est l'excrément le plus vil, 987. Quel est le propre chez les hommes et chez les anges, 141, 150, 154.

Le propre dans ceux qui sont à régénérer est inanimé, 39, 41. Le propre de l'homme qui est régénéré règne d'abord, car d'après le propre il s'imagine faire le bien, et même il doit le faire comme par son propre, pour qu'il puisse être gratifié du propre céleste, 4001. Quand l'homme subit des tentations, le propre est affaibli et adouci par les vrais et les biens qui procèdent du Seigneur, et par conséquent vivifié, et il paraît ne plus exister, 731. Le propre vivifié par la charité et par l'innocence est beau et agréable, 164. Le mariage céleste est dans ce propre, 155. Ceux qui entrent dans le ciel se dépouillent du propre et du mérite de soi, 4007, f. Le bien et le vrai chez l'homme régénéré deviennent comme propres, mais en actualité ils ne le sont point; *illustré*, 8497. Le bien par le Seigneur a intimement en soi le ciel et le Seigneur, et le bien d'après le propre a en dedans de soi l'enfer, 8480. Le volontaire, par conséquent le propre, a été entièrement détruit chez les spirituels; *expérience*, 4328. Ceux qui sont de l'église où est la Parole sont appelés le propre du Seigneur, et son pécule, 8768. Dans la Parole, la côte et l'os, c'est le propre, 147, 148, 149, 157.

Propre intelligence. Les choses qui viennent de la propre intelligence n'ont aucune vie en elles-mêmes; mais celles qui viennent de la Parole ont la vie, 8941; *illustré*, 8944.

Propre prudence. Les méchants croient que tout appartient à la propre prudence; mais il n'en est pas de même des bons, 10779.

Prospérer (faire), *Prosperare.* C'est pourvoir, 4972, 4975, 5049. Faire prospérer, dans le sens suprême, *sign.* la providence, parce que toute chose prospère, qui se montre dans les derniers de la nature, est faite dans son origine d'après la divine providence du Seigneur, 5049. *Voir* Fortune.

Prosternation (la) est un acte du corps, qui correspond à l'humiliation du mental; de là, ceux qui sont de cœur dans l'adoration de Dieu se prosternent, 6266. L'inclination du corps est l'humiliation du vrai, c'est-à-dire, de ceux qui sont dans le vrai, ainsi des spirituels; et la prosternation est l'humiliation du bien, c'est-à-dire, de ceux qui sont dans le bien, ainsi des célestes, 5682; *illustré*, 7068.

Prosternement. *Voir* Prosternation, Prosterner (se). L'humiliation du cœur produit la génuflexion; une humiliation encore plus grande et intérieure produit le prosternement en terre, 4215.

Prosterner (se). C'est l'effet de l'humiliation, 4689. C'est adorer et rendre un culte, 10645. Se prosterner *sign.* le culte d'après le bien de l'amour, et servir *sign.* le culte d'après le vrai de la foi, 8373. Se prosterner, c'est l'humiliation de ceux qui sont dans le bien, et s'incliner est l'humiliation de ceux qui sont dans le vrai, 7068. Se prosterner représente l'humiliation intérieure, et s'incliner représente l'humiliation extérieure, 5682. Quand ceux qui sont dans le vrai doivent s'humilier devant Dieu, ils inclinent seulement un peu le corps; mais quand ceux qui sont dans le bien s'humilient devant Dieu, ils se prosternent jusqu'à terre, 7068. Pourquoi on se prosternait à terre, 2327. Se prosterner, c'est se soumettre, 6366. Se prosterner *sign.* aussi se réjouir, car le prosternement est un geste du corps, qui provient non-seulement de l'humiliation, mais aussi de la joie, 2927, 2950, 3118.

PROSTITUÉE, *Meretrix*. C'est le faux, 4865. La grande prostituée, — XVII. 1, 2, — *sign.* ceux qui sont dans un culte profane, 2466. Babylone est appelée la grande prostituée ; pourquoi ? 8904. *Voir* ADULTÈRE, PROSTITUTION.

PROSTITUER (se), *Mœchari*. C'est pervertir les biens et les vrais de l'église, 8904. Se prostituer avec la pierre et le bois *sign.* la perversion du vrai ou le faux, et l'adultération du bien ou le mal, 5156.

PROSTITUTION, *Meretricatus*. *Voir* ADULTÈRE. Les prostitutions *sign.* les corruptions du bien et les falsifications du vrai, 3399. Le salaire de prostitution *sign.* l'ostentation du faux, 2466. Le salaire de prostitution est le faux de la doctrine qu'on vante comme vrai, 8904. Sont appelées salaire de prostitution, — Ésaïe, XXIII. 17, — les connaissances du vrai et du bien, lorsqu'elles sont enseignées pour le gain, l'honneur et la réputation qu'on en retire ; ainsi, lorsqu'elles sont, pour ainsi dire, vendues, 10570. Ceux qui passent leur vie dans la prostitution ne s'inquiètent nullement du bien et du vrai, 4865.

PROTESTER, *Contestari*. C'est avoir de l'aversion, 5584.

PROVIDENCE (la) est la même chose que l'influx du Seigneur médiatement par le ciel, et immédiatement d'après lui-même, 6480. La providence consiste à pourvoir, et à regarder en avant, ainsi à conduire au bien et à garder contre le mal, 9304. La providence regarde continuellement l'éternel, et dirige continuellement vers le salut ; et cela, par différents états, tantôt gais, tantôt tristes, que l'homme ne peut nullement comprendre, mais tous néanmoins avantageux pour sa vie dans l'éternité, 8560. La providence a principalement pour objet la conjonction du vrai avec le bien et du bien avec le vrai, 3951. La providence est le gouvernement du Seigneur dans les cieux et dans les terres, 10773. Le Seigneur d'après la providence gouverne toutes choses selon l'ordre, et par conséquent le gouvernement selon l'ordre est la providence, 1755, 2447. La providence agit d'une manière invisible et incompréhensible ; pourquoi ? 5508. La plupart des choses qui sont faites d'après la providence apparaissent à l'homme comme contingentes, 5508. Si la providence agit d'une manière invisible, c'est afin que l'homme ne soit pas par des choses visibles contraint de croire, et par conséquent afin que son libre ne soit pas blessé ; car si l'homme n'a pas le libre, il ne peut pas être réformé, ni par conséquent être sauvé, 1937, 1947, 2876, 2881, 3854, 5508, 5982, 6477, 8209, 8987, 9588, 10409, 10777. La providence divine considère, non les choses temporelles qui passent vite, mais les choses éternelles, 5264, 8717, 10776 ; *illustré*, 6491. Ceux qui sont dans la divine providence du Seigneur sont portés en toutes choses, en général et en particulier, vers des félicités pour l'éternité, 8478, 8480.

La divine providence du Seigneur n'est pas, comme on le croit dans le monde, universelle seulement ; et les particuliers ou singuliers ne dépendent pas de la prudence chez l'homme, 8717. La providence du Seigneur est universelle, parce qu'elle est dans les très-singuliers, 1919, 2694, 4329, 5122, 5949, 6058, 6481 à 6486, 6490, 7004, 7007, 8717, 10774. La providence divine du Seigneur existe quant aux plus petits singuliers de la vie de l'homme, 10774, 10775. Si la providence divine du Seigneur n'était pas universelle d'après les très-singuliers et dans les très-singuliers, rien ne pourrait subsister, 6338. La providence universelle du Seigneur, sans les très-singuliers qui sont en elle et dont elle est composée, ne serait absolument rien, 4329. La providence du Seigneur est infinie, même dans les singuliers, 6483. Ceux qui pensent sur la divine providence d'après les choses mondaines en concluent qu'elle est seulement universelle, et que les singuliers dépendent de l'homme, 10775. La propre prudence de l'homme est comme un grain de sable dans l'univers, et la providence divine est respectivement comme l'univers lui-même, 6485. D'un certain homme, dans l'autre vie, qui dans le monde avait cru par confirmation que toutes choses dépendaient de la propre prudence, et que rien n'appartenait à la providence divine; tout chez lui apparaissait infernal, 6484. Voir PRUDENCE.

Chez le Seigneur il y a la providence et la prévoyance, et l'une ne va pas sans l'autre, 5195, 6489. Il y a chez le Seigneur prévoyance et providence, prévoyance respectivement à l'homme pour qu'il soit dans le libre, providence respectivement au Seigneur pour qu'il gouverne le libre, 3854. La providence se dit du bien, et la prévoyance se dit du mal, 5155. Le Seigneur gouverne immédiatement et médiatement par le ciel, non pas comme un roi dans le monde, et la providence est dans les très-singuliers, 8717; mais on saisit difficilement cela dans le monde, 8717, f. Ceux qui pensent sur la providence divine d'après les choses mondaines croient qu'elle est universelle et non particulière, quand ils voient les méchants s'élever aux honneurs et acquérir des richesses plus que les bons, et réussir dans leurs artifices, etc., 10775; mais la prééminence et l'opulence ne sont point de réelles bénédictions; les choses éternelles qui appartiennent au ciel sont de réelles bénédictions, 10776. La divine providence a pour fin le salut éternel de l'homme, et non son bonheur dans le monde, 6481. La divine providence a en vue, non pas ce qui passe en peu de temps, et prend fin avec la vie de l'homme dans le monde, mais ce qui demeure éternellement, 10775. Si les méchants réussissent dans leurs artifices, c'est parce qu'il est de l'ordre que toutes choses se fassent selon la raison et avec le libre, 10777. La providence des singuliers est tant chez les méchants que chez les bons, 10779.

La providence du Seigneur est infinie et a en vue l'éternel; on le voit par la formation de l'homme dans l'utérus, et davantage ensuite quant à la vie spirituelle, 6491. La divine providence du Seigneur est dans toutes et dans chacune des choses qui contribuent au salut du genre humain, 10773. Il n'y a point de prédestination ou de destin, mais l'homme a le libre, et la providence est comme un architecte qui se sert de matériaux entassés sans ordre, 6487. Tout ce qui survient ou arrive, qu'en d'autres termes on appelle fortuit, et qu'on attribue au hasard ou à la fortune, vient de la providence, 5508. Le Seigneur conduit chacun par ses affections, et le ploie ainsi par une providence tacite, car il le conduit par le libre, 4364. Il n'y a chez l'homme aucune nécessité absolue provenant de la providence, mais il y a pleine liberté; *illustré* par une comparaison, 6487. La fortune qui, dans beaucoup de circonstances dans le monde, paraît admirable, est l'opération de la divine providence dans le dernier de l'ordre, selon l'état de l'homme, et elle peut servir à confirmer que la divine providence est dans les très-singuliers de toutes choses, 5049, 5179, 6493, 6494. Le Seigneur influe dans le dernier de l'ordre et dans le moyen, non-seulement médiatement par le ciel, par les anges et par les esprits, mais et principalement immédiatement; de là la providence dans les très-singuliers, 7004, 7007. Quelle est la providence du Seigneur par rapport aux maux, 6481, 6495, 6574, 10777, 10779. La providence à l'égard du mal n'est autre chose qu'une direction ou détermination d'un mal vers un moindre mal, et en tant qu'il est possible vers un bien, 5155.

Fleuve de la Providence. Dans ce fleuve sont ceux qui se confient au divin et lui attribuent toutes choses, 8478. Ne sont point dans le fleuve de la providence ceux qui se confient en eux seuls et s'attribuent toutes choses, 8478. Ceux qui sont dans le fleuve de la providence sont continuellement portés vers les choses heureuses, de quelque manière que les moyens se manifestent, 8478. Autant quelqu'un est dans le fleuve de la providence, autant il est dans l'état de paix; et autant quelqu'un est dans l'état de paix d'après le bien de la foi, autant il est dans la providence divine, 8478. Les merveilles de la divine providence, c'est qu'un état antérieur est le plan des états qui suivent continuellement, et que l'ouverture ou le développement des intérieurs procède des extrêmes jusqu'aux intimes successivement; *illustré*, 10225. Il y a chez chaque homme à chaque moment un concours de tant de choses de la providence, qu'il est impossible de les comprendre par aucun nombre, 5894. La providence est dans les très-singuliers de toutes choses depuis la première trame de la vie de l'homme jusqu'au dernier moment, et enfin dans toute l'éternité, 5894. Sur l'action de la providence, *voir* 6486, 6487.

Dans la Parole, « ce que Dieu fait, » ne peut pas être exprimé par un autre mot que par celui de providence, 5503. Dans le mot de providence il y a l'éternel et l'infini, 5503.

PROVINCE, *Provincia.* Le ciel a été divisé en autant de provinces qu'il y a de viscères, d'organes et de membres dans l'homme, avec lesquelles aussi il y a correspondance, 4931. Toutes ces provinces se rapportent à deux royaumes, à savoir, au royaume céleste ou royaume du cœur, et au royaume spirituel ou royaume du poumon, 4931. Les sociétés qui appartiennent à la province du cœur sont les sociétés célestes, et elles sont au milieu ou dans les intimes; mais celles qui appartiennent à la province des poumons sont les sociétés spirituelles, et elles sont à l'entour ou dans les extérieurs, 3890. Dans le très-grand homme, chaque province, à laquelle correspond quelque membre ou quelque organe dans le corps humain, a sa sphère distincte de la sphère d'une autre province; de là la conjonction mutuelle de ceux qui appartiennent à la même province, et la disjonction de ceux qui appartiennent à une autre, 8630. Les esprits ignorent à quelle province ils ont été assignés, mais les anges le savent, 4800. Par la situation des sociétés angéliques respectivement au corps humain, on peut savoir à quelles provinces elles appartiennent, 5171. On peut aussi le savoir par leur opération et leur influx, car elles opèrent dans cet organe et dans ce membre où elles sont, 5171. Les intérieurs ont leur province dans la face; les intérieurs qui appartiennent à l'amour sont dans la province du front; ceux qui appartiennent à la sagesse et à l'intelligence, dans la province des yeux; ceux qui appartiennent à la perception, dans la province des narines; ceux qui appartiennent à l'énonciation, dans la province de la bouche, 9936.

Des provinces dans le très-grand homme, et des esprits qui les habitent; à savoir :

PROVINCE

Cervelet (du), 8593, 9670.
Citerne (de la), 5180.
Cloison du nez (de la), 5180.
Cœur (du), 3886 et suiv., 9050, 9670.
Col de l'utérus (du), 5054.
Conduits du chyle (des), 5180.
Cuisses au-dessus des genoux (des), 5051.
Bras (des), 5050.
Dure-mère (de la), 4046.
Entre le cerveau et le cervelet, 7481.

PROVINCE

Estomac (de l'), 5174, 5175, 5176.
Face (de la), 3631, 4800, 9936.
Foie (du), 5183.
Front (du), 9936.
Glande du thymus (de la), 5172.
Intestins (des), 5392.
Langue (de la), 4791.
Lombes (des), 5051.
Lymphatiques (des), 5181.
Mains (des), 5050.
Moëlle épinière (de la), 8593.
Narines (des), 4624, 4627, 9736.
Occiput (de l'), 3886.
Œil (de l'), 3869, 4625, 4627, 9936.
Oreille (de l'), 3869, 4653.
Oreille gauche (de l'), 5180.
Organes de la génération (des), 5053.
Ovaires (des), 5054.
Peau (de la), 1385.
Peau écailleuse (de la), 1385.
Peau externe (de la), 3540, 6402.
Pieds (des), 3761, 5050, 6596.
Pie-mère (de la), 4047.
Poitrine (de la), 6596.
Poumons (des), 3886 et suiv., 9050, 9670.
Rate (de la), 5184, 9698.
Reins (des), 5378.
Tête (de la), 6596.
Urétères (des), 5378.
Utérus (de l'), 5054.
Vésicule du fiel (de la), 5186, 5187.
Vésicules séminales (des), 5056.
Vessie (de la), 956, 5378.
Yeux (des), 4528, 4530.

PROVISION (la), *Viaticum*. C'est l'alimentation par le vrai et par le bien, 7981. La provision pour le chemin *sign.* la sustentation par la vie, et par suite par le bien; *montré*, 5490, 5953.

PRUDENCE. Toute prudence vient du Seigneur, de même que toute intelligence et toute sagesse, 2694. De ceux qui attribuent tout à leur propre prudence, et qui n'attribuent que peu de choses ou rien à la divine providence, 2694. La propre prudence de l'homme est comme un grain de sable dans l'univers, et la providence divine est respectivement comme l'univers lui-même, 6485. La prudence correspond à la providence; mais ce qui procède de la divine providence ne provient pas de la prudence de l'homme, 5664. Ceux qui se fient à la propre prudence s'attribuent tout ce qui leur arrive de prospère, et assignent le reste au hasard, et peu d'entre eux à la divine providence, 8717; *voir* PROVIDENCE. D'où vient qu'on attribue à soi-même et à sa propre prudence les choses particulières, et au divin seulement la direction universelle, et qu'on nomme tout le reste fortune et hasard? 7007. D'un esprit qui avait cru que rien n'appartenait à la providence, et que tout dépendait de la propre prudence; le plaisir qu'il en ressentait devint un enfer pour lui, lorsque le ciel influa; *expérience*, 6484. Ceux qui sont fortement convaincus que tout appartient à la propre prudence sont, dans l'autre vie, très-enclins à la magie, 6692.

La prudence, lorsqu'elle se dit des méchants, *sign.* l'astuce, 6655. Les méchants appellent la ruse prudence, et placent en elle la sagesse, 6655. L'homme croit aujourd'hui qu'il est de la prudence civile de parler d'une manière et d'agir d'une autre, de montrer même sur le visage autre chose que ce qu'il pense et a intention de faire, etc., 3573. La dissimulation, l'hypocrisie, l'astuce et la fraude, sont la prudence d'aujourd'hui, 8250. Il est de la prudence chrétienne de bien examiner la vie de l'homme, et d'exercer la charité selon cette vie, 6704.

PRUDENT. Dans la Parole, sont appelés prudents ceux qui sont dans les vrais dans lesquels est le bien, 4638. Être prudent comme le serpent, — Matth. X. 16, — c'est prendre des mesures pour que les méchants ne nuisent point, 197, 3900, 6398. Le Seigneur appelle prudents, — Matth. VII. 24, — ceux qui sont véritablement chrétiens, c'est-à-dire, ceux qui savent et font, 9239. Les vierges prudentes, — Matth. XXV, — *sign.* ceux qui ont le bien de la charité et de l'amour dans leurs vrais, 4638.

PRURIT, *Prurigo*. Dans l'enfer, le matin est l'ardeur des cupidités, le midi est le prurit des faussetés, le soir est l'anxiété, et la nuit est la torture, 6110.

PSAUME, *Psalmus*. La forme des psaumes de David est selon le langage rhythmique des esprits et des anges, 1648. Sur plusieurs psaumes de David il a été inscrit et indiqué de quelle manière ils devaient être chantés; pourquoi? 8337, *f.* Explication du psaume CX, selon le sens interne, 9809. Psaumes de David lus par Swedenborg devant des esprits; plaisirs et charmes dont ces esprits furent affectés, 1771.

PUAH, l'une des deux sages-femmes d'Égypte, *sign.* la qualité et l'état du naturel, où sont les vrais scientifiques, 6674.

PUANT (être), *Fœtere*. C'est être en abomination, 4516.

PUANTEUR, *Putor*, *Fœtor*. La

puanteur *sign.* l'aversion et l'abomination ; elle correspond même à l'aversion et à l'abomination, qui appartiennent au faux et au mal; *montré,* 7161. Dans les enfers, il y a une grande puanteur, 7161; et les infernaux aiment vivre dans les puanteurs, parce qu'elles correspondent au mal qu'ils ont aimé dans le monde, 7161 ; *voir* aussi EXCRÉMENT, et 4628, 4631, 5711 à 5727. De diverses puanteurs provenant de différents maux d'après la correspondance avec eux, 1514, 1631, 4628 à 4631. Dans l'autre vie, rien n'est plus abominable, et par conséquent ne sent plus mauvais que le vrai profané; il en est de cela comme de la puanteur qui s'exhale d'un cadavre, quand la chair vive meurt, 7319 ; le faux n'a de l'odeur que s'il est placé près du vrai, et le mal n'a de l'odeur que s'il est placé près du bien ; chaque chose est sentie telle qu'elle est, non d'après elle mais d'après son opposé, 7319. De là vient que les infernaux trouvent les puanteurs de l'enfer agréables, et aiment à vivre dans ces infections; car ils sont comme ces animaux qui se tiennent dans des cadavres et dans des excréments, et qui y trouvent le plaisir de leur vie, 7161. Esprit manifesté par une puanteur excrémentitielle de dents, 4630.

PUISER, *Haurire.* C'est l'instruction, et aussi l'illustration qui en résulte, 3058. Puiser des eaux, c'est être instruit dans les vrais de la foi, et être illustré, 3057, 6776, 6785. Puiser de l'eau pour les chameaux, c'est instruire et illustrer dans les scientifiques communs, 3094, 3097, 3102. Les esprits puisent pleinement tout ce que l'homme sait et s'en emparent; et les génies, qui ne font attention qu'aux cupidités et aux affections, s'emparent de ce qui appartient aux amours ; d'après l'*expérience,* 6200.

PUISEURS, *Haurientes.* Les puiseurs d'eaux, dans l'église juive, représentaient ceux qui désirent continuellement savoir les vrais, mais sans autre fin que de les savoir, et sans s'inquiéter en rien de l'usage qui en résulte, 3058.

PUISSANCE, *Potentia.* La puissance divine est le divin vrai, 6948, 8200, 9807. Toute puissance dans les cieux appartient au vrai d'après le bien, ainsi à la foi d'après l'amour, 3091, 3563, 6413, 8304, 9643, 10019, 10182. Toute puissance vient du Seigneur, parce que de lui procède tout vrai qui appartient à la foi, et tout bien qui appartient à l'amour, 9327, 9410. Cette puissance est entendue par les clés données à Pierre, 6344. C'est au divin vrai procédant du Seigneur qu'appartient toute puissance, 6948, 8200. C'est cette puissance du Seigneur qui est entendue par être assis à la droite de Jéhovah, 3387, 4592, 4933, 7518, 7673, 8281, 9133; la droite est la puissance, 10019. La divine puissance du Seigneur est de sauver l'homme en éloignant les enfers, et cette puissance est au Seigneur seul ; *montré,* 10019. Toute puissance appartient au bien par le vrai céleste, 10019. Le bien a la puissance par le vrai ; *montré,* 9643. La puissance se dit du vrai, 3091. Toute puissance appartient au vrai d'après le bien; *illustré,* 10182. Le vrai divin est la toute-puissance, et il est la puissance même et l'essentiel même, 8200. La toute-puissance est aux vrais qui procèdent du

Seigneur, et c'est pour cela que les faux n'ont aucune puissance ; *illustré*, 9327. La toute-puissance vient du vrai qui procède du Seigneur ; *montré*, 9410. Dans les vrais est la puissance, 8304. Il y a dans les vrais une puissance divine à laquelle on ne peut résister, 7332. Les vrais ont avec eux la puissance dans l'autre vie, 4802.

Puissance propre du Seigneur, 1661, 1921, 2551, 2557, 3161, 3975, 5005, 10019. Quelle est la puissance divine, 8626. Puissance de la sphère divine, 9498, 9500. Puissance ineffable de la Parole, 10019. Puissance dans le sens spirituel ; en quoi elle consiste, 8304. Puissance des anges, 5428, 6627, 10182. Puissance de l'homme intérieur sur l'homme extérieur, ou de l'homme spirituel sur l'homme naturel, 4015.

La puissance de penser et de vouloir, de percevoir, de faire le bien, de croire, de dissiper les faux et les maux, vient tout entière du bien par le vrai ; le bien est le principal et le vrai est seulement l'instrumental, 6343. La puissance ou faculté de recevoir le vrai est absolument selon le bien ; *illustré*, 5623. Dans chaque homme, il y a une puissance limitée, 8165. Tout ce qui appartient à la puissance de quelqu'un est chez lui, ainsi est lui-même, 9133. Les puissances de tout le corps et de ses viscères se réfèrent aux mains, aux bras, aux épaules, 4933. Le faux d'après le mal n'a aucune puissance, parce que toute puissance appartient au vrai d'après le bien, 6784. Les maux et les faux n'ont absolument rien de la puissance, 10481. Il n'y a absolument aucune puissance chez ceux qui sont dans l'enfer, 9327. La puissance des infernaux contre le divin est absolument nulle, 8626. Toute puissance dans le monde spirituel vient du bien par le vrai, 6344, 7382, 9327 ; raison de cela, 8599.

Les anges sont appelées puissances ; pourquoi ? 4932. Ils sont appelés puissances, et sont aussi des puissances d'après la réception du divin vrai qui procède du Seigneur, 9639.

PUISSANT, *Potens*. Le puissant Jacob, c'est le divin naturel du Seigneur, ainsi son divin humain, 6425. Qui sont ceux qui sont appelés puissants, 1179, *f*. Puissant *sig.* ce qui règne et prévaut, 8315. Puissant se dit de ceux qui sont dans le vrai d'après le bien ; et, dans le sens opposé, il se dit de ceux qui sont dans le faux d'après le mal, 8315. Dans le ciel, il y a des riches et des puissants, 1877.

PUITS, *Puteus*. Voir FONTAINE. Le puits, de même que la fontaine, est la Parole, et la doctrine d'après la Parole ; *montré*, 2702. La fontaine est le vrai pur, mais le puits est un vrai moins pur, 3096, 3765. Le puits des eaux vives *sign.* les vrais de la foi procédant du Seigneur, ainsi la Parole, 3424, 3765, 3773. Le sens littéral de la Parole est comme un puits dans lequel il y a de l'eau ; *illustré*, 3464. La Parole est appelée tantôt puits et tantôt fontaine ; lorsqu'elle est appelée puits, il est signifié la Parole quant au sens littéral ; et lorsqu'elle est appelée fontaine, il est signifié la Parole quant au sens interne, 6774. Les puits sont les faussetés, parce qu'ils sont impurs, 1688.

PUL. Tharschisch, Pul, Lud, Thubal et Javan, et aussi Kittim, ont été appelés îles, — Ésaïe, LXVI. 19, — parce que par eux, ainsi que par les îles, sont signifiés les cultes externes, 1158.

Pulsations cardiaques (les) du ciel ou très-grand homme ont une correspondance avec le cœur et avec ses mouvements de systole et de diastole, 3884; ces mouvements sont excités d'une manière différente selon l'état de chacun, 3885.

Punir, *Punire*. Le Seigneur ne punit personne, 9033. L'homme, dans l'autre vie, n'est jamais puni pour les maux héréditaires, parce qu'il n'en est pas blâmable, mais il est puni pour ses maux actuels, 966, 2308. Si, dans l'autre vie, les enfants devenus adultes sont remis dans l'état de leur mal héréditaire, ce n'est pas pour qu'ils en soient punis, mais c'est pour qu'ils sachent que par eux-mêmes ils ne sont que mal, 2308. Les infernaux ne désirent rien plus que de punir et de tourmenter, 695. Les méchants, dans l'autre vie, ne sont pas punis avant que leurs maux soient parvenus à leur comble, 1857. Tel est l'équilibre, dans l'autre vie, que le mal se punit lui-même, ou que les méchants se jettent dans la peine du mal, mais seulement quand il est parvenu à son comble, 1857. Autrefois, chez les gentils, c'était la coutume pour le crime d'un seul de punir et ses compagnons et toute sa maison; et cela, parce qu'il en est ainsi chez les méchants dans l'autre vie; mais chez les hommes, agir ainsi, c'est agir contre l'ordre, et contre la loi divine, 5764. *Voir* **Punition**.

Punition. A chaque mal est adjointe sa punition, 8214. La punition des méchants est la sauvegarde des bons, 6071. La punition vient de la miséricorde, parce que celle-ci dirige vers le bien le mal de la peine, 587. Le Seigneur a pitié de celui dont il permet la punition, 587. La crainte des punitions est l'unique moyen de réprimer les méchants dans l'autre vie, 7280. Dans le monde spirituel, le mal qui provient du cœur a été conjoint avec sa punition; de là pour les méchants l'enfer, 9048, 6997. Dans la Parole, il est fait mention de quatre punitions, à savoir, par l'épée est signifiée la punition du faux; par la famine, la punition du mal; par la bête mauvaise, la punition du mal provenant du faux; et, par la peste, la punition du mal qui provient, non du faux, mais du mal, 7102. Des punitions dans l'autre vie, 7188; punition très-rigoureuse de ceux qui déflorent les jeunes filles sans but de mariage et de procréation, 828. De la punition de ceux qui pensent et parlent avec lasciveté, etc., 829. De la punition de ceux qui ont cru que les épouses jeunes et belles étaient pour eux, 829 (bis). *Voir* **Punir**.

Pur (le) se dit de ce qui est sans le mal, 10296, 10301. Pur *sign.* réel, 9781. Il y a le pur intérieur et le pur extérieur, 10296. Il n'y a point de vrais purs chez l'homme, ni même chez l'ange, 3707, 7902. L'homme ne peut soutenir ni le vrai pur, ni le bien pur, 7854. La première affection du vrai chez l'homme qui est régénéré n'est pas pure, mais elle est successivement purifiée, 3089, 8413. Toutes choses sont pures pour ceux qui sont purs, 7343.

Pureté, *Puritas*. La postérité de Jacob plaçait la pureté et la sainteté, non dans les internes, mais dans les externes, 4465.

Purification, *Purificatio*. *Voir* **Régénération**. La purification spirituelle, qui est celle des maux et des faux, se fait par les vrais qui sont appelés vrais de la foi, 2799, 5954, 7044, 7918, 9088, 10229, 10237. La purification des maux n'est autre chose que l'action d'en être détourné, ou l'éloignement de ces maux, 10211. La purification des maux et des faux n'est que leur éloignement, et l'implantation du bien et du vrai, 10057, 10134. Cette purification se fait dans l'homme naturel, parce que là est la perception de l'homme, 10237. Toute purification des maux et des faux se fait dans l'état du bien de l'innocence, 10129. Toute purification des maux ou régénération dure non-seulement perpétuellement dans le monde, mais encore perpétuellement dans l'autre vie, 10209. Toute purification se fait par le divin vrai procédant du divin bien du Seigneur, 10026. La purification du vrai d'avec le faux chez l'homme ne peut jamais exister sans une fermentation, c'est-à-dire, sans un combat du faux contre le vrai et du vrai contre le faux, 7906; voir PURIFIER. La purification de l'homme interne, quand l'homme est régénéré, se fait dans le ciel par le Seigneur, 10049. Différence entre la purification et la régénération, 10239. Selon la purification de leurs idées, les anges sont perfectionnés pour la réception des choses célestes, 2249. Dans le ciel, il y a une continuelle purification, et pour ainsi dire une nouvelle création, sans que jamais, cependant, aucun ange ne puisse parvenir à la perfection absolue, 4803. Purifications du sang, du sérum et du chyle; à quelles choses elles correspondent dans le monde spirituel, 5173.

PURIFIER. Personne n'est purifié par la passion de la croix du Seigneur, ni par conséquent par le sang du Seigneur; mais on est purifié par la vie selon les préceptes du Seigneur, 10026. Être purifié par le sang du Seigneur, c'est recevoir le vrai de la foi provenant de lui, 9127, f. Autant l'homme ou l'ange est purifié des maux et des faux, autant il reçoit le divin vrai procédant du Seigneur, 10076. Ordre dans lequel l'homme apprend les vrais quand il est purifié, 10028. Les externes doivent être purifiés, pour que les internes qui appartiennent à l'amour et à la charité puissent influer, 3147. Personne ne peut être purifié des maux et des faux, si ce n'est celui qui est régénéré, et après qu'il a été régénéré, 10239. Celui qui n'a pas été régénéré est, à la vérité, détourné des maux, en tant qu'il le souffre, mais il n'en est pas purifié, car il est toujours impur; il en est autrement de l'homme régénéré; celui-ci est purifié de jour en jour, 10239. L'état de l'homme n'a pas encore été purifié, quand l'homme agit d'après le vrai de la foi, mais il a été purifié alors qu'il agit d'après le bien qui appartient à la charité, 7906. L'homme de l'église, qui vient dans l'autre vie, doit être purifié des choses qui infestent les vrais et les biens; autrement il ne peut être élevé dans le ciel, 6639.

PUSTULE, *Pustula*. L'ulcère de pustules, ce sont des maux affreux avec des blasphèmes, et les pustules sont les blasphèmes, 7524.

PUTH ou la Lybie *sign.* les connaissances d'après la Parole, par lesquelles de faux principes sont confirmés, 1163, 1164, 1166. Puth *sign.* les connaissances extérieures de la Parole, 1231.

PUTRÉFACTION (la), *Putredo*, *sign.* le corrompu infernal, et se dit du mal, 8482. *Voir* PUTRÉFIER.

PUTRÉFIER (se) se dit du mal, et le ver se dit du faux; il en est du bien quand il devient le mal, comme de la chair et du pain, quand ils se putréfient; le faux d'après ce mal est comme le ver qui s'y produit par la putréfaction, 8482. Le putréfié *sign.* le corrompu infernal qui se dit du faux, 8500.

PUVAH, fils de Jisaschar. Les fils de Jisaschar *sign.* l'amour conjugal céleste, et ses doctrinaux, 6024.

PYTHON. Les choses qu'autrefois les pythons annonçaient sont très-souvent arrivées; pourquoi? 3698.

Q

QUADRANGULAIRE. Ce qui est quadrangulaire *sign.* ce qui est juste, 9717.

QUAKERS. Seulement nommés parmi d'autres sectes religieuses, 5432.

QUALIFIER. Les biens de l'innocence et de la charité que l'homme a reçus dans le premier âge et dans le second âge de l'enfance, doivent ensuite être qualifiés par les vrais, 5342.

QUALITÉ, *Quale, Qualitas.* Où est la qualité, là est la forme, 9643. Selon la qualité se fait la réception, 10262. La qualité de l'homme, d'après laquelle il est considéré dans le ciel, est la charité et la foi, 1258. La qualité de la vie de l'homme est selon la qualité de l'usage, 5293. La qualité du culte est selon la qualité de la charité, 2190. La qualité de la vie de l'homme est absolument selon les sociétés dans lesquelles s'étendent sa pensée et son affection, et selon la qualité et la quantité de l'extension, 6601. Les vrais donnent la qualité au bien, et le bien donne l'essence aux vrais, 5342. Le bien a sa qualité par les vrais, 6756. Chez chacun la qualité est variée, 3935. La qualité elle-même contient en soi des choses innombrables, qui ne peuvent être vues que dans la lumière du ciel, ainsi devant les anges, 4930. La qualité de tout plaisir, de tout agrément, de tout bonheur, de toute félicité et de toute joie du cœur, est selon la qualité de l'amour, 994, 995, 2204. *Voir* QUANTITÉ.

Obs. Swedenborg dans ses écrits emploie les deux expressions *quale* et *qualitas*, la première comme principe, la seconde comme dérivation; voir l'Oss. du mot LIBRE. La première ne pouvant être rendue en français que par *le tel qu'est* ou *le quale*, nous avons préféré ne pas faire de distinction, et traduire les deux mots *quale* et *qualitas* par le même mot *qualité*. Il faut en outre remarquer que ce mot *qualité* doit être pris en bonne part ou en mauvaise part selon la nature du sujet.

QUANTITÉ, *Quantum, Quantitas.* La quantité, tant de la mesure que du poids, *sign.* la correspondance, 10297. Ceux qui sont dans le très-grand homme ont été distingués selon la qualité et la quantité du bien, 4225. Dans l'autre vie, quand les biens et les vrais se présentent visibles aux yeux des esprits et des anges, le vrai se présente en quantité discrète, et le bien en quantité continue, 8458. *Voir* QUALITÉ.

Oss. Il en est ici de même que pour le mot *qualité*; voir l'Oss. sur ce mot; nous avons traduit les deux expressions *quantum* et *quantitas* par le même mot *quantité*.

QUARANTE. C'est la durée d'une tentation quelconque, parce que le Seigneur s'est laissé tenter pendant quarante jours, 730, 862. Quarante années, quarante mois ou quarante jours, signifient l'état de la durée des tentations depuis le commencement jusqu'à la fin, 730, 862, 2272, 2273, 8098; cet état est signifié par la durée du déluge pendant quarante jours et quarante nuits; puis par le séjour des fils d'Israël dans le désert pendant quarante années, et par les tentations du Seigneur pendant quarante jours, *ibidem*. Quarante *sign.* la durée de la tentation, qu'elle soit longue ou courte, et même la tentation grave, qui est celle des volontaires, 760. Quarante *sign.* le plein, 9437. Ne point manger de pain et ne point boire d'eau pendant quarante jours et quarante nuits, *sign.* la non-appropriation du bien de l'amour et du vrai de la foi, pendant que les tentations durent, 10686.

QUARANTE-DEUX. Les quarante-deux mois, — Apoc. XI. 2, — *sign.* la même chose que six semaines, et six semaines la même chose que les six jours d'une semaine; or les six jours qui précèdent le septième, qui est le sabbath, *sign.* l'église antérieure jusqu'à sa fin, et l'instauration d'une nouvelle église, 9742, *f*. Les quarante-deux mois, — Apoc. XIII. 5, — *sign.* la durée de la dévastation; là, le nombre quarante-deux a la même signification que quarante; *illustré*, 730.

QUARANTE-CINQ. Comme produit de cinq par neuf, quarante-cinq *sig.* quelque conjonction, 2269.

QUARRÉ, *Quadratum*. Voir CARRÉ.

QUART (le), ou la quatrième partie, *sign.* autant qu'il faut, 10136, 10137. Le quart d'un hin, c'est autant qu'il en faut pour la conjonction, 10136, 10137. *Voir* HIN.

QUATORZE. Le nombre quatorze *sign.* le saint, parce qu'il vient de sept, et que sept, lorsqu'il est nom-mé dans la Parole, *sign.* le saint, 7900. Quatorze, ou deux semaines, *sign.* une période entière ou un état depuis le commencement jusqu'à la fin, 8400. Quatorze ans *sign.* la première période, 4177.

QUATORZIÈME. Le quatorzième jour *sign.* l'état saint, 7842, 7900. La quatorzième année *sign.* la première tentation, 1670.

QUATRE, c'est l'union, parce que ce nombre vient de deux multiplié par deux, 1686, 8877, 9601 9674; *voir* DEUX. Quatre *sign.* la conjonction, 9674, 9677, 9864. C'est aussi le plein et le tout, 9103. Quatre, de même que deux, *sign.* des choses qui sont à apparier, et qui ont été conjointes, 6157. Quatre appartient à la classe céleste, et trois à la classe spirituelle, 10624. Quatre se dit des biens ou des maux, et trois se se dit des vrais ou des faux, 10624. Quatre *sign.* tout bien dans le complexe, et trois *sign.* tout vrai dans le complexe, 10624. Les quatre vents, ou les quatre plages, *sign.* toutes les choses du bien et du vrai, ainsi toutes les choses du ciel et de l'église, 9642.

QUATRE CENTS *sign.* la durée et l'état des tentations, de même que quarante, 1847. Quatre cents hommes, c'est l'état et la durée de la tentation, et par suite la conjonction du bien avec le vrai dans le naturel, 4341. Par quatre cents ans est signifiée la durée de la vastation, et par quatre cents sicles le prix de la rédemption, 2959, 2966. Quatre cents ans, c'est la durée de la vastation ou de l'infestation, 7984.

QUATRE CENT TRENTE. Trente ans et quatre cents ans *sign.* la qualité et l'état des infestations, 7984. Au bout de trente ans et de quatre cents ans, c'est le temps de l'avénement du Seigneur, quand ceux de l'église spirituelle furent sauvés, 7986. L'habitation des fils d'Israël ne fut que de deux cent quinze ans, ainsi la moitié de quatre cent trente ans; *montré*, 7985; et les quatre cent trente ans sont comptés à partir de la descente d'Abraham en Égypte, et ainsi ces années ont été désignées à cause du sens interne, 7985, *f.*; dans ce sens, l'état et la durée de la vastation de l'église sont décrits par ce nombre d'années, à savoir, par trente l'état de la vastation des fils de Jacob, et par quatre cents l'état de la vastation commune de ceux qui sont de l'église, 2959. Ces quatre cent trente années *sign.* l'état plein et la durée de la vastation de ceux qui étaient de l'église spirituelle, et qui furent détenus dans la terre inférieure jusqu'à l'avénement du Seigneur, et alors délivrés, 7685, *f.*

QUATRE-VINGTS *sign.* les tentations, de même que quarante, 1963, 4617, 7284, 7285. Comme produit de dix multiplié par huit, *voir* 7284.

QUATRE-VINGT-DIX, comme produit de neuf multiplié par dix, *sig.* la conjonction, 2075.

QUATRE-VINGT-DIX-NEUF; ce que c'est, 1988, 2106.

QUATRE-VINGT-SIX, comme composé de quatre-vingts et de six, *sig.* le combat des tentations, 1963.

QUATRE-VINGT-TROIS; ce que c'est, 7285.

QUATRIÈME. La quatrième partie, c'est autant qu'il faut pour la conjonction, 10136. La quatrième génération *sign.* la même chose que quarante et quatre cents, c'est-à-dire, la durée et l'état de la tentation, 1856. Les fils de la quatrième génération *sign.* les faux conjoints en longue série, 8877; *voir* aussi 10624.

QUERELLE (la) *sign.* le dissentiment entre l'homme interne et l'homme externe, 1571. C'est le débat sur les vrais entre ceux qui sont de l'église; et, dans le sens abstrait, le débat chez soi sur les vrais, 9024. La querelle de Jéhovah contre les nations est le débat du Seigneur pour les vrais contre les faux, et pour les biens contre les maux, 9024. Querelle *sign.* plainte, 8588.

QUERELLER (se). C'est le débat sur les vrais, ou défendre les vrais contre les faux, et les délivrer, 9024. Ne se point quereller, c'est être dans la tranquillité, 5963. Quand il s'agit du sens interne de la Parole, se quereller *sign.* nier qu'il y ait un tel sens, en disant qu'on ne le voit pas, 3425, 3428. Quereller *sign.* se plaindre avec violence, 8563, 8566.

QUEUE, *Cauda*. C'est le dernier du sensuel, ainsi le faux, qui regarde absolument en bas ou en dehors, c'est-à-dire, dans le monde et vers la terre; *montré*, 6952. La queue est aussi le vrai, parce qu'elle est le dernier, et que dans les derniers est le vrai; et, dans le sens opposé, elle est le faux; *illustré* et *montré*, 10071. La queue est aussi le dernier du cerveau et du cervelet, car ils sont terminés dans la moelle épinière, laquelle se termine dans la queue, qui est ainsi le dernier appendice; c'est pour cela qu'il est dit que dans les sacrifices, « la queue serait ôtée près de l'épine du dos, » 10071. La queue *sign.* les extérieurs, 9656. La queue du serpent *sign.* le dernier ou l'infime du sensuel, 6952. Les queues des sauterelles semblables à des scorpions et les aiguillons dans leurs queues, — Apoc. IX. 10, — *sign.* les subtils raisonnements d'après les faux, par lesquels on persuade et on nuit, 6952, 10071. Les queues des chevaux semblables à des serpents, — Apoc. IX. 19, — *sign.* les raisonnements d'après les faux, par lesquels il est causé du dommage, 6952, 10071. La queue du dragon, ce sont les vrais falsifiés, surtout par l'application aux maux, 6952, 10071. Retrancher la tête et la queue, c'est retrancher le bien et le vrai, 10071.

QUEUE DE CHEVAL, *Cauda equina* (terme d'anatomie). Esprits qui s'appliquent à la partie dorsale où est la queue de cheval, 5389. Leur mode d'opérer, 5389.

QUINZE. C'est peu, 798, 813. C'est autant qu'il suffit, 9760.

QUINZIÈME. Le quinzième jour, c'est un état nouveau, parce que quatorze jours ou deux semaines *sign.* une période entière, 8400; c'est la fin de l'état précédent et le commencement de l'état nouveau, 9296.

QUOTIDIEN, *Quotidie*. Ce qu'on doit entendre, dans l'oraison dominicale, par le pain quotidien, 2493. Explication de cette partie de l'oraison dominicale : « Notre pain quotidien donne-nous aujourd'hui, » 2838, *f.* Quotidien, ou chaque jour, *sign.* sans cesse, 8418.

R

RAAMAH, fils de Kusch, fils de Cham. Les fils de Kusch, — Gen. X. 7, — *sign.* ceux qui n'ont pas eu un culte interne, mais qui ont eu les connaissances de la foi, dans la possession desquelles ils ont fait consister la religion, 1168, 1169, 1171, 10199; Raamah et ses frères sont autant de nations qui ont eu ces connaissances, et *sign.* aussi ces connaissances elles-mêmes, 1168, 1170. Les fils de Kusch *sign.* les connaissances des spirituels, et les fils de Raamah les connaissances des célestes, 1168.

RAAMSÈS *sign.* la qualité des doctrines d'après les vrais falsifiés, 6662. Le départ des fils d'Israël de Raamsès vers Succoth est le premier état de séparation, et la qualité de cet état, 7972.

RABBIN. Conversation de Swedenborg avec un rabbin juif dans le monde des esprits, 940.

RABSAKÉ, chef de l'armée d'Assyrie. Ses blasphèmes et la destruction de son armée *sign.* quelle destruction il se fait des rationnels de l'homme, quand il raisonne contre les choses divines, quoiqu'il semble à l'homme lui-même qu'alors il est sage, 2588, *m.*

RACE DE VIPÈRES, *Progenies viperarum*. Ce sont ceux qui cachent les maux sous des vrais, c'est-à-dire, ceux qui avec ruse font plier les vrais pour faire des maux, 9013, *m.*

RACHEL. C'est l'affection du vrai intérieur, 3758, 3782, 3793, 3819, 4344. C'est aussi l'humain héréditaire du Seigneur, 4593. « Rachel mourut, et fut ensevelie au chemin d'Éphrath, » — Gen. XXXV. 19, — *sign.* l'héréditaire expulsé à perpétuité par les tentations; cet héréditaire était l'humaine affection du vrai intérieur que la divine affection chassa, 4593. Rachel est l'affection du vrai intérieur et Léah est l'affection du vrai extérieur, 5469. Rachel représentait l'église interne, et Léah l'église externe, 409. Par Rachel a été représentée l'église nouvelle des gentils, et par Léah l'église judaïque, 422. Les fils de Rachel *sign.* les biens et les vrais intérieurs; les essentiels de ces biens et de ces vrais sont représentés par Joseph et par Benjamin, 4607.

RACHETER, *Redimere*. Dans le sens propre, racheter *sign.* reprendre et s'approprier ce qui avait été à soi, et se dit au sujet de l'esclavage, de la mort et du mal, 6281; quand c'est au sujet de l'esclavage, il est entendu ceux qui ont été faits esclaves, dans le sens spirituel ceux qui sont asservis à l'enfer; quand c'est au sujet de la mort, il est entendu ceux qui sont dans la damnation; et quand c'est au sujet du mal, il est entendu ceux qui sont dans l'enfer, 6281. Racheter, c'est délivrer ou retirer de l'enfer, 7205, 8308. Les spirituels sont rachetés par le vrai; ce que c'est, et quelle est cette rédemption, 2954, 2959. Racheter, c'est ne point attribuer, mais donner en place autre chose, 8078. Racheter tout premier-né de l'âne par une bête de menu bétail, *sign.* que c'est non la foi purement naturelle qui doit être attribuée au Seigneur, mais le vrai de l'innocence qui s'y trouve, 8078; le décoller, si on ne le rachète point, *sign.* que s'il n'y a point en elle le vrai de l'innocence, elle doit être séparée et rejetée, 8079. Racheter tout premier-né de l'homme *sign.* que ce sont non les vrais de la foi qui doivent être attribués au Seigneur, mais les biens de la foi, 8080. Comment, dans le sens externe, dans le sens interne et dans le sens intime, il faut entendre que le Seigneur a racheté les hommes par son sang, 10152. Dans le sens intime, c'est qu'il a subjugué les enfers et remis toutes choses en ordre; qu'autrement l'homme n'aurait pu être sauvé, et que cela a été fait par son divin humain; *montré*, 10152. *Voir* RACHETÉS, RÉDEMPTION.

RACHETÉS, *Redempti*. Sont spécialement appelés les rachetés ceux qui ont reçu du Seigneur une volonté nouvelle, 2954, *f.* Sont aussi appelés les rachetés ceux qui sortent de l'état de vastation; *montré*, 2959, *m.* Les spirituels sont dits rachetés par le vrai, mais néanmoins c'est par l'influx du bien dans la qualité du vrai, 2937. Les rachetés de Jéhovah, ce sont ceux que le Seigneur a délivrés de l'esclavage, de la mort et du mal, en faisant en soi divin son humain, 6281, 8323; ce sont ceux qui ont reçu le bien et le vrai, par conséquent ceux auxquels ont été appropriées les choses qui sont du Seigneur, 5374, *f.* *Voir* RACHETER, RÉDEMPTION.

RACINE (la) du mal héréditaire est profondément cachée en l'homme, 4317, *m.* Racine et rameau *sign.* charité et vérité, 1861. *Voir* RAMEAU.

RACONTER, *Narrare*. C'est percevoir, parce que la perception est comme un récit interne, 3209, 8668. Raconter aux oreilles *sign.* afin qu'on sache et qu'on aperçoive, 7634.

RADIEUX (cercles). La lumière spirituelle, qui est le divin vrai procédant du Seigneur, a été décrite par les anciens au moyen de cercles radieux de couleur d'or autour de la tête et du corps de Dieu représenté comme homme, 9407, *f.*

RAGOUT, *Cupedix*. Dans la langue originale, le ragoût désigne les plaisirs et les charmes du goût, et *sign.*, dans le sens interne, les plaisirs qui appartiennent au bien et les charmes qui appartiennent au vrai, 3502, 3512, 3520, 3589. Le ragoût *sign.* aussi les choses délectables qui appartiennent au vrai, 3536, 3589.

RAIDES, *Rigidi.* Ceux qui sont dans le vrai sont raides, ceux qui sont dans le bien sont flexibles, 7068.

RAISIN, *Uva.* Le raisin *sign.* la charité et ce qui appartient à la charité, et le vin la foi et ce qui appartient à la foi, 1071. Le raisin *sig.* le bien spirituel, qui est le bien de la charité, 5117, 5119. Le sang des raisins *sign.* le bien de l'amour, et dans le sens suprême le divin bien du Seigneur procédant de son divin amour, 6378. Le vin est appelé sang du raisin, parce que l'un et l'autre *sign.* le saint vrai procédant du Seigneur, mais le vin se dit de l'église spirituelle, et le sang se dit de l'église céleste, 5117. La saveur et la douceur qu'on perçoit dans les raisins mûrs représentent la prédomination du bien, 5117. Cueillir des raisins sur des épines, — Matth. VII. 16, — c'est des faux des convoitises tirer les biens de la foi et de la charité, 9144. *Voir* VIGNE, CEP.

RAISON, *Ratio.* La raison appartient non à l'homme, mais au Seigneur, 124. Comment chez l'homme existent la raison et l'entendement, 6089. Par la raison et les rationnels sont proprement entendues les choses qui sont des vrais, mais par la ratiocination et les raisonnements sont entendues celles qui sont des faux, 1186. Il est de l'ordre que chacun, d'après la raison et aussi d'après le libre, fasse ce qu'il fait, 10777. S'il n'avait pas été laissé à l'homme de faire selon sa raison d'après le libre, il ne pourrait nullement être disposé à recevoir la vie éternelle, 10777. L'homme naît sans aucun usage de la raison, usage dans lequel il ne peut être que par l'influx provenant des cieux, 5993. Les raisons qui sont contre l'amour de l'homme ne prévalent en rien, tandis que celles qui sont d'accord avec son amour prévalent en toutes choses, 10153. Sont appelées raisons intellectuelles les choses qui appartiennent au mental rationnel, 7130. Comment sont formées les raisons qui, dans le monde savant, sont appelées idées intellectuelles et immatérielles, 5497, 7290.

RAISONNEMENT, *Ratiocinium*, *Ratiocinatio.* L'homme peut difficilement recevoir les vrais réels, et ainsi devenir sage, à cause des illusions des sens et des persuasions du faux, et à cause des raisonnements et des doutes qui en proviennent, 3175. L'homme commence à être sage, alors qu'il commence à avoir en aversion les raisonnements contre les vrais et à rejeter les doutes, 3175. *Voir* RAISONNER, RATIONNEL.

RAISONNER, *Ratiocinari.* Parce qu'on peut raisonner, on n'est pas pour cela rationnel, 1944. Tant que l'homme raisonne sur les vrais mêmes d'après les sensuels et les scientifiques, les illusions et les apparences ne sont point dissipées, 1911. Raisonner sur la foi, c'est douter et nier, 215. Ceux qui raisonnent sur le vrai d'après le négatif détruisent toutes les choses de la foi, 3923. Ceux qui raisonnent sur les vrais de l'église, pour savoir s'ils sont ou ne sont pas des vrais, sont complètement dans l'obscurité sur les vrais, et ne sont pas encore dans la lumière spirituelle, 215, 1385, 3033, 3428. Ceux qui raisonnent d'après les scientifiques contre les vrais de la foi, raisonnent avec rigueur, parce que c'est d'après les illusions des sens qui captivent et persuadent, car elles ne peuvent être dissipées que difficilement, 5700. Ceux qui sont dans la perception ne raisonnnent point sur les vrais de la foi, et s'ils raisonnaient, leur perception périrait, 586, 1398, 5897. Les anges célestes ne raisonnent pas sur les vrais de la foi, parce qu'ils les perçoivent et les voient; mais les anges spirituels raisonnent, pour décider si telle chose est un vrai ou n'est pas un vrai, 2715, 3246, 4448, 9166, 10786. *Voir* RAISONNEMENT, RATIONNEL.

RAISONNEURS, *Ratiocinantes.* Les esprits qui raisonnent beaucoup dans l'autre vie perçoivent peu ce que c'est que le vrai et le bien, aussi ne peuvent-ils pas être admis dans les sociétés intérieures angéliques, car aucune chose d'intelligence ne peut leur y être communiquée, 6324. Les sociétés qui constituent dans le très-grand homme la peau écailleuse se composent de ceux qui raisonnent sur chaque sujet, s'il est ainsi, ou n'est pas ainsi, et qui ne vont pas plus loin, 5556. *Voir* RAISONNER, RATIONNEL.

RAMAH, ville de la tribu de Benjamin, *sign.* des choses qui appartiennent au vrai spirituel d'après le céleste, qui est Benjamin, 4592.

RAMEAU, *Ramus. Voir* BRANCHE. Le rameau d'un arbre *sign.* l'affection de la chose signifiée par l'arbre, 4231. Un rameau d'arbre touffu, — Lévit. XXIII. 40, — *sign.* le vrai scientifique, et des branches de palmiers *sign.* le bien de la foi 7093. Ne laisser ni racine ni rameau, — Malach. III. 19, — *sign.* ne laisser ni charité ni vérité. 1861.

RAMENER, *Reducere.* C'est conjoindre de nouveau, 3712, 5940. Par les eaux de la mer ramenées sur les Égyptiens, il est signifié que les faux du mal, que ceux qui sont dans la foi seule ont dirigés contre les bons, sont retombés sur eux, 8334. Être ramené *sign.* se montrer présent, 7656.

RAMESÈS. La terre de Ramesès *sign.* l'intime du mental et sa qualité, 6104. Ramesès, qui était la meilleure contrée dans la terre de Goschen, est l'intime du spirituel dans le mental naturel, 6104.

RAMONEURS DE CHEMINÉES, *Caminorum purgatores.* Parmi les esprits de Jupiter, il y a des esprits qu'on appelle ramoneurs de cheminées, parce qu'ils apparaissent dans un accoutrement semblable à celui des ramoneurs, et aussi avec la figure couverte de suie, 8846. Description de ces esprits, 8846 à 8849.

RAMPER. Tout oiseau et tout ce qui rampe sur la terre, lorsqu'il s'agit de sortir de l'arche, ce sont les vrais; l'oiseau, les vrais de l'homme interne; et, ce qui rampe sur la terre, les vrais de l'homme externe, 916.

RAPHAËL. Dans la Parole, par Raphaël il est signifié, non pas un seul ange, mais une fonction angélique, par conséquent aussi le divin du Seigneur quant à ce qui concerne cette fonction, 8192, *f. Voir* MICHAËL.

RAPINE (la) *sign.* le mal provenant du faux, 6978. La ville pleine de mensonge et de rapine, — Nahum, III. 1, — *sign.* la doctrine pleine de faux et de maux provenant du faux, 6978. La rapine, quand elle se dit du Seigneur, *sign.* que par le céleste le Seigneur délivre de l'enfer, 6442. *Voir* PROIE.

RAPPELER (se), *Recordari.* Voir RESSOUVENIR (se). Se rappeler *sign.* la présence, car la chose dont on a le ressouvenir se montre présente, 5430. Quand se rappeler ou se ressouvenir se dit de Dieu, c'est la prévoyance, 3966; quand cela se dit du Seigneur, c'est avoir compassion, 1049.

RAPPORTER (se), *Referre sc.* Voir RÉFÉRER (se).

RARE. Dans les derniers temps d'une église, la foi est rare, 1843. Aujourd'hui la foi est rare; pourquoi? 8965.

RASER, *Radere.* Il avait été défendu aux prêtres et au naziréen de raser leur tête; pourquoi? 3301, 5247, 9960, 10044. Raser la tête et la barbe, c'est ôter les derniers, 10044. Raser la tête, c'est priver des vrais internes de l'église; raser la barbe, c'est priver des vrais externes de l'église, 9960.

RASSASIÉ, *Satur.* Vieux et rassasié de jours *sign.* le nouveau de la vie; vieux, c'est le dépouillement de l'état antérieur et l'action de revêtir l'état nouveau; et rassasié de jours, c'est l'état plein, 4620. Vieux et rassasié se disent d'un nouveau représentatif, 3254.

RASSASIER, *Satiare ad satietatem.* C'est autant qu'on veut, alors au sujet du mal, 8410; et quand c'est au sujet du bien, c'est autant qu'on peut recevoir. 8432.

RASSEMBLER, *Congregare.* C'est mettre ensemble et conserver, 5293, 5340.

RAT, *Mus.* Ceux qui ont été sordidement avares s'imaginent, dans l'autre vie, être tourmentés par les ravages des rats, 938. De l'avarice naissent des fantaisies d'après lesquelles les avares se croient infestés par des rats et par des animaux de ce genre, selon l'espèce d'avarice, 954. Ceux qui ont été avares répandent une odeur de rats, 1514. La conversation des anges sur les affections mauvaises est représentée, dans le monde des esprits, par des bêtes affreuses et inutiles, par exemple, par des rats, 3218.

RATE, *Lien.* Opération des esprits qui sont dans la province de la rate, 5184. Esprits d'une terre dans l'univers qui ont relation, dans le très-grand homme, avec quelque chose dans la rate; d'après l'*expérience,* 9698.

RATIOCINATION, *Ratiocinatio.* Par la raison et par les rationnels il est entendu proprement ce qui est vrai, mais par la ratiocination et par les raisonnements il est entendu ce qui est faux, 1186.

RATIONALITÉ, *Rationalitas.* De ceux qui, dans l'autre vie, sont privés de la rationalité pour un temps, 948; quelques-uns, qui ont rejeté les intérieurs de la Parole, y sont privés de la rationalité, 1879.

RATIONNEL, *Rationale.* Le rationnel est le médium unissant l'homme interne à l'homme externe, et apercevant ainsi par le Seigneur ce qui se fait dans l'externe, réduisant l'externe à l'obéissance, l'élevant même au-dessus des corporels et des terrestres dans lesquels il se plonge, et faisant en sorte que l'homme soit homme, afin qu'il porte ses regards vers le ciel pour lequel il est né, et non uniquement, comme les brutes, vers la terre sur laquelle il ne doit que séjourner, 1944. Le rationnel forme par soi un certain médium entre l'interne et l'externe, car l'interne opère dans l'externe corporel au moyen du rationnel, 268. Le rationnel est formé par l'influx dans les sciences et dans les connaissances, 1900. Comment est conçu et naît le rationnel chez l'homme, 2094, 2557. Le rationnel est conçu et naît chez l'homme par l'influx du Seigneur à travers le ciel dans les connaissances et les sciences qui sont chez l'homme, 1895, 1899, 1900, 1901. Le rationnel d'abord conçu méprise le vrai intellectuel, parce qu'il ne le saisit pas; *exemples*, 1911, 1936, 2654. Le rationnel naît de l'influx de l'homme interne comme d'un père dans l'affection des sciences de l'homme externe, affection qui est la mère, 1895, 1899, 1902, 1910. Comment le rationnel naît quant au bien et quant au vrai, 2524. L'intellectuel vient continuellement au devant des connaissances pour que naisse le rationnel, 1901. L'intellectuel est comme privé d'enfants, si le rationnel n'existe pas, 1901; *voir* INTELLECTUEL. L'intellectuel, le rationnel et le scientifique sont distincts, 1904. Le rationnel naît par les vrais, et non par les faux; par suite tels sont les vrais, tel est le rationnel, 2094, 2524, 2557. Le rationnel est ouvert et formé par les vrais d'après le bien, et il est fermé et détruit par les faux d'après le mal, 3108, 5126. Le rationnel réel est d'après le bien et existe d'après le vrai, le bien influe par le chemin interne, et le vrai par le chemin externe, 3030. Comment chez l'homme, successivement depuis l'enfance jusqu'à l'âge adulte, est ouvert le chemin vers le rationnel, et comment il est fermé, 5126. Le rationnel est acquis au moyen des scientifiques et des connaissances; mais tel est l'usage, tel est le rationnel, 1964.

Au rationnel appartiennent les cognitifs non perceptibles qui sont de la mémoire intérieure, les cogitatifs perceptifs du juste et de l'équitable, puis du bien et du vrai, et les affections spirituelles propres de l'homme, ou proprement humaines, 3020.

Par le rationnel, l'homme interne est conjoint à l'homme externe, et tel est le rationnel, telle est la conjonction, 1589. Les fins du bien chez l'homme sont dans son rationnel, et ce sont ces fins qui sont appelées le rationnel quant au bien, ou le bien du rationnel, 3570. Le rationnel est cultivé par les scientifiques, et aussi il est détruit par eux, 4156, 8628, 9922. Par l'influx de l'amour et de l'affection dans les scientifiques, les vrais sont ouverts et sont élevés dans le rationnel, 3074. Par l'influx, les vrais sont élevés de l'homme naturel, et sont implantés dans le bien du rationnel; comment, 3085, 3086. Le rationnel appartient à la mémoire intérieure; ce qui lui arrive à l'égard de la mémoire extérieure, 2476. Le rationnel de l'homme ne peut pas de lui-même percevoir le divin vrai, 2196, 2203, 2209. Dans l'intime du rationnel commence l'humain, 2106, 2194. Le rationnel humain reçoit du divin son bien et son vrai, le divin peut entrer dans le rationnel, mais le rationnel ne peut pas entrer dans le divin, 2519. Le rationnel humain non illustré tourne en dérision les vrais intérieurs, 2654. Le spirituel n'est donné que dans le rationnel, 3264. L'homme, par la régénération, reçoit un rationnel nouveau; *illustré* par des exemples, 2657. Ceux qui n'ont pas la conscience n'ont pas le rationnel, 1914, *f.* Chez ceux qui sont dans les maux et dans les faux, le rationnel est bouché, de sorte que par lui il ne s'ouvre pas de communication avec le ciel, 4618. Il n'a jamais été défendu de cultiver le rationnel par les sciences, mais il a été défendu de s'opiniâtrer contre les vrais de la foi, 2588, *m.*

Chez le Seigneur, le rationnel a été conçu et est né comme chez un autre homme, mais le Seigneur l'a fait divin, 1893. Comment le rationnel a été conçu et est né chez le Seigneur, et comment le Seigneur l'a fait divin, 2093. Le Seigneur a fait divin son rationnel, tant quant au bien que quant au vrai, d'après la propre puissance, 3141. Le rationnel s'est formé quant au bien au moyen de l'influx par le chemin interne, et quant au vrai par le chemin externe, 3030. Comment était et existait le rationnel du Seigneur, 2625. Le naturel du Seigneur n'a pu être fait divin avant que le rationnel eût été fait divin, 3245.

Rationnel et naturel. Dans l'homme, il y a le rationnel et le naturel; celui-là est l'interne, et celui-ci l'externe, 5150. Le rationnel vit dans le naturel; *illustré*, 4618. Le rationnel, il est vrai, a en soi une vie distincte de la vie du naturel; mais néanmoins le rationnel est dans le naturel comme l'homme dans sa maison, ou comme l'âme dans son corps, 4618. L'intellectuel de l'homme interne est dit rationnel, et l'intellectuel de l'homme externe est dit naturel, 6240. Le rationnel, c'est d'où viennent les semences du bien et du vrai; le naturel, c'est l'humus où elles prennent racine, 3671. Le rationnel est régénéré avant le naturel, par la raison que le rationnel est intérieur et par conséquent plus près du divin, et aussi parce qu'il est plus pur et ainsi plus apte que le naturel à recevoir le divin, et enfin parce que c'est par le rationnel que le naturel doit être régénéré, 3493. Lorsque le rationnel a été régénéré et que le naturel ne l'est pas, le rationnel apparaît à soi-même être obscurci, parce qu'il n'y a pas correspondance, 3493, 3620, 3632, 3633; mais si le naturel a été régénéré, il y a correspondance, et alors les choses qui sont dans le naturel apparaissent au rationnel dans la lumière, *ibid.* Le rationnel a été distingué du naturel, afin que le rationnel puisse vivre indépendamment de la vie du naturel, mais le naturel ne peut vivre indépendamment de la vie du rationnel, 3498. Quand l'homme vit dans le corps, il lui semble que le rationnel vit dans le naturel, 3498. Le rationnel n'apparaît pas distinct du naturel, 3498. Le rationnel reçoit les vrais avant que le naturel les reçoive, parce que le naturel doit être régénéré par l'influx dérivé du rationnel, 3321, 4612. Plusieurs causes pour lesquelles le naturel est régénéré plus tard et plus difficilement que le rationnel, 3321. D'après le bien du rationnel existent intimement les biens et les vrais dans le naturel, 3576. Dans le naturel sont les communs, dans le rationnel les particuliers des communs, et le naturel est formé par les particuliers du rationnel, 3513. Le naturel est sous le rationnel, et s'ils concordent, le naturel n'est, comme commun, que la formation des choses qui sont dans le rationnel, 4667. Les vrais divins influent du Seigneur dans le rationnel et par le rationnel dans le naturel, et s'y présentent de même que l'image de plusieurs personnes dans une glace; mais, dans le ciel, c'est par des représentations dans le monde spirituel, 3368. Le naturel est régénéré par le rationnel, et autant le naturel ne combat point contre le spirituel ou le rationnel autant il est régénéré, 3286. Le naturel est régénéré par le bien du rationnel comme père, et par le vrai du rationnel comme mère, 3286, 3288. Le bien du rationnel influe dans le bien du naturel immédiatement; et cela est signifié en ce que Jischak aimait Ésaü, mais Rébecca Jacob, 3314, 3573, 3616, 3969. Le naturel est comme le corps, la fin dans le rationnel est comme l'âme, et les choses qui sont dans le naturel sont comme le corps de cette âme respectivement, 3570. Le naturel doit être régénéré avant qu'il puisse être conjoint au rationnel; pourquoi? 4612. Si le naturel n'est point régénéré, le rationnel ne peut produire rien du vrai ni rien du bien, 4588. Le naturel interne communique avec le rationnel, et le naturel externe communique avec le monde, 5118, 5126. Le rationnel est dans l'homme interne; ce qui s'y passe, le naturel ne le connaît pas, car cela est au-dessus de sa sphère d'aperception, 3570. Il est du rationnel de comprendre le bien et le vrai et de les vouloir; et il est du naturel de les savoir et de les faire, 3671. Avant que le rationnel et le naturel soient conjoints, l'homme ne peut être un homme tout entier (*integer*), ni jouir de la tranquillité de la paix, car l'un combat contre l'autre, 2183.

Vrai rationnel. Dans le rationnel prédomine le vrai, 2189. Il y a l'affection du vrai rationnel, et l'affection du vrai scientifique, 2503. Le vrai rationnel ne peut pas saisir le divin; *exemples,* 2196, 2203. Les apparences appartiennent au vrai rationnel, 2516. Dans le rationnel le vrai est le principal; là, cependant, l'affection du bien est comme âme dans l'affection du vrai, 2072. Le bien du rationnel est le frère, et le vrai est la sœur, 2508. Le vrai rationnel sans le bien est morose; il est décrit, 1949, 1950, 1951, 1964; mais, quel il est, quand il procède du bien, 1950.

RATIONNEL (homme), *Rationalis homo*. Chez chacun il y a un homme interne, un homme rationnel qui tient le milieu, et un homme externe ou naturel, 1889, 1940, 2181, 2183. Chez l'homme, il y a trois choses dans le commun, à savoir, le corporel, le naturel et le rationnel; le corporel est l'extime, le naturel est le moyen, et le rationnel est l'intérieur; autant chez l'homme l'un règne plus qu'un autre, autant l'homme est dit corporel, ou naturel ou rationnel, 4038. L'homme intérieur est l'homme rationnel, et il tient le milieu entre l'homme interne et l'homme externe, 1702, 1707, 1732. L'homme ne naît pas rationnel, 1893. L'homme naîtrait rationnel, si l'ordre chez lui n'avait pas été détruit, 1902. Par le Seigneur l'homme devient rationnel d'une manière miraculeuse, 1902. Ce que c'est que l'homme rationnel; parce qu'on peut raisonner, on n'est pas pour cela rationnel, 1944. Celui qui est dans les faux d'après le mal n'est pas un homme rationnel, 1944. L'homme est rationnel en ce qu'il peut voir et percevoir si une chose est un vrai ou n'est pas un vrai, 1944. L'homme rationnel peut voir, comme d'après le supérieur, si ce qui est confirmé est vrai ou faux; rien n'est moins rationnel que de pouvoir confirmer les faux, 4741. C'est par le Seigneur, au moyen du ciel, que l'homme devient rationnel, 7295. Quand le vrai est approprié au bien dans le rationnel, alors il ouvre le rationnel et fait l'homme rationnel; mais quand le faux est approprié au mal, il ferme le rationnel et fait l'homme naturel, 3108. Tant que l'homme vit dans le corps, il pense d'après le rationnel dans le naturel; si le naturel correspond au rationnel, l'homme est rationnel et pense spirituellement; mais si le naturel ne correspond pas, l'homme n'est pas rationnel et ne peut pas penser spirituellement, 3679. Les choses qui appartiennent à l'homme naturel servent à l'homme rationnel, pour qu'il puisse penser avec équité et vouloir avec justice, 3019. Comment l'homme rationnel est distinct de l'homme naturel, 3020. Du combat de l'homme rationnel et de l'homme naturel; et quel est l'homme si celui-là ou si celui-ci est vainqueur, 2183.

RATIONNELLEMENT, *Rationaliter*. Il est permis à ceux qui sont dans l'affirmatif sur les vrais de la foi de les confirmer rationnellement par les scientifiques, et non à ceux qui sont dans le négatif, 2568, 2588, 4760, 6047. Il est conforme à l'ordre divin d'entrer rationnellement par les vrais spirituels dans les scientifiques qui sont des vrais naturels, et il est contraire à l'ordre d'aller aux vrais spirituels par les vrais scientifiques, parce qu'il y a un influx du spirituel dans les naturels, et qu'il n'y a pas d'influx du naturel ou d'influx physique dans les spirituels, 3219, 5119, 5259, 5427, 5428, 5478, 6322, 9110. Comment, dans l'autre vie, le vrai est introduit rationnellement dans le mental, 7298.

RATIONNELS, *Rationalia*. Par les rationnels sont proprement entendues les choses qui sont des vrais, 1186. Différence entre les rationnels et les raisonnements, 1186. Les rationnels sont comme un voile et un vêtement pour les spirituels, 6576. Les rationnels sont des apparences du vrai; *illustré*, 3368; *voir* APPARENCES. Le naturel communique par les sensuels avec le monde et par les rationnels avec le ciel, ainsi il y a comme une ascension et une descente, 4009. Les rationnels ne sont pas les connaissances, mais ils sont dans les connaissances, 3391. Les connaissances appartenant à l'homme naturel, sont les vases récipients des rationnels, 3391. Chez l'homme, qui est le royaume du Seigneur, il y a les célestes, les spirituels, les rationnels, les scientifiques et les sensuels; ils sont subordonnés entre eux; les célestes et les spirituels tiennent le premier rang et appartiennent au Seigneur; les rationnels leur sont subordonnés et les servent; de même les scientifiques à l'égard des rationnels, et les sensuels à l'égard des scientifiques, 2541. La doctrine est dite considérer les rationnels, et ne pas être d'origine céleste, quand on ne reconnaît aucun autre vrai de la doctrine, que ce qu'on peut saisir par la raison, de sorte que l'intuition de toutes les choses qui appartiennent à la doctrine procède du rationnel, 2510, 2516, 2519. Chez les spirituels, qui n'ont pas la perception, le divin vrai est séparé des rationnels, au point qu'ils veulent qu'on croie simplement, sans aucune intuition par le rationnel, les choses qui appartiennent à la foi ; sur ce sujet, *voir* 3394.

RAUQUE. Esprits qui parlent d'une voix rauque, 5380.

RAVAGER, *Depopulari*. C'est détourner du vrai, 6405.

RAVIR, *Rapere*. Quand ravir se dit du Seigneur, cela signifie que par le céleste le Seigneur délivre de l'enfer, 6442. Ravir au matin, c'est qu'il y a enlèvement et délivrance des bons, quand le Seigneur est présent, 6442.

RAYONNEMENT, *Radiatio*. Le rayonnement de la peau des faces de Moïse représentait l'interne de la Parole, 4859 ; *illustré*, 6752.

RAYONS, *Radii*. Sphère de rayons provenant des objets de la vue, 6601, 6603. Les rayons de la lumière spirituelle ne sont que la sagesse et l'intelligence, et ne viennent que du Seigneur, 1042. Les rayons de la vue interne ne sont autres que des idées, 1869. Il en est des vrais de la foi comme des rayons de la lumière, 854, 1861, 8819. Les choses qui dans la lumière du monde font un seul rayon en font des myriades dans la lumière du ciel, 3223.

RAYONS DE MIEL. Ce qui distille des rayons, — Ps. XIX. 11, — ce sont les charmes qui proviennent du vrai, 5620. Le rayon de miel dont le Seigneur mangea après la résurrection, — Luc, XXIV. 42, 43, — *sign.* le sens externe de la Parole quant à son charme, 5620.

RÉACTION, *Reactio*. Action et réaction, 4380, 6262. La conjonction du bien et du vrai illustrée par l'action et la réaction, 10729. La réaction appartient à l'agent, 6262.

RÉAGENT. Tout agent a son réagent ou réciproque pour que quelque effet s'opère, 6262. L'agent est le bien, et le réagent le vrai, 10729. *Voir* RÉAGIR.

RÉAGIR. Le mal qui est dans l'homme réagit continuellement contre le bien qui vient du Seigneur, 2410. Le vrai ne réagit jamais d'après soi, il réagit d'après le bien ; de là autant le vrai reçoit le bien, autant il réagit, et autant il réagit, autant il est conjoint au bien, 10729. Le vrai semble réagir ; toutefois, ce n'est pas le vrai, mais c'est le bien, conjoint ou adjoint au vrai, qui réagit par le vrai, 4380.

RÉBECCA, épouse d'Isaac. Ce qu'elle représente, 3012, 3013, 3077. Elle a d'abord revêtu la représentation de l'affection du vrai d'après les doctrinaux, 3077. Rébecca est le vrai divin conjoint au bien divin du rationnel du Seigneur, 3077. C'est le divin vrai du divin rationnel du Seigneur, 3509. Rébecca représente le divin rationnel du Seigneur quant au vrai, 4614. Rébecca aimait Jacob *sign.* que le divin vrai du divin rationnel aimait la doctrine du vrai, 3314. Par cela que Isaac aimait Ésaü et Rébecca Jacob, il est signifié que le bien du rationnel influe dans le bien du naturel, 3314, 3573, 3616, 3969. Rébecca est l'affection du vrai qui procède du bien des nations de la première classe, 2855.

RÉBELLION. La maison de rébellion, — Ézéch. XII. 2, — *sign.* des maux qui répandent une lumière mensongère sur les faux et des ténèbres sur les vrais, 3863, *m*.

RÉCAPITULATION. Dans les Versets 20 à 24 du Chapitre III de la Genèse, il y a une récapitulation, à partir de l'homme de la très-ancienne église jusqu'au déluge, ainsi c'est un sommaire de tout ce qui précède, 286.

RECENSEMENT. Ordre différent dans le recensement des fils de Jacob, 4603, 4605.

RÉCEPTACLE, *Receptaculum*. Le naturel de l'homme est distingué en réceptacles; dans chaque réceptacle, il y a un certain commun, dans lequel ont été disposés en ordre des moins communs ou des particuliers respectivement, et dans ceux-ci des singuliers, 5531. Chacun de ces communs, avec ses particuliers et ses singuliers, a son réceptacle, au dedans duquel il peut se mettre en action, ou varier les formes et changer les états, 5531. Ces réceptacles, chez l'homme qui a été régénéré, sont en aussi grand nombre qu'il y a de vrais communs chez lui, et chaque réceptacle correspond à une certaine société dans le ciel, 5531. La volonté est le réceptacle du bien, et l'entendement le réceptacle du vrai, 3332, 3623, 5113, 6065, 6125, 7503, 9300, 9930. Les scientifiques et les connaissances sont les réceptacles et comme les vases du vrai et du bien qui appartiennent à l'homme interne, 1469, 1496, 3068, 5489, 6004, 6023, 6052, 6071, 6077, 7770, 9922. L'externe ou le naturel de l'homme est le réceptacle du vrai et du bien venant de l'interne, 8351. Si le réceptacle n'a pas été accommodé à la réception, il ne reçoit rien de ce qui influe de l'intérieur, mais il le rejette, ou il l'éteint, ou il l'étouffe, 8351. Les choses qui s'élèvent du naturel de l'homme vers le rationnel, se placent dans le rationnel comme dans une sorte de réceptacle; ce réceptacle est la mémoire intérieure, 4038. *Voir* RÉCIPIENT.

RÉCEPTIBLE, *Receptibilis*. Le divin n'a été perceptible, ni par conséquent réceptible, que lorsqu'il eut passé à travers le ciel, 6982, 6996, 7004.

RÉCEPTION, *Receptio*. Si le naturel n'est pas régénéré jusqu'au sensuel, il n'y aucune réception du vrai et du bien, 7442. Il n'y a aucune réception de la miséricorde qui influe continuellement du Seigneur, s'il n'y a aucun médium; et quand il n'y a aucune réception de la miséricorde, il n'y a non plus aucune conjonction, 5816. C'est par la réception de la miséricorde divine que chacun, dans le monde, est sauvé, 8700. Tels sont les vrais, telle est la réception du bien, 4205. Quand il n'y a aucune réception du bien, le mal est où devrait être le bien, 5585. S'il n'y a pas de réception, l'influx s'arrête et périt; bien plus, l'homme interne est même fermé, 8452. Il est permis à chacun de croire les vrais selon qu'il les saisit; si cela n'était pas, il n'y aurait pas de réception, parce qu'il n'y aurait pas de reconnaissance, 3385, *f*. Le Seigneur apparaît à chacun selon la réception, 6832. Dans l'homme, parce qu'il y a le réciproque, il y a réception, ce qui n'existe nullement chez les bêtes, 5084. Chez les animaux brutes, il n'y a aucune réception, ni aucune appropriation réciproque du divin par quelque reconnaissance et par quelque affection, ni par conséquent aucune conjonction, 5114, *f*.

RECEVOIR, *Recipere*. L'homme ne peut pas lui-même recevoir le bien, 8307. Recevoir le bien et le vrai procédant du Seigneur, ou recevoir le Seigneur, c'est la même chose, 10128. L'homme ne peut en aucune manière recevoir le bien du ciel, avant de s'abstenir des maux, 9346. Ceux qui sont dans le bien ont de la propension à recevoir le vrai, 10302. Celui qui reçoit le bien est aussi gratifié des vrais, 5497. Recevoir le divin vrai, c'est non-seulement avoir la foi, mais aussi mettre la foi en action, c'est-à-dire, faire que ce qui appartient à la doctrine apppartienne à la vie, 5068. On ne peut recevoir les vrais de la foi, à moins qu'on ne soit dans la vie de la charité, 4776. L'homme reçoit les vrais de la foi en tant qu'il reçoit l'affection de l'amour spirituel, 7342. Les méchants ne peuvent nullement recevoir le vrai, 4416. L'homme ne reçoit rien dont il ne puisse avoir quelque idée par son rationnel, 2520. L'homme ne reçoit rien des autres qu'autant, ou qu'il a d'après le propre, ou qu'il s'acquiert par l'intuition de la chose chez lui, tout le reste s'échappe, 3803. Ce que l'homme reçoit dans le libre devient libre aussi, et il l'aime, par conséquent cela devient une chose de sa vie, 10097. Dans le premier état de la régénération le bien n'est pas reçu, il n'y a que le vrai qui le soit; mais dans le second état le bien est reçu conjoint au vrai, 8648. Quand l'homme n'est pas dans la charité, lors même qu'on lui dit les choses les plus vraies, il ne les reçoit point, 6000.

RECHANGE (habits de), *Mutatoriæ vestes*. Ce sont des vrais qui sont nouveaux, 5954. Ce sont les vrais initiés au bien, 5956.

RECHERCHER, *Inquirere*. Ce n'est point angélique de rechercher les maux qui sont chez l'homme, à moins qu'on ne recherche en même temps les biens, 10381.

RECHOBOTH, ville, *sign.* les faux des doctrinaux, et spécialement les faux provenant des illusions des sens, de l'obscurité d'un entendement non illustré, et de l'ignorance, mais avec la cupidité prédominante, ou d'innover, ou d'avoir la prééminence, 1188.

RÉCHOBOTH, nom d'un puits. Ce sont les largeurs, c'est-à-dire, les vrais, 3433.

RÉCIPIENT. Les hommes, les esprits et les anges sont des récipients de la vie, 5847, 10262. L'entendement est le récipient de la foi, et la volonté est le récipient de l'amour, 7178, 10122, 10367. Les vrais sont les vases du bien, parce qu'ils en sont les récipients, 1469, 1900, 2063, 2261, 2269, 3318, 3368. L'homme qui se laisse conduire par le Seigneur est un récipient de la vie du Seigneur, 6325. Il n'y a d'autres récipients du Seigneur et du ciel chez l'homme, que les choses qui chez lui procèdent du Seigneur, 10645, *f*. Il y a une vie unique à laquelle correspondent les récipients, et elle est reçue d'une manière adéquate par ceux qui sont dans l'amour et dans la charité, et non d'une manière adéquate par ceux qui sont dans les contraires, 3001. Les vaisseaux organiques de l'homme externe, qui doivent être des récipients, ne s'ouvrent qu'au moyen des sens, et surtout des sens de l'ouïe et de la vue, 1563. *Voir* RÉCEPTACLE.

RÉCIPROCATION, *Reciprocatio*. D'après le sang qui va du cœur dans les poumons, et de là de nouveau dans le cœur, et ensuite de la gauche du cœur dans les artères, et des artères par les veines de nouveau dans le cœur, on peut se former une idée de la réciprocation du bien et du vrai, chez l'homme, de son entendement dans sa volonté, et de sa volonté dans son entendement, 9300. Dans la Parole, il y a quelquefois une espèce de réciprocation, qui consiste en ce qu'au lieu du vrai on trouve le mal, et au lieu du bien le faux; *montré*, 2240.

RÉCIPROQUE, *Reciprocum*. Toute conjonction exige un réciproque, et le réciproque est le consentement, 6047. Dans l'homme, il y a le réciproque de la foi et de l'amour, et il y a réception, ce qui n'existe nullement chez les bêtes, 5484. Le réciproque et la réaction du vrai dans le bien viennent du bien; comment? *illustré*, 5928.

RÉCOLTE, *Proventus*. C'est l'implantation même du bien, 9296. Les récoltes de la terre ou du champ sont les biens du vrai qui proviennent de l'ensemencement des vrais et des biens de la foi; *montré*, 9272, 9273. La fête de la récolte ou des tabernacles représentait l'état du ciel chez l'homme, 9296.

RÉCOMPENSE, *Merces*. Voir MÉRITE, RÉMUNÉRATION. C'est le médium de conjonction; ceux qui sont dans l'affection du bien ne pensent pas à la récompense; *illustré*, 3816. La récompense ou le gain doit être à la dernière place, et non à la première, 9180; *illustré* aussi, 9184. Ceux qui font le bien à cause de la récompense, ou afin d'avoir le ciel pour récompense dans l'autre vie, s'aiment eux-mêmes, et n'aiment point le prochain, 8002, 9210. Ils veulent dans l'autre vie être servis, et ne sont jamais contents, 6393. Ils méprisent le prochain, et s'irritent eux-mêmes contre le Seigneur, de ce qu'ils ne reçoivent point de récompense, disant qu'ils ont mérité, 9976. Le plaisir même, qui réside dans l'amour de faire le bien sans but de rémunération, est la récompense qui demeure éternellement, 9984. La récompense, c'est le plaisir et la béatitude en faisant du bien, 6388. La récompense que donne le Seigneur est l'affection du vrai pour le vrai, et dans l'affection du vrai pour le vrai il y a le ciel, 10683. La récompense, d'après laquelle Isaschar a été nommé, est dans le sens suprême le divin bien du vrai et le divin vrai du bien, dans le sens interne l'amour conjugal céleste, et dans le sens externe l'amour mutuel, 3956. La récompense dont il est parlé dans la Parole est l'affection de la charité, 3956. La récompense *sign.* aussi par soi-même, et le propre, 3996, 3999. Dans la Parole, la récompense *sign.* le prix de la victoire après les combats des tentations, 1789. Quand il s'agit du Seigneur, la récompense pour lui était le salut du genre humain, 1789. Par la récompense il est entendu le plaisir et le bonheur en faisant du bien aux autres sans but de récompense; et ceux qui sont dans la charité réelle sentent et perçoivent ce plaisir et ce bonheur, 3816, 6388. Par la récompense, quand elle est nommée dans la Parole, les anges ne perçoivent aucune chose qui concerne la récompense, mais ils perçoivent ce que le Seigneur leur donne gratuitement et par miséricorde, 3816. Les anges communiquent leurs biens aux autres, au point qu'ils veulent tout donner, et alors il en influe plus qu'ils n'en donnent, et il y a accroissement continuel; mais cela est dissipé, si on pense à la récompense, 6478, 9174.

RECONNAISSANCE, *Agnitio*. Toute reconnaissance procède de la perception de l'influx, 3120. Il ne périt rien de ce qui est entré chez l'homme par la reconnaissance, 10287. Par la reconnaissance des vrais de l'église et du Seigneur, il se fait une communication avec les cieux, et par suite une ouverture des intérieurs de l'homme du côté du ciel, 10287. La reconnaissance des choses qui appartiennent à la foi est interne, et jamais externe; elle est l'opération du Seigneur seul chez l'homme par le moyen de la charité; la reconnaissance n'appartient qu'à la vie, et jamais à la bouche; c'est par la vie de chacun qu'on peut savoir quelle est la reconnaissance, 1162. Sans la reconnaissance du Seigneur, il n'y a point de communication, ni par conséquent point de foi, ainsi point d'amour non plus, 10112. La reconnaissance du divin même dans l'humain du Seigneur, dans toutes et dans chacune des choses du culte, est l'essentiel même de l'église et du culte, 10370. La reconnaissance, la foi et l'amour envers le Seigneur sont les principales de toutes les choses du culte au dedans de l'église, 10205. La reconnaissance et l'adoration du divin humain du Seigneur sont la vie de la religion, 4733. La vraie reconnaissance et le vrai culte du Seigneur, c'est de faire ses préceptes, 10143, 10153, 10578, 10645, 10829. *Voir* Reconnaître.

Reconnaître, *Agnoscere*. On doit d'abord reconnaître les vrais de la Parole et de l'église, et ensuite il est permis de consulter les scientifiques, mais non *vice versâ*, 6047. Autre chose est de savoir, autre chose de reconnaître, et autre chose d'avoir la foi, 896. Reconnaître et adorer le Seigneur, c'est vivre selon ses préceptes, 9193, f. Ceux qui ne sont pas dans la charité ne peuvent reconnaître le Seigneur que par hypocrisie, 2132,

4424, 9833. Ceux qui disent reconnaître un être suprême, dont ils n'ont aucune idée de perception, ne reconnaissent pour la plupart aucun Dieu, 4733. Celui qui ne reconnaît pas le Seigneur n'est pas de l'église, 10287. Le bien reconnaît son vrai, et le vrai son bien, et ils sont conjoints comme mari et épouse, 4358. Aucune chose n'est reconnue par la foi avant qu'on vive selon cette chose, 3905. Ceux qui se sont connus dans notre monde se reconnaissent dans le monde des esprits, 3815; mais dans le ciel on se reconnaît mutuellement, non par suite de quelque affinité qu'on aurait eue ensemble dans la vie du corps, mais seulement d'après le bien et le vrai qui procède de ce bien, 3815. *Voir* Reconnaissance.

Recreuser, *Refodere. Voir* Creuser. Recreuser des puits, c'est ouvrir de nouveau des vrais, 3419.

Rectum. L'intestin rectum est le chemin qui conduit dans les enfers où sont les adultères, 5294. Qui sont ceux qui, après avoir été vexés dans l'estomac, sont portés jusque dans l'intestin rectum, 5174. Ceux qui sont dans le rectum sont près des enfers nommés excrémentitiels, 5392.

Recueillir, *Colligere*. C'est s'approprier après l'instruction, 9273. Quand il s'agit du bien, c'est recevoir, 8467, 8472. Les descendants des très-anciens recueillirent de leur bouche ce que signifiaient les terrestres, les mondains et les corporels, qui étaient des objets de leurs sens, et ils en composèrent des doctrinaux qui furent la Parole de l'église ancienne après le déluge, 1409. Être recueilli vers ses pères ou vers ses peuples; ce qui est entendu par là, 3255, 4619. Les anciens, quand quelqu'un mourait, avaient coutume de dire qu'il était recueilli vers ses pères ou vers ses peuples, et alors dans le sens le plus proche ils entendaient qu'il était parmi les siens dans l'autre vie, 3255, 4619 ; mais, dans le sens interne, par être recueilli vers ses pères, ils entendaient être avec ceux qui sont dans le même bien, et par être recueilli vers ses peuples être avec ceux qui sont dans le même vrai, 3255.

RÉDEMPTEUR, *Redemptor*. Le Seigneur, quant à son divin humain, est appelé Rédempteur, 6280. Le Seigneur est appelé dans la Parole Rédempteur, parce qu'il a délivré l'homme de l'esclavage, de la mort et du mal, en faisant en soi divin son humain ; *montré*, 6281, 7091 ; c'est Jéhovah qui est appelé ainsi, par conséquent aussi le Seigneur ; *montré*, 6281, 7091. Comment il doit être entendu que le Seigneur est le Rédempteur du genre humain, 10152. *Voir* SEIGNEUR.

RÉDEMPTION, *Redemptio*. La rédemption est la même chose que la réformation et la régénération, et par suite la délivrance de l'enfer et la salvation, 2954. La rédemption, ou la salvation des hommes de l'église spirituelle, s'opère par le vrai, mais celle de l'église céleste s'opère par le bien ; pourquoi? 2954. Le prix de la rédemption est le mérite du Seigneur, et ce prix est chez l'homme en proportion de ce que celui-ci reçoit, 2966. La rédemption se dit de l'esclavage, de la mort et du mal, 6281. Dans la Parole, l'expiation *sign*. la délivrance de la damnation, et la rédemption ou le rachat *sign*. l'amendement de la vie spirituelle par une pénitence actuelle, 9076, 9077. Donner la rédemption de son âme, c'est donner autre chose en sa place pour qu'il y ait délivrance, à savoir, la pénitence de la vie, 9077 ; *voir* RACHETER. Fausse idée des chrétiens d'aujourd'hui sur la rédemption, 10659.

RÉEL, *Reale*. Le divin vrai est le réel unique, et ce dans quoi il est, venant du divin, est le substantiel unique, 5272, 6880, 7004. Tout ce qui vient du divin, c'est-à-dire, du Seigneur, est réel ; et tout ce qui vient du propre de l'esprit est non-réel, 4623. Le réel est distingué du non-réel, en ce que le réel est en actualité tel qu'il apparaît, et que le non-réel n'est point en actualité tel qu'il apparaît, 4623. Dans le mouvement il n'existe rien de réel que l'effort, 5173. Toutes les choses du monde spirituel sont, à la vue externe des esprits et des anges, tellement lumineuses et vives, et sont à la fois tellement perçues par tous les sens, qu'ils disent que ce sont là les choses réelles, tandis que par comparaison celles qui sont dans le monde ne sont pas réelles, 1620, 1628, 1630 ; *voir* aussi, 1116, 3485. Bénédictions réelles, 10776. Correspondances réelles et continues à partir du Seigneur par les trois cieux, 4442, *f*.

RÉELLEMENT, *Realiter*. Tout ce qui existe réellement, et qui est quelque chose, procède du Seigneur, 9987. Pour que le genre humain fût sauvé, il était nécessaire que Jéhovah fût réellement et essentiellement homme, 10579.

RÉFÉRER (se), *Referre se*. Toutes les choses qui sont dans l'ordre dans l'univers, tant dans le ciel que dans le monde, se réfèrent au bien et au vrai, 2451, 3166, 4390, 4409, 5232, 7256, 8352, 8423, 10122 ; et à la conjonction de l'un et de l'autre, pour qu'elles soient quelque chose, 9206, 10555. De même que toutes choses se réfèrent au vrai et au bien, de même tout ce qui se réfère à la vie de l'homme se réfère à l'entendement et à la volonté, 803, 9279, 10122. Tout ce qui procède du Seigneur chez l'homme se réfère au bien et au vrai, et tout ce qui vient de l'homme lui-même se réfère au mal et au faux, 10122. Tout dans la nature se réfère à la forme humaine et signifie selon le rapport avec cette forme, 9643. Ce qui appartient à la partie droite de l'homme se réfère au bien d'où provient le vrai, et ce qui appartient à la partie gauche se réfère au vrai qui provient du bien, 9604, 9736.

RÉFLÉCHIR, *Reflectere*. C'est porter la vue intellectuelle sur une chose, et faire attention si elle est de telle manière, et ensuite remarquer qu'elle est de telle manière, 5684.

RÉFLEXION, *Reflexio*. La réflexion est l'intuition d'une chose, en quoi elle consiste, et quelle en est la qualité; par suite il y a perception, 3661, *f*. La réflexion et la perception sont en elles-mêmes une indication et une dictée internes, 2862. Toute pensée et toute réflexion qui en procède viennent de la perception, 2770.

RÉFORMATION, ou première période de la régénération. Toute réformation se fait au moyen du libre, 4029. La réformation est nulle, si elle n'est point faite dans le libre, 8209. Le contraint dans la réformation est dangereux, 4031. Le premier état de la régénération est appelé état de réformation; pendant cet état l'homme est instruit des biens et des vrais; et ensuite les vrais sont presque exterminés, puis les vrais sont remis dans une lumière qui vient de l'intérieur dans le mental naturel, 5280. C'est par des combats et par des tentations que la réformation de l'homme s'opère, 653. La réformation, qui est l'initiation et la conjonction du vrai et du bien, est de même qu'une vierge qui est fiancée et ensuite unie au mari, 3155. Dans l'état de réformation sont introduits depuis l'enfance jusqu'à l'adolescence la plupart de ceux qui sont dans l'église; mais néanmoins il en est peu qui soient régénérés; pourquoi? 5280. La réformation de l'homme est une sorte d'image des choses qui ont été chez le Seigneur, quand il était dans le monde, 3057. L'image de la réformation de l'homme est présentée dans la formation de l'homme dans l'utérus, 3570. *Voir* RÉGÉNÉRATION, RÉFORMER, RÉGÉNÉRER.

RÉFORMER. L'homme doit d'abord être réformé, 5280. Ce qui se passe quand l'homme est réformé, 653. Sans le libre, l'homme ne peut pas être réformé, ni par conséquent sauvé, 1937, 1947, 2876, 2881, 3854, 5508, 5982, 6477, 8209, 8987, 9588, 10409, 10777. Si l'homme pouvait être réformé d'après le contraint, tous seraient sauvés, 2881. Après la mort, celui qui est dans le mal ne peut plus être réformé, 6977. L'homme est réformé par l'influx du bien dans le vrai, et par la conjonction de l'un et de l'autre, 3128. Chacun est réformé selon sa faculté et son état, 2967. Pour que l'homme soit réformé, il doit penser le vrai et faire le bien comme par soi-même; ce qui est comme par soi est dans le libre, 2877. Tout homme doit être réformé et naître de nouveau ou être régénéré, pour qu'il puisse venir dans le ciel, 5280. Pour que l'homme soit régénéré, il doit d'abord être réformé, et cela par les vrais de la foi, 5280. Quand l'homme est réformé, chez lui sont multipliés les vrais ; mais quand il est régénéré, il est en apparence privé de vrais, et il est éclairé de l'intérieur, et alors les vrais sont replacés dans leur ordre, 5270. Quand l'homme est réformé, les communs sont d'abord disposés en ordre, et alors sont éloignés les doctrinaux ; sur cet état, 3057. Quand l'homme se porte vers les maux, et qu'alors il lui survient de l'anxiété, c'est un indice qu'il peut être réformé ; mais s'il n'y a pas anxiété, c'est un indice qu'il ne peut pas l'être, 5470. Différence entre être réformé et être régénéré, 8987. Ceux qui agissent par obéissance et non par affection du bien ne peuvent être régénérés, mais ils peuvent être réformés, 8987. Du premier état de ceux qui sont réformés, 2679, 2946. Du second état, 2682, 2960. Du troisième état, 2960. Du quatrième état, 2960. *Voir* RÉFORMATION, RÉGÉNÉRER.

REFUSER, *Renuere*. C'est avoir de l'aversion, 4990. C'est ne pas admettre, 9185.

REGARDER, c'est penser, 2245. Quand cela est dit du Seigneur, c'est la présence, 4198. C'est le souvenir, 8442. Regarder vers quelque chose, c'est la pensée et la réflexion, 7341. Où regarde l'homme, son cœur aussi se tourne, 10156. Par soi-même l'homme regarde continuellement vers l'enfer, 694, 8480. Il est nécessaire de regarder en toutes choses le bien comme fin, 5949. Chez l'homme autre chose est de regarder la doctrine de la foi d'après les rationnels, et autre chose de regarder les rationnels d'après la doctrine de la foi, 2568, 2584, 2588. Regarder la doctrine de la foi d'après les rationnels, c'est ne pas croire à la Parole ou à la doctrine tirée de la Parole, avant d'être persuadé d'après les rationnels, 2568. Regarder les rationnels d'après la doctrine de la foi, c'est d'abord croire à la Parole ou à la doctrine tirée de la Parole, et ensuite confirmer d'après les rationnels, 2568. Ceux qui regardent leurs compagnons d'après l'amour mutuel et la charité envers le prochain, sont tournés vers le Seigneur, 9828. Le Seigneur, et par suite les anges, ne regardent chez l'homme que les fins, qui sont les usages, 1317, 1645, 5844.

L'homme est tel qu'il peut regarder en haut vers le ciel, et en bas vers le monde, 7601, 7604, 7607. Il ne faut pas d'après le bien regarder vers le vrai ; *illustré*, 8516, 10184. Regarder en arrière, c'est du bien, dans lequel est le céleste, revenir aux doctrinaux de la foi, et ainsi abandonner le bien, 5895, *f.*, 5897, *f.*, 7875, 7923. Il est expliqué ce que c'est que regarder par le bien vers le vrai, et ce que c'est que regarder par le vrai vers le bien, ce qui est l'inverse, 8505, 8506, 8510. L'homme peut regarder au-dessus de soi et regarder au-dessous de soi, 7814. Il regarde au-dessus de soi, quand il tourne ses regards vers le prochain, vers la patrie, vers l'église, vers le ciel, principalement vers le Seigneur, 7814, 7815, 7816. Regarder au-dessus de soi, c'est être élevé par le Seigneur, 7816, 8604. L'homme regarde le monde et se regarde lui-même, quand les choses qui appartiennent au ciel et au Seigneur sont pour lui par derrière, 7817. Regarder au-dessus de soi et au-dessous de soi, c'est avoir pour fin et aimer par dessus toutes choses, 7818. L'homme est distingué des brutes par cela qu'il peut regarder au-dessus de soi ; et regarder au-dessous de soi, c'est être une bête, mais regarder au-dessus de soi, c'est être un homme, 7821. Regarder derrière soi, c'est se tourner vers les doctrinaux qui appartiennent au vrai, et non vers la vie selon les doctrinaux, laquelle appartient au bien; *montré*, 2454.

RÉGÉNÉRATION, *Regeneratio*. *Voir* RÉGÉNÉRER. Par la chute, l'homme naturel s'est séparé de l'homme spirituel, et alors l'homme naturel a commencé à s'élever au-dessus de l'homme spirituel ; de là le besoin de régénération, 3167. La régénération de l'homme est la conjonction du bien et du vrai chez lui, 9334, 10022. La régénération dans le monde est un plan pour perfectionner la vie de l'homme à éternité, 9334. La régénération de l'homme est la délivrance de l'enfer et l'introduction dans le ciel par le Seigneur, 9286, 9294 ; c'est l'implantation de la vie du ciel chez l'homme, 9334 ; c'est la résurrection dans la vie, 6221, 6554. La régénération de l'homme est l'image de la glorification du Seigneur, c'est-à-dire que de même que le Seigneur a fait divin son humain, de même le Seigneur fait spirituel l'homme qu'il régénère, 3043, 3138, 3212, 3296, 3490, 4402, 5688, 10057, 10076. Toute régénération a lieu, afin que l'homme reçoive une vie nouvelle, ou plutôt la vie, et que d'homme mort il devienne homme vivant, 848. La régénération ne consiste absolument qu'à subjuguer le naturel, et à donner au spirituel la domination, 5651. Ce que c'est que la vie spirituelle que l'homme reçoit par la régénération, et ce que c'est que la vie naturelle qu'il reçoit de ses parents, 8549.

La régénération est faite par le Seigneur, 10067. Comment l'homme est préparé par le Seigneur pour la régénération, 2636. La régénération se fait au moyen des divins vrais de la Parole successivement intérieurs, 10028. La régénération se fait par des milliers de moyens et des milliers de modes, connus du Seigneur seul, 5354, 5398 ; elle ne se fait pas en un moment, ni avec hâte, mais lentement, 9334. Toute régénération se fait par les vrais de la foi, 2046. Le bien naturel n'est pas le bien spirituel ; celui-là vient du père, celui-ci vient du Seigneur par la régénération, 3470. Comment le bien naturel est extirpé, et comment le bien spirituel est formé au moyen des vrais par la régénération, 3470. Le bien spirituel qui consiste à vouloir et à faire le bien d'après l'amour du bien n'existe chez l'homme que par la régénération, 4538.

Progrès de la régénération de l'homme ; comment il a lieu ; il est décrit, 1555, 2343, 2490, 2657, 2979, 3057, 3286, 3310, 3316, 3332, 3470, 3701, 4353, 5113, 5126, 5270, 5280, 5342, 6717, 8772, 8773, 9043, 9103, 10021, 10057, 10367. Les arcanes de la régénération sont innombrables, 2679, 3179, 3584, 3665, 3690, 3701, 4377, 4551, 4552, 5122, 5126, 5398, 5912, 6751, 9103, 9258, 9296, 9297, 9334 ; à peine quelque chose de ces arcanes parvient à la connaissance et à la perception de l'homme, 3179, 5202, 9336. Du progrès de la régénération de l'homme de l'église spirituelle, 2675, 2678, 2679, 2682; et du progrès de la régénération de l'homme de l'église céleste; et quelle est la différence, 5113, 10124. De la régénération de l'homme de l'église céleste quant aux volontaires, et de l'homme de l'église spirituelle quant aux intellectuels, 5113. Comment s'opère la régénération de l'homme spirituel, 653, 875. On sait aujourd'hui peu de choses sur la régénération; causes, 3761, 4136; c'est parce que l'homme aujourd'hui croit à la rémission absolue des péchés et à la justification, 5398. Les maux et les faux, qui sont les propres de l'homme, restent toujours, et sont seulement éloignés par la régénération, 865, 868, 887, 929, 1581, 2406, 4564, 8206, 8393, 8988, 9014, 9333 à 9336, 9445, 9447, 9448, 9451 à 9454, 9938, 10057, 10060. Comme les connaissances sur la régénération, sur le bien et sur le vrai, manquent aujourd'hui, ce qui en est dit ne peut pas par conséquent être facilement saisi, 4136.

La régénération dure depuis l'enfance jusqu'au dernier terme de la vie, et est ensuite perfectionnée à éternité; *cité*, 9334, *f*. La régénération commence dès l'enfance, dure jusqu'au dernier terme de la vie, et se poursuit durant l'éternité, 5354, 5393, 8326. Marche de la régénération depuis l'enfance jusqu'à la vie spirituelle qui est acquise par les connaissances provenant de la révélation, 9103. La marche de la régénération de l'homme depuis l'état d'innocence externe jusqu'à l'état d'innocence interne est décrite, 10021. La marche de la régénération depuis l'enfance jusqu'à l'âge adulte est décrite, 3701. L'ordre de la régénération n'est point connu aujourd'hui; pourquoi? 3761. La régénération va de l'externe à l'interne, et s'avance du vrai de la foi vers le vrai dans la volonté, ainsi vers la charité, 3868, 3870, 3872. La régénération va de l'externe à l'interne, et ensuite de l'interne à l'externe; ainsi, il y a ascension et descente comme par une échelle, 3882. Tous les instants de la régénération, tant en général qu'en particulier, s'avancent du soir vers le matin, comme de l'homme externe vers l'homme interne, ou comme de la terre vers le ciel, 24. Marche de la régénération : Le dernier devient le premier, la fin devient le commencement, d'où par suite commence la charité que la foi a pour fin, 5122. Procédé de la régénération par le vrai jusqu'à ce qu'on agisse d'après le bien, 2979. Le procédé de la régénération de l'homme est représenté en ce que le Seigneur a fait divin son humain, 3043. Le procédé de la régénération de l'homme et le procédé de la glorification de l'humain du Seigneur sont décrits et illustrés par le cercle de la vie chez l'homme, 10057.

États successifs de la régénération de l'homme; ils sont décrits par les six jours de la création, 6 à 13. Des deux états de la régénération; le premier, quand les vrais de la foi sont implantés chez l'homme et sont conjoints au bien de la charité; le second, quand d'après le bien de la charité l'homme parle par les vrais de la foi et agit selon ces vrais, 10057. Le premier état procède du monde par l'homme naturel dans l'homme spirituel, ainsi dans le ciel; et le second procède du ciel par l'homme spirituel dans l'homme naturel, ainsi dans le monde, 10057. Dans le premier état de la régénération, les vrais qui appartiennent à la foi sont implantés dans le bien qui appartient à l'amour, et sont conjoints; dans le second état, l'homme agit d'après le bien de l'amour, 10076. Quels sont les vrais du premier état, et quels sont les vrais du second état; *illustré*, 8772. L'homme ne commence à être dans le second état de la régénération que lorsqu'il est tout entier, de la tête aux pieds, tel qu'est son amour, ainsi tel qu'est sa volonté et par suite son entendement, 10076. Par ces deux états de la régénération de l'homme sont illustrés les deux états de la glorification de l'humain du Seigneur, 10076. Sur les deux états de la régénération, 3310, 3332, 3539, 3593, 3603, 7857, 8772, 9227.

La régénération a pour fin que la charité règne chez l'homme, 8856, et aussi l'amour envers le Seigneur, 8857, et que l'homme soit tel qu'est ce qui règne et domine universellement chez lui, 8858. De la salvation de l'homme par le Seigneur au moyen de la régénération, 8548 à 8553. De la régénération de l'homme au moyen des restes; marche, 5342. Parvenir au bien spirituel, qui est de vouloir et de faire du bien à autrui, sans aucun motif pour soi, mais d'après le plaisir de l'affection, personne ne le peut qu'au moyen de la régénération; sur ce sujet, 4538. Comment se fait la régénération par les vrais de la foi; il faut d'abord savoir les vrais qui appartiennent à la foi, ensuite les reconnaître, et enfin les croire, et alors ils sont conjoints avec le bien, et dans la suite on agit d'après le bien; *illustré*, 8772; quand on sait les vrais, ils sont comme à la porte; quand on les reconnaît, ils sont dans le vestibule; et quand on les croit, ils sont dans la chambre à coucher, 8772. L'humus pour la régénération est préparé dans la partie intellectuelle de l'homme, 875, 895, 898, 927, 1023, 1044. Cet humus pour la régénération est préparé par les tentations, 848; et c'est afin que l'homme externe obéisse à l'homme interne, 911. Les choses qui sont insinuées chez les spirituels, avant la régénération, sont de continuels moyens pour la vie spirituelle suivante, 2679. L'homme par la régénération reçoit du Seigneur un nouveau rationnel; comment est formé ce rationnel; *illustré* par des exemples, 2657. La régénération quant au rationnel précède la régénération quant au naturel, 3468. La régénération du naturel se fait par les connaissances du bien et du vrai, 3508. Il n'y a pas de régénération sans la conjonction du vrai avec le bien, et sans l'union du bien avec le vrai dans le naturel, 3617. Comment l'homme peut savoir s'il est dans l'état de la régénération, 3570. Par la régénération, l'homme reçoit un entendement nouveau, 2657. Par la régénération, l'homme parvient à l'intelligence angélique; toutefois, elle se tient cachée dans ses intérieurs tant qu'il vit dans le monde, mais elle est ouverte dans l'autre vie, et alors il y a en lui une sagesse semblable à celle des anges, 2494, 8747. Dans la régénération, le vrai est initié et conjoint au bien, et le bien l'est au vrai réciproquement, 5365, 8516. Le bien est le premier et le dernier de la régénération, 9337. Par la régénération, l'homme est conjoint au Seigneur, 2004, 9338 ; il est aussi consocié aux anges dans le ciel, 2574.

L'homme, par la régénération, reçoit du Seigneur le propre céleste, 1937, 1947, 2882, 2883, 2891. L'homme est introduit par le Seigneur dans le libre céleste par la régénération, 2874, 2875, 2882, 2892. Par le contraint il n'y a aucune conjonction du bien et du vrai, par conséquent aucune régénération, 2875, 2881, 4031, 8700. A moins qu'on ne soit dans le libre, il n'y a aucune régénération, 3145, 3146.

La régénération se présente comme en image dans la conception et la formation de l'embryon dans l'utérus, 3570, 4931, 9258. C'est pour cela que les générations et les naissances, dans la Parole, signifient des générations et des naissances spirituelles, c'est-à-dire qui appartiennent à la régénération, 613, 1145, 1255, 2020, 2584, 3860, 3868, 4070, 4668, 6239, 10294. La régénération de l'homme représentée principalement dans les arbres, et illustrée par les germinations dans le règne végétal, 5115, 5116. La régénération de l'homme représentée dans l'arc-en-ciel, 1042, 1043, 1053.

Différence entre la purification et la régénération, 10239. Par les vrais de la foi se fait toute purification de maux et de faux, puis aussi toute régénération ; cité, 9959. Les ablutions autrefois, et le baptême aujourd'hui, signifient la régénération par les vrais de la foi, parce que les eaux sont les vrais de la foi, 9088. Sont expliquées les paroles du Seigneur dans Jean,—Chap. III,— sur la régénération par l'eau et l'esprit ; l'esprit est le divin vrai d'où vient à l'homme la vie, 10240. Après la régénération, ce n'est plus l'amour de soi et du monde qui règne, mais c'est l'amour envers le Seigneur et à l'égard du prochain, ainsi le Seigneur et non l'homme, 8856, 8857. Quand il s'agit de l'état avant la régénération, il est dit les vrais et les biens ; mais quand il s'agit de l'état après la régénération, il est dit les biens et les vrais, 9139. *Voir* RÉGÉNÉRER.

RÉGÉNÉRER, *Regenerare*. Régénérer l'homme, c'est chasser de lui les enfers, par conséquent les maux et les faux qui sortent des enfers, et à leur place implanter le ciel, c'est-à-dire, les biens de l'amour et les vrais de la foi, car ces biens et ces vrais font le ciel, 9715. Régénérer l'homme, c'est le délivrer des enfers et le sauver, 10239, *f.* L'homme doit être créé de nouveau, c'est-à-dire, être régénéré, 8549, 9450, 9937. Dans la Parole, par créer l'homme, il est signifié le régénérer, 16, 88, 10634. Le Seigneur seul régénère l'homme, l'homme et l'ange n'y contribuent absolument en rien, 10067. L'ordination et la providence du Seigneur, en régénérant l'homme, sont éternelles, parce qu'elles sont à éternité, 10048. Le propre de l'homme est éloigné en actualité, quand l'homme est régénéré par le Seigneur, 9334, 9335, 9336, 9452, 9454, 9938. Le Seigneur veut avoir tout entier l'homme qu'il régénère, et non en avoir une partie, 6138. Être régénéré, c'est être conduit dans le bien de l'amour et de la charité par les vrais de la foi, 9032.

De l'homme non régénéré. État de l'homme avant qu'il soit régénéré, 986. Avant que l'homme puisse être régénéré, il doit être instruit par toutes les choses qui peuvent servir de moyens aux biens et aux plaisirs des affections pour les volontaires, et aux vrais tirés de la Parole du Seigneur et aux confirmations venant d'autre part pour les intellectuels, 677. Lorsque l'homme externe n'a pas été régénéré, il place tout bien dans ce qui lui est agréable, dans le lucre, dans le faste, et il brûle de haine et de vengeance contre ceux qui s'opposent à lui, 8744. Qui sont ceux qui peuvent être régénérés, et qui sont ceux qui ne le peuvent pas, 2689. Ceux qui peuvent être régénérés sont dans l'affirmatif du vrai, et y sont confirmés jusqu'à l'affection ; mais ceux qui ne peuvent pas être régénérés admettent les dubitatifs et plus tard les négatifs, et la vie du mal en est la cause, 2689. Les spirituels, au commencement, sont laissés dans le propre, s'imaginant alors que le bien et le vrai viennent d'eux, 2678. Le premier état des spirituels avant qu'ils soient régénérés, c'est qu'ils soient entraînés dans diverses erreurs, 2679. Les spirituels, avant qu'ils soient régénérés, sont réduits à l'ignorance, qui est appelée désolation du vrai, 2682. Causes pour lesquelles sont réduits à la désolation jusqu'au désespoir ceux qui sont régénérés ; *exemples*, 2694. L'homme ne peut pas être régénéré avant d'avoir été instruit des vrais de la foi et des biens de la charité, 677, 679, 711, 8635, 8639, 8640, 10729. Il faut qu'il y ait des vrais de la foi pour que l'homme puisse être régénéré, et il faut qu'ils entrent avec l'affection réelle ; quand le vrai est reproduit, l'affection est reproduite, et *vice versâ*, et ainsi l'homme est

détourné des maux par les anges; *illustré*, 5893. Pour que l'homme soit régénéré, il faut que les vrais soient conjoints avec les scientifiques, 6004, 6023, 6052. Ceux qui sont seulement dans les vrais, et non en même temps dans le bien, ne peuvent pas être régénérés, 6567, 8725, 10367. La première affection du vrai chez ceux qui doivent être régénérés est impure, mais elle est successivement purifiée, 3089. Personne n'est régénéré à moins d'être doué de charité, 989. Il y a alternative de charité et de non charité chez celui qui doit être régénéré et chez le régénéré, 933. Les alternatives chez celui qui doit être régénéré sont comme celles du froid et du chaud, 933. Les alternatives sont comme celles de l'été et de l'hiver chez le régénéré quant aux volontaires, 935, et comme celles du jour et de la nuit quant aux intellectuels, 935, *f.*, 936. Il n'y a que ceux qui ont la conscience qui peuvent être régénérés, 986. Pour que l'homme soit régénéré, il faut que chez lui le naturel ne puisse rien, et soit soumis au spirituel, 5651. De l'homme qui doit être régénéré il en est comme d'un enfant qui apprend d'abord à parler, à penser et à comprendre, et cela appartient à la science ; mais ensuite, quand cela devient chose de la vie, les spirituels coulent chez celui qui doit être régénéré, et ainsi il s'en pénètre, 3203. Celui qui doit être régénéré doit nécessairement subir des tentations, 3696. L'homme ne peut pas être régénéré sans tentations, et il en subit plusieurs, 8403. Celui qui n'est pas régénéré ne peut pas être sauvé, 8548, 8772, 10156. Ceux qui agissent par obéissance et non par affection du bien ne peuvent pas être régénérés, mais ils peuvent être réformés, 8987. Avant que l'homme soit régénéré, la vie de l'homme naturel est contraire à la vie de l'homme spirituel; *illustré*, 3913. L'un et l'autre homme, tant l'interne ou le spirituel que l'externe ou le naturel, doit être régénéré, et l'un par l'autre, 3868, 3870, 3872, 3876, 3877, 3882. L'homme doit avoir le libre pour qu'il puisse être régénéré, 1937, 1947, 2876, 2881, 3145, 3158, 4031, 8700. Ceux qui vivent de la vie de la foi et de la charité, et qui ne sont pas régénérés dans le monde, sont régénérés dans l'autre vie, 989, 2490, Sociétés d'esprits chez l'homme qui doit être régénéré, et séparation d'avec ces esprits, 4110, 4111.

De l'homme qui est régénéré. L'homme est régénéré par les vrais de la foi, et par la vie selon ces vrais, 1904, 2046, 9088, 9959, 10028. Comment l'homme est régénéré, 3502, 3508, 3509, 3518, 3573, 3576, 3579, 3616, 3762, 3786, 5373, 5647, 5650, 5651, 5660. Chacun est régénéré selon sa faculté de recevoir le bien de l'amour envers le Seigneur et de la charité à l'égard du prochain par les vrais de la foi d'après la doctrine de l'église, tirée de la Parole, 2967, 2975. Les vrais, quand l'homme est régénéré, sont semés et implantés dans le bien, pour qu'ils deviennent choses de la vie, 880, 2189, 2574, 2697. L'homme qui est régénéré vient comme de nouveau dans un utérus, et il retourne du royaume des poumons dans le royaume du cœur, 4931. Celui qui est régénéré est conduit d'abord par le Seigneur comme un petit enfant, puis comme un jeune garçon, ensuite comme un adolescent, et enfin comme un adulte; et quand il est conduit comme un jeune garçon, il reçoit les connaissances du vrai externe et corporel, 3665. Savoir et comprendre le vrai, vouloir le vrai, et être affecté du vrai, ou la charité, ces choses se succèdent mutuellement quand l'homme est régénéré, et ensuite l'une est contenue dans l'autre, 3876, 3877. Celui qui est régénéré parcourt les âges comme celui qui naît, 4377. La vie spirituelle sort de chaque âge comme d'un œuf, 4378, 4379. L'homme, quand il est régénéré par le Seigneur, est d'abord dans l'état de l'innocence externe, qui est l'état de son enfance, ensuite il est successivement conduit dans l'état de l'innocence interne, qui est l'état de sa sagesse, 9334, 9335, 10021, 10210. L'homme est régénéré, non pas par le vrai, mais par le bien du vrai, 2697. Ceux qui sont régénérés savent d'abord les vrais internes, mais ne les reconnaissent ni par la foi ni par l'acte; *illust.*, 3906. Quand l'homme est régénéré, il est introduit par des biens et des vrais intermédiaires dans des biens et des vrais réels, et ensuite les vrais et les biens intermédiaires sont abandonnés, et les réels les remplacent, 3665, 3686, 3690, 3974, 4063, 4067, 4145, 9382. Quand l'homme est régénéré, le Seigneur insinue le bien dans les vrais, ainsi les vrais sont les vases récipients du bien, 2063.

L'homme est régénéré par cela que le bien est conjoint avec les vrais dans le naturel, et qu'ensuite le naturel est conjoint avec le rationnel; la marche est décrite, 4353. Quand l'homme est régénéré, d'abord sont insinués les vrais communs, qui sont les principaux et variés, et ensuite les autres,

8773. Chez ceux qui sont régénérés sont insinués des communs, dans lesquels il y a des particuliers et des singuliers qui se montrent successivement, 4383. Les connaissances du vrai et du bien sont implantées dans le naturel comme dans leur humus par la vie; mais ce qui ne l'a pas été par la vie n'est là que comme des historiques, qui précèdent les connaissances avant que l'homme puisse être régénéré, 3763, 3786. Quand la conjonction du vrai avec le bien se fait chez l'homme qui est régénéré, les scientifiques qui ne conviennent pas et sont opposés sont rejetés du milieu vers les côtés, 5871. Quand l'homme est régénéré, les doctrinaux sont d'abord dans la mémoire une sorte de cahos chez lui, 3316. Ceux qui sont régénérés font d'abord le bien d'après les doctrinaux; mais quand ils ont été régénérés, ils le font d'après le bien; *exemple*, 3310, f. Quand l'homme spirituel est régénéré, il va des doctrinaux au bien des doctrinaux, de ce bien au bien du vrai, et de celui-ci au bien de la vie; et *vice versâ* quand il a été régénéré, 3332. Quand l'homme est régénéré, toutes les choses de lui et du monde doivent être retournées, afin qu'elles soient pour moyens et non pour fin, 8995. Quand l'homme est régénéré, des choses innombrables sont effectuées par le Seigneur, pour que l'enfer soit éloigné, et que le ciel soit implanté; *illustré*, 9336. Quand l'homme est régénéré, l'homme naturel se révolte d'abord, car il s'imagine qu'il périt entièrement, 5647, 5650, 5660. Quand l'homme est régénéré, les voluptés antérieures sont éloignées de lui, et à leur place sont insinuées de nouvelles voluptés d'origine spirituelle, 8413. Quand l'homme est régénéré, cela a lieu par des moyens ou intermédiaires, et par des choses qui sont chez l'homme; *illustré*, 4364. Quand l'homme est régénéré, il est en apparence privé de vrais, et il est éclairé de l'interne, et alors les vrais sont replacés dans leur ordre, 5270. Quand l'homme est régénéré, l'influx vient du Seigneur dans le bien de l'homme interne, et là par le vrai dans l'homme naturel, 4015. Quand l'homme est régénéré, cela se fait au moyen des plaisirs, afin qu'il puisse être amené dans l'homme nouveau; *illustré*, 4063; ce qui est fait par des sociétés d'esprits et d'anges, dont il est parlé, 4066, 4067. Quand l'homme est régénéré, le bien influe du Seigneur par les anges dans les connaissances du vrai que l'homme possède, et il est tenu dans ces connaissances jusqu'à ce qu'il en soit affecté, 4096, 4097, 4364.

L'homme interne est régénéré avant l'homme externe, parce que l'homme interne est dans la lumière du ciel, et l'homme externe dans la lumière du monde, 3321, 3325, 3469, 3493, 4335, 8747, 9325. L'homme interne est régénéré par penser les choses qui appartiennent à la foi et les vouloir, et l'homme externe est régénéré par la vie selon ces choses, 8746. L'homme externe ou naturel est régénéré par l'homme interne ou spirituel, 3286, 3288, 3321; quand d'abord l'homme est régénéré, sa volonté veut autre chose que l'entendement, 3509. Quand l'homme est régénéré, il se forme une correspondance entre les rationnels et les naturels, 2890. L'homme naturel ou externe doit être en correspondance avec l'homme spirituel ou interne, afin que l'homme soit régénéré, et il n'a pas été régénéré avant que le naturel ait été régénéré; *cité*, 9325, *f.* Si l'homme naturel n'est pas régénéré, l'homme spirituel est fermé, 6299. Les maux et les faux sont lentement éloignés pendant que l'homme est régénéré; autrement, les faux font irruption et le remplissent; *illustré*, 9334, 9335, 9336. Quoique l'homme soit régénéré, néanmoins les maux et les faux restent, mais ils sont tempérés, 868. Les biens qui sont appelés fruits de la foi sont le premier et le dernier, quand l'homme est régénéré, parce qu'ils sont les fins; *montré*, 9337. La conjonction réciproque du vrai et du bien, ou de la foi et de l'amour, est faite par le Seigneur chez l'homme qui est régénéré; *illustré* et *montré*, 10067.

Quand l'homme est régénéré, il arrive que le bien prend le premier rang, et alors l'homme subit des tentations, 4248. L'homme est régénéré par les tentations, et sans la régénération il ne peut être sauvé, 5280. Quand il se fait un renversement, ou quand le bien va être au premier rang, lorsque l'homme est régénéré, il y a alors tentation, 5773. Ceux qui sont régénérés sont d'abord dans l'état de tranquillité, ensuite ils viennent dans les tentations, et après les tentations ils reviennent dans l'état de tranquillité; cet état est la fin de ces tentations, 3696. Dans l'un et dans l'autre royaume, le bien est implanté par le vrai, mais d'une manière différente; chez ceux du royaume céleste, dans la partie volontaire; chez ceux du royaume spirituel, dans la partie intellectuelle; ainsi des deux côtés on est régénéré différemment, 10124. Ceux qui sont régénérés sont élevés en actualité au-dessus des sensuels dans la lumière du ciel, 6183, 6454. Ceux qui sont régénérés subissent plusieurs états, et sont sans cesse conduits plus intérieurement dans le ciel, ainsi plus près vers le Seigneur, 6646. Dans quel ordre sont ramenés les vrais et les biens dans le naturel quand l'homme est régénéré; les vrais et les biens sont alors au centre, et ils brillent, 5128, 5134. Il y a des états de renversement, mais autrement chez ceux qui sont régénérés, et autrement chez ceux qui ne sont pas régénérés, 5159. Il y a d'innombrables arcanes par lesquels l'homme est conduit, quand il est régénéré, et il en sait à peine quelque chose; sur ces arcanes, 3179. Comment s'opèrent la fructification du bien et la multiplication du vrai chez ceux qui sont régénérés, 984. État de ceux qui sont régénérés, quant à l'illustration, 2697, 2701, 2704. Ce que c'est que l'état plein, quand l'homme est régénéré, 2636. Comment le vrai est implanté dans le bien, quand l'homme est régénéré, 2189. Chez les spirituels le bien et le vrai sont implantés dans l'affection des sciences, 2675. Le sensuel aujourd'hui n'est pas régénéré chez l'homme; mais l'homme, quand il est régénéré, est élevé au-dessus du sensuel, 7442, 7443. Comment les bons sont régénérés, et même dans l'autre vie, 2490. Ce qui en est du propre de l'homme, quand il est régénéré, 731.

De l'homme qui a été régénéré. Différence entre l'homme qui est régénéré et l'homme qui a été régénéré, 6247. Quand l'homme est régénéré, d'après le vrai il regarde le bien; mais, quand il a été régénéré, d'après le bien il regarde le vrai, 6247. Après que l'homme a été régénéré, l'homme interne ou spirituel commande, et l'homme externe ou naturel sert, 5128, 5651, 8743. Le vrai est en apparence au premier rang quand l'homme est régénéré, et le bien est au second rang, ainsi dans l'ordre renversé; mais le bien est au premier rang et le vrai au second quand l'homme a été régénéré, 3324, 3325, 3330, 3336, 3494, 3539, 3548, 3556, 3563, 3570, 3576, 3603, 3701, 4243, 4245, 4247, 4337, 4925, 4926, 4928, 4930, 4977, 5351, 6256, 6269, 6273, 8516, 10110. Des deux états de l'homme qui est régénéré. Le premier, quand il est conduit par le vrai au bien; le second, quand d'après le bien il agit, et que d'après le bien il voit le vrai, 7923, 7992, 8505, 8506, 8510, 8512, 8516, 8643, 8648, 8658, 8685, 8690, 8701, 8772, 9227, 9230, 9274, 9297, 10048, 10057, 10060, 10076. On ne doit pas retourner de l'état postérieur, dans lequel le vrai est regardé d'après le bien, vers l'état antérieur dans lequel le bien est regardé d'après le vrai; pourquoi? 2454, 3650 à 3655, 5895, 7857, 7923, 8505, 8506, 8510, 8512, 8516, 9274, 10184.

Quand l'homme a été régénéré, le Seigneur influe par le chemin interne, c'est-à-dire, par le bien de la conscience, et sépare successivement et continuellement les choses qui sont adhérentes par le mal héréditaire et par le mal actuel, 2632. Quand l'homme a été régénéré, toutes les choses qui, en général et en particulier, sont chez l'homme, ont été régénérées, c'est-à-dire, qu'elles ont la vie, et même autant de vie que son propre volontaire qui est corrompu et mort, a pu être séparé du nouveau volontaire et du nouvel intellectuel qu'il a reçus du Seigneur, 1040. L'homme qui est régénéré a un grand nombre de faux mêlés aux vrais qui sont disposés dans l'ordre lorsqu'il a été régénéré et qu'il agit d'après le bien, et alors les vrais sont dans l'intime et les faux sont rejetés vers les dernières périphéries; mais c'est le contraire chez les méchants, 4551, 4552. Quand l'homme a été régénéré, les vrais sont alors continuellement fructifiés d'après le bien; *illustré*, 5527. Quand l'homme a été régénéré, il s'applique plus à la vie qu'à la doctrine, 4928. Quand l'homme a été régénéré, il vient pour la première fois dans l'état de liberté; il était auparavant dans l'état de servitude; *illustré*, 894. Celui qui a été régénéré sait quelle chose appartient au monde, et quelle chose appartient à la charité, 8635, 8638, 8639, 8640, 8685, 8690; parce que l'homme par lui-même ne saisit que les choses qui appartiennent au monde et à lui, 8636. L'homme n'a pas été régénéré, tant que son homme externe ou naturel n'a pas encore été régénéré, 8742 à 8747, 9043, 9046, 9061, 9325, 9334.

L'homme ne vient pas dans le ciel, avant qu'il soit en état d'être conduit par le Seigneur au moyen du bien, ce qui arrive quand il a été régénéré, 8516, 8539, 8722, 9139, 9832, 10367. Quand l'homme a été régénéré, il reçoit un nouveau naturel, à savoir, un naturel spirituel, parce que le naturel est le plan dans lequel se termine l'influx, 5651. Quand l'homme naturel a été régénéré, l'homme tout entier a été régénéré, 7442, 7443; cela est signifié par le lavement des pieds des disciples, et par ces paroles du Seigneur : « Celui qui est lavé n'a pas besoin, si ce n'est quant aux pieds, d'être lavé; mais net il est tout entier, » — Jean, XIII. 10, — 10243. Quand l'homme a été régénéré, l'homme naturel perçoit les spirituels par l'influx, 5651. Quel est l'homme naturel quand il a été régénéré, et quel il est quand il n'a pas été régénéré, 8744, 8745. Le temps où l'homme a été régénéré n'est pas tellement déterminé qu'il puisse dire : Maintenant je suis parfait; car il y a dans chaque homme des états de mal et de faux en nombre indéfini, non-seulement des états simples, mais aussi des états composés de beaucoup de manières, qui doivent être dissipés de telle sorte qu'ils n'apparaissent plus; on peut dire que l'homme dans quelques états est devenu plus parfait, mais non dans d'autres états en nombre indéfini, 894. Ceux qui ont été régénérés dans la vie du corps, et qui ont vécu dans la foi envers le Seigneur et dans la charité à l'égard du prochain, sont continuellement perfectionnés dans l'autre vie, 894. Autant l'homme naturel ne combat pas contre l'homme spirituel, autant l'homme a été régénéré, 3286. Tout mal reste, même quand l'homme a été régénéré; illustré, 4564.

Du Régénéré. L'homme n'est dit régénéré que du moment où il agit d'après la charité, 840. L'ordre de la vie a été entièrement retourné chez le régénéré, 3332, 5159, 8995. Le régénéré est dans l'ordre du ciel, 8512. Le régénéré est tout autre et entièrement nouveau, non quant au corps, mais quant à l'esprit, 3212. Quel est l'homme régénéré, et quel est l'homme non régénéré, 977, 986, 10156. L'homme régénéré est un ange, et il a la vie du ciel, 8747. Comment la fructification du bien et la multiplication du vrai ont lieu chez le régénéré, 984. Le régénéré agit d'après l'affection du bien, 1904. L'homme régénéré est perfectionné aussi dans l'éternité, 6648, 10048. L'homme ne peut jamais être tellement régénéré qu'il puisse être dit parfait, 675, 5122, 6648. L'homme ne peut jamais se dire régénéré, à moins qu'il ne reconnaisse et ne croie que la charité est la principale chose de sa foi, qu'il ne soit affecté de l'amour à l'égard du prochain, et qu'il n'ait pour lui de la commisération, 989. Chez le régénéré les scientifiques sont illustrés par la lumière du ciel, mais chez le non régénéré ils le sont par une lumière venant d'esprits qui sont dans le faux et dans le mal, 4967. Chez le régénéré, il y a correspondance entre les spirituels et les naturels, 2850. Le régénéré est même en actualité dans le sens interne de la Parole, quoiqu'il ne le sache pas, parce que chez lui a été ouvert l'homme interne auquel appartient la perception spirituelle, 10400. L'interne du régénéré est ouvert dans le ciel, 8512, 8513. Chaque régénéré voit les biens et les vrais dans sa lueur naturelle d'après la lumière du ciel; *illustré*, 3993, *m*. Le bien chez le régénéré produit des vrais continuellement tout à l'entour de lui, et fait de chaque vrai comme une petite étoile, dont le milieu est lumineux, 5912. Les vrais d'après le bien chez le régénéré ont été disposés dans cet ordre, afin que les vrais réels du bien, desquels les autres procèdent comme de leurs pères, soient dans le milieu, et qu'ensuite ces autres se succèdent en ordre selon les parentés et les affinités jusqu'aux derniers, où est l'obscurité, 4129, 4551, 4552, 5134, 5270. Les vrais d'après le bien chez le régénéré ont été disposés dans la forme du ciel, 3316, 3470, 3584, 4302, 5704, 5709, 6023, 6690, 9931, 10303. Les biens et les vrais chez le régénéré forment une sorte de cité, mais cela d'après la forme du ciel; de là l'influx chez l'homme, 3584. Les mauvais esprits n'osent pas attaquer le régénéré, parce que par sa sphère ils perçoivent à l'instant la réponse et la résistance, 1695.

Les régénérés apparaissent semblables quant aux externes aux non-régénérés, mais ils sont absolument dissemblables quant aux internes; *illustré* par l'amour du corps à cause du mental, et du mental à cause du bien et du vrai, 5159. Comment, chez les régénérés, les idées sont ployées par le Seigneur vers les biens et vers les vrais, 2574. Les consociations du bien et du vrai chez les régénérés correspondent à ces consociations qui sont dans les cieux, 2574. Les régénérés viennent dans l'intelligence et dans la sagesse angéliques, 2494. Les régénérés par le feu, ce sont les anges célestes; les régénérés par l'eau et par l'esprit, ce sont les anges spirituels, 1042.

Comment le naturel est régénéré. Le naturel est régénéré par le bien rationnel comme par un père, et par le vrai rationnel comme par une mère, 3286, 3288. Le naturel est régénéré par le rationnel, et autant le naturel ne combat point contre le rationnel, autant il est régénéré, 3286. Le rationnel reçoit les vrais avant que le naturel les reçoive, parce que le naturel doit être régénéré par le rationnel au moyen de l'influx, 3321. Le rationnel est régénéré avant le naturel; pourquoi? 3493. Le naturel est régénéré plus tard et plus difficilement que le rationnel; pourquoi? 3469. Il y a plusieurs causes pour lesquelles le naturel est régénéré plus tard et plus difficilement que le rationnel, 3321. Le naturel est d'abord régénéré par l'influx qui vient du rationnel dans le vrai du naturel, et non de même dans le bien, 3509. Le naturel est régénéré par les connaissances du bien et du vrai, et par les plaisirs et les charmes accommodés pour lui, 3502, 3512. Le bien naturel, ou purement le plaisir, sert d'abord de moyen pour introduire les vrais dans l'ordre, et cela principalement quand l'homme est régénéré; *illustré*, 5518. Il semble au rationnel qu'il ne voit rien, si le naturel ne correspond pas, 3493. Comment chez l'homme sont successivement ouverts le naturel intérieur et le rationnel, et comment ils sont fermés, 5126. Le naturel doit être régénéré avant qu'il puisse être conjoint au rationnel; pourquoi? 4612. Si le naturel n'a pas été régénéré, le rationnel ne peut produire rien du bien ni rien du vrai, 4588. Quand le naturel de l'homme est régénéré, les vrais et les biens des restes y sont portés dans les scientifiques, 5373.

REGIMBER, *Recalcitrare.* Un cheval qui jette son cavalier à la renverse et qui regimbe, *sign.* que le peuple juif, chez qui il y avait les prophétiques, était seulement dans les externes, et que l'intellectuel rejetait ce peuple, et le repoussait comme par des ruades, 6212.

RÉGION, *Regio.* Voir PLAGE. Les quatre régions ou plages, à savoir, l'orient, l'occident, le midi et le septentrion, *sign.* tous les états du bien et du vrai dans le royaume du Seigneur, 3708. Avant l'avénement du Seigneur, les mauvais génies et les mauvais esprits s'étaient emparés de cette région du ciel, qui fut ensuite donnée à ceux qui étaient de l'église spirituelle, 6858, 6914, 8054. La région où devait être le ciel spirituel avait été envahie par ceux qui étaient dans le faux et dans le mal, mais qui pouvaient être tenus dans quelque vrai et dans quelque bien par des moyens externes, 8054. Il y a encore aujourd'hui derrière l'occiput une région, qui avait appartenu au ciel, envahie par les méchants; et il y en a aussi une en avant vers la gauche, 8054. Comment, à la fin de l'église, les régions envahies par les méchants sont données aux bons qui ont été préparés pour le ciel, 8054.

RÈGLE, *Regula.* Une règle commune, c'est que les internes influent dans les externes, et que les externes n'influent pas dans les internes, 7291. Une autre règle commune, c'est que dans toute intelligence il y a une fin, et que sans une fin il n'y a pas d'intelligence, 9407. Une règle qui n'est pas ignorée des érudits dans le monde, c'est qu'il n'y a qu'une unique substance qui soit substance, et que toutes les autres choses sont des formations qui en proviennent, et que cette unique substance règne dans les formations, non-seulement comme forme, mais aussi comme non-forme, de même que dans son origine; s'il n'en était ainsi, ce qui a été formé ne pourrait jamais ni subsister ni agir, 7270. C'est une règle universelle que rien ne peut subsister d'après soi, mais que chaque chose subsiste d'après une autre et au moyen d'une autre, qu'en conséquence rien ne peut être tenu en forme que d'après un autre et au moyen d'un autre, 6056. C'est une règle commune, que toute unité, dans laquelle il y a quelque qualité, existe par des variétés, qui sont ramenées à une telle unanimité comme par un accord d'harmonie, de manière qu'elles apparaissent toutes comme ne faisant qu'un, 5962. C'est une règle, que les vrais chez ceux qui sont dans le mal de la vie sont falsifiés, et que les faux chez ceux qui sont dans le bien de la vie sont rendus vrais, 8149.

RÈGNE, *Regnum.* Voir ROYAUME. Dans l'église représentative, chez les descendants de Jacob, par le règne des juges était représenté le divin vrai d'après divin le bien; par le règne des prêtres, qui étaient aussi juges, était représenté le divin bien dont procède le divin vrai; et par le règne des rois était représenté le divin vrai sans le divin bien, 8770. Le règne se dit du vrai, et la domination se dit du bien, 4691. Toutes les choses du règne végétal viennent du monde spirituel, et tirent toutes leur origine du bien et du vrai qui procèdent du Seigneur, 2993. Dans le règne végétal, il n'y a pas un seul objet qui ne représente quelque chose du monde spirituel, et qui n'y corresponde, 2993.

RÈGNE (ce qui) ou LE RÉGNANT, *Regnans.* Ce qui règne ou domine universellement chez l'homme est dans chaque chose de sa vie, ainsi dans toutes et dans chacune des choses qui appartiennent à sa pensée et à son affection, 4459, 5949, 6159, 6571, 7648, 8067, 8853 à 8858. L'universellement régnant fait la vie de l'esprit de l'homme, 7648; cela est sa volonté même, son amour même, et la fin de sa vie, car ce que l'homme veut il l'aime, et ce qu'il aime il l'a pour fin, 1317, 1568, 1571, 1909, 3796, 5949, 6036. L'homme est donc tel qu'est sa volonté, ou tel qu'est son amour régnant, ou tel qu'est la fin de sa vie, 1568, 1571, 3570, 4054, 6571, 6934, 6938, 8856, 10076, 10109, 10110, 10284. Chaque homme a un propre qu'il aime par dessus toutes choses; cela est nommé le dominant ou l'universellement régnant chez lui; cela est présent dans sa pensée et aussi dans sa volonté continuellement, et fait sa vie même, 8853; *exemples*, 8854; *voir* DOMINANT. C'est le Seigneur qui doit être ce régnant chez l'homme, car c'est le Seigneur qui est ce régnant dans le ciel, 8865. Le Seigneur devient le régnant, quand non-seulement on croit que tout bien et tout vrai procèdent de lui, mais qu'en outre on aime que cela soit ainsi, 8865. De plus l'universel régnant dans le ciel, c'est que par le Seigneur on est détourné du mal et tenu dans le bien et par suite dans le vrai; et cela, par une force puissante, 5758. L'amour régnant est ce qui constitue l'homme; c'est l'amour de la chose que l'homme a pour fin, 7081; *voir* AMOUR DOMINANT. Tel est l'amour régnant de la vie de l'homme, tel est l'homme, 917, 1040, 1568, 1571. Tel est l'universel régnant dans l'homme, tels sont chez lui les esprits et les anges, 8865.

RÉGNER, *Regnare*. Ce qui règne chez l'homme, c'est ce qu'il aime, et non ce qu'il sait seulement et retient de mémoire, 5130, *f.* Dans le ciel règne le bien, et non le vrai sans le bien; le vrai n'est le vrai que chez ceux qui sont dans le bien, 8990. Dans le ciel intime règne le bien de l'amour envers le Seigneur, dans le ciel moyen le bien de la charité à l'égard du prochain, et dans le dernier ciel le bien de la foi, 9687. Quand l'amour et la foi règnent, ils sont dans chacune des choses de la vie de l'homme, quoiqu'il ne le sache pas, 8854, 8864, 8865. Autant le propre de l'homme règne, autant le bien de l'amour et le vrai de la foi sont ou rejetés, ou étouffés, ou pervertis, 2041, 7491, 7492, 7643, 8487, 10232, 10455, 10742. Quand les amours de soi et du monde règnent, l'homme n'est dans aucune illustration procédant du ciel, 10406. Quand règne l'externe, l'interne est fermé, 10396. Les amours de soi et du monde commencent à régner chez l'homme, quand celui-ci est maître de son jugement et de sa personne, 7493. Dans la Parole, régner sur quelqu'un, c'est le soumettre quant aux intellectuels, et dominer sur quelqu'un, c'est le soumettre quant aux volontaires, 4691. Régner concerne le vrai qui appartient à l'entendement, et dominer concerne le bien qui appartient à la volonté, 4691. Jéhovah règnera à éternité *sign.* que le Seigneur seul est le Seigneur du ciel et de la terre, 8331. Chez les anciens, il était de coutume de dire « Dieu règne, » et aussi « Dieu règnera à éternité, » ce qui signifiait que l'église était en bon état, parce qu'alors le bien et le vrai procédant du divin y étaient, 8331.

RÉGULATEUR, *Regulator*. L'église qui commence par la foi n'a d'autre régulateur que l'entendement, et l'entendement n'en a point d'autre que ce qui constitue l'héréditaire de l'homme, à savoir, l'amour de soi et du monde, 4672; mais l'église qui commence par la charité a pour régulateur le bien, et dans le bien le Seigneur, 4672.

REINE (la) des cieux ; ce sont tous les faux, 4581. La reine des cieux *sign.* ceux qui sont dans l'enfer des génies, et les autres dieux *sign.* ceux qui sont dans l'enfer des mauvais esprits, 9993. La reine de Schéba, qui vint vers Salomon à Jérusalem, représentait la sagesse et l'intelligence, lesquelles s'approchèrent du Seigneur qui là, dans le sens interne, est Salomon, 3048, 10199.

REINS, *Renes.* Voir LOMBES. Dans la Parole, les reins *sign.* les spirituels, ou les choses qui appartiennent au vrai, 5385; et par éprouver, explorer et sonder les reins, il est signifié éprouver, explorer et sonder la quantité et la qualité du vrai ou de la foi chez l'homme, 5385. Quand il est dit que Jéhovah sonde les reins et le cœur, les reins *sign.* les spirituels ou les choses qui appartiennent au vrai, et le cœur *sign.* les célestes ou les choses qui appartiennent au bien, 5385; et même dans la Parole l'action de châtier est attribuée aux reins, 5385. Les reins *sign.* le vrai purifié, parce que les reins sont des organes qui purifient le sang, et que le sang *sign.* le vrai, 10074. Par les reins est aussi signifié le vrai qui explore, purifie et châtie, 10032. Les rois qui sortiront des reins sont les vrais qui procèderont du mariage céleste, 4575. Les reins sont les intérieurs,

7863. De la correspondance des reins, des urétères et de la vessie, avec le très-grand homme, 5380 à 5386. Ceux qui constituent les reins, les urétères et la vessie, sont ceux qui explorent et qui châtient, 5381 à 5384. Esprits qui constituent la province des reins, 5378. Situation de ces esprits respectivement au corps humain, 5380. Leurs fonctions, 5381; d'après l'*expérience*, 5382. Manières dont ils explorent et scrutent les intentions des autres, 5382, 5383. Manières dont ils exercent les châtiments, 5384. Opération commune du ciel dans les reins, perçue mais obscurément, 3884. Quels sont ceux qui constituent le péritoine, quand ils sont infestés par ceux des reins, 5378.

REINS SUCCENTURIÉS ou capsules rénales. Leurs fonctions, 5391. Ce sont de chastes vierges qui constituent cette province dans le très-grand homme, 5391.

REJAILLIR, *Redundare.* C'est une loi de l'ordre divin, que les faux rejaillissent ou retombent sur ceux qui les répandent, 8223. *Voir* TALION.

REJET, *Rejectio.* Le rejet de la vieille église et l'instauration de la nouvelle église, sont ce qui est entendu par la consommation du siècle et par l'avènement du fils de l'homme, 4333. Rejet des faux même actuels; comment il a lieu, 4551. Rejet des célestes; d'où il provient, 5700. Comment ont lieu les rejets ou écarts, 1393, 1875.

REJETER. Celui qui a pour fin l'amour de soi et du monde, rejette entièrement de son cœur toutes les choses qui appartiennent à la vie éternelle, 3427. Ceux qui sont dans le mal au-dedans de l'église rejettent la charité encore plus qu'ils ne nient le Seigneur; pourquoi? 2373. Ce qui est devenu chose de la foi, lors même que ce ne serait pas le vrai, ne doit pas être rejeté, si ce n'est par une intuition pleine; si cela est rejeté auparavant, les premiers éléments de la vie spirituelle sont extirpés, 9039. Si les célestes et les spirituels étaient exposés nûment, ils seraient rejetés comme n'existant pas, 8783. Chez les méchants, l'influx du bien et du vrai est rejeté, 3743, 6564, 7491. Quand l'homme est tenu dans le bien par le Seigneur, les péchés sont rejetés sur les côtés pour qu'ils ne surgissent point, 5390. Par les tentations les maux avec les faux sont rejetés sur les côtés, 5356.

REJETON, *Surculus.* Dans Ésaïe, — XIV. 19, — la damnation des profanateurs est comparée à un rejeton abominable, 4728.

RÉJOUIR (se) dans son cœur *sig.* le charme et le plaisir d'après l'affection qui appartient à l'amour, 7002.

RELACHER, *Relaxare.* L'amour de soi s'élance autant que les liens qui le retiennent sont relâchés, et il va même jusqu'à s'élever au-dessus de Dieu, 1304, 7375, 8678.

RELATIFS, *Relativa.* Au moyen des relatifs la perception est plus parfaite; pourquoi? 5962. C'est par des relatifs formés en actualité que se fait la sphère de perception, ainsi que l'extension de ses limites, 2694.

RELATION, *Relatio.* Toute perception est selon la relation aux opposés, 7812, *f.*

RELÈVEMENT, *Resuscitatio.* Lorsque dans l'église il n'y a ni l'interne, ni le médium, ni la foi par la volonté ou la charité, il n'y a plus aucun espoir pour son relèvement, 5551.

RELEVER (se), *Resurgere.* C'est entrer dans la vie, 290.

RELIGION, *Religio. Voir* CATHOLIQUE, CULTE. On est sauvé dans toute religion, pourvu que par une vie de charité et de foi on ait reçu les restes (*reliquiæ*) du bien et du vrai apparent, 2284. Chacun, de quelque religion qu'il soit, peut être sauvé, même les gentils qui n'ont aucun vrai tiré de la Parole, pourvu qu'on regarde le bien de la vie comme fin, 10648. Autre chose est de faire le bien par nature, et autre chose est de le faire par religion, 5032. Ceux qui font le bien par le seul penchant naturel, et non d'après la religion, ne sont pas reçus dans le ciel, 8002, 8772. Il y a des faux de religion qui sont en concordance avec le bien, et il y en a qui sont en discordance, 9259. Les faux de religion, s'ils ne sont pas en discordance avec le bien, ne produisent pas le mal, excepté chez ceux qui sont dans le mal, 8318. Les faux de religion ne sont point imputés à ceux qui sont dans le bien, mais ils le sont à ceux qui sont dans le mal, 8051, 8149. Les faux de religion, chez ceux qui sont dans le bien, sont reçus par le Seigneur comme des vrais, 4736, 8149. Le bien dont la qualité (*quale*) vient d'un faux de religion est accepté par le Seigneur, s'il y a ignorance, et que dans l'ignorance il y ait l'innocence et une fin bonne, 7887.

OBS. Entre *Religion* et *Église* il y a une différence qu'il importe de signaler : L'Église du Seigneur, il est vrai, est universelle, et chez tous ceux qui reconnaissent le Divin et vivent dans la charité, quels que soient d'ailleurs leurs dogmes; mais il y a spécialement Église là où est la Parole, et où par la Parole le Seigneur est connu. Dans les contrées où la

Parole n'existe pas, ou bien, quand la Parole est enlevée au peuple et remplacée par des décisions humaines, comme dans le Catholicisme-Romain, il y a religion seulement, et à proprement parler il n'y a pas Église. Chez les Protestants, il a Église, mais cette Église est à sa fin, parce que la Parole y a été pervertie.

Religiosité, Principe religieux, *Religiosum*. Ceux qui sont hors de l'église, et ont cependant vécu selon leur religiosité dans une sorte de foi et de charité, sont en état de recevoir les vrais de la foi et les biens de la charité, 9256. L'église du Seigneur est chez tous ceux qui, sur le globe, vivent dans le bien selon leur religiosité, 3263, 6637, 10765. L'homme qui lit la Parole ne peut nullement être illustré par elle, s'il s'est attaché à quelque principe religieux qui protége le mal, 10640. Le quelque chose d'église chez soi, quand on a le culte externe sans le culte interne, doit être appelé religiosité, 4440. Le représentatif d'église chez les descendants de Jacob est appelé religiosité, 4706, parce que chez eux il y avait, non pas une église, mais seulement l'externe de l'église séparé de l'interne, 4852. Religiosité des Juifs d'aujourd'hui, 4444. Il y a dans le monde deux religiosités qui proviennent de la propre intelligence; l'une est appelée Babel dans la Parole, l'autre est celle où la lueur de la raison est tout, 8941.

Reliquiæ ou Restes, *Reliquiæ*. Les restes ou reliquiæ sont tout vrai et tout bien que le Seigneur insinue chez l'homme depuis son enfance jusqu'au dernier moment de sa vie, 2280. Les restes ou reliquiæ sont non-seulement les biens et les vrais procédant de la Parole du Seigneur, qui sont enseignés à l'homme dès son enfance et qui s'impriment ainsi dans sa mémoire; mais ce sont aussi tous les états qui en dérivent, comme les états d'innocence pendant l'enfance, les états d'amour envers les parents, les frères, les instituteurs, les amis; les états de charité à l'égard du prochain, et de compassion envers les pauvres et les indigents, en un mot, tous les états du bien et du vrai, 561. Ces états, avec les biens et les vrais imprimés dans la mémoire, sont les reliquiæ ou restes qui sont conservés par le Seigneur chez l'homme, et renfermés dans son homme interne, sans qu'il en sache absolument rien, et ils sont soigneusement séparés de toutes les choses qui sont les propres de l'homme ou des maux et des faux, 561. Par les reliquiæ sont signifiés des biens de trois genres, à savoir, les biens de l'enfance, les biens de l'ignorance, et les biens de l'intelligence, 2280; les biens de l'enfance sont insinués chez l'homme depuis sa première enfance jusqu'à la dixième année de son âge; les biens de l'ignorance, depuis cet âge jusqu'à la vingtième année; à partir de cette année l'homme commence à devenir rationnel, et à avoir la faculté de réfléchir sur le bien et le vrai, et à s'acquérir le bien de l'intelligence, 2280. Le Seigneur sépare ces reliquiæ, à savoir, ces biens et ces vrais que l'homme a reçus, et il les renferme dans l'homme intérieur, d'où il ne permet jamais qu'ils sortent, tant que l'homme est dans le mal et dans le faux, 2284, 9014. Les reliquiæ ou restes sont toutes les choses que dès l'enfance l'homme a reçues du Seigneur et a apprises, concernant l'innocence, la charité, la miséricorde et la vérité de la foi, 661. Les reliquiæ ou restes sont tous les états d'affection du bien et du vrai, dont l'homme est gratifié par le Seigneur depuis la première enfance jusqu'à la fin de sa vie, 1906; ces états sont serrés en lui pour l'usage de sa vie après la mort, 1906. L'homme dès l'enfance reçoit du Seigneur les restes du bien, plus tard les restes du vrai; et, sans les restes, l'homme ne peut pas être homme, 1050, 1906, 7560. Les restes sont cachés dans les intimes du naturel; comment ils servent à l'usage, et comment ils sont détruits; *illustré*, 5135. Provision des restes régénération; par eux et progression, 5342. Les reliquiæ ou restes appartiennent au Seigneur seul, 576. Toute la charité de l'homme vient par les reliquiæ qui sont dans son homme interne, 576. S'il n'y avait pas de reliquiæ chez l'homme, il ne serait pas homme, mais il serait plus vil que la brute, 530; moins il y en a chez l'homme, moins il est homme, et plus il y en a, plus il est homme, 530. Par les reliquiæ l'homme est initié à recevoir du Seigneur l'influx du bien et du vrai, 7831. Par les reliquiæ l'homme communique avec le second ciel: sur ce sujet, 5344. De l'acquisition des restes par la conjonction avec les anges, 5897, *f*. Si le Seigneur ne recueillait pas les biens et les vrais qui ont été insinués çà et là dans l'homme pendant le cours de sa vie, l'homme ne pourrait jamais être sauvé, 5897.

Toute vie spirituelle vient des restes, 5898. Les restes font que l'homme est vivant, 1050. Sans les restes l'homme périt, 468. L'homme périt quand la voie a été fermée aux restes, 660. La voie est fermée aux restes par les principes du faux, 794. Quels étaient les restes chez les antédiluviens, 560, 562, 563. Sans des restes, il n'y a de salut pour qui que ce soit, 5897. Sans les restes qui sont des biens et des vrais, renfermés par le Seigneur dans l'homme intérieur, il n'y aurait dans l'état de tentation et de vastation rien par quoi l'homme pourrait être régénéré, 5291. Les restes sont remis dans l'homme externe ou naturel, quand cet homme est dans l'état du bien; mais, aussitôt qu'il vient dans l'état du mal, ils sont retirés et cachés, 6156. Quand l'homme ne peut être régénéré, les restes chez lui sont précieusement réservés dans les intérieurs, 6156. Les restes sont mis en réserve, afin qu'il y ait quelque chose d'humain, car par eux l'homme communique avec le ciel, 7560, 7831. Les biens et les vrais qui appartiennent au Seigneur sont renfermés, mais non ceux qui appartiennent à l'homme, 7564. Chez le profanateur, il n'y a aucun reste du bien renfermé dans ses intérieurs, parce que les restes ont entièrement péri dans le mal, 6343.

Des reliquiæ ou restes chez le Seigneur, 1738. Les restes chez le Seigneur étaient divins et lui appartenaient; par eux il a uni l'essence humaine à l'essence divine, 1906.

RÉMALIA. Le fils de Rémalia, roi de Samarie, *sign*. les connaissances du faux, et Rézin roi de Syrie *sign*. les connaissances du mal, 6952.

REMÈDES, *Remedia*. Dans la Parole, les remèdes et les médicaments sont dits, non dans un sens naturel, mais dans le sens spirituel, 6502; ils signifient ce qui préserve des maux et des faux, 6502.

REMETTRE, *Remittere*. C'est ne point considérer dans quelqu'un le mal, mais y considérer le bien, 7697. Ce à quoi il n'est pas fait attention est dit être remis, 10504. Les méchants, dans l'autre vie, sont remis dans leurs intérieurs, ainsi dans le mal même de leur volonté, 8870, f. Les bons, quand ils viennent dans l'autre vie, sont d'abord remis dans la vie qu'ils ont eue dans le monde, 3894 bis. Les esprits bons et les esprits angéliques, quand ils tombent dans l'amour de soi et par suite dans l'état du faux, sont remis pour quelque temps dans leur état naturel ou inférieur, 2693.

REMETTRE LES PÉCHÉS. *Voir* PÉCHÉ. C'est ne point faire obstacle à ce que les internes de la Parole, de l'église et du culte, puissent être élevés de leurs externes, ainsi à ce que la communication puisse se faire avec le ciel, 10504. Les péchés sont continuellement remis à l'homme par le Seigneur, qui est la miséricorde même, 8393; mais néanmoins ils ne sont pas pour cela remis, à moins que l'homme ne fasse une sérieuse pénitence, 9014; *voir* PÉNITENCE. Les péchés, après avoir été remis, ne sont point effacés, mais ils restent chez l'homme, 9451. Qui sont ceux auxquels les péchés ont été remis, et qui sont ceux auxquels ils n'ont pas été remis, 9449, 9450, 9454. Par la pénitence de la bouche les péchés ne sont point remis, mais ils le sont par la pénitence de la vie, 8393. *Voir* RÉMISSION DES PÉCHÉS.

RÉMINISCENCE, *Reminiscentia*. De la réminiscence des choses que l'homme a faites dans la vie du corps, 2469 à 2494.

RÉMISSION DES PÉCHÉS. Pouvoir par le Seigneur être détourné du mal et tenu dans le bien, c'est la rémission des péchés, 8391, 8393, 9014, 9444 à 9450. La rémission des péchés n'existe que chez ceux qui ont reçu du Seigneur une nouvelle vie par la régénération, 9448. La rémission des péchés est la séparation du mal d'avec le bien, et le rejet du mal sur les côtés, 9013. Rémission des péchés, mal comprise; de là cette erreur, de se croire pur après qu'on a reçu l'absolution, 9333. Rémission des péchés par miséricorde; ce qui est entendu par là, 9452. *Voir* REMETTRE LES PÉCHÉS.

REMORDS DE CONSCIENCE. C'est l'inquiétude et la douleur qu'éprouve l'homme qui agit contre la conscience, 9118. Chez ceux qui sont dans l'enfer il n'y a aucun remords de conscience pour les maux qu'ils ont faits dans le monde, 965; *voir* CONSCIENCE. Sur le remords, *voir* aussi, 537, 751, 847, 857, 986, 5476, 6997.

REMPARTS, *Antemuralia*. Les vrais sont comme des remparts en dedans desquels est le bien; les remparts sont attaqués par le faux, et après l'assaut, le bien est livré à la destruction, 5149.

REMPLAGE DE PIERRE, *Oppletura lapidis*. Ce sont les vrais dans leur ordre, car le pectoral était rempli de pierres selon les noms des fils d'Israël, 9863; remplir, c'était servir au bien de l'amour, car les remplages y étaient faits dans l'or qui signifie le bien de l'amour, 10333.

REMPLIR, *Implere*. C'est s'emparer, 7442. Remplir de l'esprit de Dieu, c'est l'influx et l'illustration d'après le divin vrai; quand il s'agit de Jéhovah, remplir c'est l'influx, et chez l'homme c'est l'illustration, 10330. Être rempli d'esprit de sagesse se dit quand le divin vrai demeure inscrit, 9818. Les jours sont dits remplis quand l'état est plein, 3830.

RÉMUNÉRATION, *Remuneratio*. A chaque bien a été jointe sa rémunération, 8214. Le bien qui provient du cœur a été conjoint à sa rémunération; *illustré*, 9048. Le bien doit être fait sans but de rémunération, 6392, 6478, 9981. Les petits enfants et les simples peuvent croire à une rémunération pour le bien qu'ils font, mais non les adultes, 9982. Ceux qui font le bien en vue d'une rémunération veulent être servis, et ne sont jamais contents, 6393. Ceux qui font le bien en vue d'une rémunération sont, dans le royaume du Seigneur, parmi ceux qui font les services les plus vils, 6389, 6390. La rémunération pour les bons, c'est qu'il leur soit permis de faire le bien, car ils y perçoivent de la joie, 4788. Les œuvres du bien sans rémunération sont pleines de félicité, 6391, 6392. Dans l'autre vie, autant quelqu'un fait le bien sans but de rémunération, autant influe du Seigneur la béatitude avec accroissement, et cette béatitude est dissipée aussitôt qu'on pense à la rémunération, 6478, 9174. Dans l'autre vie, le bien a en lui sa rémunération, et le mal son châtiment, 696, 967, 1857, 6559, 8214, 8223, 8226, 9049. *Voir* RÉCOMPENSE.

RENAISSANCE, *Renascentia*. Comment a lieu la renaissance de l'homme, 5115. La renaissance par le Seigneur est appelée régénération, 10367. La renaissance s'opère uniquement par le bien et le vrai, 5348. Renaissance du sensuel, 5130. Les états de renaissance de chaque sensuel, et de chaque chose dans le naturel, et aussi dans le rationnel, ont leurs progressions depuis le commencement jusqu'à la fin; et quand ils sont à la fin, ils recommencent par quelque chose de nouveau, à savoir, à partir de cette fin à laquelle ils ont tendu dans l'état précédent jusqu'à une fin ultérieure, et ainsi de suite, 5122. *Voir* RENAÎTRE.

RENAÎTRE, *Renasci*. Pour que l'homme renaisse, il doit d'abord apprendre les vrais, 10367. Pour devenir nouveau, l'homme doit avant tout renaître comme un enfant, apprendre ce que c'est que le mal et le faux, et apprendre ce que c'est que le bien et le vrai, 3701. Il a été pourvu à ce que l'homme puisse renaître, et venir ainsi dans autant d'intelligence et de sagesse qu'il reçoit de bien, et que par le bien il reçoit de vrai d'après le libre, 6323, *f*. *Voir* RENAISSANCE.

RENFORCER LE CŒUR, *Obfirmare cor*. C'est s'obstiner, 7615; appesantir le cœur, c'est d'après le faux; mais renforcer le cœur, c'est d'après le mal, 7616.

RENIEMENT (le) de Pierre représentait le dernier temps de l'église, quand le vrai de la foi, à la vérité, est enseigné, mais cependant n'est point cru, 6000, 6073. Le reniement par trois fois *sign*. le reniement complet du Seigneur à la fin de l'église, 10134.

RENOUVELER, *Renovare*. Dans la Parole, renouveler se dit des maux et des faux, 153.

RENVERSEMENT, *Inversio*. Renversement de l'état dans le naturel, afin que le bien soit au premier rang et le vrai au second, 4232, 4242 et suiv. Ce renversement est décrit, 4245. Du total renversement d'état dans le naturel, quand il n'y a rien que les faux qui s'en sont emparés, 6977. Le renversement total de la vie ne peut être fait que dans le cours de plusieurs années, 9256.

RENVERSER, *Evertere.* C'est rejeter, 10642.

RENVOYER, *Dimittere.* C'est éloigner de soi, par conséquent n'être plus présent, 5062; c'est commander de s'abstenir, 7037. Renvoyer le peuple, quand cela est dit à Pharaon, c'est cesser d'infester, 7092.

REPAITRE DE NOURRITURE. C'est sustenter la vie spirituelle et vivifier, 6277.

RÉPANDRE *sign.* mettre dans, 6976; — *sign.* montrer, 7520. Répandre des eaux pures *sig.* la purification du cœur, 4555, *f.* Répandre le sang, c'est faire violence à la charité, c'est avoir de la haine contre le prochain, 1010; c'est faire violence au vrai divin, ou au vrai du bien, et aussi au bien lui-même, 9127. Répandre le sang innocent, c'est éteindre le divin vrai et le divin bien qui procèdent du Seigneur, ainsi étouffer le Seigneur lui-même chez l'homme de l'église, 9262, 9264. Répandre du sang, c'est violer le saint, 4735. Répandre le sang de l'homme dans l'homme, c'est éteindre chez soi-même la charité, 1012.

RÉPARER les ruptures, — Amos, IX. 11, — c'est corriger les faux qui étaient entrés par la séparation du vrai d'avec le bien; bâtir comme aux jours d'éternité, c'est selon l'état de l'église dans les temps anciens, 4926.

REPAS, *Commessationes.* Voir FESTIN. Ce qui était signifié par le repas pris en commun avec les choses sanctifiées, 2187, 3596, 7857, 8682. Les repas ou festins *sign.* la conjonction, spécialement l'initiation à la conjonction, 5698. Les festins et les repas chez les anciens signifiaient l'appropriation et la conjonction par l'amour et par la charité, 3596; il avait été institué chez eux des repas, afin qu'on fût en consociation par les choses qui appartiennent à la sagesse et à l'intelligence, 9412. Les repas ou festins se faisaient chez les anciens au dedans de l'église à cause de la conjonction et de la confirmation dans le bien, 6791. Combien ces repas ou festins différaient de ceux qui ont lieu maintenant! 7996.

REPENTANCE, *Pœnitentia.* Voir PÉNITENCE.

REPENTIR (se). *Voir* PÉNITENCE. Lorsqu'il s'agit de Jéhovah, se repentir, c'est avoir compassion, 587, 588, 10441; car Jéhovah, prévoyant d'éternité toutes choses et y pourvoyant, ne se repent jamais; *illustré*, 10441.

RÉPÉTITION. Dans la Parole, il est ordinaire qu'il y ait comme des répétitions doubles d'une même chose, mais l'une se rapporte au vrai qui appartient à l'entendement, et l'autre au bien qui appartient à la volonté; et cela, afin que dans chaque chose de la Parole, il y ait le mariage céleste, qui est le mariage du bien et du vrai, 7945. Dans la Parole prophétique, le céleste est exprimé distinctement, et le spirituel distinctement; de là, comme des répétitions, 683, 707, 793, 801. La répétition enveloppe la nécessité, 9463. La répétition *sign.* aussi que c'est une autre chose, 734. La répétition enveloppe que c'est partout, 9061, 9023. Il y a quelquefois répétition à cause de la série dans le sens interne, 10647. Sur la répétition, *voir* aussi 435.

RÉPHAÏM. C'est la postérité de la

très-ancienne église, qui exista avant le déluge; ils ont aussi été appelés Néphilim et Énakim, 6588. Les Réphaïm *sign.* ceux qui sont imbus des persuasions du mal et du faux, 2468. Les Réphaïm, — Ésaïe, XXVI. 14, — *sign.* ceux qui se sont enflés par l'amour de soi, 290; la terre des Réphaïm *sign.* l'enfer où sont de tels hommes, 581. Les Réphaïm *sign.* les persuasions du faux, 1574, 1867, qui sont plus fortes et plus meurtrières que les autres, 1673. Les Réphaïm ont été expulsés par les fils d'Ammon, 2468. *Voir* Néphilim, Énakim.

Réphidim, nom de lieu. C'est la qualité de l'état de la tentation quant au vrai, 8561, 8594, 8755.

Répondre, *Respondere*. Quand il y a consentement, c'est le réciproque, 2919, 4096; et aussi la réception, 2941, 2957. C'est la connaissance, 5255. Répondre d'une seule voix, c'est la réception dans l'entendement, 9384. Répondre, c'est la perception, 5472. Répondre et dire, c'est la pensée; *illustré*, 6943. Répondre sur un procès, c'est dire son sentiment et juger au sujet du juste et de l'équitable, et au sujet du bien et du vrai, sur lesquels il y a contestation, 9252. Ne pouvoir répondre, c'est ne pas être encore en état de parler d'après les vrais avec l'interne, 5880. Chez les anciens, dans le culte sacré, c'était une coutume solennelle de chanter par des chœurs, à savoir, de manière qu'il y en eût un ou quelques-uns qui répondissent, ce qui représentait le réciproque, et la réponse, telle qu'est celle de l'église d'après le ciel, ou du ciel d'après le Seigneur, 8340.

Répondre pour, *Spondere*. Répondre pour quelqu'un, c'est être pour lui, 6804; c'est s'adjoindre, 5830.

Réponse, *Responsum*. Toute réponse, venant du divin, est faite par influx, et même dans la pensée, 8565. Les réponses divines sont les vrais dans lesquels est le divin, 8824. Chez les descendants de Jacob les réponses étaient données par Urim et Thummim; comment, 9824, 9905. Les réponses et les révélations étaient faites d'après les derniers, parce que dans les derniers il y a la force et la puissance, 9905, 10548. Les réponses divines se présentent et sont prononcées dans les derniers, parce que c'est là qu'elles se terminent, après avoir passé par tous les intérieurs successivement, 9824. Chez ceux qui sont dans les vrais d'après le bien, il y a dans leur intérieur un éclat de la lumière du ciel, qui dicte et donne en quelque sorte les réponses, quand par l'affection du cœur ceux-là recherchent le vrai, et qu'ils l'aiment comme bien, 9905.

Repos, *Quies*. Il y a repos pour l'homme, et il y a repos pour le Seigneur, quand chez l'homme le bien et le vrai ont été conjoints, 10367. Quand l'homme est dans les vrais, il est dans le combat; quand il est dans le bien, il est dans le repos; et dans le sens suprême, quand le Seigneur était dans les combats, il était le divin vrai; et quand il devint le divin bien, il y eut pour lui le repos qui est le sabbath, 10360. Le repos au jour du sabbath est le représentatif de l'état de paix dans lequel se fait la conjonction, 8494. Le repos au sabbath a représenté le repos du Seigneur, parce qu'alors il conduit par le bien, 8510. Le repos au jour du sabbath *sign.* l'état de l'union du divin même et du divin humain dans le Seigneur, parce qu'alors il y a repos pour le Seigneur, et ainsi paix et salut dans les cieux et dans les terres; et, dans le sens respectif, il signifie la conjonction du Seigneur avec l'homme, parce qu'alors il y a pour l'homme paix et salut, 8494, 8510, 10360, 10367, 10370, 10374, 10668, 10730. Le repos au jour du sabbath, c'est quand l'homme est dans le bien, par conséquent dans le ciel, 8890, 8893. Le repos de Jéhovah *sign.* la paix et le salut pour les anges dans les cieux et pour les hommes dans les terres, 10374. Le repos de la terre, c'est la tranquillité de la paix dont jouissent ceux qui sont dans le bien, 9274. L'odeur de repos, lorsqu'il s'agit de Jéhovah, c'est le perceptif de la paix, 925, 10054. Les intérieurs ont leur repos sur le sensuel; comment cela doit être entendu, 9216.

REPOSER (se), *Quiescere*. C'est être dans l'état de paix, 8517, 8893. Le sensuel externe reste chez l'homme après la mort, mais se repose, 10236.

REPRÉSENTATIFS, *Repræsentativa*. Voir REPRÉSENTATION, REPRÉSENTER. Le représentatif n'est que l'image de ce qui est représenté, 3393.

Des Représentatifs en général. Toutes les choses qui sont dans le monde, dans ses trois règnes, sont des représentatifs des spirituels et des célestes du royaume du Seigneur, 1632, 1881, 2758, 2987 à 3003, 3213 à 3227, 3483, 3624 à 3649, 4939, 5116, 5427, 5428, 5477, 8211. Tous les représentatifs de l'église regardent dans le sens suprême le Seigneur lui-même; c'est pourquoi la Parole, dans son sens intime et suprême, traite du Seigneur seul, et surtout de la glorification de son humain, 9389. Les représentatifs ont pris leur origine dans les significatifs de l'église ancienne, et ceux-ci dans les perceptifs de la très-ancienne église, 920, 1409, 3349. Comment les représentatifs et les significatifs viennent de la très-ancienne église, 2896. Ceux qui recueillirent des très-anciens les représentatifs et les significatifs sont appelés Chanoch, 2896. Les représentatifs ont été connus et estimés des anciens, 3021. Les représentatifs concernaient les choses saintes qui étaient représentées, et non la personne qui représentait; passages cités, 9229. La connaissance des représentatifs a été entièrement perdue; *illustré* par le cérémonial pour le couronnement des rois, 4581.

Représentatifs dans le monde spirituel. Dans les cieux, il y a de continuels représentatifs du Seigneur et de son royaume, 1619. Les cieux sont pleins de représentatifs, 1521, 1532. Toutes les choses qui apparaissent chez les anges et chez les esprits sont des représentatifs selon les correspondances des choses qui appartiennent à l'amour et à la foi, 1971, 3213 à 3226, 3457, 3475, 3485, 9481, 9574, 9576, 9577. Les représentatifs sont d'autant plus beaux, et d'autant plus parfaits, qu'ils sont plus intérieurement dans les cieux, 3475. Les représentatifs y sont des apparences réelles, parce qu'ils sont produits par la lumière qui est le divin vrai, et ce vrai est l'essentiel même de l'existence de toutes choses, 3485. L'influx divin est changé en représentatifs dans les cieux supérieurs, et par suite aussi dans les cieux inférieurs, 2179, 3213, 9457, 9481,

9576, 9577. On appelle représentatifs les choses qui apparaissent devant les yeux des anges dans des formes telles que celles qui sont dans la nature, ainsi telles que celles qui sont dans le monde, 9574; les internes sont ainsi changés en externes, 1632, 2987 à 3002. Quels sont les représentatifs dans les cieux; *illustré* par divers exemples, 1521, 1532, 1619, 1628, 1807, 1973, 1974, 1977, 1980, 1981, 2299, 2601, 2761, 2762, 3217, 3219, 3220, 3348, 3350, 5198, 9090, 10278. Dans le monde des esprits il existe des représentatifs innombrables et presque continuels, qui sont les formes de choses spirituelles et célestes ne différant pas de celles qui sont dans le monde, 3213. Les représentatifs spirituels se font par des variations de la lumière, et les célestes par des variations de la chaleur, par conséquent des affections, 3343. Les représentatifs influent du ciel, et des idées des anges qui y sont, et de leurs conversations, 3213. Les idées et les conversations des anges ne peuvent se présenter devant les esprits que par des représentatifs, 3213. Les idées des anges sont changées en divers représentatifs dans le monde des esprits, et chez l'homme quand il dort, 1971, 1980, 1981. Les représentatifs qui existent devant les esprits sont d'une variété incroyable, 3215. Comment ils se font, 3214. Dans les cieux, les représentatifs sont plus parfaits selon les degrés; et, intérieurement en eux, on voit les choses qui sont dans un ciel supérieur, 3475. Dans le premier ciel, les représentatifs apparaissent dans la forme externe avec la perception de ce qu'ils signifient dans la forme interne; dans le second ciel, ils apparaissent tels qu'ils sont dans la forme interne avec la perception de ce qu'ils sont dans une forme encore plus intérieure; dans le troisième ciel, ils apparaissent dans cette forme encore plus intérieure, qui est la forme intime, 3475. L'influx angélique se fait par des représentatifs apparents, 6319. Ces représentatifs apparaissent continuellement devant les yeux des esprits et des anges, et sont les formes naturelles dans lesquelles les internes du ciel se terminent, et par lesquelles sont figurés ces internes qui se présentent ainsi visibles devant les yeux mêmes, 9457, 9481, 9577.

Représentatifs chez les très-anciens et chez les anciens. Les très-anciens ont eu leurs représentatifs d'après des songes, 1977. Lorsque les très-anciens voyaient les choses du monde ou les saisissaient par quelque sens, ils portaient leurs pensées non pas sur elles, mais sur les célestes et sur les spirituels dont elles étaient les représentatifs, ainsi chez eux les choses mortes vivaient, 1409. Dans l'église ancienne les représentatifs et les significatifs venaient de la très-ancienne église, 2897; *voir* REPRÉSENTATIFS EN GÉNÉRAL, ÉGLISE. Les représentatifs et les significatifs chez les anciens étaient tels que ceux qui sont dans la Parole, 3419. Dans Canaan était la très-ancienne église et une partie de l'église ancienne, et par suite les lieux sont devenus des représentatifs; c'est pourquoi Abraham reçut ordre d'y aller, et Canaan fut donné à ses descendants, afin que par eux et chez eux fût instituée une église représentative, 3686. L'église qui existait chez les anciens était représentative, et celle qui exista chez les descendants de Jacob était un représentatif d'église; l'église est chez ceux en qui l'interne est dans l'externe, et le représentatif d'église est chez ceux en qui l'externe est sans l'interne; *illustré*, 4288. Les anciens païens connaissaient les représentatifs; *exemple*, 7729, f.

Représentatifs chez les descendants de Jacob. Les représentatifs dans l'église juive n'étaient pas des choses nouvelles, mais ils avaient précédemment existé dans l'église ancienne, 4835. Il a été institué chez la nation juive une église représentative, mais dans la nation elle-même il n'y a eu aucune église, 4899, 4912, 6304. C'est pourquoi, quant à la nation elle-même, il y a eu un représentatif de l'église, mais non une église, 4281, 4288, 4311, 4500, 6304, 7048, 9320, 10396, 10526, 10531, 10698. Ce que c'est qu'un représentatif de l'église, et ce que c'est qu'une église représentative, 1361. Le représentatif de l'église chez les descendants de Jacob n'a pas pu être institué avant qu'ils eussent été entièrement dévastés quant aux intérieurs, autrement ils auraient profané le saint; *illustré*, 4289. Par les représentatifs, quelque chose de l'église se manifestait chez les Juifs et chez les Israélites avant l'avènement du Seigneur, et eux étaient tenus strictement dans les rites, afin que les représentations existassent, 3147; et ils étaient contraints par des moyens externes à observer strictement les rites dans la forme externe, 3147, 4281, 10149. Sous quel rapport les rites représentatifs de l'église juive différaient des rites représentatifs de l'église ancienne, 4288, 10149. Les représentatifs de l'église chez les descendants de Ja-

cob avaient été institués, afin que par eux il y eût communication du ciel avec l'homme, 7893. Par eux il y avait communication avec le ciel, et par le ciel avec le Seigneur, 8006, 10493. Les représentatifs passaient des Juifs aux esprits angéliques simples qui ont leur rapport avec la peau, et de ceux-ci aux anges intérieurs, 8588. L'interne de l'église n'a pas été conjoint avec ces représentatifs de la même manière qu'il l'avait été avec les représentatifs de l'église ancienne, 4874. Les représentatifs de l'église avaient en eux-mêmes le bien; mais quant aux descendants de Jacob qui étaient dans ces représentatifs, ils n'avaient pas le bien, 4444. Tout ce qui se faisait dans cette église se changeait, dans le ciel, en représentatifs correspondants, 1003. Les représentatifs de cette église étaient les vrais dans le dernier de l'ordre, 10728; c'étaient les représentatifs des internes de l'église et du ciel, 10149. Les fêtes et les sabbaths devaient être célébrés, afin qu'on fût dans un état représentatif plein, 7891; c'est pourquoi on ne faisait aucun ouvrage concernant les terrestres et les mondains, 7893.

Représentatifs dans la Parole. Le sens de la lettre de la Parole est représentatif et significatif du sens interne, et celui-ci est représentatif et significatif du sens suprême, 3393. Toutes les choses, dans le sens de la lettre de la Parole, sont des représentatifs et des significatifs, 1404, 1408, 1409. Les historiques de la Parole sont des représentatifs, et les mots sont des significatifs, 1540, 1659, 1709, 1783, 2686. D'où viennent les représentatifs qui sont dans la Parole et dans les rites, 2179. Plusieurs choses, dans la Parole, tirent leur origine de représentatifs dans l'autre vie, 2763. La Parole a été écrite par Moïse et par les prophètes par des représentatifs et des significatifs, et n'a pu être écrite dans un autre style, afin qu'elle eût un sens interne, par lequel il se ferait une communication du ciel avec la terre, 2899. Le Seigneur a parlé par des représentatifs et des significatifs, parce qu'il a parlé d'après le divin même, 2900. Les représentatifs, dans la Parole, ne sont pas interrompus par la mort de ceux qui représentent, mais ils sont continués, 3256. Les représentatifs se succèdent de manière que, quand un personnage meurt, il vient à la suite un représentatif, ou semblable par un autre personnage, ou tout autre, ainsi un nouveau, 5975; par exemple, quand Abraham mourut, succéda le représentatif par Jishak; et quand celui-ci mourut, succéda le représentatif par Jacob; et quand Jacob mourut, succéda le représentatif par ses descendants, 5975. La Parole du Seigneur peut être appelée un quasi-ciel dans les derniers; *illustré* d'après les représentatifs dans l'autre vie, 10126. Les lois portées sur les serviteurs se réfèrent dans le sens interne aux correspondances, aux représentatifs et aux significatifs, 2567, *f*.

Représentatifs dans la nature. Toute la nature est le théâtre représentatif du monde spirituel, 2758, 2999, 3000, 8848, 9280. L'univers visible est le théâtre représentatif du royaume du Seigneur, et ce royaume est le théâtre représentatif du Seigneur lui-même, 3483. Il n'existe rien dans la nature entière qui ne soit en quelque manière un représentatif du royaume du Seigneur; *exemple*, 2758. Les représentatifs dans la nature viennent de l'influx du Seigneur, 1632, 1881. Il n'y a rien de beau ni de gracieux, dans les cieux et dans les terres, qui ne soit sous certain rapport un représentatif du royaume du Seigneur, 1807. Tous les représentatifs dans la nature se réfèrent à la forme humaine, et ils signifient selon la relation à cette forme; *illustré*, 9496.

Représentatifs chez l'homme. Dans le corps de l'homme, tout en général et en particulier est représentatif de son âme, 1807. Quand des choses qui appartiennent à l'homme interne sont effigiées dans l'homme externe, celles qui se font voir dans l'externe sont des représentatifs de l'interne, 2989. Tous les effets, quels qu'ils soient, sont les représentatifs des usages qui appartiennent à la cause, et les usages sont les représentatifs des fins qui appartiennent aux principes, 1807. Par la mort, l'homme vient, sans instruction, dans la perception des représentatifs, et dans l'acte de manifester des représentatifs quand il parle, 3226. Représentatifs par lesquels les enfants, dans l'autre vie, sont introduits dans l'intelligence, 2299.

Langage par de purs représentatifs, 1764. Des représentatifs dans les langages des esprits et des anges, 3342, 3343, 3344, 3345.

Les représentatifs de l'église et du culte ont cessé quand le Seigneur est venu dans le monde, parce que le Seigneur a ouvert les internes de l'église, et parce que tous les externes de l'église dans le sens suprême le concernaient, 4832. Après l'avènement du Seigneur, les rites externes ayant été abolis, et les représentatifs ayant par conséquent cessé, les choses qui se faisaient dans l'église juive ne se changeaient plus, dans le ciel, en représentatifs correspondants, 1003.

REPRÉSENTATION, *Repræsentatio. Voir* CORRESPONDANCE, REPRÉSENTATIFS, REPRÉSENTER. Ce que c'est que les représentations, 2987, 3225, 3337, 3349, 3485. Il y a représentation des spirituels dans les naturels, 2989. Entre les spirituels et les naturels il y a des correspondances, mais les choses qui existent dans les naturels sont des représentations, 2987, 2989, 2990, 2991, 3002; *illustré* par les airs de la face et par les actions du corps, 2988. Entre les deux lumières du ciel et du monde il existe des correspondances, mais les choses qui existent dans la lumière du monde sont des représentations de celles qui existent dans la lumière du ciel, 3223, 3225. Toutes les choses qui correspondent représentent aussi, et par suite signifient, de sorte que les correspondances et les représentations sont un, 2179, 2896, 2897, 2987, 2989, 2990, 3002, 3225. Des représentations et des correspondances, 2987 à 3003, 3213 à 3227. Combien la science des représentations et des correspondances l'emporte sur les autres sciences, 4280. La science des correspondances et des représentations a été la principale science chez les anciens, 3021, 3419, 4280, 4749, 4844, 4964, 4966, 6004, 7729, 10252; surtout chez les orientaux, 5702, 6692, 7097, 7779, 9391, 10252, 10407; en Égypte plus que dans les autres contrées, 5702, 6692, 7097, 7779, 9391, 10407; et aussi chez les gentils, par exemple, dans la Grèce et ailleurs, 2762, 7729. Mais aujourd'hui elle est au nombre des sciences perdues, surtout en Europe, 2894, 2895, 2994, 3630, 3632, 3747, 3748, 3749, 4584, 4966, 10252. Les représentations ne sont autre chose que les images des spirituels dans les naturels, et quand ceux-là sont convenablement représentés dans ceux-ci ils correspondent, 4044. Les choses qui influent du monde spirituel, et se présentent dans le naturel, sont en général des représentations, 2990. La représentation est tout ce qui existe dans l'homme externe ou naturel respectivement aux choses qui viennent de l'homme interne ou spirituel, 3225, 3337. Les représentations étaient continuées dans les successuers après la mort de celui qui représentait, 6302.

Loi des représentations. Tout est reporté, non sur ce qui représente, mais sur ce qui est représenté, 665, 1097, *f*., 1361. Les représentations qui sont sans la connaissance, sans la foi et sans l'affection des intérieurs représentés, conjoignent la chose, mais non la personne, 9380.

Dans l'autre vie, les représentations sont des apparences, mais vivantes, ainsi réelles, parce qu'elles proviennent de la lumière du ciel, qui est la sagesse et la vie; mais les choses qui proviennent de la lumière du monde ne sont pas réelles, si ce n'est qu'autant qu'elles sont conjointes avec celles qui appartiennent à la lumière du ciel, 3485. Les vrais divins influant du Seigneur dans le rationnel se présentent dans le naturel de la même manière que l'image de plusieurs personnes dans une glace, et ainsi chez les anges, mais comme représentations dans le monde des esprits, 3368. Tout ce qui existait chez l'homme de l'église représentative était changé en représentations spirituelles correspondantes chez les anges, 1001. Ce que c'est que les représentations; *illustré* par celles qui apparaissent chez les esprits, 10276. Les visions devant les bons esprits sont de belles représentations, 1971.

Représentation de l'éternel et de l'infini dans chaque chose du règne végétal, à savoir, représentation de l'éternel par sa propagation à éternité, et représentation de l'infini, par la multiplication de ses semences à l'infini, 5116. Représentation du mental humain faite par des esprits, 3348. Représentation d'une couronne d'or et de diamants autour de la tête du Seigneur, faite par des anges, 3250.

REPRÉSENTER, *Repræsentare*. *Voir* REPRÉSENTATIFS, REPRÉSENTATION. Toutes les choses dans l'univers représentent des choses dans le royaume du Seigneur, 2999, 3000; *illustré* par les vermisseaux qui deviennent papillons, 3000. Toutes choses, en général et en particulier, qui sont dans le monde spirituel, sont représentées dans le monde naturel, parce que l'interne se revêt de choses qui lui conviennent dans l'externe, et par lesquelles il se rend visible et se manifeste, 6275, 6284, 6299. Ce sont les internes qui sont représentés, et ce sont les externes qui représentent; *illustré*, 4292. Les affections qui appartiennent au mental, sont représentées d'une manière manifeste sur la face par ses différentes affections, au point qu'on les y voit, 4791 à 4805. 5695. La pensée, quand elle coule dans le corps est représentée par des gestes et des affections qui y correspondent, 2988. Quel que soit l'homme qui représente, méchant ou bon, c'est la même chose; les mauvais rois et les mauvais prêtres ont également représenté le Seigneur quant au divin vrai et quant au divin bien, 3670. Les Juifs ont pu, mieux que tout autre peuple, représenter les choses saintes, parce qu'ils adoraient l'externe comme divin, 8588. Par les Juifs, quoique idolâtres, le réel a pu être représenté, 4208, 4281. Quand les Juifs furent devenus idolâtres, ils représentèrent les choses infernales, 4444. Représenter l'église et ne point être l'église, c'est adorer les externes et les appeler saints et divins, mais ne point les reconnaître et ne point les percevoir par la foi et l'amour provenant du ciel, 10560. Ceux qui représentaient des choses saintes ne devenaient pas saints pour cela quant à leur personne, mais la sainteté représentée, abstraction faite de leur personne, affectait les esprits qui étaient chez eux, et par suite les anges dans le ciel, 4545. Dans la Parole, il y a plusieurs personnages qui représentent le Seigneur; les principaux sont Moïse, Élie, Élisée et Jean le baptiste, 9372. Bien des variétés du Seigneur sont représentées dans la Parole; cela vient, non pas qu'il y ait des variétés dans le Seigneur, mais de ce que son divin est reçu de diverses manières par les hommes, 4206. Dans la Parole il est ordinaire qu'un seul personnage représente plusieurs états qui se suivent, lesquels sont décrits par les actes successifs de sa vie, 2324. Celui qui représente une chose en général, représente aussi en particulier ce qui appartient à cette chose, 4723. La conjonction du bien et du vrai est représentée dans les mariages sur la terre, 9182.

Dans le monde spirituel, devant les esprits sont représentées des villes, quand les anges ont des conversations sur les doctrinaux, 3216; des chevaux, quand les anges s'entretiennent des intellectuels, 3217; des animaux de divers genres, quand les anges s'entretiennent de diverses affections bonnes ou mauvaises, 3218; des oiseaux, quand les anges s'entretiennent sur les connaissances et sur l'influx, 3219. Vision; des oiseaux, l'un d'une couleur sombre et d'une forme laide, et deux autres d'un aspect noble et d'une forme belle, s'étant offerts à la vue de Swedenborg, quelques esprits qui étaient dans le faux tombèrent d'une société angélique, 3219. Quand les anges s'entretiennent sur les choses qui appartiennent à l'intelligence et à la sagesse, il est représenté des jardins, des vignes, des bois, des prairies émaillées de fleurs, 3220. Par des nuées sont représentés les affirmatifs et les négatifs, 3221. Les amours bons sont représentés par des flammes, et les vérités par des lumières, 3222.

RÉPRIMER, *Reprimere*. L'homme devient coupable, s'il ne réprime pas par l'intellectuel le mal du volontaire, quand il voit le mal, 9132.

REPRODUCTION de l'affection avec les vrais, et des vrais avec l'affection, 3336, 3824, 3849, 4205, 5893, 7967. Il y a chez le régénéré reproduction des vrais de la foi avec la même affection que lorsqu'ils étaient d'abord entrés, 2484, 2487, 3040, 3066, 3074, 3336, 4018, 5893.

REPRODUIRE. Le vrai qui est entré avec l'affection du bien est reproduit quand une semblable affection revient, et l'affection est aussi reproduite quand revient un semblable vrai, 4205. Quand le vrai est reproduit, l'affection à laquelle le vrai a été adjoint est reproduite, 7835.

REPTILE. C'est le sensuel, et aussi ce qui est de volupté, 746. Le reptile qui est vivant *sign*. toutes les voluptés, dans lesquelles est le bien qui est vivant, 994. Le reptile de la terre *sign*. les biens et les vrais de l'homme externe et sensuel, 9182. Le reptile de l'humus *sign*. l'intellectuel et le volontaire dans le plus bas degré, 674. Tout reptile rampant sur la terre *sign*. ce qui correspond chez l'homme aux intellectuels et aux volontaires, 909. Les très-anciens appelaient reptiles rampants les sensuels et les voluptés du corps, parce qu'il en est de ces choses comme des reptiles qui rampent sur la terre, 909.

RÉPUTATION, *Fama*. Lorsque l'homme est affecté du vrai pour la doctrine afin de devenir intelligent, il est aussi en même temps affecté par la réputation et par la gloire; cette affection ne peut pas alors ne pas se présenter, et elle est permise, afin qu'elle introduise, parce que tel est l'homme, 6247; mais quand l'homme est affecté du vrai pour la vie, il rejette la gloire et la réputation comme fins, et il embrasse le bien de la vie, c'est-à-dire, la charité à l'égard du prochain, 6247.

RÉSEN (ville) *sign*. les faux doctrinaux de la vie, 1190.

RÉSERVE. Du bien et du vrai mis en réserve par le Seigneur, même chez les méchants, 7556; *voir* RELIQUIÆ. Le bien et le vrai sont cachés au dedans de l'homme et y sont mis en réserve, afin qu'il reste toujours chez lui quelque chose d'humain, 7560.

RÉSIDER, de même qu'habiter, *sign.* vivre, mais avec cette différence que résider se dit du vrai, et qu'habiter se dit du bien, 4600. Les vrais qui ne sont point inscrits dans la vie résident dans l'homme externe, et non dans l'homme interne, 10199. Les amours corporels et mondains résident principalement dans les sensuels, 9276.

RÉSIDU, *Residuum.* Voir RELIQUIÆ. Par le résidu sont entendus les biens conjoints aux vrais que le Seigneur a cachés dans l'homme intérieur; *montré,* 5897. Les résidus d'Aschur sont ceux qui n'ont point été perdus par les raisonnements pervers, 5897. Est appelé résidu le petit nombre d'hommes chez lesquels reste l'église au moment de sa complète vastation, 468.

RÉSINE, *Resina.* C'est le vrai du bien, 5620. Les aromates, la résine et le stacté, sont les vrais intérieurs naturels; *montré,* 4748.

RÉSISTANCE de l'homme naturel, 5650. Résistance intérieure dans les combats contre les maux et les faux, 10685.

RÉSISTER. Comment doivent être entendues ces paroles du Seigneur: Il ne faut pas résister au méchant, 8223, 9048.

RESPECT. Où est l'amour, là est le respect, 7788. Les méchants n'ont pour le divin vrai et pour le divin même que le respect provenant de la crainte, 7788.

RESPECTIVEMENT. Tout ce qui est dit dans la Parole doit être entendu respectivement à la chose sur laquelle cela est dit, 10265. Les significations des mots ont lieu respectivement, 5313.

RESPIRATION, *Respiratio.* La respiration correspond à la vie de la foi, 9281. Il y a dans l'homme une respiration interne; l'externe vient du monde, et l'interne vient du ciel, 9281. Quand l'homme meurt, la respiration externe cesse, mais la respiration interne, qui est tacite et imperceptible pour lui quand il vit dans le monde, lui reste; cette respiration est absolument selon l'affection du vrai, ainsi selon la vie de sa foi, 9281; mais ceux qui ne sont dans aucune foi, comme ceux qui sont dans l'enfer, tirent la respiration, non de l'intérieur, mais de l'extérieur, ainsi d'une manière contraire; c'est pour cela qu'ils commencent à être suffoqués, dès qu'ils s'approchent d'une société angélique, 9281. Le pouls du cœur et la respiration des poumons règnent dans tout le corps, et influent mutuellement partout, 3887, 3889, 3890; le cœur correspond à la volonté, et par conséquent aussi à l'affection qui appartient à l'amour, et la respiration des poumons correspond à l'entendement, et par conséquent à la pensée, 3888. Il n'y a pas un mot, ni même rien dans un mot, qui ne soit réglé par des applications de la respiration, 7361. La respiration est la vie du corps en correspondance avec les spirituels, comme le mouvement du cœur est la vie du corps en correspondance avec les célestes, 805.

Respiration de ceux qui étaient de la très-ancienne église; elle était interne, telle que celle des anges, 607, 805, 1118, 1119, 1120. Les très-anciens percevaient les états de l'amour et de la foi par les états de la respiration, états qui furent successivement changés dans leurs descendants, 97. Par le laps de temps, elle devint externe, l'interne ayant cessé, et ainsi il y eut langage au moyen de mots, 608, 805,

1120; *voir* LANGAGE. L'homme a une respiration volontaire et une respiration involontaire ; dès qu'il dort, le volontaire de sa respiration cesse, et il reçoit l'involontaire de la respiration, 3893. Distinction entre les anges qui ont été commis à la respiration volontaire, et ceux qui ont été commis à la respiration involontaire, 3893. La respiration est en rapport avec le libre de la vie, 4225. La respiration des habitants de la planète de Mars est interne, 7362.

Le ciel a une respiration, 3884. Dans le ciel, il y a un pouls tel que celui du cœur, et une respiration telle que celle des poumons, mais l'un et l'autre est intérieur, 3884, 3885, 3887. Le pouls du cœur y est varié selon les états de l'amour, et la respiration des poumons selon les états de la charité et de la foi, 3886, 3887, 3889. Les respirations y sont variées selon les états des anges, 1119, 3886, 3887, 3889, 3892, 3893. La respiration du ciel est interne, et par conséquent imperceptible à l'homme ; mais elle influe par une admirable correspondance dans la respiration de l'homme, laquelle est externe ou appartient au corps, 3884. Respiration et pulsations du cœur, observées dans le ciel, 3885. Les respirations et les pulsations y sont multiples, et il y en a autant que de sociétés, 3886, 3887, 3892, 3893. Les respirations du ciel ou très-grand homme ont une correspondance avec le poumon et avec ses respirations, 3884. Les respirations des anges et des esprits sont absolument conformes aux états de leur amour et de leur foi, 3892, 3894. Les bons sont inaugurés dans la respiration du ciel, 3894 (*bis*).

Chœurs distincts perçus, les uns appartenant à la respiration volontaire des poumons, et les autres à la respiration spontanée, 3354. Respiration d'un pape dans le consistoire ; quelle elle était, 3750. *Voir* RESPIRER.

RESPIRER. C'est l'état de la vie quant aux vrais et aux biens de la foi, parce que les poumons, auxquels appartient la respiration, correspondent à la vie de la foi d'après la charité, 9281. Les très-anciens respiraient selon l'état de l'amour et de la foi, 3892. Tout le ciel respire comme un seul homme, et aussi chacune des sociétés célestes dans son ensemble, 3890. Les méchants ne peuvent en aucune manière respirer dans le ciel ; et s'ils y viennent, ils sont suffoqués, 3893. *Voir* RESPIRATION.

RESPLENDIR, *Splendere*. Resplendir comme les étoiles, c'est être dans l'intelligence du vrai et dans la sagesse du bien, et par suite dans la félicité éternelle, 9263. Chez ceux qui sont dans l'amour du bien et du vrai pour eux-mêmes et pour le monde, l'intelligence, qui paraît comme l'intelligence du vrai, provient d'une lueur fantastique qui resplendit devant leurs yeux, 10330 ; mais que ce soit le faux, ou que ce soit le vrai, elle resplendit pareillement, 10330.

RESSEMBLANCE, *Similitudo*. Ce que c'est que la ressemblance de Dieu, et ce que c'est que l'image de Dieu, 1013. On est la ressemblance du Seigneur par la vie du bien, et on est l'image du Seigneur par la vie du vrai, 3742. L'amour envers le Seigneur est la ressemblance du Seigneur, et la charité à l'égard du prochain est l'image du Seigneur, 8324, *m*. L'homme céleste est ressemblance, et l'homme spirituel est image, 50, 51, 473. L'image n'est point la ressemblance, mais elle est selon la ressemblance, 51, 1013. Le ciel intime est la ressemblance du Seigneur, et le second ciel est l'image du Seigneur, 3739. Sont appelés ressemblance du Seigneur ceux qui sont dans l'amour envers le Seigneur, et image du Seigneur ceux qui sont dans la charité, 3691. Faire une ressemblance de ce qui est dans le ciel, sur la terre, dans la mer, a été défendu, parce que c'est agir à l'instar des choses qui procèdent du divin, comme font les artificieux, les hypocrites, les fourbes, 8870, 8871, 8872. Le corps de l'homme est la ressemblance de son âme, car par le corps l'âme dirige la vie à son gré, 10823. La ressemblance du père, quant aux diverses affections qui appartiennent à l'amour, se montre chez les enfants, même sur leurs faces, 10269, 10823. Dans l'autre vie, c'est la ressemblance de l'état qui fait l'approche et la présence, et c'est la dissemblance de l'état qui fait l'éloignement et l'absence, 6866. La ressemblance de l'état fait qu'on se connaît, et la dissemblance de l'état fait qu'on ne se connaît pas, 6806. La ressemblance de l'état conjoint, et la dissemblance de l'état disjoint, 9968.

RESSOUVENIR (se), *Recordari.* C'est la présence, car la chose dont on a le ressouvenir se montre présente, 5430. De la part du Seigneur, se ressouvenir, c'est avoir compassion, 840, 1049; c'est aussi la prévoyance, et écouter est la providence, 3966. Se ressouvenir avec soi, quand il s'agit de Joseph, c'est la réception de la foi, 5130. Se ressouvenir, c'est la conjonction, 5169; c'est le perpétuel dans la pensée, 8885. Dans l'autre vie, dès qu'un esprit se ressouvient d'un autre, cet autre esprit est présent, et même tellement présent qu'ils conversent ensemble, 5229. Voir RESSOUVENIR.

RESSOUVENIR, *Recordatio.* Quand il se dit du Seigneur, le ressouvenir est la délivrance et la conservation par miséricorde, 840, 1049, 9849. Le ressouvenir du Seigneur par ceux qui sont dans la foi est ce qui règne universellement, 5130. Dans l'autre vie, le ressouvenir conjoint, 5229. Le ressouvenir est signifié, dans la Parole, par écrire dans un livre; par suite les fidèles sont dits avoir été écrits dans le livre de vie, car le ressouvenir divin signifie la salvation, et le non-souvenir ou l'oubli signifie la damnation, 8620. Voir RESSOUVENIR (se).

RESSUSCITER. Tous les hommes ressuscitent aussitôt après la mort et sont dans un corps spirituel, 5078, 8939. Aujourd'hui, dans le christianisme, il en est peu qui croient que l'homme ressuscite aussitôt après la mort,— Préf. Chap. XVI. Gen. 4622, 10758;— mais on croit qu'il ressuscitera au temps du jugement dernier, quand l'univers visible doit périr, 10594; quelle est la cause de cette croyance, 10594, 10758. Néanmoins, l'homme ressuscite aussitôt après la mort, et alors il est homme quant à tout ce qui, en général et en particulier, constitue l'homme, 4527, 5006, 5078, 8939, 8991, 10594, 10758. L'homme, aussitôt après la mort, ressuscite quant à l'esprit; et l'esprit est en forme humaine, *ibid.* Comment l'homme est ressuscité d'entre les morts; prouvé d'après *l'expérience*, 168 à 189. L'homme ressuscite seulement quant à l'esprit, et non quant au corps, 10593, 10594, 10825; le Seigneur seul est ressuscité avec tout son corps; il n'a rien laissé dans le sépulcre, 1729, 2083, 5078, 10825. Dès que l'homme meurt, et que chez lui les corporels deviennent froids, il est ressuscité dans la vie, et alors dans l'état de toutes les sensations, 4622. Ce qui en est de l'homme quand il ressuscite, et ensuite quand il rentre dans sa vie, et plus tard, 2119. Le Seigneur ressuscite chez tout homme qui est régénéré, 2917. Dans les mentals des régénérés, le Seigneur ressuscite chaque jour, et même à chaque moment, 2405, *f.* Quand le Seigneur est reconnu, il ressuscite chez l'homme; avant cela, il est dans la nuit, parce qu'il ne se montre point, 2917. L'église chez les descendants de Jacob devait ressusciter où l'église antérieure avait été, 6516. « Beaucoup de corps de saints ressuscitèrent, » — Matth. XXVII. 52; — explication de ce passage, 9229. Les ressuscités qui entrent dans l'autre vie voient un jeune homme, qui leur est représenté montant à cheval et descendant de cheval, ce qui signifie qu'ils doivent être instruits des connaissances du bien et du vrai, avant de pouvoir venir dans le ciel, 2762. *Voir* RÉSURRECTION.

RESTANT (le) des sacrifices au matin, c'est ce qui n'a pas été conjoint au bien, 10114. Le restant des sacrifices au matin qu'on ne devait pas manger, c'est ce qui ne doit pas être conjoint au propre, 10115; le manger, c'est profaner, 10117.

RESTER. Toutes les choses, quelles qu'elles soient, qui entrent chez l'homme, y restent, principalement celles qui sont reçues d'après l'affection, 7398. Tout bien, ou tout mal, quel qu'il soit, que l'homme a pensé ou fait, depuis son enfance jusqu'au dernier instant de sa vie, reste, et il n'en périt absolument rien, 2256. Ce qui est semé dans le libre reste, mais ce qui est semé dans le contraint ne reste pas, 9588. La vie de chacun lui reste après la mort, 5718. Après la mort, la vie reste telle qu'elle avait été quant aux fins, 5175. Tel est l'homme d'après sa vie, quand il meurt, tel il reste, 8991.

RESTES. *Voir* RELIQUIÆ.

RÉSURRECTION (la) est la continuation de la vie aussitôt après la mort naturelle, 10695. La résurrection de l'homme est l'efficacité de la miséricorde du Seigneur; elle a été perçue par Swedenborg comme une attraction vive et forte, et si grande, que rien de vital ne peut rester, 179. Fausses opinions sur l'âme et sur sa résurrection, 444, 445, 4527, 4622, 4658. Doctrine sur la résurrection, 10591 à 10597. Il n'y a point de résurrection au jugement dernier; raison pour laquelle on croit qu'alors il y en aura une, 10594. Pourquoi il a été permis de croire à la résurrection des corps, 4459. Expérience sur la résurrection de l'homme d'entre les morts, 168 à 189. L'esprit de l'homme apparaît dans une forme humaine; il laisse l'externe dans le monde, et ne le reprend pas; c'est là la résurrection, 10594. Ceux qui s'inquiètent des choses célestes savent que le temps de la résurrection arrive pour chacun dès qu'il meurt, 4807, *f.* De l'état de l'homme après sa résurrection, 317, 318, 319, 2119, 5079, 10596. Quand l'homme a été régénéré, il devient vivant et fils de la résurrection, 6221. Ce que signifie la résurrection du Seigneur le troisième jour au matin, 2405. Qui sont ceux que le Seigneur a délivrés au moment de sa résurrection, 7932 *bis. Voir* RESSUSCITER.

RÉTABLIR, *Restituere*. Comment, par la divine miséricorde du Seigneur, l'homme a été rétabli pour la formation de l'église ancienne, 927. Comment le vrai de la doctrine de la foi, qui a été affaibli mais non éteint, peut être rétabli, 9032. La vie naturelle est rétablie par la vie spirituelle, 9103. Quand l'affection du bien persiste, il reste toujours quelque chose par quoi peut être rétabli quelque bien particulier qui a été enlevé, 9123, 9133. Les vrais enlevés par des illusions doivent être rétablis quand l'homme est encore dans la lumière du vrai, 9213. Le bien de l'homme naturel ne peut être rétabli jusqu'au plein, car il reste une plaie qui devient dure comme une cicatrice, 9103. *Voir* RÉTABLISSEMENT.

RÉTABLISSEMENT, *Restitutio*. Du rétablissement du bien et du vrai enlevés, 9133. Du rétablissement du bien extérieur jusqu'à beaucoup, et du bien intérieur jusqu'au plein, 9103. *Voir* RÉTABLIR.

RETENIR, *Retinere*. Les esprits retiennent ce qu'ils entendent, voient et aperçoivent, et principalement les choses qui leur plaisent, 6812. L'homme après la mort, s'il est de ceux qui sont élevés au ciel, saura qu'alors il ne retient rien des historiques de la Parole, 4989.

RETENTISSEMENT, *Clangor*. C'est le vrai du bien spirituel, 8815.

RÉTICULE, *Reticulum*. Le réticule sur le foie, c'est le bien intérieur de l'homme externe ou naturel, 10031, 10073.

RETIRER (se), *Retrahere se*. Lorsqu'il s'agit de la conjonction de l'externe avec l'interne, il arrive d'abord que l'homme naturel se retire et ne veut pas être soumis à l'homme spirituel, 5647, 5650.

RETOMBER. C'est une loi de l'ordre, que le mal que les méchants ont intention de faire aux autres retombe sur eux-mêmes, 8223, 8334.

RETOURNER, *Reverti, Redire*. C'est réfléchir, 4894. Retourner vers la terre de ses pères, c'est s'approcher de plus près vers le bien divin, 4069. Retourner vers la terre de la nativité, c'est la conjonction avec le divin bien du vrai, 4094. Retourner en son lieu, c'est rentrer dans l'état dans lequel on était auparavant, 2288 ; c'est revenir à l'état antérieur, 4217. Retourner à l'humus d'où il a été pris, c'est retourner à l'homme externe tel qu'il était avant sa régénération, 275, 278. Retourner en poussière, c'est être damné et infernal, 275. Retourner vers la maison du père, c'est revenir au divin bien même, qui est le Père, 3736. Retourner vers derrière soi, c'est se détourner du bien et se tourner vers les doctrinaux, 2454. Retourner en ce jour par son chemin, c'est l'état qu'on avait alors revêtu, 4387. Retourner en Égypte, c'est tomber dans les faux, 8097.

RETOURNER, *Invertere*. Quand l'homme est régénéré, il doit être entièrement retourné, 8995. Quand il a été retourné, il est par la tête dans le ciel, tandis qu'avant d'avoir été retourné, il était par la tête dans l'enfer, 8995. Dans la régénération de l'homme l'ordre est retourné, 3332, et alors ce qui avait été le dernier devient le premier, 5122.

RETRANCHER, *Exscindere.* Retrancher homme et bête, c'est dévaster le bien intérieur et le bien extérieur, 7505. Être retranché, c'est être séparé de ceux qui sont dans le bien et par suite dans le vrai, et périr quant à la vie spirituelle, 10288 ; c'est être séparé et être damné, 7907. Être retranché de ses peuples, c'est être damné ou périr de la mort éternelle, 2058, 10288, 10310. Être retranché du milieu de ses peuples, c'est la séparation d'avec l'église et la mort spirituelle, 10365. Être retranché d'Israël, c'est être séparé de ceux qui sont de l'église spirituelle et être damné, 7889. Être retranché de la terre, c'est tomber dans l'enfer, 7547.

RÉTRIBUER, *Retribuere.* Il est souvent dit, dans la Parole, que l'homme sera jugé et rétribué selon ses faits et ses œuvres, 3934. Être jugé et rétribué selon les actions et les œuvres, c'est l'être selon toutes les choses qui appartiennent à l'amour et à la foi, ou à la volonté et à la pensée de l'homme, 3147, 3934, 6073, 8911, 10331, 10332. Lorsque quelqu'un fait le bien, non d'après le bien du vrai, il veut toujours être rétribué, parce qu'il le fait pour soi-même, 3993, *m.*

RÉTRIBUTION, *Retributio.* Ceux qui font le bien sans rétribution pensent en actualité, non à l'éminence, mais seulement à servir, 6393. La rétribution pour ceux qui sont dans la charité à l'égard du prochain, c'est qu'il leur soit permis de faire du bien aux autres, 3887. La rétribution dans la résurrection des justes, — Luc, XIV. 14, — c'est la félicité interne pour avoir fait le bien sans rémunération, félicité qu'on reçoit du Seigneur quand on fait des usages, 6393. Ceux qui ont fait le bien pour eux, et pour l'amour du monde, ne reçoivent dans l'autre vie aucune rétribution pour ce bien, 6393.

RETS, *Rete.* Dans le sens spirituel, le rets, de même que le piége et le filet, est l'attrait et la déception par les plaisirs de l'amour de soi et du monde, ainsi l'attrait et la déception des maux, et cela par les raisonnements tirés des illusions des sens qui favorisent ces plaisirs, 9348, *m.*

RÉU, fils de Péleg, fils d'Éber, *sign.* la dérivation du culte externe représenté par Péleg, 1347.

REUBEN, *Reuben.* Voir RUBEN.

RÉUEL, *Reuel,* beau-père de Moïse. C'est le bien de l'église où sont ceux qui sont dans le vrai du bien simple, 6778, 6782. *Voir* aussi JÉTHRO.

RÉUMAH, concubine de Nachor, *sign.* les gentils qui sont dans un culte idolâtrique et dans le bien, 2868.

RÉVEILLER (se), *Expergisci.* C'est être illustré, 3715, 5208, 5218.

RÉVÉLATION, *Revelatio.* L'homme, sans une révélation procédant du divin, ne peut rien savoir de la vie éternelle, ni même rien savoir de Dieu, 10318, cf. 8944. Il a donc été nécessaire qu'une révélation vînt du ciel, puisque l'homme est né pour le ciel, 1775. De tout temps il y a eu révélation, 2895. Il y a eu révélation d'après la perception qu'avaient les anges et l'homme de la très-ancienne église, et révélation d'après l'entretien avec les anges par lesquels le Seigneur parlait, entretien qu'avaient les prophètes dans l'église juive, 5121. Révélation différente dans les quatre églises successives, 10355. Dans la très-ancienne église, la révélation était immédiate; dans l'ancienne église, elle était par correspondance; dans l'église juive, de vive voix; et dans l'église chrétienne, par la Parole, 10355, 10632. Chez les très-anciens, la révélation étant immédiate, le divin vrai était inscrit dans leur cœur, 2896. Les révélations se faisaient ou par des songes, ou par des visions de nuit, ou par des visions de jour, ou par un langage en dedans de l'homme, ou par un langage au dehors de l'homme, venant d'anges qu'il voyait, et aussi par un langage au dehors venant d'anges qu'il ne voyait pas, 6000. Il y a eu aussi des révélations prophétiques chez des gentils, comme on le voit par les paroles prophétiques de Biléam (Balaam), 2898.

Révélation interne, et révélation externe; il y a révélation interne, lorsque c'est d'après la perception, et révélation externe, lorsque c'est d'après un entretien avec des anges par lesquels le Seigneur parle, 5121. Aujourd'hui, il y a révélation seulement par la Parole, mais révélation réelle chez ceux qui sont dans l'amour du vrai pour le vrai, et non chez ceux qui sont dans l'amour du vrai pour les honneurs et les profits comme fins, 10355. Ainsi, par la révélation il est entendu l'illustration quand on lit la Parole, et alors la perception, 8694. Il y a révélation pour ceux qui sont dans le bien et désirent le vrai, mais il n'y a pas révélation pour ceux qui sont dans le mal, 8694. Comment se fait la révélation sur une des terres du ciel astral, 10333. Voir RÉVÉLER.

RÉVÉLER, *Revelare.* Ce que le divin a révélé est chez nous la Parole, 10320. Les vrais internes ne sont point révélés avant que l'église ait été dévastée; pourquoi? 3757. Dans les derniers sont les choses révélées et répondues, 10548. Révéler les choses secrètes et découvrir les choses futures appartient à Dieu seul, 5331. Le Seigneur se révélait à lui-même les sciences et les connaissances, 2551.

REVENDIQUER, *Vindicare.* Revendiquer pour soi et s'attribuer comme mérite et justice le bien et le vrai, c'est enlever au Seigneur ce qui lui appartient, 5747. Voir MÉRITE.

REVENIR, *Redire.* Voir RETOURNER. Aller, c'est vivre; et revenir, c'est par suite vivre, 5614. L'homme, dans l'autre vie, revient vers la société d'esprits dans laquelle il était dans le monde, et c'est ainsi qu'il rentre dans la vie qu'il avait eue, 697. Tout ce que l'homme a fait dans la vie du corps revient successivement dans l'autre vie, même tout ce qu'il a pensé, 523. Chaque état de l'homme, depuis son enfance jusqu'à son extrême vieillesse, revient dans l'autre vie tel qu'il avait été, quand l'homme vivait dans le monde, 561.

REVENU DE LA TERRE, *Proventus terræ.* Voir RÉCOLTE.

REVÊTIR, *Induere.* C'est introduire l'état de la chose qui est représentée par les habits, 9952. Revêtir, c'est être approprié et conjoint, 3735. Le vrai revêt le bien comme d'une sorte d'enveloppe légère ou de corps, tellement que le bien est dans le vrai, 3299, 3300. S'il a plu au Seigneur de naître homme, ce fut pour revêtir en actualité l'humain et le faire divin, afin de sauver le genre humain, 9315.

RÉVOLTER (se), *Rebellare.* Si l'homme percevait l'influx, il se révolterait, parce qu'il croirait être privé de son propre, et par conséquent de son libre, 5664 (*bis*). Quand de naturel ou d'externe l'homme commence à devenir spirituel ou interne, d'abord le naturel se révolte; pourquoi? 5648. Dans la Parole, l'homme est dit se révolter, quand chez lui il y a défection et transgression, 9156.

Rézin, roi de Syrie,— Ésaïe, VII. 4, — *sign.* les connaissances du mal, et le fils de Rémalia, roi de Samarie, les connaissances du faux, 6952, *f.*

Rhythmique. Le langage naturel des esprits est un langage qui est cadencé comme le langage rhythmique ou harmonique des cantiques, 1648, 1649.

Riche, *Dives.* C'est celui qui a en abondance les vrais et les biens, et les connaissance du vrai et du bien ; *montré,* 10227. Le riche, dans la parabole du riche et de Lazare, — Luc, XVI. 19 à 31, — *sign.* ceux qui sont au dedans de l'église, 9231 ; par lui il était entendu la nation juive et l'église chez elle; elle était appelée riche, à cause des connaissances du bien et du vrai d'après la Parole qui était chez elle, 9468, 10227. Les riches renvoyés à vide, — Luc, I. 53, — *sign.* ceux qui savent un grand nombre de choses, et qui ne les font pas, 4744. Dans le ciel, il y a des riches aussi bien que des pauvres, 2129. Les riches sans charité habitent d'abord dans des palais magnifiques, ensuite dans des habitations de plus en plus viles, et enfin ils demandent l'aumône, 1631. *Voir* Richesses.

Richesses, *Divitiæ, Opes. Voir* Opulence. Les richesses sont les connaissances du bien et du vrai; *illustré* et *montré,* 10227; et aussi les scientifiques, 4508. Les richesses *sign.* les scientifiques, les doctrinaux, et les connaissances du bien et du vrai, 4744. Les richesses spirituelles se disent du vrai, et leurs usages se disent du bien, 4373. L'opulence et les richesses, dans le sens interne, sont les biens et les vrais, et dans un sens opposé les maux et les faux, 1694. Les voluptés, la puissance et les richesses, n'empêchent pas qu'on ne puisse venir dans le ciel, pourvu qu'on ne les ait point pour fin, 945, 1877. Les richesses, les voluptés et les plaisirs de la vie, ne sont point opposés à la vie spirituelle, 3425. Le bien spirituel peut être dans le plaisir des richesses; par exemple, la volupté de manger, afin d'avoir un mental sain dans un corps sain, 3951. Autant les richesses ont en elles le bien spirituel, autant elles sont des biens ; *démontré,* 3951. On ne doit pas acquérir des richesses seulement pour soi, mais il faut qu'on ait pour fin d'être par elles en état de faire le bien, 6933 à 6938. Chez ceux qui aspirent aux richesses, non pour les richesses, mais pour les nécessités de leur propre vie et de celle des leurs, puis pour un usage bon en vue duquel l'opulence leur plaît, les richesses sont les moyens de bien faire, 7377. Les richesses chez ceux qui sont dans le mal sont pernicieuses, mais elles sont utiles chez ceux qui sont dans le bien, 6917. Le Seigneur pourvoit à ce que les bons, qui reçoivent sa miséricorde, aient des richesses et des honneurs, si ces choses ne leur sont pas nuisibles, et qu'ils n'aient ni richesses ni honneurs, si ces choses leur sont nuisibles, 8717. Croire que pour s'occuper du ciel, il faut renoncer aux richesses, c'est se tromper grossièrement; *illustré*, 3951.

RIDEAUX, *Aulæa*. Les rideaux de l'habitacle sont les vrais; *montré*, 9595, 9596. Les rideaux de la tente *sig.* les vrais d'après le bien externe céleste, vrais qui constituent l'externe du ciel signifié par la tente, 9627. Les nations, dans le sens interne de la Parole, sont les tentures ou les rideaux du tabernacle, 3519. Déployer les cieux et étendre la terre signifie régénérer, ou donner un nouvel intellectuel et un nouveau volontaire, et c'est la même chose que déployer et étendre les rideaux de l'habitacle; *montré*, 9596. Le bord du rideau, c'est la sphère du vrai, 9606. « Mesure une pour tous les rideaux, » — Exod. XXVI. 2, — *sign.* un même état de la chose pour tous les vrais, 9603, 9620

RIEN, *Nihil*. Rien n'existe par soi-même, mais tout existe par un antérieur à soi, 9473. Rien du bien ni rien du vrai ne vient de l'homme, 4251. Rien ne vit chez l'homme que l'amour et l'affection, 3324, *m*. Il n'y a rien dans le monde naturel, qui ne corresponde à quelque chose dans le monde spirituel, 7112. Les choses qui appartiennent à la lumière du ciel, appartenant à l'homme intérieur, sont dites n'être rien; par qui et pourquoi? 10236, *f*. Ne pouvoir rien *sign.* n'avoir aucune puissance de résister aux maux qui viennent de l'enfer, 10481. Ne penser rien, c'est penser obscurément sur plusieurs choses à la fois, et ne penser rien distinctement sur aucune chose, 5185.

RIPHATH, fils de Gomer, fils de Japheth, *sign.* ceux qui ont eu un culte externe, mais dérivé de celui qui était chez la nation appelée Gomer, 1152, 1153, 1154. Les fils de Gomer se rapportent à la classe des spirituels, 1155.

RIRE, *Ridere*. C'est être affecté du vrai, ou être affecté du faux, 2216, 2641, 3392. Ceux qui sont dans les infimes des externes rient stupidement à la seule proposition qu'il y a un interne dans l'église, 4865. *Voir* RIRE (le).

RIRE (le), *Risus*. De l'origine et de l'essence du rire, 2072, 2216. L'origine du rire n'est autre chose que l'affection du vrai ou l'affection du faux; de là, la gaîté et l'allégresse qui se peignent sur la face par le rire, 2072. L'essence du rire n'est pas non plus autre chose, 2072. Le rire est l'affection du vrai ou du faux dans le rationnel, 2216. Tant que dans le rationnel il y a une telle affection qui se manifeste par le rire, aussi longtemps il y a quelque chose de corporel ou de mondain, par conséquent de purement humain, 2216. L'affection du bien, qui est dans le rationnel, ne se montre point par le rire; mais elle se manifeste par une certaine joie, et de là par un plaisir de volupté qui ne produit pas le rire; car dans le rire, pour l'ordinaire, il y a quelque chose qui n'est pas le bien, 2072. Le bien céleste et le bien spirituel ne rient point; mais leur plaisir et leur hilarité se manifestent d'une autre manière sur la face, dans le langage et par le geste, 2216. Le plus souvent, dans le rire il y a une sorte de mépris, qui, bien que n'apparaissant pas, y est néanmoins caché; on le distingue facilement de l'hilarité du mental (*animus*), qui aussi produit quelque chose de semblable au rire, 2216.

RITE, *Ritus*. D'où viennent les rites représentatifs, 920, 921, 2039.

Tous les rites ou cultes externes qui existèrent dans l'ancienne église, et ensuite dans l'église juive, ont représenté le Seigneur, 2807, 3035. Différence entre les rites des Juifs et les rites de l'ancienne église, 4288. Tous les rites de l'église juive étaient des externes qui représentaient des internes appartenant au ciel et à l'église, 4288, 4874. Tous les rites de l'église juive, par cela qu'ils signifiaient les internes, étaient les signes de l'alliance, 2037. Tous les rites de l'église juive étaient des types représentatifs du Seigneur, 1038. Non-seulement les rites étaient représentatifs, mais encore tout ce qui était attaché aux rites, tant les hommes qui les accomplissaient que les choses par lesquelles ils étaient accomplis, et même les lieux où ils étaient faits, 1437. Les rites des Juifs, par rapport à eux, n'ont été que des rites idolâtres, car tout rite de l'église, séparé d'avec l'interne, est idolâtre, 4208. Comment les rites représentatifs ont commencé à être changés en rites idolâtres, et aussi en rites magiques, surtout en Égypte, 7779. Les rites ou les représentatifs de l'église juive ont contenu en eux tous les arcanes de l'église chrétienne, 3478. Dans les rites des sacrifices sont contenus les arcanes de la glorification de l'humain du Seigneur, et ceux de la régénération de l'homme, 9990, 10022, 10042, 10053, 10057. D'où est venu chez les Juifs le rite représentatif d'enseigner dans les places, 2336. D'où vient le rite de poser la main sur la tête dans les inaugurations et aussi dans les bénédictions, 6292. Rite représentatif dans le cérémonial du mariage, 3103, 3104. Rite représentatif de l'humiliation, 2327.

RITUEL, *Rituale.* Voir RITE. Les rituels des anciens étaient leurs doctrinaux, 1149 et suiv., 4433; ils contenaient leurs connaissances du vrai et leurs scientifiques, 4844; ils représentaient les internes qui appartiennent au ciel et à l'église, 4429. Rituel pour le couronnement des rois, 4581, 4966.

RIVAGE, *Litus.* Ce sont les extrémités, 8237. Sur le rivage de la mer *sign.* autour des extrémités de l'enfer, 8237.

ROBE, *Stola.* Les robes blanches *sign.* les vrais de la foi, 4007. La robe première, — Luc, XV. 22, — *sign.* les vrais communs, 9391.

ROC. *Voir* ROCHER.

ROCHE NÉBULEUSE, *Petra nimbosa.* Les antédiluviens qui furent détruits sont recouverts, dans leur enfer, par une espèce de roche nébuleuse, formée par les exhalaisons que produisent leurs fantaisies et leurs persuasions abominables, 1266, 1267, 1270. C'est par cette roche nébuleuse qu'ils sont entièrement séparés des autres esprits dans l'autre vie, 1512. Ceux qui sont sous cette roche nébuleuse font de continuels efforts pour en sortir, mais c'est en vain, 1673.

ROCHER, *Petra. Voir* PIERRE, *Lapis.* Le rocher est le Seigneur quant à la foi; ainsi, c'est la foi par le Seigneur, Préf. du Chap. XXII de la Genèse, et 8581, 9093, 10580. Les rochers *sign.* ceux qui sont dans le bien de la foi, et par suite ceux qui sont dans le dernier ciel; et, dans le sens abstrait, ce bien et ce ciel, 10438. Dans le ciel, il apparaît des montagnes, des collines, des rochers, des vallées, des terres, absolument comme dans le monde, 10608. Sur des rochers habitent les anges qui sont dans le bien de la foi, 10438. C'est pour cela que, dans la Parole, les rochers signifient le bien et le vrai de la foi, 8581,10580. La pierre dont se compose le rocher *sign.* pareillement le vrai de la foi, 114, 643, 1298, 3720, 6426, 8609, 10376. La fente du rocher *sign.* l'obscur et le faux de la foi, 10582.

Roi, *Rex.* Les rois ont été préposés pour administrer les choses qui concernent la loi civile, 10793, 10799. Le roi qui croit que la royauté est dans sa personne n'est point sage, 10801; *voir* Royauté. Le roi qui regarde les lois comme au-dessus de lui, et se regarde par conséquent comme au-dessous des lois, est sage, 10802. Le roi qui regarde les lois comme au-dessous de lui place la royauté dans sa personne, 10803. Le roi qui vit selon la loi établie, et qui en donne le premier l'exemple aux sujets, est véritablement roi, 10804. Le roi qui croit avoir droit sur la vie et sur la possession de ses sujets, s'il exerce un tel droit, est non pas un roi mais un tyran, 10805. On doit obéir au roi selon les lois du royaume, et ne l'outrager en aucune manière, ni en fait ni en parole, car de là dépend la sécurité publique, 10806. Autrefois, le roi lui-même ne s'attribuait de la royauté rien que la garde de la loi, et autant il s'en éloignait, autant il s'écartait de la royauté, 5323. Les rois ont représenté le Seigneur quant au divin vrai, 2015, 6148; les rois, tant les méchants que les bons, l'ont représenté, 665, 4281. Tous les rois, quels qu'ils soient et quelles que soient leurs qualités, par la royauté qui est chez eux représentent le Seigneur, 3670.

Dans la Parole, le roi *sign.* le Seigneur quant au divin vrai, 2851. Le roi *sign.* le vrai en général, 2851. Les rois *sign.* les vrais; *montré*, 2015, 2069. Les rois *sign.* ceux qui sont dans le vrai, et dans le sens opposé ceux qui sont dans le faux, et de là, par abstraction, les vrais, et dans le sens opposé les faux, 1672, 2015, 2069, 4575, 4581, 4966, 5044. Ce que c'est que le Seigneur comme roi, et ce que c'est que le Seigneur comme prêtre, 2015.

Romains. D'où venaient chez les Italiens ou Romains leurs connaissances sur une divinité suprême et sur l'immortalité de l'âme, 8944.

Rome. D'où vient que chez les gentils, surtout dans la Grèce et à Rome, on a reconnu et adoré tant de dieux, 2724, *f.*

Rompre le pain, *Frangere panem*. C'était le représentatif de l'amour mutuel dans les églises anciennes; *illustré* et *montré*, 5405.

Ronce, *Rhamnus.* La ronce épineuse ou l'épine, dans la parabole de Jotham aux chefs de Schéchem, — Jug. IX. 7 à 16, — *sign.* le bien bâtard, 9277.

Rond, *Rotundum.* Le rond se dit du bien, 8458. Dans l'autre vie, les biens se présentent comme ronds, 9717.

Rosch, fils de Benjamin. Les fils de Benjamin *sign.* l'interne spirituel et ses doctrinaux, 6024.

Roseau, *Calamus.* Le roseau aromatique *sign.* la perception et l'affection du vrai intérieur; le roseau est ce vrai, et l'aromatique en est la perception et l'affection, 10256, 10264. Ceux qui sont dans les infestations sont environnés de faux, et sont poussés, comme le roseau par le vent, ainsi du doute dans l'affirmatif, et de l'affirmatif dans le doute, 7313. La Parole est comparée à un roseau agité par le vent, — Matth. XI. 7, — quand elle est expliquée selon le bon plaisir, car dans le sens interne le roseau est le vrai dans le dernier, telle qu'est la Parole dans la lettre, 9372.

Rosée, *Ros.* C'est le vrai, et principalement le vrai d'après l'état de paix et d'innocence; *montré*, 3579, 3600. La rosée est le vrai de la paix, parce qu'elle descend du ciel le matin, et paraît sur la verdure comme une pluie légère, et même renferme de plus que la pluie quelque chose de doux et d'agréable, qui donne un air de gaîté au gazon et aux moissons du champ, 8455. La couche de rosée sur la manne *sign.* le vrai de la paix s'insinuant dans le vrai qui est au-dessous et le vivifiant, comme la rosée a coutume de vivifier le gazon ou la moisson sur laquelle elle tombe le matin, 8456.

Roseraie, *Rosetum.* Les choses qui appartiennent à la vie sont représentées dans le ciel par des vergers, des olivaies, des vignes, des roseraies et des lieux de verdure, 9841.

Rôtir, *Assare, Torrere.* Par ce qui est rôti est entendu le bien, parce que c'est par le feu; et par ce qui est cuit dans l'eau ou bouilli est entendu le vrai, 7852. Rôti au feu, c'est le bien qui appartient à l'amour, 7852. Dans le sens opposé, faire un rôti, c'est faire le mal d'après un amour corrompu, 7852. L'épi rôti est le bien de la charité, 9295; *voir* Épi. Le pain d'orge rôti, — Jug. VII. 13, — *sign.* le plaisir des voluptés, 7602.

Roue, *Rota.* Les roues *sign.* les vrais des doctrinaux, 8764. La roue, c'est la puissance d'aller en avant; *montré*, 8215. La roue du char *sig.* cette puissance qui est dans l'intellectuel, car de même que le char a son mouvement et sa progression par ses roues, de même les vrais qui appartiennent aux doctrinaux ont leur progression par l'intellectuel, 8215; c'est la faculté d'être sage, quand tout entre d'après le ciel, 10236. Les roues des chérubins *sign.* la même chose que les mains et les pieds chez l'homme, à savoir, la puissance d'agir et d'avancer progressivement, puissance qui appartient au vrai d'après le bien, 9872. Le fracas des roues, — Jér. XLVII. 3, — ce sont les sensuels et leurs illusions qui poussent en avant, 6015. La voix du bruit de roue, — Nah. III. 2, — c'est la défense du faux provenant des illusions, 6978. Les roues comme la tempête, — Ésaïe, V. 28, — *sign.* la doctrine des vrais naturels, 2685.

Rouge, *Rubrum.* Voir Couleur. Le rouge est le bien de l'amour; et cela, d'après le feu et le sang qui sont rouges; *montré*, 3300, 6379, 9865. Dans le sens opposé, c'est le mal de l'amour de soi; *montré*, 3300. Il y a deux couleurs fondamentales, d'où proviennent toutes les autres, la couleur rouge et la couleur blanche, 9467, 9865. Le rouge *sign.* le bien de l'amour, et le blanc le vrai de la foi, 4007, *f.*, 9865. Le rouge a cette signification, parce qu'il descend du feu, et que le feu est le bien de l'amour; et le blanc a cette signification, parce qu'il descend de la lumière, et que la lumière est le vrai de la foi, 9467. Autant les autres couleurs tirent du rouge, autant elles signifient le bien qui appartient à l'amour; et autant elles tirent du blanc, autant elles signifient le vrai qui appartient à la foi, 9467.

ROUGEUR, *Rubedo.* La rougeur se dit du bien, 3812. *Voir* ROUGE.

ROUGIR, *Erubescere.* La nudité, dont on ne rougit point, *sign.* l'innocence, 165. Par rougir d'être nu, il est signifié qu'il n'y a plus l'innocence, 213.

ROULER (se), *Volvere se.* Le rit de se rouler dans la poussière et dans la cendre était un représentatif de la véritable humiliation, 2327, 4779.

ROUTE. *Voir* CHEMIN. La route *sign.* les vrais qui conduisent au bien, et aussi les faux qui conduisent au mal, 627, 2333, 10422.

ROUX, *Rufus. Voir* ROUGE. C'est le mal qui appartient à l'amour de soi, 3300.

ROYAL (le), *Regium.* Ce que c'est que le sacerdotal, et ce que c'est que le royal ou la royauté du Seigneur, 1728. *Voir* ROYAUTÉ, SACERDOTAL.

ROYAUME, *Regnum. Voir* CIEL. Le royaume du Seigneur est tellement vaste, que cela ne peut être exprimé que par le mot immense ou immensité, 1810. Le royaume du Seigneur est le théâtre représentatif du Seigneur lui-même, 3483. Le royaume du Seigneur est le royaume des usages, par conséquent le royaume des fins, 453, 696, 1103, 3645, 4054, 5395, 7038. Toutes les choses de la foi et de l'amour constituent le royaume du Seigneur, 3858. Le royaume du Seigneur est l'amour mutuel, 1803, *f.* Le royaume du Seigneur est la même chose que l'église, seulement avec cette différence que le royaume du Seigneur sur la terre est appelé l'église, 8500. Le royaume du Seigneur se compose de tous ceux qui sont dans le bien, tant de ceux qui sont dans les terres que de ceux qui sont dans les cieux, 6823. Le royaume du Seigneur est le prochain dans un plus haut degré que l'église, 6823; *voir* PROCHAIN. Ce qui est proprement appelé le royaume du Seigneur, c'est le bien et le vrai qui sont par le Seigneur chez les habitants de son royaume, 6821. Le royaume de Dieu, c'est le ciel chez l'homme, par conséquent c'est le bien de l'amour et le vrai de la foi, 9587. Par le royaume de Dieu est entendu, dans le sens universel, tout le ciel; dans un sens moins universel, la véritable église du Seigneur; dans un sens particulier, quiconque est dans la vraie foi, ou a été régénéré par le vrai de la foi, 29. Un tel homme est appelé royaume de Dieu, parce que le royaume de Dieu est en lui; *montré*, 29. Forme et ordre du royaume du Seigneur dans les cieux, 2057.

Dans le ciel ou très-grand homme, il y a deux royaumes distincts; l'un est appelé royaume céleste, et l'autre royaume spirituel, 3887, 9825, 9993, 10079. Le royaume céleste est composé d'anges, qui sont appelés célestes, et ce sont ceux qui ont été dans l'amour envers le Seigneur, et par suite dans toute sagesse; quels sont ces anges, 3887. Le royaume spirituel est composé d'anges, qui sont appelés spirituels, et là sont ceux qui ont été dans la charité à l'égard du prochain; quels sont ces anges, 3887. Dans l'un et l'autre royaume, il y a un interne et un externe; dans l'interne du royaume céleste sont ceux qui sont dans le bien de l'amour envers le Seigneur, et dans l'externe de ce royaume ceux qui sont dans l'amour mutuel; dans l'interne du royaume spirituel sont ceux qui sont dans le bien de la charité à l'égard du prochain, et dans l'externe de ce royaume ceux qui sont dans le bien de la foi, 9680, 9993; c'est l'externe de l'un et de l'autre ciel, qui est appelé le premier ou le dernier ciel, et qui était représenté par le parvis; de là vient qu'autour du temple il y avait un double parvis; le parvis extérieur pour ceux qui sont dans les externes du royaume spirituel, et le parvis intérieur pour ceux qui sont dans les externes du royaume céleste, 9680. Ces deux royaumes sont admirablement conjoints; comment est représentée cette conjonction, 4931. Ceux qui sont dans le royaume céleste appartiennent tous à la province du cœur, et ceux qui sont dans le royaume spirituel appartiennent tous à la province des poumons, 3887; voir ANGES. Il en est de l'influx du royaume céleste dans le royaume spirituel absolument comme de l'influx du cœur dans les poumons, 3887. Les deux royaumes du ciel se manifestent dans l'homme par les deux royaumes qui sont chez lui, à savoir, par le royaume de la volonté et par le royaume de l'entendement, 3888. Dans le corps de l'homme, il y a aussi deux royaumes, celui du cœur et celui des poumons, 3888. Dans le royaume du Seigneur, il y a des externes, des intérieurs et des internes, 1799. Ceux qui sont dans le royaume céleste sont dans le bien, et ceux qui sont dans le royaume spirituel sont dans les vrais, 863, 875, 927, 1023, 1043, 1044, 1555, 2256, 4328, 4493, 5113, 9596. Le bien du royaume spirituel est le bien de la charité à l'égard du prochain, et ce bien dans son essence est le vrai, 8042, 10296. L'homme est en même temps dans deux royaumes, dans un royaume spirituel qui est intérieur, et dans un royaume naturel qui est extérieur, et il est libre de préférer l'un à l'autre, 4104. Le royaume du Seigneur chez l'homme est commencé par la vie qui appartient aux œuvres, et est terminé dans les œuvres; *illustré*, 3934. Nul n'est admis dans le royaume du Seigneur, sinon celui qui est dans le bien de la foi, 3242.

Dans la Parole, le royaume *sign.* le vrai; et, dans le sens opposé, le faux; 3353; il signifie le vrai de la doctrine, 2547. Le royaume *sign.* le ciel et l'église, 9987. Les rois, les royaumes et les peuples sont les vrais, 1672. Dans la Parole, il s'agit, non des royaumes de la terre, mais du royaume de Dieu, par conséquent du ciel et de l'église, 10030. Les royaumes y signifient les églises quant aux vrais et quant aux faux, 1672, 2547. Les empires et les royaumes ont été constitués à cause des amours de soi et du monde, 7364. Le royaume des prêtres *sign.* ceux qui sont dans le bien du vrai, 8770. Chez les descendants de Jacob, le royaume après Salomon fut divisé en deux, à savoir, en royaume juif et en royaume israélite; pourquoi? 8770.

ROYAUTÉ, *Regium.* Voir ROI. Ce que c'est que la royauté ou le Royal du Seigneur, 1728, 2015. La royauté dans le ciel est le divin vrai, 9212. La royauté représente le Seigneur quant au divin vrai, 5164. La royauté est le divin vrai, par conséquent la royauté est la loi, qui est en elle-même le vrai du royaume, vrai selon lequel doivent vivre ceux qui l'habitent, 5323. La royauté consiste à administrer selon les lois du royaume, et à juger selon ces lois d'après le juste, 10802. La royauté elle-même est sainte, quel que soit celui qui en est chargé, 3670. La royauté n'est pas seulement chez le roi lui-même, mais elle est aussi chez ceux qui tiennent sa place dans les choses pour lesquelles lui-même n'est point propre, et qu'il ne peut faire, 6482. Les chefs pris ensemble constituent la royauté, 10800. La royauté elle-même n'est pas dans la personne, mais elle a été adjointe à la personne, 10801. La royauté, dans la Parole, *sign.* le vrai d'après le bien, 1672, 2015, 2069, 4575, 4581, 4966, 5044. La royauté du Seigneur est signifiée par son nom de Christ, d'Oint, de Messie, et son sacerdoce par son Nom de Jésus, 9809.

RUBEN. C'est la foi par l'entendement ou la doctrine, qui est la première chose de la régénération ; et, dans le complexe, c'est le vrai de la doctrine par lequel on peut parvenir au bien de la vie, 3863, 3866, 5472. Ruben est le bien de la foi ; *montré*, 4605 ; c'est la confession de la foi de l'église dans le commun, 4731, 4734, 4761. Les deux fils de Ruben, c'est la doctrine du vrai et la doctrine du bien, 5542. Dans le sens opposé, Ruben est la foi séparée et aussi la foi profanée ; *montré*, 4601. Il a représenté la foi séparée d'avec la charité, 3870. Il représente aussi ceux qui séparent la foi d'avec la charité, 3325, 7097, 7317, 8093. Ceux qui séparent la foi d'avec la charité se jettent dans les faux et dans les maux, et cela a été représenté par Caïn, en ce qu'il tua son frère Abel ; par Cham et par son fils Canaan ; par Ruben, en ce qu'il monta sur le lit de son père ; et par les Égyptiens, en ce que leurs premiers-nés ont été tués, 3325, 8093. Le droit d'aînesse de Ruben lui a été ôté, 6346 à 6350. La tribu de Ruben *sign.* le vrai de la foi par la doctrine, 9642.

RUBIS, TOPAZE, ESCARBOUCLE, *Rubinus, Topazius, Carbunculus.* C'est le céleste amour du bien, ou le bien interne du ciel intime, 9865.

RUE, *Vicus, Platea.* Voir CHEMIN, PLACE. Les rues sont les vrais ; et, dans le sens opposé, les faux, 3727. Aller dans les places et dans les rues de la ville, — Luc, XIV. 21, — c'est chercher partout quelque vrai réel, ou un vrai qui brille par le bien, ou par lequel le bien soit transparent, 2336.

RUGISSEMENT, *Rugitus.* La voix du rugissement du lion, — Ézéch. XIX. 7, — *sign.* le faux, 9348.

RUPTURE, *Ruptura.* C'est le faux par la séparation du vrai d'avec le bien, et par suite le dommage porté aux vrais et aux biens de la foi, ainsi à l'église, 4926, 9163, *f.*, 8833, 8843.

RUSE, *Dolus.* La ruse *sign.* la malice d'après la volonté par préméditation, 9013. C'est l'hypocrisie dans le sens spirituel ; *montré*, 9013, 9014. Les méchants appellent prudence ce qu'ils font par ruse, 6655. Les maux faits au moyen de la ruse sont les plus mauvais, parce que la ruse est comme un venin qui infecte d'une corruption infernale et détruit, car elle parcourt tout le mental jusqu'à ses intérieurs ; *illustré*, 9013. Voir FOURBERIE.

S

SAAVAN, petit-fils de Séir, Chorite, *sign.* une quatrième classe de vrais dans le divin humain, et une qualité de ces vrais, 4648.

SABA. La reine de Saba ; *voir* SCHÉBA.

SABBATH, *Sabbathum.* Le sabbath, dans le sens suprême, a signifié et représenté l'union du divin même et du divin humain dans le Seigneur ; et, dans le sens interne, la conjonction du divin humain du Seigneur avec le ciel et avec l'église, en général la conjonction du bien et du vrai, ainsi le mariage céleste, 8495, 10356, 10730. De là le repos au jour du sabbath a signifié l'état de cette union, parce qu'alors il y a repos pour le Seigneur, et ainsi paix et salut dans les cieux et en les terres ; et, dans le sens respectif, la conjonction du Seigneur avec l'homme, parce qu'alors il y a pour l'homme paix et salut, 8494, 8510, 10360, 10367, 10370, 10374, 10668, 10730. Les six jours de travail avant le sabbath sont les états du combat, avant que l'homme soit de l'église ou entre dans le ciel, ainsi avant qu'il soit dans le bien et soit conduit par le Seigneur, 10360 ; dans le sens suprême, c'est quand le Seigneur était dans le monde et combattait contre les enfers, avant qu'il eût uni l'humain au divin ; et il y eut repos, quand il y eut union, 10360. Quand le Seigneur était dans les combats, il était le divin vrai, comme aussi l'homme est dans les vrais quand il est dans les combats, et il y a repos quand on est dans le bien, 10360. Les six jours qui précèdent le sabbath sont les états du vrai quand existent les combats, et le septième jour l'état du bien quand il y a paix et repos, 9278, 10667. Les six jours qui précèdent le sabbath sont les combats et les choses nécessaires à la vie spirituelle, qui précèdent le mariage céleste et y préparent, 8888. Le sabbath pour l'homme, c'est quand l'homme est dans le bien, et alors dans le ciel, 10668. Il y a sabbath quand le bien est conjoint au vrai ; et cela se fait quand l'homme est conduit par le Seigneur dans le bien, 8510. Le sabbath et le septième jour, c'est le second état de la régénération, quand l'homme est dans le bien et est conduit par le Seigneur ; alors il est dans le ciel et dans la tranquillité de la paix, 9274. Le repos au jour du sabbath est le représentatif de l'état de paix, dans lequel se fait la conjonction, 8494. Le repos au jour du sabbath, c'est quand l'homme est dans le bien, par conséquent dans le ciel, 8390, 8893. Le repos au sabbath a représenté le repos du Seigneur, parce qu'alors il conduit par le bien ; le travail et les six jours de travail ont représenté le travail qui précède, 8510. Le travail au jour du sabbath représentait ce qui vient du propre ; *montré,* 8495. Par les œuvres au jour du sabbath, il est signifié être conduit par soi-même et par ses amours, et non par le Seigneur, 10360, 10362, 10365.

Le sabbath était le représentatif le plus important de tous, ainsi le principal vrai auquel tous les vrais se réfèrent, 10728 ; à savoir, l'union de l'humain au divin même dans le Seigneur, 10730. Le signe entre Jéhovah et les fils d'Israël, quand il s'agit du sabbath, est ce principal vrai par lequel sont connus dans les cieux ceux qui sont de l'église, 10357. Ce signe est ce par quoi ceux qui sont de l'église sont distingués de ceux qui ne sont point de l'église, 10372. Il fut enjoint à la nation israélite d'avoir le sabbath pour chose très-sainte, afin que les divins et les célestes, qui sont signifiés par le sabbath, fussent représentés dans le ciel, 8886. Le jour du sabbath était très-saint dans l'église Israélite, parce qu'il signifiait le mariage céleste, qui est la conjonction du bien et du vrai procédant du Seigneur, 9086. Le royaume du Seigneur dans les cieux est appelé le sabbath perpétuel, ainsi le repos et la paix perpétuelle, 8888. Dans le ciel, il y a un sabbath perpétuel, 8510. Chez les anges le sabbath est perpétuel, et c'est aussi de là que le sabbath signifie le royaume du Seigneur, 1618. Le Seigneur, lorsqu'il était dans le monde, se dit Seigneur du sabbath, — Matth. XII. 7, 8; Marc, II. 27, 28; Luc, VI. 1 à 5; — pourquoi? 10360; ces paroles enveloppent que le Seigneur est l'homme même et le sabbath même, 85. Quand il a été dans le monde et a uni son humain au divin même, le Seigneur abrogea le sabbath quant au culte représentatif, ou quant au culte tel qu'il était chez le peuple Israélite, et il fit du jour du sabbath un jour d'instruction dans la doctrine de la foi et de l'amour; pourquoi? 10360.

L'homme céleste est le sabbath, et l'homme spirituel est le sixième jour par rapport au sabbath, 84 à 88. L'homme spirituel est le sixième jour, et ce que c'est que le soir du sabbath, 84 à 88. Les fêtes et les sabbaths devaient être célébrés, et alors on était dans le plein état représentatif, 7891; c'est pourquoi on ne faisait aucun ouvrage, ce qui signifie que dans cet état on ne portait pas ses regards sur les terrestres, ni sur les mondains, 7893. Le sabbath le premier jour et le sabbath le huitième jour *sign.* la conjonction du vrai avec le bien, et réciproquement du bien avec le vrai, 9296. Par ceux qui sanctifient le sabbath sont entendus ceux qui sont en conjonction avec le Seigneur, 8495. Garder les sabbaths de Jéhovah *sign.* penser saintement et continuellement sur le Seigneur, sur l'union du divin même avec le divin humain du Seigneur, sur la conjonction du Seigneur quant au divin humain avec le ciel, sur la conjonction du ciel avec l'église, et sur la conjonction du bien et du vrai dans l'homme de l'église, 10356. Détourner du sabbath son pied, — Ésaïe, LVIII. 13, — *sign.* être conduit par le Seigneur et non par soi-même, 10360, 10362. Profaner le sabbath, ou faire une œuvre le jour du sabbath, *sign.* être conduit par soi-même, et non par le Seigneur, ainsi, être conduit par ses amours, 10362. La fuite en un sabbath, — Matth. XXIV. 20, — *sign.* la profanation qui s'opère quand le saint est dans les externes, et qu'au dedans il y a l'amour de soi et du monde, 3756. Par « quiconque fera une œuvre le jour du sabbath mourra, » il est signifié la mort spirituelle pour ceux qui sont conduits par eux-mêmes et par leurs amours, et non par le Seigneur, 10731.

SABÉENS, *Sabæi.* Les marchandises des sabéens, — Ésaïe, XLV. 14, — *sign.* les connaissances des spirituels, lesquelles servent à ceux qui reconnaissent le Seigneur, 1164, 1171, 2588.

SABLE, *Arena.* C'est le scientifique vrai; et, dans le sens opposé, le scientifique faux; *montré*, 6762. Le sable qui est sur le bord de la mer *sign.* une multitude de scientifiques, 2850. Cacher dans le sable, c'est reléguer parmi les scientifiques, 6762.

SABOTS (les) représentent les naturels infimes, 5378. Les sabots des chevaux,—Ézéch. XXVI. 11,—sign. les scientifiques qui pervertissent le vrai, 2336.

SABTHA, fils de Kusch, fils de Cham. Les fils de Kusch, — Gen. X. 7, — sign. ceux qui n'ont pas eu un culte interne, mais qui ont eu les connaissances de la foi, dans la possession desquelles ils ont fait consister la religion, 1168, 1169. Sabtha et ses frères sont autant de nations qui ont eu ces connaissances, et ce sont aussi ces connaissances elles-mêmes, 1168, 1170.

SABTHÉKA, fils de Kusch, fils de Cham. *Voir* SABTHA.

SAC, *Saccus*. C'est le réceptacle dans le naturel, 5489, 5494, 5531. « A chacun dans son sac, » sign. partout où il y a réceptacle dans le naturel, 5489; *voir* BESACE. Mettre un sac sur ses reins, c'était le représentatif du deuil pour la perte du bien; *montré*, 4779.

SACERDOCE (le) consiste à administrer les choses qui concernent la loi divine et le culte, 10793, 10799. Le sacerdoce a été établi pour le maintien de l'ordre dans ces choses, 10798. Doctrinal sur le sacerdoce, 10789 à 10799. Le sacerdoce est le divin bien du divin amour; *montré*, 9809. Le sacerdoce, dans le sens suprême, est tout office que le Seigneur remplit comme Sauveur; *illustré* et *montré*, 9809, 10017. L'œuvre de la salvation de ceux qui sont dans le bien céleste est représentée par le sacerdoce d'Aharon; l'œuvre de la salvation de ceux qui sont dans le bien spirituel est représentée par le sacerdoce des fils d'Aharon, et l'œuvre de la salvation de ceux qui sont dans le bien naturel qui en provient est représentée par le sacerdoce des lévites, 10017. Le sacerdoce qu'Aharon devait exercer avec ses fils représentait le Seigneur quant au divin céleste, qui est le divin bien dans le ciel, 9804. Le sacerdoce d'Aharon et de ses fils représente le divin bien dans les cieux, 9946; le divin bien dans les cieux est représenté par le sacerdoce d'Aharon, et le divin vrai d'après le divin bien dans les cieux est représenté par le sacerdoce de ses fils, 9946. Dans l'église représentative ancienne, le sacerdoce et la royauté réunis dans une même personne, comme chez Malkisédech, qui était roi de Schalem et prêtre du Dieu très-haut, représentaient l'union du divin bien et du divin vrai dans le Seigneur, 2015, 6148; et même la personne, dans laquelle ces deux dignités étaient conjointes, était appelée Malkisédech ou roi de justice, 6148. Dans la Parole, le sacerdoce est appelé milice; pourquoi? 1664. Le sacerdoce *sign.* le bien de l'amour envers le Seigneur, 9809.

SACERDOTAL, *Sacerdotale*. Ce que c'est que le sacerdotal du Seigneur, et ce que c'est que le royal du Seigneur, 1728, 2015. Le sacerdotal du Seigneur est le divin bien, et le royal du Seigneur est le divin vrai, 3969. Tous les prêtres et tous les rois représentent le Seigneur, ceux-là quant au sacerdotal, et ceux-ci quant au royal, 3670.

SACREMENT DE LA CÈNE, *Sacramentum cænæ*. *Voir* CÈNE. Le saint influe du ciel chez les hommes de l'église, quand ils participent saintement au sacrement de la cène, 6789; et de là vient la conjonction avec le Seigneur, 3464, 3735, 5915, 10519, 10521, 10522. La conjonction avec le Seigneur par le sacrement de la cène se fait seulement chez ceux qui sont dans le bien de l'amour et de la foi envers le Seigneur d'après le Seigneur, 10522.

SACRIFICE, *Sacrificium.* Les sacrifices, entièrement inconnus dans les anciennes églises, ont été institués par Éber, 1343. Sous quelle forme apparut devant Swedenborg la postérité de l'ancienne église chez laquelle avait été institué le culte par les sacrifices, 1128. Les sacrifices n'ont point été commandés, mais ils ont seulement été permis; c'est la charité et la foi qui ont été commandées, 922, 1241. La très-ancienne église et l'ancienne église n'ont rien connu des sacrifices, mais ce sont les Hébreux qui les ont institués, et par suite ils sont passés chez les descendants de Jacob, et le principal du culte de ceux-ci consistait dans les sacrifices, avant même qu'ils fussent sortis d'Égypte, par conséquent avant que les sacrifices aient été prescrits par Moïse; ainsi ils ont été permis, 2180. Pourquoi les sacrifices ont été permis aux descendants de Jacob? 2180. Ils leur ont été permis afin qu'ils n'immolassent point leurs enfants, à l'exemple des gentils qui croyaient se rendre Dieu propice en lui offrant leurs fils, 2818. Cette coutume venait de ce qu'ils avaient appris des anciens que le fils de Dieu devait venir, lequel, comme ils le croyaient, s'offrirait en sacrifice, 2818. Aujourd'hui la croyance commune est que les holocaustes et les sacrifices ont signifié la passion du Seigneur, et que le Seigneur par cette passion a expié les iniquités de tous, qu'il les a même prises sur lui, et s'en est par conséquent chargé; cette croyance est erronée; *illustré*, 2776.

Les sacrifices et les holocaustes signifiaient toutes les choses du culte d'après le bien de l'amour et les vrais de la foi, 923, 6905, 8680, 8936, 10042; ils signifiaient les divins célestes qui sont les internes de l'église d'après lesquels existe le culte, 2180, 2805, 2807, 2830, 3519; avec variation et différence, selon les variétés du culte; c'est pourquoi il y avait plusieurs genres de sacrifices, et diverses manières de les faire, et aussi diverses bêtes avec lesquelles on les faisait, 2830, 9391, 9990. Les diverses choses qu'ils signifiaient en général peuvent être vues d'après chaque particularité développée au moyen du sens interne, 10042.

Montré, d'après la Parole, 1° que le culte représentatif chez la nation juive et israélite a principalement consisté en sacrifices et en holocaustes; 2° que les sacrifices et les holocaustes en général ont signifié la régénération de l'homme par les vrais de la foi et les biens de l'amour envers le Seigneur d'après le Seigneur, et dans le sens suprême la glorification de l'humain du Seigneur; 3° que le tout du culte a été représenté par les sacrifices et les holocaustes selon les diversités, ainsi avec toute variété, et que c'est pour cela qu'il a été ordonné d'offrir divers genres d'animaux, 10042.

Les bêtes dans les sacrifices représentaient les célestes et les spirituels, 922, 1823. Les sacrifices qui se faisaient d'agneaux, de chèvres, de brebis, de chevreaux, de boucs, de taureaux, de bœufs, étaient appelés, d'un seul mot, le pain, 2165. Non-seulement on sacrifiait de la chair, mais aussi des minchahs, qui étaient des pains et des gâteaux ; c'était parce que dans le ciel étaient acceptés, non pas les sacrifices, mais les pains ; voilà pourquoi l'un et l'autre étaient offerts, 10079. Par les représentations dans les sacrifices et dans les holocaustes est exposé le procédé de la régénération de l'homme ; et, dans le sens suprême, le procédé de la glorification de l'humain du Seigneur, 10057. Par les sacrifices et les holocaustes il est signifié la purification des maux et des faux et l'implantation du vrai et du bien, et aussi la conjonction du vrai et du bien ; *illustré*, 10022. Les sacrifices ont signifié la purification des maux et des faux et l'implantation du vrai, mais les holocaustes la conjonction du vrai et du bien dans le Seigneur; et, dans le sens respectif, cette conjonction chez l'homme qui est régénéré, 10053. Les rites des sacrifices et des holocaustes contiennent le tout du ciel ; *illustré*, 10057.

Les sacrifices sont tout culte en général, 6905. Les holocaustes et les sacrifices signifient le culte en général et en particulier, selon l'état de la vie spirituelle de chacun, 8936. Les holocaustes sont le culte d'après le bien de l'amour, et les sacrifices le culte d'après le vrai de la foi, 8680. Les purifications de l'homme interne et de l'homme externe ont été représentées par les sacrifices et les holocaustes de divers animaux, 9990. La purification spirituelle ou de l'homme interne a été représentée par des sacrifices et des holocaustes de béliers, 9991. Le bélier du sacrifice signifiait le divin spirituel, et ainsi les spirituels d'entre le genre humain ; *montré*, 2830. Les sacrifices et les holocaustes de taureaux, c'est la purification des maux et des faux qui sont dans l'homme naturel, 9990. Par les sacrifices et les holocaustes du taureau, du bœuf et du bouc étaient représentées la purification et la régénération de l'homme externe ou naturel ; par ceux du bélier, de la chèvre et du chevreau, la purification et la régénération de l'homme interne ou spirituel ; et par ceux de l'agneau, de l'agnelle et de la chevrette de la chèvre, la purification et la régénération de l'homme intime ou céleste, 10042. Le sacrifice perpétuel, appelé Juge, *sign*. spécialement le sacrifice qui se faisait chaque jour, et en général tout le culte, 10042. Les sacrifices eucharistiques étaient des sacrifices votifs et volontaires, non pas, comme les autres, pour la purification et la sanctification, mais pour manger dans un lieu saint, et pour témoigner la joie du cœur d'après le culte divin, 10115. Les sacrifices eucharistiques étaient de deux genres, à savoir, de confession et votifs, 3880. Les sacrifices de confession enveloppaient le céleste de l'amour, 3880. Les sacrifices votifs signifiaient dans le sens externe, la rétribution ; dans le sens interne, la volonté que le Seigneur pourvût ; dans le sens suprême, l'état de la Providence, 3880. Les sacrifices eucharistiques sont les choses qui proviennent du libre, 10097. Les sacrifices étaient des expiations des péchés, 9391. Dans la Parole, le sacrifice pour le péché est appelé LE PÉCHÉ ; *montré*, 10039. Les sacrifices ont été abrogés par le Seigneur, 10079.

Dans les sacrifices, il y avait des parties sanctifiées, qui n'étaient pas brûlées sur l'autel, et qui étaient mangées, ou par les prêtres ou par le peuple qui avait offert le sacrifice; *montré*, 2187. Ce qu'on mangeait du sacrifice signifiait la communication, la conjonction et l'appropriation de la nourriture céleste et spirituelle, 2187. Le restant du sacrifice au matin, c'est ce qui n'a pas été conjoint au bien, 10114. Le restant des sacrifices au matin, qu'on ne devait pas manger, c'est ce qui ne doit pas être conjoint au propre, 10115; c'est la profanation, 10117. Le sacrifice fait autre part que sur l'autel qui était auprès de la tente représentait la profanation, 1010, *f*.

SACRIFIER, c'est rendre un culte, 10424. Sacrifier à Jéhovah, c'est rendre un culte au Seigneur, 6905, 9194. Sacrifier à Jéhovah, quand il s'agit des premiers-nés, c'est attribuer au Seigneur; c'est la même signification que sanctifier et faire passer, 8074, 8088. Imposer les mains sur la tête de la bête qui devait être sacrifiée, c'est le représentatif de la réception du divin bien et du divin vrai, 10023. Sacrifier se dit du vrai, et adorer se dit du bien, 10424. Sacrifier aux dieux, c'est le culte des faux d'après le mal, 9192. Ne point sacrifier sur du fermenté le sang du sacrifice, c'est ne point mêler le culte du Seigneur d'après les vrais de l'église avec les faux d'après le mal, 9298. Sacrifier sur l'autel qui était auprès de la tente était une chose sainte, mais sacrifier dans le camp et hors du camp était une chose profane, 1010, *f*. Par l'action de manger les choses sacrifiées, il était signifié l'appropriation du bien et la conjonction par l'amour, 8682.

SAGE, *Sapiens*. Être sage, c'est vivre selon le vrai et le bien, 129, 1450, 1548, 1802. L'homme est sage, en tant qu'il est dans le bien et par suite dans les vrais, mais non en tant qu'il sait les vrais sans être dans le bien, 3182, 3190, 4884. L'homme qui est dans le mal, et par suite dans le faux, ne peut pas être dit sage, 5527, 5859, 8321. L'homme commence à être sage alors qu'il commence à avoir en aversion les raisonnements contre les vrais, et à rejeter le doute, 3175. Il appartient à un homme sage, non de confirmer le dogme, mais de voir s'il est vrai avant de le confirmer, 1017, 4741, 7012, 7680, 7950. L'homme sage pense au-dessus des sensuels, 5089, 5094. Chez l'homme sage et intelligent les sensuels sont à la dernière place, et soumis aux intérieurs, 5077, 5125, 5128, 7645. L'homme naturel séparé de l'homme spirituel est sage seulement d'après le monde, et nullement d'après le ciel, 9109. Autant l'homme attribue au Seigneur toutes les choses du bien et du vrai, autant il devient sage, 10227. Il est du sage et c'est sagesse de faire les vrais d'après l'amour, et il est du sage de cœur et c'est sagesse de cœur de faire le bien d'après l'amour, 10336. Les sages de cœur sont ceux qui sont dans le bien de l'amour, 9817. Les hommes de l'ancienne église, et surtout ceux de la très-ancienne église, ont été beaucoup plus sages que ceux de notre temps, et cependant ils n'ont jamais pu penser à Jéhovah que comme à un homme dont l'humain était divin, 6876. Ce que les sages du monde ne peuvent comprendre, les simples le comprennent, 10136, *f*., 10492. Les sages anciens faisaient leurs délices de la Parole, parce qu'ils y trouvaient des représentatifs et des significatifs, 2592, 2593. Leur manière de penser, de parler et d'écrire était représentative et significative, 2593. Les sages de l'orient qui vinrent vers Jésus, quand il naquit, étaient d'entre ceux qui ont été appelés les fils de l'orient, et tenaient du temps ancien le prophétique concernant la naissance du Seigneur, 3762. Dans la Parole, l'homme intelligent et sage *sign.* le vrai et le bien, 5287, 5310. Les mages *sign.* les scientifiques intérieurs, et les sages les scientifiques extérieurs ; *montré*, 5223. On appelait sages en Égypte ceux qui expliquaient les choses énigmatiques et enseignaient les causes des choses naturelles; c'est en cela principalement que consistait la sagesse de ce temps-là, 5223. Chez les gentils les sages ont eu connaissance d'une élévation au-dessus des sensuels, d'où ils ont conclu l'immortalité de l'âme, 6313. Ceux qui sont dans le bien sont, dans l'autre vie, dans la faculté de devenir sages; *illustré*, 5527. Voir SAGESSE.

SAGE-FEMME, *Obstetrix*. C'est le naturel, en tant qu'il reçoit les biens et les vrais ; *montré*, 4588, 4921. Les sages-femmes sont le naturel où il y a les vrais scientifiques, 6673, 6678, 6686 ; c'est parce que le naturel reçoit ce qui influe de l'interne, et fait ainsi pour ainsi dire l'office de sage-femme, 6673.

SAGESSE (la) consiste à voir le vrai d'après la lumière du vrai, et la lumière du vrai est la lumière qui est dans le ciel, 6629. La sagesse consiste à vouloir les vrais divins et à les aimer, et par suite à vivre selon ces vrais, 9943, 10331. Toute sagesse vient du Seigneur, 109, 112, 121, 124. La divine sagesse, qui procède du Seigneur, est la lumière de la vie, 3485. La sagesse n'est autre chose qu'une éminente modification de la lumière céleste qui procède du Seigneur, 4414. Le principal de la sagesse est de percevoir sans raisonnement qu'une chose est ainsi ou n'est pas ainsi, 5556. La sagesse réelle n'habite que dans l'innocence, 4797. La sagesse ne peut venir d'autre part que du ciel, c'est-à-dire, du Seigneur par le ciel, 6629. Toute sagesse vient du divin vrai, 9905. La sagesse est dans l'amour même, 2500. Au Seigneur la sagesse infinie, parce qu'elle est dans l'amour divin, 2572. La sagesse du Seigneur est infinie, parce qu'il est l'amour divin même, 2500. Le chemin de la sagesse, qui était chez le Seigneur, était interne ou d'après l'amour même, 2500. Dans l'amour réel, il y a la sagesse et l'intelligence, 2500. Les anges ont une si grande sagesse et une si grande intelligence, parce qu'ils sont dans l'amour, 2572. La sagesse angélique est ineffable, et elle contient des choses que l'oreille n'a point entendues, que l'œil n'a point vues, et qui ne parviennent jamais dans la pensée de l'homme, 5202. La sagesse qui procède du divin n'a aucune fin, 6648. Les anges, d'après leur sagesse saisissent d'innombrables choses, dont les plus communes ne sont pas même saisies par l'homme; *exemple*, 3314. De la sagesse des anges, en ce qu'elle est incompréhensible et ineffable, 2795, 2796, 2802, 3314, 3404, 3405, 9094, 9176.

Comment l'homme est conduit à la véritable sagesse, 1555. L'intelligence n'est pas la sagesse, mais elle conduit à la sagesse, 1555. La lumière de l'intelligence concerne la partie intellectuelle de l'homme ou l'entendement, mais la lumière de la sagesse concerne la partie volontaire ou la vie, 1555. On est introduit dans la sagesse par les sciences et par les connaissances, 1555. Ceux qui ont reçu les divins du Seigneur, à savoir, l'amour et la charité, sont gratifiés de sagesse, et ceux qui ne les reçoivent pas sont insensés, 4220. Les hommes qui sont dans l'amour et dans la charité ont en eux une sagesse angélique, mais dans l'obscur, tant qu'ils vivent dans le monde, 2494. Autant l'homme se retire de la charité, autant il se retire de la sagesse, 2416, 2435, 6630. Si la sagesse n'est pas élevée hors des sensuels, l'homme a peu de sagesse, 5089. Si l'homme était dans l'ordre où il a été créé, à savoir, dans l'amour à l'égard du prochain et dans l'amour envers le Seigneur, il naîtrait non-seulement dans les scientifiques, mais aussi dans tous les vrais spirituels et tous les biens célestes, et ainsi dans toute sagesse et toute intelligence, 6323. Ceux qui, dans le monde, ont vécu dans le bien, viennent dans la sagesse angélique après leur sortie du monde, 5527, 5859, 8321. Dans l'autre vie, l'intelligence et la sagesse croissent immensément chez ceux qui sont dans la charité, 1941. La vraie sagesse, la vraie intelligence, la vraie science, et par suite la vraie connaissance, sont les enfants de la charité, 1226. Par le Seigneur vient la sagesse, par la sagesse l'intelligence, par l'intelligence la raison, par la raison sont vivifiés les scientifiques qui appartiennent à la mémoire; tel est l'ordre de la vie, et tels sont les hommes célestes, 121. La sagesse, l'intelligence, la raison et la science, appartiennent, non à l'homme, mais au Seigneur; *montré*, 124.

Sagesse des anciens; par les naturels ils signifiaient les spirituels; cette sagesse est aujourd'hui entièrement perdue, 3179, *f.* Aujourd'hui on a placé la sagesse dans les termes et dans les scientifiques, et les scientifiques rendent aveugles, 8628. Les sages de nos jours ne voient pas même le premier seuil de la sagesse, à plus forte raison n'y touchent-ils point, 3833, *f.* Combien pauvre, et pour ainsi dire nulle, est la sagesse humaine, 775. Quelle était la sagesse de l'ancienne église, 3179. En quoi consistait principalement la sagesse égyptienne, 5223. Les Égyptiens et les Chaldéens appelaient sagesse les sciences des choses, 7296. Ce que c'est que la sagesse, l'intelligence, la science, l'œuvre; elles se suivent en ordre et sont un, 10331. Opinion d'un sage gentil sur l'intelligence, sur la sagesse, sur l'ordre, 2592. *Voir* SAGE.

SAILLIES MAMILLAIRES, 5386.

SAINT (le), *Sanctum*. Le divin vrai procédant du Seigneur est ce qui, dans la Parole, est appelé le saint, 6788, 8302, 9229, 9820. Le saint de la Parole vient de ce que le Seigneur est dans l'intime de la Parole, 1873, 9357. Le saint influe de l'interne, c'est-à-dire, du Seigneur par l'interne chez ceux qui considèrent la Parole comme sainte; et cela, à leur insu, 6789. Le saint de l'homme est dans son interne; est appelé saint ce qui chez l'homme influe du ciel, c'est-à-dire, du Seigneur par le ciel, 10742. Le saint qui procède continuellement du Seigneur a en soi le divin bien et le divin vrai, 4180.

Le Seigneur seul est saint, et tout saint vient de lui, et toute sanctification l'a représenté; *montré*, 9229. L'amour envers le Seigneur est le saint même, 3852. Le saint, c'est le divin humain du Seigneur, 10302. Le saint, c'est le bien et le vrai qui procèdent du Seigneur, 10361. Le saint, c'est le bien de l'amour et le vrai de la foi chez l'homme par le Seigneur, 10361. Tout saint vient du Seigneur, et le vrai est saint en tant qu'en soi il contient du Seigneur, ainsi en tant qu'il contient du bien; *montré*, 9680. Le saint se dit du vrai procédant du Seigneur; *illustré* et *montré*, 9820. Le saint est seulement dans le bien et le vrai, ainsi dans les hommes qui reçoivent du Seigneur le bien et le vrai, 4735. Tout saint procède du divin, 4252. Tout ce qui procède du divin humain est saint, et le saint qui ne procède point du divin n'est point le saint, 4727. Tout saint dans le ciel procède du divin humain du Seigneur, et par suite tout saint dans l'église, 4735. Le saint appartient à l'amour seul, et le saint de la foi en provient, 2343. Le saint de l'amour est le divin vrai, 6645. Le saint de l'amour et de la foi influe des anges chez l'homme dans la sainte cène, 6789, 10521. Le saint influe des anges chez ceux qui lisent la Parole, 4868, 5272, 10137, 10687. Le saint du culte est selon la qualité et l'abondance du vrai implanté dans la charité, 2190. Le saint externe sans l'interne n'a aucune valeur, mais il en a d'après l'interne, 10177. Le saint sans le saint interne est dissipé au premier seuil du ciel, 10177. Lorsque dans les externes de la Parole, de l'église et du culte, l'homme perçoit le saint au dedans de lui, il y a chez lui l'externe dans lequel est l'interne; mais quand il ne perçoit point le saint interne, il y a chez lui l'externe séparé de l'interne; c'est dans cet externe qu'était la nation israélite, 10614. Le saint chez les spirituels est le bien qui procède du Seigneur, 8806. Le saint ne peut jamais être avec le profane, 1326. Dans le saint dont l'homme est affecté sont profondément cachées des choses innombrables qui ne se montrent pas devant lui, 5466. Dans le saint de l'homme, il y a des myriades de myriades de ses pensées sur les biens et sur les vrais de la foi, 2190. Dans la Parole, le saint d'Israël est le Seigneur; *montré*, 3305, 9680. « Saint à Jéhovah, » *sign.* le divin humain du Seigneur, et aussi tout ce qui procède de lui, et seulement ce qui procède de lui, 10368.

SAINT DES SAINTS, *Sanctum sanctorum*. Le saint des saints, dans le tabernacle et dans le temple a représenté le divin humain du Seigneur, et la qualité de ce divin par les choses qui y étaient, 3210. Le saint des saints *sign.* le bien régnant dans le ciel intime, 9680. Le Seigneur est le saint des saints même, 9680. Le bien spirituel est appelé le saint, et le bien céleste le saint des saints, 10129. Le saint des saints *sign.* le bien céleste ou le bien de l'amour procédant du Seigneur, 10029, 10213. *Voir* SANCTUAIRE.

SAINTE CÈNE. *Voir* CÈNE. La sainte cène, dans la primitive église chrétienne, était appelée festin, 2341. Pourquoi les symboles externes de la sainte cène ont été prescrits, 2165. Similitude de la sainte cène et de la Parole, 4217. De la sainte cène chez les catholiques-romains, 10040.

SAINTEMENT, *Sancte.* Quand l'homme lit saintement la Parole, le sens interne qui est au dedans du sens de la lettre se manifeste dans le ciel, 9280. De ceux qui vivent saintement, et cependant ne croient point; quel est leur sort dans l'autre vie, 8882. D'un certain esprit, qui disait avoir vécu saintement, mais qui n'avait point fait les biens de la charité; il devint noir, 952.

SAINTES (choses), *Sancta.* Ce sont les vrais, 6788. Ont été dites saintes, les choses qui représentaient les divins, 10069. Les choses saintes de l'église sont saintes d'après l'influx divin chez les hommes de l'église, 10208. Les rites prescrits aux Israélites n'étaient saints que parce qu'ils représentaient des choses saintes, 4545; mais les Israélites adoraient les choses saintes sans le saint qu'elles représentaient, 10399. Ces choses saintes étaient souillées par les péchés du peuple, parce que le peuple représentait l'église, 10208.

SAINT ESPRIT. *Voir* ESPRIT SAINT. Le saint esprit est l'esprit qui procède du Seigneur, 3704, *f.*

SAINTETÉ, *Sanctitas.* Le Seigneur est la sainteté même, 8302. La sainteté se dit du divin vrai qui procède du Seigneur, 8302. La sainteté habite dans l'ignorance qui est innocente, 1557. La sainteté externe sans la sainteté interne n'est point la sainteté, 2190, 10177. Les états de sainteté, dont l'homme a été gratifié à son insu, lui sont conservés par le Seigneur pour l'usage de la vie éternelle, 1618. La sainteté représentée, abstraction faite de la personne qui représentait, affectait les esprits qui étaient chez cette personne, et par suite les anges dans le ciel, 4545. Sainteté de la Parole; combien elle est grande! 3839. La sainteté et la vie de la Parole proviennent du sens interne, 8943. De ceux qui nient dans leur cœur la sainteté de la Parole, 8971. Sainteté des mariages; combien elle est grande! 9961. Dans la Parole, la sainteté à Jéhovah *sign.* le divin humain du Seigneur, et par suite tout bien céleste et spirituel, 9932. Les mots sainteté à Jéhovah ont été gravés sur une plaque d'or, et posés sur le front d'Aharon, parce qu'ainsi cette sainteté était en présence de tout le peuple, 9932. Quels sont, dans l'autre vie, ceux qui ont vécu dans la sainteté externe, et non d'après la sainteté interne, 951, 952.

SAINTS, *Sancti.* Ceux qui, dans la vie du corps, ont cru être saints ont, dans l'autre vie, une face qui resplendit, et sont tenus jusqu'à l'anxiété dans un ardent désir de monter au ciel; quelle est leur fin, 951. Comment il faut entendre que les anges, les prophètes et les apôtres sont dits saints; ils étaient saints, non d'après eux-mêmes, mais d'après le Seigneur; les anges, parce qu'ils sont les réceptacles du divin vrai qui procède du Seigneur; les prophètes, parce que par eux est signifiée la Parole, qui est le divin vrai, et les apôtres, parce que par eux est signifié tout vrai qui appartient à la foi, et tout bien qui appartient à l'amour, dans le complexe, 9820, 9229. Le Seigneur seul est saint; *montré,* 9229. Ceux qui, dans la Parole, sont appelés justes et saints, sont ceux qui savent et reconnaissent que tout bien vient du Seigneur, et que tout mal vient d'eux-mêmes, 5069. Autant ceux qui sont de l'église spirituelle reçoivent le bien du Seigneur, autant ils sont saints d'après le Seigneur, 8806. Dans la Parole, les saints anges *sign.* les vrais qui procèdent du divin bien du Seigneur, 4809.

SAISIR, *Capere*. L'homme saisit facilement les choses qui lui plaisent, 9993. Saisir les choses selon leur essence, c'est les saisir spirituellement, 10216. Les choses qui sont divines, ou qui sont infinies, ne sont saisies qu'au moyen des choses finies, dont l'homme peut avoir une idée, 3938. Tous les vrais de la foi, que l'homme puise dès l'enfance, sont saisis par des objets, et de là par des idées qui viennent de la lumière du monde; ainsi, ils sont en général et en particulier saisis naturellement, 5477. Les spirituels sont saisis par ceux qui sont dans le bien tout autrement que par ceux qui ne sont pas dans le bien, 5478. Si les spirituels n'étaient pas fixés d'une manière représentative dans le naturel, ainsi par des choses qui sont dans le monde, ils ne seraient nullement saisis, 5373. Aucun homme ne saisit jamais quelque chose de la foi, même ce qu'elle a de plus secret, sans quelque idée rationnelle, et même naturelle, quoique l'homme le plus souvent ne sache pas quelle est cette idée, 3394, 3310, *f*. Ce que l'homme ne voit pas d'après le naturel, il ne le saisit pas, 4967. Ceux qui aiment les maux peuvent, il est vrai, saisir et en quelque sorte comprendre les vrais, mais ils ne peuvent être régénérés, 10367, *m*. Les vrais qu'on peut saisir sont en très-petit nombre, et par conséquent c'est une folie de penser que ce qu'on ne saisit pas n'est pas un vrai, 1072. Les vrais divins mêmes sont tels, que jamais ils ne peuvent être saisis par aucun ange,

ni à plus forte raison par aucun homme, 3362.

SALAIRE, *Quæstus*. Par le salaire de prostitution, — Ésaïe, XXIII. 17, — est signifiée l'ostentation du faux, 2466.

SALÉ (être), *Saliri*. Ce qui est salé, c'est ce en quoi il y a le désir du vrai pour le bien, 10300. Chacun de feu sera salé, — Marc, IX. 49, — *sign.* que chacun doit désirer d'après l'amour réel; tout sacrifice de sel sera salé *sign.* que le désir d'après l'amour réel doit être dans tout culte, 10300. Être salé de feu, c'est le désir du bien pour le vrai, et être salé de sel, c'est le désir du vrai pour le bien, 9207. Dans le sens opposé, une terre salée, — Jérém. XVII. 6, — *sign.* des désirs corrompus, 10300. *Voir* SEL.

SALOMON. La reine de Schéba représentait la sagesse et l'intelligence, lorsqu'elle vint voir Salomon, qui dans le sens interne est le Seigneur, 3048.

SALUT, *Salus*. *Voir* SALVATION, SAUVER. Du Seigneur procède tout salut; *montré*, 10817. L'amour du Seigneur a été le salut du genre humain, 1820. Le salut de chacun dépend de la connaissance et de la reconnaissance de Dieu, 10205. Le salut vient du bien qui appartient à l'amour et du vrai qui appartient à la foi, 10773. Comment il faut entendre que sans le Seigneur il n'y a point de salut, 10828. Ceux-là qui sont hors du Seigneur, et pour qui il n'y a point de salut, ce sont des chrétiens encore plus que des gentils; pourquoi? 4190, *f*.

SALVATION, *Salvatio*. *Voir* SALUT, SAUVER. Ce que c'est que l'œuvre de la salvation, 10152. La salvation a lieu par le divin humain du Seigneur, 2833, uniquement par l'union de l'essence divine avec l'essence humaine, 2457. La salvation de l'homme est due à la glorification de l'humain du Seigneur, et à la subjugation des enfers par le Seigneur, 10655. Il n'y a aucune salvation par la foi, mais il y a salvation par la vie selon les vrais de la foi, 379, 389, 2228, 4663, 4721. Il n'y a aucune salvation, si faire le bien n'est pas conjoint avec vouloir le bien et penser le bien, c'est-à-dire, si l'homme externe n'a pas été conjoint avec l'homme interne, 3987. Il n'y a pas salvation par la prière au Père, afin qu'il ait pitié à cause du Fils, 2854.

SALVIFIQUE (foi). *Voir* FOI.

SAMARIE. Dans la Parole, Samarie *sign.* l'affection du vrai, 9057; c'est l'église qui est dans l'affection du vrai, et Jérusalem l'église qui est dans l'affection du bien, 2466. La fontaine de Jacob, — Jean, IV. 5 à 14, — *sign.* la Parole, l'eau le vrai, et Samarie l'église spirituelle, 2702. Dans le sens opposé, Samarie est l'église spirituelle pervertie, 6534; c'est l'église de la foi pervertie, 9156. Ceux qui habitent dans Samarie, — Amos, III. 12, — *sign.* ceux qui sont dans le culte externe, 10050.

SAMARITAIN. Par le samaritain,— Luc, X. 30 à 35,— est entendu celui qui est dans l'affection du vrai, 9057.

SAMLAH, roi d'Édom, *sign.* la qualité d'un des vrais principaux dans le divin humain du Seigneur, 4650.

SAMSON. *Voir* SIMSON.

SAMSUMIM (les) *sign.* ceux qui sont imbus des persuasions du mal et du faux, 2468. Les fils d'Ammon ont expulsé les Réphaim, qu'ils appelaient Samsumim, 2468, 1868.

SAMUEL. Les deux dignités de prêtre et de juge, divisées dans le commencement, furent ensuite réunies dans une seule personne, par exemple, dans Samuel, 6148.

SANCTIFICATION, *Sanctificatio.* Toute sanctification représente le Seigneur, parce que lui seul est saint, 9988. Chez le peuple israélite et juif il y avait des sanctifications, afin que fût représenté le Seigneur qui seul est saint, et afin que fût représenté le saint qui procède de lui seul; *montré*, 9229. Chez les Juifs la sanctification, c'était voiler les intérieurs, afin que ces intérieurs n'apparussent point, quand eux étaient dans les représentatifs, 8788, 8806. Relativement à ceux qui sont de l'église spirituelle, la sanctification c'est d'être conduit par le Seigneur, et cela est le saint, 8806. La sanctification est la purification du cœur, 4545, *f.* La sanctification était représentée chez les Juifs par le rite de la lavation, 4545. Par la sanctification des premiers-nés était signifiée la foi au Seigneur, 8038. Les sanctifications se faisaient par l'huile, parce que l'huile *sign.* le bien de l'amour, 9569. *Voir* SAINT, SANCTIFIER.

SANCTIFIÉES (choses), *Sanctificata.* Par l'action de manger des choses sanctifiées, il était signifié l'appropriation du bien et la consociation par l'amour, 8682.

SANCTIFIER, *Sanctificare.* C'est représenter le Seigneur quant au divin humain, 9956, 9988. Sanctifier Jéhovah, c'est attribuer au Seigneur, 8042. Sanctifier à Jéhovah, quand il s'agit du premier-né, c'est aussi attribuer au Seigneur, et c'est la même chose que faire passer et sacrifier, 8074, 8088. Les statuts de l'église ancienne portaient que les premiers-nés devaient être sanctifiés à Dieu; mais par sanctifier, on a commencé à entendre sacrifier; les descendants de Jacob inclinaient aussi à faire la même chose; c'est pourquoi, afin que cela ne fût pas fait, les Lévites ont été pris à la place des premiers-nés, 8080. Sanctifier, c'est représenter les choses saintes qui procèdent du Seigneur, 10091, 10126. Sanctifier, c'est l'influx et la présence du Seigneur, 10276, 10277; c'est le réceptif du divin procédant du Seigneur, 10149. Se sanctifier soi-même, lorsque cela est dit du Seigneur, c'est se faire divin par la propre puissance, 9229. Être sanctifié, c'est recevoir du Seigneur le bien et le vrai, 10128; c'est être accepté par le Seigneur, 10128. Être sanctifié, c'est ne pouvoir être violé, 8887, 8895. Ce qui sanctifie l'homme, c'est l'amour envers le Seigneur et la charité à l'égard du prochain, 4727. Sont dits « sanctifiés dans la vérité, » ceux qui reçoivent par la foi et par la vie le divin vrai procédant du Seigneur, 9229. Voir SANCTIFICATION.

SANCTUAIRE, *Sanctuarium.* Voir SAINT DES SAINTS. Le sanctuaire, qui était le saint des saints dans le tabernacle et dans le temple, signifiait le divin bien même et le divin vrai même dans le divin humain du Seigneur, auquel a été conjoint le vrai d'après l'humain, 3210. Le sanctuaire, c'est où il y a le divin vrai dans lequel est le divin bien, 8309. Le sanctuaire, dans le sens suprême, est le vrai de la foi qui procède du Seigneur; et par suite, dans le sens représentatif, c'est le royaume spirituel du Seigneur, puis l'église spirituelle, et par conséquent l'homme régénéré, qui est église, 8330. Le sanctuaire était un représentatif du Seigneur et du ciel, 9479, 9932. Dans le sens suprême, le sanctuaire est le Seigneur; *montré*, 9479. Le sanctuaire est le ciel et aussi l'église, et les sanctuaires sont les choses qui, par le Seigneur, sont dans le ciel et dans l'église, 9479. Le sanctuaire est le ciel où est le divin de la foi, 8330. Le sanctuaire de la Parole est son sens interne, 5398. Les sanctuaires, comme l'autel, la tente, étaient souillés par les péchés du peuple; *montré et illustré*, 10208. Les eaux qui sortent du sanctuaire, — Ézéch. XLVII. 12, — *sign.* les choses qui appartiennent à l'intelligence et à la sagesse, 6502.

SANG, *Sanguis.* C'est le saint, la charité, l'amour, le Seigneur lui-même, 1001. Le sang est le saint vrai procédant du Seigneur; et, dans le sens opposé, le vrai falsifié et profané; *montré*, 4735, 6978, 7317, 7326. Le sang est le divin vrai du divin bien qui procède du divin humain du Seigneur, et le réciproque de l'homme, 7850. C'est le saint vrai qui appartient au bien de l'innocence, 7846.

Le sang du Seigneur *sign.* le divin vrai et le saint de la foi, 4735, 4978, 7317, 7326, 7846, 7850, 7877, 9127, 9393, 10026, 10033, 10152, 10204. Dans la sainte cène le sang du Seigneur est le bien de la foi, et la chair est le bien de l'amour, 10521. Ce qui est entendu par le sang et l'eau qui sortirent du côté du Seigneur, 9127. Ce que signifie « le Seigneur a racheté l'homme par son sang, » dans le sens externe, dans le sens interne, et dans le sens intime; dans celui-ci, c'est qu'il a subjugué les enfers, et remis toutes choses en ordre dans les cieux, et qu'autrement l'homme n'aurait pu être sauvé, et que cela a été fait par son divin humain; *montré*, 10152. Personne n'est sauvé par le sang du Seigneur, 10152. Comment il faut entendre que le Seigneur a racheté l'homme par son sang, 10152. Lorsque Swedenborg lisait dans la Parole *le sang de l'Agneau*, et qu'il pensait *au sang du Seigneur*, les anges chez lui ne savaient autre chose, sinon qu'il lisait *le divin vrai du Seigneur*, et qu'il pensait *à ce vrai*, 9410, *f*.

Le sang par rapport à l'homme régénéré spirituel *sign.* la charité ou l'amour envers le prochain ; par rapport à l'homme régénéré céleste, il *sign.* l'amour envers le Seigneur, mais par rapport au Seigneur il *sign.* toute son humaine essence, par conséquent l'amour même, c'est-à-dire, sa miséricorde envers tout le genre humain, 1001. Le sang, dans le sens opposé, *sig.* tout péché, et principalement la haine, 347. Il est dit quelquefois *sangs* au pluriel, parce que toutes les iniquités et les abominations prennent leur source dans la haine, comme toutes les choses bonnes et saintes dans l'amour, 374. Dans les holocaustes et dans les sacrifices, le sang était répandu sur l'autel alentour, mais, dans les sacrifices, pour le délit et pour le péché, il était répandu au fondement de l'autel, 10047; l'aspersion du sang sur l'autel alentour représentait l'union du divin vrai et du divin bien en toute manière tant dans l'homme interne que dans l'homme externe, et l'aspersion du sang au fondement de l'autel représentait l'union du divin vrai et du divin bien seulement dans l'homme externe, 10047.

Si, dans la Parole, le sang est appelé âme, c'est parce que la vie du corps consiste dans le sang, et qu'ainsi le sang peut être dit âme corporelle, ou ce dans quoi est la vie corporelle de l'homme, 1001, *f*. L'action de manger du sang a été très-sévèrement défendue dans l'église juive; pourquoi? 3757. L'action de manger du sang est la profanation, 1003. Le sang qui crie, c'est le délit, 376. Le sang est la violence faite à la charité, et tout mal, 374. Le sang qui est recherché, c'est le remords de conscience, 5476. Teindre de sang, c'est souiller par les faux, 4770. Répandre le sang, c'est tuer ; mais, dans le sens interne, c'est avoir de la haine contre le prochain, 1010. Répandre le sang, c'est violer le saint, 4735; c'est faire violence au divin vrai, 374, 1005, 4735, 5476, 9127 ; c'est faire violence au vrai divin, ou au vrai du bien, et aussi au bien lui-même; *montré*, 9127. Répandre le sang des fils et des filles, c'est éteindre tous les vrais de la foi, et tous les biens de la charité, 1167. Couvrir le sang, c'est cacher entièrement le saint vrai, 4751. La ville de sangs, — Nah. III. 1, — *sign.* la doctrine du faux, 6978. Le jugement de sang, — Ézéch. VII. 23, — est la destruction de la foi, la violence est la destruction de la charité, 6353. Le sang de l'agneau est le vrai du bien de l'innocence, 7846, 7877; c'est le divin vrai qui procède du Seigneur, 9127, *f*. Être blanchi dans le sang de l'agneau, c'est attribuer tout à la grâce et à la miséricorde du Seigneur, 4007. Le sang des raisins, c'est le divin bien procédant du divin amour du Seigneur, 6378. Le sang est le propre intellectuel et la chair le propre volontaire, 10283. Purification du sang; ce qu'elle représente, 5173. Être purifié par le sang du Seigneur, c'est recevoir le vrai de la foi provenant de lui, 9127.

Dans l'autre vie, les féroces et les violents se plaisent à voir du sang, 954. Qui sont ceux qui ont leur rapport avec les vices du sang, vices qui se répandent dans toutes les veines et dans toutes les artères et corrompent toute la masse? 5719. Esprits qui correspondent chez l'homme aux choses vicieuses du sang plus pur, qui est nommé esprit animal; quels sont ces esprits? 4227.

SANGLIER, *Aper.* Dans David, — Ps. LXXX. 14, — le sanglier de la forêt est le faux, et la bête des champs est le mal, qui détruisent l'église quant à la foi au Seigneur, 5113.

SANGUINAIRES. Les esprits qui, dans la vie du corps, ont été sanguinaires, se plaisent à frapper les esprits jusqu'au sang; et quand ils ont vu le sang, car leur fantaisie est telle, qu'ils voient comme du sang, ils sont transportés de joie, 954.

SANTÉ, *Sanitas.* D'où venaient chez les anciens la santé et la longévité, et par suite l'intelligence et la sagesse, 7996. Fin pour laquelle on doit rechercher la santé, 5159. Il faut pourvoir à la santé du corps comme moyen pour la santé de l'esprit, et ainsi pourvoir à la santé de l'esprit comme moyen pour puiser la vraie intelligence et la vraie sagesse, etc., 4459. Dans la Parole, par ceux qui sont en santé il est entendu les justes, et par ceux qui se portent mal les pécheurs, 6502. La santé de la fille de mon peuple, — Jérém. VIII. 22, — *sign.* le vrai de la doctrine dans l'église, 6502.

SAPHIR, *Sapphirus.* Dans le commun sens, le saphir est l'externe du royaume céleste; *montré,* 9873. Un ouvrage de saphir, c'est ce qui est transparent par les vrais internes, et tout ce qui procède du Seigneur; *montré,* 9407. Chrysoprase, saphir et diamant, c'est l'amour céleste du vrai, qui est l'externe du ciel intime; *illustré,* 9868.

SAPIN, *Abies.* Le sapin, le pin et le buis, — Ésaïe, LX. 13, — sont les célestes naturels, et les cèdres sont les célestes spirituels, 2162, 9406. Dans Ézéch., — XXX. 8, — les cèdres sont les rationnels, les sapins et les platanes sont les naturels, les sapins les naturels quant au bien, et les platanes les naturels quant au vrai, 4014.

SARAH. *Voir* SARAÏ. Sarah est le vrai du bien ou l'intellectuel divin, 2063, 2065. Sarah comme épouse est le vrai spirituel conjoint au bien céleste, 2507. Sarah représente le vrai, et Abraham le bien, 2172, 2173. Abraham représente le Seigneur quant au bien rationnel, et Sarah représente le Seigneur quant au vrai rationnel, 2198.

SARAÏ. *Voir* SARAH. C'est le vrai adjoint au bien, 1468. C'est le vrai intellectuel adjoint au bien, 1901. Saraï épouse est l'affection du vrai, 1904. Saraï a été appelée Sarah, afin que par l'adjonction de l'H, tirée du nom de Jéhovah, elle représentât le divin intellectuel du Seigneur, 2063.

SAREPTA (ville). La veuve dans Sarepta, — I Rois, XVI, 1 à 17, — *sign.* ceux qui hors de l'église désirent le vrai, 4844. Il est dit Sarepta de Sidon, — Luc, XVII. 9 à 16, — parce que Sidon *sign.* les connaissances du bien et du vrai, 9198.

SARMENTS, *Propagines.* Ce sont les dérivations de l'intellectuel qui est signifié par le cep, 5114, 5122.

SARON. *Voir* SCHARON.

SATELLITES, *Satellites.* Ce sont les choses qui servent, 4790. Le prince des satellites *sign.* les choses principales pour l'interprétation, 4790, 4966, 5084. Satellites de Saturne, 8954. Les satellites des planètes sont des terres habitées par des hommes, 6697.

SATIÉTÉ, *Satietas.* Manger du pain à satiété, c'est jouir du bien des voluptés autant qu'on veut, car c'est la volonté qui est rassasiée par le bien chez les bons, et par le mal chez les méchants, 8410.

SATURNE (terre ou planète de). Des esprits et des habitants de la planète de Saturne, 8947 à 8957. Les esprits de cette terre et aussi la terre elle-même apparaissent par devant, à une distance considérable, 8947. Ils sont probes et modestes, 8948. Ils apparaissent petits; pourquoi? 8948. Ils adorent notre Seigneur et le reconnaissent pour l'unique Dieu, 8949. Le Seigneur apparaît parfois sous une forme angélique, ainsi comme homme, à ceux qui sont sur cette terre, 8949. Les habitants, quand ils parviennent à un certain âge, conversent avec les esprits qui les instruisent sur le Seigneur, 8949. Quand d'autres cherchent à séduire les esprits de cette terre et à les détourner de la foi au Seigneur, ceux-ci disent qu'ils veulent mourir, 8950; alors il semble qu'ils veulent se tuer avec de petits couteaux; ce que cela signifie, 8950. Les esprits de la terre de Saturne ont relation dans le très-grand homme avec un médium entre le sens spirituel et le sens naturel, mais un médium qui s'éloigne du naturel et s'approche du spirituel, 9107. Les esprits de Saturne sont étonnés de ce que les esprits de notre terre leur demandent quel Dieu ils adorent, puisque le Seigneur est l'unique Dieu, 9105. Collision entre l'homme interne ou spirituel et l'homme externe ou naturel, mise en évidence au moyen des esprits de Saturne et des esprits de notre terre, 9107, 9108, 9109, 9110. Les esprits de Mercure viennent vers ceux de Saturne, et recherchent les choses qu'ils connaissent, 9106.

Les habitants de Saturne vivent ensemble par couple avec leurs enfants, ainsi par familles; il n'y a là ni villes, ni royaumes, 8954. Ils savent tous qu'ils vivront après la mort, 8955. Ils ne font aucun cas de leur corps, sinon pour ce qui concerne la vie; ils ne l'ensevelissent pas après la mort, mais ils le jettent loin et le couvrent de branches d'arbres, 8955. Leur nourriture consiste en fruits et en légumes; leur vêtement est léger, parce qu'ils sont enveloppés d'une peau épaisse, 8956.

L'anneau leur apparaît, non comme un anneau, mais comme quelque chose de blanc comme neige dans le ciel avec variation de direction, 8952.

SAÜL, *Voir* SCHAUL.

SAULE, *Salix.* Les saules du torrent, — Lév. XXIII. 40, — *sign.* le vrai sensuel, qui est le plus externe, 7093; — *sign.* les vrais infimes du naturel, 8369; — *sign.* les vrais extérieurs qui appartiennent aux sensuels du corps, 9296.

SAUTERELLE, *Locusta.* C'est le faux dans les extrêmes; *montré*, 7643, 7682, 7686. Les faux que la sauterelle signifie sont les faux qui consument les vrais et les biens les plus communs, 7646. Les sauterelles, — Apoc. IX. 7, — *sign.* ceux qui sont dans les faux externes, 9052; les queues des sauterelles, — Apoc. IX. 10, — *sign.* les raisonnements insidieux d'après lesquels ils persuadent et nuisent, 10071. La sauterelle *sign.* le faux, et le grillon le mal, l'un et l'autre dans les extrêmes, 7643. La nourriture de Jean le baptiste, qui se composait de sauterelles et de miel sauvage, signifiait la Parole tel qu'est son sens littéral quant au bien, 5620, 7643; les sauterelles *sign.* les vrais derniers ou les plus communs, et le miel sauvage le charme de ces vrais, 9372.

SAUVER, *Salvare.* Le Seigneur a sauvé le genre humain par la subjugation des enfers, et en même temps par la glorification de son humain, 1676, 4180, 10019. Si le Seigneur n'avait pas uni l'humain au divin, afin que l'homme pût par son mental considérer et adorer l'humain du Seigneur, et par conséquent s'approcher du divin, jamais l'homme n'aurait pu être sauvé, 3441. Ceux qui sont de l'église spirituelle sont sauvés par le divin humain du Seigneur, 7091, 7932. Sont sauvés ceux qui sont dans le bien de la vie, ou qui vivent dans l'amour envers Dieu et dans la charité à l'égard du prochain, 3986. Sont sauvés tous ceux qui ont eu la conscience, mais ceux qui n'ont eu aucune conscience ne peuvent être sauvés, 5145. C'est la vie de la foi qui sauve l'homme; *montré*, 4721, *f.* Comment sont sauvés ceux qui sont dans le vrai de la foi, s'ils s'éloignent du mal, 2388. Comment sont sauvés les gentils qui ont vécu dans l'obéissance et dans la charité mutuelle, 2590, 2985. Ceux-là sont sauvés, qui reçoivent le Seigneur et croient en lui, mais non ceux qui sont dans les maux et par suite dans les faux, 10829. L'homme ne peut nullement être sauvé par la pensée, ou par ce qu'on appelle communément la foi, mais il est sauvé par la vie qu'il s'est acquise dans le monde au moyen des connaissances de la foi, 2228. Les vrais qui procèdent du Seigneur ne sauvent pas, si l'homme croit qu'il est sauvé d'après les vrais de la foi chez lui, et non d'après la miséricorde, 7206. Tout homme chez qui il y a l'église est sauvé, 10766. L'homme ne peut être sauvé, s'il n'est pas régénéré, 5280, 8548, 8772. Si la foi cogitative sauvait, tous seraient sauvés, 2363, 10659. Ceux qui, d'après la doctrine de leur église, pensent que la foi seule sauve sont sauvés, s'ils font le juste à cause du juste, et le bien à cause du bien; car ainsi ils sont néanmoins dans la charité, 2442, 3242, 3459, 3463, 7506, 7507. Il est impossible que l'homme qui vit dans le mal puisse être sauvé d'après la seule miséricorde, 8700. Personne n'est sauvé par le sang du Seigneur, mais on est sauvé par la vie selon les préceptes de la foi et de la charité tirés de la Parole du Seigneur, 10152. Il est impossible que ceux qui sont dans l'enfer puissent en être tirés par la pure miséricorde du Seigneur, et être placés dans le ciel et sauvés, 8700. C'est pendant la vie dans le monde que chacun est sauvé par la réception de la miséricorde du Seigneur, 8700. On croit qu'après la mort l'homme est aussitôt damné ou sauvé, et que c'est sans aucune progression, mais il en est tout autrement, 7795. Dans l'autre vie, les bons et les justes sont sauvés, avant que les méchants périssent, 2438. *Voir* SALVATION.

SAUVEUR, *Salvator.* Le Seigneur, dans la Parole, est appelé le Sauveur, parce qu'en faisant en soi divin son humain il a sauvé l'homme, 7091; c'est Jéhovah qui est appelé ainsi, par conséquent aussi le Seigneur, 7091. Pour recevoir la foi, il faut avant tout reconnaître que le Seigneur est le Sauveur du monde; *montré*, 10083. Comment il doit être entendu que le Seigneur est le Sauveur du genre humain, 10152.

SAVANT, *Doctus*. Voir SAGE, INTELLIGENT, ÉRUDIT. Les savants ne savent pas des choses que savent les simples; *exemples*, 206. Chez les savants du monde qui se confirment, d'après les scientifiques, contre les choses qui sont du ciel et de l'église, l'interne est fermé plus que chez les simples; trois causes, 10492. Les savants croient moins que les autres, 1911. Les savants ne savent pas ce que c'est que la perception, 1387. Les savants savent moins de choses que les simples sur le ciel, sur le bien et le vrai, et sur plusieurs autres sujets; d'après l'*expérience*, 3747, 3748, 3749, 4156, 4760. Les savants ne saisissent pas ce que c'est que l'esprit et la vie après la mort; *expérience*, 6317. Les savants d'aujourd'hui aiment à se méprendre sur l'écorce et à disputer, non sur la qualité des choses, mais sur leur existence, 3677. Les savants croient qu'ils recevraient de préférence la Parole, si elle était écrite autrement; mais ils se trompent étrangement, et la plupart d'entre eux sont athées et naturalistes, 8783. Dans l'enfer, il y a beaucoup de savants qui étaient dans les vrais de la foi d'après la Parole; et, dans le ciel, il y en a qui étaient dans les non-vrais et dans les faux; la raison de cela, c'est que ceux-là n'étaient pas dans le bien; *illustré* et *montré* d'après la Parole, 9192. Les savants ont moins de sagesse que les simples, parce qu'ils sont sensuels, 5089, 6316. Les savants ne croient pas des choses que croient les simples, parce que d'après le négatif ils consultent les scientifiques, et ainsi se privent de la vue intérieure, 4760. Un très-grand nombre de savants sont dans la persuasion du faux, parce qu'ils confirment les faux par les scientifiques, 5128. Le nombre de ceux qui croient qu'il y a un ciel est bien plus petit parmi les savants que parmi les simples, 3482. Les savants s'attachent aux termes, et inclinent à discuter sur chaque chose si elle est, ou n'est pas; dans quelles ténèbres ils sont! 3348. Les savants, les sages et les intelligents *sign.* ceux qui sont dans le bien, lors même qu'ils ne seraient dans aucune sagesse ni aucune intelligence humaines; et ce sont eux qui brilleront comme les étoiles, 3820. Dans la Parole, « homme savant, » se dit de l'affection du vrai, 3309, *c*.

SAVEUR, *Sapor*. Voir GOÛT. La saveur et la douceur qu'on perçoit dans les raisins mûrs *sign.* la prédomination du bien, 5117.

SAVOIR, *Scire*. Autre chose est d'être sage, autre chose de comprendre, autre chose de savoir, et autre chose de faire; mais néanmoins chez ceux qui sont dans la vie spirituelle, ces choses se suivent en ordre, et sont en même temps dans le faire ou dans les faits, 10331. C'est aussi autre chose de savoir, autre chose de reconnaître, et autre chose d'avoir la foi, 896. Savoir, ce n'est pas croire; croire est interne, et cet interne ne peut exister que dans l'affection du bien et du vrai, 4319. Savoir le bien et le vrai, ce n'est pas les avoir ou en être affecté de cœur, 896, 3402. Savoir le vrai et le bien et agir d'après cela, c'est l'externe de l'église ; mais vouloir et aimer le vrai et le bien, et agir d'après cela, c'est l'interne de l'église, 4899, 6775. Dans l'ancienne église, les connaissances et les scientifiques consistaient à savoir ce que les rites de l'église représentaient et signifiaient, et aussi ce que représentaient et signifiaient les autres choses dans le monde, 4844. Dans le monde savant, la controverse consiste seulement à savoir si la chose est ainsi ou n'est pas ainsi, 3428. Ceux qui raisonnent pour savoir si la chose est ou n'est pas ainsi sont dans l'obscur ; ils ignorent des choses innombrables, et ne voient pas le premier seuil de la sagesse, 3833. Par la seule lueur naturelle, on ne sait rien de ce qui concerne le Seigneur, le ciel et l'enfer, la vie de l'homme après la mort, et les divins vrais par lesquels l'homme a la vie spirituelle et éternelle, 8944, 10318, 10319, 10320. Ceux qui raisonnent sur les choses qui appartiennent à la foi doutent et ne savent rien, 215. Ce que l'homme sait et comprend de telle manière, il l'appelle vrai, 4301. L'homme peut de lui-même savoir plusieurs choses sur l'état de la vie après la mort, 3957. Il est nécessaire que l'homme sache si en lui il y a le ciel ou s'il y a l'enfer, 7181 ; il peut le savoir d'après ses amours mêmes, 1673, 1680, 9434. On ne peut pas savoir ce que c'est que l'enfer, à moins qu'on ne sache ce que c'est que le mal, 7181. Si l'homme savait combien il y a de paix, de joie et de félicité dans la charité, il saurait ce que c'est que le ciel, 4783. Ceux-là seuls qui sont par le Seigneur dans le bien et dans le vrai savent ce que c'est que l'amour vraiment conjugal, 10171. L'homme naturel peut savoir, d'après le rationnel, ce que c'est que le bien et le vrai, mais seulement le bien et le vrai civils, et non le le bien et le vrai spirituels, 3768. Comment l'homme peut savoir si la foi chez lui vient du Seigneur ou vient de lui-même, 9297.

Combien est grand chez les esprits le désir de savoir, et combien ils sont tourmentés quand on les empêche de savoir ce que savent les autres ! 1973. Chez les anges, le désir de savoir et d'être sage est immense, parce que la science, l'intelligence et la sagesse sont la nourriture spirituelle, 3114, 4459, 4792, 4972, 5147, 5293, 5340, 5342, 5410, 5426, 5576, 5582, 5588, 5655, 6277, 8562, 9003. Tout ce que savent les esprits et les anges influe du Seigneur par le ciel, ainsi par des communications, 7572. Il est difficile pour l'homme de croire que les esprits savent ce qu'il pense, et le savent même mieux que lui, 5855. L'homme peut savoir quels esprits sont chez lui, pourvu qu'il observe quels sont ses amours, 4307.

SCANDALE, *Scandalum*. Le scandale (occasion ou sujet de chute) *sign*. le faux, 2813. L'humain du Seigneur est un scandale pour beaucoup d'esprits dans l'autre vie, parce qu'il avait été un scandale pour eux dans la vie du corps, quoiqu'alors ils n'eussent rien divulgué de ce qu'ils en pensaient, 2034, 3704. Aujourd'hui, si Jéhovah apparaîssait dans l'église comme homme, ce serait un scandale, et l'on penserait qu'étant vu comme homme, il ne serait nullement Créateur et Seigneur de l'univers, 6876. Sphère de scandale contre le Seigneur perçue comme une odeur d'eau croupie, ou d'eau corrompue par des ordures, 4629. Voir SCANDALISER.

SCANDALISER, *Scandalizare.* Par le pied, qu'on doit couper, s'il scandalise, — Marc, IX. 45, — il est entendu que le naturel, qui s'oppose continuellement au spirituel, devait être détruit, s'il s'efforçait d'enfreindre les vrais, 4302. L'œil droit qui scandalise, — Matth. V. 29, 30, — *sign.* la convoitise du mal, et la main droite qui scandalise *sign.* la convoitise du faux, 8910. Les érudits doivent se garder de penser à l'humain du Seigneur sans en même temps le croire divin ; s'ils ne s'en gardent pas, ils se scandalisent, et finissent par ne rien croire, 4733. Voir SCANDALE.

SCEAU, *Sigillum.* Le cachet ou le sceau *sign.* la marque du consentement, 4874. Le sceau sur la main *sign.* le consentement et la confirmation, 5317. Ceux qui ont le sceau de Dieu sur leur front sont ceux qui ont été régénérés, 7643.

SCÉLÉRAT, *Scelestus.* De la salvation par la foi seule est découlée cette erreur, que même les plus scélérats sont reçus dans le ciel, pourvu qu'à la dernière heure de la mort ils reconnaissent les choses qui sont de foi, 4925. Ceux qui aujourd'hui constituent, quant à la plus grande partie, dans le très-grand homme, le sens commun involontaire, sont les plus scélérats de tous, principalement ceux du monde chrétien, 4327.

SCELLER, *Obsignare.* Sceller la vision et le prophète, — Dan. IX. 24, — c'est renfermer les choses qui ont été dites du Seigneur dans la Parole, et les accomplir, 9954.

SCEPTRE, *Sceptrum.* Le sceptre, ou bâton court, marque de la royauté, *sign.* la puissance du vrai d'après le bien, 4013, 4876, 6371, 7026. Le gouvernement d'après le divin bien était représenté par la couronne, et le gouvernement d'après le divin vrai par le sceptre, 9930. Voir BATON.

SCHADDAÏ, *Schaddaï.* Les anciens avaient désigné le Divin ou le Seigneur sous différents noms ; et cela, selon les diverses choses qui se manifestaient dans les effets ; par exemple, sous le nom de Dieu Schaddaï à cause des tentations dans lesquelles le Seigneur combat pour l'homme, et après lesquelles ensuite il fait du bien, 4162, 5376. Relativement aux tentations et aux bienfaits après les tentations, le Seigneur était appelé Schaddaï, 6429, 7193. Dieu Schaddaï, c'est la tentation, et aussi la consolation après la tentation, 4572, 5628. Schaddaï était le Dieu de la famille de Thérach, père d'Abraham, 5628. Schaddaï était le Dieu d'Abraham ; sous ce nom se présenta d'abord le Seigneur devant Abraham, 1992. Schaddaï, c'était Dieu dans la maison d'Abraham, de Jischak et de Jacob, 3667 ; c'était le nom de leur Dieu, et c'était Jéhovah lui-même ou le Seigneur, 6229. Schaddaï, ce sont les tentations, 3667. « Dieu Schaddaï te bénira, » *sign.* les tentations du vrai et du bien, par lesquelles se fait la conjonction, 3667.

SCHALEM (ville). C'est l'état de paix et de tranquillité, 1726. C'est la tranquillité de la paix, 4393. Dans la suite cette ville fut appelée Schéchem, 4430 ; *voir* SCHÉCHEM. Dans la langue originale, Schalem signifie la paix et aussi la perfection, 1726.

SCHAMMAH, fils de Réuel, fils d'Ésaü, — Gen. XXXVI. 13, 17, — *sign.* un état des dérivations d'après le mariage du bien et du vrai, 4646, 4647.

SCHARON. C'est l'église céleste, 5922. Dans Ésaïe, — LXV. 10, — Scharon est l'interne de l'église céleste, et la vallée d'Achor est l'externe, 10609.

SCHAUL de Rechoboth, roi d'Édom, *sign.* la qualité d'un des vrais principaux dans le divin humain du Seigneur, 4650.

SCHAUL, fils d'une cananite et de Schiméon, *sign.* le doctrinal, non d'une origine réelle de la foi, 6024.

SCHAUL, premier roi d'Israël. Schaul déchirant le pan de la tunique de Samuel représentait ce qu'avait dit Samuel, à savoir, que le royaume serait déchiré de dessus lui, et qu'il ne serait plus roi d'Israël, 4763. La lamentation de David sur Schaul traite de la doctrine du vrai combattant contre le faux du mal, 10540.

SCHAVEH. La vallée de Schaveh *sign.* les biens de l'homme externe, 1723.

SCHAVÉ-KIRJATHAÏM, 1669, 1673.

SCHÉBA, fils de Raamah. Les fils de Raamah *sign.* ceux qui n'ont pas eu de culte interne, mais qui ont eu les connaissances de la foi, dans la possession desquelles ils ont fait consister la religion, 1171. Schéba est une des nations qui ont eu ces connaissances, et signifie ces connaissances elles-mêmes, 1171, 1247. Les négociants de Schéba et de Raamah *sign.* ceux qui sont dans les connaissances du bien et du vrai, 10199; — *sign.* ceux qui sont dans les connaissances des célestes, 10254. L'or de Schéba est le bien des connaissances, 9881.

SCHÉBA, fils de Joktan, — Gen. X. 28, — *sign.* un des rites de l'église appelée Éber, 1245, 1247.

SCHÉBA, petit-fils d'Abraham par Kéturah. Schéba *sign.* particulièrement ceux qui sont dans le bien de la foi, et son frère Dédan ceux qui sont dans le vrai d'après le bien, 3240, *f.*, 3241, *c.* Schéba et Dédan, — Ézéch. XXXVIII. 13, — *sign.* les connaissances de l'église, et les dérivations du vrai, là; ou les doctrinaux de la charité et de la foi, et ceux qui sont dans ces doctrinaux, 3240. Schéba et Séba *sig.* les connaissances du bien et du vrai, 9293.

SCHÉBA (la reine de). Lorsqu'elle vint vers Salomon avec des aromates, de l'or et des pierres précieuses, elle représentait les célestes de la foi, 117. Elle représentait la sagesse et l'intelligence s'approchant du Seigneur, qui, dans le sens interne, est Salomon, 3048.

SCHÉCHEM. Ce que c'est, 1440, 1441. La ville de Schéchem, ce sont les vrais intérieurs de la foi, 4393. Schéchem anciennement appelée Schalem, puis Schéchem du nom du fils de Chamor, puis Sichar; *montré*, 4430. Schéchem *sign.* les premiers rudiments de la doctrine ou les communs des doctrinaux, 4707, 4709, 4716. Voir SCHALEM.

SCHÉCHEM, fils de Chamor. C'est le vrai de l'ancienne souche divine, 4454. Chamor le chivéen, père de Schéchem, avec sa nation et sa famille, avait été dans la terre de Canaan du nombre des restes de la très-ancienne église, 4454. Chamor est la vie, et Schéchem la doctrine, 4472, 4473. Schéchem est le vrai intérieur, ainsi le premier de la lumière, 4430. Le vrai, représenté par Schéchem et nommé vrai intérieur, n'est autre dans son essence que le bien de la charité, 4448. Chamor et Schéchem, étant d'entre les restes de la très-ancienne église, ont extrêmement péché en ce qu'ils ont reçu la circoncision, 4489, 4493. Ils ont été tués, parce qu'ils s'approchaient vers les externes, 4493, *f.*

Schélach, fils d'Arphaxad. C'était une nation, par laquelle était signifié ce qui appartient à la science provenant de celle que signifie Arphaxad, 1237, 1340.

Schélah, fils de Jehudah et d'une canaanite, *sign.* la qualité de l'idolâtrie provenant du faux du mal et du mal qui étaient dans la nation juive, 4825, 4826, 4837.

Schéleph, fils de Joktan, — Gen. X. 26, — *sign.* un des rites de l'église appelé Éber, 1245, 1247.

Schem. Les trois fils de Noach, sortis de l'arche, *sign.* les trois genres d'hommes qui ont constitué l'église ancienne, 1061. Schem *sign.* l'église interne, Cham l'église corrompue, Japheth l'église externe, 1062, 1083. Ont été appelés Schem ceux qui, dans l'église ancienne, ont été hommes internes, c'est-à-dire, ceux qui ont fait la charité le principal de la foi, 1062. Schem, c'est le culte interne, 1062, 1136, 1140. Ceux qui sont nommés fils de Schem étaient des hommes internes qui adorèrent le Seigneur, et aimèrent le prochain, 1141. Schem *sig.* aussi l'église ancienne en général, 1218. Schem, Cham et Japheth, *sig.* tout ce qui a appartenu aux églises dérivées de la première église ancienne appelée Noach , 764. Schem est la première chose de l'église, ou la charité; Cham, la seconde ou la foi; Japheth, la troisième ou le culte par la charité, et Canaan, la quatrième ou le culte dans les externes sans la foi et sans la charité, 1091; *illustré,* 1098. Les nativités de Schem *sign.* les dérivations de la seconde église ancienne, 1329, 1330. Les fils de Schem *sign.* les choses qui appartiennent à la sagesse, 1226. Chez les nations qui sont désignées par les fils de Schem, il y a eu une église interne, 1227. Habiter dans les tentes de Schem, c'est avoir en soi les internes par lesquels opère le Seigneur, 1102. Schem et Japheth, prenant un vêtement pour couvrir la nudité de leur père, *sign.* que ceux qu'ils représentent dans l'église interprètent en bien les erreurs et les chutes causées par les raisonnements, et les excusent, 1082 à 1088; *voir,* en outre, 9960. Différence entre Schem, qui est l'homme de l'église interne, et Japheth qui est l'homme de l'église externe, 1098.

Schéméber, roi de Séboïm, *sign.* un des genres de cupidités du mal et de persuasions du faux, contre lesquelles le Seigneur combattit, 1660, 1663.

Schéminith. Instrument de musique, 8337, *f.*

Schépho, fils de Schobal, chorite, — Gen. XXXVI. 23, — *sign.* une troisième classe de vrais, et une qualité de ces vrais, 4648.

Scheth, fils d'Adam, *sign.* la foi nouvelle par laquelle devait être implantée la charité, 436, 437, 438, 439. L'église qui a été appelée Scheth a été presque semblable à la très-ancienne église, 484.

Schibbah (puits). Dans la langue originale, Schibbah est un serment, et le serment *sign.* la confirmation; ce puits appelé Schibbah *sign.* la conjonction du vrai confirmé par les doctrinaux, 3465.

Schichor. Les eaux du Schichor

sont les scientifiques qui pervertissent, 5113. « Qu'as-tu à faire avec le chemin de l'Égypte pour boire les eaux du Schichor? » — Jérém. II. 18, — *sign.* qu'as-tu à faire avec les faux introduits par les scientifiques appliqués d'une manière perverse? 9341.

SCHIGAJON. Instrument de musique, 8337, *f.*

SCHILLEM, fils de Naphthali. Les fils de Naphthali *sign.* les tentations dans lesquelles est la victoire, et les doctrinaux qui les concernent, 6024.

SCHILOH. C'est le Seigneur, et alors la tranquillité de la paix, parce que par lui toutes choses ont été purifiées et mises en ordre dans le ciel, 6373. Le Seigneur est appelé Schiloh, parce que dans la langue originale Schiloh est dérivé d'un mot qui signifie la tranquillité, 6373.

SCHIMÉI, fils de Gerschon, — Exod. VI. 17, — *sign.* une première classe des dérivations du bien et du vrai qui proviennent des choses appartenant à la charité, 7230.

SCHIMÉON, fils de Jacob. C'est la foi par la volonté ; dans le complexe, c'est l'obéissance, et la volonté de faire le vrai d'après laquelle et par laquelle il y a la charité, 3869, 3870, 3871, 3872, 5461, 5482. La qualité signifiée par Schiméon est le second universel de l'église, ou le second état quand l'homme est régénéré et devient église, et c'est l'obéissance, 3872. Schiméon est la foi par la volonté et par l'acte, 7231. Schiméon est dans le sens suprême la providence, dans le sens interne la foi par la volonté, et dans le sens externe l'obéissance, 4606. Schiméon est la foi par la volonté, et Lévi l'amour spirituel ou la charité; et, dans le sens opposé, ils sont le faux et le mal qui appartiennent à l'église entièrement détruite, en général, 4497, 4502, 4503. Schiméon, c'est le faux de la foi, ainsi le contraire de la foi, par la volonté, 6352. Schiméon et Lévi ont représenté avec Ruben la foi sans la charité, ainsi l'affection du mal, 3870. Ruben ayant profané son représentatif et Schiméon ayant souillé le sien, ils perdirent leur primogéniture, et à leur place furent reconnus comme premiers-nés les fils de Joseph, Éphraïm et Ménascheh, 6238. Les fils de Schiméon *sign.* la foi par la volonté, et ses doctrinaux en général, 6024.

SCHIMRON, fils d'Ischaschar. Les fils d'Ischaschar *sign.* l'amour conjugal céleste et ses doctrinaux, 6024.

SCHINÉAB, roi d'Adma, *sign.* un des genres de cupidités du mal et de persuasions du faux, contre lesquelles le Seigneur combattit, 1660, 1663.

SCHINÉAR, — Gen. XIV. 1, 9, — *sign.* chez l'homme externe un des genres de biens et de vrais apparents, qui en eux-mêmes n'étaient ni des biens ni des vrais, 1660 à 1662, 1681. La terre de Schinéar *sign.* le culte externe qui renferme en lui le profane, 1183. Schinéar, où la femme a été emportée dans l'éphah, — Zach. V. 11, — est le culte externe dans lequel il y a intérieurement le profane, 8540, *f.*

SCHIPHRA, sage-femme hébreuse, *sign.* une qualité et un état du naturel où sont les vrais scientifiques, 6673. *Voir* SAGE-FEMME.

SCHISMATIQUES. Comment la papauté, par un décret sur la double nature du Seigneur, la divine et l'humaine, a pu apaiser les schismatiques et confirmer le pouvoir papal, 4738. *Voir* SCHISME.

SCHISME. Il n'y aurait ni schismes ni hérésies, si la charité régnait et vivait, 1834; alors le schisme ne serait pas même appelé schisme, ni l'hérésie hérésie, mais on dirait que c'est une doctrine selon l'opinion d'un tel, et on l'abandonnerait à la conscience de chacun, pourvu qu'elle ne niât pas les principes, c'est-à-dire, le Seigneur, la vie éternelle, la Parole, et pourvu qu'elle ne fût pas contre l'ordre divin, c'est-à-dire, contre les préceptes du décalogue, 1834.

SCHITTIM. Le bois de Schittim est le bien du mérite qui appartient au Seigneur seul, 9472; ainsi, au divin humain du Seigneur, parce qu'il en procède, 9635, 9689; c'est la justice, 9486, 9715; par conséquent aussi la miséricorde, 9528. C'est l'amour divin; *illustré*, 10178. Le bois de Schittim était le bois d'un cèdre très-précieux, et comme le bien du mérite, qui appartient au Seigneur seul, est l'unique bien qui règne dans le ciel et qui fait le ciel, c'est pour cela que ce bois était l'unique bois qui fut employé pour la construction du tabernacle, de l'arche, etc., 9472.

SCHOBAL, fils de Séir, chorite,—Gen. XXXVI. 20.— C'est une première classe de vrais dans le divin humain, et une qualité de ces vrais, 4648.

SCHOHAM. Les pierres de schoham sont les vrais de la foi d'après l'amour, 110; *montré*, 9476, 9872, 9873. Le schoham, dans le commun sens, est l'externe du royaume spirituel; *montré*, 9873. Le tharschisch, le schoham et le jaspe, sont l'amour spirituel du vrai ou le bien externe du royaume spirituel, 9872.

Les deux pierres de schoham, qui étaient sur les deux épaules de l'éphod, et sur lesquelles étaient gravés les douze noms des fils d'Israël, représentaient la même chose que les douze pierres du pectoral, mais à un moindre degré; pourquoi? 3858. *Voir* PECTORAL.

SCHOSCHANNIM. Instrument de musique, 8337, *f.*

SCHUA, homme canaanite, signifie la qualité du mal d'après le faux du mal, 4819. La fille de Schua *sign.* le mal, 4823. La fille de Schua, épouse de Jehudah, *sign.* le mal d'après le faux, 4851.

SCHUACH, fils d'Abraham et de Kéturah, représente une des portions communes ou lots du royaume spirituel du Seigneur dans les cieux et sur les terres, 3238, 3239.

SCHUNI, fils de Gad. Les fils de Gad *sign.* le bien de la foi, et par suite les œuvres et leurs doctrinaux, 6024.

SCHUR. Schur *sign.* le vrai qui procède des scientifiques, 1951. Schur dans le désert, c'est le vrai par les scientifiques, qui n'a pas encore acquis la vie, 1928. Kadesch *sign.* l'affection du vrai intérieur procédant des rationnels, et Schur l'affection du vrai extérieur procédant des scientifiques, 2503. Sortir vers le désert de Schur, en parlant des Israélites, *sign.* l'état de tentation dans lequel ils furent conduits, 8346.

SCIENCE, *Scientia*. *Voir* SCIENTIFIQUES. Ce que c'est que la sagesse, l'intelligence, la science et l'œuvre; elles se suivent en ordre chez les bons, 10331; mais chez les méchants la science ne mérite pas même d'être appelée science, parce qu'elle est sans vie, 10331. L'homme doit être imbu de sciences et de connaissances, parce que par elles il apprend à penser, ensuite à comprendre ce que c'est que le vrai et le bien, et enfin à être sage, 129, 1450, 1451, 1453, 1548, 1802. Il n'est pas défendu d'apprendre les sciences, et de confirmer par elles les vrais de la foi, 129; mais combien sont insensés ceux qui veulent pénétrer dans les mystères de la foi par les sensuels et par les sciences! 128, 129, 130. Les sciences sont des moyens d'ouvrir la vue intellectuelle, vue qui est dans la lumière du ciel, et qui instruit dans les choses appartenant à la vie spirituelle; mais là où règne l'amour de soi et du monde, elles sont des moyens de devenir insensé, c'est-à-dire, de se confirmer pour la nature contre le divin, et pour le monde contre le ciel, 8628. Les sciences en elles-mêmes sont des richesses spirituelles, et ceux qui les possèdent sont comme ceux qui possèdent les richesses mondaines, lesquelles sont pareillement des moyens de remplir des usages pour soi, pour le prochain et pour la patrie, et aussi des moyens de mal faire, 8628. Il n'a jamais été défendu à celui qui est dans la foi de penser et de parler comme les érudits du monde; mais il faut qu'il ait pour principe de croire à la Parole du Seigneur, et de confirmer les vérités spirituelles et les vérités célestes par les vérités naturelles dans les limites familières au monde savant, et cela, autant que possible, 129. L'homme naîtrait dans toute science et par suite dans toute intelligence, s'il naissait dans l'amour envers le Seigneur et dans la charité à l'égard du prochain; mais parce qu'il naît dans l'amour de soi et du monde, il naît dans une ignorance totale, 6323, 6325. La science, l'intelligence et la sagesse sont les fils de l'amour envers Dieu et de l'amour à l'égard du prochain, 1226, 2049, 2116. Le rationnel naît par les sciences et par les connaissances, 1895, 1900, 3086; non pas par les sciences elles-mêmes, ni par les connaissances elles-mêmes, mais par l'affection des usages d'après elles, et selon cette affection, 1895. L'affection des sciences et des connaissances l'emporte sur toutes les affections, 1909. La science de l'homme naturel, c'est-à-dire, de l'homme non régénéré, est dans la lumière du monde; mais l'intelligence de l'homme spirituel, c'est-à-dire, de l'homme régénéré, est dans la lumière du ciel, 10156. Ceux qui sont seulement dans la science naturelle, et par suite dans nulle autre lumière que la lumière du monde, ne peuvent croire en aucune manière les choses qui sont du ciel, 10156. C'est pour cela que tant d'érudits sont réduits par leurs sciences à nier de cœur les divins et les célestes, 10156. Les sciences, après la mort, ne sont d'aucune utilité; mais ce qui est utile, c'est ce que l'homme a puisé dans les sciences par l'entendement et par la vie, 2480. Dans l'autre vie, la science du vrai est successivement ôtée aux méchants, 7465. Les esprits entrent en possession de toutes les sciences de l'homme, quand ils viennent vers lui, 5858. Chez les anges, le désir de savoir et d'être sage est immense, parceque la science, l'intelligence et la sagesse sont la nourriture spirituelle, 3114, 4459, 4792, 4976, 5147, 5293, 5340, 5342, 5410, 5426, 5576, 5582, 5588, 5655, 6277, 8562, 9003. La science des anciens a été la science des correspondances et des représentations, par laquelle ils se sont introduits dans la connaissance des spirituels; mais cette science aujourd'hui a été entièrement oblitérée, 4840, 4749, 4964, 4965. *Voir* CORRESPONDANCE (science des).

Science des animaux. Les animaux ont la science de toutes les choses qui appartiennent à leur amour, 7750; par conséquent toute la science qui leur est nécessaire pour se nourrir, se loger en sûreté, propager leur espèce, et élever leurs petits, 7750; cette science naît avec eux, et est appelée instinct; mais elle appartient à l'amour dans lequel ils sont, 7750. Chez quelques-uns de ces animaux, cette science est telle, que l'homme ne peut que s'en étonner, 7750.

Science analytique, 4658. Un petit enfant en une demi-heure parle avec plus de philosophie, d'analyse et de logique qu'un savant ne pourrait le décrire en des volumes; pourquoi? 4658. Comparaison avec un danseur, 4658.

SCIENTIFIQUES, *Scientifica.* Sont appelées scientifiques les choses qui sont dans l'homme externe ou naturel et dans sa mémoire, mais non celles qui sont dans l'homme interne ou spirituel, 3019, 3020, 3293, 3309, 4967, 9918, 9922. Les scientifiques, parce qu'ils appartiennent à l'homme externe ou naturel, sont respectivement des moyens de service, puisque l'homme externe ou naturel a été fait pour servir l'homme interne ou spirituel, comme le monde pour servir le ciel, 5077, 5125, 5128, 5786, 5947, 10272, 10471. *Voir* SCIENCE.

Il y a des scientifiques qui concernent les choses naturelles, d'autres qui appartiennent à l'état et à la vie civile, d'autres qui appartiennent à l'état et à la vie morale, et d'autres qui appartiennent à l'état et à la vie spirituelle, 5774, 5934. Mais pour qu'il y ait distinction, ceux qui appartiennent à l'état et à la vie spirituelle sont appelés connaissances; ce sont principalement les doctrinaux, 9945.

Les scientifiques et les connaissances sont les premières choses sur lesquelles est construite et fondée la vie de l'homme, tant civile que morale, et même spirituelle; mais ils doivent être appris en vue de la vie comme fin, 1489, 3340. Les connaissances ouvrent le chemin vers l'homme interne, et ensuite elles le conjoignent avec l'homme externe selon les usages, 1563, 1616; *voir* USAGES. Comment le rationnel naît par les sciences et par les connaissances, *voir* SCIENCE. L'homme interne est ouvert et est successivement perfectionné par les sciences et par les connaissances, si l'homme a pour fin un usage bon, surtout un usage qui concerne la vie éternelle, 3086; alors, au-devant des scientifiques et des connaissances, qui sont dans l'homme naturel, accourent les spirituels qui procèdent de l'homme céleste et de l'homme spirituel, et ils adoptent ceux qui conviennent, 1495. Les usages de la vie céleste sont alors par le Seigneur, au moyen de l'homme interne, extraits, épurés et élevés hors des scientifiques et des connaissances qui sont dans l'homme naturel, 1895, 1896, 1900, 1901, 1902, 5871, 5874, 5901; et les scientifiques qui ne conviennent pas et sont opposés sont rejetés sur les côtés et anéantis, 5871, 5886, 5889. La vue de l'homme interne n'attire des scientifiques et des connaissances de l'homme externe que ce qui appartient à son amour, 9394. Les scientifiques et les connaissances sont disposés en faisceaux et conjoints selon les amours par lesquels ils ont été introduits, 5881. Alors, sous la vue de l'homme interne sont au centre et dans la clarté les choses qui appartiennent à l'amour, mais sur les côtés et dans l'obscurité celles qui n'appartiennent pas à l'amour, 6068, 6084. Les scientifiques et les connaissances chez l'homme sont successivement implantés dans ses amours, et y habitent, 6325.

Les scientifiques et les connaissances, parce qu'ils appartiennent à l'homme externe ou naturel, sont dans la lumière du monde; mais les vrais qui sont devenus des choses de l'amour et de la foi, et qui par conséquent ont acquis la vie, sont dans la lumière du ciel, 5212. Néanmoins les vrais, qui ont ainsi acquis la vie, sont saisis par l'homme au moyen des idées naturelles, 5510. L'influx spirituel vient de l'homme interne dans les scientifiques et les connaissances qui sont dans l'homme externe, 1940, 8005. Les scientifiques et les connaissances sont les réceptacles et comme les vases du vrai et du bien qui appartiennent à l'homme interne, 1469, 1496, 3068, 5489, 6004, 6023, 6052, 6071, 6077, 7770, 9922. C'est pour cela que, dans la Parole, par les vases sont signifiés dans le sens spirituel les scientifiques et les connaissances, 3068, 3069, 3079, 9394, 9544, 9723, 9724. Les scientifiques sont pour ainsi dire des miroirs, dans lesquels les vrais et les biens de l'homme interne apparaissent et sont perçus comme en image, 5201;

là, ils sont ensemble comme dans leur dernier, 5373, 5874, 5886, 5901, 6004, 6023, 6052, 6071, 6077. Les scientifiques, parce qu'ils sont dans la lumière du monde, sont dans la confusion et sont obscurs respectivement aux choses qui sont dans la lumière du ciel ; de même les choses qui sont dans l'homme externe respectivement à celles qui sont dans l'homme interne, 2831. C'est même pour cela que dans la Parole le scientifique est signifié par le touffu (*implexum*), 2831 ; et aussi par l'obscurité de la nuée, 8443, 10551.

Tout principe doit être tiré des vrais de la doctrine d'après la Parole, et ces vrais doivent d'abord être reconnus, et ensuite il est permis de les confirmer intellectuellement par les scientifiques, mais non à ceux qui sont dans le négatif, parce que l'affirmatif qui précède attire tous les scientifiques dans son parti, et que le négatif qui précède les attire tous dans le sien, 2568, 2588, 3913, 4760, 6047. Il y a le doute affirmatif, et il y a le doute négatif, celui-là chez quelques bons, et celui-ci chez les méchants, 2568. Entrer par les vrais de la foi dans les scientifiques est selon l'ordre, mais entrer par les scientifiques dans les vrais de la foi est contre l'ordre, 10236. Comme il y a un influx spirituel, et non un influx physique ou naturel, il en résulte que par les vrais de la foi, parce qu'ils sont des spirituels, il y a influx dans les scientifiques, puisque ceux-ci sont des naturels, 3219, 5119, 5259, 5427, 5428, 5477, 6322, 9109, 9110.

Celui qui, étant dans le doute négatif, lequel en soi est le négatif, dit qu'il ne croira pas avant d'être persuadé par les scientifi-

ques, ne croira jamais, 2094, 2832.
Ceux qui agissent ainsi deviennent
insensés quant aux choses qui appartiennent à l'église et au ciel,
128, 129, 130; ils tombent dans les
faux du mal, 232, 233, 6047; et dans
l'autre vie, quand ils pensent aux
spirituels, ils deviennent comme
ivres, 1072. Quels ils sont en outre,
196. *Exemples* qui montrent clairement que les spirituels ne peuvent être saisis, si on entre en eux
en ordre inverse, c'est-à-dire, par
les scientifiques, 233, 2094, 2196,
2203, 2209. Un grand nombre d'érudits déraisonnent plus que les
simples au sujet des spirituels; et
cela, parce qu'ils sont dans le négatif, et qu'ils ont en très-grande
abondance des scientifiques par lesquels ils confirment le négatif,
4760. *Exemple* d'un érudit qui n'a
pu rien comprendre concernant la
vie spirituelle, 6829. Ceux qui raisonnent d'après les scientifiques
contre les vrais de la foi, raisonnent
avec rigueur, parce que c'est d'après
les illusions des sens qui captivent
et persuadent, car elles ne peuvent
être dissipées que difficilement,
5700.

Il y a des scientifiques qui admettent les vrais divins, et il y en a qui
ne les admettent point, 5213. Les
scientifiques vains doivent être détruits, 1439, 1492, 1499, 1500. Les
scientifiques vains sont ceux qui
ont pour fin et confirment les
amours de soi et du monde, et qui
détournent des amours envers le
Seigneur et à l'égard du prochain,
parce que ces scientifiques ferment
l'homme interne, au point que
l'homme ensuite ne peut rien recevoir du ciel, 1563, 1600. Les scientifiques sont des moyens de devenir sage, et des moyens de devenir
insensé; par eux l'homme interne
est ouvert ou fermé, et par conséquent le rationnel est cultivé ou détruit, 4156, 8628, 9922.

Les mêmes scientifiques sont des
faux chez les méchants, parce qu'ils
sont appliqués aux maux, et des
vrais chez les bons, parce qu'ils
sont appliqués au bien; *illustré*,
6917. Les vrais scientifiques chez
les méchants ne sont pas des vrais,
quoiqu'ils apparaissent comme des
vrais quand ils les prononcent,
parce que intérieurement en eux
il y a le mal, et que par suite ils
sont falsifiés, 10331. Les scientifiques par eux-mêmes ne sont ni des
vrais, ni des faux; mais ils deviennent des vrais ou des faux par l'application et par l'usage; *exemples*,
6917. Les intérieurs des scientifiques sont des applications aux célestes, 4965. Quels sont les scientifiques auxquels peuvent être appliquées les choses qui appartiennent
à la foi et à la charité, 5213. Les
scientifiques sont pleins d'illusions
des sens qui ne peuvent être détruites par ceux qui sont dans les
seules connaissances d'après la doctrine, sans être dans la perception
du vrai d'après le bien, 6865. De
ceux qui, au sujet de l'esprit, raisonnent d'après les sensuels, les
scientifiques et les philosophiques,
196. Ceux qui, dans l'antiquité, raisonnaient d'après les sensuels et
les scientifiques, étaient appelés
serpents; pourquoi? 195, 196.

Les doctrinaux sont fondés sur
les scientifiques; autrement on ne
peut avoir aucune idée des doctrinaux, 3310, *f*. Les doctrinaux de
l'ancienne église sont les doctrinaux
de la charité; alors les connaissances et les scientifiques consistaient à savoir ce que les rites de

l'église représentaient et signifiaient ; et aussi ce que représentaient et signifiaient les autres choses dans le monde, 4844. Les scientifiques des anciens concernaient les correspondances, les représentations et les significations; *illustré*, 4749, 4964, 4966. Les scientifiques de l'église étaient les représentatifs et les significatifs des rites ; puis, les classifications du prochain, 6004. Les scientifiques aujourd'hui ne sont d'aucun usage, 4966. Les scientifiques de nul usage s'étendent vers les cupidités, 1600. Les scientifiques inutiles, qui concernent des fins dans le monde, entraînent l'homme en dehors, 1563. De quel usage sont les scientifiques, 1487. Les scientifiques sont pour servir à l'homme interne, 1486.

Les scientifiques communs sont ceux qui renferment en eux plusieurs scientifiques particuliers, lesquels en renferment de singuliers, et ils forment dans le commun l'homme naturel quant à sa partie intellectuelle, 3048, *f*. Les scientifiques des terrestres, des corporels et des mondains, sont les scientifiques infimes, ceux de l'état civil sont un peu intérieurs, ceux de la vie morale sont plus intérieurs, et ceux des choses de l'église plus intérieurs que tous les autres, 5934. Les vrais et les scientifiques sont distincts entre eux, 6077. Les scientifiques ne sont pas les vrais mêmes, mais ils sont les vases des vrais, 1469, 1496. Les scientifiques sont les vrais de l'homme naturel, 3293. Les sensuels, les scientifiques et les vrais sont distincts entre eux ; *illustré*, 5774. L'intellectuel, le rationnel et le scientifique sont distincts, 1904. Le rationnel d'abord conçu méprise l'intellectuel d'autant plus que l'homme raisonne d'après les scientifiques, 1911. Le rationnel d'après les scientifiques et les sensuels ne peut pas saisir les vrais divins; *exemples*, 2196, 2203, 2209. Par les scientifiques et par les philosophiques personne ne peut saisir les spirituels, 233.

Il y a deux états de l'homme ; l'un, de l'enfance à la jeunesse ; l'autre, quand l'homme est imbu de connaissances, 1548. Les scientifiques sont les choses qu'apprennent d'abord ceux qui sont régénérés, 6750. Les scientifiques sont un plan pour les choses d'entendement, l'entendement est le récipient du vrai de la foi, et le vrai de la foi est le récipient du bien de la charité ; ainsi le scientifique est le premier plan quand l'homme est régénéré, 6750. Le scientifique a été le premier plan pour le Seigneur, quand il fit son humain le divin vrai ; *montré*, 6750. Les scientifiques chez l'homme naissent de choses qu'il a vues et entendues dans le monde, par conséquent de choses qui sont entrées par les sensuels, 5114, 9723. Les scientifiques, ou les choses qui appartiennent à la mémoire extérieure, sont très-embrouillés et couverts d'ombre, 2831. Quand se fait la conjonction du vrai avec le bien chez l'homme, les scientifiques non convenables, et qui sont opposés, sont rejetés sur le côté, 5871. Quand le naturel de l'homme est régénéré, toutes choses y sont portées dans les scientifiques, parce que ceux-ci sont les derniers de l'ordre, 5373. Les vrais intérieurs doivent être conférés dans les scientifiques, et y être ensemble, afin que les intérieurs concordent avec les extérieurs; et cela, pour plusieurs causes dont il est parlé, 6004; *illustré*, 6023, 6071, 6077. Si les vrais ne sont pas insinués dans les scientifiques, la conjonction de l'homme interne ne peut pas se faire, 6052. Les scientifiques, qui sont pour servir à l'homme interne, appartiennent à l'homme externe; quand ils passent vers les internes, ils deviennent des vrais de la foi et des biens de la charité, 9918.

Le vrai scientifique de l'église est la Parole dans le sens de la lettre; c'est aussi tout représentatif et tout significatif de l'église chez les descendants de Jacob, 6832. Il faut commencer par les vrais de l'église, ensuite scruter la Parole pour savoir si les doctrinaux sont vrais; autrement il arriverait que le vrai serait le vrai seulement d'après le sol et la naissance; ensuite il est permis de les corroborer par les scientifiques, 6047. Tout vrai de l'église a avec lui des idées d'après les scientifiques, ce qui dans l'autre vie a coutume d'être montré, 5510. L'homme de l'église spirituelle est infesté, dans l'autre vie, par les scientifiques et par les faux, et par là il est purifié pour qu'il puisse être élevé dans le ciel, 6639. Tous les scientifiques demeurent chez l'homme après la mort, mais ils se reposent, 2476 à 2479, 2481 à 2486, 9922, *f*. Le culte vient des scientifiques intérieurs de l'église, qui sont des doctrinaux, 9921. Les scientifiques de l'église ont été principalement cultivés en Égypte, 9391.

Celui qui est dans le bien peut être élevé au-dessus des scientifiques et au-dessus des sensuels, 9222, *f*. De ceux qui n'élèvent pas leurs pensées au-delà des scientifiques, quand il s'agit des vrais de la foi, 6383, 6384. Du raisonnement et des scientifiques proviennent le mal et le faux, 232, 233. On a placé la sagesse dans les termes et dans les scientifiques, et les scientifiques rendent aveugle, 8628. Scientifiques sensuels; ce sont ceux qui entrent immédiatement par les sens externes; ils sont les plus communs de tous, 4360; dans ces scientifiques sont toutes les choses de l'enfance, et ils n'en servent pas moins pour plans aux connaissances des choses spirituelles, 4360. Scientifiques matériels; quand l'homme commence à placer le plaisir dans la science seule, c'est la cupidité corporelle qui entraîne, et alors les scientifiques se ferment du côté du Seigneur et deviennent matériels, 1472. Scientifiques infimes; sont appelés infimes les scientifiques qui sont pleins d'illusions des sens, et dont les méchants abusent pour pervertir les biens et les vrais, et prendre la défense des maux et des faux, 7112. Tout scientifique est dans l'homme naturel, 5201. Les scientifiques chez l'homme sont ses derniers, 5874; ils sont disposés en séries dans son naturel, 6690. Les scientifiques dans les spirituels sont comme les os dans le corps, 8005. Scientifiques de la mémoire comparés aux muscles, 9394.

SCIENTIFIQUEMENT, *Scientifice*. Si certains arcanes de la foi sont exposés scientifiquement, c'est parce qu'il y en a qui disent qu'ils croiraient s'ils savaient que la chose est ainsi; mais ceux qui sont dans la foi n'ont pas besoin de cela, 2094. *Voir* SCIENCE.

SCOLASTIQUES (les), *Scholastici*, vont, non pas de la pensée aux termes, mais des termes aux pensées, et même la plupart s'arrêtent aux termes, 4658. Quel est leur état dans l'autre vie, 8628.

SCORPION, *Scorpius*. Les serpents et les scorpions, — Luc, X. 19, — sont les maux et les faux du mal; marcher sur eux, c'est les détruire, 10019. Les queues des sauterelles semblables à des scorpions, — Apoc. IX. 10, — ce sont les raisonnements insidieux d'après les faux par lesquels on persuade, 10071. La conversation des anges sur les affections mauvaises est représentée, dans le monde des esprits, par des bêtes affreuses, par exemple, par des scorpions, 3218.

SCORTATION, *Scortatio*. Les scortations *sign.* les falsifications du vrai; *montré*, 10648. Les scortations viennent des falsifications du vrai, et les adultères viennent des adultérations du bien, 2466; et dans la Parole, les adultères signifient les adultérations du bien, et les scortations les perversions du vrai, 2466, 2729, 3399, 4818, 4865, 7456, 8904, 10648. Le raisonnement par les scientifiques sur les célestes et sur les spirituels est appelé scortation, 1186. Le raisonnement d'après le négatif sur les vrais de la foi est souvent appelé scortation avec les fils de l'Égypte et avec les fils d'Aschur, 2588. La scortation *sign.* le faux, 4903. Les falsifications signifiées par les scortations se font de trois manières, 10648. La scortation se dit aussi bien de la conjonction avec le faux que de la conjonction avec une courtisane, 4858. La conjonction du mal avec le faux n'est autre chose qu'une scortation, 4820. Commettre scortation est d'abord une conjonction illégitime, et ensuite une profanation, 10652.

SCRUPULE, *Scrupulus*. Chez ceux qui sont dans le négatif, un scrupule a plus de force que mille confirmatifs, 6479. Un scrupule est comme un grain de sable posé devant la pupille de l'œil, et qui, quoique seul et petit, enlève cependant toute la vue, 6479. Lorsque quelque scrupule ou quelque doute est donné, si le mental est inquiet et s'y arrête, les motifs confirmatifs et par conséquent aggravants ne manquent pas, 5386. Esprits qui excitent des scrupules de conscience, et les insinuent dans les choses absolument étrangères à la conscience, 5386, 5724; ils introduisent des anxiétés, 5724.

SCRUPULEUX. Qui sont et quels sont les scrupuleux de conscience; combien ils sont fâcheux, et à quoi ils correspondent dans le monde spirituel, 5386, 5724. *Voir* CONSCIENCIEUX.

SCRUTER, *Scrutari*. Il faut scruter la Parole pour savoir si les doctrinaux sont des vrais; autrement partout les vrais dépendraient du sol et de la naissance, 6047. Il faut scruter la Parole non pour aucune autre fin que pour le vrai, 5432. Pour scruter avantageusement la Parole, il faut être dans l'affection du vrai pour le vrai, et il n'y a dans cette affection que ceux qui sont dans le bien, c'est-à-dire, dans la charité à l'égard du prochain, 4368. Celui qui scrute les Écritures d'après l'affection du vrai, et pour le bien de la vie, est illustré par le Seigneur, 8648.

SCULPTER, *Sculpere*, 9842, 9931. *Voir* GRAVER.

SCULPTURE, *Sculptura*. *Voir* GRAVURE. La sculpture sur les pierres, c'est la mémoire, par conséquent c'est ce qui a été imprimé dans la vie; *illustré*, 9841, 9842. Sculpture de sceau, c'est la forme céleste de toutes les vérités, telle qu'elle est dans l'intellectuel du régénéré, 9846. L'écriture et la sculpture sur des tables *sign.* ce qui doit être imprimé dans la mémoire et dans la vie, et ainsi y demeurer, 9416.

SEAU, *Situla*, 3079. *Voir* CRUCHE.

SÉBA, fils de Kusch, fils de Cham. Les fils de Kusch, — Gen. X. 7, — *sign.* ceux qui n'ont pas eu un culte interne, mais qui ont eu les connaissances de la foi, dans la possession desquelles ils ont fait consister la religion, 1168, 1169. Séba et ses frères sont autant de nations qui ont eu ces connaissances, et signifient aussi ces connaissances elles-mêmes, 1168, 1170. Les fils de Kusch *sign.* les connaissances des spirituels, et les fils de Raamah les connaissances des célestes, 1168. Séba *sign.* les spirituels du culte, et Schéba les célestes du culte, 1171.

SÉBAOTH. Le Seigneur est Jéhovah Sébaoth ou Jéhovah des armées; *montré*, 2921.

SÉBOÏM, *Zeboïm*. Les faux, lorsqu'ils veulent dominer sur les vrais, sont signifiés par Sodome, Amore, Adma et Séboïm, 1212. Ces quatre villes signifient les cupidités du mal et les persuasions du faux, qui en elles-mêmes sont immondes, 1666.

SÉBULON, fils de Jacob. *Voir* ZÉBULON.

SEC, *Siccum*. Le sec, c'est où il n'y a point le vrai, 8185. Lorsque dans la Parole le sec ou la sécheresse se dit des arbres, des herbes, de la moisson, des os, etc., il est signifié le contraire de ce que ces choses signifient, 8185. Mettre la mer à sec, c'est dissiper le faux, 8203. Passer à sec, quand cela est dit des eaux de la mer de Suph qui ont été écartées, c'est traverser l'enfer en sûreté et sans l'influx du faux, 8203. Dire à l'abîme : « Sois à sec, et tarir ses fleuves, » — Ésaïe, XLIV. 27, — c'est dissiper les maux et les faux, 8185. La terre est appelée le sec respectivement à la mer; alors le sec se dit du bien, et la mer se dit du vrai, 8185.

SÉCHEM. *Voir* SCHÉCHEM.

SÉCHERESSE, *Siccitas*. *Voir* SEC. La sécheresse sur le froment *sign.* le manque de bien, et la sécheresse sur le moût *sign.* le manque de vrai, 3580. La sécheresse sur les eaux, — Jérém. L. 38, — *sign.* les vrais dans lesquels il n'y a rien de la vie, 8869, à cause de la falsification, 8185; c'est la privation et la consomption des vrais de la foi, 10227.

SECOUER, *Excutere*. La poussière signifiant ce qui a été damné, secouer la poussière des pieds, — Matth. X. 14, — *sign.* la damnation, 7418.

SECOURS, *Auxilium*. Quand il s'agit du Seigneur, le secours ou l'aide est la miséricorde et la présence, 8652.

SECRET, *Occultum*. Que l'on ne croie pas que les choses que l'homme pense en secret, et qu'il fait en secret, soient secrètes; elles sont aussi manifestes dans le ciel que celles qui se présentent à la lumière au milieu du jour, selon les paroles du Seigneur dans Luc, — VIII. 17. XII. 2, 3 : « Il n'y a rien de secret qui ne doive devenir manifeste, » 7454; cfr. 2488.

SÉCRÉTIONS et excrétions. De celles qui existent en série à partir des reins jusqu'à la vessie, 5380.

SÉCRÉTOIRES et excrétoires. De ceux qui existent dans le cerveau, dans la tête et en grand nombre dans le corps, 5386. Aux sécrétoires correspondent dans le monde spirituel en général les ténacités des opinions, puis aussi les affaires de conscience dans des choses qui y sont étrangères, 5386.

SÉCURITÉ, *Securitas*. En parlant de Sodome, la sécurité du repos,— Ézéch. XVI. 49, — *sign.* l'acquiescement aux maux de l'amour de soi, 2220.

SÉDIMENT, *Sedimentum*. Boire le sédiment des eaux, — Ézéch. XXXIV. 18, — c'est préférer la doctrine à la vie, lorsque cependant c'est la vie et non la doctrine séparée qui fait l'homme, 4769.

SÉDUIRE, *Seducere*. Ceux qui sont dans le bien naturel se laissent facilement séduire, 8315. Le plus grand plaisir des méchants est de séduire les autres, 7356.

SEIGNEUR, *Dominus. Voir* DIEU et JÉHOVAH. Par le Seigneur, dans cet ouvrage (et dans les autres écrits de l'Auteur), on entend uniquement le Sauveur du monde, JÉSUS-CHRIST, et il est appelé le Seigneur sans autre dénomination, 14; pour Seigneur il est reconnu et adoré dans tout le ciel, parce qu'à lui appartient tout pouvoir dans les cieux et sur les terres, 14. Il a même commandé qu'on l'appelât ainsi, en disant : « Vous m'appelez Seigneur; bien vous dites, car je le suis, » — Jean, XIII. 13; — et ses disciples, après la résurrection, l'appelèrent le Seigneur, 14.

Le Seigneur est Jéhovah ; *montré*, 1736. Le Seigneur est Jéhovah Sébaoth; *montré*, 2921. Jéhovah était l'âme du Seigneur, 1921. Le Seigneur est le seul Dieu; *illustré* et *montré*, 7209. Le Seigneur était d'éternité ; *montré*, 3764, 10579. Le Seigneur est la Vie même; *montré*, 2658; seul il est la vie et le vivant, 290. Toute vie vient du Seigneur, 2886, 2887, 2888, 4318, 4319. Le tout de la vie vient de lui, 4524. Il y a une vie unique qui appartient au Seigneur, 3001. Tous vivent par lui, 681. Le Seigneur, même quant à l'humain, a la vie en lui-même, 2658. Le Seigneur est un avec le Père, 2751. Le Seigneur est le Père; *montré*, 1729, 2004, 2005. Le Seigneur est le bien même et le vrai même; *montré*, 10336. Le Seigneur est la lumière; *montré*, 3195.

Le Seigneur a eu le divin d'après la conception même. Le Seigneur a eu le divin d'après le Père, 4641, 4963, 5041, 5157, 6716, 10125. La semence pour le Seigneur a été le divin, 1438. Son âme était Jéhovah, 1999, 2004, 2005, 2018, 2025. Ainsi, l'intime du Seigneur était le divin même; l'enveloppe venait d'une mère, 5041. Le divin même a été l'être de la vie du Seigneur; de ce divin l'humain ensuite est sorti, et est devenu l'exister d'après cet être, 3194, 3210, 10269, 10372.

Le divin du Seigneur doit être reconnu. Au dedans de l'église où est la Parole, et où par elle le Seigneur est connu, on ne doit pas nier le divin du Seigneur, ni le saint provenant de lui, 2359. Ceux qui, au dedans de l'église, ne reconnaissent point le Seigneur, n'ont point de conjonction avec le divin; il en est autrement pour ceux qui sont hors de l'église, 10205. L'essentiel de l'église est de reconnaître le divin du Seigneur et son union avec le Père, 10083, 10112, 10370, 10730, 10738, 10816, 10817, 10818, 10820.

Le Seigneur dans le monde a glorifié son humain. Dans la Parole, en beaucoup d'endroits, il s'agit de la glorification du Seigneur, 10828; et, dans le sens interne de la Parole, il en est question partout, 2249, 2523, 3245. Le Seigneur a glorifié son humain, et non son divin, parce que celui-ci était glorifié en soi, 10057. Le Seigneur est venu dans le monde pour glorifier son humain, 2637, 4180, 9315. Le Seigneur a glorifié son humain par le divin amour qui était en lui d'après la conception, 4727. On peut avoir une idée de la glorification de l'humain du Seigneur d'après l'idée de la régénération de l'homme, puisque le Seigneur régénère l'homme de la même manière qu'il a glorifié son humain, 3043, 3138, 3212, 3296, 3490, 4402, 5688. Quelques-uns des arcanes concernant la glorification de l'humain du Seigneur sont exposés, 10057. L'amour du Seigneur envers tout le genre humain a été la vie du Seigneur dans le monde, 2253. L'amour du Seigneur surpasse tout entendement humain, 2077, 2500. Le Seigneur a sauvé le genre humain par cela qu'il a glorifié son humain, 4180, 10019, 10152, 10655, 10659, 10828. Autrement tout le genre humain aurait péri par mort éternelle, 1676. De l'état de glorification et de l'état d'humiliation du Seigneur, 1785, 1999, 2159, 6866. La glorification, quand il s'agit du Seigneur, est l'union de son humain avec le divin, et glorifier, c'est faire divin, 1603, 10053, 10828.

Le Seigneur d'après l'humain a subjugué les enfers quand il était dans le monde. Le Seigneur a subjugué tous les enfers, quand il était dans le monde, et il a remis alors toutes choses en ordre dans les cieux et dans les enfers, 4075, 4287, 9937. Le Seigneur a délivré alors des antédiluviens le monde spirituel, 1266; quels ont été ces antédiluviens, 310, 311, 560, 562, 563, 570, 581, 607, 660, 805, 808, 1034, 1120, 1265 à 1272. Le Seigneur par la subjugation des enfers, et en même temps par la glorification de son humain, a sauvé tous les hommes, 4180, 10019, 10152, 10655, 10659, 10828.

La glorification de l'humain du Seigneur et la subjugation des enfers ont été faites par les tentations. Le Seigneur, plus que tous, a subi de très-graves tentations, 1663, 1668, 1787, 2776, 2786, 2795, 2816, 4295, 9528. Le Seigneur a combattu d'après son divin amour envers le genre humain, 1690, 1691, 1812, 1813, 1820. L'amour du Seigneur a été le salut du genre humain, 1820. Les enfers ont combattu contre l'amour du Seigneur, 1820. Le Seigneur seul et d'après la propre puissance a combattu contre les enfers et les a vaincus, 1692, 1813, 2816, 4295, 8273, 9937. Par suite le Seigneur a été fait seul Justice et Mérite, 1813, 2025, 2026, 2027, 9715, 9809, 10019. La dernière tentation du Seigneur a été dans Gethsémané et sur la croix, et alors a eu aussi lieu la complète victoire, par laquelle il a subjugué les enfers et en même temps glorifié son humain, 2776, 2803, 2818, 2854, 10655, 10659, 10828. Le Seigneur ne pouvait pas être tenté quant au divin même, 2795, 2803, 2813, 2814. C'est pour cela qu'il a pris d'une mère le faible humain, dans lequel il a admis les tentations, 1414, 1444, 1573, 5041, 5157, 7193, 9315. Par les tentations et par les victoires il a rejeté tout l'héréditaire provenant de la mère, et il a dépouillé l'humain qu'il tenait d'elle, à un tel point qu'enfin il n'était plus son fils, 2159, 2574, 2649, 3036, 1830. Jéhovah, qui était en lui, semblait comme absent au moment des tentations ; et cela, en tant que le Seigneur était dans l'humain provenant de la mère, 1815. Cet état était l'état d'humiliation du Seigneur, 1785, 1999, 2159, 6866. Par les tentations et par les victoires le Seigneur a aussi disposé toutes choses en ordre dans les cieux, 4287, 4295, 9528, 9937. Par les mêmes il a aussi uni son humain au divin, c'est-à-dire, glorifié son humain, 1725, 1729, 1733, 1737, 3318, 3381, 3382, 4286, 4287, 4295, 9397, 9937.

L'humain du Seigneur était le divin vrai, quand il était dans le monde. Le Seigneur a fait divin vrai son humain, d'après le bien qui était en lui, quand il était dans le monde, 2803, 3194, 3195, 3210, 6716, 6864, 7014, 7499, 8127, 8724, 9199. Le Seigneur alors a disposé chez lui toutes choses dans la forme céleste, qui est selon le divin vrai, 1928, 3633. Conséquemment, le ciel alors a été dans le Seigneur, et le Seigneur a été comme ciel, 911, 1900, 1928, 3624 à 3631, 3634, 3884, 4041, 4279, 4523, 4524, 4525, 6013, 6057, 6690, 9279, 9632, 9931, 10303. Le Seigneur a parlé d'après le divin vrai même, 8127. C'est pour cela que le Seigneur, dans la Parole, a parlé par correspondances, 3131, 3472 à 3485, 8615, 10687. De là le Seigneur est la Parole, et est appelé la Parole, laquelle est le divin vrai, 2533, 2813, 2659, 2894, 3393, 3712. Dans la Parole, le Fils de l'homme *sign.* le divin vrai, et le Père *sign.* le divin bien, 2803, 3704, 7499, 8724, 9194. Parce que le Seigneur était le divin vrai, il était la divine sagesse, 2500, 2572. Le Seigneur seul a eu d'après lui-même la perception et la pensée, et bien au-dessus de toute perception et de toute pensée angéliques, 1904, 1914, 1919. Le vrai divin a pu être tenté, mais non le divin bien, 2814.

Le Seigneur a uni le divin vrai au divin bien, ainsi son humain au divin même. Le Seigneur a été instruit de la même manière qu'un autre homme, 1457, 1461, 2523, 3030. Le Seigneur s'est successivement avancé vers l'union avec le Père, 1864, 2033, 2632, 3141, 4585, 7014, 10076. Autant le Seigneur était uni au Père, autant il parlait avec lui comme avec soi-même, et en autre temps il parlait avec lui comme avec un autre, 1745, 1999, 7058. Le Seigneur d'après la propre puissance a uni l'humain au divin, 1616, 1749, 1752, 1813, 1921, 2025, 2026, 2523, 3141, 5005, 5045, 6716. Le Seigneur a uni le divin vrai, qui était lui-même, avec le divin bien qui était en lui, 10047, 10052, 10076. L'union a été réciproque, 2004, 10067. Le Seigneur, quand il quitta le monde, fit divin bien son humain, 3194, 3210, 6864, 7499, 8724, 9199, 10076. Ainsi, il était sorti du Père, et il est retourné au Père, 3194, 3210. Ainsi, il a été fait un avec le Père, 2751, 3704, 4766. Le Seigneur, dans l'union avec le divin même, qui était en lui, avait en vue la conjonction de soi-même avec le genre humain, 2034. Depuis l'union, le divin vrai procède du Seigneur, 3704, 3712, 3969, 4577, 5704, 7499, 8127, 8241, 9199, 9398. Comment procède le divin vrai ; *illustré,* 7270, 9407.

Si le divin n'eût pas été dans l'humain du Seigneur d'après la conception, l'humain n'aurait pas pu être uni au divin même, à cause de l'ardeur de l'amour infini dans lequel est le divin même, 6849. C'est pourquoi, jamais aucun ange ne peut être uni au divin même, si ce n'est à distance et au moyen d'un voile; autrement il serait consumé, 6849. Le divin amour est tel, 8644. De là on peut voir que l'humain du Seigneur n'a point été comme l'humain d'un autre homme, 10125, 10826. L'union du Seigneur avec le Père, de qui venait son âme, n'a pas été comme entre deux, mais comme entre l'âme et le corps, 3737, 10824. L'union se dit de l'humain du Seigneur avec le divin, et la conjonction se dit de l'homme avec le divin, 2021.

De cette manière le Seigneur a fait divin son humain. L'humain du Seigneur est divin, parce qu'il venait de l'être du Père, qui était l'âme du Seigneur; *illustré* par la ressemblance du père dans les enfants, 10269, 10372, 10823; et parce qu'il venait du divin amour, qui était en lui, 6873. Chaque homme est tel qu'est son amour, et il est son amour, 6872, 10177, 10284. Le Seigneur a été le divin amour, 2077, 2253. Le Seigneur a fait divin tout son humain, tant l'interne que l'externe, 1603, 1815, 1902, 1926, 2093, 2803. C'est pourquoi il est ressuscité quant au corps tout entier, ce qui n'a lieu pour aucun homme, 1729, 2083, 5078, 10825. Que l'humain du Seigneur soit divin, cela est reconnu par la toute-présence de son humain dans la sainte cène, et cela est évident d'après sa transfiguration devant les trois disciples, 3212; et aussi d'après la Parole, 10154; et parce qu'il y est appelé Jéhovah, 1603, 1736, 1815, 1902, 2921, 3035, 5110, 6281, 6303, 8864, 9194, 9315. Dans le sens de la lettre, il est fait une distinction entre le Père et le Fils, ou entre Jéhovah et le Seigneur, mais non dans le sens interne de la Parole, dans lequel sont les anges du ciel, 3035. Le monde chrétien ne reconnaît pas l'humain du Seigneur pour divin, par suite d'une décision prise dans un concile à cause du pape, afin qu'il fût reconnu pour le vicaire du Seigneur; *prouvé* par une conversation dans l'autre vie avec des membres de ce concile, 4738.

Le divin humain de toute éternité était le divin vrai dans le ciel, ainsi le divin exister, qui plus tard dans le Seigneur a été fait le divin être, de qui (procède) le divin exister dans le ciel, 3061, 6280, 6880, 10579. État du ciel auparavant; quel il était, 6374, 6372, 6373. Le divin n'a été perceptible, ni par conséquent réceptible, que lorsqu'il eût passé à travers le ciel, 6982, 6996, 7004. Le Seigneur de toute éternité a été le divin vrai dans le ciel, 2803, 3195, 3704. C'est ce divin qui est le Fils de Dieu né de toute éternité, 2628, 2798.

Dans le ciel, il n'est pas perçu d'autre divin que le divin humain, 6475, 9303, 9356, 10067. Les très-anciens n'ont point pu adorer l'être infini, mais ils ont adoré l'exister infini, qui est le divin humain, 4687, 5321. Les anciens ont reconnu le divin, parce qu'il apparaissait dans une forme humaine, et ce divin était le divin humain, 5110, 5663, 6846, 10737. Les habitants de toutes les terres dans l'univers adorent le divin sous une forme humaine, et ils se réjouissent quand ils apprennent que Dieu a été réellement fait homme, 6760, 8541 à 8547, 9361, 10736, 10737, 10738. On ne peut penser au sujet de Dieu, qu'en se le représentant dans une forme humaine, et ce qui est incompréhensible ne tombe dans aucune idée, 9359, 9972. L'homme peut adorer ce dont il a quelque idée, mais non ce dont il n'a aucune idée, 4733, 5110, 5663, 7211, 9356, 10067. C'est pour cela que la plupart, sur le globe entier, adorent le divin sous une forme humaine, et cela a lieu par l'influx venant du ciel, 10159. Tous ceux qui sont dans le bien quant à la vie, lorsqu'ils pensent au Seigneur, pensent au divin humain, et non à l'humain séparé du divin, 2326, 4724, 4731, 4766, 8878, 9193, 9198. Aujourd'hui, dans l'église, ceux qui sont dans le mal quant à la vie, et ceux qui sont dans la foi séparée d'avec la charité, pensent à l'humain du Seigneur sans le divin, et ils ne saisissent pas non plus ce que c'est que le divin humain; pourquoi? 3212, 3241, 4689, 4692, 4724, 4731, 5321, 6371, 8878, 9193, 9198.

Il y a un trine dans le Seigneur. Les chrétiens, dans l'autre vie, ont été examinés concernant l'idée qu'ils avaient de Dieu un, et il a été découvert qu'ils avaient l'idée de trois dieux, 2329, 5256, 10736, 10737, 10738, 10821. On peut concevoir le trine divin dans une seule personne, et ainsi un seul Dieu, mais non dans trois personnes, 10738, 10821, 10822. Le trine dans une seule personne, ainsi dans le Seigneur, est le divin même qui est appelé le Père, le divin humain qui est appelé le Fils, et le divin procédant appelé l'Esprit Saint, et ainsi le trine est Un, 2149, 2156, 2288, 2321, 2329, 2447, 3704, 6993, 7182, 10738, 10822, 10823. Le trine divin dans le Seigneur est reconnu dans le ciel, 14, 15, 1729, 2005, 5256, 9303. Le Seigneur est un avec le Père, ainsi il est le divin même et le divin humain, 1729, 2004, 2005, 2018, 2025, 2751, 3704, 3736, 4766. Son divin procédant est aussi son divin dans le ciel, divin qui est appelé l'esprit saint, 3969, 4673, 6788, 6993, 7499, 8127, 8302, 9199, 9228, 9229, 9278, 9407, 9818, 9820, 10330. Ainsi le Seigneur est le seul et unique Dieu, 1607, 2149, 2156, 2329, 2447, 2751, 3194, 3704, 3712, 3938, 4577, 4687, 5321, 6280, 6371, 6849, 6993, 7014, 7091, 7182, 7209, 8241, 8724, 8760, 8864, 8865, 9194, 9303.

Du Seigneur dans le ciel. Le Seigneur apparaît dans le ciel comme soleil et comme lune; comme soleil à ceux qui sont dans le royaume céleste, et comme lune à ceux qui sont dans le royaume spirituel, 1053, 1521, 1529, 1530, 1531, 3636, 3641, 4321, 5097, 7078, 7083, 7173, 7270, 8812, 10809. La lumière, qui procède du Seigneur comme soleil, est le divin vrai, d'où les anges ont toute sagesse et toute intelligence, 1053, 1521 à 1533, 2776, 3138, 3195, 3222, 3223, 3225, 3339, 3341, 3636, 3643, 3993, 4180, 4302, 4415, 5400, 9399, 9407, 9548, 9571, 9684. Et la chaleur qui procède du Seigneur comme soleil, est le divin bien, d'où les anges ont l'amour, 3338, 3636, 3643, 5315. Le divin même du Seigneur est loin au dessus de son divin dans le ciel, 7270, 8760. Le divin vrai n'est point dans le Seigneur, mais il procède du Seigneur, de même que la lumière n'est point dans le soleil, mais procède du soleil, 3969.

Dans le Seigneur est l'être, et du Seigneur vient l'exister, 3938. Le Seigneur est le centre commun, vers lequel se tournent tous les anges dans le ciel, 3633, 9828, 10120, 10189. Cependant les anges ne se tournent pas vers le Seigneur, mais le Seigneur les tourne vers lui, 10189; parce qu'il n'y a pas présence des anges chez le Seigneur, mais il y a présence du Seigneur chez les anges, 9415. La présence du Seigneur chez les anges est selon la réception du bien de l'amour et de la charité procédant de lui, 904, 4198, 4206, 4211, 4320, 6280, 6832, 7042, 8819, 9680, 9682, 9683, 10106, 10810. Le Seigneur est présent chez tous dans le ciel, et aussi chez tous dans l'enfer, 2706. Le Seigneur d'après le divin amour veut amener tous les hommes vers lui dans le ciel, 6645. Le Seigneur est dans un continuel effort de conjonction avec l'homme, mais l'influx et la conjonction sont empêchés par les propres amours de l'homme, 2041, 2053, 2411, 5696.

Le divin humain du Seigneur influe dans le ciel et fait le ciel, et il n'y a aucune conjonction avec le divin même dans le ciel, mais il y a conjonction avec le divin humain, 3038, 4211, 4724, 5663. Et ce divin-là influe du ciel et par le ciel chez les hommes, 1925. Le Seigneur est le tout du ciel et il est la vie du ciel, 7211, 9128. Le Seigneur habite chez les anges dans ce qui lui appartient, 9338, 10125, 10151, 10157. D'après cela, ceux qui sont dans le ciel sont dans le Seigneur, 3637, 3638. Le ciel correspond au divin humain du Seigneur, et l'homme, quant à toutes choses en général et en particulier, correspond au ciel, et par suite le ciel dans le commun est comme un seul homme, lequel pour cela même est appelé le très-grand homme, 2988, 2996, 3624 à 3629, 3636 à 3643, 3741 à 3745, 4625. Le Seigneur est le seul homme, et ceux-là seulement sont hommes qui reçoivent de lui le divin, 1894; autant ils le reçoivent, autant ils sont les images du Seigneur, 8547. Les anges sont des formes de l'amour et de la charité dans une forme humaine, et cela par le Seigneur, 3804, 4735, 4797, 4985, 5199, 5530, 9879, 10177.

Tout bien et tout vrai viennent du Seigneur. Le Seigneur est le bien même et le vrai même, 2011, 5110, 10336, 10619. Tout bien et tout vrai viennent du Seigneur, par conséquent toute paix, toute innocence, tout amour, toute charité, toute foi, 1614, 2016, 2751, 2882, 2883, 2891, 2892, 2904; et aussi toute sagesse et toute intelligence, 109, 112, 121, 124. Du Seigneur il ne vient que le bien, mais les méchants tournent en mal le bien qui vient du Seigneur, 7643, 7679, 7710, 8632. Les anges savent que tout bien et tout vrai viennent du Seigneur, mais les méchants ne veulent pas le savoir, 6193, 9128. Les anges par la présence du Seigneur sont davantage dans le bien, mais les infernaux par la présence du Seigneur sont davantage dans le mal, 7989. Les méchants se jettent dans l'enfer à la seule présence du Seigneur, 8137, 8265. Le Seigneur juge tous les hommes d'après le bien, 2335. Le Seigneur regarde tous les hommes d'après la miséricorde, 223. Jamais le Seigneur ne se met en colère contre qui que ce soit, ne fait de mal à qui que ce soit, n'envoie aux enfers qui que ce soit, 245, 1683, 2335, 8622. Comment il faut entendre ce qui est dit dans la Parole, que Jéhovah ou le Seigneur se met en colère, tue, jette dans l'enfer, et plusieurs autres choses semblables, 592, 696, 1093, 1874, 1875, 2395, 2447, 3605, 3607, 3614, 6071, 6997.

Le Seigneur a tout pouvoir dans les cieux et sur terre. Tout le ciel appartient au Seigneur, 2751, 7086 ; et le pouvoir dans les cieux et sur terre est au Seigneur, 1607, 10089, 10827. Comme le Seigneur gouverne tout le ciel, il gouverne aussi toutes les choses qui en dépendent, ainsi toutes les choses dans le monde, 2026, 2027, 4523, 4524. Il gouverne aussi les enfers, 3642. Le Seigneur gouverne toutes choses d'après le divin par le divin humain, 8864, 8865. Le Seigneur gouverne toutes choses selon l'ordre divin, et l'ordre divin se réfère aux choses qui sont de sa volonté, à celles qui se font par son indulgence, et à celles qui se font par sa permission, 1755, 2447, 6574, 9940 ; *voir* ORDRE. Le Seigneur gouverne les derniers d'après les premiers, et les premiers d'après les derniers, et de là vient qu'il est appelé le Premier et le Dernier, 3702, 6040, 6056. Le Seigneur seul a la puissance d'éloigner les enfers, de détourner des maux et de tenir dans le bien, par conséquent de sauver, 10019. Le jugement appartient au Seigneur, 2319, 2320, 2321, 10810, 10811. Ce que c'est que le sacerdotal du Seigneur, et ce que c'est que le royal du Seigneur, 1728, 2015.

Comment doivent être entendues, dans la Parole, certaines expressions concernant le Seigneur. Ce que c'est que la semence de la femme dans le prophétique sur le Seigneur, 256. Ce que signifient le fils de l'homme et le fils de Dieu dans la Parole, 2159, 2813. Ce que signifient les deux noms de Jésus et de Christ, 3004 à 3011. Ce qui est signifié, quand il est dit du Seigneur qu'il a été envoyé par le Père, 2397, 6831, 10561. Comment il faut entendre que le Seigneur a porté les iniquités de tous, 9937. Comment il faut entendre que le Seigneur a racheté l'homme par son sang, 10152. Comment il faut entendre que le Seigneur a rempli toutes les choses de la loi, 10239. Comment il faut entendre que le Seigneur intercède pour l'homme, 2250, 8573, 8705. Comment il faut entendre que sans le Seigneur il n'y a aucun salut, 10828. Il n'y a pas salvation par l'intuition du Père, ou par la prière au Père afin qu'il ait pitié à cause du Fils, car le Seigneur dit : « Moi, je suis le chemin, la vérité et la vie, nul ne vient au Père que par moi, » — Jean, XIV. 6, — 2854. Contradictions que contient la foi reçue, à savoir, que le Seigneur par la passion de la croix a réconcilié le genre humain avec le Père, 10659. L'avénement du Seigneur est sa présence dans la Parole, 3900, 4060. Le Seigneur ne veut pas pour lui-même la gloire de la part de l'homme, mais il la veut pour le salut de l'homme, 5957, 10646. Le Seigneur, dans la Parole, lorsqu'il est nommé Seigneur, *sign.* le divin bien, 4973, 9167, 9194 ; lorsqu'il est nommé Christ, il signifie le divin vrai, 3004, 3005, 3008, 3009. Quand le Seigneur a été crucifié, quelle chose a été représentée par le sang, et quelle chose par l'eau, 9127 ; quelle chose par ses vêtements partagés, 9093 ; par la couronne d'épines, 9144. C'est le vrai divin qui a été flagellé et crucifié par les Juifs, 2813. Dans le Seigneur a été représenté l'état de l'église alors, 9127. Le saint des saints dans le tabernacle et dans le temple a représenté le divin humain du Seigneur, et la qualité en a été représentée par les choses qu'il contenait, 3210. Le Seigneur a parlé par des représentatifs et des significatifs, parce qu'il parlait d'après le divin même, 2900.

Pourquoi le Seigneur est venu dans le monde. Le Seigneur est venu et vient dans le monde toutes les fois qu'une église a été devastée, et qu'une nouvelle église doit être instaurée; mais cela a lieu par de manifestes apparitions, par des inspirations et par la Parole, une fois seulement en personne, 4060. Le Seigneur vient dans le monde pour sauver le genre humain, 1676, 2661. Le Seigneur, comme divin vrai, influait par le ciel dans le genre humain, mais comme cela ne suffisait pas quand l'homme se fut éloigné du bien de l'amour, alors le Seigneur vint dans le monde et fit divin l'humain, afin que du divin humain même le divin vrai procédât, et ainsi sauvât l'homme qui le recevrait dans le bien, 4180. Le Seigneur est venu dans le monde dans la plénitude des temps, c'est-à-dire, à la consommation du siècle, ou quand il n'y avait de reste aucun bien, pas même le bien naturel, 3398. Le genre humain est tel, que les hommes veulent adorer quelque chose dont ils puissent avoir quelque idée de perception, et en quoi il y a le divin; et c'est pour cela que le Seigneur est venu dans le monde; *illustré*, 4733. Le Seigneur est le divin homme, qui est d'éternité, ou Jéhovah tel qu'il est dans le ciel, et il a pris l'humain, afin que les hommes eussent une idée du divin, 5110. Le Seigneur d'éternité a été le divin même passant par les cieux, et cela dans une forme humaine, qu'il a revêtue en actualité dans le monde, 10579. Avant l'avénement du Seigneur il y avait transflux divin par le royaume céleste, et alors le pouvoir était chez les anges de ce ciel, 6371, 6372; toutefois, comme cet humain divin était devenu sans force, et que par suite les choses n'étaient pas dans l'ordre, le Seigneur vint dans le monde pour faire divin son humain et rétablir l'ordre, 6371, 6373. Le Seigneur a voulu naître sur notre terre, principalement à cause de la Parole, 9350, 9351; parce que sur notre terre elle a pu être écrite, 9353; parce qu'ensuite elle a pu être répandue sur toute cette terre, 9354; parce qu'une fois écrite, elle a pu être conservée pour toute postérité, 9355; parce qu'ainsi il a pu être manifesté que Dieu a été fait homme, 9356. Ainsi il a plu au Seigneur de naître ici, et de rendre cela manifeste par la Parole, afin que non-seulement cela devint notoire sur ce globe, mais aussi afin que par la Parole cela devînt manifeste dans l'univers à tous ceux qui viendraient d'une terre quelconque dans le ciel, où il se fait une communication entre tous, 9356. Le Seigneur a voulu naître homme, afin de pouvoir être aussi la lumière pour ceux qui étaient dans d'épaisses ténèbres, à savoir, pour ceux qui s'étaient tant éloignés du bien et du vrai, 3195. Ainsi le Seigneur est venu dans le monde pour sauver les spirituels, 2661, 2716.

Comment le Seigneur a fait divin son humain. Le divin humain a été d'éternité et avant que le Seigneur fût né, et alors il était Jéhovah dans le ciel, ainsi revêtu de l'humain; mais ensuite quand il fut né homme il devint l'essence par soi, essence qui remplit tout le ciel, et fait que ceux qui n'avaient pu être sauvés auparavant sont sauvés, 3061. Le divin humain du Seigneur d'éternité était Jéhovah influant à travers le ciel, 6280. L'état du divin du Seigneur, quand il fit divin l'humain, ne tombe dans la conception de qui que ce soit, ni même dans celle des anges, que par les apparences et les représentatifs de la régénération de l'homme, 4237. La régénération de l'homme est l'image de la glorification du Seigneur, ou, ce qui est la même chose, dans la progression de la régénération, comme image, la progression de la glorification du Seigneur peut être vue, quoique de loin, 3138. Glorifier l'humain, c'est le faire divin, 1603, 10053, 10828. L'amour divin lui-même a fait divin l'humain du Seigneur, comme l'amour céleste fait l'homme nouveau; et il en est de cela comme de l'âme qui forme le corps à son image, et comme de la fin avec la cause, et de la cause avec l'effet, 4727. Le Seigneur est né comme un autre homme quant aux choses qu'il tenait de la mère, mais il est né divin par le Père, 4963. L'intime du Seigneur dans le monde était divin, mais les enveloppes ou les extérieurs constituaient l'humain provenant de la mère, dans lequel était le mal, 5041. Dans le Seigneur l'intime de la vie était Jéhovah, et d'après cet intime le Seigneur a fait divin son humain, ainsi par la propre puissance, 6716. Le Seigneur, quant au divin humain, est sorti du divin bien, et est né du divin vrai, d'où a procédé le divin bien rationnel auquel il a conjoint le divin vrai d'après l'humain, 3194, 3210. Le Seigneur a fait divin son rationnel et quant au bien et quant au vrai par la propre puissance ; et cela, par le chemin ordinaire, 3141. Le Seigneur a fait divin l'humain par les moyens, mais il n'a pris aucune chose des moyens, 4065. Le Seigneur a eu aussi chez lui des sociétés d'esprits et d'anges, parce qu'il a voulu que toutes choses se fissent selon l'ordre, et parce qu'ainsi il remettait le ciel et l'enfer en ordre; mais il n'a rien pris d'eux, il a tout pris du divin; *illustré*, 4075. Le Seigneur dans l'union avec le divin même avait en vue sa conjonction avec le genre humain, 2034, 2077. Il est fait mention de trois arcanes, à savoir, le divin humain du Seigneur a existé d'après le divin même; le divin humain du Seigneur non-seulement a été conçu de Jéhovah, mais encore il en est né; le divin humain est le nom de Jéhovah, 2628. Le Seigneur, quand il était dans le monde, a fait en soi l'humain d'abord divin vrai ou loi divine, et ensuite divin bien, 6864. L'union du Seigneur avec Jéhovah n'est pas telle qu'est l'union entre deux, mais c'est une union réelle en un, de sorte qu'ils sont, non pas deux, mais absolument un, 3737. Le Seigneur, quand il était dans le monde, a fait divin vrai son humain et appelait le bien son Père ; et après qu'il se fut fait divin bien, le divin vrai a procédé de son divin humain, 7499. Le Seigneur a fait divin en soi le corps même, et lui seul aussi est ressuscité avec le corps, 5078. Le divin humain du Seigneur est tel qu'il apparut, quand le Seigneur fut transfiguré devant les trois disciples, 3212. Le divin humain du Seigneur est tout dans le ciel, parce qu'on n'y peut pas penser au divin même; *illustré*, 7211. Le divin même ne peut être communiqué à l'ange, à l'esprit, à l'homme, que par le divin humain du Seigneur, 4724.

Des tentations et des deux états du Seigneur, quand il faisait divin son humain. Le Seigneur, plus que tout autre, a subi de très-graves tentations, 1663, 1668, 1787. Le Seigneur a combattu depuis le second âge de l'enfance jusqu'à la dernière heure de la vie, 1690. Le Seigneur a été instruit comme un autre homme, 1457, 1461. Le Seigneur s'est avancé des extimes de l'ordre vers les intérieurs par une progression régulière, lorsqu'il a fait divin l'humain, 4585. Le Seigneur s'est successivement glorifié pendant qu'il était enfant, et pendant qu'il croissait en intelligence et en sagesse; il s'est fait d'abord vrai d'après le divin, ensuite divin vrai, et enfin divin bien, 7014. Le Seigneur a admis en lui les tentations et s'y est préparé, 2816; il s'est revêtu de différents états, quand il les subissait, 2786, 2795. Le divin du Seigneur n'a pu être tenté chez le Seigneur, 2795. Le Seigneur n'a pu être tenté quant au bien, mais il a pu l'être quant au vrai; pourquoi? 2813. Le Seigneur a combattu d'après l'amour envers tout le genre humain, et même contre l'amour de soi et du monde, 1690, 1691, 1789, 1812, 1820. Il a combattu contre le mal héréditaire provenant de la mère, mais il n'y a eu chez lui aucun mal actuel, 1444, 1573. Le Seigneur a subi les tentations les plus graves, et cela d'après l'amour divin, afin de sauver le genre humain, 9528, *f*. Les tentations du Seigneur ont eu avec elles le désespoir concernant la fin, 1787. Quand le Seigneur combattait, il y avait avec lui des anges auxquels il donnait la puissance, 1752. Le Seigneur a admis en lui des tentations de la part des anges, 4295. Le Seigneur a été uni aux célestes par les connaissances, et il a uni l'humain au divin par la propre puissance, 1616. Il a implanté les connaissances dans les célestes de l'enfance, 1616. Le Seigneur s'est avancé successivement vers l'union avec Jéhovah, 1864. Le Seigneur par l'union quant à l'homme externe est devenu aussi Jéhovah et la vie, ce qui est la glorification, 1603. État d'humiliation du Seigneur, 1785. Le Seigneur dans l'état d'humiliation a intercédé, mais dans l'état de glorification il était touché de compassion, 2250. Dans l'état d'humiliation le Seigneur parlait avec Jéhovah comme avec un autre, et dans l'état de glorification comme avec lui-même, 1745, 1999. Les deux états de la glorification illustrés par les deux états de la régénération de l'homme, 10076. Le Seigneur par les tentations a fait divines toutes choses chez lui, même les vases récipients du vrai, 3318, *f*. Le vrai divin est le fils de l'homme qui a subi les tentations; *montré*, 2813. Le vrai divin même (ou divin vrai) est au-dessus de toute tentation; et ainsi dans l'humain du Seigneur le vrai divin, qui a subi les tentations, est le vrai rationnel, 2814. Ce que c'est que le divin vrai, et ce que c'est que le vrai divin, 2814. L'homme interne du Seigneur était Jéhovah, et l'homme intérieur et aussi l'homme externe sont devenus Jéhovah par les tentations et par les victoires, 1725 à 1729, 1733. Le

Seigneur a combattu contre les enfers et remis toutes choses dans l'ordre quand il était dans le monde, et il le fait à éternité, et c'est ainsi qu'il a porté les iniquités et les péchés; *illustré* et *montré,* 9937. Le Seigneur par la passion de la croix a pleinement glorifié son humain et subjugué les enfers; *montré,* 10655, 10828. Tout le salut de l'homme vient de ce que le Seigneur a subjugué les enfers et glorifié son humain, 10655, 10659; *montré,* 10828. Quand le Seigneur était dans le monde, il était le divin vrai, mais quand il eut été glorifié il fut le divin bien; d'après cela, on peut savoir un grand nombre d'arcanes dans les choses que le Seigneur a dites de lui et du Père, 8724, 9199. Quand il est dit du Seigneur obéir ou écouter la voix de Jéhovah, c'est l'union de l'essence divine avec l'essence humaine par les tentations, 3381. Observer les préceptes, les statuts, les lois, quand cela est dit du Seigneur, c'est unir l'essence divine à l'essence humaine par de continuelles tentations d'après soi-même, 3382. Serviteur se dit du Seigneur, quand dans l'humain il était dans l'état d'humiliation, 2159.

De la puissance du Seigneur. La divine puissance du Seigneur, c'est de sauver le genre humain en éloignant l'enfer, et en influant du ciel, et cette puissance appartient au Seigneur seul; *montré,* 10019, 10152. Le Seigneur n'a rien de la puissance par le mal et le faux, mais il a uniquement la puissance par lui-même, parce qu'il l'a d'après le bien et le vrai, 1749, 1755. Par la propre puissance, le Seigneur est devenu la justice quant à l'humaine essence, 1813. Par la propre puissance, le Seigneur a uni l'humaine essence à la divine essence, et il est ainsi devenu la justice, 1921, 1925. Par la propre puissance, le Seigneur a fait divin en soi l'humain, 505. Par la propre puissance, le Seigneur a fait divin non-seulement le rationnel, mais aussi le sensuel-corporel; c'est pourquoi, seul il est ressuscité avec le corps, 2083. Comme dans le Seigneur tout est divin, de là vient qu'il a tout pouvoir dans les cieux et dans les terres, 10827. Dans le Seigneur, le volontaire d'après la conception était divin, et le volontaire par la nativité de par la mère était le mal; c'est pourquoi celui-ci fut rejeté, et à sa place il y eut un nouveau volontaire par l'intellectuel, ainsi par la propre puissance, 5157. De même qu'un autre homme, le Seigneur a été dans l'ignorance pendant l'enfance, et il a successivement dissipé l'ombre, et s'est insinué dans la sagesse par la propre puissance, 2523, 2632. Si Jéhovah ou le Seigneur exalte sa puissance dans la Parole, ce n'est pas pour lui-même, mais c'est pour le genre humain, afin que l'homme soit dans un culte humble, et qu'ainsi il reçoive la vie et la félicité éternelle, 7550. Au divin vrai procédant du Seigneur appartient toute puissance, 6948, 8200; cette puissance du Seigneur est entendue, dans la Parole, par être assis à la droite de Jéhovah, 3387, 4592, 4933, 7518, 7673, 8281, 9133. Le Seigneur a eu d'éternité le pouvoir quant au divin, 1607. Tout pouvoir dans les cieux et dans les terres est au Seigneur; *montré,* 10089. Le Seigneur gouverne l'univers d'après le divin même, d'après le divin humain, et d'après le saint procédant, 2288. Le Seigneur, quant au divin humain; règne universellement dans toutes les choses du ciel et dans toutes celles de la Parole, 8864, 8865. Le Seigneur gouverne toutes choses par permission, admission, tolérance, bon plaisir et volonté, 1755, 2447. Les choses qui viennent du Seigneur sont dites venir de sa volonté, de son bon plaisir, de son indulgence et de sa permission, 9940; celles qui viennent de sa volonté sont le plus près de lui, celles qui viennent de son bon plaisir sont un peu plus loin de lui, celles qui viennent de son indulgence en sont encore plus loin, et celles qui viennent de sa permission en sont le plus loin, 9940; ce sont là les degrés de l'influx et de la réception du divin, 9940. Le Seigneur attire continuellement l'homme de l'église vers les intérieurs et dans le ciel, ainsi plus près de lui, et cela vient de l'amour envers le genre humain; il veut avoir les hommes chez lui; *montré et illustré*, 6645. Le jugement appartient au divin humain et au saint procédant du Seigneur, 2319, 2320, 2321.

Doctrinal sur le Seigneur. Le principal de l'église est de reconnaître Dieu, 10816. Le Seigneur est Dieu; *montré et illustré*, 10819. L'union de l'humain avec le divin même est le premier vrai de l'église, auquel se réfèrent tous les vrais de l'église, 10728, 10730. Le Seigneur quant au divin humain est Jéhovah, ou le Père, dans une forme visible, 9310. Ceux qui sont au dedans de l'église doivent reconnaître le Seigneur, son divin et son humain, croire en lui et l'aimer; *montré*, 10817. Celui qui, au dedans de l'église, ne reconnaît pas le Seigneur ne peut être sauvé; *montré*, 10818. La foi commune est que le Seigneur a souffert pour le genre humain, et a ainsi porté les péchés des hommes; toutefois, il n'en est pas ainsi; mais la passion de la croix a été le dernier de la tentation par laquelle il a pleinement uni l'humain au divin et le divin à l'humain; et ainsi par l'union on peut être sauvé, 2776. L'église est nulle là où par la vie et par la doctrine il n'est pas reconnu que l'humain du Seigneur est divin, ou que le Seigneur est un avec le Père; *montré*, 4766. Le Seigneur est un avec le Père; *montré*, 3704. Dans le Seigneur est le trine; divin même, divin humain et divin procédant; et ce trine est un, 2149, 2156, 2329, 2447, 3704. Tout le trine dans le Seigneur est Jéhovah, 2156, 2329. Dans le Seigneur est le trine, le Père en lui, et l'Esprit saint procédant de lui, 7182. L'humain du Seigneur est divin; d'après la Parole et d'après le rationnel; *illustré* de plusieurs manières; par exemple: son intime est appelé Père, l'externe qui est l'humain est appelé Fils, et le procédant divin est appelé Esprit saint, 10738. Sur la trinité, les anges pensent autrement que les hommes; ils pensent que le Seigneur est le seul et unique Dieu; *illustré* par le trine dans l'ange, 9303. Dans les cieux, on ne reconnaît pas d'autre divin que le divin humain du Seigneur; *montré*, 10067, 10267. Ceux qui ont l'idée de trois personnes dans le divin pensent trois; il en est autrement de ceux qui ont l'idée de trois dans une seule personne, 10821; ce qui a lieu quand on place le trine dans le Seigneur, 10822. Ceux qui font l'humain du Seigneur semblable à l'humain d'un autre homme ne réfléchissent pas sur diverses circonstances qui sont énumérées, 10826. Les spirituels sont en dissentiment sur le point le plus essentiel de tous, à savoir, sur le divin, l'humain et le saint du Seigneur; que ne doit-il pas en être de tous les autres points? 3241. Ceux qui sont dans la lumière du ciel voient le divin dans le Seigneur, mais non ceux qui sont seulement dans la lumière du monde, 10820. Personne ne peut être conjoint à Dieu que par le Seigneur et dans le Seigneur; *montré*, 10818. Tout bien et tout vrai procèdent du Seigneur seul, 2882, 2883, 2891, 2892. Dans Jean, — I. 1 à 14, — par « la Parole était chez Dieu, et Dieu elle était, la Parole! » il est signifié le Seigneur quant au divin humain, ainsi le vrai; puis aussi toute révélation, et par conséquent la Parole, 2894. Le Seigneur est la Parole dans le sens suprême, dans le sens interne et dans le sens littéral, 3393, 3712. Tout ce que le Seigneur a fait et dit dans le monde était divin et céleste, et les derniers étaient des représentatifs, 9780. Le Seigneur a pensé d'après le divin céleste, mais il a enseigné selon la conception de ceux qu'il instruisait, 2533. Le Seigneur a pensé d'après le divin, ainsi d'après lui-même, tout autrement que les autres hommes, 1904, 1914, 1935. Quelle était la perception du Seigneur, 1442, 1791. Quel était chez le Seigneur l'influx de l'homme interne par l'homme intérieur chez l'homme externe, 1707. Le Seigneur connaissait toutes choses chez lui, quelles choses il y avait, de quelle qualité elles étaient, et d'où elles venaient, 1701. La perception du Seigneur sur toutes choses, et sur les singuliers, était au-dessus de toute perception humaine, 1919. Pourquoi le Seigneur interroge l'homme, puisqu'il sait tout, 1931, 2693.

Le Seigneur est dans la charité et par la charité dans la foi, 4686. Le Seigneur est la pure miséricorde et la pure clémence, 6997, 8875. Le Seigneur est l'ordre, parce que le divin bien et le divin vrai qui procèdent du Seigneur font l'ordre, 1728, 1919, 2201, 2258, 5110, 5703, 8988, 10330, 10619. Tout ordre et toutes les lois de l'ordre viennent du Seigneur, 2447. Le Seigneur tourne le mal en bien; d'après une représentation, 8631. Le Seigneur ne fait de mal à qui que ce soit, et ne parle même pas avec dureté; *illustré*, 8632. Le Seigneur ne s'oppose jamais à qui que ce soit, mais il semble ainsi, quand l'homme ou l'esprit s'oppose au divin; *illustré*, 7042. Se repentir, quand cela est dit du Seigneur, c'est avoir compassion, 587, 588. Toute chose qui existe vient d'un antérieur à elle, ainsi d'un premier, et enfin du suprême, par conséquent du Seigneur; mais les maux et les faux viennent, non d'un supérieur, mais d'un inférieur, ainsi non du Seigneur, mais du monde; *illustré*, 9128. Toutes choses existent et subsistent par un antérieur à elles, ainsi par un premier ou par le Seigneur, par conséquent au moyen du monde spirituel par le Seigneur, 4523, 4524, 6056. Les maux se disent du Seigneur, par exemple, la haine, la colère, l'emportement, la fureur, lorsque cependant c'est le contraire, 3605, 3607, 3614.

Le divin bien du Seigneur est unique, et s'il est distingué en céleste et en spirituel, c'est d'après une réception dissemblable, 10261. Le divin bien est dans le Seigneur, et le divin vrai est d'après le Seigneur, 8241. Le divin vrai procède du divin humain du Seigneur; *montré*, 9398. Le divin vrai procédant immédiatement du Seigneur et le second vrai successif n'affectent point le ciel, mais sont comme des ceintures radieuses de flammes enveloppant le soleil, qui est le Seigneur, 7270. Le divin vrai procédant du Seigneur ne peut être entendu ni perçu par personne avant d'avoir traversé les cieux, et alors il est énoncé par des esprits qui sont appelés l'esprit saint, 6982, 6985. Le divin vrai est l'esprit de vérité, dont il est parlé dans Jean, 3969. Dans le Seigneur, il y a le divin bien, et du Seigneur procède le divin vrai; *illustré* d'après le soleil, 5704. Ce qui procède immédiatement du divin même ne peut être saisi, mais ce qui procède du divin humain du Seigneur peut l'être; comment, 5321. Dans la Parole, le divin bien est ce qui est appelé Père, et le divin vrai ce qui est appelé Fils; *montré*, 3704. L'héréditaire du Seigneur était le divin par Jéhovah, et le mal par la mère, 1414, 1444. Pourquoi, dans le sens interne de la Parole, il est si souvent traité de l'union de l'essence divine du Seigneur, et de sa perception et de sa pensée, 2249. Pourquoi le sens interne de la Parole traite de toute la vie du Seigneur dans le monde, 2523.

Du divin rationnel : Comment était et existait le divin rationnel du Seigneur, 2625. Le Seigneur a fait successivement divin son rationnel, 2632. Le Seigneur a voulu faire divin son rationnel, à savoir, quant au bien par l'influx d'après son divin par le chemin interne, et aussi quant au vrai par l'influx par le chemin externe, 3030. Entre le bien du rationnel et le vrai évoqué du naturel et devenu divin, il y a, non pas un mariage, mais une alliance à l'instar de l'alliance conjugale; l'union de la divine essence avec l'humaine et de l'humaine avec la divine est le mariage, 3211. Dans le Seigneur est le mariage du vrai et du bien, d'où est dérivé le mariage céleste, 2803. Le divin naturel dans le Seigneur tenait son existence du divin bien du rationnel par le divin vrai qui y était, 3283. Le bien naturel domestique chez le Seigneur, après qu'il eût servi de moyen, fut rejeté, 3518. Du bien naturel du Seigneur; il l'a eu dès la naissance, 4641; il est représenté par Ésaü, 4641; ce divin bien du Seigneur ne tombe pas sous l'entendement, mais il influe communément, 4642. Le Seigneur est le très-grand homme dans le sens suprême, et il est venu dans le monde pour faire divin l'humain, afin que toutes choses se référassent à lui, 3637. Le Seigneur seul est homme, et sont hommes ceux qui reçoivent le divin qui procède de lui, 1894, 4839, 6626. Le ciel correspond au Seigneur, et l'homme quant à toutes choses et à chaque chose correspond au ciel, et par suite le ciel est le très-grand homme, 3624 à 3649. Le Seigneur est le ciel de l'église, parce qu'il habite dans ce qui est à lui et non dans le propre de l'ange et de l'homme, ainsi il est le tout dans toutes les choses qui y sont, 10125; *montré*, 10151, 10157. C'est le divin humain du Seigneur qui influe dans le ciel et fait le ciel, 3038. Il y a dans le ciel une lumière plus éclatante que la lumière sur la terre, et cette lumière vient du Seigneur, 3195. Ceux qui sont dans le ciel sont dans la vie du Seigneur,

7212. Le divin amour du Seigneur est céleste et est spirituel, mais cette distinction n'existe que relativement à ceux qui reçoivent, 3325. Le Seigneur est le céleste même et le spirituel même, ou le bien et le vrai abstractivement, 5110. Il n'y a pas différents vrais dans le Seigneur, mais les vrais apparaissent selon la réception, 4206. Le Seigneur s'est acquis la sagesse et l'intelligence par de continuelles révélations venant du divin ou de l'amour divin, 2500. La sagesse infinie était chez le Seigneur, parce qu'elle est dans l'amour divin, 2077, 2500, 2572.

Comment se manifeste le Seigneur. Jéhovah ou l'Être infini n'a pu apparaître à l'homme que par l'humain; ainsi, c'est le Seigneur qui anciennement a été vu; et Jéhovah ne peut influer que par l'humaine essence du Seigneur, 1676, *f.*, 1990, 2016, 2025. Le Seigneur apparaît aux anges célestes comme soleil, et aux anges spirituels comme lune, 1529, 1530, 1531, 1838. Le Seigneur comme soleil apparaît constamment à droite, à une hauteur moyenne, un peu au-dessus du plan de l'œil droit; *illustré*, 4321. Le Seigneur lui-même est au-dessus des cieux, et cependant sa présence est dans les cieux, 9946. De la présence du Seigneur dans les cieux d'après le soleil, lorsque cependant lui-même est dans le soleil, 10106. Le divin du Seigneur en soi est loin au-dessus de son divin dans le ciel, 8760. Le Seigneur est le soleil du ciel d'où procèdent l'amour et la foi, de même que du soleil du monde procèdent la chaleur et la lumière, 7083. Dans l'autre vie, le Seigneur quant au divin bien est le soleil, et quant au divin vrai il est la lumière, 8897. Le Seigneur a apparu dans le soleil du ciel à des esprits de Mercure et de Jupiter, et à des esprits qui l'avaient vu sur notre terre, 7173. Dès qu'un ange est élevé dans la sphère divine, il perçoit le Seigneur quant au divin humain, 9938. Tous dans le ciel tournent la face vers le Seigneur, et ceux qui sont hors du ciel tournent le dos au Seigneur, 9864. Tous se tournent vers les choses qu'ils aiment, ainsi les bons vers le Seigneur qui est dans les cieux, 10130. Tous dans le ciel regardent le Seigneur, et regarder vers lui, c'est agir par l'amour envers lui, et aussi par la charité à l'égard du prochain; *illustré*, 9828. Tous sont présents sous l'aspect du Seigneur, 1274, *f.*, 1277, *f.* Le Seigneur est le soleil du ciel, et par suite la lumière dans laquelle il y a l'intelligence, et la chaleur dans laquelle il y a l'amour, et de là viennent les correspondances, 3636, 3643. Tout le ciel se réfère au Seigneur, 551, 552. Chez Lui seul il y a eu correspondance parfaite de toutes les choses du corps avec le divin, 1414 *f.* A Lui seul la semence céleste, 1438. Le Seigneur seul est né homme spirituel-céleste, 4592, 4594. Le Seigneur est le centre commun, et chacun dans le ciel est un centre des influx de tous dans la forme céleste, 3633, 3641. Comment le divin vrai procède du Seigneur et influe; *illustré* par des cercles, 9407. Si quelqu'un voyait le Seigneur, il l'adorerait d'après les externes et non d'après les internes; mais il en est autrement de ceux qui, d'après les internes, sont affectés des vrais et font les biens, 5066, 5067. Le Seigneur apparaît à chacun selon l'état de chacun, 1861, 3235, 6832,

8819, *f.* Le Seigneur apparaît aux méchants comme ténèbres et comme feu consumant, 1838. Du Seigneur apparaissant dans une nuée, 10810, 10811; il apparut selon la réception, 10811. Le Seigneur vu par des habitants de Mercure, 7173; de Vénus, 7252; de Mars, 7477; de Jupiter, 8541; de Saturne, 8949.

Du Seigneur chez l'homme. La présence du Seigneur chez l'homme est selon la charité dans laquele est l'homme, 904. Le Seigneur influe continuellement avec le bien, et dans le bien avec le vrai, 5127, 5470, 6564. Le Seigneur est continuellement présent chez chaque homme avec le bien et le vrai, mais il n'est reçu qu'autant que les maux et les faux ont été éloignés, 10022. Le Seigneur est la charité et la foi dans l'homme, 8606, 8864. L'avénement du fils de l'homme est la présence du Seigneur dans chacun, 3900. Le Seigneur influe chez l'homme dans son amour, ainsi dans sa volonté, et fait que ce que l'homme reçoit est dans le libre, 10097. Le Seigneur chez l'homme ne commande pas, mais il conduit, 6390. Le Seigneur influe chez l'homme d'une double manière, médiatement par le ciel, et immédiatement d'après lui-même, 6472. Le Seigneur influe chez l'homme par le bien, et par le bien il dispose les vrais en ordre, mais non *vice versâ*, 9337. Le Seigneur dans l'homme ou dans l'ange habite dans ce qui lui appartient, ainsi dans le divin, et non dans le propre de qui que ce soit; *montré*, 9338. Il n'y a aucune conjonction avec le divin suprême du Seigneur, mais il y a conjonction avec son divin humain, parce qu'on a une idée du divin humain, mais on n'en a aucune du divin même, 4211. Il y a conjonction avec le divin rationnel du Seigneur, et conjonction des gentils avec le divin naturel et le divin sensuel, 4211, *f.* Il y a conjonction du Seigneur avec l'homme dans l'impureté de l'homme, 2053. Il y a parallélisme et correspondance entre le Seigneur et l'homme quant aux célestes, 1831; mais non quant aux spirituels, 1832. L'homme a été créé de telle sorte, que par lui les divins du Seigneur descendent jusqu'aux derniers de la nature, et montent des derniers de la nature jusqu'au Seigneur, 3702. Toute vue influe du Seigneur par les intimes chez les hommes, et aussi chez les esprits et chez les anges, 1954. Celui qui n'est pas dans l'amour du Seigneur n'est pas dans la vie du Seigneur, 1799, 1803. Ceux qui sont dans le ciel sont dans le Seigneur, et même dans son corps, 3637, 3638. Les uns sont plus éloignés du Seigneur, les autres sont plus proches, 1799, 1802. Ceux qui ont la foi de la charité envers le Seigneur ont le royaume céleste, 1608. A droite du Seigneur sont les anges, et à gauche sont les mauvais esprits, 1276. Du Seigneur ne procède que le bien, les méchants et les infernaux introduisent en eux le mal, en changeant en mal le bien du Seigneur, 7643, 7710. Dans la régénération de l'homme, le Seigneur ne s'éloigne jamais de lui, mais ce sont les maux qui font qu'il semble s'éloigner, 5696. Le Seigneur n'induit jamais personne en tentation, 1875. Le Seigneur combat seul pour l'homme dans les tentations, 8273. Le Seigneur supporte les tentations chez l'homme, et il subjugue les maux et les enfers, 4287, 987. Le Seigneur ne jette jamais personne dans l'enfer, 696, 1683. Le Seigneur détourne l'homme du mal; sans cela, l'homme se précipiterait de lui-même dans l'enfer, 789. Autant le mal et le faux sont éloignés, autant le bien et le vrai influent du Seigneur, 2411. Les hommes sont détournés du mal par le Seigneur avec une forte vigueur, 2406. Les maux sont attribués au Seigneur, mais ils sont faits par permission, 2447. Le Seigneur n'enlève pas le mal, mais il détourne du mal l'homme, et il le tient dans le bien, 8364. Le Seigneur, depuis que la Parole a été écrite, parle par elle avec les hommes, 10290. Le Seigneur n'enseigne pas ouvertement les vrais à l'homme; mais il le conduit par le bien à penser quelle chose est le vrai, et en outre il inspire, à l'insu de l'homme, l'aperception et par suite le choix que telle chose est le vrai parce qu'ainsi le dicte la Parole, et parce que cette chose cadre avec la Parole, 5952.

Sur le culte du Seigneur. Le véritable culte et le véritable amour du Seigneur, c'est de faire ses préceptes; *illustré* et *montré*, 10143, 10153. Le Seigneur seul doit être adoré, et non un autre, 10645. La vraie reconnaissance du Seigneur, c'est de faire ses préceptes; *montré*, 10143, 10153, 10578, 10645, 10829. La reconnaissance du Seigneur est la première chose de l'église, et sans cette reconnaissance il n'y a rien du bien ni du vrai, 10083; *montré* et *illustré*, 10112. Aimer le Seigneur, c'est vivre selon ses préceptes, 10829; *illustré* et *montré*, 10578. Avoir foi au Seigneur et l'aimer, c'est vouloir et faire ses préceptes; *illustré* et *montré*, 10645. L'essentiel de l'église est de reconnaître l'union du divin même dans l'humain du Seigneur, et de l'adorer; *montré*, 10370. Le divin humain du Seigneur est le tout du culte, et le tout de la doctrine, 2811. On ne peut par aucune idée saisir Jéhovah ou le Père, ni par suite croire en lui, ni par conséquent l'aimer; mais on peut le saisir par le divin humain du Seigneur; *montré*, 10067. Ceux qui adorent un Dieu incompréhensible ne reconnaissent aucun Dieu, 9356. Ceux qui ne sont dans aucune charité ne peuvent reconnaître le Seigneur que par hypocrisie, 2354. Ceux qui, dans l'église, sont dans le bien de la charité ne font point de distinction entre le divin et l'humain du Seigneur; mais ceux qui ne sont point dans le bien de la charité font une distinction, 2326. Ceux qui ont adoré Dieu sous une forme humaine reconnaissent le Seigneur dans l'autre vie, 9359. Si l'homme est adoré pour Dieu et non le Seigneur, les esprits infernaux sont adorés; *illustré*, 10642. Le Seigneur veut le culte et la gloire, non pour lui-même, mais pour le salut de l'homme, et c'est là la gloire du Seigneur; *illustré*, 10646. Le Seigneur demande l'humiliation et l'adoration, non à cause de lui, mais à cause de l'homme, parce qu'alors l'homme est en état de recevoir le vrai, 5957. Le Seigneur est reconnu par ceux qui sont dans le bien, mais non par ceux qui sont dans le mal, quoiqu'ils soient dans les vrais, 9193. Ceux qui sont dans le mal ne reconnaissent jamais le divin humain du Seigneur; ils peuvent, il est vrai, le saisir en quelque sorte, mais ils ne peuvent y croire, 8878. Le Seigneur est mieux accepté par ceux qui sont hors de l'église que par ceux qui sont au dedans, 9198. Dans l'église le divin humain du Seigneur n'est pas reconnu, 4689; pour quelles raisons? 4692. Ceux qui sont de l'église externe n'élèvent pas leurs pensées plus haut que vers le naturel humain, mais ceux qui sont de l'église interne les élèvent plus haut, 6380. Le Seigneur veut avoir l'homme tout entier, et non pas qu'il soit quant à une partie à l'homme lui-même, et quant à une partie au Seigneur; pourquoi? *montré*, 6138. Être dans le Seigneur, et même dans le corps du Seigneur; ce que c'est, 2227, 2551, 2974, 3637, 3838, 5130, 7910, 8192, 9378. Le Seigneur est dans le sens suprême le prochain; de là le bien avec diversité, 3419; il est le prochain dans le sens suprême, et les autres le sont en tant qu'ils tiennent du Seigneur, 2425. Le sens suprême de la Parole traite du Seigneur, et le sens respectif traite de son royaume, 3245. Le Seigneur est ressuscité avec tout son corps, tout autrement que les autres hommes, 10825, 1729. Le Seigneur ne requiert de l'homme de l'église rien de plus que de vivre selon ce qu'il sait, 6706. Autant l'homme croit que tout bien et tout vrai procèdent du Seigneur, autant il est dans le royaume du Seigneur, 2904, *f*. Les chrétiens, dans l'autre vie, disent un seul Dieu, mais ils pensent trois; il en est autrement des gentils qui ont bien vécu; ils adorent le Seigneur seul, et cela, parce qu'ils ont cru qu'il y a eu nécessité que le suprême Dieu se manifestât sur la terre comme homme, et qu'on ne saurait penser au suprême Dieu autrement que comme à un divin homme, 5256. Le Seigneur était le Dieu de l'ancienne église, 6846. Ceux qui étaient de la très-ancienne église n'ont pu adorer l'Être infini, mais ils adoraient l'Existant infini, parce que celui-ci est comme homme, et ils ont su que le Seigneur viendrait pour devenir comme l'Existant infini dans lequel est l'Être infini, 4687. Les fils de la très-ancienne église savaient que le Seigneur viendrait, 1123; les plus mauvais d'entre eux savaient que le Seigneur viendrait, mais comme homme vieux et barbu, 1124. Les sages anciens, lorsqu'ils pensaient à Dieu pensaient au Seigneur quant au divin humain; de même pensent les anges, 6876. Ceux qui sont dans le culte externe n'auraient pas pu être sauvés, si le Seigneur ne fût pas venu dans le monde, 2457. L'obscur des spirituels est illustré par le divin humain du Seigneur, 2716. Celui qui est dans les amours mondains et corporels ne peut pas croire que l'humain du Seigneur est divin, 3212.

Sur les divers noms du Seigneur. Le Seigneur était signalé par différents noms dans l'église ancienne, mais par la suite chaque dénomination fut adorée comme un Dieu, 3667. L'église ancienne a reconnu le Seigneur comme divin homme, et ensuite elle l'a appelé Jéhovah, 4692. Les très-anciens et les anciens n'ont entendu par Jéhovah nul autre que le Seigneur, et même quant au divin humain, parce que par la pensée et par l'affection ils n'ont pu être conjoints à un autre divin, 5663, *f*. Dans la Parole, c'est toujours par une cause secrète que le Seigneur est nommé tantôt Jéhovah seulement, tantôt Jéhovah Dieu, tantôt Jéhovah et ensuite Dieu, tantôt le Seigneur

Jéhovih, tantôt Dieu d'Israël, tantôt Dieu seulement, 300, 2921. Il est appelé Jéhovah, parce que seul il est, ou seul il vit, ainsi à cause de son essence ; Dieu, parce qu'il peut tout, ainsi à cause de sa puissance, 300. Le Seigneur quant au divin humain est entendu par Jéhovah ; et cela, parce que le divin ne peut pas être approché autrement ; *illustré*, 8864. Le Seigneur est dit Jéhovah d'après le divin bien, et Dieu d'après le divin vrai, 8760. « Jéhovah ! Jéhovah ! Dieu ! » c'est le trine dans le Seigneur, 10617. Le Seigneur est dit Jéhovah quant au divin bien, et Fils de Dieu quant au divin vrai, 7499. La face de Jéhovah, c'est aussi le Seigneur ; *montré*, 10579. Dans toutes et dans chacune des choses du Seigneur il y avait intimement Jéhovah, 1902. Dans la Parole du nouveau testament, Jéhovah n'est nommé nulle part, mais au lieu de Jéhovah il est dit Seigneur, et cela, pour des raisons secrètes ; une des principales, c'est que si le Seigneur s'était dit Jéhovah, on ne l'aurait pas cru, 2921. Dans la Parole, le Seigneur est représenté par Abraham quant au divin même, par Isaac quant au divin rationnel, par Jacob quant au divin naturel, par Moïse quant à la loi ou à la Parole historique, par Élie quant à la Parole prophétique, par Aharon quant au sacerdoce, et par David quant à la royauté, 5307. Par Abraham serviteur, Israël serviteur, Jacob serviteur, David serviteur, il est entendu le divin humain du Seigneur, parce que ce divin servait pour que par lui il y eût accès au divin même, et que par lui il y eût salut pour le genre humain, 3441 ; ainsi quant au divin humain, le Seigneur a été appelé serviteur, parce qu'il servait et administrait ; *montré*, 8241. Le Dieu de Jacob et le saint d'Israël, c'est le Seigneur lui-même, 3305, *f*. Le Seigneur quant au divin humain est appelé ange, 6280, 6831, 8192, 9303, 10528. Les deux noms du Seigneur, Jésus et Christ ; ce qu'ils signifient, 3004 à 3011. Le Seigneur n'est plus le fils de Marie, 6872 ; car le Seigneur a dépouillé l'humain provenant de la mère, et revêtu l'humain provenant du Père, 10834. Le Seigneur est appelé Seigneur d'après le divin bien, 9167 ; et le bien est le Seigneur ; *illustré*, 9167. Le Seigneur est appelé le Père, 2005. Tout le trine est dans le Seigneur, et l'Esprit saint est le divin vrai procédant du Seigneur ; *montré*, 6993. Le Seigneur est dit le premier et le dernier ; pourquoi ? 3702. Ce que c'est que le Seigneur comme roi, et ce que c'est que le Seigneur comme prêtre, 2015, *f*. Le Seigneur quant au divin humain est appelé fils de Dieu et fils unique ; *montré*, 2628. Dans l'état d'humiliation le Seigneur s'appelait fils de l'homme, et dans l'état de glorification fils de Dieu, 2159.

Sein, *Sinus*. Le sein *sign.* l'amour, parce que toutes les choses qui appartiennent à la poitrine correspondent à l'amour, 6960 ; *voir* Poitrine. Le sein *sign.* aussi le propre, parce que le propre de l'homme est ce qui appartient à son amour, 6960 ; *voir* Propre. C'est par conséquent l'appropriation et la conjonction par l'amour ; *montré*, 6960. Être dans le sein d'Abraham, — Luc, XVI. 22, — c'est être dans le Seigneur, 3305. Être couché dans le sein du Seigneur, c'est être aimé de lui, 10087.

Séir, *Seïr*. La montagne de Séi

représente les choses qui appartiennent à l'essence humaine du Seigneur, c'est-à-dire, les célestes de l'amour, 1675; mais lorsqu'elle était habitée par les Chorites, elle représentait l'amour de soi, 1675. Séir est la conjonction des spirituels avec les célestes dans le naturel; et, dans le sens suprême, le divin naturel du Seigneur quant au bien conjoint au vrai dans le naturel, 4384. La terre de Séir est le bien céleste naturel du Seigneur; pourquoi? *montré,* 4240; Ésaü, qui habitait dans cette terre, représente ce bien, 4240. Dans le sens respectif, la terre de Séir signifie proprement le royaume du Seigneur chez ceux qui sont hors de l'église, quand il s'y établit une église, 4240. Se lever de Séir et sortir de Séir, c'est éclairer les nations qui sont dans les ténèbres, 4240, *f.,* 10134. Séir *sign.* le vrai du bien naturel, 4645, 4646.

SEIZE, comme multiple de huit, signifie la même chose que huit, c'est-à-dire, pleinement et en toute manière, 9660.

SEL, *Sal.* Le sel, dans le sens bon, c'est l'affection du vrai; et, dans le sens opposé, c'est la vastation du vrai et des affections du vrai, 2455, 9207, *f.* Le sel est le vrai qui désire le bien, et le conjonctif du vrai et du bien; *montré,* 9207, 10137, *f.,* 10300. Le sel *sign.* le désir du bien pour le vrai, 9325. La mer de sel *sign.* les faussetés qui jaillissent des cupidités, 1666. Le sel *sign.* la vastation du vrai, et de là vient que les fils d'Israël avaient coutume de semer du sel sur l'emplacement des villes qu'ils détruisaient, afin qu'elles ne fussent pas reconstruites, 1666; mais, dans le sens bon, le sel *sign.* ce qui donne de la fertilité, et ce qui produit comme de la saveur, 1666. Le sel de la terre, — Matth. V. 13, 14, — *sign.* le vrai de l'église, lequel désire le bien; le sel affadi *sign.* le vrai sans le désir pour le bien; qu'un tel sel ne soit d'aucune utilité, cela est décrit en ce que le sel affadi n'est plus bon à rien qu'à être jeté dehors et à être foulé aux pieds, 9207, 10300. Dans Marc, — IX. 49, 50, — être salé de feu, c'est le désir du bien pour le vrai, et être salé de sel est le désir du vrai pour le bien; le sel devenu insipide, c'est le vrai sans le désir pour le bien; avoir en soi du sel, c'est avoir ce désir, 9207, 10300. Le sacrifice devait être salé; pourquoi? 10300.

SÉLAV, *Selav,* oiseau de mer. C'est le plaisir naturel, dans lequel il y a le bien; et, dans le sens opposé, le plaisir de la convoitise, dans lequel est le mal, 8452. La manne *sign.* le bien de l'homme interne ou spirituel, et le sélav le bien de l'homme externe ou naturel, bien qui est appelé plaisir, 8431. Quand la manne fut donnée aux fils d'Israël chaque matin, le sélav leur fut aussi donné le soir; ce que cela signifie, 8487.

SEM, fils de Noé. *Voir* SCHEM.

SEMAILLE, *Sementis.* Les semailles et la moisson *sign.* l'homme qui doit être régénéré, et par suite l'église, 932; par « elles ne cesseront point, » — Gen. VIII. 22, — il est signifié que le Seigneur ne cessera jamais de répandre sa semence chez l'homme, qu'il soit dans l'église ou hors de l'église, qu'il connaisse la Parole du Seigneur ou qu'il ne la connaisse pas, 932.

SEMAINE, *Septimana. Voir* SEPT. Ce que c'est que la semaine, 728. La semaine *sign.* une période entière, grande ou petite, 2044, 3845, 4177; par conséquent l'état plein, 7346, 7890. Les sept semaines jusqu'au Messie,—Dan. IX. 25,—signifient que le Seigneur viendra dans la plénitude des temps, 9228. Six semaines *sign.* la même chose que les six jours d'une semaine, 9742.

SEMBLABLE. Il ne peut jamais exister deux choses qui soient absolument semblables, 457, 3745. Les choses qui sont dans l'autre vie apparaissent semblables à celles qui sont dans le monde, mais elles ne sont pas semblables, parce que celles-là ont en elles-mêmes le vivant que n'ont point celles-ci, 5079. Le semblable est conjoint au semblable, 6206.

SEMENCE, *Semen*. La semence de la femme,—Gen. III. 15,—c'est la foi envers le Seigneur, 255; c'est aussi le Seigneur lui-même, tant parce que seul il donne la foi, et est ainsi la foi, que parce qu'il lui a plu de naître dans le monde, etc., 256. La semence est la foi de la charité, ainsi la charité elle-même, 1025, 1447, 1610. Ce que signifie la semence multipliée jusqu'à l'immensité, quand par elle il est entendu le Seigneur, quand il est entendu la foi de la charité, et quand il est entendu le genre humain, 1610. La semence du serpent est tout manque de foi, 254. De la semence d'origine céleste, qui était chez les hommes de la très-ancienne église, et de la semence d'origine spirituelle, qui était chez les hommes de l'ancienne église, et est chez ceux qui vivent aujourd'hui, 310. La semence d'origine céleste est telle, que l'amour gouverne tout le mental de l'homme et le rend un, 310. La semence céleste et la semence spirituelle sont enracinées par le bien de la charité, 880. La semence spirituelle, qui est jetée dans l'homme, ne s'enracine jamais avant que le bien de la charité l'ait pour ainsi dire réchauffée, 880. Sans la semence que répand le Seigneur, l'homme ne peut faire aucun bien, 932. La semence croit immensément dans l'autre vie chez ceux qui sont dans la charité, 1941. Tous les hommes, sans exception, n'ont par eux-mêmes d'autre semence que quelque chose de corrompu et d'infernal, en quoi consiste et d'où procède leur propre, et cette semence provient du père par héritage, 1438. La semence, ce sont les spirituels, 3187. La semence d'Isaac, ce sont les célestes, 2085.

La semence est la Parole de Dieu, 29, 3038. La semence du champ est le vrai d'après le bien chez l'homme par le Seigneur, 1940, 3038, 3310, 3373, 10248, 10249; c'est la nutrition du mental par le divin vrai d'après la Parole, 6158, 10249. Ce que c'est que la semence qui tombe sur le chemin, dans des endroits pierreux, parmi les épines, dans la bonne terre, 1940. Dans la parabole sur la semence, la semence est le vrai qui est appelé le vrai de la foi; la bonne terre est le bien qui appartient à la charité; le chemin battu est le faux; l'endroit pierreux est le vrai qui n'a pas de racine dans le bien; les épines sont les maux, 3310. La semence est le bien et le vrai d'après le Seigneur; ainsi, ce sont les fils du royaume, 3373. Par la semence d'Abraham, d'Isaac et de Jacob, il n'est nullement entendu leurs descendants, parce que parmi toutes les nations ils formaient la nation la plus méchante; mais il est entendu tous ceux qui sont la semence du Seigneur, c'est-à-dire, ceux qui sont dans le bien et le vrai de la foi en lui et d'après lui, 3373. La semence d'Abraham, ce sont ceux qui sont engendrés par le Seigneur, et dans le sens abstrait les biens de l'amour et les vrais de la foi; *montré*, 10249; dans le sens opposé, ce sont les maux et les faux et ceux qui sont en eux; *montré*, 10249, *f.* La semence d'Abraham, d'Isaac et de Jacob, ce sont les biens et les vrais du ciel et de l'église, 10445. La semence d'Abraham *sign.* tous ceux qui, dans l'univers, sont dans l'amour, 1025; la semence d'Isaac, *sign.* tout homme chez lequel il y a l'amour spirituel ou la charité, 1025; la semence de Jacob *sign.* tous ceux qui, dans l'univers, sont dans un culte externe dans lequel est le culte interne, et qui font des œuvres de charité dans lesquelles est la charité procédant du Seigneur, 1025. Il en est du bien et du vrai comme des semences et de l'humus; les semences sont dans le rationnel, et l'humus est dans le naturel, 2971. Donner de la semence, c'est l'influx, 6139. « Toutes les nations bénies en ta semence, » *sign.* tous ceux qui sont dans le bien, tant au dedans qu'au dehors de l'église, 3380. « L'herbe portant semence, » *sign.* tout vrai qui concerne l'usage, 57.

Il y a dans les semences un continuel effort de propager leur genre et leur espèce, 3648. On est aujourd'hui dans cette croyance erronée que dès la première création il y a dans la semence une vertu de se reproduire, et qu'il n'y a point de divin qui de plus produise, 4322. Ce qui en est du prolifique de la semence, 9258. Comment dans les fruits se développe la semence,

8603. Comparaison de la perfection intérieure des semences avec les intérieurs de l'homme, 3855. *Voir* SEMER.

SEMER. C'est instruire et être instruit, 6158; *illustré* et *montré*, 7272. Ensemencer la terre, c'est enseigner et apprendre les vrais et les biens de la foi qui appartiennent à l'église, 9572. Semer et ne point moissonner, c'est être instruit dans les vrais de la foi, mais sans profit, 9272. Le Seigneur sème le vrai dans le bien de la charité, quand il régénère l'homme, 2063, 2189, 3310; autrement la semence, qui est le vrai de la foi, ne peut pas prendre racine, 880. Ce qui est semé dans le libre reste, mais ce qui est semé dans le contraint ne reste pas, 9589, 10777.

SÉNEVÉ, *Sinapis*. Le grain de sénevé *sign.* le bien que fait l'homme avant d'être spirituel, 55.

SENS, *Sensus*. *Voir* VUE, OUÏE, ODORAT, TOUCHER, GOÛT, LANGUE. Dans les sens consiste la vie, 322. Il ne peut exister aucune vie sans le sens, et la qualité de la vie est selon la qualité du sens, 4625. Sans les sens il n'y a aucune vie, et tels sont les sens, telle est la vie, 322, *f.* Cinq sens, à savoir, le toucher, le goût, l'odorat, l'ouïe, la vue; à quelles affections ils correspondent, 4404. Le sens du toucher en général correspond à l'affection du bien; le sens du goût, à l'affection de savoir; le sens de l'odorat, à l'affection de percevoir; le sens de l'ouïe, à l'affection d'apprendre, puis à l'obéissance; et le sens de la vue, à l'affection de comprendre et d'être sage, 4404. Le sens du toucher est commun à tous les sens, et tire son origine du perceptif qui est le sensitif interne, 3528. Le plaisir est commun aux sens selon les usages, 7038. Les sens placés dans le corps ne sont que des organes ou des instruments servant à l'homme interne, afin qu'il sente les choses qui sont dans le monde, 5779. Il y a dans les sens externes des plaisirs absolument selon les usages qu'ils remplissent; le plaisir le plus grand appartient au sens de l'amour conjugal, à cause de l'usage le plus grand, parce que la propagation du genre humain en provient, et que le ciel provient du genre humain; vient ensuite le plaisir du goût, qui occupe un tel rang, parce que le goût sert à la nutrition, et par suite à la santé du corps, selon laquelle le mental agit sainement; le plaisir de l'odorat est un plaisir moins grand, parce qu'il sert seulement à une récréation, et par là aussi à la santé; le plaisir de l'ouïe et le plaisir de la vue sont au dernier rang, parce qu'ils reçoivent seulement les choses qui doivent servir pour les usages, et qu'ils sont les domestiques de la partie intellectuelle, et non de même de la partie volontaire, 7038. Le commun sens est distingué en volontaire et involontaire, 4325. Le sens volontaire est propre au cerveau, et le sens involontaire est propre au cervelet, 4325. Ces deux communs sens ont été conjoints chez l'homme, mais toujours est-il qu'ils sont distincts, 4325. Ce que c'est que le commun sens volontaire, et ce que c'est que le commun sens involontaire, 4325. Esprits qui ont pour rapport le commun sens involontaire, 4326, 4327. Quel a été le commun sens involontaire dans les premiers temps ou chez les très-anciens, puis chez les anciens, etc., et quel il est aujourd'hui ; *illustré*, 4326, 4327.

Comment dès les premiers temps le commun sens involontaire s'est changé et s'est répandu hors de la face; d'après l'*expérience*, 4326. Ceux qui aujourd'hui ont leur rapport avec le commun sens involontaire sont les plus méchants de tous; d'après l'*expérience*, 4327. Quel est le commun sens volontaire chez les célestes et chez les spirituels; *expériences*, d'après une colonne, 4328. Quels sont ceux qui constituent dans l'autre vie le commun sens volontaire, 4329. Chacun des sens correspond à des sociétés dans le ciel, 3630. Chez l'homme, rien ne peut être excité, si ce n'est ce qui meut son sens, 4733. Combien est grossière la perception d'après les sens, on peut en juger par les objets qui sont vus au moyen du microscope, 6614; et aussi d'après l'action qui sort de tant de fibres motrices, et d'après les mots du langage, 6622.

Sens internes. Sont appelées sens internes les choses qui appartiennent à l'intellectuel et aux perceptions de l'intellectuel, 4622. L'intellectuel n'est qu'un sens exquis des intérieurs, et l'intellectuel supérieur qu'un sens exquis des choses spirituelles, 4622. Le scientifique sensuel, qui est le dernier de l'intellectuel, est puisé par deux sens, qui sont l'ouïe et la vue, et le plaisir sensuel, qui est le dernier du volontaire, est aussi puisé par deux sens, qui sont le goût et le toucher; le dernier de la perception de l'un et de l'autre est l'odorat, 9996. Chez l'homme les formes plus pures ou intérieures, qui sont imperscrutables, sont celles qui déterminent les sens internes, et qui produisent aussi les affections intérieures, 4224. Les esprits ont des sens beaucoup plus exquis que ceux des hommes, 322, 1630, 1880, 1881. Dans l'autre vie, tout sens est plus exquis et plus parfait, parce qu'il appartient à l'homme interne dégagé de l'homme externe, 5078. État dans lequel est le sens exquis de ceux qui sont dans l'autre vie; c'est l'état même des esprits, 1883. Les esprits et les anges n'ont point le sens du goût, mais ils en ont l'analogue, 1516, 1880. Voir SENSATIONS, SENSUEL, SENSITIF, SENSORIUM.

Illusions des sens. Les hommes entièrement naturels et sensuels pensent et raisonnent d'après les illusions des sens, 5084, 5700, 6948, 6949. Quelles sont les illusions des sens, 5084, 5094, 6400, 6948. Illusions purement naturelles des sens, ou illusions des sens dans les choses qui sont dans la nature, et illusions des sens dans les choses spirituelles; quatorze *exemples*, 5084. Il y a plusieurs choses dans la nature qui sont contre les illusions des sens, mais que l'on croit, parce qu'une expérience visible l'enseigne; *exemple*, 1378. Dans le sens de la lettre de la Parole, il est parlé selon les illusions des sens; pourquoi? 735. Les vrais de la foi qui sont chez l'homme sont des apparences du vrai, auxquelles s'adjoignent des illusions qui appartiennent aux sens, et à ces illusions s'adjoignent des faux qui appartiennent aux cupidités de l'amour de soi et du monde, 2053; *illustré*, 3207. Ceux qui raisonnent d'après les scientifiques contre les vrais de la foi raisonnent avec rigueur, parce que c'est d'après les illusions des sens qui captivent et persuadent, car elles ne peuvent être dissipées que difficilement, 5700.

Sens de la Parole. Sens de la lettre; sens interne ou spirituel; sens intime ou suprême; *voir* PAROLE. Le sens littéral de la Parole est triple, à savoir : historique, prophétique et doctrinal; chacun de ces sens est tel, qu'il peut être saisi par ceux qui sont dans les externes, 3432. Sur le sens interne historique, *voir* 4279 et suiv. Le sens interne de la Parole est non-seulement le sens qui est caché dans le sens externe, mais c'est aussi celui qui résulte de plusieurs passages du sens de la lettre conférés régulièrement entre eux, et est aperçu par ceux qui sont illustrés quant à l'intellectuel par le Seigneur, 7233.

SENSATION, *Sensatio*. Il n'y a pas de sensation qui ne vienne de l'interne, c'est-à-dire, du Seigneur par l'interne, 5779. Il semble que la sensation vient d'un influx qui procède de l'externe, mais c'est une illusion; c'est l'interne qui sent par l'externe, 5779. Le cœur et les poumons sont les sources de toute sensation externe ou du simple corps, 3635. Toute sensation, qui est propre au corps, existe par l'influx du cœur dans les poumons; *illustré*, 3887. Quand l'interne agit dans l'externe, comme dans le monde, la sensation est alors émoussée et obscurcie, 5078. Les sensations externes correspondent aux sensations internes, 10199. Toutes les sensations externes tirent leur origine des sensations internes appartenant à l'entendement et à la volonté, 10199. Les sensations internes constituent l'intellectuel et le volontaire de l'homme, 10199; toutefois, les sensations internes, qui sont les sensations propres de l'entendement et de la volonté chez l'homme, n'ont pas le même sens que les externes, mais se changent en de semblables choses quand elles influent, 10199. L'esprit, ou l'homme après la mort, possède toutes les sensations qu'il avait quand il vivait dans le monde, 4794. Les sensations des esprits et des anges sont beaucoup plus exquises que les sensations des hommes, à savoir, celles de la vue, de l'ouïe, de l'odorat, d'un analogue du goût, et du toucher, et surtout du plaisir des affections, 4622. Toutes les choses qui sont dans le monde spirituel sont adéquates aux sensations des esprits et des anges; ainsi, d'une telle nature, qu'elles tombent non sous le sens corporel tel qu'il existe pour l'homme, mais sous le sens dont jouissent ceux qui sont là, 4622. Le corps et aussi les sensations et les membres du corps sont adéquats aux usages dans le monde, et l'esprit et aussi les sensations et les organes de l'esprit sont adéquats aux usages dans l'autre vie, 4622.

SENSIBLE. La sphère des affections du bien et du vrai se présente d'une manière sensible devant les yeux des anges et des esprits, même par des couleurs, et aussi devant les narines par des odeurs, 9466. La sphère que s'acquiert un esprit se présente d'une manière sensible devant les autres dans le monde spirituel, quand le Seigneur le permet, 1504, 1505 ; *voir* SPHÈRE. Comment les choses qui influent deviennent sensibles à l'homme, 7442.

SENSITIF, *Sensitivum*. Le sensitif n'est autre chose qu'un perceptif externe, et le perceptif n'est autre chose qu'un sensitif interne, 3528. Tout sensitif et tout perceptif vient du bien et non du vrai, 3528. Tout le sensitif, qui paraît si varié, se réfère à un seul sens commun et universel, à savoir, au sens du toucher, 3528; les variétés, telles que le goût, l'odorat, l'ouïe, la vue, qui sont des sensitifs externes, ne sont que des genres du toucher, tirant leur origine du sensitif interne, c'est-à-dire, du perceptif, 3528. Le sensitif fait le tout de la vie, 4623. Tout le sensitif qui se manifeste dans le corps appartient proprement à l'esprit, et seulement au corps par influx, 4622. Par le sensitif est signifié le dernier de la perception, 7691. Le sensitif dans l'autre vie est réel dans le ciel, et non réel dans l'enfer; *illustré*, 4623. Illusion du sensitif, 4249. Sensitif commun corporel, 4329.

SENSORIUM, ou organe du sens. C'est le sens interne, ou le sens de l'esprit lui-même, qui sent par le sens externe et dispose le *sensorium* externe à recevoir les objets selon son gré, 6322. *Sensorium* commun, 5017. *Sensorium* interne dans le cerveau, 4407. Toutes les choses que l'homme perçoit par les organes *sensoria* signifient des spirituels qui se réfèrent au bien de l'amour et aux vrais de la foi, 10199. Correspondance avec les *sensoria* externes, à savoir, avec le *sensorium* de la vue ou l'œil, avec le *sensorium* de l'ouïe ou l'oreille, avec les *sensoria* de l'odorat, du goût et du toucher, 4324 et suiv.

SENSUEL, *Sensuale*. Le sensuel est le dernier de la vie de l'homme, adhérent et inhérent à son corporel, 5077, 5767, 9212, 9216, 9331, 9730. C'est dans le sensuel que se terminent les intérieurs, 9212, 9216. Le sensuel externe, qui est le dernier de la vie de l'homme, contient en soi tous les intérieurs ensemble, 10107. Le sensuel externé fait presque tout aujourd'hui chez les hommes de notre terre, 4330; *montré* d'après l'expérience, 4330. Le sensuel est le perceptif même et le sensitif même des intellectuels et des volontaires dans les extrêmes, formé entièrement selon leurs affections, 9726. Le sensuel externe crible pour ainsi dire et démêle d'abord les choses qui entrent chez l'homme et se présentent à l'entendement et à la volonté; *illustré*, 9726. Le sensuel de l'homme est décrit, 10236. Extension du sensuel chez l'homme, 9731. Le dernier de l'intellectuel est le scientifique sensuel, et le dernier du volontaire est le plaisir sensuel, 9996. Le scientifique sensuel, qui est le dernier de l'intellectuel, est puisé par deux sens, qui sont l'ouïe et la vue; et le plaisir sensuel, qui est le dernier du volontaire, est puisé aussi par deux sens, qui sont le goût et le toucher; le dernier de l'un et de l'autre est l'odorat, 9996. Quand l'influx du bien et du vrai procédant du Seigneur n'est pas reçu dans le naturel, les intérieurs sont fermés, et enfin jusqu'au sensuel, dans lequel alors est la pensée, 6564. Pour les très-anciens le sensuel était l'instrumental; pour les antédiluviens il était le principal, 241. Ceux qui raisonnent par le sensuel, et par suite contre les vrais de la foi, ont été appelés par les anciens des serpents de l'arbre de la science, 195, 196, 197, 6398, 6949, 10313. L'homme sage pense au-dessus du sensuel, 5089, 5094. Ceux qui pensent d'après le sensuel s'éloignent du ciel, 6201. Penser dans le sensuel; ce que c'est, 6201. Le sensuel ne doit pas être introduit dans les choses qui sont du ciel, parce que c'est contre l'ordre, 10236. Le sensuel séparé et abandonné à lui-même est dans les illusions, et par suite dans les faux et contre les biens et les vrais de la foi; *illustré*, 6948, 6949. Le sensuel aujourd'hui n'est pas régénéré, mais l'homme est élevé au-dessus du sensuel vers les intérieurs, 7442. Ce n'est pas le sensuel qui est ramené dans l'ordre, mais ce sont les choses qui sont entrées par le sensuel dans la fantaisie de l'homme, 5125. Ce que c'est qu'être élevé au-dessus du sensuel, 9730. Quand l'homme est élevé au-dessus du sensuel, il vient dans une lueur plus douce, et enfin dans une lueur céleste, 6313, 6315, 9407. Quand le sensuel est élevé vers les intérieurs, la puissance est communiquée par le divin, 6953, 6954. L'extrême du naturel, qui est appelé sensuel, est rempli d'illusions, et de faux qui en proviennent, 7645. Ce que c'est que le sensuel corporel; *citations*, 8872. Sensuel du corps et sensuel de l'esprit, 978, 9396. Sensuel externe, sensuel moyen et sensuel interne, 6008, 9730, 10236. Sensuel commun avec les brutes et sensuel non commun; *différence*, 10236. La sphère des esprits infernaux se conjoint avec le sensuel de l'homme par le dos, 6312.

SENSUEL (homme), *Sensualis homo*. Voir 196. Est appelé homme sensuel celui qui juge et conclut toutes choses d'après les sens et qui ne croit que ce qu'il peut voir de ses yeux et toucher de ses mains, disant que cela est quelque chose, et rejetant tout le reste, 5094, 7693. *Voir* HOMME SENSUEL.

SENSUELS, *Sensualia*. Par les sensuels il est entendu les scientifiques et les plaisirs qui ont été insinués par les cinq sens externes ou du corps dans la mémoire de l'homme et dans ses convoitises, et qui en même temps constituent le naturel extérieur d'après lequel l'homme est appelé homme sensuel, 5157. Les sensuels sont de deux sortes : Sensuels subordonnés à la partie intellectuelle, et sensuels subordonnés à la partie volontaire, 5077. Le sensuel qui a été soumis à la partie intellectuelle est principalement la vue, celui qui a été soumis à la partie intellectuelle et ensuite à la partie volontaire est l'ouïe, celui qui l'a été à l'une et à l'autre en même temps est l'odorat, et plus encore le goût, et celui qui l'a été à la partie volontaire est le toucher, 5077. Les sensuels doivent être subordonnés aux intérieurs de l'homme, 5077. Les sensuels doivent être à la dernière place et non à la première, et chez l'homme sage et intelligent ils sont à la dernière place et soumis aux intérieurs, mais chez l'homme insensé ils sont à la première place et ils dominent, 5077, 5125, 5128, 7645. Comment on connaît si les sensuels sont à la dernière place ou à la première, 5125 ; et quelle est la différence, 5125 ; *illustré* aussi, 5128. Si les sensuels sont à la dernière place et soumis aux intérieurs, par eux est ouvert le chemin vers l'entendement, et les vrais sont épurés par un mode comme d'extraction, 5580. Ces sensuels de l'homme se tiennent là près du monde, ils admettent les choses qui affluent du monde, et pour ainsi dire les criblent, 9726. L'homme externe communique avec le monde par ces sensuels, et avec le ciel par les rationnels, 4009. Les sensuels fournissent ainsi les choses qui servent aux intérieurs de l'homme, 5077, 5081. Si la pensée n'est pas élevée au-dessus des sensuels, l'homme a peu de sagesse, 5089. L'homme qui a été élevé au-dessus des sensuels par le bien de la foi est alternativement dans la lueur sensuelle et dans la lueur intérieure ; *illustré*, 6315. L'homme par son esprit peut voir les choses qui sont dans le monde spirituel, s'il peut être détaché des sensuels qui sont du corps, et être élevé dans la lumière du ciel par le Seigneur, 4622. L'élévation au-dessus des sensuels et le détachement des sensuels étaient connus des anciens, 6313. Ceux qui sont régénérés sont élevés au-dessus des sensuels ; sur cette élévation, 6183 ; *citations*, 9922, *f*. Ceux qui pensent d'après les sensuels perçoivent peu ce que c'est que l'honnête, le juste et le bien, 6598, 6612, 6622, 6624. Les sensuels du corps sont des serviteurs, parce qu'ils sont au service des choses qui servent de plan pour l'homme intérieur, 5081. Les sensuels, les scientifiques et les vrais sont distincts entre eux ; *illustré*, 5774. Les sensuels sont infimes, 5767. Les sensuels introduisent des illusions, 5084. La pensée dans les sensuels présente des turpitudes, 6201. Les sensuels ne peuvent pas recevoir le divin ; c'est pour cela qu'ils sont les derniers qui puissent être régénérés, 6844, 6845. Aujourd'hui, une sorte d'aversion survient aussitôt qu'on parle de ce qui est au-dessus des sensuels, 5168.

SENSUELS, *Sensuales*. Les hommes sensuels raisonnent d'après les illusions des sens par lesquelles le vulgaire est séduit, 5084, 6948, 6949, 7693. Ils raisonnent avec rigueur et adresse, parce que leur pensée est si près de leur parole qu'elle est presque en elle, et parce qu'ils placent toute intelligence dans le discours provenant de la mémoire seule, 195, 196, 5700, 10236. Les hommes sensuels sont plus rusés et plus remplis de malice que tous les autres, 7693, 10236. Les avares, les adultères, les voluptueux et les fourbes, sont principalement des hommes sensuels, 6310. Les érudits, quant à la plus grande partie, sont sensuels; pourquoi? 6316. Les hommes sensuels placent dans le corps la vie, et croient que si le corps ne devait pas revivre, c'en serait fait de l'homme, 10595. Il y a des hommes sensuels non méchants, parce que leurs intérieurs n'ont pas été autant fermés; de leur état dans l'autre vie, 6311. Il y a des hommes qui sont plus que sensuels, c'est-à-dire, qui sont corporels, 6318; ce sont ceux qui se sont entièrement confirmés contre le divin, et ont tout attribué à la nature; de leur état dans l'autre vie, 6318.

SENTIER. *Voir* CHEMIN. De même que le chemin, le sentier *sign.* les vrais qui conduisent au bien, et aussi les faux qui conduisent au mal, 627, 2333, 10422. Quand l'homme est ressuscité, il voit des sentiers obliques s'élevant en pente douce, 189.

SENTINELLE, *Speculator.* Les sentinelles, — És. LII. 8, — sont ceux qui scrutent les écritures sur l'avénement du Seigneur; leur voix est la Parole, qui est le divin vrai dont procèdent les vrais, 9926.

SENTIR. Le corps ne sent pas; c'est l'esprit de l'homme qui sent dans le corps, et autant il sent dans le corps, autant il sent grossièrement et obscurément, ainsi dans les ténèbres, mais autant il sent non dans le corps, autant il sent clairement et dans la lumière, 4622, 6614, 6622. L'homme sent distinctement les choses qui se font dans l'homme externe, mais il ne sent pas les choses qui se font dans l'homme interne, 10236, 10240. C'est l'interne qui sent par l'externe, les sens placés dans le corps ne sont que des organes ou des instruments servant à l'homme interne, afin qu'il sente les choses qui sont dans le monde, 5779. D'où vient la faculté de sentir; *illustré*, 5119. Ce qui influe par le chemin externe, l'homme le sent, mais ce qui influe par le chemin interne, l'homme ne le sent pas avant qu'il ait été régénéré, 4977. Chaque chose est sentie telle qu'elle est, non d'après elle-même, mais d'après son opposé, 7319. Le combat spirituel est senti chez l'homme comme tentation, 5280. La tentation n'est pas sentie autrement qu'en l'homme, quoique cependant ce soit un combat des anges contre les mauvais esprits hors de lui, 7122.

SENTIR, *Odorari.* C'est percevoir ce qui est agréable, 3575. Sentir une odeur de repos, lorsqu'il s'agit de Jéhovah, c'est agréer le culte procédant de la charité et de la foi de la charité, 925. *Voir* ODEUR.

SÉPARATION, *Separatio.* De la séparation du vrai d'avec le bien, 5008, 5009, 5022, 5028. Il y a séparation du mal d'avec le bien, il n'y a jamais enlèvement complet, 2256. De la séparation des bons d'avec les méchants; plusieurs détails; comment elle a lieu, 2438. La séparation des maux et des faux d'avec les biens et les vrais chez les bons, n'est pas un enlèvement absolu des maux et des faux, 2449. Séparation miraculeuse de la partie intellectuelle de l'homme d'avec la partie volontaire, 641, 863, 875, 895, 1023, 2053, 2256, 4601; 5113. Ce qui se passe à l'égard de la séparation des esprits chez l'homme quand il est régénéré, par conséquent à l'égard des changements de son état quant au bien et au vrai, 4110, 4111.

SÉPARER. Le propre de l'homme doit être séparé, pour que le Seigneur puisse être présent, 1023, 1044. Comment le Seigneur sépare le mal d'avec le bien, 2256. Les maux ne sont point entièrement séparés de l'homme, mais ils sont éloignés autant que l'homme est dans le bien par le Seigneur, 9937. Ceux qui séparent les vrais d'avec le bien sont dans les ténèbres, 9186. Ceux qui séparent dans l'entendement et par suite dans la vie les choses qui appartiennent à la foi d'avec celles qui appartiennent à la charité, sont des profanateurs, 4601. Dans l'autre vie, chez les bons les maux et les faux sont séparés, afin que par les biens et les vrais ils soient élevés dans le ciel par le Seigneur; et chez les méchants les biens et les vrais sont séparés, afin que par les maux et les faux ils soient entraînés dans l'enfer, 2449.

SÉPHAR, nom d'une montagne, *sign.* le bien, 1248, 1249.

SÉPHO, fils d'Éliphas, fils d'Ésaü, — Gen. XXXVI. 11, — *sign.* une première dérivation du bien, 4646. Duc Sépho, — Gen. XXXVI. 15, — *sign.* une première classification d'un des principaux vrais du bien; sa qualité, et quel est ce vrai dans le royaume du Seigneur, 4647.

SEPT. Ce nombre *sign.* ce qui est saint ou inviolable, et cette sainteté ou cette inviolabilité s'applique aux choses ou selon les choses dont il s'agit, 433, 395. Sept, dans le sens opposé, *sign.* ce qui est profane, 5268. Sept, c'est ce qui est plein et entier, ou une période entière, quand il s'agit de choses saintes; trois pareillement, mais quand il s'agit d'une chose quelconque, 10127. Sept *sign.* une période entière depuis le commencement jusqu'à la fin, ainsi le plein; *montré*, 9228. Sept *sign.* les choses saintes, 716, 881; *illustré*, 5265, 5268. Sept jours, c'est l'état saint depuis le commencement jusqu'à la fin, 10656; c'est le commencement de la tentation, et la fin de la vastation; simplement le commencement et la fin, et aussi l'avénement du Seigneur, 728. Par les sept années d'abondance de vivres, et les sept années de famine dans la terre d'Égypte, sont décrits dans le sens interne les états de la réformation et de la régénération de l'homme, et dans le sens suprême les états de la glorification de l'humain du Seigneur, 5275. Voir SEPTIÈME, SEPTUPLE.

SEPTÉNAIRE, *Septenarium.* Partout où se trouve, dans la Parole, le nombre septénaire, il est pris pour ce qui est saint ou sacrosaint, 395. C'est pour cela que ce nombre se rencontre si souvent dans les rites de l'église judaïque, 395. Par le septénaire étaient aussi exprimées les augmentations et les accroissements de peines, 395. Voir SEPT.

SEPTENTRION, *Septentrio.* Ce que c'est que le septentrion, le midi, l'orient et l'occident, 1605. L'orient et l'occident sont les états du bien; le septentrion et le midi sont les états du vrai; *montré*, 3708. Le septentrion *sign.* ceux qui sont hors de l'église, à savoir, ceux qui sont dans les ténèbres quant aux vérités de la foi, et il signifie aussi les ténèbres chez l'homme, 1605. Le septentrion est l'état obscur quant au vrai dans le sens bon; *montré*, 3708; et c'est l'état ténébreux, ainsi l'état du faux, dans le sens opposé, 3708. Le septentrion *sign.* le sensuel et le corporel de l'homme, 8408. Le septentrion correspond à l'état du vrai dans l'ombre, 9648. Vers le septentrion sont dits être ceux qui sont dans le faux, 10261, *f*. L'angle du septentrion, c'est où le vrai est dans l'obscur, 9750. Tout ce qui est dans l'obscur est nommé terre du septentrion, 3708. Les côtés du septentrion *sign.* les doctrinaux pervertis, 1154. Le roi du septentrion *sign.* ceux qui sont dans le faux, 3708.

SEPTIÈME. Le septième jour *sign.* l'homme céleste, l'église céleste, le royaume céleste; et, dans le sens suprême, le Seigneur lui-même, 433. Le septième jour, qui est appelé jour du repos ou du sabbath, *sign.* le second état de la régénération, quand l'homme est dans le bien et alors dans la paix, et dans le ciel chez le Seigneur, 10668. Le septième jour était un représentatif et signifiait la sainteté, parce que c'était un jour où on faisait expiation et où par là on devenait pur, 901. L'homme céleste est le septième jour, 84 à 87. L'homme spirituel est le repos et le septième mois, 851. La septième année, c'est quand l'homme est dans le bien, et qu'au moyen du bien il est conduit par le Seigneur, 9274. La septième année, dans laquelle les serviteurs devaient sortir en liberté gratuitement, c'est l'état du vrai confirmé, 8976. *Voir* SEPT.

SEPTUPLE, *Septuplum*. *Voir* SEPT. « La lumière du soleil sera septuple, comme la lumière de sept jours, » — Ésaïe, XXX. 26, — *sign.* l'état plein de l'intelligence et de la sagesse d'après l'amour et la foi envers le Seigneur, 9228; *voir aussi*, 395.

SÉPULCRE, *Sepulchrum*. Dans le sens interne de la Parole, le sépulcre *sign.* la vie ou le ciel; et, dans le sens opposé, la mort ou l'enfer; *illustré* et *montré*, 2916, 2917, 4621, 5551, 6516, 6554. Descendre en deuil au sépulcre, quand cela se dit de l'église, et aussi du divin vrai, c'est périr, 4785. Les sépulcres *sign.* la damnation, 8165. Les sépulcres *sign.* les maux dans lesquels sont les faux, 3812, *f*. Les sépulcres, — Ézéch. XXXVII. 12, — *sign.* le vieil homme avec ses maux et ses faux; les ouvrir et en monter, c'est être régénéré, 2916, 8018. *Voir* SÉPULTURE.

SÉPULTURE, *Sepultura*. La sépulture est la résurrection, 2901. C'est la résurrection et aussi la régénération, 2916. C'est la résurrection, parce que c'est l'entier dépouillement, 3016. Chez les anges, qui sont dans la vie du Seigneur, au lieu de l'idée que l'homme a de la sépulture du mort, il y a l'idée de la résurrection et d'une nouvelle vie, 2955. D'où vient que la plupart de ceux qui croient que le corps seul vit, et que, quand il meurt, le tout de l'homme meurt, s'inquiètent de la sépulture et des éloges après la mort, et quelques-uns, de la réputation qu'ils auront alors, et se font même élever des monuments magnifiques, afin que leur mémoire ne périsse point? 4676.

SÉRACH, fils de Thamar. *Voir* ZÉRACH.

Sérech, fille d'Ascher, *sign.* la félicité de la vie éternelle et le plaisir des affections, 6024.

Séred, fils de Sébulon. Les fils de Sébulon *sign.* le mariage céleste et ses doctrinaux, 6024.

Sérénité. A la sérénité de l'atmosphère correspond, dans le monde spirituel, l'affection de savoir le vrai et le bien, 6603.

Série, *Series.* Les vrais chez l'homme ont été disposés et mis en ordre dans des séries, 5530; ceux qui conviennent le plus aux amours sont dans le milieu, ceux qui ne conviennent pas autant sont sur les côtés, et enfin ceux qui ne conviennent nullement ont été rejetés vers les dernières périphéries, 5530; hors de cette série sont les vrais qui sont opposés aux amours; *illustré*, 5530. Chez les régénérés, ces séries sont conformes aux ordinations des sociétés dans les cieux; mais chez les non-régénérés, qui ne peuvent pas non plus être régénérés, elles sont conformes aux ordinations des sociétés dans l'enfer, 5339, 10303. Les séries sont telles, qu'au milieu ou dans l'intime de chacun il y a un vrai joint au bien, et autour de ce milieu ou de cet intime sont les vrais qui lui sont propres ou convenables, et ainsi en ordre jusqu'à l'extime où la série s'évanouit, 5343. Les séries elles-mêmes ont aussi été disposées entre elles de la même manière, mais elles varient selon les changements de l'état; *illustré*, 5343. Les séries dans lesquelles ont été disposés les vrais chez les bons, et les séries dans lesquelles ont été disposés les faux chez les méchants, sont signifiées, dans la Parole, par des poignées et par des faisceaux, 10303. Dans la Parole, une série de plusieurs noms exprime, dans le sens interne, une seule chose, 5095.

Les choses qui sont dans le sens interne de la Parole se suivent en série continue, 2654, 7031. Les choses de la Parole, qui paraissent éparses devant l'homme, sont néanmoins dans le sens interne conjointes dans le plus bel ordre, et devant les anges, ou dans le ciel, elles se présentent et sont perçues en une très-belle série; telle est partout la Parole dans son sens interne, 3376. Le texte interne de la Parole est tellement continu, que le plus petit mot du sens de la lettre ne pourrait pas être omis sans qu'il y eût interruption de la série, 7933. Dans le sens interne, il y a série dans toutes les choses de la Parole; mais la série elle-même ne peut pas, dans l'explication des mots en particulier, se montrer clairement telle qu'elle est, car il en résulte que les choses se présentent séparées, et que la continuité du sens est brisée, 2343; mais cette série peut se montrer clairement lorsque ces choses sont toutes en même temps considérées en une seule idée, ou perçues par une seule intuition de la pensée, ainsi qu'il arrive pour ceux qui sont dans le sens interne et en même temps dans la lumière céleste qui procède du Seigneur, 2343. Les choses qui sont décrites se suivent en ordre selon la série, 10206. La série des choses et leur enchaînement avec ce qui précède et ce qui suit peuvent faire voir ce qui est signifié dans le sens interne, 2161, 2162. Par la série des choses qui précèdent et qui suivent, on peut voir, pour chaque cas particulier, ce que tel mot signifie, 4981. L'antérieur regarde ce qui suit dans une série continue, et produit des séries de conséquences à éternité, 5122. Série de la production des choses, 9845.

SERMENT, *Juramentum.* Le serment est la confirmation et la conjonction, et il se dit des vrais, 3375. Il y avait serment par le divin humain du Seigneur, 2842, 4208. Le serment, quand il est fait par Jéhovah ou le Seigneur, est une confirmation irrévocable par le divin; *montré,* 2842. Jéhovah ou le Seigneur ne confirme jamais rien par serment, mais lorsque le divin vrai même tombe chez ceux qui n'ont de lui d'autre idée que celle qu'on a de l'homme qui peut dire et changer, cela se change en un serment, 2842. Ceux qui ont la conscience n'ont pas besoin de confirmer quelque chose par serment, et ils ne confirment pas non plus, ils ont honte des serments; à la vérité, ils peuvent dire avec une sorte d'affirmation que telle chose est ainsi, mais quant à jurer qu'elle est ainsi, ils ne le peuvent, ils ont un lien interne qui les lie, à savoir, le lien de la conscience; y ajouter en sus un lien externe, qui est le serment, c'est comme donner à penser qu'ils ne sont pas d'un cœur droit, 2842. La confirmation du vrai, quand elle tombe dans l'homme externe séparé de l'homme interne, se fait par le serment; il en est autrement quand elle tombe dans l'externe par l'interne, 9166. Les hommes externes confirment les vrais divins par des serments, mais les hommes internes les confirment par des raisons, et ceux qui sont hommes encore plus intérieurs ne les confirment pas, mais ils disent seulement que telle chose est ainsi ou n'est pas ainsi; *montré* et *illustré,* 9166.

SERPENT, *Serpens.* Les sensuels de l'homme ont été signifiés et représentés par les serpents, 195, 196, 197. Les anciens appelaient serpents de l'arbre de la science ceux qui raisonnent d'après les sensuels, et par suite contre les vrais de la foi, 195, 196, 197, 4802, 6398, 6949, 10313. Le serpent est le sensuel et le corporel, et aussi le raisonnement qui en provient, 6949. Le serpent est le raisonnement d'après le sensuel sur le vrai, 6398. Par le serpent il est entendu en général tout mal, et en particulier l'amour de soi, parce que tout mal est issu du sensuel, 251. La tête du serpent, c'est la domination du mal en général et de l'amour de soi en particulier, 257. Par la semence du serpent, il est entendu toute infidélité, 254. Par le serpent chez les très-anciens était signifiée la circonspection, ainsi pareillement le sensuel par lequel ils prenaient des mesures pour que les méchants ne leur nuisissent point, 197. Le serpent d'airain, qui fut élevé dans le désert, représentait le sensuel du Seigneur, qui seul est l'homme céleste, et seul possède la circonspection et pourvoit à tout, 197. La guérison par l'inspection du serpent d'airain sur la bannière signifiait la guérison des maux du faux par l'inspection de la foi au Seigneur, 8624. Le serpent d'eau, ce sont les illusions et par suite les faux, 7293. Les divers genres de serpents signifient divers genres de haines qui proviennent de l'amour de soi, 251. Le serpent marchera sur le ventre, signifie que le sensuel ne pourrait plus regarder en haut vers les célestes, comme auparavant, mais tournerait ses regards en bas vers les corporels et vers les terrestres, 247, 248. Le serpent mangera de la poussière tous les jours de sa vie, signifie que le sensuel devint tel, qu'il ne pouvait plus vivre que de choses corporelles et terrestres, et qu'ainsi il devint infernal, 249. Le serpent à élan sur le sentier, — Gen. XLIX. 17, — *sign.* le raisonnement d'après le vrai sur le bien, 6399. Le venin *sign.* la fourberie ou l'hypocrisie, et les serpents venimeux *sign.* les fourbes ou les hypocrites; *montré,* 9013.

Dans l'autre vie, les fourbes, inspectés par les anges, apparaissent comme des serpents et rampent, 4533; là, apparaissent comme des serpents ceux qui avec ruse font plier les vrais pour faire des maux, 9013. Ceux qui se plaisent dans les vengeances, au point de vouloir perdre l'âme, sont sous la géhenne, où apparaissent des serpents, 815. La conversation des anges sur les affections mauvaises est représentée dans le monde des esprits par des bêtes affreuses, par exemple, par des serpents, 4533.

Sérug, fils de Réu, — Gen. XI. 20, — *sign.* le culte dans les externes, 1349.

Sérum. Purification du sérum; ce qu'elle représente, 5173.

Servante, *Ancilla.* La servante *sign.* l'affection externe ou naturelle, 8993. Quand l'intellectuel est la maîtresse, ou la dame, l'affection des sciences et des connaissances, qui appartient à l'homme extérieur, est la servante, 1895, 3264. Les rationnels et les scientifiques ont des serviteurs, et leurs affections sont des servantes, 2567. Les servantes sont les affections externes ou les liens externes, 3835, 3849. Les serviteurs et les servantes sont les moyens affirmatifs, ainsi les moyens qui servent à la conjonction du bien et du vrai, ou de l'homme externe avec l'homme interne, 3913, 3917, 3931. Avoir des enfants avec des servantes a été toléré, afin que fussent représentés ceux qui sont hors de l'église, et ces servantes étaient appelées concubines, 2868; *voir* Concubine. Dans l'ancienne église étaient reconnus pour légitimes les enfants que les servantes avaient du consentement de l'épouse; pourquoi? 3915. La servante après les meules *sign.* que les vrais de la foi sont au dernier rang, 7780. Les fils de la servante *sign.* ceux qui sont hors de l'église, 9281. Les servantes fiancées au maître ou à son fils représentaient, 8995. La fille israélite vendue pour servante, c'est l'affection du vrai d'après le plaisir naturel, 8993; quelle est cette affection, 9394. *Voir* Serviteur.

Service, *Servitium.* Le service *sign.* l'externe ou le naturel de l'homme; *illustré,* 9776. L'externe ou le naturel de l'homme est le service, parce qu'il doit servir l'interne ou le spirituel de l'homme, 9776. Toutes les choses qui sont chez l'homme externe ne sont que des services, c'est-à-dire, ne sont que pour servir à l'homme interne, 1486, 3019. Les scientifiques, étant les derniers dans lesquels se terminent les intérieurs, doivent plus que toute autre chose être des services, 1486. Par les animaux qui sont utiles à l'homme sont signifiés des services communs et spéciaux, 4264. Par les peaux et les tuniques dans le corps sont aussi signifiés ces services, 8980. Le service, quand il se dit du Seigneur, c'est la propre puissance, 3975, 3977. Le service, c'est le culte, 7934, 8057. Le service, dans le sens opposé, c'est l'attaque par les faux et l'infestation, 7120, 7129. C'est aussi l'injection des faux, 7129.

Servile, *Servum*. Le servile est d'être conduit par l'enfer, 9586, 9589, 9590, 9591. Tout le servile provient de l'amour de soi et du monde, et tout le libre procède de l'amour envers le Seigneur et à l'égard du prochain, 6390. Le libre infernal, considéré en lui-même, est le servile, 2884, 2890. Faire d'après le libre le mal paraît être le libre, mais cela est le servile, 9586.

Servir, *Servire*. L'homme externe ou naturel doit servir l'homme interne ou spirituel, 9776. De même que le monde doit servir le ciel, de même l'externe ou le naturel de l'homme doit servir son interne ou son spirituel, 9776. Servir, c'est obéir, et l'externe de l'homme obéit, quand il ne tire pas de l'intellectuel des raisons qui favorisent les maux des amours de soi et du monde, mais se soumet à la raison et à la doctrine de l'église, 9776. Servir *sign.* l'étude, parce que le travail qui appartient à l'homme externe est l'étude dans l'homme interne; de là l'étude est appelée le travail de l'esprit, 3846. Faire servir *sign.* l'intention de subjugation, 6666, 6670, 6671. Servir, c'est le culte, 7934, 8057. Servir Jéhovah, c'est adorer le Seigneur, 7658. Servir Jéhovah ou le Seigneur, c'est remplir des usages, c'est-à-dire, remplir régulièrement sa fonction, 7038. Servir d'autres dieux, c'est le culte profane par lequel le vrai culte est éteint, 7456. Servir le bois et la pierre, ou adorer des idoles de bois ou de pierre, *sign.* être asservi à ses cupidités et à ses fantaisies, 643. Voir Servitude.

Serviteur, *Servus*. Par serviteur, dans le sens interne, il est entendu ce qui sert à un autre, en général tout ce qui est au-dessous par rapport à ce qui est au-dessus, parce qu'il est conforme à l'ordre que l'inférieur serve le supérieur, et en tant qu'il sert il est appelé serviteur, 5305. L'homme naturel est dit serviteur, parce qu'il a été fait pour servir l'homme spirituel et lui obéir, comme un serviteur sert son maître et lui obéit, 7998. L'externe doit être le ministre, et sous un certain rapport le serviteur de l'interne, 10471. Dans la Parole, le bien est appelé seigneur et le vrai est appelé serviteur, 3409, 4267. Le serviteur, quand il se dit du Seigneur, c'est la propre puissance, 3975, 3977. Serviteur se dit aussi du Seigneur quand, dans l'humain, il était dans l'état d'humiliation, 2159. Le serviteur se dit de l'homme naturel et des choses qui sont dans cet homme, 3019, 3020. Le serviteur *sign.* ce qui est inférieur et est au service du supérieur, ou, ce qui est la même chose, ce qui est extérieur et au service de l'intérieur, 3019. Le serviteur, c'est celui qui obéit, 1713; c'est celui qui administre et s'acquitte d'un devoir, 7143. Être pour serviteur, c'est être sans le libre provenant du propre, 5760, 5763. Le serviteur d'Abraham, c'est le divin naturel du Seigneur, 3192, 3204, 3206, 3209. Par Abraham serviteur, Isaac serviteur, Jacob serviteur, David serviteur, il est entendu le divin humain du Seigneur, parce qu'il sert afin que par lui il y ait accès vers le divin; et par lui il y a salut pour le genre humain; *montré*, 3441. Servir le Seigneur en faisant ses préceptes, et ainsi en obéissant, ce n'est pas être serviteur ou esclave, mais c'est être libre, parce que le libre même de l'homme consiste à être conduit par le Seigneur, 8988. Tant que l'homme est dans son libre propre, il est le serviteur du diable, mais quand il a reçu du Seigneur le libre, il est le serviteur du Seigneur, 5763. Le serviteur des serviteurs *sign.* le culte dans les externes sans la charité, et c'est ce qu'il y a de plus vil dans l'église, 1091, 1094, 1097.

Les serviteurs *sign.* les choses inférieures et viles, 2541, 5161, 5164; ce sont les choses infimes, 5936. Les serviteurs sont ceux de l'église externe respectivement, parce que ceux-ci sont seulement dans les vrais de la doctrine, mais les libres sont ceux de l'église interne, parce qu'ils sont dans l'affection de la charité, 8974. Les serviteurs sont ceux qui agissent par obéissance, et les maîtres ceux qui agissent par affection, 8987, 8990. Sont appelés serviteurs ceux qui administrent, et même le Seigneur quant au divin humain est dit serviteur, 8241. Les serviteurs sont les rationnels et les scientifiques, et les servantes en sont les affections, 2567. Dans la Parole sont appelées serviteurs toutes les choses qui sont au-dessous et soumises à celles qui sont au-dessus; ainsi, celles du naturel extérieur respectivement au naturel intérieur, celles du naturel intérieur respectivement au rationnel, et aussi bien les intimes que les extimes respectivement au divin, 5164. Les serviteurs hébreux *sign.* ceux qui sont dans les vrais de la doctrine, et non dans le bien selon ces vrais, 8974. Étrangers serviteurs; ce qu'ils signifient, 1097. D'où viennent les lois sur les serviteurs dans l'église juive, 2567. Les lois portées sur les serviteurs se réfèrent à des correspondants, à des représentatifs et à des significatifs, 2567. Explication de la loi sur les serviteurs, — Exod. XXI. 2, 4, — statuant que les serviteurs achetés sortiraient en liberté gratuitement, mais non leurs femmes ni leurs enfants, 3974, 4113. Dans les cieux ceux qui sont les plus grands sont serviteurs plus que les autres; *montré*, 5161, 5164. Charité des serviteurs à l'égard des maîtres et des maîtres à l'égard des serviteurs, 8122. *Voir* SERVANTES.

SERVITUDE, *Servitus.* Il y a servitude, quand chez l'homme les cupidités et les faussetés commandent, 892, 905. La servitude *sign.* ce qui est subordonné et qui obéit, par conséquent aussi le vrai, 3409. Ceux qui sont dans les vrais, et non dans le bien correspondant, sont dans la servitude respectivement à ceux qui sont dans le bien correspondant aux vrais, 8988. Ceux qui agissent, non d'après eux-mêmes, mais d'après un autre, sont dans la servitude relativement, 8988. Avant d'avoir reçu du Seigneur le libre, l'homme est dans la servitude, 5763.

SETH, fils d'Adam. *Voir* SCHETH.

SEUIL, *Limen.* Ceux qui se croient sages par eux-mêmes ne voient pas même le premier seuil de la sagesse, encore moins y touchent-ils, 3833, *f.*

SEUL, *Solus.* Vivre seul, habiter seul; ce qui est entendu par ces expressions dans la Parole, 139, 471. Dans les temps anciens ceux qui étaient conduits par le Seigneur, tels qu'étaient les hommes célestes, étaient dits habiter seuls, parce que les maux ou les mauvais esprits ne les infestaient plus, 139, 3580.

SÉVRÉ, *Ablactatus.* L'enfant sévré

sign. le bien extérieur de l'innocence, 10132. Être sévré, c'est être séparé, comme les enfants le sont des mamelles de leur mère, 2647, 2649.

SEXE, *Sexus.* Le sexe féminin a été formé de manière que la volonté ou la cupidité règne de préférence à l'entendement, telle est toute la disposition des fibres des femmes, et telle est leur nature, 568 ; le sexe masculin, au contraire, a été formé de manière que l'entendement ou la raison règne ; telle est aussi la disposition des fibres de l'homme, et telle est leur nature, 568. De là le mariage de l'un et de l'autre sexe, comme est celui de la volonté et de l'entendement dans chaque homme, 568. *Voir* MARIAGE.

SIBÉON, fils de Séir, chorite, — Gen. XXXVI. 20. — C'est une première classe de vrais dans le divin humain, et une qualité de ces vrais, 4648.

SIBMA *sign.* les faux dont sont imprégnés ceux qui sont signifiés par Moab, 2468. *Voir* MOAB.

SICHAR, ville de la Samarie, anciennement Schéchem, *sign.* le vrai intérieur, 4430. *Voir* SCHÉCHEM.

SICHEM. *Voir* SCHÉCHEM.

SICLE, *Siclus.* Le sicle, étant un poids avec lequel on estimait le prix tant de l'or que de l'argent, *sign.* le prix ou l'estimation du bien et du vrai, 2959. Quatre cents sicles, c'est le prix de la rédemption, 2959. Trente sicles, c'est peu ou rien de l'estimation, 2959, 2966. Ce qui est signifié quand il est dit le sicle de sainteté, et le sicle de vingt guéras, 2959. Le sicle de sainteté est le prix ou l'estimation du vrai et du bien quant à leur qualité et à leur quantité, 10260. La moitié d'un sicle du sicle de sainteté, *sign.* toutes les choses du vrai d'après le bien, 10221, 10222, 10223. Le demi-sicle est la détermination de la qualité du bien et du vrai, 3104.

SIDDIM. Ce que c'est que la vallée de Siddim, 1666. La vallée de Siddim *sign.* ce qui est souillé, 1684, 1688.

SIDON, fils de Canaan *sign.* les connaissances extérieures des spirituels, 1199, 1201.

SIDON (ville), *sign.* les connaissances extérieures du bien et du vrai, 6386. Tyr *sign.* les connaissances intérieures, et Sidon les connaissances extérieures, 1201, 1208.

SIÈCLE, *Sæculum.* Quand il s'agit de l'église, le siècle *sign.* la durée de l'église jusqu'à la fin ; quand il s'agit du ciel et du Seigneur, il signifie à éternité ; *montré,* 10248. Le siècle se dit en général de toute église, et en particulier de l'église céleste ; *montré,* 10248. Le siècle *sign.* encore le monde et la vie dans le monde, et aussi la vie après celle-là à éternité ; *montré,* 10248. La consommation du siècle *sign.* la fin de l'église, quand il n'y a plus aucune foi, parce qu'il n'y a aucune charité, 10248. La période de chaque église, depuis son commencement jusqu'à sa fin, est le siècle, 10248. Les jours du siècle, c'est le temps de l'église très-ancienne, et les années de génération et génération, c'est le temps de l'église ancienne, 10248. Les siècles des siècles *sign.* les successions des églises, 10248. Les générations du siècle *sign.* ceux qui se régénèrent perpétuellement, c'est-à-dire, ceux qui sont créés de nouveau, 1041. Le siècle, dans la Parole, est de dix années, 433. Les anciens ont appelé siècles d'or ces temps où il y avait l'innocence et l'intégrité, et où chacun faisait le bien d'après le bien, et le juste d'après le juste; ils ont appelé siècles d'argent ces temps où il n'y avait plus l'innocence, mais où il existait cependant une sorte d'intégrité qui consistait, non pas en ce qu'on faisait le bien d'après le bien, mais en ce qu'on faisait le vrai d'après le vrai; ils appelaient siècles d'airain et de fer les temps qui sont encore inférieurs, 5658; c'était par correspondance, et non par comparaison, qu'ils appelaient ainsi ces temps, 5658. Le siècle d'or a été le temps de la trèsancienne église, qui fut homme céleste; le siècle d'argent le temps de l'ancienne église, qui fut homme spirituel; le siècle d'airain, le temps de l'église suivante; à ce temps a succédé le siècle de fer, 1551, 4326; voir AGE. Dans les siècles d'or, on faisait le juste et l'équitable d'après la loi inscrite dans les cœurs, 10160; on était dans le bien de l'amour envers le Seigneur, 10355.

SIÉGE, *Solium.* C'est le naturel, parce que le naturel est comme un siége pour le spirituel, 5313. En général, ce qui est inférieur est comme siége pour le supérieur, parce que le supérieur est et agit dans l'inférieur et même par l'inférieur, 5313. Voir TRÔNE.

SIÉGE, *Sella.* Les siéges *sign.* les choses qui, dans le naturel, reçoivent les biens et les vrais qui influent de l'interne, ainsi ce sont les vrais scientifiques, 6675.

SIEN, *Suus.* L'homme qui est régénéré est enfin réduit à ne plus vouloir être sien, mais à vouloir appartenir au Seigneur, 6138.

SIFFLEMENT, *Sibilus.* Troupe d'esprits jetés dans la terreur et mis en fuite par le moindre sifflement, 959. Sifflement dans la géhenne, 826.

SIGNE, *Signum.* Voir MIRACLE, PRODIGE. Le signe, c'est la confirmation de la vérité, et par suite la connaissance que la chose est ainsi, 6870; et aussi l'illustration, 7012. Le signe entre Jéhovah et l'homme *sign.* ce qui indique et atteste qu'on est de l'église, 10357. Le signe de l'alliance. — Gen. IX. 12, — *sign.* la présence du Seigneur dans la charité, 1038. Le signe, quand il s'agit du sabbath, c'est le principal par lequel sont connus dans le ciel ceux qui sont de l'église, 10357; et c'est aussi ce par quoi ceux qui sont de l'église sont distingués de ceux qui ne sont pas de l'église, 10372. Ce que c'est que le signe de l'alliance, 1038, *f.* Les signes et les miracles sont des avertissements, 7273. Tous les rites externes de l'église juive étaient des signes de l'alliance, 2037. Le signe ou étendard, qui est dressé sur les montagnes, c'est la convocation et la protection du Seigneur; *montré*, 8624. Mettre un signe sur quelqu'un, c'est le distinguer d'un autre, 396. Pour signe, c'est l'attestation, 7876. Être pour signe et mémorial, c'est pour se souvenir à perpétuité, 8066, 8067. Avoir le signe de Dieu sur le front, — Apoc. IX. 4, — c'est être à l'abri des maux qui proviennent de l'enfer, parce qu'on est dans le Seigneur par l'amour, 9936. Le signe du fils de l'homme, c'est l'apparition du Seigneur quant au divin humain; *illustré*, 4060. Faire des signes aux yeux du peuple, c'est confirmer des vérités selon la compréhension, 7064. Autrefois par des signes était manifestée la vérité, et en même temps la puissance divine, 7446.

Signes que les péchés ont été remis, c'est-à-dire, éloignés, 9449. Signes que les péchés n'ont pas été remis, 9450. La Parole, dans sa langue originale, manque de signes de terminaisons, 7191 ; une série n'est point distinguée d'une autre par des signes d'intervalle, comme dans les autres langues, mais tout semble continu depuis le commencement jusqu'à la fin, 4987. Anciennement, dans la langue originale, les sens n'étaient point distingués par des signes de ponctuation, mais le texte était continu, à l'imitation du langage céleste, 5578.

SIGNIFICATIFS, *Significativa*. Voir REPRÉSENTATIFS, CORRESPONDANTS. Origine des significatifs, 2179. Tout significatif, qui est dans la Parole, tire son origine des représentatifs dans l'autre vie, et les représentatifs tirent leur origine des correspondances, parce que le monde naturel existe d'après le monde spirituel, 6048. Les significatifs intérieurs des mots tirent, quant à la plus grande partie, leur origine de l'homme interne, qui est avec les esprits et les anges, 5075. Le significatif ou spirituel correspondant est conjoint au naturel avec lequel il correspond, comme la vue de l'homme avec son œil, ou comme la volonté de l'homme avec les fibres musculaires par lesquelles il y a action, 7850. Des significatifs de la très-ancienne église ; ils sont devenus des représentatifs, 920, 1409. Les historiques de la Parole sont des représentatifs, et les mots sont des significatifs, 1540, 1659, 1709, 1783, 2686. Le Seigneur a parlé par des correspondances, par des représentatifs et par des significatifs, parce qu'il parlait d'après le divin, 9048, 9063, 9086, 10126, 10728. La manière d'écrire et le style chez les très-anciens étaient aussi par représentatifs et par significatifs, 605, 1756, 9942. Les sages anciens faisaient leurs délices de la Parole, parce qu'ils y trouvaient des représentatifs et des significatifs, 2592, 2593. Les significatifs dans la Parole sont convenablement adaptés à la chose représentée, la signification, qui appartient au mot, restant toujours, 8732. Les significatifs, par le laps du temps, ont été tellement oblitérés, qu'on ne connaît pas même ceux qui sont les plus évidents, 3901.

SIGNIFICATION, *Significatio*. Les significations s'appliquent d'une manière conforme à la chose dont il est question, 3256. Il en est autrement des significations quand il s'agit de l'influx du céleste interne, et autrement quand il s'agit de l'influx du spirituel interne, 5959. Des diverses significations que peut prendre un même mot, 5757. Les noms de personnes et de lieux, et aussi les choses elles-mêmes, n'ont pas dans un des divers sens de la Parole la même signification que dans un autre ; *exemples*, 4310.

SIGNIFIER, *Significare*. Ce qui signifie dans le sens interne quelque chose de l'homme, ainsi quelque chose de l'église ou du ciel chez l'homme, signifie dans le sens suprême la même chose éminemment chez le Seigneur lorsqu'il était dans le monde, 10076.

SILPAH, servante de Léah. Voir ZILPAH.

SIMÉON, fils de Jacob. Voir SCHIMÉON.

SIMILITUDES
avec

Architecte (un) construisant un palais, 6486.
Attention (l'), lorsque quelqu'un parle, 241, 1756, 5165, 9407.
Brouillard (un) épais et piquant, 545.
Coquille (une) sans amande, 10194, 10331.
Cristal (le), 9872.
Duvet (le) qui s'attache à une muraille, 4018.
Écailles (des) au milieu d'ordures, 5168.
Enfants (des), 3470.
Feu (le), 3969 *f.*
Fibre (une) dans un animal vivant, 9154.
Fibres (les) du cerveau, 5951.
Filaments (des), 5951.
Fruits (des), 3470.
Fruits (des) non encore mûrs, 2657, 2679, 3982, 9258, 10185.
Fumée (une) qui s'évanouit, 4741.
Intendant (l') d'une maison, 1795, 3020.
Maison (une), 9430.
Maison (une) à construire, 6487.
Océan (un), 8175.
Oiseaux (des) privés d'ailes, 7545.
Paille (une) qui est dissipée par le vent, 4884, 6208, 6631.
Père (un) qui instruit ses jeunes enfants, 2533.
Porte (la) d'une maison, 8772.
Prolifique (le) dans la semence du fruit, 9258.
Prunelle de l'œil (la), quand elle est touchée, 8365.
Raisins (des) sans pépins, 3834.

SIMILITUDES
avec

Règne (le) végétal, 3610.
Semence (une) tombée dans un humus stérile, 6125.
Semences (les) dans leur gaîne, 3324.
Simulacres (des) faits d'après l'art, 10309.
Sommet (le) d'une montagne, 3882.
Son (le), selon qu'il a lieu dans une atmosphère plus pure ou plus épaisse, 8323.
Sources (les) cachées d'un fleuve, 9347, *c.*
Sourds (parler à des), 4027.
Suc (le) des fruits, 3470.
Tableau (un) représentant une fleur, un arbre ou un animal, 10194.
Torches (des) incendiaires, 1327.
Tour (une) d'observation, 2572.
Ulcère (un) douloureux au contact de l'eau tiède, 7768.
Venin (un) mortel, 8625.
Vie (la) chez l'homme, 4206.

SIMPLES, *Simplices*. Ceux qui sont simples de cœur, et cependant sages, savent ce que c'est que le bien de la vie, ainsi ce que c'est que la charité, et ne savent pas ce que c'est que la foi séparée, 4741, 4754. Les simples ont cru au Seigneur, mais non les Scribes et les Pharisiens qui, chez les Juifs, étaient les érudits; pourquoi? 4760. Le sens littéral de la Parole est à la portée des simples, 2533, 9048, 9063. Le sens de la lettre de la Parole est à la portée des hommes simples, afin que, par là, ils soient introduits dans les vrais intérieurs mêmes; *illustré*, 8705. Que les simples, qui croient être sauvés par le sang du Seigneur, demeurent dans leur doctrine, pourvu qu'ils vivent selon le divin vrai du Seigneur, car ceux qui vivent selon ce vrai sont illustrés dans l'autre vie, 9410, f. Ceux qui sont dans le bien simple d'après une foi simple sont dans la faculté de savoir les vrais; s'ils ne saisissent pas les vrais dans la vie du corps, du moins ils les saisissent dans l'autre vie, 4269. Les simples qui sont dans le bien ont le sens commun de l'aperception du vrai, tandis que ceux qui discutent sur l'existence des vrais ne l'ont point, 3428. Les méchants appellent simples tous ceux qui sont de l'église et qui vivent selon les vrais et les biens de l'église, 7655; mais dans l'autre vie, le sort est changé, les méchants qui se croyaient sages y deviennent insensés, et ces simples y sont des sages, 7749. Comment par les tentations, l'homme devient doux, humble, simple et contrit de cœur, 3318. Les simples de foi qui ont vécu dans l'amour conjugal, et ont eu la conscience, viennent dans le ciel, 2759. L'homme interne est fermé chez un plus grand nombre d'intelligents que de simples; pourquoi? 10492. Voir SIMPLICITÉ.

SIMPLICITÉ, *Simplicitas*. Il n'y a rien de nuisible à croire avec simplicité à la Parole, 589. La simplicité excuse l'homme, parce qu'en elle peut se trouver l'innocence, 845. Ceux qui font le vrai et le bien, et se les attribuent par simplicité, ne sont point damnés; mais dans l'autre vie ils sont délivrés de cette croyance par un mode de vastation, 5759. Les érudits, qui ont été portés aux honneurs, et qui vivent ensuite sensuels plus que les simples, croient qu'il y a simplicité à attribuer quelque chose au divin, et non à la prudence et à la nature, et le reste au hasard, 6316. Voir SIMPLES.

SIMSON (Samson). D'où venait la force de Simson, 3301, 5247. Elle venait principalement de ce que par sa chevelure il représentait le Seigneur, qui devait, par l'homme naturel quant au vrai, combattre contre les enfers et les subjuguer, et cela, avant de revêtir le divin bien et le divin vrai, même quant à l'homme naturel, 3301.

SIMULACRE, *Simulacrum*. Ceux qui sont dans les enfers sont morts spirituellement, et ne présentent que des simulacres de la vie, 9008.

SIMULTANÉ, *Simultaneum*. Voir SUCCESSIF, ORDRE, DERNIER. Tout simultané naît d'un successif, 6451. Dans le dernier les intérieurs existent et subsistent en ordre simultané, 5897, 6451, 8603, 10099. L'ordre simultané tire son origine de l'ordre successif, 6451. L'ordre successif et l'ordre simultané existent dans toute la nature, 8603. Les successifs dans les derniers forment un simultané, dans lequel ils sont en ordre côte à côte, de sorte que les simultanés, qui sont les derniers, servent aux successifs, qui sont les antérieurs, de soutiens correspondants sur lesquels ils s'appuient, et ainsi par lesquels il y a pour eux conservation, 9836. L'intime dans les successifs se place au milieu dans les simultanés, 5897.

SIN, *Sin*. C'est le bien qui provient du vrai, 8398. Sin, qui est une ville d'Égypte, dont le désert a pris son nom, *sign.* dans le sens opposé le mal qui provient du faux; *montré*, 8398. Par Sin est signifié le bien d'après le vrai ou le bien par obéissance, et par Sinaï est signifié le bien dont provient le vrai ou le bien d'après l'affection, 8399.

SINAÏ *sign.* la loi, ainsi le bien d'où procède le vrai, 8399, 8658. La montagne de Sinaï *sign.* dans le sens suprême le divin vrai d'après le divin bien, la montagne le divin bien, et Sinaï le divin vrai; dans le sens interne, le vrai de la foi d'après le bien; et, avant la promulgation de la loi, le vrai de la foi qui doit être implanté dans le bien, 8753, 8793. Toute l'étendue de la montagne était appelé Choreb, et la montagne la plus élevée au milieu était appelée montagne de Sinaï; de là Choreb signifie le divin vrai dans tout le complexe; la montagne de Sinaï, l'interne de ce vrai, et le terrain montueux d'alentour, l'externe, 10608. Ce que c'est que le feu et la fumée qui apparurent au peuple sur la montagne de Sinaï, 1861. La montagne de Sinaï est le ciel, et par suite le bien uni au divin vrai dans le ciel, 8805; *montré*, 9420; c'est le ciel d'où procède le divin vrai, 10375. Le Seigneur a parlé de vive voix du haut de la montagne de Sinaï, parce que c'était le commencement de la révélation de la Parole, 8931.

SINCÈRE, *Sincerum.* Le sincère est le bien moral, et le juste est le bien civil, 2915, 4730, 8120. Le juste et le sincère sont le prochain, 2915, 4730, 8123.

SINCÈRES, *Sinceri.* De ceux qui sont sincères, et de ceux qui ne le sont point, 7747.

SINCÉRITÉ, *Sinceritas.* Chez ceux qui sont dans la sincérité, les actes effectués sont dans la conscience, 4799.

SINCIPUT. Peau du sinciput, 5555.

SINÉAR. *Voir* SCHINÉAR.

SINGULIERS, *Singularia. Voir* COMMUN, UNIVERSEL, PROVIDENCE. Les singuliers pris ensemble sont appelés l'universel, de même que les particuliers pris ensemble sont appelés le commun, 1919, 6159, 6338, 6482, 6483, 6484. Les singuliers ne dépendent pas de la prudence chez l'homme, 8717, 10775. Tels sont les singuliers dont est composé et avec lesquels existe l'universel, tel est cet universel, 917, 1040, 6483, 8857. La providence du Seigneur est universelle, parce qu'elle est dans les très-singuliers, 1919, 2694, 4329, 5122, 5949, 6058, 6481 à 6486, 6490, 7004, 7007, 8717, 10774. Si la providence divine n'était pas universelle d'après les très-singuliers et dans les très-singuliers, rien ne pourrait subsister, 6338. Tel est l'homme dans le commun, tel il est dans les très-singuliers, 1040, 1316. Des communs, des particuliers et des singuliers; *exemples*, 4345. Les communs enveloppent tous les particuliers et tous les singuliers, et ceux-ci se réfèrent à ceux-là, 3913. Un commun contient en soi mille et mille particuliers, et chaque particulier mille et mille singuliers, 865. Ce sont les singuliers des particuliers qui illustrent les communs, 865. Ces singuliers n'ont point été révélés à l'homme, tant en ce qu'ils ne peuvent être décrits, qu'en ce qu'ils ne peuvent être saisis, ni par conséquent reconnus et crus, car ils sont opposés aux illusions des sens, dans lesquelles est l'homme, illusions qu'il ne laisse pas facilement détruire, 865. Les idées communes non encore illustrées par les singulières sont faibles et vacillantes, c'est-à-dire, se laissent entraîner à une opinion, quelle qu'elle soit; mais, illustrées par les singulières, elles deviennent formes et ont de la consistance, 3820.

SINIENS (les) et autres nations mentionnées, — Gen. X. 16 à 18,— *sign.* autant de diverses idolâtries, 1205.

SINUS DU CERVEAU, 4045, 4048, 4222. Quels sont les esprits qui, dans le très-grand homme, ont relation avec les sinus ou grands vaisseaux sanguins dans le cerveau, 4048.

SINUS-LONGITUDINAL qui est entre les deux hémisphère du cerveau; quels sont les esprits qui, dans le très-grand homme, ont relation avec ce sinus, 4048, 7744.

SION. Par Sion, dans la Parole, est entendue l'église, et spécialement l'église céleste, 2362, 9055. Sion *sign.* l'église céleste ou l'église chez ceux qui sont dans le bien de l'amour, 2909, 6435, 10037. Quand Sion et Jérusalem représentent l'église céleste, Sion est l'interne de cette église, et Jérusalem en est l'externe, 6745. Par les lieux qui sont autour de Jérusalem sont signifiés les externes de l'église, par Jérusalem les internes, et par Sion les intimes, 3084. Sion, trône de la gloire de Jéhovah, c'est le royaume céleste du Seigneur, 5313. La fille de Sion, ou la vierge de Sion, est l'église céleste qui est dans l'amour envers le Seigneur, 9055. La montagne de Sion, ce sont les célestes, 1585. La montagne de Sion, c'est le royaume céleste du Seigneur, ainsi le bien qui appartient à l'amour envers le Seigneur; et, dans le sens suprême, c'est le Seigneur lui-même, 6435. La colline de Sion, c'est le bien de l'amour mutuel, 6435.

SIPPORA, épouse de Moïse. *Voir* ZIPPORA.

SIRÈNES, SIRÉNES. Les sirènes sont les femmes qui étaient dans la persuasion qu'il est bienséant de commettre scortation et adultère, et qui même avaient eu l'estime des autres, parce qu'elles jouissaient des agréments de la vie; la plupart de ces sirènes, dans l'autre vie, viennent de la chrétienté, 2744. Les sirènes sont principalement d'entre le sexe féminin les personnes qui, dans la vie du corps, se sont appliquées à attirer les autres à elles par des astuces intérieures, en s'insinuant au moyen des externes, en se conciliant les esprits d'une manière quelconque, en entrant dans les affections et les plaisirs de chacun, mais en se proposant une fin mauvaise, surtout celle de dominer, 1983. Il est décrit en outre quelles sont les sirènes, 1983. Des artifices des sirènes, de leurs fourberies, de leurs punitions et de leurs enfers; *illustré,* 831. Chez les sirènes il n'y a aucune conscience, 831. Les sirènes savent imiter de diverses manières les divins, et se donner une beauté presque angélique; mais dans leur forme interne elles sont hideuses; c'est même ce qui est aussitôt manifesté par le Seigneur aux bons esprits qui, sans cela, seraient séduits, 10286. Les sirènes s'insinuent dans les affections, quelles qu'elles soient, dans le but de commander, et de se soumettre les autres, et de les perdre tous en vue d'elles-mêmes; la sainteté et l'innocence leur servent de moyens, 3750. Les sirènes s'appliquent de toute manière à entrer dans le goût chez l'homme, afin de posséder ses intérieurs, à savoir, la vie de ses pensées et de ses affections, 4793.

Un très-grand nombre d'hommes aujourd'hui sont possédés par les sirènes, car aujourd'hui il y a des obsessions intérieures, et non, comme autrefois, extérieures; les obsessions intérieures sont faites par des sirènes, 4793. Des sirènes, qui avaient dressé des embûches à Swedenborg pendant qu'il dormait, furent soumises aux peines de la discerption, 959. Par quels artifices elles cherchèrent à éluder la peine, 959. Une sirène s'étant obstinée à nier ses infamies, elles furent manifestées presque au nombre de cent, 2483. Des sirènes ont parlé au temps de la nuit avec d'autres, comme si c'eût été Swedenborg, et ont infesté de bons esprits, 1983. Odeur infecte des sirènes, 1515.

SITHNAH, puits, ce que c'est 3429.

SITHRI, fils d'Uziel, Kéathite, — Exod. VI. 22, — *sign.* une seconde dérivation successive, provenant de la seconde classe quant au bien dans le vrai, 7230.

SITUATION, *Situs. Voir* LIEU et DISTANCE. De la situation et du lieu dans l'autre vie, 1273 à 1277, 1376 à 1385. Les sociétés des esprits et des anges paraissent distinctes entre elles quant à la situation, quoique les lieux et les distances dans l'autre vie ne soient que des variétés de l'état, 1274. Tous, dans l'autre vie, tiennent une situation constante dans le très-grand homme selon la qualité et l'état du vrai et du bien dans lequel ils sont, 4321; la situation y est non pas une situation mais un état; et par suite à gauche se montrent constamment ceux qui sont à gauche, à droite ceux qui à droite, en avant ceux qui sont en avant, par derrière ceux qui sont par derrière, et vers le plan de telle ou telle partie du très-grand homme, au-dessus de la tête ou au-dessous de la plante des pieds, directement ou obliquement, à une moindre ou à une grande distance, ceux qui sont dans ces positions, de quelque manière et vers quelque plage qu'un esprit se tourne; pourquoi? 4321. Tous les esprits sont distingués d'après la situation respectivement au corps humain, 10379. La situation constante que tiennent les esprits est une apparence, 1376, 1377, 1378; s'ils apparaissent dans un lieu où ils ne sont point, c'est une illusion, 1376, 1380; les parties organiques des esprits ne sont point là, 1378. Les esprits qui n'ont pas encore obtenu une situation constante dans le très-grand homme sont portés vers différents lieux, tantôt d'un côté, tantôt d'un autre; ils sont nommés esprits errants et comparés à des fluides, dans le corps humain, qui de l'estomac s'élèvent parfois dans la tête, parfois autre part, et se portent d'un lieu à un autre 1381. Les sociétés sont distinctes entre elles selon les situations, 1374. Cinq choses merveilleuses dans l'autre vie au sujet de la distance, de la situation, du lieu et du temps, 1274.

Dans le ciel, toutes les situations sont déterminées par rapport au corps humain selon les plages d'après ce corps, 3639. Les sociétés du ciel tiennent une situation constante, en quelque sens que se tourne l'homme-esprit ou l'ange, 3638, 3639. Par la situation, on connaît quelles sont les sociétés, et à quelles provinces des organes et des membres de l'homme elles appartiennent, 3639. Les enfers aussi ont une situation constante sous les plantes des pieds ; et si quelques infernaux apparaissent ailleurs, c'est une fantaisie, 3640. Ceux qui sont dans les enfers ont une situation opposée, la tête en bas et les pieds en haut, 3641. Les situations, dans l'autre vie, sont des états ; *illustré* d'après l'expérience, 4321.

Les hommes ont pareillement, quant à leur âme, une situation dans le royaume du Seigneur, et s'ils étaient en esprit ils pourraient converser avec d'autres à une distance quelconque, 1277. Tous les hommes, dans l'univers entier, ont quant à l'âme, ou, ce qui est la même chose, quant à l'esprit qui doit vivre après la mort, une situation, soit dans le très-grand homme ou dans le ciel, soit hors du très-grand homme ou dans l'enfer, 3644 ; l'homme ne le sait pas tant qu'il vit dans le monde ; mais néanmoins il est ou dans le ciel ou dans l'enfer, selon qu'il est dans le bien ou dans le mal, et c'est de là qu'il est gouverné, 3644. Situation opposée des vases récipients de la vie chez l'homme, à cause du mal héréditaire dans lequel il naît, 3318.

Six. Le nombre six *sign.* le travail et le combat des tentations, ou la dispersion du faux ; pourquoi ? 737, 900. Six *sign.*, en général, tout cet état qui est antérieur à l'état signifié par sept, 900 ; *voir* Sept. Quand six se réfère à douze qui signifie la foi et l'ensemble de toutes les choses de la foi, et à trois qui signifie le saint, alors il signifie le saint de la foi, 737 ; cette dérivation vient de ce que dans le combat de la tentation il y a le saint de la foi, et que les six jours de travail ont pour but le septième qui est le saint, 737. Six *sign.* la même chose que douze, à savoir, tout ce qui appartient à la foi et à l'amour, 3960, *f.* Six *sign.* dans le sens opposé tous les maux et tous les faux dans le complexe, 8148. Les six jours ou six temps *sign.* autant d'états successifs de la régénération de l'homme, 6 à 13. Les six jours de travail *sign.* le premier état de la régénération, quand l'homme est dans les vrais, et alors dans les combats contre les maux et les faux, 10667 ; et, dans le sens suprême, le premier état de la glorification de l'humain du Seigneur, 10729. Les six jours qui précèdent le sabbath sont les combats qui précèdent le mariage céleste et y préparent, 8888 ; ils signifient aussi l'église antérieure jusqu'à sa fin, et l'instauration de la nouvelle église, 9741, *f.* Les six jours qui précèdent le septième sont l'état du vrai avec combat, et le septième est l'état du bien, 9431, 10360. Six années *sign.* le premier état de l'homme qui est régénéré, 9272. Servir six ans, quand il s'agit des serviteurs hébreux, c'est l'état du travail et de quelque combat, 8975. Des six degrés du vrai divin, 8443.

Six cents. C'est le commencement de la tentation, 737, 893. Ce sont toutes les choses du vrai et du bien de la foi dans un seul complexe, 8148 ; dans le sens opposé, les six cents chars de l'Égypte et de Pharaon sont tous les faux et tous les doctrinaux du faux dans le complexe, 8148, 8149.

Six cent mille. Ce sont tous les vrais et tous les biens dans le complexe, la même chose que douze, 7973.

Six cent soixante-six. Ce nombre, dans l'Apocalypse, Chap. XIII, *sign.* tous les faux et tous les maux dans le complexe, puis la profanation du saint, et aussi la fin, 10217.

SIXIÈME. Le sixième jour, c'est la fin de chaque état; pourquoi? 8421, 8438. La réduction au sixième *sign.* la dispersion, 737.

SOCHAR, fils de Schiméon. Les fils de Schiméon *sign.* la foi par la volonté et ses doctrinaux en général, 6024.

SOCIÉTÉ, *Societas.* Dans le ciel, une société n'est autre chose qu'une harmonie entre plusieurs, 687. Il n'existe pas une société qui soit entièrement et absolument semblable à une autre, ni dans une société un seul membre qui soit semblable à un autre, mais il y a dans l'ensemble une variété qui constitue l'accord et l'harmonie, 690.

Sociétés célestes. Les cieux consistent en d'innombrables sociétés, 684. Des biens dans une société céleste; de là résulte sa forme; du bien commun de la société; *illustré*, 8469. Chacun dans une société du ciel communique son bien à tous ceux qui sont dans la société, et tous y communiquent le leur à chacun; de là le bien de tous dans le commun, c'est-à-dire, un bien commun; *illustré*, 8470; la communication avec chacun est selon la réception, 8472. Les sociétés célestes sont distinguées entre elles, en raison des différences de l'amour mutuel et de la foi envers le Seigneur, différences qui sont innombrables, 684. Les sociétés sont conjointes avec une grande précision en raison des perceptions, 1394. Les sociétés du ciel sont disposées selon tous les genres et toutes les espèces de spirituels et de célestes, et même dans un tel ordre, qu'elles présentent ensemble la ressemblance d'un homme, et cela, quant à chacune de ses parties, tant intérieures qu'extérieures, 2996. Aux sociétés célestes correspondent toutes les choses qui appartiennent au corps, et ces sociétés constituent pour ainsi dire un seul homme, 2996, 2998. Toutes les sociétés dans les cieux, et les anges dans chaque société, sont absolument distincts les uns des autres, 3241, 3519, 3804, 3986, 4067, 4149, 4263, 7236, 7833, 7836 ; mais néanmoins tous ne font qu'un par l'amour qui procède du Seigneur, 457, 3986. Chaque société du ciel est un ciel dans une petite forme, et chaque ange est un ciel dans la forme la plus petite, 6605. Chaque société du ciel est une image du tout, 4625, et ressemble à un homme, 6605. Ce sont des sociétés plus ou moins universelles qui constituent le ciel, et dans chacune de ces sociétés il y a des sociétés particulières qui correspondent au très-grand homme, 4625. Plus il y a de sociétés et d'individus dans chaque société, plus la correspondance est convenable et forte, 4800. Toutes les sociétés, dans l'autre vie, tiennent leur situation constante par rapport au Seigneur, qui apparaît comme Soleil à tout le ciel, 3638. Elles y tiennent la même situation par rapport à quiconque est dans le ciel, en quelque endroit qu'il soit, et de quel côté qu'il se tourne et se retourne, 3638. La situation constante de toutes les sociétés du ciel est selon les différences de l'état de la vie, ainsi selon les différences de l'amour et de la foi, 1274, 3638, 3639. Les sociétés du ciel n'ont aucun nom, mais elles sont reconnues à la qualité du bien, 1705, 1754. Il y a des sociétés angéliques qui sont dans le naturel extérieur, et il y en a qui sont dans le naturel intérieur, mais ce naturel est un naturel-spirituel, qui est devenu spirituel, par cela qu'il a été conjoint et soumis au spirituel, 5649. La conjonction des sociétés angéliques en un seul ciel se réfère à six lois, qui sont rapportées, 9613. Si une société du ciel n'a pas été complétée comme elle doit l'être, il est pris d'autre part, de quelque société voisine, autant d'anges qu'il en faut pour remplir la forme du bien qui la constitue, 7836. En somme, le ciel entier est une seule société, qui est gouvernée comme un seul homme par le Seigneur; les sociétés générales y sont en aussi grand nombre qu'il y a de membres, de viscères et d'organes dans l'homme; les sociétés spéciales, en aussi grand nombre qu'il y a de petits viscères dans chaque contenu d'un viscère, d'un membre et d'un organe; et les sociétés particulières, en aussi grand nombre qu'il y a de parties plus petites constituant une partie plus grande dans ces petits viscères, 7836. Les sociétés angéliques influent et opèrent dans l'organe ou dans le membre où elles sont dans le très-grand homme; toutefois, leur influx et leur opération peuvent être perçus seulement par ceux qui sont dans l'autre vie, et non par l'homme, 5171.

Sociétés infernales. Toutes les sociétés du ciel ont des sociétés opposées à elles dans l'enfer, 5798. Il n'y a aucun genre de mal et de faux, ni aucune espèce de ce genre, auxquels ne correspondent des sociétés diaboliques, 4067. Les enfers sont innombrables, et dans chaque société infernale il existe un ordre qui est conservé par le Seigneur au moyen des anges célestes, 6370.

De même que les cieux, les enfers ont une situation constante; ils sont tous au-dessous de l'homme dans des plans dirigés en tous sens sous la plante des pieds, 3640. Quoique les enfers soient hors du très-grand homme, ils sont cependant toujours ramenés à l'unité, et tenus dans l'ordre selon lequel sont établies leurs consociations, 3642. Tout l'enfer apparaît comme un monstre ayant à peine trace humaine, chaque société y apparaît comme un monstre particulier, et de même chacun dans sa société, 6605, 6626. Les infernaux sont retenus ensemble dans des sociétés, parce qu'ils y sont liés par de semblables fantaisies et de semblables cupidités, de sorte qu'ils agissent avec unanimité en cela qu'ils poursuivent les vrais et les biens, 1322; ainsi, il y a une sorte de commun qui les retient en société; mais dès que ce commun est dissous, ils se précipitent l'un sur l'autre, et leur plaisir consiste alors à tourmenter leurs compagnons, 1322.

Chaque homme, quant à son esprit, est en société avec des esprits et des anges, parmi lesquels il vient aussi après la mort, 4619. Chaque homme, lorsqu'il vit dans le monde, est dans quelque société du monde spirituel, quant à son esprit, 687, 697, 1277, 3255. Quand l'homme vient dans l'autre vie, il lui est montré, s'il le désire, la société d'esprits avec laquelle il avait été en commerce, 687, 697, 5861. Tout homme, lorsqu'il vit dans le corps, vit dans une certaine société d'esprits et d'anges, quoiqu'il n'en sache absolument rien; et, s'il n'était pas conjoint avec le ciel et avec le monde des esprits, il ne pourrait pas vivre un seul instant, 687. Si les sociétés d'esprits et d'anges, dans lesquelles est l'homme, lui étaient ôtées, à l'instant même il serait sans aucune pensée et sans aucune volonté, bien plus, à l'instant même il tomberait mort, 4067. Chez chaque homme qui est régénéré, le Seigneur place des sociétés qui servent à ce que les biens et les vrais réels soient introduits, non d'après ces sociétés, mais par leur moyen; et quand celui qui est régénéré est transporté dans d'autres sociétés, celles qui ont été auparavant avec lui sont dans une grande indignation, 4077; mais ces choses ne se manifestent point à l'homme, parce qu'il ne croit pas qu'il est en société avec des esprits et des anges, 4077. Tout homme est dans la société des anges et des esprits quant à ses intérieurs, c'est-à-dire, quant aux pensées et aux affections, 4067. Tel est le bien chez l'homme, telle est chez lui la société des anges; et tel est chez lui le mal, telle est la société des mauvais esprits, 4067. L'homme attire vers lui les sociétés, ou se place lui-même dans la société de ceux qui lui ressemblent, 4067. Ceux qui sont dans le mal attirent à eux les sociétés, mais à ceux qui sont dans le bien elles sont adjointes par le Seigneur, 4073. Les anges voient d'après les sociétés, comme d'après les causes, les choses qui sont chez l'homme, 4073, f. Le Seigneur aussi a eu chez lui des sociétés d'esprits et d'anges; toutefois, il n'a rien tiré d'eux, il tirait du divin par eux, 4075. Les changements de l'état de l'homme ne sont autre chose que des changements de sociétés, 4067. Quand les sociétés opèrent, elles agissent dans les parties et dans les membres du corps auxquels elles correspondent; les sociétés célestes y agissent par un influx paisible, doux, agréable; les sociétés infernales, qui sont dans l'opposé, agissent par un influx dur et douloureux, 5060; mais l'influx des sociétés n'est perçu que par ceux à qui les intérieurs ont été ouverts, et à qui, par suite, il a été donné une communication perceptible avec le monde spirituel, 5060.

Quand les âmes, récemment arrivées du monde, viennent parmi les esprits, elles sont conduites vers diverses sociétés, et elles y sont reçues indistinctement, 1273. Chacun, dans le monde des esprits, peut résider dans plusieurs sociétés, mais s'efforce toujours d'aller vers celle qui appartient à son affection dominante, et dans laquelle il est enfin porté, 4111. Il y a des sociétés d'esprits qui n'ont aucune fin d'usage; on y veut seulement être parmi des amis et des amies, et dans les plaisirs; ainsi, on ne s'intéresse qu'à soi, 4054. Ces sociétés sont aujourd'hui en plus grand nombre qu'on ne le peut croire; quel triste sort attend ceux qui se plaisent dans ces sociétés! 4054. Chaque société d'esprits peut être distinguée d'une autre par son langage, et même chaque esprit, presque comme les hommes, 1758. Les pensées et les affections s'étendent au loin dans les sociétés de tout côté, 6598 à 6613. Les idées de la pensée de l'homme ont des consociations et des correspondances avec les sociétés dans l'autre vie, 2470. Chacun a une extension dans les sphères des sociétés angéliques selon la qualité et la quantité du bien, et *vice versâ* une extension dans les sphères des sociétés infernales selon la qualité et la quantité du mal, 8794, 8797. L'homme qui est dans le bien est en société avec les anges, et ainsi dans le ciel, sans qu'il le sache, 2379. Les esprits qui viennent dans une société céleste entrent aussitôt dans toute l'intelligence et toute la sagesse de cette société, 6193. Avec quelle charité et quelle joie sont reçus parmi les sociétés angéliques ceux qui sont introduits dans le ciel; ceux-ci viennent enfin dans des sociétés qui leur sont conformes, 2131. Ceux qui sortent de la vastation sont conduits aussi vers des sociétés angéliques, 1273. Swedenborg y a aussi été conduit, 1273. Il n'est pas permis dans les sociétés d'un ciel inférieur de monter dans un ciel supérieur; et si quelques anges y montent, ils sont aussitôt saisis de douleur et d'aveuglement, 8797. Il y a tels esprits ou telles sociétés d'esprits qui ne concordent que pour un certain temps avec l'homme qui doit être régénéré; lorsqu'ils ont rempli l'usage, ils sont séparés, 4110; leur séparation se fait de diverses manières, et autrement s'opère la séparation des esprits bons, autrement celle des esprits d'une condition moyenne, et autrement celle des esprits mauvais, 4110. Il y a des sociétés qui se laissent conduire par d'autres, ainsi vers le bien par des anges, et vers le mal par les mauvais esprits, 4088. Comment les sociétés mal composées sont dissoutes par une cohorte d'esprits, qui est le vent oriental, 2128; et aussi par des collisions de pensée et de langage en complet désaccord, 2129. Les adultères, au moyen de flatteries et de dissimulations auxquelles ils sont habitués, peuvent s'insinuer dans les sociétés d'esprits; mais ils sont rejetés et même maltraités, et enfin ils se précipitent dans l'enfer, 2753.

Sur notre terre, dans la société civile, où chacun est pour soi, et où nul n'est pour un autre que par rapport à soi, s'il n'y avait pas des lois qui unissent ses membres, et la crainte de perdre profit, honneur, réputation et vie, la société serait entièrement dissipée, 5002.

SOCINIANISME. *Cité*, 5432, 8993, 9300, *m. Voir* SOCINIENS.

SOCINIENS. Les faux provenant des illusions des sens séduisent les hérétiques et les fanatiques, principalement les Juifs et les Sociniens, 9424. Les doctrinaux, quels qu'ils soient, peuvent être confirmés, ainsi ceux des Sociniens par les Sociniens; et, quand ils ont été confirmés, ils leur apparaissent dans une lueur sensuelle comme étant des vrais mêmes, 6865, 8521.

SODOME *sign.* les cupidités, 1598, 1600, 1663. Sodome est le mal provenant de l'amour de soi, 2246, 2322. Sodome est l'amour de soi, et par suite la cupidité de dominer sur les autres d'après le mal, 2141. Sodome est le mal des cupidités d'après l'amour de soi, et Gomorrhe est le faux de ce mal, 7519, 2444, 3614. Sodome *sign.* les cupidités du mal, et Gomorrhe *sign.* les persuasions du faux, 1587, 1666, 1689.

SŒUR, *Soror*. La sœur est l'affection du vrai, 3129. C'est le vrai intellectuel, 1495, 3688. La sœur est le vrai rationnel, 3386, 6727. Le bien rationnel est le frère, et le vrai rationnel est la sœur, 2508, 2524, 2553, 3160. L'affection du bien et l'affection du vrai dans l'homme naturel sont comme le frère et la sœur; mais l'affection du vrai évoqué de l'homme naturel dans l'homme spirituel est comme la femme mariée, 3160. Sarah comme sœur est le vrai rationnel, et comme épouse le vrai spirituel, 2508. Abraham a dit que son épouse était sa sœur, et Jischak a dit aussi que sa femme était sa sœur; c'est là un arcane; sur cet arcane, 3386, 3898.

SOIE, *Sericum*. La soie et les vêtements de soie *sign.* les vrais spirituels, 5319. Ce sont les vrais d'après le bien, 5954.

SOIF, *Sitis*. La soif *sign.* l'appétit et le désir, ainsi l'affection de savoir et de puiser le vrai; et cela, parce que l'eau signifie le vrai en général, 4017. La soif est le manque de vrai, 5893, 6745, 9412. La soif est prise pour le manque de vrai, et par suite pour la privation de la vie spirituelle, 8568. Dépérir de soif, c'est être privé du vrai, 7668. Mourir de soif, c'est par manque de vrai être privé de la vie spirituelle, 8568, f.

SOIF (avoir), *Sitire*. C'est d'après l'affection désirer le vrai, 4958, *montré*, 8568. Celui qui a soif, c'est celui qui d'après l'affection désire le vrai, 4956. Celui qui est dans l'amour et dans l'affection du vrai est dit avoir soif, 2702. Ne point avoir soif *sign.* que les vrais ne manquent point, 8568.

SOI-MÊME (par), *A se*. Tant que l'homme croit qu'il fait tout par lui-même, tant les biens que les maux, les biens ne l'affectent pas, et les maux s'attachent à lui; mais dès qu'il reconnaît et croit que les biens influent du Seigneur et que les maux influent de l'enfer, les biens l'affectent, et les maux ne s'attachent point à lui; *illustré*, 10219.

SOI-MÊME (comme par), *Sicut a se*. Les biens que fait l'homme, il doit les faire comme par lui-même, 10219. Ce qu'il faut entendre par là; *illustré*, 10219; *voir* aussi, 8497.

SOIR. Dans la Parole, le soir *sign.* l'état des intérieurs quand les vrais de la foi sont dans l'obscur, et les biens de l'amour dans quelque froid, 10135. Le matin *sign.* en général tout ce qui vient du Seigneur, et le soir tout ce qui est le propre de l'homme, 22. Le soir est l'état d'une église qui cesse d'être; et aussi l'état d'une église naissante, mais alors le soir est le point du jour avant le matin, 2323. Le soir est la fin de l'église précédente, ou sa vastation, et le commencement d'une église nouvelle; *montré*, 7844. Le soir est la fin de l'état précédent; *illustré*, 8426. Le soir est l'état de lumière et d'amour dans l'homme externe, et le matin est cet état dans l'homme interne; *illustré* par l'état des anges, et par des raisons, et *montré*, 10134, 10135. Le soir et le matin, c'est l'avénement du Seigneur; *montré*, 7844. Le soir en général *sign.* la visite tant des fidèles que des infidèles, 2323. Le soir, c'est l'obscur, 3056, 3833. Le soir *sign.* la fin de l'état antérieur, et le commencement d'un autre état, 7901. Le soir est tout état précédent, parce que c'est un temps d'ombre, ou un état de fausseté et d'absence de foi; et le matin est tout état suivant, parce que c'est un temps de lumière ou un état de vérité et de connaissance de la foi, 22. Le soir *sign.* la fin des représentatifs de l'église, 6000. Le soir et la nuit sont la privation du bien de l'amour et du vrai de la foi, c'est-à-dire, l'ignorance et l'aveuglement dans les choses qui appartiennent à la foi, puis l'engourdissement et le froid dans celles qui appartiennent à l'amour céleste, 8812.

Quand, dans la Parole, il est dit le matin et le soir, le matin enveloppe midi, et le soir enveloppe aussi la nuit ou le point du jour, 10135. Le soir enveloppe tout état d'ombre signifié par la nuit qui suit le soir, et le matin enveloppe tout état de lumière signifié par le jour qui suit le matin, 9787. Le temps du soir *sign.* la même chose que le point du jour avant le matin, 833; *voir* POINT DU JOUR. Dans l'autre vie, c'est l'état du matin quand le bien spirituel ou de l'homme interne est dans la clarté, et que le bien naturel ou de l'homme externe est dans l'obscurité; et c'est l'état du soir quand le bien naturel est dans la clarté, et le bien spirituel dans l'obscurité, 8431. Dans l'autre vie, les états de tentations et d'infutations, et les états de désolations, sont le soir et la nuit, et les états de consolations et de réjouissances, sont le matin et l'aurore, 7193. Dans les cieux, il y a matin, midi, soir et point du jour, mais spirituels, et d'une manière différente à l'égard de chacun, 5962. Dans le ciel, il y a le soir et le point du jour, mais non la nuit qui est dans l'enfer, 6110. Selon que les anges sont plongés dans leur propre, ils viennent dans l'état d'ombre ou du soir, 5672, 10135. Dans l'autre vie, dans l'état du soir on est remis dans le plaisir naturel, 8452. Quel est l'état des esprits, quand ils sont dans leur soir ou leur automne, 5725. L'état, quand on est dans la faim spirituelle, est le soir, 5579. L'homme spirituel, quand il devient céleste, est le sixième jour et le soir du sabbath, 86.

Dans l'église représentative, les jours commençaient par le soir; pourquoi? 5270. Depuis le soir jusqu'au matin *sign.* sans cesse dans tout état, 9787. Quand, dans la Parole, il est dit entre les soirs, il est entendu, non pas le temps entre le soir d'un jour et le soir du jour suivant, mais le temps entre le soir et le matin, ainsi inclusivement la nuit ou le point du jour, 10135. Entre les soirs *sign.* la fin de l'état antérieur et le commencement d'un autre, tant pour ceux qui sont sauvés que pour ceux qui sont damnés, 7844, 10135.

SOIXANTE. Ce nombre contient en soi plusieurs nombres, dont il est traité, 3306. Comme multiple de dix, soixante *sign.* la plénitude des restes, 5335. Soixante et au-dessus, quand il s'agit de l'âge de l'homme, c'est l'état de la sagesse et de l'innocence dans la sagesse, 10225, où il est amplement traité des différents âges de l'homme.

SOIXANTE-DIX. C'est une période entière; *montré*, 6508. Soixante-dix, de même que sept, *sign.* le saint, 1429; — *sign.* ce qui est saint ou inviolable, 433; — *sign.* toutes choses dans le complexe, 8369. Soixante-dix jours *sign.* l'état plein; de même soixante-dix semaines, 6508. Soixante-dix années, c'est une période entière, à partir du moment où une église a existé jusqu'à ce qu'elle expire, 2906. Les soixante-dix années de la captivité de Babylone ont représenté la fin de la vastation, et le commencement du nouvel homme, 728. Soixante-dix des anciens d'Israël *sign.* les principaux vrais de l'église, qui appartiennent à la Parole ou à la doctrine, 9376. Les soixante-dix disciples *sign.* ceux qui sont dans le bien d'après les vrais, 9404. Les soixante-dix mille hommes, qui moururent de la peste, *sign.* que tout vrai de la foi et tout bien de l'amour périraient complètement, 10219.

SOIXANTE-DIX-SEPT, de même que sept, *sign.* le saint, 432, 433. Quand on voulait parler de quelque chose de très-saint ou de très-inviolable, on disait : Soixante-dix-sept fois; *illustré*, 433.

SOIXANTE-DOUZE, *sign.* la même chose que douze, 7973.

SOLAIRE. Feu solaire, 6849, *f.* Cercle solaire autour du Seigneur, 7173.

SOLDATS, *Milites.* Les soldats, qui se partagèrent les vêtements du Seigneur, *sign.* ceux qui devaient combattre pour les vrais, ainsi les Juifs eux-mêmes, chez lesquels était la Parole, et qui cependant étaient tels qu'ils la dissipèrent, 9942, *f.*

SOLEIL. Le Seigneur apparaît dans le ciel comme soleil et comme lune, comme soleil à ceux qui sont dans le royaume céleste, et comme lune à ceux qui sont dans le royaume spirituel, 1053, 1521, 1529, 1530, 1531, 3636, 3641, 4321, 5097, 7078, 7083, 7173, 7270, 8812, 10809. Et il est le soleil du ciel, 1053, 3636, 3643, 4060. Du soleil du ciel procèdent une chaleur et une lumière, mais c'est une chaleur spirituelle et une lumière spirituelle, 3636. La lumière qui procède du Seigneur comme soleil est le divin vrai, d'où les anges ont toute sagesse et toute intelligence, 1053, 1521 à 1533, 2776, 3138, 3195, 3222, 3223, 3225, 3339, 3341, 3636, 3643, 3993, 4180, 4302, 4415, 5400, 9399, 9407, 9548, 9571, 9684. Et la chaleur qui procède du Seigneur comme soleil est le divin bien, d'où les anges ont l'amour, 3338, 3636, 3643, 5215 ; le divin même du Seigneur est loin au-dessus de son divin dans le ciel, 7270, 8760. Le divin vrai n'est point dans le Seigneur, mais il procède du Seigneur, de même que la lumière n'est point dans le soleil, mais procède du soleil, 3969. Le divin qui procède immédiatement du Seigneur et le successif premier n'affectent pas le ciel, mais ils apparaissent comme des ceintures radieuses autour du soleil, qui est le Seigneur, 7270. Le Seigneur comme soleil apparaît à une hauteur moyenne devant l'œil droit, et comme lune devant l'œil gauche, 1053, 1521, 1529, 1530, 1531, 3636, 3643, 4321, 5097, 7078, 7083, 7173, 7270, 8812, 10809. Le Seigneur a été vu comme soleil et comme lune, 1531, 7173. Il a été vu dans le soleil du ciel par des esprits de Mercure, et aussi par des esprits de Jupiter et des esprits de notre terre qui l'avaient vu pendant qu'il était dans le monde, 7173. Le soleil du ciel ne se couche jamais, 10134. Le soleil du ciel est pure obscurité pour ceux qui sont dans l'enfer, 2441. Le soleil du ciel, ou le Seigneur, est toujours à l'orient ou au lever, mais il apparaît se coucher respectivement à ceux qui ne reçoivent point, 5097.

Dans le soleil du monde est un feu, et ce qui en procède est chaleur et lumière, 10196. Le soleil du monde n'apparaît ni aux esprits ni aux anges, mais à sa place il apparaît comme quelque chose de ténébreux par derrière à l'opposite du soleil du ciel ou du Seigneur, 9755. Pour les esprits le soleil du monde, quand ils y pensent, est derrière eux, parce qu'il est dans l'obscur,

7078. Le soleil du monde n'apparaît à aucun esprit, non plus qu'aucune planète, 7247 ; mais les esprits ont seulement l'idée que ces corps existent, et selon cette idée ils apparaissent, à savoir, le soleil du monde comme quelque chose de ténébreux, et les planètes non pas errantes, comme dans le monde, mais constamment dans leurs places, 7247.

Dans la Parole, le soleil est l'amour envers le Seigneur, et la lune la charité à l'égard du prochain, parce que le Seigneur apparaît dans le ciel comme soleil et comme lune, 4060. Le soleil est le céleste de l'amour et aussi le bien naturel, et la lune le spirituel de l'amour et aussi le vrai naturel, 4696. Le soleil *sign.* le Seigneur quant à l'amour, et par suite l'amour envers le Seigneur, et la lune *sign.* le Seigneur quant à la foi, et par suite la foi au Seigneur, 1529, 1530, 1837, 2441, 2495, 4696, 4996, 7083, 10809. Le soleil, dans le sens opposé, est l'amour de soi, 2441. Dans ce sens adorer le soleil *sign.* adorer les choses qui sont opposées à l'amour céleste et au Seigneur, 2441, 10584. Le soleil qui devient ardent, c'est la convoitise du mal qui s'accroît, 8487. Ce que c'est que la mer, le soleil, la lune, les étoiles, la nation, quand le Seigneur parle de la consommation du siècle, qui est la fin de l'église, 2120, 2495. La flamme et la chaleur du soleil correspondent à l'amour du Seigneur envers tout le genre humain, et la lumière du soleil correspond au divin vrai, 5377. Toutes les choses qui procèdent du soleil du monde sont mortes, 10135.

Le bien dans l'intime du naturel de l'homme est comme une sorte de soleil, et de là il donne la lumière aux vrais qui sont sur les côtés, 5910. Chez l'homme régénéré les vrais sont dans l'intime de son naturel auprès du bien, qui est là comme un très-petit soleil ; les vrais qui dépendent de ces vrais en sont distants selon des degrés de quasi-consanguinité et de quasi-affinité avec le bien, 4552.

Le lever du soleil, ou son apparition sur la terre, *sign.* la présence du Seigneur, 2441. Le coucher du soleil est le dernier temps de l'église, appelé consommation, quand il n'y a plus aucune charité, 1837. L'église du Seigneur est comparée aux temps du jour ; son premier âge, au lever du soleil, ou à l'aurore et au matin ; son dernier âge, au coucher du soleil, ou au soir et aux ombres qui existent alors, 1837. Le coucher du soleil *sign.* l'obscur quant aux choses qui appartiennent à l'entendement ; *montré*, 3693. « Jusqu'au coucher du soleil, » c'est quand l'état finissait, 8615. « Si se lève le soleil sur lui, » c'est s'il le voit clairement par l'intérieur, 9128. « Le soleil se leva, » *sign.* la conjonction des biens, 4300. Le soleil est dit se lever chez l'homme, quand celui devient église, 4312. Le Seigneur est appelé soleil de justice ; pourquoi ? 9263. Comparaison avec le soleil ; quel est le divin amour, et quelle est la lumière qui en provient, 6832, 6849, 8644. Correspondance du soleil du monde avec le soleil du ciel, 8812.

Le soleil du monde apparaît grand chez les habitants de la planète de Mercure, et néanmoins la température n'y est pas trop chaude ; pourquoi ? 7177 ; *voir* MERCURE. Du soleil chez certaines terres du ciel astral, 10162, 10771, 10834.

SOLITUDE. C'est une expression

qui, dans les prophètes, désigne les spirituels de la foi, ou les choses appartenant à l'entendement, 100.

SOLLICITATION. Continuel sollicitation du bien procédant du Seigneur pour être reçu chez l'homme, 5471, 5472.

SOLLICITER, *Deprecari.* C'est se ressouvenir, 10433.

SOLLICITUDE (la) concernant l'avenir émousse et retarde l'influx de la vie spirituelle, 5177. Elle porte la tristesse et l'anxiété dans le mental naturel et par suite sur la face, 8247. Quels sont ceux chez qui règne universellement la sollicitude pour l'avenir, 8478. L'homme qui a la conviction que le Seigneur gouverne tout, pourvoit à tout, et le conduit à une fin bonne, est dans la paix et n'a aucune sollicitude pour l'avenir, 8455. Quand l'homme n'a plus de sollicitude concernant l'avenir, la région autour de l'estomac, est libre et étendue, et il y ressent du plaisir; d'où vient cela? 5178; *voir* aussi 6202.

SOMME, *Summa.* C'est toutes choses, 10216. La somme (ou le compte) des fils d'Israël *sign.* toutes les choses de l'église, 10216.

SOMMEIL, *Somnus.* Le sommeil *sign.* l'état obscur par rapport à la veille qui est l'état lumineux, 3715. Il y a sommeil spirituel quand les vrais sont dans l'obscurité, et veille spirituelle quand les vrais sont dans la clarté, 5210. Se réveiller de son sommeil, c'est être illustré, 3715. Quelques âmes, récemment arrivées du monde, sont plongées dans une sorte de sommeil, afin qu'elles voient la gloire du Seigneur, lorsqu'elles en ont eu le désir, 1982. Esprits qui sont tenus dans un état moyen entre la veille et le sommeil, afin d'être dévastés, 1108. D'un certain esprit qui, dans le sommeil, parla cependant avec sagesse, 4048. Des sirènes artificieuses, qui avaient dressé des embûches à Swedenborg pendant son sommeil, furent soumises aux peines de la discerption, 959. Des sirènes ont parlé pendant le sommeil de Swedenborg comme si c'eût été lui, et ont infesté de bons esprits, 1983.

SOMMET, *Cacumen.* Le sommet de la montagne *sign.* le suprême du ciel, 9422, 9434, 10608.

SON (le), soit du langage, soit du chant, soit du cri, procède d'une affection et d'une pensée intérieures; elles sont toutes deux dans le son, et elles sont aussi aperçues par ceux qui font attention et qui réfléchissent, 10454. Dans l'autre vie, par le son d'un seul mot, les anges aperçoivent quel est quant aux intérieurs celui qui l'a prononcé, 10454. Les sons des instruments de musique *sign.* des divins vrais; les instruments qui rendent un son perçant et discret *sign.* des divins vrais spirituels, et ceux qui rendent un son continu *sign.* des divins vrais célestes, 9926, *f.* Le son de la trompette *sign.* le vrai du bien céleste, 8815. Sons articulés ou paroles, et sons harmoniques; d'où ils viennent, 6057. Il y a une concordance des sons, et par conséquent des instruments, avec la nature et l'essence du bien et du vrai, 420, *f.* Les anges et les esprits discernent non-seulement les sons du chant et des instruments, mais encore ceux de la voix, selon les différences quant au bien et au vrai, et ils n'admettent que ceux qui sont en concordance, 420.

SONDER, *Expiscari.* De ceux qui, dans l'autre vie, sondent avec adresse les autres, afin d'être les confidents des maux qu'ils ont commis, et de les tenir ainsi comme enchaînés et sous leur pouvoir; quel est leur sort, 5180.

SONGES, *Somnia.* Des songes prophétiques qui sont dans la Parole, 1975 à 1983. Les songes de ce genre sont de même que les visions, 1975; *voir* VISIONS. Il y a trois genres de songes, 1976 : Songes instructifs, songes significatifs, songes fantastiques, 1976. Des songes délicieux sont insinués par des esprits angéliques qui habitent à l'entrée du ciel vers les jardins paradisiaques, 1977. Swedenborg s'est entretenu avec des esprits et des anges qui avaient insinué des songes, 1977, 1979. Les idées des anges sont changées en divers représentatifs; de là les songes, 1980, 1981. Sur les songes ordinaires, 1981, 6319. Les songes qui influent du Seigneur par le ciel ne se présentent jamais autrement que selon les représentatifs, 5115; ils annoncent d'avance des choses futures, 5091. Les très-anciens ont eu leurs représentatifs aussi d'après les songes, 3349. Dans la très-ancienne église, les hommes avaient des songes délicieux; de là leurs représentations paradisiaques, 1122. Quand l'homme dort, il voit dans ses songes comme s'il était éveillé; d'où vient cela? 994, *m.*

Dans la Parole, le songe *sign.* la prévoyance, la prédiction, l'événement, 5224; c'est la prévoyance et par suite la prédiction, 5112, 5252; c'est l'événement prévu ou aperçu, 5110. Dans le sens suprême, le songe est la divine prévoyance, parce que les songes qui influent immédiatement du Seigneur par le ciel annoncent d'avance les choses futures; *exemples*, 5091. Le songe de nuit, c'est l'obscur, 2514, 2528, 5219. L'interprétation du songe; ce que c'est, 5093, 5105, 5107, 5141. Les songes *sign.* les prédications, 4726, 4730. Les songes prophétiques étaient des prédications des choses futures, 3698.

SONGER, *Somniare.* C'est, dans le sens interne, prédire des choses futures, 3698, 5195. Songer un songe, c'est prêcher, 4682. Songer un songe la nuit, c'est prévoir dans l'obscurité, 5233. *Voir* SONGE.

SONNER, *Sonare.* Le vrai sans le bien n'est point le vrai, quoiqu'il paraisse comme s'il l'était, c'est seulement comme quelque chose qui sonne, et comme un vase vide, 2429, 2689.

SONNETTES, *Tintinnabula.* Les clochettes ou sonnettes *sign.* les choses qui appartiennent aux scientifiques, 9917; ce sont toutes les choses de la doctrine et du culte, passant à ceux qui sont de l'église, 9921. Les sonnettes des chevaux, — Zach. XIV. 20, — sont les vrais scientifiques, qui proviennent d'un intellectuel illustré, 9394, *f.*; elles signifient l'entendement des spirituels de la Parole, qui sont des choses saintes, 2761; ce sont les vrais correspondant au bien, 8408. Le son ou le bruit des clochettes est appelé voix dans la Parole, 9926.

SONORE, *Sonorum.* Ce que c'est que le sonore, modifié par les idées, chez les habitants d'une des terres dans le ciel astral, 10708. Le sonore harmonique et ses variétés correspondent aux états de joie et d'allégresse dans le spirituel, et les états de joie et d'allégresse y existent par des affections qui, dans le monde, sont les affections du bien et du vrai, 8337.

SOPHI. D'où les anciens sages ou

sophi tenaient leur manière d'écrire, 4442, 7729. Les sophi savaient que, quand l'âme est détournée des sensuels, elle vient dans une lumière intérieure, et en même temps dans un état tranquille et dans une certaine béatitude céleste, 6313. Voir Sages.

Sort, *Sors*. Chacun reçoit, dans l'autre vie, un sort conforme à sa vie, 7439. Un sort attend chacun selon sa vie dans le monde, et aussi selon ses pensées d'après des principes confirmés, 4952. Le sort le plus misérable de tous, dans l'autre vie, est celui des profanateurs, 6348. Le sort de ceux qui, au dedans de l'église, se sont confirmés contre les divins vrais, est pire que le sort de ceux qui sont hors de l'église; pourquoi? 4747. Quel est le sort de chacun après la mort, 2256. Sort de ceux qui ont méprisé la Parole, 1878. Sort de ceux qui, par des machinations, des artifices et des fourberies, sont parvenus aux honneurs et aux richesses, 10409. Sort affreux des catholiques-romains qui se sont servis des choses saintes pour dominer, 10412. Sort des nations hors de l'église; les gentils qui sont dans la charité mutuelle sont sauvés plus facilement que les chrétiens qui n'y sont point, 4190. Dans l'autre vie, le sort est changé, ceux qui se croyaient sages par eux-mêmes y deviennent insensés, et les simples qui ont bien vécu y sont des sages, 7749.

Jeter le sort et partager, c'est désunir et dissiper, 9942. Jeter le sort sur le vêtement du Seigneur et partager ses habits, — Ps. XXII. 19, — c'est dissiper les vrais par les raisonnements et par les faux, 3812. Jeter le sort sur Jérusalem, — Obadie, Vers. 11, — c'est détruire l'église et en dissiper les vrais, 10287.

Sortie, *Exitus*. C'était une formule en usage, chez les anciens, de dire qu'on savait l'entrée et la sortie de quelqu'un, pour indiquer qu'on savait tout état de sa vie, 9927. Garder la sortie et l'entrée, — Ps. CXXI. 8, — c'est garder le tout de la vie selon l'état du bien et du vrai, 9927. La sortie des fils d'Israël hors d'Égypte *sign.* la délivrance de ceux qui étaient de l'église spirituelle, par rapport à leur infestation par les infernaux, 9299.

Sortir, *Exire, Egredi*. C'est naître, 3300. C'est être délivré, 1851. Entrer et sortir, c'est l'état de la vie et de la chose, dont il s'agit, depuis le commencement jusqu'à la fin; *illustré* et *montré*, 9927. Sortir du Père, et retourner au Père; ce que c'est, 3194, 3210, 3736. Sortir, quand il s'agit du divin, c'est procéder et se montrer présent dans un autre, 5337, 7124, 9303. Sortir et revenir, c'est l'état des hommes de l'église spirituelle, 867. Sortir de quelque lieu, comme d'une maison ou d'une ville, c'est se retirer, être séparé et être éloigné, 4493, 5696, 6100, 7404, 7463. Sortir au-devant, c'est être préparé pour recevoir, 7000. Sortir au-devant, c'est recevoir, 7000. Faire sortir au-devant, c'est la puissance de préparer à la réception, 8817. Sortir par la porte de la ville, c'est s'éloigner de la doctrine de l'église, 4493. Sortir, c'est être séparé, 6100, 7404. Sortir de devant les faces de Jéhovah, quand il s'agit de Caïn, c'est être séparé du bien qui vient de la foi de l'amour, 398. Sortir, c'est influer, 5333. Sortir, c'est l'émission et la présence, 7124. Sortir, c'est d'après les maux penser aux faux, 7437. Sortir, c'est vivre d'une manière plus éloignée, 3690. Sortir vers quelqu'un, c'est être conjoint à lui, 6756. Sortir de la terre d'Égypte, c'est être exempt et délivré des infestations, 7988. Sortir de l'utérus ou du ventre, se dit des choses qui appartiennent au bien, 3294. Sortir libre *sign.* l'état après le combat, 8987.

Sot, *Stultus.* Voir INSENSÉ.

Souci, *Cura.* Ce que c'est que le souci et l'inquiétude pour le lendemain, et qui sont ceux qui sont dans ce souci et ceux qui n'y sont point; *illustré*, 8478, 8480, *f*. Les soucis mondains et corporels dissipent les idées célestes; d'après l'*expérience*, 6309. Voir SOLLICITUDE.

SOUFFLE. Ce que c'est que le souffle dans les narines, 96, 97. La vie est décrite, dans la Parole, par le souffle et par la respiration, parce que les hommes de la très-ancienne église percevaient les états de l'amour et de la foi par les états de la respiration, états qui furent successivement changés dans leurs descendants, 97. Chez les très-anciens la vie était signifié par le souffle dans les narines ou par la respiration, qui est la vie du corps en correspondance avec les spirituels, comme le mouvement du cœur est la vie du corps en correspondance avec les célestes, 805. Le souffle de Jéhovah, ou sa respiration, ou son esprit, *sign.* la vie procédant du divin; *montré*, 8286.

SOUFFLER. Le vent souffle où il veut, — Jean, III. 8, — *sign.* que le Seigneur par le divin vrai d'après la divine miséricorde donne la vie nouvelle, 10240. Souffler dans les narines une respiration de vies, — Gen. II. 7, — c'est donner à l'homme externe la vie de la foi et de l'amour, 94. Dans le sens opposé, souffler des narines *sign.* se mettre en colère, 8286, *f*. Voir SOUFFLE.

SOUFRE (le) *sign.* de honteuses cupidités, 643. Quand il est dit le soufre et le sel, par le soufre est signifiée la vastation du bien, et par le sel la vastation du vrai, 1666. Le soufre et le feu *sign.* l'amour de soi avec ses cupidités, et les faussetés qui en proviennent, 2446; le soufre est l'enfer des maux de l'amour de soi, et le feu est l'enfer des faux qui proviennent de ces maux; *montré*, 2446. La poix et le soufre *sign.* les faux et les maux des cupidités, 1299.

SOUHAIT, *Desiderium.* «Jusqu'au souhait des collines du siècle,» — Gen. XLIX. 26; — cette bénédiction sur Joseph *sign.* afin que le royaume spirituel vienne au-dessus du bien de la charité jusqu'au bien de l'amour mutuel qui appartient au royaume céleste, et qu'ainsi ces deux royaumes soient intimement conjoints, 6435.

SOUILLER. C'est corrompre, 4504. Ne point souiller ses vêtements, c'est ne point corrompre les vrais par les faux, 5954. Souiller la maison, c'est profaner les biens, 4503. Les amours externes souillent le bien et le vrai, 4462.

SOUILLURE. Les esprits immondes habitent dans la souillure de la vie de l'homme, 4744. Les souillures de l'homme naturel sont toutes les choses qui appartiennent à l'amour de soi et du monde, 3147.

SOULIER, *Calceus.* C'est le dernier naturel, 1748; c'est le naturel-corporel, qui est le dernier, 3761. Le fil et la courroie du soulier, — Gen. XIV. 23, — *sign.* le faux et le mal les plus vils de tous, 1748. Les souliers *sign.* les externes ou les derniers du naturel, qui, dans le commun, couvrent les intérieurs du naturel, 7864. Les souliers *sign.* les sensuels, qui sont les externes du naturel, 6844. Par les pieds est signifié le naturel interne, par les plantes des pieds le naturel moyen, et par les souliers le naturel externe, 6844. L'action d'ôter ses souliers, ou de se déchausser, signifiait qu'on devait se dépouiller des derniers de la nature, 1748.

SOUMETTRE (se). L'homme externe, qui est l'homme naturel, doit se soumettre entièrement à l'homme interne qui est l'homme spirituel, 5786. Dans le monde spirituel, reporter le vrai au Seigneur de qui on l'a reçu gratuitement, c'est se soumettre par le vrai, 5624. Quand l'homme se laisse élever par le Seigneur, le ciel est ouvert chez lui, et le monde lui est soumis, 10156. Celui qui s'insinue dans les cupidités et les persuasions de l'homme se soumet l'homme, et en fait son esclave, 6205.

SOUMISSION. Il y a soumission totale de l'homme, quand par la régénération il est réduit à ne plus vouloir être sien, mais à vouloir appartenir au Seigneur, 6138. Quels sont les effets de cette soumission, 6138. État de soumission et d'humiliation, 4341, 4347. Effet que produit la soumission de l'homme dans le culte, 4347. Soumission, sous l'interne, des choses qui sont dans le naturel, 6567. Soumission des scientifiques, 3057, 3068, 3091. Soumission des sensuels sous le rationnel, 5125 à 5128.

SOUPER, *Cœna.* Voir CÈNE. Les festins ou soupers, dans la Parole, *sign.* les consociations quant à la foi et à l'amour, 9412. Le souper pascal représentait les consociations dans le ciel, 7836, 7997, 8001. Des soupers chez les anciens, et des soupers dans la première église chrétienne, 3596, *f.*

SOURCE. *Voir* FONTAINE. Il ne peut exister qu'une seule source de vie, de même que dans la nature il n'y a qu'une seule source de lumière et de chaleur, 4524. Il n'y a qu'une source unique de la vie, c'est le Seigneur, d'après lequel nous sommes, nous vivons et nous agissons, 10774. S'attribuer le vrai et le bien qui procèdent du Seigneur c'est là la source de plusieurs maux, 5758. Tous les maux ont leur source dans les amours de soi et du monde, 9348. La source des eaux vives *sign.* les vrais de la foi procédant du Seigneur, ainsi la Parole, 3424.

SOURD, *Surdus.* Les sourds, ce sont ceux qui ne perçoivent point ce que c'est que le vrai, et qui par suite n'obéissent point; ainsi, abstractivement, c'est la non-perception du vrai, et par suite la non-obéissance, 6989. Par les sourds, dans la Parole, sont aussi signifiés les gentils qui ne connaissent point les vrais de la foi, parce qu'ils n'ont point la Parole, mais qui, cependant, dès qu'ils en sont instruits, les reçoivent et y conforment leur vie, 6989. Par les sourds, que le Seigneur a guéris, sont entendus ceux qui par l'avénement du Seigneur devaient venir dans l'état de percevoir les vrais de la foi et d'y obéir, 6989. Les sourds, ou ceux qui n'entendent point, *sign.* ceux qui ne sont point dans la foi du vrai, parce qu'ils ne sont point dans la connaissance, ni par conséquent dans l'aperception du vrai, 9209, 9297.

Soutenir *sign.* influer continuellement, 6106; c'est donner la vie par le vrai et par le bien, 6576. *Voir* Sustenter.

Soutien. Tout soutien de la vie spirituelle dans le naturel se fait par l'influx d'après l'interne, 6128. Soutien de la Parole par une doctrine tirée de la Parole, 9424. Le vrai est le soutien du bien, comme les os sont le soutien de la chair, 3812, 9643. *Voir* Sustentation.

Souvenir (se), *Meminisse. Voir* Ressouvenir. C'est recevoir la foi, 5130, 5169.

Spermatiques (vaisseaux), 5391.

Sphère, *Sphæra.* Une sphère spirituelle, qui est la sphère de la vie, efflue et découle de chaque homme, de chaque esprit et de chaque ange, 4464, 5179, 7454, 8630. Elle efflue de la vie de leurs affections et des pensées provenant de leurs affections, 2489, 4469, 6206, *f*. Il y a des sphères, qu'il faut nommer sphères spirituelles, qui émanent continuellement de chaque société, et même s'étendent comme une inondation; ces sphères découlent de l'actif des affections et des pensées, ainsi de la vie elle-même, 8630. Il procède des anges une sphère de charité et de foi, qui est perçue sensiblement et qui même produit des effets admirables, 7878. La sphère est la vie de chacun, selon les fins, ou, ce qui est la même chose, selon les affections de l'amour, 4464. Les consociations, dans l'autre vie, se font toutes selon les sphères; celles qui concordent sont conjointes selon la concordance, celles qui discordent sont repoussées selon la discordance, 8630. Dans le très-grand homme, chaque province, à laquelle correspond quelque membre ou quelque organe dans le corps humain, a sa sphère distincte de la sphère d'une autre province; de là la conjonction mutuelle de ceux qui appartiennent à la même province, et la disjonction de ceux qui appartiennent à une autre, 8630. Dans l'autre vie, les consociations se font selon les sphères, et aussi les désociations, 6206, 9606, 9607, 10312. Les sphères s'étendent loin dans les sociétés angéliques selon la qualité et la quantité du bien, 6598 à 6613, 8063, 8794, 8797. D'après les sphères des esprits, il est perçu, à distance, quels ils sont, 1048, 1053, 1316, 1504. La sphère d'extension du vrai est selon la qualité et la quantité du bien; et, selon la sphère d'extension dans le ciel, il y a pour chacun intelligence et sagesse, et il y a félicité, 8063.

La sphère divine, qui procède du Seigneur et est appelée divin vrai, est universelle; elle remplit tout le ciel, et fait tout ce qui là appartient à la vie; elle y apparaît devant les yeux comme une lumière qui éclaire non-seulement les yeux, mais encore les mentals; c'est aussi cette même lumière qui chez l'homme fait l'entendement; *illustré et montré*, 9407; c'est par cette sphère divine du bien et du vrai qu'existe et a été créé le ciel, et c'est par cette même sphère qu'il subsiste et est conservé, 9502. De cette sphère divine, qui est la sphère des fins et des usages, découlent et par elles sont gouvernées toutes choses en général et en particulier, 3645, 3646. La fin se revêt de choses qui lui conviennent pour se fixer comme cause dans une sphère inférieure, et ensuite pour se fixer comme effet dans une sphère encore plus inférieure, 5711. La sphère du divin bien procédant du Seigneur entoure le ciel et les sociétés du ciel, et ainsi les met en sûreté; sur cette sphère, 9490, 9391, 9492, 9498, 9499; *illustré*, 10188. La sphère divine qui entoure le ciel, et qui garantit toutes les sociétés du ciel de l'irruption des maux provenant de l'enfer, s'étend même dans les enfers et les garde aussi, 9544; mais il y a cette différence que la sphère divine qui entoure et garantit le ciel est la sphère du divin vrai conjoint au divin bien, tandis que celle qui garde l'enfer est la sphère du divin vrai séparé d'avec le divin bien, 9534. Comment on doit concevoir la sphère du divin bien, 9498. Des sphères d'anges et de sociétés angéliques, 9606. La sphère du bien et du vrai, qui procède du Seigneur, conjoint; celle qui procède du propre des anges disjoint; ainsi le Seigneur seul conjoint, 9606, *f*. Dans le ciel, on est conjoint selon les sphères de la vie, 9607. Les sphères qui procèdent des esprits et des anges ne s'étendent pas loin, mais la sphère divine s'étend dans l'univers, car elle procède de l'intime, et l'intime est tout dans toutes les choses qui de là se succèdent, 10188.

Dans l'autre vie, les sphères d'affections et de pensées sont mutuellement communiquées selon la présence et l'approche, 4330. Une sphère de la foi et de la vie est autour de chaque esprit, et à plus forte raison autour de chaque société; *illustré*, 7454. Sphères d'extension vers les sociétés, 6598 à 6613. Les sphères des pensées provenant des sociétés sont représentées par des nuées, 6609, 6614. Les sphères des esprits viennent de l'activité des choses dans leur mémoire intérieure, 2489. Les esprits se consocient ou se désassocient selon les sphères des affections et des pensées; s'il en est autrement, il se fait une collision, d'où résulte une anxiété, 10312. Les infernaux ne peuvent pas entrer dans le ciel à cause de la contrariété des sphères, 10187. Il n'est pas permis de monter dans les sphères d'un ciel supérieur, car ainsi il y a douleur et aveuglement, 8797. Les sphères provenant des maux sont opposées aux sphères provenant des biens, 1695, 10187, 10312. La sphère de vie efflue de chaque esprit comme une exhalaison ou une vapeur, et elle l'environne et forme comme un lui-même autour de lui, 10130. Les sphères s'étendent loin dans les sociétés infernales selon la qualité et la quantité du mal, 8794, 8797. La sphère de la damnation, qui efflue de l'enfer, fuit au-delà de ceux qui sont par le Seigneur dans le vrai et dans le bien, 7878.

Autour de l'homme, il a un grand nombre de sphères spirituelles, et par elles l'homme est en société avec les esprits d'une affection semblable, 5179; cela est nié par ceux qui attribuent tout à la fortune, 5179. Chacun a une extension dans les sphères des sociétés angéliques selon la qualité et la quantité du bien, et aussi *vice versâ* une extension dans les sphères des sociétés infernales selon la qualité et la quantité du mal, 8794, 8797. Les sphères spirituelles entourent chacun, affreuses pour ceux qui sont dans les externes seuls, et agréables pour ceux qui sont dans les internes et dans le bien, 4464. Quelles sont les sphères de ceux qui sont dans la vie du mal, 2401. La sphère qui s'exhale des intérieurs d'un homme méchant, est perçue par les bons esprits aussi manifestement que l'homme perçoit par l'odorat les odeurs infectes et fétides qui voltigent autour de lui dans l'air, 4310. Les mauvais esprits n'osent pas attaquer les régénérés, parce que sur-le-champ d'après la sphère ils perçoivent la réponse et la résistance, 1695. La sphère des esprits infernaux se conjoint avec le sensuel de l'homme par le dos, 6312.

Les sphères de perceptions sont quelquefois changées en odeurs, 4626, qui sont senties aussi manifestement que les odeurs sur la terre, 4628. Expérience sur les sphères de perceptions changées en odeurs, 4629 et suiv. Les sphères se manifestent sensiblement par des odeurs, 1514, 1517, 1518, 1519. Les sphères ne sont pas toujours sensibles, 1520. Comment sont acquises les sphères; *exemple*, 1505. Quelles sphères des esprits sont changées en odeurs, 925, 1514, 1518, 1519. Les sphères de l'amour et de la foi sont changées en odeurs agréables, 925, 1519. Sphère de scandale contre le Seigneur perçue comme une odeur d'eau croupie ou d'eau corrompue par des odeurs infectes, 4629. Les sphères de fantaisies sont comme des brouillards, 1512. Sphère de l'amour de soi; *exemple*, 1506. Sphères d'autorité de ceux qui sont nés dans la dignité; elles sont de diverses sortes, 1507, 1508; elles sont tempérées par la bonté, s'ils sont bons, 1508. Sphère des courtisans; combien elle est importune; elle introduit de la torpeur, 1509. Sphère des principes et des persuasions du faux; elle réveille tout ce qui peut confirmer, 1510, 1511. Sphère d'un esprit tiède, 1513. Sphères de haines; elles sont comme empoisonnées, 1512. Sphère matérielle; ce que c'est, 7454. Densité et pureté des sphères, 6612.

SPHINCTER. Fonctions de ceux qui constituent dans le très-grand homme le sphincter de la vessie, 5389.

SPIRITUEL (le), *Spirituale*. Dans son essence, le spirituel est le divin vrai procédant du Seigneur, 4980, 6685. Le divin vrai procédant du Seigneur, et par lequel existent la foi, l'intelligence et la sagesse, est le spirituel, 9569. Le spirituel est le vrai procédant du bien de l'amour, et le second de l'ordre, 4939. Tout spirituel existe d'après un céleste, et subsiste continuellement d'après ce céleste, comme tout vrai par le bien, 9550. Ce qui est dans la lumière du ciel est dit spirituel, car ce qui est dans cette lumière a en soi l'affection du bien et la perception du vrai, 5965. Le spirituel, dans son essence chez l'homme, est l'affection du bien et du vrai pour le bien et le vrai et non pour soi, puis aussi l'affection du juste et de l'équitable pour le juste et l'équitable et non pour soi, 5639; pourquoi le monde chrétien ignore cela? 5639. Celui qui n'est pas dans l'affection de la charité ne peut nullement savoir ce que c'est que le spirituel, 5639. L'affection de la charité et de la foi, c'est-à-dire, du bien et du vrai, et le plaisir et le charme, et encore plus le bonheur et la béatitude, qui sont intérieurement sentis chez l'homme, et font de lui un homme véritablement chrétien, voilà le spirituel, 5639. La foi de la charité fait le spirituel de l'homme, 8043. Aujourd'hui on nie le spirituel, à moins que par lui il ne soit entendu un naturel intérieur, 5223, *f*. Le spirituel est le vrai intellectuel qui va au-devant des connaissances, et d'où naît le rationnel, 1901. Le spirituel est de regarder comme conjoint à soi quiconque est dans le bien, et de regarder comme séparé d'avec soi quiconque est dans le mal, 5025. Chez l'homme qui est régénéré, le spirituel devient le tout; non-seulement le spirituel dispose le naturel à penser et à désirer, mais encore il constitue le naturel, absolument comme la cause constitue l'effet, 5326. Le spirituel est conjoint avec la chose à laquelle il correspond, comme la vue de l'homme avec son œil, 7850. Ce que c'est que le divin spirituel, 4669, 4675. Ce que c'est que le spirituel de la foi, 2504. Le spirituel se dit et du rationnel et du naturel, 4675, 4980. Le spirituel est donné dans le rationnel, et l'un diffère peu de l'autre, 3264.

Spirituel (le) et *le naturel*. Le spirituel est l'essentiel même dans le naturel, 2987 à 3002. Il est dans tout naturel comme la cause efficiente est dans l'effet, 3562, 5711; puis, comme l'effort est dans le mouvement, 5173; et comme l'interne est dans l'externe, 3562, 5711, 5326. Le spirituel influe dans le naturel, et le naturel n'influe pas dans le spirituel, 3219, 4667, 5119, 5259, 5427, 5428, 5477, 6322, 9109, 9110. Le naturel est le plan dans lequel se termine le spirituel, 5651, 6275, 6284, 6299, 9216. Le spirituel ne voit rien, à moins que le naturel ne corresponde, 3493, 3620, 3623. Le spirituel est antérieur, intérieur et supérieur, et plus près du divin, tandis que le naturel est postérieur, extérieur et inférieur, et plus éloigné du divin, 5013. Le spirituel et le naturel se réunissent dans le vrai dernier; toutefois, il n'y a pas conjonction, mais il y a affinité, et ils sont séparés, 5008, 5028. Par la chute il s'est fait une séparation entre le spirituel et le naturel, et alors le naturel a commencé à s'élever au-dessus du spirituel; c'est pourquoi la régénération est nécessaire, 3167. Le spirituel est dans la lumière du ciel, et le naturel dans la lumière du monde; celui-là est l'interne de l'église, et celui-ci l'externe, 5965. Le spirituel dans le naturel; ce que c'est; *illustré*, 4988, 4992. Comment le spirituel peut agir dans le matériel, 4044. Lorsque le spirituel influe dans les formes organiques du corps, il établit les opérations vives telles qu'elles se font voir, 3629. Le spirituel-naturel; ce que c'est, 9992.

Le spirituel et *le céleste*. Ce que c'est que le spirituel et ce que c'est que le céleste, 1155, 1575, 2049, 2184, 8827, 9277. Le vrai qui provient du bien est appelé le spirituel, et le bien dont provient le vrai est appelé le céleste, 9550. Le céleste appartient au bien qui influe du Seigneur, et le spirituel est le vrai qui en procède, 3166. Le céleste appartient à l'amour ou au bien, le spirituel appartient à la foi ou au vrai, 2507. Le céleste est ce qui appartient au bien, et le spirituel ce qui appartient au vrai, et il est important d'employer ces expressions pour faire la distinction, 4585. Dans un sens commun le spirituel *sign.* l'affection tant du bien que du vrai; de là le ciel est appelé monde spirituel, et le sens interne de la Parole sens spirituel; mais dans un sens spécial, ce qui appartient à l'affection du bien est appelé céleste, et ce qui appartient à l'affection du vrai est appelé spirituel,

5639. Le spirituel dans le sens réel est la lumière du vrai influant du Seigneur dans le rationnel et dans le naturel, et le céleste est toute flamme du bien procédant du Seigneur, 3374. Le spirituel et le céleste sont dans le rationnel et dans le naturel, 5150. Le spirituel du céleste est pour intermédiaire entre l'homme externe ou naturel et l'homme interne ou rationnel, 4585, 4592, 4594. Le céleste, le spirituel et le naturel se succèdent, 775, 880, 1096, f., 1702, 1707, 1732.

Le spirituel du rationnel et *le spirituel du naturel*. Quand le spirituel, qui est le divin vrai procédant du Seigneur, brille dans le rationnel ou dans l'homme interne, il est appelé le spirituel du rationnel; et quand il brille dans le naturel ou dans l'homme externe, il est appelé le spirituel du naturel, 4675.

SPIRITUEL (homme), *Spiritualis (homo)*. Chez chaque homme qui est dans l'ordre divin, il y a un interne et un externe; son interne est appelé le spirituel ou l'homme spirituel, et son externe est appelé le naturel ou l'homme naturel, 978, 1015, 4459, 6309, 9704 à 9709. L'homme spirituel est dans la lumière du ciel, et l'homme naturel dans la lumière du monde, 5965. L'homme spirituel ou interne peut voir ce qui se fait dans l'homme naturel ou externe, mais non *vice versâ;* pourquoi? 3219, 4667, 5119, 5259, 5427, 5428, 5477, 6322, 9109, 9110. L'homme spirituel pense dans l'homme naturel, ainsi naturellement, en tant qu'il vient dans la perception sensuelle de celui-ci, 3679, 5165, 6284, 6299. L'homme naturel ne peut rien discerner de lui-même, mais c'est d'après l'homme spirituel, 5286. L'homme naturel est de lui-même opposé à l'homme spirituel, parce que par naissance il lui est opposé; *illustré*, 3913, 3928. C'est pourquoi, tant qu'ils sont opposés l'un à l'autre l'homme sent du déplaisir à penser aux spirituels et aux célestes, et du plaisir à penser aux naturels et aux corporels, 4096. La tentation est un combat entre l'homme naturel et l'homme spirituel, quand ils sont en dissentiment, 3928. Les choses qui sont dans l'homme naturel sont communes respectivement à celles qui sont dans l'homme spirituel, 3513, 5707. Le cogitatif et l'imaginatif réels viennent de l'homme interne ou spirituel, quand d'après lui l'homme naturel voit, agit et vit, 3493, 5422, 5423, 5427, 5428, 5477, 5511. L'homme naturel doit être subordonné à l'homme spirituel et le servir, 3019, 5168. L'homme spirituel est dit servir l'homme naturel, quand celui-ci d'après l'intellectuel cherche des confirmatifs pour les choses qu'il convoite, principalement d'après la Parole, 3019, 5013, 5025, 5168. Les exonérations de l'homme spirituel se font dans l'homme naturel et par lui, 9572. L'homme spirituel n'est point l'homme intérieur rationnel, mais c'est l'homme intérieur naturel; l'homme intérieur rationnel est celui qui est appelé céleste, 4402. L'homme devient spirituel par cela que chez lui les vrais sont conjoints avec le bien dans son naturel, 4402. L'homme devient spirituel par la religion, 2861. L'homme spirituel est un saint repos d'après la nouvelle lueur intellectuelle qui appartient à la charité, 855. L'homme spirituel, lorsqu'il devient céleste, est le sixième jour, et est nommé le soir du sabbath, 86. La domination de l'homme spirituel va de l'externe à l'interne, 52. Chez l'homme spirituel le vrai domine au commencement, 3330. Le spirituel vrai influe du Seigneur chez l'homme spirituel, et le céleste vrai chez l'homme céleste, 2069. L'homme spirituel a l'intelligence et la sagesse par les choses qui appartiennent à la lumière du ciel, et l'homme naturel par celles qui appartiennent à la lumière du monde, 3167. La lumière qui procède du Seigneur tombe chez l'homme spirituel dans les vrais de la foi, et ne se manifeste que par une commune illustration, 4402. Quel est l'homme spirituel, quel est l'homme céleste, et quel est l'homme (appelé) mort? 81. Le Seigneur seul est né homme spirituel céleste, 4592, 4594.

Spirituel (Monde). Le monde spirituel est où sont les esprits et les anges, et le monde naturel, où sont les hommes, 2990. Tout le monde visible est le théâtre représentatif du monde spirituel, 5173. *Voir* MONDE.

Spirituel (Royaume). Il y a dans les cieux deux royaumes du Seigneur, le royaume céleste et le royaume spirituel, 3887, 4138. Le royaume spirituel du Seigneur se compose de ceux qui sont dans la charité à l'égard du prochain, 4138. Avant l'avénement du Seigneur le royaume spirituel n'était pas tel qu'il a été après son avénement; *montré*, 6372. Distinction entre le royaume céleste et le royaume spirituel; l'externe du royaume céleste est l'amour mutuel, et l'interne du royaume spirituel est la charité à l'égard du prochain, et ils sont conjoints par le médium, 6435. Le royaume spirituel se compose de ceux qui sont dans des vrais non purs, parce que les doctrinaux de l'église sont pour eux des vrais; de là pour eux existe un bien qui ne peut pas ne pas être impur; mais qui est purifié continuellement par le Seigneur, 6427. Le Seigneur par le royaume céleste influe dans le royaume spirituel médiatement et immédiatement, 3969. *Voir* ROYAUME.

Spirituelle (Église). Quelle est l'église spirituelle, 765. L'église spirituelle est variée partout quant aux vrais, mais elle est une par la charité, 3267. L'homme de l'église spirituelle est d'abord conduit par les vrais dans le bien, et ensuite par le bien dans les vrais, 6447, 6448; et ainsi à éternité, 6448. Il faut qu'il y ait influx par l'intime dans le bien de l'église spirituelle; autrement le bien de cette église n'est pas le bien, 6499. De la régénération de l'homme de l'église spirituelle quant aux intellectuels, 5113. L'homme de l'église spirituelle est infesté dans l'autre vie par les scientifiques et par les faux, et par là il est purifié afin qu'il puisse être élevé au ciel, 6639. Ceux qui sont de l'église spirituelle ont des idées naturelles sur tout spirituel et sur tout céleste, et aussi sur le divin, 7091. L'homme de l'église spirituelle est dans un très-grand nombre de vrais non-réels, 7975. L'église spirituelle est continuellement infestée par les enfers, et le Seigneur la défend continuellement, 6419. *Voir* ÉGLISE.

SPIRITUELLEMENT, *Spiritualiter*. Penser spirituellement, c'est penser aux choses qui appartiennent au royaume du Seigneur, ainsi aux choses qui appartiennent à l'église, 4480. Quand le naturel correspond au rationnel, l'homme est rationnel et pense spirituellement, mais quand le naturel ne correspond pas, l'homme n'est pas rationnel et ne peut penser spirituellement, 3679.

SPIRITUELS, *Spiritualia*. Les spirituels sont les choses qui procèdent du soleil spirituel, et qui ont en elles la vie, 8812. Les objets de l'entendement ou de la vue interne de l'homme sont les spirituels, 4301. Toutes les choses qui appartiennent aux connaissances de la foi sont appelées les spirituels; les spirituels concernent l'entendement de l'homme, 61. Les spirituels sont les vrais et les biens de la foi, 419. Chez l'homme, il y a des intellectuels, des rationnels et des scientifiques; ses intimes sont les intellectuels, ses intérieurs les rationnels, et ses extérieurs les scientifiques; ces choses sont appelées ses spirituels, 1443. Les choses qui appartiennent à la foi sont appelées les spirituels, 4515. Les spirituels sont fondés sur les naturels, et sont représentés en eux, 4360. Les spirituels sont en effigie dans les naturels, mais toutefois autrement qu'ils ne sont en eux-mêmes, 3632. Si les spirituels n'étaient pas fixés d'une manière représentative dans le naturel, ainsi par des choses qui sont dans le monde, ils ne seraient nullement saisis, 5373. Les spirituels, dans le ciel, sont représentés dans le monde des esprits par des naturels, ou plutôt, par des choses qui sont semblables aux naturels, 4627. Les spirituels représentent les choses qui appartiennent aux célestes dont ils procèdent, 2991. Les spirituels, qui sont les moyens, sont terminés dans les naturels qui sont les derniers, 4938. Les spirituels influent dans les naturels, ce qui est évident par les actions qui découlent de la volonté, et par les paroles qui découlent de la pensée, 3632. Les choses qui sont dans le ciel moyen sont appelées des spirituels, 6854. Des spirituels viennent les causes et les principes des causes, 2992. Les spirituels sont les choses qui correspondent aux sociétés angéliques du second ciel, 5344. Les spirituels et les célestes, qui influent du ciel, se montrent d'une manière représentative chez l'homme dans ses naturels, 3336. Les spirituels et les célestes diffèrent entre eux, 9818. Quelles choses sont appelées les célestes, et quelles choses sont appelées les spirituels, 10604. Comme les spirituels se présentent dans les naturels, de là viennent les correspondances, 2987 à 3002. Il y a correspondance des célestes qui appartiennent à l'amour avec les mouvements du cœur, et des spirituels qui appartiennent à la foi avec les mouvements des poumons, 3889, 4791. Dans la Parole, les spirituels ont été décrits par des naturels correspondants, parce que l'homme ne saisit pas les spirituels nus, et parce que ces spirituels ne peuvent être exprimés par les mots du langage humain, 6943. Les spirituels ne doivent pas être saisis scientifiquement, 8783. Des vrais spirituels; ce que c'est que ces vrais, et quels ils sont, 5951. Des spirituels dans les scientifiques, quand on a la foi et la charité, 5637, *f*. Ceux qui n'ont sur les spirituels qu'une idée naturelle et ne les reconnaissent point, et ceux qui en ont une idée sensuelle; quel est le rapport des uns et des autres avec le très-grand homme, 4046. Ceux qui sont entièrement naturels éprouvent du dégoût pour les choses qui sont du ciel, et lorsqu'on nomme seulement les spirituels; *expérience*, 5006. Aujourd'hui on ne s'inquiète pas des spirituels, à moins que ce ne soit par devoir et par habitude, 5937. Les spirituels aujourd'hui sont regardés comme des services, 5013. Il y a parallélisme et correspondance entre le Seigneur et l'homme quant aux célestes, mais non quant aux spirituels, 1831, 1832. *Voir* CÉLESTES (*Cœlestia*), NATURELS (*Naturalia*).

SPIRITUELS, *Spirituales*. Qui sont et quels sont les spirituels, 2088, 2669, 2708, *c*., 2715, 3235. Différence entre les célestes et les spirituels, 4788. Il y a respectivement obscurité pour les spirituels, 1043, 2708, *c*., 2715, 6289. L'obscur chez les spirituels est éclairé par le divin humain du Seigneur, 2716. Par le bien et le vrai dans lesquels sont les célestes, ils peuvent, comme dans le jour, voir des choses en nombre indéfini; mais les spirituels ne peuvent pas venir au premier terme de la lumière du ciel, parce qu'ils discutent pour savoir si telle chose est de telle manière; *illustré* par des exemples, 2718. Des spirituels sont enlacés dans le scientifique naturel quant aux vrais de la foi; raison de cela, 2831. Le Seigneur est venu dans le monde pour sauver les spirituels, 2661, 2716. Les spirituels sont sauvés d'après le divin humain du Seigneur, et ils ont été adoptés, 2833, 2834. Les spirituels sont en dissentiment sur le point le plus essentiel de tous, à savoir, sur le divin humain du Seigneur; que ne doit-il pas en être des autres points? 3241. Les célestes disent : La chose est ainsi; mais les spirituels raisonnent pour savoir si elle est ainsi, 3246.

Les spirituels, raisonnant pour savoir si une chose est ainsi, ou n'est pas ainsi, sont dans l'obscur et ne voient pas le premier seuil de la sagesse, 3833. Les célestes proviennent du mariage du bien et du vrai, mais les spirituels proviennent d'une alliance qui n'est pas conjugale de la même manière, 3246. Les célestes appartiennent à la province du cœur, et les spirituels à la province des poumons, 3887. Les spirituels sont tenus dans l'ordre au moyen des célestes, d'après l'influx procédant du Seigneur par ceux-ci médiatement, et immédiatement aussi, 6366. Les spirituels ont été sauvés par l'avénement du Seigneur, et ils ont été conjoints avec les célestes, parce que le Seigneur par le royaume céleste influe dans le royaume spirituel médiatement et immédiatement, 3969. Les spirituels ont été uniquement sauvés par l'avénement du Seigneur, 7828, 7932, 8261. Les spirituels, avant l'avénement du Seigneur, étaient détenus dans la terre inférieure, 7090, 7686, 8099; ils y étaient détenus dans des lieux qui sont appelés fosses; et, par l'avénement du Seigneur, ils ont été sauvés et élevés dans le ciel; *montré*, 6854; ceux-là sont les enchaînés dans la fosse, 6854. Les spirituels prendront plus d'accroissement que les célestes; pourquoi? 6296.

Les spirituels sont au dedans de l'église; ceux qui sont hors de l'église ne sont véritablement spirituels que lorsqu'ils ont été illustrés dans les vrais de la foi, 2861. Les spirituels sont dans l'obscur quant au bien et au vrai, 2935, 2937. Comment les spirituels sont introduits par le vrai dans le bien, 2954. Les spirituels ont des idées naturelles sur tout spirituel et sur tout céleste, et aussi sur le divin, 7091. Les spirituels ne peuvent pas même venir à la première entrée du bien dans lequel sont les célestes, 8794, 8796. Les spirituels n'ont pas l'amour envers le Seigneur et la charité à l'égard du prochain au même degré que les célestes, 2715. Au lieu de la perception les spirituels ont la conscience, 805, 2144, 2145, 8081. Les spirituels sont initiés par les vrais dans le bien, c'est-à-dire, par la foi dans la charité, 2928. Les spirituels ne peuvent adultérer le bien jusqu'au point de le profaner, parce qu'ils ne peuvent pas, comme les célestes, recevoir le bien jusqu'à en avoir la perception; mais ils peuvent profaner le vrai, parce qu'ils peuvent le reconnaître, 3399. Les spirituels ont une lumière nocturne telle qu'est celle de la lune et des étoiles relativement à la lumière diurne dans laquelle sont les célestes, 2849. Ce sont les spirituels qui, dans la Parole, sont çà et là comparés aux étoiles, et cela d'après les connaissances du bien et du vrai qu'ils possèdent, et ce ne sont pas les célestes, parce que ceux-ci ont les perceptions et non les connaissances, 2849. Dans le très-grand homme, les célestes constituent la tête, les spirituels le corps, et les naturels les pieds, 4938. Dans le ciel, sont appelés célestes ceux qui sont dans le bien d'après la volonté, et spirituels ceux qui sont dans le bien d'après l'entendement, 4052. Dans la Parole, les fils des concubines sont les spirituels, 3246.

Des célestes-spirituels; ils sont célestes d'après l'amour mutuel, et spirituels d'après l'intelligence qui procède de cet amour, 4286. Les célestes-spirituels internes sont ceux qui participent du rationnel, lesquels sont Joseph, et les célestes-spirituels externes sont ceux qui participent du naturel, lesquels sont Israël, 4286. Des célestes-spirituels et des spirituels-célestes; ce sont ceux qui, dans le ciel, ont rapport avec le médium unissant; les célestes-spirituels sont représentés, dans la Parole, par Joseph, et les spirituels-célestes par Benjamin, 9671.

SPLENDEUR (la) provient du divin bien, 10536. La splendeur de la lumière vient du bien, 7711. Toute splendeur *sign.* l'illustration telle qu'elle est dans les cieux par le Seigneur comme soleil, 9930. Chez les anges la splendeur du bien prend une forme de vêtement, 2189.

SPONTANÉ, *Spontaneum*. Tout ce qui vient de l'affection est spontané, 4029. Toute conjonction du bien et du vrai se fait d'après le spontané, 4031. Sans le spontané ou le volontaire, l'homme ne peut jamais être réformé, ni recevoir aucun propre céleste, 1947. Tout ce qui est spontané ou libre appartient à l'affection ou à l'amour, 4031. Les choses qui entrent pleinement dans les amours de l'homme deviennent spontanées et quasi-naturelles, 9394.

SPONTANÉMENT, *Sponte*. Les choses qui sont passées en habitude se font spontanément, 3203.

SQUELETTES, *Sceleta*. De ceux qui, dans l'enfer, deviennent semblables à de hideux squelettes, 824. Ceux qui habitent l'enfer des profanateurs apparaissent à la vue angélique semblables à des squelettes, ayant à peine quelque vie, 6348, cfr. 4533. Des profanateurs qui deviennent, dans l'autre vie, semblables à des squelettes, 6959.

STACTÉ, *Stacte*. Les aromates, la résine, le stacté, sont les vrais intérieurs naturels, 4748. Le stacté est le vrai d'après le bien dans le naturel intérieur, 5621. Le stacté est l'affection du vrai sensuel; le vrai de l'homme interne est exprimé par un autre mot, 10292.

STATUE. Origine des statues dès les temps très-anciens, et comment elles furent ensuite employées pour le culte, 4580. Les statues chez les anciens ont été en usage comme culte d'après les vrais, et dans la suite comme culte idolâtrique d'après les faux; *illustré* et *montré*, 10643. Elles signifiaient le culte d'après les vrais, parce qu'elles étaient de pierre, et que les pierres signifient les vrais, 10643. La statue est le saint du vrai, 4580. C'est le culte qui provient du vrai, 4190. Oindre une statue, c'est faire que le vrai soit le bien, 4090. Répandre de l'huile sur le sommet de la statue signifiait que c'était du bien que procédait le vrai, 3728. La statue de pierre est le vrai dans le dernier de l'ordre, 4582. Par dresser une statue, faire sur elle une libation et répandre sur elle de l'huile, était représentée la progression de la glorification du Seigneur, et de la régénération de l'homme, depuis le vrai jusqu'au bien, 4582. L'autel est le représentatif du Seigneur quant au divin bien, et les statues son représentatif quant au divin vrai, 9388, 9389. Les statues sont la sainte limite, ainsi le dernier de l'ordre, par conséquent le vrai; *montré*, 3727; et elles étaient dressées pour signe, pour témoin et pour culte; *montré*, 3727. Dans le sens opposé, elles sont le culte d'après le faux; *montré*, 3727; *voir* AUTEL. Briser les statues *sign.* détruire le culte provenant du faux, 3727, 9321. Par la statue, que Nébucadnessar vit en songe, ont été représentés les états successifs de l'église, 3021, 9406, 10030.

STATUT, *Statutum*. Ce que c'est, 37. Les statuts sont les externes de la Parole, et les préceptes en sont les internes dans le sens réel, 3382, 8363. Il a été distingué entre les préceptes qui appartiennent à la vie, les jugements qui appartiennent à l'état civil, et les statuts qui appartiennent au culte; *montré*, 8972, 9282. Tous les statuts qui ont été commandés aux fils d'Israël étaient des choses qui émanaient de l'ordre du ciel; de là aussi ils représentaient ces choses du ciel, 7884; tous ces statuts étaient des lois de l'ordre dans la forme externe, tandis que les choses qu'ils représentaient et signifiaient étaient des lois de l'ordre dans la forme interne, 7995. Parmi les lois, les jugements et les statuts pour l'église israélite et juive, qui était une église représentative, il y en a qui sont encore en vigueur dans l'un et l'autre sens, l'externe et l'interne; il y en a qui doivent être entièrement observés selon le sens externe; il y en a qui peuvent être mis en usage si on le juge convenable, et il y en a qui sont entièrement abrogés; lesquels? 9349. Les statuts, les jugements et les lois, qui furent donnés à la nation israélite et juive, n'étaient pas nouveaux, mais ils étaient tels que ceux qui avaient été précédemment dans l'ancienne église et dans l'église hébraïque, 4444, 4835. Statut des anciens sur les serviteurs et sur leurs femmes et leurs enfants, 3974. Statuts de la pasque; ce qui est décrit par eux dans le sens suprême, 7823. Le statut du pœsach; ce sont les lois de l'ordre pour ceux qui ont été délivrés de la damnation et des infestations, 7995. Pour statut et jugement *sign.* le vrai de l'ordre alors révélé, 8357. Établir pour statut *sign.* ce qui a été conclu d'après le consentement, 6164. « Statut séculaire, » *sign.* une loi de l'ordre divin dans les cieux et dans l'église, 9966. « Par statut éternel, » c'est selon l'ordre du ciel, 7884. Les statuts de la lune et des étoiles pour lumière de nuit, — Jérém. XXXI. 35, — ce sont les biens de la foi et des connaissances, d'après lesquels la lumière du vrai est dans les ténèbres, 9755, *m.*

STÉRILE (être), c'est être sans la vie provenant du vrai et du bien; *montré* 9325; c'est être sans vrais et sans biens, 9262, 10545; c'est ne point jouir de la vie spirituelle, qui est la vie du vrai d'après le bien, 9325. Les stériles sont aussi les nations qui ne sont pas dans le bien, parce qu'elles ne sont pas dans le vrai, et qui néanmoins désirent les vrais pour être dans le bien; *montré*, 9325. Par les stériles sont entendues les nations qui sont appelées à l'église, et auxquelles est transportée l'église quand la vieille église a pris fin, 9325. Les stériles se disaient mortes, par la raison qu'elles n'avaient ni les vrais ni les biens, qui sont les fils et les filles, 3908. Quand le naturel n'a pas été régénéré, le rationnel quant au vrai est stérile, 3286. La vallée stérile, qui n'est ni cultivée, ni ensemencée,—Deutér. XXI. 4,—*sign.* le mental non cultivé par les vrais et les biens de la foi à cause de l'ignorance, 9262. Rachel était stérile, — Gen. XXIX. 31,—*sign.* que les vrais intérieurs n'étaient point reçus, 3857.

STÉRILITÉ. L'avortement et la stérilité, dans le sens spirituel, sont les perversions du bien et du vrai, et aussi les vastations et les négations de l'un et de l'autre, 9325.

STIPULATIONS (les) qui, dans la Parole, sont appelées alliances, sont de la part de l'homme, dans le sens strict, les dix préceptes ou le décalogue; dans un sens plus large, ce sont les statuts, commandements, lois, témoignages, préceptes que le Seigneur a enjoints du haut de la montagne de Sinaï; et, dans un sens encore plus large, les livres de Moïse; de la part du Seigneur, c'est la miséricorde et l'élection, 6804.

STORAX (le), sorte de résine aromatique, *sign.* le vrai du bien, 5621.

STORGE, *Storge.* Si l'amour des enfants, ou le storge, n'est pas en vue du royaume du Seigneur, il diffère peu du storge des brutes, 1272.

STRIÉ, *Striatum.* Ce que représente le strié, 7747.

STUPÉFAIT (être), *Obstupescere*, C'est un changement inattendu et subit de l'état des pensées, 5705. Être stupéfait et se contenir; ce que cela signifie, 3100.

STUPEUR, *Stupor.* Lorsque la lumière céleste influe dans la lumière du monde, elle introduit l'obscurité et par la suite la stupeur, 10694.

STUPIDE, *Stupidus.* Autant quelqu'un est dans la foi persuasive, autant il est stupide, 3427. Sont stupides ceux qui s'imaginent que l'homme est homme par la forme externe; sont moins stupides ceux qui disent que l'homme est homme, parce qu'il peut parler; et sont encore moins stupides ceux qui disent que l'homme est homme, parce qu'il peut penser, 5302. Aujourd'hui des hommes sont devenus si stupides dans les choses spirituelles, qu'ils croient que la vie de l'homme est semblable à la vie de la bête, et qu'ainsi l'homme doit mourir comme elles, 5649. Ceux qui ont détruit le rationnel par les scientifiques sont, dans l'autre vie, beaucoup plus stupides que ceux qui n'ont possédé aucune science, 4156. De ceux qui, dans l'autre vie, après y avoir parcouru brièvement les cercles de la vie, sont privés de toute intelligence et sont relégués parmi les infernaux stupides, 4220, 4221.

STUPIDITÉ de l'homme, 4077. D'où vient la stupidité à l'égard des choses spirituelles, 3427. Stupidité des infernaux, 4531, 4532.

STYLE, *Stylus*. Chez les très-anciens, le style consistait à décrire historiquement les choses sous des types, 66, 605, 1756. Style historique des très-anciens, 755, 8891. Style des anciens, 605, 1756, 2179. Ce style, qui était aussi par représentatif et par significatif, était très-usité, et presque le seul adopté dans ce temps chez ceux aussi qui étaient hors de l'église, 9942. Du style et de la manière d'exprimer les choses dans la Parole, 768. Le style très-ancien de la Parole enveloppe les arcanes du ciel dans une connexion historique, 742. Partie de la Parole, ou le style très-ancien tient le milieu entre le style historique factice et le style historique vrai, 1140. Il y a dans la Parole quatre styles différents : Le premier fut celui de la très-ancienne église, il est tel qu'on le voit depuis le premier chapitre de la Genèse jusqu'au dixième ; le second est historique, tel qu'il se présente dans les écrits suivants de Moïse et dans les autres Livres historiques ; le troisième est prophétique ; le quatrième tient le milieu entre le style prophétique et le langage ordinaire, 1139, 66 ; ce quatrième style est celui des Psaumes de David, 66. Les historiques de la Parole ont été écrits d'un autre style que les prophétiques, mais toujours cependant par des significatifs, 6333. Le style de la Parole, et surtout le style prophétique, est tel que, quand il s'agit des intellectuels, il est aussi question des volontaires, 1190. Pourquoi la Parole a été écrite dans un tel style, 4442. Pour qu'il y eût par la Parole communication et conjonction avec les cieux, elle ne pouvait pas être écrite dans un autre style, 2899, 6943, 9481. Combien se trompent grossièrement ceux qui méprisent la Parole à cause du style en apparence simple et peu poli, et qui pensent qu'ils auraient reçu la Parole, si elle avait été écrite dans un autre style, 8783.

SUAVITÉ, *Suavitas*. La probité se manifeste, dans l'autre vie, par la douceur et par la suavité, 8411.

SUBITEMENT, *Subito*. La vie de l'enfer chez l'homme ne peut être détruite subitement, car si elle l'était subitement, l'homme expirerait entièrement ; et la vie du ciel ne peut être implantée subitement, car si elle l'était subitement, l'homme expirerait aussi, 9336.

SUBJUGATION, *Subjugatio*. Subjugation par le Seigneur de ceux qui, dans l'autre vie, infestaient les fidèles, 8321. Subjugation des enfers, 8273. La subjugation des enfers a été faite par les tentations et par les victoires du Seigneur, 10828.

SUBJUGUER. Le Seigneur, d'après l'humain a subjugué les enfers, quand il était dans le monde, 4075, 4287, 5045, 9937. L'homme naturel doit être subjugué, 5647. Le naturel est subjugué quand il est ramené à la correspondance, 5651. Chez les méchants l'effort pour subjuguer les bons ne saurait être décrit, tant il est grand, 6666, 6800, 8145.

SUBLATION, *Sublatio.* C'est ce qui a été donné et ce qui a été reçu, 10092, 10093. La sublation à Jéhovah, ce sont les choses qui appartiennent au Seigneur seul, 10223. Donner la sublation à Jéhovah, c'est faire l'ordination et la disposition des vrais et des biens de la foi et de l'amour, 10226. Était appelé sublation ce qui était à Jéhovah ou au Seigneur, et était donné à Aharon à cause de la représentation; *voir* 10093.

SUBMERGER, *Submergere.* Être submergé dans la mer de Suph (mer rouge), c'est être renfermé par les faux d'après le mal, 8277. Ceux qui sont dans les enfers sont renfermés et entourés par les faux comme le sont par les eaux ceux qui sont submergés, 8277.

SUBMERSION. La destruction de l'église dévastée a été représentée par la submersion des Égyptiens dans la mer de Suph, 6589.

SUBORDINATION. Toute subordination, application et soumission, doit successivement procéder du premier de la vie, pour qu'il y ait conjonction, 3091. Dans le ciel, il y a des subordinations, et aussi dans l'enfer mais avec beaucoup de différences; *illustré*, 7773. Quel est l'ordre de la subordination spirituelle, 2781. Subordination des célestes, des spirituels, des rationnels, des scientifiques et des sensuels, 2541. Subordination des scientifiques sous l'homme intérieur ou rationnel, de celui-ci sous l'homme spirituel, et de celui-ci sous l'homme céleste, 1486, 2541, 2781. Subordination du vrai sous le bien, 4245. Subordination des vrais, 5650. Subordination de l'homme extérieur ou des sensuels, 5168. Subordination de l'homme externe, 3913, 5077, 5125, 5128, 5168, 5786, 5947, 9708, 10272. Subordination de l'homme rationnel, 1940. Subordinations des affections sous un même vrai spirituel, 9002.

SUBORDONNER. Quand l'homme naturel est-il subordonné à l'homme spirituel? 5650. Les sensuels sont subordonnés, quand ils exercent leur ministère et servent de moyens aux intérieurs, 5165. Dans Matthieu, — XXI. 4, — être monté sur une ânesse était la marque que le naturel avait été subordonné, et être monté sur un poulain fils de celle qui est sous le joug était la marque que le rationnel avait été subordonné, 2781.

SUBSISTANCE (la) est une perpétuelle existence, 2886, 2888, 3483, 3627, 3628, 3648, 4322, 4523, 4524, 5377, 6040, 6056, 10252. D'où vient la subsistance de toutes choses, 2999, 9272.

SUBSISTER. C'est perpétuellement exister, 4524, 6040. Nulle chose ne peut subsister que par ce par quoi elle a existé, 3648. Tout subsiste par un autre, et cet autre aussi par un autre, et enfin par un Premier; et cela au moyen du lien des correspondances, 4044. De même que toutes choses ont existé, de même elles subsistent, 2886, 2888, 3627, 3628, 3648, 4523, 4524, 6040.

Dans toutes choses il doit y avoir un interne pour qu'elles existent, et qu'ensuite elles subsistent, 9493. C'est une règle générale que rien ne peut subsister d'après soi, mais que tout subsiste d'après un autre et au moyen d'un autre, 6056. L'effet ne peut pas subsister, si la cause n'est pas continuellement en lui, 5711. C'est d'après le monde spirituel que le monde naturel existe et subsiste, 10185. Les supérieurs subsistent en ordre sur les inférieurs comme sur leurs plans, et sur les extrêmes ou derniers comme sur leur fondement, 10252. Comment le genre humain subsiste, 9481. Les cieux subsistent par le divin vrai, et le genre humain subsiste par le ciel, 10452. L'homme, sans l'influx qui vient du ciel dans chacune des choses qui sont chez lui, ne peut pas même subsister un seul instant, 4321.

SUBSTANCE. C'est une règle bien connue des érudits dans le monde, qu'il n'y a qu'une substance unique, qui soit substance, et que toutes les autres choses sont des formations qui en proviennent, et que cette substance unique règne dans ces formations, non-seulement comme forme, mais aussi comme non-forme, ainsi que dans son origine, 7270, f. A la vie unique, qui est la vie du Seigneur, correspondent des formes, lesquelles sont des substances, qui, par le continuel influx divin, sont tellement vivifiées, qu'il leur semble qu'elles vivent par elles-mêmes, 3484. Sans la réception de la vie dans les substances, qui sont les formes, il n'y aurait rien de vivant dans le monde naturel, ni dans le monde spirituel, 7408. L'esprit de l'homme est une substance beaucoup plus réelle que la substance matériel de son corps, 3726. La vie de l'esprit de l'homme est une substance plus pure annexée à ses corporels, 2475. Les anges sont des formes ou des substances formées selon la réception des divins qui procèdent du Seigneur, 3741. Les substances matérielles chez l'homme sont aussi des formes, mais plus grossières et plus composées, qui reçoivent les célestes et les spirituels; *exemples*, 3741. Le vrai qui procède immédiatement du Seigneur, venant du divin infini même, ne peut en aucune manière être reçu par aucune substance vivante qui est finie, ainsi par aucun ange, 7270; *voir* SUCCESSIFS. Les substances sont les sujets par lesquels existent les fonctions, 4223. Sans la substance qui est le sujet, il n'y a aucun mode, ou aucune modification, ou aucune qualité, qui se manifeste activement, 4224. La substance se dit des volontaires, parce que tout existe et subsiste chez l'homme par la volonté, 808. La volonté est la substance même de l'homme, ou l'homme même, 808. Le système des monades ou substances simples est une illusion, 5084. — Substance corticale, 4052, 7408. Substance médullaire, 4222, 6607. Substance cendrée, 4222, 6607.

SUBSTANTIEL, *Substantiale*. Le divin vrai est l'unique substantiel dont toutes choses proviennent, 9410. Toutes les choses, et célestes et spirituelles, qui procèdent du Seigneur, sont vives et essentielles, ou, ainsi qu'on les nomme, substantielles, 1808; et ces choses substantielles existent dans la nature dernière, non idéalement, mais en actualité, 1808.

SUBSTANTIELLEMENT, *Substantia-*

liter. Quand le vrai qui procède de la charité influe médiatement et immédiatement dans le dernier ou premier ciel, il est reçu substantiellement, 4411.

SUBTIL. De ceux qui ne croient point qu'il existe un enfer ni un ciel, et qui sont subtils dans leurs affaires, 4630. Esprit subtil mauvais; quel était son sort dans l'autre vie, 6484.

SUBTILEMENT. Les esprits agissent plus subtilement que les hommes, parce qu'ils ont été dégagés de liens avec le corps et de chaînes avec les grossiers moyens de sensations, 4227.

SUC, *Succus.* Ceux qui, dans le monde des esprits, ne souffrent presque pas de vexations pour être purifiés, sont représentés par les sucs des aliments qui sont aussitôt reçus par les veines et portés dans la circulation jusque dans le cerveau, 5174.

SUCCESSIF, *Successivum.* Ce que c'est que le successif, 10099. De l'ordre dans les successifs, 7270; *voir* ORDRE SUCCESSIF, SIMULTANÉ. Les successifs se produisent, non pas d'une manière continue, mais d'une manière discrète, c'est-à-dire, distinctement selon les degrés, 10099; *voir* DEGRÉS DISCRETS. Les successifs ont été créés par le Seigneur pour l'influx, 7270. Les deux premiers successifs créés par le Seigneur sont au-dessus des cieux et sont comme des ceintures radieuses de flamme enveloppant le soleil spirituel qui est le Seigneur, 7270. Comment les successifs sont contenus dans leur ordre et dans leur enchaînement, 7270. Les successifs sont distincts entre eux, comme la fin, la cause et l'effet, 5608. Les successifs qui procèdent et se suivent dans leur ordre, se présentent néanmoins ensemble dans les derniers, 9824. Les successifs dans les derniers forment un simultané dans lequel ils sont côte à côte dans leur ordre, 9836. Tout coexistant, ou tout ce qui existe en un ensemble, tire son origine des successifs, 5608. Dans l'ordre successif, le degré antérieur ou supérieur doit toujours être préféré au degré postérieur ou inférieur, 6824. Ceux qui ont sur les successifs la même idée qu'ils ont sur le continu, ne peuvent saisir le spirituel que comme un naturel plus pur, 10099. Sur l'ordre successif, et sur le dernier de l'ordre, dans lequel les successifs sont ensemble aussi dans leur ordre, *voir* 634, 3691, 4145, 5114, 5897, 6239, 6326, 6465, 8603, 9215, 9216, 9828, 9836, 10044, 10099, 10329, 10335. L'homme vit par ses intérieurs selon l'ordre successif, 634. Successif de la vie quant aux états des tentations, 8397.

Il y a des correspondances successives, depuis le divin jusqu'au dernier naturel; *illustré*, 5131. Le Seigneur par une progression successive s'est avancé vers l'union avec Jéhovah; *illustré*, 2063. Description des états successifs de la Parole, 3432. Description des états successifs de l'église spirituelle, 2313. Description des états successifs de l'église chrétienne jusqu'à son dernier état, — Matth. Chap. XXIV, depuis le commencement jusqu'à la fin, — 3353 à 3356, 3486 à 3489, 3650 à 3655, 3751 à 3759, 3897 à 3901, 4056 à 4060, 4229 à 4231, 4332 à 4335, 4422 à 4424, 4635 à 4638, 4661 à 4664, 4807 à 4810, 4954 à 4959, 5063 à 5071.

SUCCESSION. Il y a des successions continues depuis le Premier, c'est-à-dire, depuis le Seigneur, jusqu'aux derniers qui sont chez l'homme, et même jusqu'aux derniers qui sont dans la nature, 7270.

SUCCOMBER. Il vaut mieux succomber dans les infestations que de succomber dans les tentations, 8169. Succomber dans l'état des infestations, c'est être confirmé dans les faux et dans les maux, mais non manifestement contre les vrais et les biens de la foi, et succomber dans les tentations, c'est être confirmé dans les faux et dans les maux contre les vrais et les biens de la foi, 8169. De ceux qui succombent dans les tentations, 2273. Ceux qui succombent viennent dans la confirmation du mal et dans la persuasion du faux, 4274. Quand l'homme succombe, les vrais et les biens sont rejetés, et les faux et les maux sont confirmés, 8165, f. Celui qui succombe dans la tentation demeure dans le dubitatif, et tombe dans le négatif, 2338. Si l'homme dans les combats de tentations rompt les liens de la conscience, il succombe, et s'il succombe ainsi, c'en est fait de son salut, 7090.

SUCCOTH, ou les tentes, *sign.* le saint du vrai d'après le bien, 4392. Le départ des fils d'Israël de Raamsès vers Succoth *sign.* le premier état de séparation et la qualité, 7972. Le départ de Succoth pour Étham, *sign.* le second état après la délivrance, 8103.

SUCER, *Sugere.* Dans Ésaïe, — LX. 16, — sucer le lait des nations *sign.* l'insinuation du bien céleste, et sucer les mamelles des rois *sign.* l'insinuation du vrai céleste, 6745 ; c'est être gratifié des biens et être instruit des vrais, 2015. Dans le Deutéronome, — XXXIII. 19, — sucer l'affluence de la mer *sign.* puiser en abondance le vrai scientifique, 6745.

SUD, *Auster.* Le sud ou le midi, c'est où le divin vrai est dans la lumière, 9684, 9685. L'angle du midi vers le sud, — Exod. XXVI. 18, — *sign.* jusque dans les intérieurs et dans les intimes où le vrai est dans la lumière, 9642.

SUEUR (la), *Sudor, sign.* le propre de l'homme, 9959. Ne pas se ceindre avec la sueur, — Ézéch. XLIV. 19, — *sign.* ne pas mêler les saints avec le propre de l'homme, 9959. Manger le pain à la sueur du visage, — Gen. III. 19, — *sign.* avoir en aversion ce qui est céleste, 276.

SUFFOCATION, *Suffocatio.* Nature de persuasion qui porte en elle une suffocation, 562, 3895.

SUFFOQUER. Les antédiluviens, d'après leurs affreuses persuasions, furent suffoqués comme par une inondation assez semblable à un déluge, 560, 563, 1120. Dans l'autre vie, ceux qui ne sont dans aucune foi commencent à être suffoqués, lorsqu'ils approchent d'une société angélique, 9281.

SUIE (la), *Favilla, sign.* le faux, 7520. La suie de fournaise *sign.* les faux des cupidités, 7519.

SUIVRE, *Sequi.* La vie que chacun a eue dans le monde le suit après la mort, 10813. Suivre le Seigneur, c'est être conjoint au Seigneur, de même que le Seigneur quant à l'essence humaine s'est conjoint à Jéhovah, 1737. Ceux qui sont dans les biens de la charité suivent le Seigneur, mais ceux qui sont dans la foi séparée ne suivent pas le Seigneur, 10087. Ceux qui sont dans l'innocence sont dits suivre l'agneau, 3325.

SUJET, *Subjectum.* Du sujet dépend l'attribut, 386. Par le sujet on connaît la qualité de l'attribut, 620. *Voir* ATTRIBUT.

SUJETS, *Subjecta*. Dans l'autre vie, les communications des sociétés avec d'autres sociétés se font par des esprits qu'elles envoient et par lesquels elles parlent; ces esprits qu'on envoie sont appelés sujets, 4403, 5856, 5983, 5985 à 5989. Une société ne peut avoir communication avec une autre société, ou avec quelqu'un, que par des esprits envoyés par elle, 5983. Dans le sujet sont concentrées les pensées et les paroles de plusieurs, et ainsi plusieurs se présentent comme un seul, 5985. Ceux qui influent dans un sujet s'imaginent que le sujet n'est rien, et le sujet s'imagine que tout vient de lui, 5985. Le sujet ne pense et ne prononce absolument rien de lui-même, et ainsi apparaît à peine comme quelque chose à ceux qui influent, 5985. Nul ne pense d'après soi, mais chacun pense d'après d'autres, et enfin tous et chacun pensent d'après l'influx de la vie qui procède du Seigneur; ainsi tous sont de perpétuels sujets, 5986. Plus est grand le nombre de ceux qui ont intuition dans un sujet, plus le sujet a de force pour penser et pour parler, 5987. Il y a des sujets de divers genre et de diverse nature, et les variations sont selon la disposition à laquelle il est pourvu par le Seigneur, 5988. Sujets qui étaient comme dans le sommeil, par lesquels parlaient de bons esprits, quoique d'ailleurs ces sujets fussent méchants, 5988. Sujets qui se jouaient des fourbes qui étaient au-dessus de la tête, 5989. Les mauvais esprits prennent quelquefois des sujets qui ne sont pas d'entre les leurs, 5989. Les mauvais esprits envoient des sujets de tout côté, et les placent comme l'araignée ses filets, 5984. Les enfers envoient des sujets, et ces sujets apparaissent dans des lieux déterminés pour eux, 7111. Il y a des sujets du côté de ceux qui infestent, et du côté de ceux qui sont infestés, 7137.

SUPÉRIEUR (le) voit les choses qui sont dans les inférieurs, parce qu'il voit par la lumière du ciel, 6288. Les supérieurs influent dans les inférieurs, et y présentent une image d'eux-mêmes dans le commun, 3739. Les supérieurs sont dans le dernier de l'ordre comme dans leur maison, 3739. Les supérieurs chez l'homme correspondent aux célestes et aux spirituels, qui sont les intérieurs, 9961. Les supérieurs du corps se prolongent dans les mains et s'y terminent, 10241. Les cieux qui constituent le royaume céleste sont appelés supérieurs, et ceux qui constituent le royaume spirituel sont appelés inférieurs, 10068. Dans la Parole, le supérieur *sign.* l'intérieur, 3084.

SUPH (mer de), ou mer rouge. La mer de Suph est un enfer sous l'enfer des adultères, distingué par des eaux comme celles d'une mer, 8099. Dans l'enfer, qui est signifié par la mer de Suph, sont ceux qui ont été dans la foi persuasive et dans la vie du mal, 8148. La mer de Suph est l'enfer où sont les faux d'après le mal de ceux de l'église qui avaient été dans la foi séparée et dans la vie du mal, 8265, 8099. C'est l'enfer et la damnation; *montré*, 8099, 8200. La mer de Suph représente, comme le déluge, la damnation et aussi la tentation, 842. La submersion des Égyptiens dans la mer de Suph représentait la destruction de l'église, 6580. Par la mer de Suph passent ceux qui sont délivrés des infestations, et qui sont conduits pour subir des tentations, 8099. « De la mer de Suph jusqu'à la mer des Philistins, » c'est l'extension depuis les vrais scientifiques jusqu'aux vrais intérieurs de la foi, et la mer de Suph est le scientifique; pourquoi? 9340.

SUPPLICATION (la), quoique tacite, de ceux qui supplient de cœur, est entendue dans le ciel comme un cri; *illustré*, 9202. Les supplications de ceux qui sont dans les affections du mal et du faux ne sont nullement entendues dans le ciel, mais elles sont entendues dans l'enfer, et là aussi comme des cris, si elles sont ardentes, 9202. La supplication sans l'humiliation est seulement une voix qui retentit, mais qui ne vient ni à l'ouïe ni à la perception des anges, 7391. Les anges font attention non à la supplication, mais à l'humiliation dans laquelle est l'homme quand il supplie, 7391. A la supplication du cœur correspond le geste d'élever les mains vers le ciel, 7596. *Voir* PRIER.

SUPPLIER. *Voir* SUPPLICATION. Supplier, quand c'est pour un autre, *sign.* intercéder, 7396, 7591.

SUPPORTER, *Sustinere*. Ceux qui sont seulement dans les externes de l'église, du culte et de la Parole, ne supportent pas les intérieurs, 10694. L'externe sans l'interne ne supporte pas l'externe quand l'interne y est, 10694.

SUPRÊME (Être), *Ens Supremum*. *Voir* ÊTRE SUPRÊME.

SUPRÊME, *Supremum*. Du suprême procède tout ce qui est au-dessous, comme de l'intime procède aussi tout ce qui est en dehors, 10044. Le suprême contient par le dernier tous les intérieurs, qui sont intermédiaires, dans un enchaînement et dans une forme, afin qu'ils tendent à une seule fin, 10044. Les suprêmes sont dans le dernier comme dans leur commun, 3739. Le suprême, ou le plus haut, *sign.* l'intime; *illustré*, 5146. Le suprême du divin vrai est le divin humain, 4723. Le suprême entre les doctrinaux, c'est que l'humain du Seigneur est divin; *illustré* et *montré*, 4687. L'homme ne peut avoir aucune idée du divin suprême du Seigneur, mais il peut avoir une idée du divin humain du Seigneur, 4211. Le suprême divin lui-même ne pouvait plus parvenir jusqu'au genre humain, lorsque le Seigneur vint dans le monde, 2776. Dans la Parole, le suprême *sign.* ce qui est intérieur, 1735, 2148, 4210, 4599.

SÛRETÉ (en), *In tuto*. Quiconque est réformé est mis en sûreté, 6725. Comment le bien peut être parmi les maux et les faux, et cependant être en sûreté, 6725. Ceux qui sont dans les vrais sont en sûreté, quelque part qu'ils aillent, fût-ce même dans le milieu de l'enfer, 6769. Celui qui est dans le céleste est en sûreté au milieu de tous les enfers, 6370.

SURFACE, *Superficies*. C'est le dernier, 7687. La surface de la terre *sign.* les derniers du mental naturel, 7644, 7687.

SURNATUREL. Quand l'homme est régénéré, son état devient absolument autre que le précédent, et il est conduit à ce nouvel état par le Seigneur, non d'une manière naturelle, mais d'une manière surnaturelle, 4063.

SUSIMES (les) *sign.*, comme les Émim, certaines persuasions du faux qui s'emparent et de la partie volontaire et de la partie intellectuelle de l'homme, 1673. *Voir* Néphilim.

Sustentation, *Sustentatio*. La sustentation par la nourriture *sign*. la nutrition spirituelle, et l'influx du bien et du vrai par le Seigneur, 4976; *illustré* et *montré*, 5915, 6277. A la sustentation spirituelle ou de l'homme interne correspond la sustentation de l'homme externe par le manger et le boire, 5915. *Voir* Soutien.

Sustenter, *Sustentare*. Par l'influx du bien et du vrai procédant du Seigneur par le ciel sont sustentés les anges, et est sustentée l'âme de l'homme, c'est-à-dire, son homme interne, 5915. Sustenter de pain, c'est influer continuellement, 6106. Quand la nourriture spirituelle est appropriée, elle sustente la vie spirituelle, 6114. Le vrai scientifique est principalement ce qui sustente la vie spirituelle, 6078. La vie des bons esprits et des anges n'est pas sustentée par d'autre nourriture que par les connaissances du bien et du vrai et par les biens et les vrais mêmes, 1460. Les mauvais esprits se sustentent de tout ce qui est faux, 1695. *Voir* Soutenir.

Swedenborg. Il déclare qu'il lui a été accordé d'être en même temps dans le ciel comme esprit, et sur la terre comme homme, et par conséquent de converser avec les anges; et cela, depuis plusieurs années, 4923; il était en esprit parmi ceux qui sont dans l'autre vie, et en corps avec ceux qui sont dans le monde, 4622. Il marchait en esprit, dans le monde spirituel, avec ceux de ce monde et parmi eux, dans plusieurs de leurs demeures; et cela, quoique demeurant quant à son corps dans la même place, 5605. Il était continuellement en compagnie et en conversation avec les anges et avec les esprits, 5, 5978. Son étonnement lorsqu'il s'aperçut que les esprits savaient ce qu'il pensait, 6214. Il est descendu, environné d'une colonne angélique, dans les lieux des inférieurs, 4940. Il lui a été donné de parler avec les esprits, et d'être avec eux comme l'un d'eux; et cela en toute veille du corps, 1634 et suiv. Les choses qui sont dans l'autre vie ont été vues par les yeux de son esprit, et non par ceux de son corps, 4622. Le Seigneur lui a ouvert les intérieurs, afin qu'il pût voir les choses qui sont dans l'autre vie; par conséquent les esprits ont su qu'il était un homme dans un corps, et il leur a été donné la faculté de voir par ses yeux les choses qui étaient dans le monde, et d'entendre ceux qui conversaient avec lui dans les compagnies où il se trouvait, 5862, 4527, 4622. Les mauvais esprits, sachant qu'il était un homme dans un corps, ont été dans un continuel effort pour le perdre, non-seulement quant au corps, mais surtout quant à l'âme; mais il a été continuellement mis en sûreté par le Seigneur, 5864. Il a été entouré, dans l'autre vie, par les mauvais esprits, même par les plus mauvais, et quelquefois par des milliers, auxquels il était permis de répandre leurs poisons, et de l'infester de toutes les manières possibles; mais il était tenu en sûreté par le Seigneur, 59. Il a parlé sans danger avec les diables les plus mauvais, 968. Jamais aucun mauvais esprit, même le plus infernal, n'a pu lui causer quelque dommage, parce qu'il était continuellement défendu par le Seigneur, 7479. Il a conversé avec des défunts qui avaient appartenu à la très-ancienne église, et à l'ancienne église, 1114. Il s'est entretenu avec quelques esprits le jour même que leurs corps étaient mis au tombeau, 4527. Il parla avec deux hommes de sa connaissance le jour même qu'on les ensevelissait, et il s'entretint avec un autre pendant qu'il suivait son convoi, 4622; avec d'autres, le troisième jour après leur décès, 4527; avec presque tous ceux qu'il avait connus dans la vie du corps, 70, 1636, 5006; avec son père, 6492. Il parlait presque continuellement avec les esprits et avec les anges du premier et du second ciel dans leur propre langage, 3346, 5978. Comment il perçut le langage des anges du troisième ciel, 3346. Quant aux esprits et aux anges, il percevait, voyait, entendait qui ils étaient, quels ils étaient, et où ils étaient, 6191. Quelle était sa perception à ce sujet, 1640. Il avait reçu du Seigneur pour cela une réflexion sensitive à laquelle la perception était adjointe, 5171. Il lui est quelquefois arrivé d'avoir pensé avec lui-même, et aussi d'avoir parlé avec d'autres, sans réfléchir que c'étaient des esprits présents qui l'excitaient, 6194. Quand il était élevé dans la lumière du ciel, il lui semblait qu'il comprenait toutes les choses que les anges y prononçaient, 9094; mais dès que de là il était remis dans la lumière de l'homme externe ou naturel, et que dans cette lumière il voulait recueillir les choses qu'il venait d'entendre, il ne pouvait les exprimer par des mots, ni même les saisir par des idées de la pensée, à l'exception d'un petit nombre, et encore ce petit nombre était-il dans l'obscur, 9094. Quelles choses il a vues en raison de cette lumière du ciel, 1521 et suiv. Il lui a été montré comment toutes les pensées sont gouvernées par le Seigneur, 6474. Une fois, tandis qu'il était élevé dans le ciel, il lui sembla qu'il y était par la tête, et que par le corps il était au-dessous, et par les pieds un peu plus bas, 4939. Toutes les fois qu'il lisait l'oraison dominicale, il percevait clairement une élévation vers le Seigneur; c'était comme une attraction, et alors ses idées étaient ouvertes, et par là il se faisait une communication avec quelques sociétés dans le ciel, 6476. Il voit la lune du ciel, entourée de plusieurs petites lunes, mais non le soleil, 1531. Il voit le soleil du ciel, et au milieu de ce soleil le Seigneur, 7173.

Afin qu'il sût ce qui se passe lorsqu'on meurt, il a été réduit presqu'à l'état des mourants, 169. Il lui a été donné mille fois de percevoir clairement les influx des mauvais esprits et des mauvais génies, 1510. Certains esprits, qui avaient eu de la haine contre lui lorsqu'ils vivaient, firent des efforts pour le perdre, 5061. De mauvais esprits conspirent vainement contre lui, 1879. Par plusieurs exemples il lui a été donné de savoir que ceux qui se sont haïs mutuellement dans le monde se rencontrent dans l'autre vie, et ont mutuellement l'intention de se faire beaucoup de mal, 5061. Afin qu'il sût en quoi consiste la possession, il a été pendant toute une nuit possédé par des esprits, 6212. Comment il lui a été donné de savoir que ce qui est attribué à la fortune, même dans les jeux, vient du monde spirituel, 6494.

Swedenborg prévoit les bruits qu'on fera courir sur lui, 68, 448.

SYCOMORE (le) et le figuier sont les vrais et les biens de l'église externe, 7553.

SYLLABE. Dans la Parole, il y a des choses célestes et entièrement divines non-seulement dans chaque mot, mais aussi dans chaque syllabe des mots, et même dans chaque accent des syllabes, 9198, *f*. Chaque syllabe, et même chaque trait d'une syllabe, dans la langue originale, enveloppe une chose sainte qui devient perceptible aux anges du ciel intime; *expérience*, 9349.

SYMBOLE. Le pain et le vin, parce qu'ils signifient les célestes et les spirituels, sont devenus des symboles dans la sainte-cène, 1727, 4217. Le pain est devenu un symbole externe, parce que la plus grande partie du genre humain est dans le culte externe, 2165. Sur le symbole d'Athanase, 2156, 10738.

SYMBOLIQUE. Du représentatif et du symbolique, 3478. Sur la foi symbolique de l'église chrétienne, 2156, 4721. Par la foi le vulgaire n'entend pas autre chose que la foi symbolique, ou celle que les livres symboliques enseignent, 4690. Des cérémonies symboliques de l'église chrétienne, 1083.

SYMÉTRIE. Toutes les choses de la vue externe se réfèrent au vrai et au bien, parce qu'elles se réfèrent aux symétries des objets, par conséquent à leurs beautés et par la suite à leurs charmes, 4409.

SYRIE. Aram, ou la Syrie, ce sont les connaissances du bien, 1232, 1234, 9688. Aram Naharaïm, ou la Syrie des fleuves, ce sont les connaissances du vrai, 3051. Padan Aram, ce sont les connaissances du vrai, 3664; et ce sont aussi les connaissances du bien, 3680. Les fils de l'orient étaient en Syrie, 1250, 3249. Les fils de l'orient, de même que la Syrie, *sign.* ceux qui sont dans les connaissances du bien et du vrai, 3249. L'église ancienne a été dans la Syrie, et ses restes y sont demeurés longtemps, 4112; et ils signifient les connaissances du bien et du vrai, 4112. Dans la Syrie fut instituée une nouvelle église par Éber, 1137, 1238. Dans la Syrie, d'où sortait Abram, il était demeuré des restes de l'ancienne église, 1992. Thérach et Abram, quoique idolâtres, étaient devenus plus aptes à recevoir la semence des vérités que les autres habitants de la Syrie chez lesquels il restait encore des connaissances, 1366. Dans la Syrie, du temps de Biléam, existait un reste de l'ancienne église, 1675, 1992, 3762.

SYRIENS (les), montés de Kir, — Amos, IX. 7, — *sign.* ceux qui ont été dans les connsaissances du bien et du vrai qu'ils ont perverties, 9340.

SYSTOLE. Opération commune du ciel dans la systole et dans la diastole du cœur, 3884.

T

TABERNACLE. *Voir* TENTE. Dans l'ancienne église, qui était une église représentative, les tentes ou les tabernacles signifiaient le saint de l'amour et du culte, 4288. Chez le peuple israélite et juif, où il y avait un représentatif de l'église, tout le tabernacle représentait le ciel entier, 9485. Le parvis du tabernacle représentait le dernier ciel, l'habitacle où le prêtre officiait représentait le ciel moyen, et l'habitacle en dedans du voile, où était l'arche qui renfermait le témoignage, représentait le ciel intime, 9485, 9594. Le tabernacle de Moïse représentait les trois cieux, 9457. Le saint des saints dans le tabernacle et dans le temple a représenté le divin humain du Seigneur, et la qualité de ce divin a été représentée par les choses qui étaient dans le tabernacle, 3210. Le tabernacle est appelé sanctuaire; pourquoi? 9479. Sur le tabernacle il apparaissait une nuée pendant le jour et du feu pendant la nuit, parce que le tabernacle représentait le divin humain du Seigneur, 5922. Le bien de la nouvelle volonté chez l'homme y est l'habitacle du Seigneur, et le vrai du nouvel entendement y est une sorte de tabernacle, 9296, 9297. Représentatif du tabernacle avec l'arche dans le monde des esprits; le tabernacle y signifiait les trois cieux, et le témoignage dans l'arche y signifiait le Seigneur lui-même, 3478. Les sens suprême, interne et externe de la Parole, sont comme l'intime, l'interne et l'externe du tabernacle, 3440.

De la fête des tabernacles, 9296; voir FÊTE; pourquoi elle a été instituée, 10545. La fête des tabernacles, ou de la récolte des fruits de la terre, était pour l'implantation du bien; *montré* 9296.

TABLE, *Mensa*. Distinction entre la table et l'autel, 10177. La table, sur laquelle étaient les pains des faces, c'est le bien spirituel d'après le céleste, les pains *sign.* le bien céleste, et la table le bien spirituel, 10270; c'est le réceptacle des célestes; et, dans le sens opposé, le réceptacle des choses qui sont dans l'enfer, 9527, 9683. Les pains des faces sur la table, c'est le Seigneur quant au bien céleste, 9545. Il est expliqué pourquoi la table, sur laquelle il y avait les pains des faces, était au côté septentrional dans l'habitacle; c'est le bien dans l'obscur; ce bien est le bien spirituel, lequel est dans l'obscur respectivement au céleste, 9684, 9685.

TABLES, *Tabulæ*. Les dix préceptes, qui sont les divins vrais dans le complexe, ont été gravés sur des tables de pierre; pourquoi? 8940. L'écriture des deux parts, de-ci et de-çà, *sign.* la conjonction du Seigneur avec le genre humain, 10452. Les tables de pierre, sur lesquelles avait été inscrite la loi, sont le livre de la loi ou la Parole dans tout le complexe; *illustré*, 9416, 10687. S'il y eut deux tables, et non une seule, c'était pour représenter la conjonction du Seigneur par la Parole avec l'église, et par l'église avec le genre humain; *illustré* et *montré* par les partages en deux parties, quand on traitait alliance, 9416. La gravure et l'écriture sur des tables *sign.* les choses qui doivent être imprimées dans la mémoire et dans la vie, 9416. Les tables, sur lesquelles la loi a été écrite, *sign.* la Parole par laquelle il y a conjonction avec le Seigneur, 10375. Si les tables étaient de pierre, c'est parce que la pierre est le vrai dans les derniers, ainsi le sens de la lettre dans lequel est le sens interne, 10376. Les tables sont le sens externe de la Parole, et l'écriture sur elles est le sens interne, 10453, 10461. Les deux tables du témoignage en la main de Moïse *sign.* la Parole du Seigneur en particulier et en général, 10451. Les tables de la loi ont été brisées, et d'autres ont été taillées par Moïse, parce que par les tables de Moïse est signifié l'externe tel qu'il devait être pour la nation israélite, 10603. Les tables de la loi brisées par Moïse *sign.* que chez les Israélites les intérieurs seraient complètement fermés, afin qu'ils ne profanassent point les choses saintes du ciel et de l'église, 10393; cela signifie aussi que le sens externe de la Parole fut changé et remplacé par un autre à cause de cette nation, 10461.

TACHE, *Macula.* Les faussetés chez l'homme spirituel, surtout avant qu'il ait été régénéré, sont comme les taches épaisses d'un nuage, 865.

TACHE, *Nævus.* La bête pour la paque devait être sans défaut et sans tache, parce que chaque tache signifie dans le monde spirituel quelque faux ou quelque mal, 7837. De ceux qui ne cherchent, chez ceux qui sont dans les vrais par le bien, que des défauts ou des taches pour les blâmer et les condamner, 5432.

TACHETÉ (le), *Maculosum.* C'est le vrai avec lequel a été mêlé le faux, 3993, 3995, 4005, 4020.

TACITE, *Tacita.* Le Seigneur conduit chacun par ses affections, et ainsi il le ploie par une providence tacite, parce qu'il le conduit par la liberté, 4364. La supplication, quoique tacite, de ceux qui supplient de cœur, est entendue dans le ciel comme un cri, 9202.

TACITEMENT, *Tacite.* L'homme est conduit par le Seigneur si doucement et si tacitement, qu'il ne sait autre chose sinon que tout procède de lui-même, 9587.

TAIRE (se), c'est acquiescer, 8176.

TAISSON, *Melis.* Les peaux de taissons sont les biens extérieurs, 9471; *voir* aussi 3540.

TALENT, *Talentum.* Sur la parabole des talents, *voir* 4424, 5291, 7984.

TALION, *Talio.* Voir PEINE. D'où vient le droit du talion, 1011. Les lois du talion, qui ont été portées dans l'église représentative, tirent leur origine de l'ordre divin : « Ne fais aux autres que comme tu veux que les autres te fassent, » 8223; cette loi est constante et perpétuelle dans le monde spirituel, 8223. Dans l'autre vie, le mal porte avec lui sa peine, et le bien sa rémunération; ainsi, il y a la loi du talion; *illustré*, 8214; et *montré*, 8223, 8226; mais la pareille, ou le talion, quand c'est un mal, est infligée par les méchants et jamais par les bons, ou vient des enfers et jamais des cieux, *illustré*, 8223. Le bien est conjoint avec sa rémunération, et le mal avec sa peine; *illustré* d'après une loi de l'ordre, dont il est parlé, 9048. Explication de ces paroles du Seigneur : « Œil pour œil, dent pour dent; si quelqu'un veut enlever la tunique, laisse-lui aussi le manteau, » 9048.

TALON, *Calcaneus.* Le talon *sig.* le naturel infime, 2591, 3540, 4938, 6406; ou l'infime du naturel, 3304. Les talons, les plantes des pieds et les ongles, *sign.* les dernières choses dans l'homme naturel, 9391. Les talons du cheval, — Gen. XLIX. 17, — ce sont les intellectuels infimes, 3923; ce sont les illusions d'après la nature infime, 6400. Dans le très-grand homme, aux talons correspondent ceux qui sont naturels, 4938. D'un enfer situé à une grande profondeur sous le talon, 4951. L'enfer des adultères qui ont été cruels, est sous le talon droit, 5057. *Voir* PLANTE DES PIEDS.

TAMBOURIN, *Tympanum.* Autrefois, dans les églises, on se servait du tambourin, et cet instrument appartenait à la classe des spirituels, 4138; *voir* INSTRUMENT DE MUSIQUE. Le tambourin n'est pas un instrument à cordes, et n'est pas non plus un instrument à vent, mais étant fait avec une peau, c'est comme un instrument à cordes continu, en conséquence il correspond au bien spirituel ou au bien de la foi, 8337. Le tambourin se dit du bien spirituel, 4138; ou, ce qui est la même chose, du bien de la foi; *montré*, 8337, 8339.

TAPIS, *Tapetes*. Voir RIDEAUX. Les tapis *sign.* les vrais, 9743, 9760, 9762. Ce sont les vrais tels qu'ils sont dans le dernier ciel, 9756.

TARDER, *Tardare, Morari*. C'est l'état du doute, car lorsque l'état de la vie est dans le doute, l'externe est dans l'état de lenteur; *illustré*, 5613. Ne point tarder, c'est attribuer d'après l'affection, 9223. Ne point tarder à faire, c'est désirer accepter, 4474. Tarder à descendre, quand cela est dit de Moïse sur la montagne de Sinaï, *sign.* que la nation israélite n'apercevait dans la Parole rien du ciel, 10396.

TARIR, *Exsiccare*. Dans Ésaïe, — L. 2, — tarir la mer, c'est détruire le bien et le vrai des scientifiques, 9755. Tarir les torrents, c'est dissiper les faux, 8185.

TARISSEMENT DES EAUX (le). *Exsiccatio aquarum*, *sign.* la dissipation apparente des faussetés, 868.

TARTARE. De ceux qui sont portés vers le tartare, 3708.

TASSE. La coupe, ou la tasse, est le scientifique sensuel, qui est le dernier, et se dit des vrais, 9996.

TATER, *Palpare*. C'est l'intime et le tout de la perception, 3528, 3559, 3562.

TATONNER par obscurité, c'est se heurter souvent contre le vrai et le bien, et ne point trouver; *montré*, 7712.

TAUPE, *Talpa*. Se prosterner devant les taupes et les chauves-souris, — Ésaïe, II. 20, — c'est adorer des choses qui sont dans l'obscurité et dans l'ombre de la nuit, c'est-à-dire, des externes sans l'interne, 10582. Les taupes et les chauves-souris sont ceux qui sont dans les ténèbres, c'est-à-dire, dans les faux et par suite dans les maux, 8932.

TAUREAU, *Juvencus*. C'est le bien de l'innocence et de la charité dans l'homme naturel ou externe, 9391, 9990, 10122. Les taureaux *sign.* les biens du naturel, 5198. Le taureau *sign.* le bien externe de l'innocence, 10132. Par le sacrifice et l'holocauste des taureaux était représentée la purification de l'homme externe, 10042. La conversation des anges sur les affections bonnes était représentée, dans la partie correspondante du monde des esprits, par des animaux utiles, tels que les taureaux, 3218.

TÉGUMENT, *Tegumentum*. Téguments externes du corps. Il y a un grand nombre de sociétés qui constituent ces téguments, avec différence depuis la face jusqu'aux plantes des pieds, 5554. Quels sont les esprits qui composent ces sociétés, 5554. Il y en a un très-grand nombre de notre terre, parce que notre globe est dans les externes, et aussi réagit contre les internes, comme la peau a coutume de le faire, 5554. *Voir* PEAU; *voir* aussi 9632.

TEIGNE, *Tinea*. La teigne qui ronge le vêtement, — Ésaïe, LI. 8, — *sign.* les faux dans les extrêmes de l'homme, parce que le vêtement signifie les vrais inférieurs ou extérieurs, qui appartiennent au sensuel de l'homme, 9331.

TEINDRE, *Tingere*. Le spirituel, lorsqu'il règne chez l'homme, affecte et teint pour ainsi dire tout ce qu'il pense, tout ce qu'il veut et tout ce qu'il fait, 5639. Teindre de sang, c'est souiller par les faux, 4770.

TEL, *Talis*. L'homme reste, après la mort, tel qu'a été sa vie de la charité dans le monde, 8256. Tel est l'homme, quand il meurt, tel il reste, non pas que l'homme soit tel qu'il est à l'heure de la mort, mais il reste tel qu'il est d'après tout le cours de sa vie, alors qu'il meurt; *illustré*, 8991. Tel est l'usage, tel est le bien, 3049.

TÉMOIGNAGE, *Testimonium*. Le témoignage, c'était la loi promulguée du haut du Sinaï; elle était le saint des saints lui-même, ou le sanctuaire du vrai, 3210, *f*. Le témoignage est le Seigneur quant à la Parole, *montré*, 8535; ou quant au divin vrai; *montré*, 9503, 10195, 10196. L'arche du témoignage est le ciel intime, où est le Seigneur, 9682. Le témoignage est le bien d'où vient le vrai, et le vrai qui vient du bien; *montré*, 4197. Le témoignage est le divin vrai qui témoigne au sujet du Seigneur, ainsi la Parole; et cela, parce que la Parole dans le sens suprême traite du Seigneur seul, et que par suite dans le sens interne elle témoigne de lui, c'est-à-dire qu'elle enseigne quel est le Seigneur, et quels sont les vrais de la foi et les biens de l'amour qui procèdent de lui; *montré*, 9503. Les lois civiles données par le Seigneur dans l'église juive sont appelées témoignages, 1038. La Parole du témoignage, — Apoc. XII. 11, — est le vrai divin reçu, 9410. Le témoignage de Jésus, — Apoc. XIX. 10, — est le divin vrai procédant du Seigneur, et concernant le Seigneur, 9818. L'homme donne un témoignage des internes, non par le culte seul, mais par la charité et par les exercices de la charité, 5067.

TÉMOIN, *Testis*. C'est la confirmation, 9172. C'est la confirmation du bien par le vrai, et du vrai d'après le bien, 4197; et dans le sens suprême, c'est le Seigneur, parce que le Seigneur est le divin vrai qui confirme, 4197. Ne point répondre contre le prochain en témoin de mensonge, c'est ne point dire que le bien est le mal, ni que le vrai est le faux, 8908. Être un témoin de violence ou violent, c'est affirmer contre le bien de la charité, 9250. S'il fallait deux ou trois témoins, et non un seul, cela était fondé sur cette loi divine, qu'un seul vrai n'est pas suffisant pour confirmer le bien, 4197.

TEMPÉRER, *Temperare*. Le Seigneur tempère les sphères des esprits, 1520. Les états de la vie de l'homme, qui reviennent dans l'autre vie, sont tempérés par les états du bien et du vrai dont le Seigneur l'a gratifié, 1906.

TEMPES. Peau des tempes, 5555.

TEMPÊTE, *Procella*. Utilité des tempêtes, tant naturelles que spirituelles, 842. La grande tempête, — Jérém. XXV. 32, — c'est le faux dominant, 9024. Dans Hosée, — VIII. 7, — par le vent qu'ils sèment sont signifiées des frivolités, par la tempête qu'ils moissonnent est signifié le trouble qui en résulte dans l'église, 9146.

TEMPLE, *Templum*. Voir TEXTE, TABERNACLE. L'autel et le temple ont été les principaux représentatifs du Seigneur, 2777. Le temple de Dieu et l'autel *sign.* le ciel et l'église ; le temple est l'église spirituelle, et l'autel est l'église céleste, 10123. Autour du temple de Jérusalem il y avait deux parvis, l'un extérieur et l'autre intérieur ; le parvis extérieur pour ceux qui sont dans les externes du royaume spirituel, et le parvis intérieur pour ceux qui sont dans les externes du royaume céleste, 9741. Le temple *sign.* l'église spirituelle du Seigneur, dans un sens plus universel le ciel des anges spirituels, dans le sens le plus universel le royaume spirituel du Seigneur, et dans le sens suprême le Seigneur quant au divin vrai, 3720. Dans la Parole, il est dit tantôt la maison de Dieu, et tantôt le temple, l'une et l'autre *sign.* la même chose, mais avec cette différence, que la maison de Dieu se dit quand il s'agit du bien, et le temple quand il s'agit du vrai, 3720. Chez les très-anciens, la maison de Dieu était de bois, parce que le bois signifiait le bien, mais le temple fut de pierres, parce que les pierres signifiaient le vrai ; *illustré*, 3720. La tente, le tabernacle et le temple avaient une même signification, 414. Le temple *sign.* le divin humain du Seigneur, 6426 ; il est le représentatif de ce divin humain, 9714. L'homme est un temple du Seigneur, 2048. Est appelé temple de Dieu quiconque vit dans le bien de la charité et de la foi, 6637. Par le nouveu temple, dans Ézéchiel, est signifiée l'église spirituelle, 7847. D'où était venue la coutume, dès les temps anciens, de donner aux temples une position vers l'orient et vers l'occident, 9642, *f.*

TEMPOREL, *Temporarium.* Il n'y a aucun rapport entre ce qui est temporel et ce qui est éternel, 8939. Auprès des choses éternelles, les choses temporelles ne sont rien, 8939. Ce qui est éternel, cela est ; mais ce qui est temporel, cela respectivement n'est pas, 8939. La providence divine considère, non les choses temporelles qui passent vite, mais les choses éternelles, 5264, 8717, 10776.

TEMPS, *Tempus.* Voir ESPACE. Dans l'autre vie, il n'y a point de temps ni d'espaces, 2625 ; ni aucune notion du temps, 1274, 1382. Dans le monde spirituel, il n'entre dans les idées aucune chose qui appartienne au temps, mais en place il entre des choses qui appartiennent à l'état de la vie, 4882 ; ce sont les changements de l'état de la vie qui y produisent l'apparence du temps, *illustré*, 4882. Les espaces et les temps sont les propres de la nature, 4043. Toutes les idées du temps et toutes les idées de l'espace, qui jouent dans l'homme naturel un si grand rôle que sans elles il ne peut penser, appartiennent à la lumière du monde, 3223. Il n'y a point de temps dans le ciel, mais au lieu des temps, il y a des états ; pourquoi ? 8750. Les idées sur les temps ne peuvent être saisies dans l'autre vie, parce que le soleil n'y fait pas les temps ; *illustré ;* c'est de là que les temps sont des états, 4901. Dans l'autre vie, il y a des alternatives, comme les alternatives du jour, à savoir, matin, midi, soir, point du jour, et dans l'enfer, nuit ; *illustré*, 6110. L'homme ne peut rien penser sans l'espace et sans le temps, mais il en est autrement de l'ange, 3404. Les anges et les esprits pensent sans idée du temps et de l'espace, 3404. Quelles en sont les causes, 1274, 1382, 3356, 4882, 4901, 6110,

7218, 7381. Les espaces correspondent à l'état quant à l'être, et le temps correspond à l'état quant à l'exister, 3938. Les temps et les espaces sont des états; *illustré* d'après la comparaison du soleil du monde avec le soleil du ciel, 7381; ils sont des états, parce qu'il n'y a pas d'idée d'espace et de temps dans l'autre vie, ni dans l'homme interne chez l'homme, 3356. Quand l'homme est dans une affection céleste, c'est comme s'il n'était pas dans le temps, à moins qu'il n'y ait de l'impatience dans cette affection; *illustré*, 3829.

Les temps, dans la Parole, *sign.* les états, 2788, 2837, 3254, 3356, 4816, 4901, 4916, 7218, 8070, 10133, 10605. Le sens interne de la Parole ne tient aucun compte des temps, 618; on ne doit pas faire de différence entre les plus petits intervalles de temps et les plus grands, 482; les temps y signifient des états, et l'on voit quels sont ces états par les nombres qui sont appliqués aux temps, 3814. Les temps *sign.* les états quant à l'exister, et les espaces les temps quant à l'être, 2625. Par « il arrivera en ce temps-là, » est signifié l'état des choses qui suivent; *illustré*, 4814, 4916. « Au temps fixé, » c'est dans cet état, 8070.

TÉNACITÉ. Aux sécrétoires et aux excrétoires du corps correspondent les ténacités des opinions, 5386.

TENDRE, *Tener*. Dans l'autre vie, le vrai d'après le bien apparaît comme tendre, et le faux d'après le mal apparaît comme dur, 6359. « Les enfants sont tendres » — Gen. XVIII. 7, — *sign.* les vrais récents qui n'ont pas encore acquis la vie divine, 4377. Tendre se dit du céleste spirituel ou du vrai du bien, et bon se dit du céleste même ou du bien même, 2180.

TENDRE, *Tendere*. Tendre la tente, c'est pourvoir aux choses qui appartiennent à l'église et au culte, les disposer et les mettre en ordre, 10546; c'est la progression du saint vers les intérieurs, 4599.

TENDREMENT. Il y a amour conjugal céleste, quand l'homme vit content dans le Seigneur avec son épouse qu'il aime tendrement et avec ses enfants; par là il jouit d'un charme intérieur dans le monde, et d'une joie céleste dans l'autre vie, 6051.

TENDRESSE, *Teneritudo*. Quelle est la tendresse de l'entendement des enfants dans l'autre vie, 2290, 2291. Les sociétés d'anges, qui ont soin des enfants, sont surtout composées des personnes du sexe féminin, qui, dans la vie de leur corps, ont aimé les enfants avec une grande tendresse, 2302. Ceux qui ont aimé avec une grande tendresse les petits enfants, comme certaines mères, sont dans la province de l'utérus et des organes d'alentour, 5054.

TÉNÈBRES, *Tenebræ*. Voir OBSCURITÉ. Les ténèbres sont les choses qui, avant que l'homme soit conçu et naisse de nouveau, apparaissent comme lumière, parce qu'alors le mal apparaît comme bien, et le faux comme vrai, 21. Les ténèbres, dans l'autre vie, ne sont autre chose qu'une obsession par les faux, 6829. Il y a en actualité ténèbres pour ceux qui sont dans les faux, 7688. La lueur chez les infernaux est comparée aux ténèbres, et elle est changée en ténèbres, quand ils approchent de la lumière du ciel, 4531; quand ils sont dans les ténèbres, ils sont dans l'extravagance et dans la stupidité, 4531. Ceux qui sont dans l'enfer sont dits être dans les ténèbres, et sont appelés anges de ténèbres, parce qu'ils sont dans les faux du mal, 3340, 4418, 4531. Dans l'enfer, il est vrai, il n'y a pas de ténèbres, mais là il y a une lueur obscure, comme celle d'un feu de charbon, dans laquelle les infernaux se voient mutuellement; autrement, ils ne pourraient pas vivre, 4531. Dans les ténèbres sont ceux qui séparent la foi d'avec la charité, 9186. Ceux qui croient être sages par eux-mêmes sont mis dans l'état de ténèbres; *expérience*, 4532. Les méchants aiment les ténèbres, 1528. La lueur des méchants est changée en ténèbres, 1528. Les ténèbres correspondent aux faux, 4418, 4531.

Dans la Parole, les ténèbres, d'après la correspondance, *sign.* les faux, et les ténèbres épaisses ou l'obscurité *sign.* les faux du mal, 1839, 1860, 7688, 7711. L'obscurité est la privation du vrai et du bien, ainsi un faux très-dense produit par le mal; mais les ténèbres sont la privation du vrai, ainsi le faux *montré*, 7811. Les ténèbres sont les faussetés, 1839. Les ténèbres de dehors, — Matth. VIII. 12, — sont les faussetés abominables de ceux qui sont dans l'église; car ils rendent la lumière ténébreuse, et produisent des faussetés contre les vrais, ce que ne peuvent faire les gentils, 1839. Les faussetés au dehors de l'église sont aussi appelées ténèbres, mais ce sont des ténèbres qui peuvent être éclairées; *montré*, 1839.

TÉNÉBREUX (le), *Tenebricosum*, *sign.* le faux, et en particulier les principes du faux, 3993.

TENIR, *Tenere*. Le Seigneur tient l'homme dans la liberté de penser, et en tant que les liens externes ne s'y opposent pas, il le tient dans la liberté de faire, 9587. Le Seigneur tient le mental de l'homme dans les choses qui appartiennent à la charité et par suite à la foi, 5130. L'homme est tenu par le Seigneur dans la correspondance avec le ciel, afin qu'il puisse, si c'est son choix, être conduit de l'enfer au ciel, et par le ciel au Seigneur, 4323. L'homme peut être tenu dans le bien, seulement par la miséricorde du Seigneur, s'il la reçoit, 5398. L'homme peut être tenu dans le bien et dans le vrai, alors qu'il a été régénéré, 9333. Ceux qui ont été régénérés sont continuellement tenus par le Seigneur dans le bien de la foi et de l'amour, 9447. Qui sont ceux qui peuvent être tenus par le Seigneur dans l'affection du bien et du vrai, et qui sont ceux qui ne le peuvent pas? 2689.

TENIR (se), *Stare*. Se tenir devant quelqu'un, c'est la présence, 5336, 5638; et aussi l'apparence, 7436. Se tenir près des chameaux, *sign.* la présence dans les scientifiques communs, 3136.

TENTATION, *Tentatio*. Ce que c'est que la tentation, 847. La tentation est un combat entre l'homme interne ou spirituel et l'homme externe ou naturel, 2183, 4256, 8351; ainsi, entre les plaisirs de l'homme interne et les plaisirs de l'homme externe, qui alors sont opposés les uns aux autres, 3928, 8351; ce combat existe à cause du débat entre eux, 3928; ainsi, il s'agit de la domination de l'un sur l'autre, 3928, 8961. Il y a tentation, afin que les corporels soient domptés, 857. La tentation est le combat au sujet du pouvoir, 1923. Le combat spirituel ou la tentation est nécessaire; on ne le sait pas dans le monde, mais on le sait très-bien dans l'autre vie, 7090, *f.* L'homme ne peut pas être régénéré sans tentation, et il en subit plusieurs, 8403. La foi et la charité ne peuvent être implantées chez l'homme que par les tentations, 8351. Les tentations sont des combats spirituels chez ceux qui sont régénérés, 8958, 8959. Des combats des tentations, 59, 63, 227, 847. La tentation chez l'homme n'est pas sentie autrement qu'en lui, quoique cependant ce soit un combat des anges contre les mauvais esprits, hors de lui, 7122. La tentation est le commencement de la régénération, 848; c'est une excitation du mal et du faux qui sont chez l'homme, 4307. La tentation est la vastation du faux et en même temps la confirmation du vrai, 5038. Il y a tentation chez ceux qui ont la conscience, et elle est plus aiguë chez ceux qui ont la perception, 1668. La tentation ne peut pas exister, s'il n'y a pas affirmation et reconnaissance du bien et du vrai, 3928. Tentation quant aux intellectuels, et tentation quant aux volontaires; celle-là est légère, et celle-ci est grave, 734, 735. De la tentation qui existe par le manque de vrai; elle est décrite, 8352. Ce qui en somme a été écrit sur les tentations, 2819.

D'où viennent et quelles sont les Tentations. Les tentations viennent des mauvais esprits qui sont chez l'homme, et qui répandent des scandales contre les biens et les vrais que l'homme aime et croit, et excitent aussi les maux qu'il a faits et les faux qu'il a pensés, 8960. Les tentations existent par les mauvais esprits, qui excitent chez l'homme ses faux et ses maux, ainsi par l'influx qui en provient; *illustré*, 5036. Les mauvais esprits se servent alors de toute espèce de ruses et de malices; *illustré*, 6666. Dans les tentations deux forces agissent; l'une procédant du Seigneur agit par l'intérieur, l'autre procédant de l'enfer agit par l'extérieur, et l'homme est au milieu, 8168; la force divine agit par l'intérieur et retient l'homme, 8168. Les tentations sont un combat chez l'homme entre les mauvais esprits et les anges, 3927, 3928; elles viennent de ce que les anges tiennent l'homme dans les biens et dans les vrais, et que les mauvais esprits le tiennent dans les maux et dans les faux, 4249; ou, de ce que, quand le bien prend la première place, l'homme naturel est dans les faux; c'est là la cause secrète, 4256. Il y a tentation à cause de la conjonction du bien et du vrai, 4572. Il y a tentation quand l'homme est mis dans son mal, et alors les mauvais esprits combattent contre les anges, 6657. Dans les tentations les anges d'après le Seigneur tiennent l'homme dans les vrais et dans les biens qui sont chez lui, mais les mauvais esprits le tiennent dans les faux et dans les maux qui sont chez lui, 4249. Dans les tentations, l'amour régnant de l'homme est assailli, 847, 4274. Les mauvais esprits attaquent seulement les choses qui appartiennent à la foi et à l'amour de l'homme, ainsi celles qui appartiennent à sa vie spirituelle; c'est pourquoi il s'agit alors de sa vie éternelle, 1820. L'état des tentations est comparé à l'état d'un homme au milieu des voleurs, 5246.

Il y a plusieurs sortes de tentations; en général, elles sont célestes, spirituelles et naturelles, 847.

Les tentations célestes ne peuvent être que chez ceux qui sont dans l'amour envers le Seigneur ; les spirituelles sont chez ceux qui sont dans la charité à l'égard du prochain ; les naturelles sont absolument distinctes des célestes et des spirituelles, et sont non des tentations, mais seulement des anxiétés provenant de ce que les amours naturels sont contrariés, 847. Chez ceux qui sont dans l'amour céleste les tentations sont plus graves que chez ceux qui sont dans l'amour spirituel, 8963. Il n'y a d'admis dans les tentations spirituelles que ceux qui ont la conscience, 847. Les hommes qui sont spirituellement morts, c'est-à-dire, qui ne sont pas dans la foi et l'amour envers Dieu, ni dans l'amour à l'égard du prochain, ne sont point admis dans les tentations, parce qu'ils succomberaient, 270, 4274, 4299, 8964, 8968 ; c'est pour cela qu'aujourd'hui il en est peu qui soient admis dans les tentations spirituelles, 8965. Il y a chez ceux-là des anxiétés pour diverses causes dans le monde, causes qui ont coutume d'être conjointes avec une faiblesse du mental *(animus)* et une infirmité du corps ; ce ne sont pas là les anxiétés des tentations, 762, 8164. Les tentations naturelles existent parfois avec les tentations spirituelles, et parfois sans elles ; dans ce dernier cas elles sont seulement des douleurs du mental *(animus)*, 8164 ; il y a aussi une anxiété mélancolique, et avec elle parfois tentation et parfois non tentation, 8164, *f.* L'état des tentations est un immonde et sale état, parce que les maux et les faux y sont injectés, et aussi les doutes au sujet des biens et des vrais, 5246 ; puis, parce que dans les tentations il y a des indignations, des douleurs du mental *(animus)*, et plusieurs affections non bonnes, 1917, 6829. Il y a aussi obscurité et doute concernant la fin, 1820, 6829 ; et aussi concernant la divine providence et l'assistance, parce que dans les tentations les prières ne sont pas exaucées comme hors des tentations ; et parce que, quand l'homme est dans la tentation, il lui semble être dans la damnation, 6097. S'il en est ainsi, c'est parce que l'homme sent distinctement les choses qui se font dans l'homme externe, ainsi les choses que les mauvais esprits injectent et évoquent, selon lesquelles aussi l'homme pense sur son état ; mais il ne sent pas les choses qui se font dans l'homme interne, ainsi les choses qui influent du Seigneur par les anges, d'après lesquelles par conséquent il ne peut pas non plus juger de son état, 10236. 10240.

Les tentations, pour l'ordinaire, sont portées jusqu'au désespoir, qui en est le dernier point, 1787, 2694, 5279, 5280, 6144, 7147, 7155, 7166, 8165, 8567. Causes, 2694. Toutes les tentations ont avec elles le désespoir concernant la fin, 1787, 1820. Les tentations sont de continuels désespoirs sur le salut, légers dans le commencement, mais par suite violents, jusqu'à devenir enfin un doute presque négatif sur la présence du divin et sur son secours, 8567. Dans le désespoir l'homme emploie des expressions acerbes, mais le Seigneur n'y fait pas attention, 8165. La tentation terminée, il y a d'abord fluctuation entre le vrai et le faux, 848, 857 ; mais ensuite le vrai brille, et il y a sérénité et allégresse, 3696, 4572, 6829, 8367, 8370. Ceux qui sont régénérés subissent des tentations, non-seulement une fois, mais plusieurs fois, puisqu'il y a un grand nombre de maux et de faux à éloigner, 8403. Ceux qui ont acquis quelque vie spirituelle, s'ils ne subissent pas de tentations dans le monde, en subissent dans l'autre vie, 7122. Comment les tentations se font dans l'autre vie, et où elles se font, 537, 538, 539, 699, 1106 à 1113, 1122, 2694, 4728, 4940 à 4951, 6119, 6928, 7090, 7122, 7127, 7186, 7317, 7474, 7502, 7541, 7542, 7545, 7768, 7990, 9331, 9763. De l'état d'illustration de ceux qui sortent des tentations et sont élevés dans le ciel, et de leur réception dans le ciel, 2699, 2701, 2704. Les infestations ou tentations des bons dans l'autre vie sont faites afin que soient éloignés les maux et les faux, et aussi les choses impures; et avant cela, les bons ne peuvent pas être élevés au ciel, 7122. Les spirituels qui étaient détenus à l'avénement du Seigneur, n'ont pas pu subir les tentations avant que le Seigneur eût été glorifié; pourquoi ? 8099. Quelle est, dans l'autre vie, la tentation des enfants par laquelle ils apprennent à résister aux maux, 2294. Quelle est la différence entre les tentations, les infestations et les vastations, 7474. Les tentations ont lieu avec angoisse de conscience, mais non les infestations, 7474. Des tentations en particulier, 8958 à 8969.

Comment et quand ont lieu les Tentations. Les combats spirituels ont lieu principalement par les vrais de la foi, 8962. Le vrai est la première chose du combat, 1685. Ceux qui sont de l'église spirituelle combattent, pour la plupart, non par les vrais réels, mais par des choses qu'ils croient être des vrais d'après le doctrinal de leur église; ce doctrinal néanmoins doit être tel, qu'il puisse être conjoint au bien, 6765. L'homme qui est régénéré doit subir des tentations, et sans elles il ne peut être régénéré, 5036, 8403; et les tentations par conséquent sont nécessaires, 7090. L'homme, qui est régénéré, entre dans les tentations alors que le mal s'efforce de dominer sur le bien, et l'homme naturel sur l'homme spirituel, 6658, 8951; et il entre en elles quand le bien doit tenir la première place, 4248, 4249, 4256, 8962, 8963. Ceux qui sont régénérés sont d'abord mis dans un état de tranquillité, puis dans les tentations, et ensuite ils reviennent dans l'état de tranquillité de paix, qui est la fin, 3696. Quand l'homme est régénéré, l'homme rationnel ou interne reçoit les vrais avant que l'homme naturel ou externe les reçoive, et par suite aussi il y a un combat de tentations, 3321. Les tentations ont lieu pour la conjonction du bien et du vrai, et aussi pour la conjonction de l'homme interne et de l'homme externe, 4248, 4572, 5773. L'homme subit les tentations quand le bien commence à prendre la première place, ce qui arrive dans l'âge adulte, 4248. Les tentations existent quand le bien se conjoint aux vrais, parce qu'aux vrais sont attachés des illusions et des faux, 4341. Le vrai imprimé dans l'intérieur de l'homme gouverne dans l'état de tentation, souvent à l'insu de l'homme, 5044. Quand on va subir des tentations les vrais et les biens sont disposés par le Seigneur dans un état propre à les subir, et alors on est près de l'enfer, 8131. Les biens et les vrais chez l'homme ne viennent pas à la perception dans les tentations, mais après les tentations ils sont implantés et remis en ordre, 10685; l'homme ne sait pas que cela est fait, ni comment cela est fait; *illustré*, 10685. Quand l'homme est dans la tentation, il y a pour lui obscurité et douleur; plus tard, quand il sort de la tentation, il y a clarté et gaieté, 6829.

Quel bien produisent les Tentations. Ce que produisent les tentations en général, 1692, 1717, 1740, 6144, 8958 à 8969. Ce qu'il y a de bien par les tentations, les désolations et les désespoirs, 6144. Par les tentations la domination est acquise à l'homme spirituel ou interne sur l'homme naturel ou externe, par conséquent au bien sur le mal, et au vrai sur le faux, parce que dans l'homme spirituel est le bien, car sans le bien point d'homme spirituel, et que dans l'homme naturel est le mal, 8961. Puisque la tentation est un combat entre eux, il s'agit donc de la domination, à savoir, si elle appartiendra à l'homme spirituel sur l'homme naturel, par conséquent au bien sur le mal, ou *vice versâ;* par conséquent si elle appartiendra au Seigneur ou à l'enfer sur l'homme, 1923, 3928. Par les tentations l'homme externe ou naturel reçoit les vrais correspondants à l'affection pour eux dans l'homme interne ou spirituel, 3321, 3928. Par les tentations l'homme interne spirituel est ouvert et est conjoint à l'homme externe, afin que l'homme puisse être élevé quant à l'un et à l'autre et porter ses regards vers le Seigneur, 10685. Si par les tentations l'homme interne spirituel est ouvert et conjoint avec l'homme externe, c'est parce que le Seigneur agit par l'intérieur et influe de là dans l'homme externe, et qu'il y repousse et subjugue les maux, et soumet avec les maux l'homme externe et le subordonne à l'homme interne, 10685. Par les tentations, l'homme est principalement insinué dans les sociétés intérieures, 6611. Par les tentations les biens sont plus étroitement conjoints aux vrais, 2272. Par les tentations les vases récipients du vrai sont amollis, et prennent un état propre à recevoir le bien, 3318. Par les tentations sont confirmés et implantés les vrais et les biens, ainsi les choses qui appartiennent à la foi et à la charité, 8351; *illustré*, 8924, 8966, 8967; et sont éloignés les maux et les faux, et de la sorte place est donnée aux biens et aux vrais, 7122. Par les tentations sont réprimés les amours de soi et du monde, d'où proviennent tous les maux et tous les faux, 9356. Par les tentations les vrais sont confirmés, les convoitises domptées, et l'homme est humilié; par suite il y a pour lui intelligence et sagesse, 8966, 8967. Comment par les tentations s'opère la régénération de l'homme, et s'est effectuée la glorification du Seigneur, 3318. Par les tentations les maux et les faux sont domptés, séparés et éloignés, mais non anéantis, 868. Par les tentations sont domptés les corporels et leurs convoitises, 857, 868. Par les tentations l'homme apprend ce que c'est que le bien et le vrai, même d'après la relation aux opposés, qui sont les maux et les faux, 5356. Il apprend aussi que chez lui il n'y a que mal, et que tout bien qui est chez lui vient du Seigneur, et y est par miséricorde, 2334. Par les tentations, dans lesquelles l'homme a vaincu, les mauvais esprits sont privés d'agir ultérieurement contre lui, 1695, 1717. Les enfers n'osent point s'élever contre ceux qui ont subi des tentations, et qui ont vaincu, 2183, 8273.

Après les tentations, dans lesquelles l'homme a vaincu, il y a une joie qui a sa source dans la conjonction du bien et du vrai, quoique l'homme ne sache pas que la joie alors tire de là son origine, 4572, 6829. Il y a alors illustration du vrai qui appartient à la foi, et perception du bien qui appartient à l'amour, 8367, 8370. Par suite l'homme a l'intelligence et la sagesse, 8966, 8967. Après les tentations les vrais croissent immensément, 6663. Le bien tient la première place, ou est au premier rang, et le vrai au second, 5773. Et l'homme, quant à l'homme interne spirituel, est introduit dans les sociétés angéliques, ainsi dans le ciel, 6611. Avant que l'homme subisse des tentations, les vrais avec les biens sont disposés en ordre chez lui par le Seigneur, afin qu'il puisse résister aux maux et aux faux qui chez lui viennent de l'enfer et sont excités, 8131. Dans les tentations le Seigneur pourvoit au bien, tandis que les esprits infernaux se proposent le mal, 6574. Après les tentations le Seigneur remet dans un nouvel ordre les vrais avec les biens, et les dispose dans une forme céleste, 10685. Ceux qui succombent dans les tentations viennent dans la damnation, parce que les maux et les faux sont vainqueurs, et que l'homme naturel prévaut sur l'homme spirituel, et ensuite le domine; et alors son dernier état devient pire que le premier, 8165, 8169, 8961, 8964.

Le Seigneur combat pour l'homme dans les Tentations. Le Seigneur seul combat chez l'homme dans les tentations, et l'homme ne combat en rien d'après lui-même, 1692, 8172, 8175, 8176, 8273. L'homme ne peut en aucune manière d'après lui-même combattre contre les maux et les faux, parce que ce serait combattre contre tous les enfers, que nul autre que le Seigneur ne peut dompter ni vaincre, 1692. Les enfers combattent contre l'homme, et le Seigneur combat pour l'homme, 8159. L'homme combat d'après les vrais et les biens, ainsi d'après les connaissances et les affections des vrais et des biens qui sont chez lui; mais c'est le Seigneur qui combat par elles, et non pas l'homme, 1661. Dans les tentations l'homme croit que le Seigneur est absent, parce qu'alors les prières ne sont pas exaucées de même qu'elles le sont hors des tentations, mais le Seigneur néanmoins est davantage présent, 840, 8179. Dans les tentations l'homme doit combattre comme par lui-même, et ne pas rester les mains pendantes, ni attendre un secours immédiat; mais il doit néanmoins croire que le combat est fait par le Seigneur, 1712, 8179, 8969. La tentation ne sert à rien et ne produit aucun bien, à moins que l'homme ne croie, — toutefois après les tentations, — que le Seigneur a combattu et vaincu pour lui, 8969. Ceux qui placent le mérite dans les œuvres ne peuvent combattre contre les maux, parce qu'ils combattent d'après le propre et ne permettent pas au Seigneur de combattre pour eux, 9978. Ceux qui croient avoir mérité le ciel par les tentations peuvent difficilement être sauvés, 2273.

Le Seigneur tourne en bien le mal que les infernaux introduisent dans les tentations, 6574. Le Seigneur ne tente point, mais dans les tentations il délivre, et il introduit le bien, 2768. Il semble que les tentations viennent du divin, quoique cependant elles n'en viennent point, 4299. Comment doivent être entendues dans l'oraison dominicale ces paroles: « Ne nous induis point en tentation; » d'après *l'expérience*, 1875. Dans les tentations le Seigneur ne concourt point, en permettant, selon l'idée que l'homme a de la permission, 2768.

Dans toute tentation il y a le libre, quoiqu'il ne semble pas qu'il y soit, mais ce libre est intérieurement chez l'homme par le Seigneur, et c'est pour cela qu'il combat et veut vaincre, et n'être pas vaincu, ce qu'il ne ferait pas sans le libre, 1937, 1947, 2881. Le Seigneur, à l'insu de l'homme, fait cela dans les tentations au moyen de l'affection du vrai et du bien imprimée dans l'homme interne, 5044.

Des Tentations du Seigneur. Le Seigneur, plus que tous, a subi de très-graves et de cruelles tentations, qui ont été peu décrites dans le sens de la lettre de la Parole, mais amplement dans le sens interne, 1663, 1668, 1787, 2776, 2786, 2795, 2814, 9528. De la passion et des tentations les plus graves du Seigneur, 2776, 2786, 2795. Le Seigneur a d'abord combattu d'après des biens et des vrais imbus de choses héréditaires provenant de la mère, et par conséquent non divins, 1661. Première tentation du Seigneur, 1670. Le Seigneur a combattu contre les maux de l'amour de soi et du monde d'après son divin amour envers tout le genre humain, 1690, 1691, 1812, 1813, 1820. Le Seigneur seul a combattu d'après le divin amour; tous les autres, quand c'était d'après eux-mêmes, ont combattu d'après l'amour de soi et du monde, 1812, 1813. Le Seigneur dans les tentations a combattu d'après la propre puissance, 1692, 1813, 9937. Par les tentations et par les victoires obtenues par la propre puissance, le Seigneur est devenu seul Justice et Mérite, 1813, 2025, 2026, 2027, 9715, 9809, 10019. Par les tentations le Seigneur a uni à son humain le divin même qui était en lui par conception, et il a fait divin cet humain, de même que par les tentations il fait spirituel l'homme, 1725, 1729, 1733, 1737, 3318, 3381, 3382, 4286. Chaque tentation et chaque victoire contribuait à cette union de l'humain avec le divin, 1926. Les tentations du Seigneur ont été portées jusqu'au désespoir concernant la fin, 1737. Par les tentations, admises en lui, le Seigneur a subjugué les enfers, et a remis toutes choses en ordre dans les enfers et dans les cieux, et en même temps il a glorifié son humain, 1737, 4287, 4295, 9528, 9937. Le Seigneur seul a combattu contre les enfers, 8273. De là vient qu'il a admis en soi les tentations, 2816, 4295. Le Seigneur a admis aussi en lui des tentations par des anges, 4295.

Le Seigneur n'a pas pu être tenté quant au divin, parce que les enfers ne peuvent attaquer le divin; c'est pourquoi il a pris d'une mère un humain tel, qu'il pût être tenté, 1414, 1444, 1573, 5041, 5157, 7193, 9315. Le Seigneur a pu être tenté quant au vrai, mais non quant au bien, 2803, 2813, 2814; il a pu être tenté quant au vrai divin, mais non quant au divin vrai, 2814. Par les tentations et par les victoires il a chassé tout l'héréditaire qu'il avait reçu de Marie, et dépouillé l'humain qu'il tenait d'elle, à un tel point qu'enfin il ne fut plus son fils, 2159, 2574, 2649, 3036, 10830. Jéhovah, qui était en lui d'après la conception, paraissait comme absent dans les tentations, 1815; c'était là l'état d'humiliation du Seigneur, 1785, 1999, 2159, 6866. Sa dernière tentation et sa dernière victoire, par lesquelles il a pleinement subjugué les enfers et fait divin son humain, ont eu lieu en Gethsémané et sur la croix, 2776, 2803, 2813, 2814, 10655, 10659, 10828.

Ne point manger de pain et ne point boire d'eau pendant quarante jours *sign.* l'état entier des tentations, 10686. Quarante années, quarante mois ou quarante jours, *sign.* l'état complet des tentations, depuis le commencement jusqu'à la fin, et cet état est signifié par les quarante jours de durée du déluge; par les quarante jours pendant lesquels Moïse demeura sur la montagne de Sinaï; par les quarante années pendant lesquelles les fils d'Israël demeurèrent dans le désert, et par les tentations du Seigneur dans le désert pendant quarante jours, 730, 862, 2272, 2273, 8098.

TENTE, *Tentorium.* Voir TABERNACLE. Ce que c'est que les tentes, 414. Elles sont le saint de l'amour, 414, 1102, 1566. La tente est le saint, 2145, 5152. La tente est le saint de l'union, 8666. La tente est le Seigneur, et aussi le ciel et l'église; et, dans le sens respectif, tout saint du ciel et de l'église, par conséquent aussi le saint du culte et le saint de la Parole; *illustré* et *montré*, 10545. Dans le temps très-ancien, l'homme de l'église, qui était dans l'amour envers le Seigneur, et par suite dans un culte saint, habitait dans des tentes et y avait son culte saint, 3312; c'est pour cela que les tentes sont les choses saintes du culte, 10545; de là chez les Juifs la tente, et par suite la fête des tabernacles, 3312, 4391. Les tentes furent jugées plus saintes que le temple; pourquoi? 414. Les tentes et l'arche ont représenté le ciel où est le Seigneur, 9457, 9481, 9485. Les voiles de la tente; ce que c'est, 2576. Le milieu de la tente, c'est le principal de la foi, 1074. L'autel et la tente étaient souillés par le péché du peuple; *montré* et *illustré*, 10208. Donner pour l'œuvre de la tente, c'est la conjonction avec le ciel, 10230. Les tentes, qui sont appelées Succoth, sont le saint du vrai, ou le bien du vrai; *montré*, 4391. La tente sur l'habitacle, c'est l'externe du ciel, 9615. Planter la tente, c'est l'état de l'amour, 4128. Tendre la tente, c'est la progression du saint vers les intérieurs, 4599; c'est pourvoir aux choses qui appartiennent à l'église et au culte, les disposer et les mettre en ordre, 10546. Dresser ses tentes, ou changer de place sa tente et la fixer, *sign.* être conjoint, 1616. Dresser ses tentes jusqu'à Sodome, *sign.* l'extension vers les cupidités, 1598. Les tentes de Cham, — Ps. LXXVIII. 51, — *sign.* le culte d'après la foi sans la charité, 1063. Les tentes de Kuschan, — Haback. III. 6, 7, — *sign.* la religiosité d'après le mal, 3242, *f.*

TENTE DE CONVENTION, *Tentorium conventus.* La tente de convention a été faite, afin que le Seigneur s'y rencontrât avec Moscheh et Aharon, et aussi avec les fils d'Israël ; c'est même pour cela que le saint du culte y était institué, 9784. La tente de convention, c'est où il y a présence du Seigneur ; *montré*, 9784. La tente de convention est le ciel dans tout le complexe ; ciel intime ou troisième, où était l'arche du témoignage ; ciel moyen ou second, où étaient la table des pains des faces, le chandelier et l'autel du parfum ; et ciel dernier ou premier, où était le parvis, 10268. La partie de la tente, qui était en dehors du voile, est appelée saint ; et la partie, qui était en dedans du voile, le saint des saints, 10129. La tente en dehors du voile représentait le royaume spirituel du Seigneur ou le ciel moyen, et la tente en dedans du voile représentait le royaume céleste du Seigneur, 10129. Entrer dans la tente de convention, quand il s'agit d'Aharon, c'est représenter toutes les choses du ciel et de l'église quant au divin vrai ; et approcher de l'autel, c'est représenter le Seigneur quant au divin bien ; l'un et l'autre quant au culte, 9963, 9964. Entrer dans la tente de convention, c'est représenter toutes les choses du culte d'après le bien spirituel ; et approcher de l'autel, c'est représenter toutes les choses du culte d'après le bien céleste, 10242, 10245. A l'entrée de la tente de convention, c'est le mariage du divin vrai et du divin bien ; *illustré*, 10001, 10025. La tente de convention, en dehors du camp, est l'externe du culte, de l'église et de la Parole, dans lequel sont tous les internes, 10547, 10548.

TENTER, *Tentare*. On ne peut être tenté, si ce n'est quant à la chose qu'on aime ; ainsi, quant au vrai, lorsqu'on aime le vrai, 4274. On n'est tenté que par ce vers quoi l'on incline, 2818. Ne peuvent être tentés que ceux qui sont dans l'affection du vrai et du bien, 4299. Lorsque l'homme est tenté, les esprits immondes sont près de lui et l'entourent, et ils excitent les maux et les faux qui sont chez lui, et même ils le retiennent dans ces maux et dans ces faux, et ils les exagèrent jusqu'au désespoir ; de là l'impureté de l'homme dans cet état, 5246. Celui-là seul est tenté, qui a acquis quelque vie spirituelle, 8963. Celui qui n'a pas les vrais de la foi n'est pas tenté, 8964. L'homme est tenté, lorsqu'il agit d'après le vrai, 8643. L'homme n'est tenté que lorsqu'il entre dans l'âge adulte, 8963. Le Seigneur n'a pas pu être tenté quant au divin, et le Seigneur ne tente personne ; *voir* TENTATIONS. Tenter Jéhovah, c'est être contre le divin, 8567. Tenter *sign*. examiner, 8419.

TÉRÉBINTHE, *Terebinthina*. *Voir* NOIX DE TÉRÉBINTHE.

TERMES. Les idées spirituelles sont éteintes par les termes et les définitions de la philosophie humaine, et par des arguments, 1626. Les simples peuvent considérer un sujet au-dessus des termes, et au-dessus des scientifiques, ainsi au-dessus des sensuels ; mais il n'en est pas de même des érudits, eux les considèrent d'après les termes et d'après les scientifiques, car là est leur mental, et il y est enchaîné comme dans un cachot ou dans une prison, 5089 ; cfr. 6326, 8631. Les savants s'attachent aux termes, et inclinent à discuter sur chaque chose si elle est ou n'est pas ; dans quelles ténèbres ils sont ! 3848. *Voir* ÉRUDIT, PHILOSOPHE, SAVANT.

TERMINER. L'ordre divin ne subsiste pas dans le moyen, mais il est terminé dans le dernier, et le dernier est l'homme, ainsi l'ordre divin est terminé chez l'homme, 634, 2853, 3632, 5897, 6239, 6451, 6465, 9216, 9217, 9824, 9828, 9836, 9905, 10044, 10329, 10335, 10548. Le naturel est le dernier dans lequel se terminent les spirituels et les célestes qui sont les intérieurs, et sur lequel ils subsistent comme une maison sur son fondement, 9430, 9433, 9824, 10044, 10436. Les intérieurs et les extérieurs ne sont pas continus, mais ils sont distincts et discrets selon les degrés, et chaque degré est terminé, 3691, 5114, 5145, 8603, 10099; *voir* DEGRÉS. Les intérieurs chez l'homme sont distingués en degrés, et sont terminés dans chaque degré, et par la terminaison ils sont séparés du degré inférieur, ainsi depuis l'intime jusqu'à l'extime; *illustré*, 5145. Il est nécessaire que tous les degrés chez l'homme aient été bien terminés, et qu'ainsi ils aient été distingués entre eux par les terminaisons, 5145. Toutes les pensées de l'homme se terminent dans les naturels qui appartiennent à ses sensuels, 2553.

TERNAIRE. Le nombre ternaire *sign.* une période entière de l'église, ainsi une période grande ou petite, par conséquent le complet et aussi le continu jusqu'à la fin, 4495, *f.*

TERRE, *Tellus.* Il s'agit, dans cet article, de toutes les terres dans notre monde solaire et dans le ciel astral, ou dans l'univers; ainsi, de *Mercure*, de *Vénus*, de *Mars*, de *Jupiter*, de *Saturne*, de la *Lune*, et de notre *Terre.* Le ciel est immense et les habitants de notre terre sont en très-petit nombre relativement, 3631. Des habitants des autres terres, 6695 à 6702. Où il y a une terre dans l'univers, là il y a l'homme, car l'homme est la fin pour laquelle une terre existe, 9237. Il a été donné à Swedenborg de parler avec les esprits des autres terres, et non avec leurs habitants, 6695. Il y a des terres en nombre immense, 6697. D'après le rationnel on peut conclure qu'il y a plusieurs terres; qu'elles n'ont pas été créées seulement pour être portées autour du soleil et parcourir l'espace, et donner un peu de lueur à une seule terre, mais qu'elles l'ont été pour un genre humain, et par conséquent pour peupler le ciel, et que ces terres, quant aux années, aux jours, aux lunes, sont comme notre terre, 6697. De ce que le ciel astral est si grand, et n'est qu'un moyen pour une fin, et de ce que le ciel est immense, on peut conclure qu'il n'est pas composé que des habitants d'une seule terre, 6698. Ceux qui sortent des mondes apparaissent comme un fleuve, et de là on peut conclure qu'il en sort des myriades par jour, 6699. Les esprits et les anges des autres terres ont tous été séparés selon les terres; ils ne sont ensemble en société que dans le ciel intime, 6704. Il faut qu'il y-ait un très-grand nombre de terres pour constituer le très-grand homme, et dès qu'il manque quelque part une qualité ou une quantité pour la correspondance, il est aussitôt tiré d'une autre terre des personnes qui remplissent ce manque, afin que le rapport soit constant, et que le ciel se soutienne, 6807. Être conduit vers des terres dans l'univers, c'est y être conduit et transporté, non quant au corps, mais quant à l'esprit, 9579. Les esprits de chaque terre apparaissent autour de leur terre ; pourquoi ? 9968. Quand les planètes apparaissent à des esprits, en quel lieu et à quelle distance chacune apparaît, 7171. Les habitants des autres terres adorent le divin sous une forme humaine, ainsi le Seigneur, et ils se réjouissent quand ils apprennent que Dieu a été réellement fait homme, 6700, 8541 à 8547, 9361, 10736, 10737, 10738. Culte, habitation, nourriture, vêtement, etc., des habitants des terres dans le ciel astral, 9792, 10163, 10165, 10377, 10380, 10382, 10383, 10515, 10516, 10753, 10754, 10755, 10769, 10770, 10833, 10835, 10836, 10837.

Les esprits de notre terre ont relation, dans le très-grand homme, avec les diverses fonctions des parties des extérieures du corps, 8630 ; avec le sens naturel et corporel, 9107 ; il en est de même des habitants et des anges de notre terre, 9360. C'est à cause de cela qu'il a plu au Seigneur de naître sur notre terre, et non sur une autre, et c'est aussi à cause de la Parole, qui est le divin vrai dans son dernier, 9360, cfr. 9351.

Des terres dans le ciel astral. De la première terre qui y fut vue, 9578 à 9584, 9693 à 9700, 9790 à 9795. De la seconde terre, 9967 à 9973, 10159 à 10166. De la troisième terre, 10311 à 10317, 10377 à 10385, 10513 à 10518. De la quatrième terre, 10585 à 10590, 10708 à 10713. De la cinquième terre, 10734 à 10739, 10751 à 10759, 10768 à 10772. De la sixième terre, 10783 à 10788, 10808 à 10814, 10833 à 10837.

TERRE, *Terra*. Dans la Parole, la terre signifie le royaume du Seigneur et l'église, 662, 1066, 1067, 1262, 1413, 1607, 2928, 3355, 4447, 4535, 5577, 8011, 9325, 9643. Et cela principalement parce que par la terre il est entendu la terre de Canaan, et que là il y avait eu l'église dès les très-anciens temps ; de là vient aussi que le ciel est appelé la Canaan céleste, 567, 3686, 4447, 4454, 4516, 4517, 5136, 6516, 9325, 9327 ; et parce que, dans le sens spirituel, par la terre il est entendu la nation qui l'habite, et le culte de cette nation, 1262. Par suite la terre signifie diverses choses qui appartiennent à l'église, 620, 636, 1068, 2571, 3368, 3379, 3404, 8732. La très-ancienne église qui exista avant le déluge, et l'ancienne église qui exista après le déluge, étaient dans la terre de Canaan, 567, 3686, 4447, 4454, 4516, 4517, 5136, 6516, 9327. Alors tous les lieux y devinrent représentatifs des choses qui sont dans le royaume du Seigneur et dans l'église, 1585, 3686, 4447, 5136. C'est pour cela qu'Abraham reçut ordre d'aller dans la terre de Canaan, parce que chez ses descendants issus de Jacob il devait être institué une église représentative, et être écrit une Parole, dont le sens dernier consisterait en des représentatifs et des significatifs qui étaient dans cette terre, 3686, 4447, 5136, 6516. C'est pour cela que par la terre, et par la terre de Canaan, il est signifié l'église, 3038, 3481, 3705, 4447, 4517, 5757, 10559. Diverses significations de la terre, 620, 636, 1068, 2571, 3368, 3379. La terre a diverses significations, mais retient néanmoins la signification de l'église, 8732 ; c'est par la série des choses qu'on voit ce qu'elle signifie, 2571. Distinction entre terre et humus, 566, 1068. L'humus est l'église d'après la réception des semences et leur croissance, et la terre est l'église d'après la nation qui l'habite; *montré*, 10570. La terre, c'est la contrée où est l'église, 662, 1066. La terre est l'église et le tout de l'église; puis aussi, où il n'y a pas l'église, 1068, 1262. La terre, c'est la nation qui l'habite, ainsi la qualité de cette nation, 1262. Le ciel est l'homme interne, et la terre est l'homme externe, 82, 913, 1411, 1733. La terre, ce sont les rationnels qui, illustrés par le Seigneur, sont les apparences du vrai, 3368, 3404. La terre, dans le sens suprême, est le divin, 8732. Le peuple de la terre, ce sont ceux qui sont de l'église spirituelle, 2928. L'homme régénéré dans le particulier est la terre; *cité*, 9334. Ce que c'est que le nouveau ciel et la nouvelle terre, 1733, 1850. Le nouveau ciel et la nouvelle terre, c'est l'église dans le commun et dans le particulier, 2117, 2118, *f.*; c'est la nouvelle église interne et externe, 3355, 4535. Créer un nouveau ciel et une nouvelle terre, c'est instaurer une nouvelle église; *montré*, 10373. Par la création du ciel et de la terre dans les premiers Chapitres de la Genèse est décrite, dans le sens interne, l'instauration de l'église céleste, qui a été l'église très-ancienne, 8891, 9942, 10545. Les terres revêtent les représentations de ceux qui les habitent, 4240, 4816. Le tremblement de terre est le changement d'état de l'église, 3355. Pourquoi on se prosternait à terre, 2327. La terre est prise pour la volonté même de l'homme, 585. Sur la terre, c'est chez l'homme externe, 913. La terre est l'homme externe, 983, 1016. La terre, c'est le bien du naturel, 3705. La terre est le propre de l'homme, 1044. La terre d'Égypte est le mental naturel, 5301. La terre de Benjamin est le vrai spirituel qui appartient à l'église, 4592. La terre d'orient est la charité à l'égard du prochain, 3249. La terre du midi, c'est le bien et le vrai de la foi, 2500. Être englouti par la terre, c'est tomber dans les enfers; *montré*, 8306.

Terre inférieure (la). C'est une région sous les pieds et sous la plante des pieds, où sont les esprits probes avant d'être élevés dans le ciel; *montré*, 4728. Les lieux sous les pieds, dans le monde spirituel, sont en grand nombre et très-distincts entre eux; en général, ils sont nommés la terre des inférieurs, 4945. Ceux qui sont dans la terre inférieure correspondent aux pieds et aux plantes des pieds, 4940; ce sont ceux qui ont été dans le plaisir naturel et non dans le plaisir spirituel, 4940. Là aussi sont ceux qui ont attribué tout à la nature, et peu de chose au divin, 4941; et ceux qui ont placé du mérite dans les bonnes actions et dans les bonnes œuvres, 4943; puis aussi ceux qui ont mené une bonne vie morale, et se sont peu inquiétés des spirituels, 4944. La plus grande partie des chrétiens sont envoyés dans la terre des inférieurs, parce qu'ils sont naturels, 4944. Ceux qui sont dans la terre des inférieurs ne sont pas encore dans le très-grand homme, 5392; ils sont comme les aliments mis dans l'estomac, qui ne sont introduits dans le sang, par conséquent dans le corps, que lorsqu'ils ont été épurés, 5392. Il est décrit où est située la terre inférieure, et de quels enfers elle est entourée, 7090. La terre inférieure est entourée d'enfers qui infestent, 7242. Il y a une terre inférieure; *montré d'après* la Parole, 7090. Là, aujourd'hui, il y a la vastation du faux, 7090.

Terre qui apparaît où sont ceux qui sont dans les faux d'après les maux, et où ils sont précipités dans l'enfer, 7418.

TERRES (dans les).

Obs. Quand, dans les écrits de Swedenborg, il est dit *dans les terres* (in *terris*), le mot *terres* est pris dans l'acception de contrées, de pays, et spécialement de lieux où il y a l'église; ainsi, dans cette dernière acception, l'expression *dans les cieux comme dans les terres* est la même que celle-ci : *Dans les cieux comme dans les lieux où il y a l'église.* Quand Swedenborg veut parler des Terres ou Globes, il emploie l'expression *in Telluribus*.

TERRESTRES, *Terrestria*. Ceux qui ont pour fin les terrestres et les mondains ont en aversion les spirituels, et en ont presqu'en horreur le nom même, 8783. Les choses terrestres et corporelles, quand on les a pour fin, rétrécissent et arrêtent la vue interne, 6811. Penser aux choses terrestres et corporelles détache du ciel le mental, 10378. L'amour de soi et l'amour du lucre sont des amours terrestres, 3413. L'amour qui n'a d'autre fin que l'argent est un amour entièrement terrestre, 4751.

TERREUR, *Terror*. Ceux qui sont dans les maux du faux éprouvent de la terreur devant les vrais du bien; dans la Parole, cette terreur est appelée terreur de Dieu; *illustré et montré*, 9327. Ceux qui sont dans l'enfer sont dans la terreur et dans la consternation devant les vrais du bien dans lesquels sont les anges, 2330. Terreurs des mauvais esprits, 1740. D'où vient chez les méchants la terreur, 4180. Être saisi de terreur *sign*. ne rien oser, 8316.

TERRIBLE. Le vrai divin dans le ciel est doux et clément, mais dans l'enfer il est terrible; *illustré*, 7573. Par terrible il est signifié une sainte crainte; pourquoi? 3719.

TESTAMENT. Le Seigneur n'a révélé et expliqué que très-peu de chose de l'ancien testament, 1. L'univers chrétien néglige l'ancien testament; pourquoi? 2.

TESTICULES. De leur correspondance, 5060. Les esprits qui sont dans les opposés de l'amour conjugal excitent de la douleur dans les testicules; ce sont ceux qui, dans la vie du corps, tendaient des pièges au moyen de l'amour, de l'amitié et de bons offices, 5060.

TÊTE, *Caput*. Lorsque dans la Parole la tête est nommée, elle signifie l'intérieur, et cela respectivement au corps qui est l'extérieur, 6188. La tête, ce sont les intérieurs, et le corps les extérieurs; *illustré*, 6436; et *montré*, 9656. Le tout de l'homme descend de la tête; *illustré*, 10011. Tous les premiers, qui appartiennent à la tête, c'est-à-dire, au cerveau et au cervelet, se réunissent dans les petits faisceaux de fibres et dans les petits nerfs qui sont là, et réunis ils descendent par le cou dans le corps, et là ils se répandent de tout côté, et meuvent les parties organiques du corps entièrement au gré de la volonté qui commence dans les cerveaux, 9914. Dans la tête sont toutes les substances et toutes les formes dans leurs principes; c'est là que tendent et que se fixent toutes les sensations, et c'est de là que descendent et dérivent tous les actes, 5145, 6436. La tête est l'homme tout entier; *montré*, 10011, 10044. L'homme tout entier, de la tête aux pieds, intérieurement et extérieurement, n'est que son vrai ou son faux, et son bien ou son mal, 10264. L'homme n'est dans le second état de la régénération, que lorsqu'il est tout entier, de la tête aux pieds, tel qu'est son amour, c'est-à-dire, sa volonté du bien et son entendement du vrai, 10076.

La tête *sign.* le céleste où est la sagesse, 6524. La tête, c'est l'intime, 10051. La tête, c'est le vrai que l'homme fait chose de sa foi, car ce vrai fait chez lui la tête, 9166. La tête sur les jambes et sur le milieu dans les sacrifices, c'est depuis l'intime jusqu'à l'externe, 7859. Poser la main sur la tête dans les bénédictions, c'est un rite du temps ancien, parce que la tête, c'est où il y a l'intellectuel et le volontaire, et le corps, c'est où il y a les actes et l'obéissance, 6292; c'était le représentatif que la bénédiction était communiquée à l'intellectuel et au volontaire, 6292. Élever la tête *sign.* le conclu d'après ce à quoi il a été pourvu, et aussi d'après ce qui a été prévu, 5155, 5162. Élever la tête *sign.* ce à quoi il a été pourvu, et ainsi ce qui a été conclu; c'était une formule de jugement à vie ou à mort; d'où venait cette formule, 5124. L'huile versée sur la tête d'Aharon était le représentatif du divin bien dans le Seigneur quant à tout l'humain, 10011. Ne point raser sa tête, en parlant du grand prêtre, c'est ne point dissiper le divin bien, 10076. La tête ou le sommet de la montagne, c'est le ciel intime, 10608. La tête ou le sommet de l'échelle de Jacob, c'est le ciel, 3700. La tête du lit, c'est ce qui, dans le naturel, est intérieur, 6188. La tête du mois, ou son premier jour, c'est l'état principal, 7827, 7828. La tête du serpent, c'est la domination du mal, 257.

Dans le très-grand homme, la tête est le ciel intime et le céleste, le corps le ciel moyen et le spirituel, et les pieds le dernier ciel et le naturel, 5328. Les célestes constituent la tête, les spirituels le corps, et les naturels les pieds, 4938, 4939. Au ciel intime correspond la tête chez l'homme, au ciel moyen le corps jusqu'aux lombes, et au ciel dernier les pieds, 10011. Quand l'homme est ressuscité, deux anges sont assis près de sa tête, 172, 173, 174. Vers le Seigneur dans son soleil sont élevées les têtes des anges, et sont tournés les pieds des infernaux, 6952. Ne point être par la tête dans le ciel, 5965. Qui sont, dans le monde spirituel, ceux qui apparaissent la tête en bas et les pieds en haut, 5013, 5146, 9128, *f.*, 10307. Quand l'homme a été régénéré, il est par la tête dans le ciel, tandis qu'auparavant il était par la tête dans l'enfer, 8995, 9180. Les esprits qui apparaissent au-dessus et près de la tête sont ceux qui instruisent, et qui aussi se laissent facilement instruire, 4403.

TETER, *Lactare.* L'enfant qui tette *sign.* l'état d'innocence, 3183; et l'innocence; *montré*, 3183, 5236, 9390, 10132. Par « l'enfant qui tette jouera sur le trou de la vipère, » — Ésaïe, XI. 8, — il est signifié qu'il ne peut arriver rien de mal à ceux qui sont dans l'innocence, 3756. Celles qui allaitent, ou donnent à teter, *sign.* ceux qui sont imbus de l'état d'innocence, 3756. Allaiter des fils ou leur donner à teter, c'est implanter les vrais, 2643.

TEXTE, *Textus.* Anciennement, dans la langue hébraïque, les sens n'étaient point distingués par des signes de ponctuation ; mais le texte était continu, à l'imitation du langage céleste, 5578. Le texte interne de la Parole est tellement continu, que le plus petit mot (du texte externe) ne pourrait pas même être omis, sans qu'il y eût interruption de la série, 7933, *f.*

THACHASCH, fils de Nachor par Réumah, — Gen. XXII. 24, — *sign.* une des religiosités et l'un des cultes des nations constituant la troisième classe des spirituels qui sont sauvés, 2869.

THAMAR, bru de Jehudah. C'est une église représentative des spirituels et des célestes, qui devait être instituée chez la postérité de Jehudah, 4829, 4831, 4843, 4856, 4866.

THARSCHISCH, fils de Javan, fils de Japheth, — Gen. X. 4, — *sign.* des doctrinaux ou rites, dérivés du culte externe signifié par Javan, 1156. Tharschisch, Pul, Lud, Thubal et Javan, ont été appelés îles,— Ésaïe, LXVI. 19, — parce que par eux sont signifiés les cultes externes, 1158. Les rois de Tharschisch, — Ps. LXXII. 10, — *sign.* les doctrinaux de l'amour et de la foi, 9293. Les navires de Tharschisch, — Ésaïe, XXIII. 1, — sont les doctrinaux du bien et du vrai, 9295.

THARSCHISCH (la), pierre précieuse qui lance des éclairs, *sign.*, — Daniel, X. 6, — le bien de la charité et de la foi, 6135. La tharschisch, — Ézéch. I. 16. X. 9,— est le vrai d'après le bien spirituel, vrai qui a la puissance, 9872. La tharschisch, le schoham et le jaspe, sont l'amour spirituel du vrai, ou le bien externe du royaume spirituel, 9872.

THÉATRE. La nature tout entière est le théâtre représentatif du royaume du Seigneur, 2758, 2999,
3000, 3483, 3648, 4318, 4409, 4939, 8848, 9280, 10292 ; c'est-à-dire, des spirituels et des célestes qui sont dans ce royaume, 6048.

THÉBACH, fils de Nachor par Réumah, — Gen. XXII. 24, — *sign.* une des religiosités et l'un des cultes des nations constituant la troisième classe des spirituels qui sont sauvés, 2869.

THÉMA, fils d'Ismaël. Ce sont ceux de l'église spirituelle qui sont dans le simple bien, principalement chez les nations ou gentils, 3268.

THÉMAN, fils d'Éliphas, fils d'Ésaü, — Gen. XXXVI. 11, — *sign.* une première dérivation du bien, 4646. Duc Théman,— Gen. XXXVI. 15, — *sign.* une première classification d'un des principaux vrais du bien ; sa qualité, et quel est ce vrai dans le royaume du Seigneur, 4647. Théman, duc d'Édom, — Gen. XXXVI. 42, — *sign.* une qualité des doctrinaux du bien, 4651.

THÉMAN (nom de lieu), *sign.* l'amour céleste, et Paran l'amour spirituel, 2714.

THÉOLOGIE. *Voir* DOCTRINE et FOI. Sur la théologie des précédentes églises, et sur la théologie d'aujourd'hui, cfr. 2417, 4720. Dans les églises, aujourd'hui, la doctrine de la charité a été reléguée dans la science qu'on nomme théologie morale, 2417.

THÉOLOGIE NATURELLE. De ceux qui ont écrit sur la théologie naturelle, 8944. Par la théologie naturelle on ne sait rien de Dieu ni du ciel, mais d'après la révélation on sait toutes choses ; *illustré,* 8944.

THÉORÈME. C'est un théorème reconnu et confirmé par les érudits, que le mouvement n'est qu'un effort continu, et que l'effort cessant le mouvement cesse ; or, l'effort dans l'homme, c'est la volonté, et le mouvement en lui, c'est l'action, 8911.

THÉRACH, père d'Abraham. Il était idolâtre, 1356, 3778. Par lui est signifié le culte idolâtrique, 1353, 1356, 1362. La maison de Thérach était d'entre les familles des nations qui avaient perdu le nom de Jéhovah, et adoraient d'autres dieux, 1992. Thérach représente la souche commune dont dérivent les églises, 3778, 4207. Les fils de Thérach étaient des idolâtres, et chacun adorait son dieu, 4208. La famille de Thérach adorait Schaddaï, 5628.

THÉRAPHIM (les) étaient des idoles par lesquelles on interrogeait son dieu et on avait des réponses; par suite ils signifient les vrais; montré, 4111, 4162; ils signifient les vrais intérieurs ou d'après le divin, 4155. Les théraphim *sign.* les réponses divines, parce que c'est par eux qu'elles étaient autrefois données, 9824, *f.*

THIDÉAL, roi de Gojim, *sign.* chez l'homme externe du Seigneur un des genres de biens et de vrais apparents qui eux-mêmes ne sont ni des biens et des vrais, 1660, 1661. Thidéal *sign.* les biens, 1685.

THIMNA, duc d'Édom, — Gen. XXXVI. 40, — *sign.* une qualité des doctrinaux du bien, 4651.

THIMNA, sœur de Lotan, — Gen. XXXVI. 22, — c'est une seconde classe de vrais, et une qualité de ces vrais, 4648.

THIMNA, concubine d'Éliphaz, fils d'Ésaü, — Gen. XXXVI. 12, — *sign.* les choses qui servent aux dérivations du bien, 4646.

THIMNATH (ville). C'est l'état de veiller aux intérêts de l'église, 4854.

THIRAS, fils de Japheth, est une des nations qui ont eu le culte externe correspondant à l'interne, 1149, 1151.

THOGARMATH, fils de Gomer, fils de Japheth, *sign.* ceux qui ont eu un culte externe, mais dérivé de celui qui était chez la nation appelé Gomer, 1152, 1153, 1154. Les fils de Gomer se rapportent à la classe des spirituels, 1155.

THOLA, fils de Ischaschar. Les fils de Ischaschar *sign.* l'amour conjugal céleste et ses doctrinaux, 6024.

THORAX. Vers le thorax ou la poitrine apparaissent les esprits qui sont dans la charité, 4403. Peau du thorax, 5555.

THUBAL, fils de Japheth, est une des nations qui ont eu le culte externe correspondant à l'interne, 1149. Thubal, dans la Parole, *sign.* tantôt le culte externe correspondant à l'interne, tantôt le culte opposé, 1151, 2967.

THUBAL-CAÏN, fils de Lamech et de Zillah, *sign.* les naturels d'une nouvelle église, 333. Par Thubal-Caïn instruisant tout ouvrier en airain et en fer, — Gen. IV. 22, — est signifiée la doctrine du bien et du vrai naturels, 421, 423.

THUMIM *sign.* éclat d'après le feu brillant signifié par Urim, 9905. Thumim, en langue hébraïque, c'est intégrité; mais, en langue angélique, c'est éclat, 9905. *Voir* URIM.

THYMUS. De la correspondance de la glande du thymus; qui sont et quels sont ceux auxquels cette glande correspond, 5172. Le thymus est une glande qui sert particulièrement aux petits enfants, et dans cet âge elle est molle, 5172.

TIARE, *Tiara*. Comme vêtement, la tiare *sign.* une sorte de vrai,

4875. Comme servant à couvrir la tête, la tiare *sign.* l'intelligence qui appartient au vrai, 9827. La couverture de la tête pour les fils d'Aharon était nommée tiare, 9949. Les tiares *sign.* l'intelligence d'après la sagesse, 10016.

TIÈDE, *Tepidus*. Le sujet où subsistent des vrais et en même temps des faux qui sont opposés est appelé tiède, 5217. Sont appelés tièdes ceux qui aiment le Seigneur et qui s'aiment aussi au même degré ; ils ne sont convenables ni pour un usage bon, ni pour un usage mauvais, 9207. Sont appelés tièdes ceux qui servent Dieu et Mammon ; comme ils ne sont ni froids, ni chauds, c'est pour cela qu'ils sont vomis, 9210. Sphère d'un esprit tiède ; quelle elle était, 1513.

TIGE, *Calamus*. Les tiges sortant des côtés du chandelier sont les vrais d'après le Bien ; pourquoi ? 9554, 9555 ; et par suite la puissance, 9556, 9558, 9561.

TIGRES (les) représentent des affections du faux, qui tirent leur origine des plaisirs des amours de soi et du monde, 9335. Ce que deviennent après la mort ceux qui ont été hypocrites et intérieurement des tigres rusés, 8622, *f*. De certaines femmes mariées qui, dans le monde, revêtent la nature du tigre, 2745. La conversation des anges sur les affections mauvaises est représentée dans le monde des esprits par des bêtes féroces, par exemple, par des tigres, 3218.

TIRER HORS, *Educere*. Être tiré hors de la terre d'Égypte, c'est être délivré de la captivité spirituelle, 7990 ; c'est être délivré de l'enfer, et ainsi être sauvé, 10156.

TIRER L'OREILLE, *Vellicare aurem*. L'expression de tirer ou pincer l'oreille, pour faire qu'on porte attention et qu'on se ressouvienne, a influé du monde spirituel dans le langage humain, 8990.

TIREURS D'ARC, *Jaculatores arcu*. Ce sont ceux qui enseignent la doctrine, 2686. Autrefois, l'homme de l'église spirituelle était appelé tireur d'arc, parce que cet homme se défend par les vrais et disserte sur les vrais, bien différent en cela de l'homme de l'église céleste, qui est en sûreté par le bien et ne disserte point sur les vrais, 2709. Dans le sens opposé, sont appelés tireurs d'arc, ou archers, ceux qui combattent comme ennemis contre l'homme spirituel, 6422.

TISSERAND, *Textor*. L'ouvrage de tisserand, *sign.* ce qui provient du céleste, 9942. Distinction entre le brodeur, l'imaginateur et le tisserand ; le brodeur *sign.* le scientique, l'imaginateur l'intellectuel, et le tisserand le volontaire, 9915.

TOGE, *Toga*. Comme vêtement, la toge *sign.* une sorte de vrai, 4875.

TOILE (la), *Tela*. Les toiles et les vêtements se disent de choses qui appartiennent à l'entendement ou à la pensée, 623.

TOIT, *Tectum*. C'est l'intime, la même chose que la tête ; *montré*, 10184. Le toit de la maison *sign.* l'état supérieur de l'homme, ainsi son état quant au bien, 3652.

TOLÉRANCE, *Tolerantia*. Le Seigneur gouverne toutes choses, en général et en particulier, par volonté, par bon plaisir, par tolérance et par permission, 2447.

TOLÉRER, *Tolerare*. Autrefois, la procréation d'enfants avec des servantes, nommées concubines, avait été tolérée, afin que par là fussent représentés ceux qui étaient hors de l'église, et aussi ceux qui étaient dans un degré inférieur au dedans de l'église, 2868.

TOMBEAU. *Voir* SÉPULCRE.

TOMBER, *Cadere, Labi.* C'est être vaincu, 1689. Tomber, c'est se laisser aller dans l'erreur, 9086. Tomber, c'est être fermé, 10492. Tomber sur les faces, c'était un rite pour adorer dans la très-ancienne église; *montré,* 1999. Tomber à la renverse, c'est s'éloigner, à savoir, du vrai, 6401. Tomber à la renverse, c'est se détourner du bien et du vrai, et tomber dans le piége, c'est être attiré par les maux des amours de soi et du monde, 9348. Ceux qui sont dans le doute négatif tombent dans les faux du mal, 232. Ce que l'homme tire de l'héréditaire penche continuellement vers cet héréditaire et y tombe, 8551. L'homme tombe continuellement par lui-même, mais il est continuellement relevé par le Seigneur, 8391. Les églises ont coutume de tomber par succession de temps, 1327. Quand le langage angélique, qui est spirituel, tombe dans des mots humains, il ne peut pas tomber dans un langage autre que celui du sens littéral de la Parole, 2482. Ce qui, dans le sens de la lettre, a un rapport déterminé à des personnes, tombe, dans le sens interne, dans une idée non-déterminée à qui que ce soit, 3776.

TON, *Tonus.* De même qu'un seul ton ne produit aucun accord, et encore moins une harmonie, de même non plus un seul vrai, 4197.

TONDEUR, *Tonsor.* Le tondeur *sign.* celui qui remplit un usage, 4110. Les tondeurs d'un troupeau, ce sont ceux qui remplissent un usage ou qui veillent aux intérêts de l'église, 4853. *Voir* TONTE.

TONDRE, *Tondere.* C'est faire l'usage, 4110. Tondre la tête, c'est rejeter les choses qui sont de l'extérieur naturel, 5247. Tondre les chevelures, c'est arranger les naturels pour qu'ils soient convenables, par conséquent beaux, 5569. Tondre le troupeau, c'est veiller aux intérêts de l'église, ainsi remplir un usage pour elle, 4853, 4857.

TONNE INFERNALE, *Tonna infernalis.* Là sont les plus fourbes; il leur semble fouler l'univers sous les pieds, 947. D'une autre tonne, où il y a des esprits privés de la rationalité, mais non méchants, 948.

TONNER, *Tonare.* Langage tonnant comme s'il venait d'une multitude immense d'esprits, 1763, 5564, 9232.

TONNERRES, *Tonitrua.* Les voix, les éclairs et les tonnerres. — Apoc. XI. 19. XVI. 18, — ce sont les divins vrais qui illustrent les bons et épouvantent les méchants, 8813. Les tonnerres sont les vrais divins, les éclaires sont les splendeurs qui sont dans les vrais d'après le divin, 8914. Les voix, qui sont celles des tonnerres, *sign.* les vrais divins illustrant et perfectionnant ceux qui sont dans le ciel, et portant la terreur et la dévastation chez ceux qui sont dans l'enfer; *montré,* 7573. De même que les tonnerres ne sont entendus sur les hautes montagnes que comme un son doux et peu bruyant, tandis qu'en bas ils sont entendus comme un son terrible, de même le vrai divin dans le ciel est doux et clément, mais dans l'enfer il est terrible, 7573.

TONTE *Tonsio. Voir* TONDRE. La tonte du troupeau signifiait l'usage, et c'est pour cela qu'au nombre des charges et des fonctions notables de ce temps-là était celle de tondre le troupeau, et d'être présent aux toutes; *montré*, 4110.

TOPAZE. Dans le pectoral de jugement, le rubis, la topaze et l'escarboucle, qui étaient les pierres précieuses du premier rang, *sign.* le céleste amour du bien, ou le bien interne du ciel intime, 9865.

TORPEUR, *Torpor*. Esprits qui par leur présence enlèvent le vital et impriment la torpeur, 5718. De ceux qui communiquent la torpeur, au point d'ôter toute application au travail, 1509. De ceux qui introduisent dans les nerfs et dans les fibres un froid et une torpeur, sources de maladies très-graves et fatales, 4227. De ceux qui par leur présence et leur influx dans les parties solides du corps introduisent le dégoût de la vie, et une telle torpeur dans les membres et dans les articulations, que l'homme ne peut pas se lever de son lit, 5722, 5723.

TOUCHER (le), *Tactus*. Voir SENS. Le sens du toucher est commun à tous les sens, et tire son origine du perceptif, qui est le sensitif interne, 3528. Le toucher, qui existe autour de tout le corps, a été formé selon le sens des changements d'états dans l'air, à savoir, selon le sens du froid et du chaud, comme aussi selon le sens des corps liquides et le sens des corps graves, 6057. Le sens du toucher en général correspond à l'affection du bien, 4404. Le plaisir sensuel, qui est le dernier dû volontaire, est puisé par deux sens, qui sont le goût et le toucher, 9996. Les intérieurs se dévoilent par les extérieurs, principalement par le toucher, et ainsi se communiquent à un autre, se transfèrent dans un autre, et sont reçus en tant que la volonté de l'autre concorde et fait un, 10130; ainsi le toucher *sign.* la communication, la translation et la réception, 10023, 10199; principalement le toucher de la main, 10130. Cela aussi est fait par le toucher de la vue, 10130. Ceux qui, dans le monde spirituel se touchent mutuellement se communiquent l'un à l'autre l'état de leur vie, 10023; si le toucher se fait par les mains, le tout de la vie est communiqué, 10023, *f.* Les esprits ont le toucher très-exquis, et toutes les sensations se réfèrent au toucher, 322, 1630, 1880, 1881, 1883.

TOUCHER, *Tangere*. Voir TOUCHER (le). C'est communiquer, transférer et recevoir; *illustré* et *montré*, 10130. Ne point toucher à l'arbre de la science, c'est ne point penser d'après les sensuels et les scientifiques quelque chose qui concerne la foi, de peur que de la vie céleste on ne tombe dans la vie spirituelle, et ensuite plus bas, 202.

TOUFFU (le), *Implexum* ou *Perplexum*. C'est le scientifique naturel, 2831. Être dans le touffu ou embarrassé, c'est être dans la confusion, 8133. Le touffu, ou le fourré de la forêt, *sign.* le scientifique qui reste attaché à la mémoire extérieure, 2831, 9011.

TOUJOURS, se dit du temps et signifie durant l'éternité, 9939. *Voir* PERPÉTUITÉ (à).

TOUR, *Turris*. C'est l'amour de soi dans le culte ou le culte de soi-même; *montré*, 1306. Quand l'église du Seigneur est comparée à une vigne, les choses qui appartiennent au culte et à sa conservation sont comparées à un pressoir et à une tour dans la vigne, 1306. Les choses qui sont intérieures sont exprimés par les objets hauts et élevés, par exemple, par les tours, 4599.

Dans la Parole, les tours se disent des vrais et les montagnes des biens, 4599, f. Dans David — Ps. XLIII. 13, — les tours sont les vrais intérieurs qui défendent les choses appartenant à l'amour et à la charité, 4599. Bâtir une tour, — Luc, XIV. 28, — c'est acquérir pour soi les vrais intérieurs, 4599. Dans un sens opposé, la tour *sign.* les faux intérieurs, 4599. Les tours d'observation *sign.* les fantaisies, 1306, 1368.

TOURBE, *Turba.* Quand quelqu'un de la tourbe infernale s'approche d'un ange du royaume céleste, il s'enfuit à la présence de cet ange, 6365.

TOURMENT, *Cruciatus.* Des tourments des infernaux, 695 à 699. Dans l'autre vie, chacun par son mal et par son faux attire sur soi-même la peine et le tourment, 696. Les tourments des infernaux ne sont pas communiqués à l'homme avec lequel ils sont consociés; pourquoi? 697.

TOURMENTER, *Cruciare.* Le plus grand plaisir de la vie des infernaux consiste à se tourmenter et à se torturer les uns les autres, 695.

TOURNER (se), *Vertere se.* Tous se tournent selon leurs amours, 10189, 12420. Ceux qui sont dans les maux se tournent en arrière du Seigneur, et se détournent du divin; *illustré* et *montré*, 10420. Tous ceux qui sont dans le ciel se tournent vers le Seigneur, qui est au-dessus des cieux, 9828, 10130, 10189, 10219; toutefois ce ne sont pas les anges qui se tournent vers le Seigneur, mais c'est le Seigneur qui les tournent vers lui, 10189. Quand l'homme fait le bien, il se tourne vers le Seigneur, 9849. Où l'homme se tourne, là est son cœur, par conséquent son amour, et avec son amour le tout de sa vie, 10396.

TOURTERELLE, *Turtur.* Voir COLOMBE. La tourterelle *sign.* l'innocence, 10132. Par le sacrifice d'une tourterelle, il est signifié la purification des maux par le bien de l'innocence, 10132. Par le sang des tourterelles dans les sacrifices était faite l'expiation, 10210, f. Les tourtereaux, qu'on offrait dans l'église juive, signifiaient le bien et le vrai de la foi qu'on reçoit du Seigneur par la régénération, 870. L'âme de la tourterelle, — Ps. LXXIV. 19, — *sign.* la vie de la foi, 870. La tourterelle, — Gen. XV. 9, — *sign.* les choses qui sont les représentatifs des spirituels extérieurs, et le pigeon *sign.* celles qui sont les représentatifs des spirituels intérieurs, 1827.

TOUT, *Omne.* Le Seigneur est tout dans toutes les choses du ciel et de l'église, 1614, 10157. Comment il faut comprendre que le Seigneur est tout dans toutes les choses du ciel et de l'église, 10125, 10151. Le divin humain est tout dans le ciel, 7211; il est tout dans les intuitions, et par suite tout dans la foi et dans l'amour, 7211. D'où vient le tout de la vie spirituelle et céleste, 10134. Le divin bien uni au divin vrai est tout dans tous, par conséquent la vie ou l'âme du ciel, 8761.

TOUTE - PRÉSENCE du Seigneur dans la sainte-cène, 2343, 10738.

TOUT-PRÉSENT. Comment le Seigneur est tout présent dans le ciel, 1276.

TOUTE-PUISSANCE. Par les mains et par la droite, quand il s'agit du Seigneur, est signifiée la toute-puissance, 10082. La toute-puissance se dit de la quantité qui est de grandeur, et la toute-science se dit de la quantité qui est de multitude, 3984. La toute-puissance se dit du bien infini, ou du divin amour, ainsi de la divine volonté, et la toute-science se dit du vrai infini ou de la divine intelligence, 3934. A la toute-puissance divine du Seigneur correspond le bien qui appartient à la charité, et à la toute-science correspond le vrai qui appartient à la foi, 3934.

TOUTE-SCIENCE. *Voir* TOUTE-PUISSANCE. Le Seigneur, quand en lui l'humain eut été uni au divin et le divin à l'humain, a eu la toute-science non-seulement des divins célestes et des spirituels, mais encore des rationnels et des naturels, 2569. Dans le divin amour il y a la toute-science de toutes choses, 2572.

TRACHÉE. Son rapport avec la langue, 6057. Esprits qui appartiennent à la trachée, 4791.

TRADITIONS que les anciens tenaient des très-anciens, 2722. Traditions des Juifs, 259, 4926.

TRAIT, *Telum*. *Voir* ARC. Les traits sont les doctrinaux du vrai; et, dans le sens opposé, les faux, 2686, 2709. Les traits sont les vrais de la doctrine chez ceux qui sont dans les vrais, et les faux de la doctrine chez ceux qui sont dans les faux, 6421. Le javelot ou le trait de Jéhovah, qui sort comme l'éclair, — Zach. IX. 14, — c'est le vrai divin qui éblouit et pénètre, 8813. Le trait qui vole de jour, — Ps. XCI. 5, — c'est le faux qui est enseigné ouvertement, par lequel le bien est détruit, 6000.

TRAITER ALLIANCE, *Pangere fœdus*. *Voir* ALLIANCE. Traiter alliance, c'est conjoindre à soi, 9401. C'est être conjoint, 9344. C'est s'attacher, 10640. Traiter alliance avec Abram, lorsqu'il s'agit de Jého-

vah, *sign.* conjoindre l'homme intérieur du Seigneur avec l'homme interne, 1864.

TRANQUILLE. L'homme vient dans l'état tranquille, quand il est dans les vrais de la foi, 4430. *Voir* TRANQUILLITÉ.

TRANQUILLITÉ. L'état de tranquillité est l'état externe de la paix, 3696. Ce que c'est que la tranquillité de la paix, 85, 91, 92, 93. Dans la tranquillité et dans la paix sont ceux qui ont été conjoints quant au bien et au vrai, 4213. Ceux qui sont régénérés sont d'abord mis dans un état de tranquillité, puis dans les tentations, et ensuite ils reviennent dans l'état de tranquillité de paix, qui est la fin, 3696. Quand l'homme est dans le second état de la régénération, il est dans le repos et dans la tranquillité de la paix, 9431. Celui qui est gratifié du propre céleste est dans la tranquillité et dans la paix, car il se fie au Seigneur, et croit que rien de mal ne l'atteint, 5660, 9274.

TRANSFIGURATION DU SEIGNEUR. Les apôtres, Pierre, Jacques et Jean, virent la transfiguration du Seigneur, par les yeux de l'esprit, et non par les yeux du corps, 3212. Dans sa transfiguration devant Pierre, Jacques et Jean, le divin bien resplendit sur sa face comme le soleil, et le divin vrai se manifesta par ses vêtements qui apparaissaient comme la lumière, 4677, 5319, 5585. Dans sa transfiguration le Seigneur montrait à Pierre, à Jacques et à Jean son divin humain tel qu'il était et apparaissait dans la lumière divine, 5922.

TRANSFLUX, *Transfluxus*. Quel était le transflux divin par le ciel avant l'avénement du Seigneur dans le monde, 6371, 6720. Alors il y avait transflux divin par le royaume céleste, et alors le pouvoir était chez les anges de ce ciel, 6371.

TRANSLATION, *Translatio*. De la translation des scientifiques du vrai et du bien de ceux qui sont dans la vie du mal chez ceux qui sont de l'église spirituelle, 6944, 6947. Comment se fait cette translation, 7770. Translation quant à l'esprit vers des lieux éloignés; comment elle se fait, 9579 et suiv.; vers des terres dans l'univers, 9440, 9580, 9967, 10734, 10783.

TRANSMISSION. Dans l'autre vie, il y a une transmission admirable des plaisirs et des félicités de l'un, qui sont communiqués à d'autres et reçus par eux, sans qu'il y ait diminution chez celui qui communique, 1392.

TRANSPERCÉ (le), *Confossus*. C'est le vrai et le bien éteints; *montré*, 4503. Les transpercés, — Lament, II. 12, — *sign*. ceux qui ne savent pas ce que c'est que les vrais de la foi, 1071. Les transpercés par l'épée, — Ésaïe, XIV. 19, — sont ceux qui ont profané les vrais de l'église, 4503; ce sont aussi ceux qui par les sciences tombent dans le délire, en éteignant par elles chez eux le vrai de la foi, 4503. La multitude des transpercés, — Nah. III. 3; — ce sont des faux innombrables et ceux qui sont dans les faux, 6978. Les transpercés dans la fosse et dans le sépulcre, sont ceux qui ont détruit chez eux les vrais et les biens par les faux et par les maux, 4503. Mourir de la mort des transpercés dans le milieu des mers, — Ézéch. XXVIII. 8, — *sign*. ceux qui par les scientifiques tirent des faux, et par suite corrompent les vrais de l'église, 4503. Le procédé d'enquête relatif au transpercé dans un champ, — Deutér. XXI. 1 à 10, — est expliqué, 9262.

TRAVAIL, *Labor*. Dans le sens spirituel, le travail est un combat contre les maux et les faux du mal, 10360. Le travail *sign*. les combats spirituels, ainsi les tentations, 5352. Dans les tentations, il y a travail non-seulement de la part de l'homme, mais aussi de la part des anges qui sont chez lui, 8670. Le travail des six jours, c'est le travail du Seigneur avec l'homme, avant que celui-ci soit régénéré, 8891, 8893. Le travail au jour du sabbath représentait ce qui vient du propre; *montré*, 8495. Il y a travail de nos mains, lorsque par soi-même, ou par le propre, on recherche ce que c'est que le vrai et l'on fait ce qui est le bien, car on n'en retire que le faux et le mal, 531.

TRAVAIL D'ENFANT (être en), *Parturire*. La douleur de celle qui est en travail d'enfant, c'est le plus haut degré de la douleur, et c'est le désespoir; *montré*, 8313.

TRAVAILLER, *Laborare*. C'est faire les choses qui sont nécessaires à la vie spirituelle, 8888.

TREIZE. Comme composé de dix et de trois, ce nombre *sign*. les saints restes, 2109; *voir* RELIQUIÆ. Comme intermédiaire entre douze et quatorze, treize est l'intermédiaire entre nulle tentation et la tentation, 1668.

TREMBLEMENT DE TERRE. *Terræ motus*. C'est le changement d'état de l'église, le tremblement ou le mouvement signifiant un changement d'état, et la terre l'église; *montré*, 3355, 3356.

TREMBLER, *Trepidare*. C'est recevoir une commotion, 8832. A la présence du divin, ceux qui sont dans le bien tremblent, il est vrai, mais c'est un tremblement saint qui précède la réception ; au contraire, ceux qui sont dans le mal tremblent de terreur, 8816.

TRENTE. Comme produit de cinq par six, trente *sign.* peu de combat, 2276, ainsi ceux qui ont été dans quelques combats contre les maux, 2141. Comme produit de trois par dix, trente *sign.* le plein des restes ; *montré*, 5335. Trente années, c'est le plein état des restes, 7984. Trente *sign.* peu et à peine quelque chose, lorsqu'il s'agit des trente pièces d'argent données pour le champ du potier, 2966. Donner l'argent de trente sicles, c'est rétablir la perte jusqu'au plein par le vrai, 9082.

TRÉSOR, *Thesaurus. Voir* RICHESSES. Les trésors sont les connaissances du vrai et du bien, 10406. Les trésors des ténèbres, et les secrètes richesses des lieux cachés, — Ésaïe, XLV. 3, — sont des choses qui appartiennent à l'intelligence et à la sagesse célestes, lesquelles ont été cachées à l'homme naturel, 10227. Le trésor dans le ciel, — Luc, XVIII. 22, — ce sont les biens et les vrais qu'on reçoit du Seigneur, 5886. Piller les trésors et les richesses des peuples, — Ésaïe, X. 14, — c'est détruire les choses qui sont les vrais de l'intelligence et de la sagesse, 10227.

TRÉSORERIES, *Thesauraria*. Ce sont les lieux où l'on place les richesses, et par les richesses et les objets précieux sont signifiées les connaissances du bien et du vrai ; et, dans le sens opposé, les connaissances du mal et du faux, 6661.

TRIANGULAIRE. Dans l'autre vie, les vrais et les droitures se présentent comme linéaires et triangulaires, 9717. *Voir* ROND.

TRIBU, *Tribus*. Ce que signifient les tribus ; et pourquoi il y en eut douze, 3858. Les douze tribus ont représenté et par suite ont signifié toutes les choses du bien et du vrai ou de l'amour et de la foi dans le complexe ; *montré*, 3858, 3926, 4060, 6335 ; par conséquent tous ceux qui sont dans le bien de l'amour et dans le vrai de la foi, 4060 ; par conséquent aussi le ciel et l'église, 6337, 6637, 7836, 7891. Elles signifient selon l'ordre dans lequel elles sont nommées, 3862, 3926, 3939, 4603 et suiv., 6337, 6640 ; elles signifient selon l'ordre toutes les choses qui sont dans le divin humain du Seigneur, 4603 ; et ainsi des choses innombrables, 6337. Ordinations des tribus, 6335. Dans les noms des tribus, dans urim et thumim, avaient été gravés les universaux de l'amour et de la foi qui sont dans le royaume du Seigneur, par conséquent les universaux de la flamme et de la lumière, par lesquels les choses qui appartiennent à l'amour et à la foi sont représentées dans le ciel, 3862. Quand l'ordre, où sont placées les tribus, commence par l'amour, tout ce qui suit dans l'ordre réel se présente enflammé, et quand l'ordre commence par la foi, tout ce qui suit dans l'ordre réel se montre resplendissant, mais avec différence selon ce qui suit, 3862. Divers ordres des tribus, 3862, 4603, 4605.

Signification des douze tribus selon l'ordre de naissance des fils de Jacob, 3862.

Ruben, ou sa tribu, *sign.* la foi par l'entendement ; c'est là le premier universel de l'église, parce que l'homme, quand il est régénéré ou devient église, doit d'abord s'instruire et se pénétrer des choses qui appartiennent à la foi, c'est-à-dire, au vrai spirituel, 3863.

Schiméon, ou sa tribu, *sign.* la foi par l'obéissance ou par la volonté, 3869, 3871 ; c'est le second universel de l'église, c'est-à-dire, l'obéissance ou la volonté de faire le vrai qui appartient à la foi, 3872.

Lévi, ou sa tribu, *sign.* la charité ou l'amour mutuel, 3876 ; c'est le troisième universel de l'église, c'est-à-dire, être affecté du vrai, ce qui est la charité, 3877.

Jehudah, ou sa tribu, *sign.* le bien ou le céleste de l'amour ; c'est le quatrième universel de l'église, ou être dans le bien, 3882.

Ces quatre fils de Léah, ou leurs tribus, représentent les degrés ascendants de l'échelle de Jacob ou de la régénération, qui consistent : 1° à savoir le vrai ; 2° à vouloir le vrai ; 3° à être affecté du vrai ; 4° à être dans le bien ou dans le céleste de l'amour, 3882.

Les quatre fils que Jacob eut des servantes représentent les degrés descendants de l'échelle, c'est-à-dire, des moyens de conjonction de l'homme externe avec l'homme interne, 3941.

Dan, ou sa tribu, *sign.* le bien de la vie et le saint de la foi ; c'est le premier moyen commun, qui doit être affirmé et reconnu, 3923.

Naphtali, ou sa tribu, *sign.* la tentation dans laquelle on est vainqueur et la résistance de la part de l'homme naturel ; c'est le second moyen commun, 3928.

Gad, ou sa tribu, *sign.* la qualité ou tout ce qu'il y a dans le bien de la foi et dans les œuvres ; c'est le troisième moyen commun, qui doit être reconnu par la foi et par l'acte, 3935.

Ascher, ou sa tribu, *sign.* le plaisir des affections correspondant à la félicité de la vie éternelle ; c'est le quatrième commun qui conjoint l'homme externe avec l'homme interne, 3939.

Les autres fils de Jacob, ou leurs tribus, représentent la conjonction du bien et du vrai, 3941.

Isaschar, ou sa tribu, *sign.* l'amour mutuel ; et, dans un sens plus élevé, l'amour conjugal céleste, 3956, 3957.

Zébulon, ou sa tribu, *sign.* l'amour conjugal ; et, dans un sens plus élevé, le mariage céleste, 3960, 3961.

Joseph, ou sa tribu, *sign.* la salvation, et aussi la fructification et la multiplication ; et, dans un sens plus élevé, le royaume spirituel ou le bien de la foi ; c'est le céleste-spirituel, 3969.

Benjamin, ou sa tribu, *sign.* le spirituel du céleste, 4592. C'est le vrai du bien du royaume spirituel représenté par Joseph, 6440.

Les douze tribus ont été divisées en deux royaumes, afin que les Juifs représentassent le royaume céleste, et les Israélites le royaume spirituel, 8770, 9320. Le ciel, avec les sociétés qui y sont, est représenté par les tribus, les familles et les maisons des fils d'Israël, 7836, 7891, 9079, 9807. La tribu de Jehudah devint la première, après que Ruben, Schiméon et Lévi eurent été maudits, 10335. La tribu de Jehudah devint pire que les autres tribus, 4815 ; *voir* JUIF. Les tribus, lorsqu'elles sont nommées dans la Parole, *sign.* quelle est l'église dans cet état qui est décrit, 3939 ; et lorsqu'il s'agit de la naissance des fils de Jacob, par les fils en ordre il est décrit la régénération de l'homme, et toutes les choses de la foi et de l'amour en un seul complexe, parce qu'il y est question de cet état, 3939. Les douze tribus décrivent tous les états de l'église quant aux biens et aux vrais, ainsi quant à la vie spirituelle de chacun au dedans de l'église, 6448. Chaque tribu *sign.* un genre du bien et du vrai, 7833, 7973. Chaque tribu enveloppe un certain universel des choses qui appartiennent au bien et au vrai, 3858. Les noms de chaque tribu *sign.* la qualité de ce qui appartient au vrai et au bien, 3858. Les fils de Jacob, ou les douze tribus, ont représenté tous les vrais et tous les biens dans le général; par conséquent aussi dans le spécial et dans le particulier, 6335; par eux a été représentée l'église, 6337. Dans le sens opposé, les tribus *sign.* toutes les choses du faux et du mal, 3926. Il est dit des tribus et des apôtres, qu'ils jugeront, mais ce qui juge, ce sont les vrais signifiés par eux, 6397. Les dix tribus dispersées ne sont point revenues, et ne peuvent jamais revenir; pourquoi? *illustré*, 3858. Le mot tribu, dans la langue originale, *sign.* sceptre et bâton ; de là vient que le nom de tribu enveloppe ce sens, que dans les biens et dans les vrais il y a toute puissance par le Seigneur, 3858. *Voir* BATON.

TRIBUT, *Tributum.* Par donner tribut ou impôt sont entendus ceux qui servent, 6394; tribut *sign.* servitude, 6659, 6852. Par être asservi à tribut sont signifiés ceux qui veulent mériter par les œuvres, car ceux-là sont des services infimes, 6394.

TRINE (le), *Trinum.* On peut concevoir le trine divin dans une seule Personne, et ainsi un seul Dieu, mais non dans trois Personnes, 10738, 10821, 10822. Le trine dans une seule Personne, ainsi dans le Seigneur, est le divin même qui est appelé le Père, le divin humain qui est appelé le Fils, et le divin procédant qui est appelé l'Esprit Saint, et ainsi le Trine est Un, 2149, 2156, 2288, 2321, 2329, 2447, 3704, 6993, 7182, 10738, 10822, 10823; ainsi le divin est Un et cependant Trine, dans une forme humaine, c'est-à-dire, dans le Seigneur, 9818, *f.* C'est là un arcane venant du ciel, et pour ceux qui seront de la sainte Jérusalem, 10831. Le trine divin dans le Seigneur est reconnu dans le ciel, 14, 15, 1729, 2005, 5256, 9303. Le Trine et l'Un sont ensemble dans le Seigneur, 10738.

TRINITÉ, *Trinitas.* Explication de la trinité, 10822; *voir* TRINE. La trinité est dans le Seigneur, 7086. *Voir* 6880.

TRIPLICATION (la) du nombre six dans six cent soixante-six, nombre de la bête,—Apoc. XIII. 18,— enveloppe la fin; et la fin, c'est quand le vrai est entièrement profané, 10217.

TRISTE, *Triste.* Le triste et le mélancolique viennent des esprits qui sont dans la province de l'estomac, et aussi des avares qui y sont, 6202.

TRISTESSE. D'où vient la tristesse, quand le vrai de l'église spirituelle devient le bien, 6507. Les tristesses et les anxiétés, qui existent par des causes naturelles et corporelles, ne sont pas des tentations spirituelles, 762.

TROIS, *Tres, Tria.* Trois *sign.* le complet jusqu'à la fin, 2788, 5159, 9198, 10127; c'est le continu jusqu'à la fin, et une période grande ou petite; *montré*, 4495. Trois *sign.* la même chose que sept, 720,

901; sept est une période entière, quand il s'agit des choses saintes; trois pareillement, quand il s'agit d'une chose quelconque, 10127. Trois, c'est le dernier temps et aussi le dernier état de l'église, et de ceux qui sont de l'église, 1825. Trois, c'est la perfection, parce que, pour que quelque chose soit parfait, il faut l'ordre successif de trois, comme fin, cause et effet; *illustré*, 9825. Ce qui est un existe d'après trois, 9866. Un et demi, quand c'est la division de trois *sign.* le plein, 9488, 9489. On a l'idée de trois dans une seule personne, quand on pense que le Père est dans le Seigneur, et que l'Esprit Saint procède du Seigneur, 10822.

Trois jours, c'est l'état plein; ce que c'est que l'état plein, 7715. Trois jours, c'est entièrement, 8347; c'est le complet, ou la fin et le commencement, 2788. Trois jours après, c'est un état nouveau, 5123. Aller le chemin de trois jours, c'est un état de rénovation, 6904. Mettre le chemin de trois jours entre eux, c'est séparer entièrement, 4010. Trois mois après, c'est un état nouveau, 4901. Trois ans et six mois *sign.* jusqu'au plein ou jusqu'à la fin, 9198. Trois fois dans l'année, c'est le complet et le continu, ou l'état plein jusqu'à la fin, 9286, 9297, 10087.

Trois cents, *Trecenti.* Ce que c'est, 1709. Trois cents, c'est le plein; *montré*, 5955.

Trois et demi, *Tres et dimidium.* C'est le plein, et jusqu'à la fin; *montré*, 9198.

Trois mille, *Tria millia.* C'est le complet, 10492.

Troisième, *Tertium.* De même que trois, le troisième *sign.* le dernier temps, et aussi le dernier état de l'église, et de ceux qui sont dans l'église, 1825. En outre, le troisième *sign.* quelque chose, 6904, et ce qui n'est pas encore complet, 2788, *f.* Le troisième jour *sign.* le complet, ou la fin et le commencement, 2788; cette signification vient de ce que le Seigneur est ressuscité le troisième jour, 2788. Le troisième jour *sign.* le complet et le continu jusqu'à la fin, et une période grande ou petite; *montré*, 4495. Le troisième jour était représentatif et significatif du saint, de même que le septième jour, parce que c'était en ces jours qu'on faisait expiation, et que par là on devenait pur, 901. La troisième partie signifie quelque chose non entièrement complet, tandis que le troisième et le trine signifient ce qui est complet, 2788, *f.* Les fils de la troisième et de la quatrième génération, ce sont les faux en longue série, et leur conjonction, 8877; ce sont les faux et par suite les maux; *illustré*, 10624.

Trompe d'Eustache. *Voir* Eustache. Langage par la trompe d'Eustache chez les habitants d'une certaine terre dans l'univers, 10587. Description anatomique de cette trompe, 10587.

Tromper. Le plaisir des méchants est de tromper les autres, 7356.

Tromperie. *Voir* Fourberie. En général, la tromperie enveloppe le mal contre autrui et contre ce qu'il dit et ce qu'il fait; de là la tromperie *sign.* l'opinion et l'intention mauvaises, 4459.

Trompette. Comme instrument à vent et d'un son éclatant, la trompette correspond aux affections du bien céleste, 8802. La trompette *sign.* le bien céleste, 8802, 8815; et la voix ou le son de la trompette *sign.* le vrai du bien céleste, 8815. La voix de la trompette, c'est le vrai divin par le ciel dans une forme interne, 8915; c'est l'évangélisation de ce vrai, 4060, *f.*; c'est le commun de la révélation, 8823; c'est l'état du ciel angélique, 8915.

TRÔNE, *Thronus.* C'est ce qui appartient à la divine royauté, et celui qui est assis dessus est le Seigneur; ainsi le trône est le divin vrai qui procède du Seigneur, 5313. Les significations du trône sont respectives : Quand le divin même du Seigneur et le divin humain sont entendus par celui qui est assis sur le trône, le divin vrai qui procède du Seigneur est entendu par le trône, 5313; quand le divin vrai qui procède du Seigneur est entendu par celui qui est assis sur le trône, le ciel entier, que le divin vrai remplit, est entendu par le trône, 5313; quand le Seigneur quant au divin vrai dans les cieux supérieurs est entendu par celui qui est assis sur le trône, le divin vrai qui est dans le ciel infime, et aussi le divin vrai qui est dans l'église, sont entendus par le trône, 5313; quand le céleste du spirituel est entendu par celui qui est sur le trône, le naturel est entendu par le trône, 5313. Le trône est le royaume spirituel du Seigneur, 8625. Dans le sens opposé, le trône est le royaume du faux; *montré,* 5313, *f.* Le trône, sur lequel était l'aspect d'un homme assis dessus, — Ézéch. I. 26. X. 1, — est le divin vrai procédant du divin bien du Seigneur, 9407. Ce qui est signifié en ce que les apôtres seront assis sur douze trônes, 2129, 6397, 9039. Le trône de Dieu *sign.* les internes de l'église, 2162, *m.* Le trône de David *sign.* le ciel du Seigneur, 5044, *m.* Le trône de gloire *sign.* le divin vrai, 4809, 5922. Le trône de Dieu *sign.* aussi le divin vrai reçu dans le ciel moyen, 9408.

TROU, *Foramen.* Dans la Parole, le trou et la fente du rocher *sign.* l'obscur et le faux de la foi, 10582. Le trou du rocher, dans lequel Jérémie cacha sa ceinture, *sign.* le vrai falsifié, 9828. Les paniers percés et à trous *sign.* sans terminaison dans les intérieurs de l'homme; *montré,* 5145. La même chose est signifiée par les ouvrages à trous, dans Ésaïe, — XIX. 9, — et dans Ézéchiel, — VIII. 7, — par le trou dans la muraille, 5145. Trous représentatifs dans le monde spirituel, 4627.

TROUBLE, *Turba.* Le trouble *sign.* la consternation, 9328. Au commencement de l'illustration, il y a trouble dans l'état commun, et il n'y a tranquillité qu'après que les vrais qui proviennent du bien ont été replacés dans leur ordre, 5221. Tant que les tentations durent, l'homme est dans l'état de trouble, 10686. Tout trouble vient du mal et du faux, 3170. Celui qui croit autrement que le prêtre, et ne cause pas de troubles, sera laissé en paix, mais celui qui cause des troubles sera séparé, 10798; *voir* TROUBLER. Troubles excités par des cohortes de mauvais esprits, 842, 5716.

TROUBLER, *Turbare.* C'est mettre dans la consternation; *montré,* 9328. Être troublé d'un grand trouble, c'est être dans la consternation au sujet du renversement de l'état dans la régénération, 3593; *voir* TROUBLE. Troubler les eaux avec les pieds, c'est souiller et pervertir les vrais de la foi par les scientifiques qui appartiennent au naturel, 6015. L'église est troublée; quand? 5822. Ceux qui sont illustrés ne troublent personne au dedans de l'église, et ne damnent personne, 5432, f. Esprits qui peuvent être au milieu de grands troubles sans être troublés, 5172.

TROUPE, *Turma*. Voir GAD. Troupe, d'où Gad tire son nom, c'est dans le sens suprême la toute-puissance et la toute-science, dans le sens interne le bien de la foi, dans le sens externe les œuvres, 3934, 3935. Une troupe qui ravage *sign.* des œuvres sans jugement, 6405.

TROUPEAU. *Voir* BÉTAIL, BÉTAIL (gros), BÉTAIL (menu). Le pasteur ou berger est celui qui enseigne et conduit au bien de la charité, et le troupeau celui qui apprend et est conduit, 343, 4713, 6044, 6778. Celui qui n'est pas conduit au bien, quoiqu'il apprenne le bien, n'est pas troupeau, 343. Le père du troupeau *sign.* le bien qui vient des choses saintes de l'amour, 415. Les troupeaux de menu bétail sont les choses qui appartiennent à l'église, ainsi les doctrinaux, 3767; en particulier le menu bétail *sign.* ceux qui sont au dedans de l'église, et qui s'instruisent et se pénètrent des biens de la charité et des vrais de la foi, et alors le berger est celui qui enseigne ces biens et ces vrais, 3767; mais en général le menu bétail *sign.* tous ceux qui sont dans le bien, par conséquent tous ceux qui appartiennent à l'église du Seigneur sur tout le globe, 3767. Le troupeau, ce sont ceux qui sont dans le bien et qui se laissent instruire, 6786. Le troupeau *sign.* et le bien et l'église, c'est-à-dire, ceux qui sont dans le bien et de l'église, 6786. Le troupeau aussi *sign.* le non-bien, 1565. Le troupeau *sign.* le bien naturel domestique, 3518. Les troupeaux de menu bétail et les troupeaux de gros bétail *sign.* les biens; et cela, d'après les représentatifs dans l'autre vie, 6048. Le troupeau de menu bétail, ce sont les biens rationnels, et le troupeau de gros bétail les biens naturels, 2566. Le menu bétail est le bien intérieur naturel, et le gros bétail le bien extérieur naturel, 5913. Le menu bétail *sign.* les biens intérieurs, et le gros bétail les biens extérieurs, 8937; *illustré* et *montré*, 10609. Le menu bétail, ce sont les doctrinaux intérieurs, 3783. Le bétail, ce sont les biens du vrai, 6016, 6045. La bête de menu bétail (*pecus*), ce sont les vrais et les biens avant la régénération, et le menu bétail (*grex*), ce sont les biens et les vrais après la régénération, 9135. Abreuver le menu bétail, c'est instruire par la doctrine tirée de la Parole, par conséquent enseigner les choses qui sont de la doctrine, 3772. Rassembler le troupeau, c'est le conduire au bien de la charité, et disperser le troupeau, c'est ne pas le conduire au bien de la charité, 343. « Depuis le bœuf jusqu'à l'âne, » ce sont tous les biens et tous les vrais extérieurs; « jusqu'à la bête de menu bétail, » ce sont tous les biens et les vrais extérieurs et tous les vrais et les biens intérieurs, 9134, 9135. Sur les troupeaux de Laban et de Jacob, 3993.

TROUVER GRACE, *Invenire gratiam*. « Si j'ai trouvé grâce à tes yeux, » ce sont des paroles de condescendance et d'humiliation, 4245. C'est une formule de soumission, 4386. C'était une formule solen-

belle dans tout acte respectif, 2157. C'est seulement une formule par laquelle est exprimé le désir de la volonté, 6178. C'est aussi une formule d'insinuation, afin d'être bien reçu, 6512.

TUBERCULES BATARDS, *Tubercula spuria.* Châtiments des esprits ayant leur rapport avec ces tubercules, qui d'ordinaire croissent sur la plèvre et sur d'autres membranes, 5188.

TUER, c'est détruire, 9262. C'est avoir de la haine, 3440. C'est enlever à quelqu'un la vie spirituelle, et aussi éteindre la foi et la charité, comme aussi avoir en haine le prochain; *montré,* 8902. Tuer, c'est détruire la foi chez quelqu'un, ainsi le priver de la vie spirituelle, qui est la vie éternelle, 6767, 9013. Tuer, dans un sens opposé, c'est priver de la vie qui ne convient pas au vrai, et par suite vivifier, 3607. Tuer le frère et le compagnon, c'est fermer l'interne, afin que le bien et le vrai n'entrent point, parce qu'ainsi est enlevée la vie spirituelle, 10490, 10492. Être tué, quand cela est dit du bien et du vrai, c'est ne point être reçu, 3387, 3395. Être tué ou retranché, c'est être séparé de ceux qui sont dans le bien et par suite dans les vrais, et périr quant à la vie spirituelle, 10288. Être tué par l'épée, c'est être privé du bien et du vrai par les faux, 9205.

TUERIE, *Occisio.* Les brebis de la tuerie, — Zach. XI. 4, — *sign.* ceux qui sont dans le simple bien, chez qui les vrais de la foi sont éteints, non par leur faute, mais par la faute de ceux qui enseignent, 8902.

TUEUR, *Occisor.* Les tueurs, — Jérém. IV. 31, — ce sont ceux qui détruisent les biens et les vrais, 8902.

TUMEUR, *Tuber.* Esprits qui ont leur rapport avec les tumeurs léthifères de la tête en dedans du crâne, 5717.

TUMULTE, *Tumultus.* C'est le débat pour les faux contre les vrais, et pour les maux contre les biens, 9024. Le tumulte du char de Pharaon, — Jérém. XLVII. 3, — *sign.* le doctrinal faux qui provient des scientifiques infimes, 6015.

TUNIQUE (la) *sign.* ce qui revêt le bien, c'est-à-dire, le doctrinal du vrai, 3652. C'est, dans le sens interne, ce qui enveloppe une autre chose, ainsi un vrai qui enveloppe un bien, 3300, 3301. La tunique *sign.* le vrai dans la forme interne, 9093. La tunique est le vrai, 4677. La tunique est le divin vrai intimement dans le royaume spirituel, procédant immédiatement du divin céleste, 9826. La tunique est le divin spirituel d'après le divin céleste, ainsi l'intime du royaume spirituel; *montré,* 9942; la tunique des fils d'Aharon est le divin vrai procédant de ce divin spirituel, 9947, 10013. L'éphod avec le manteau, c'est le royaume spirituel, mais la tunique est le spirituel d'après le céleste; ainsi, par elle est signifiée la même chose que par le voile dans la tente, et par le cou dans l'homme; *illustré,* 10005. La tunique de diverses couleurs, ce sont les apparences du vrai d'après le bien, 4677, 4741, 4742. Ce que c'est que la tunique des fils de roi, la tunique du grand prêtre, la tunique des prophètes, 4677. Les prophètes étaient vêtus de tuniques, mais de tuniques de poils; pourquoi? 4677. La tunique poilue *sign.* le vrai du naturel, 3300. La tunique tombée de dessus

Élie, et ramassée par Élisée, représentait qu'Élisée continuait la représentation du divin vrai, 8300. Comme la tunique signifiait le divin vrai, c'est pour cela que, chez les fils d'Israël, la tunique qu'on déchirait était le représentatif de la douleur pour la perte du vrai, 4763. Est expliqué ce qui est signifié par la tunique du Seigneur non divisée, 9942. Sont expliquées les paroles du Seigneur sur le soufflet sur la joue, et sur la tunique, en ce qu'il faut donner le manteau à celui qui la prend, 9048.

Les tuniques de l'œil, et même chacune de leurs parties, correspondent, 4411. Les esprits qui appartiennent aux tuniques de l'œil communiquent avec les cieux paradisiaques, 4412.

TURBAN, *Cidaris*. Comme vêtement, le turban *sign.* une sorte de vrai, 4875. Comme servant à couvrir la tête, le turban *sign.* l'intelligence et la sagesse; *illustré*, 9827. Le turban de lin *sign.* l'intelligence du naturel, 9827. Le turban de lin, destiné à Aharon, signifiait l'intelligence qui appartient au vrai, et et non la sagesse qui appartient au bien, 9827.

TYMPAN DE L'OREILLE. Esprits qui ont leur rapport avec ce tympan, 4653.

TYMPANON, *Tympanum*. Voir TAMBOURIN.

TYPE, *Typus*. Toutes les choses, qui ont été instituées dans l'église judaïque et dans les autres églises représentatives, avant l'avènement du Seigneur, étaient des types du Seigneur, 730. Les représentatifs sont des externes dans lesquels les internes se fixent comme dans des types, 10337. Dans les externes le divin vrai et le divin bien sont dans des types représentatifs, car par le type les externes répondent aux internes et les représentent, 8932. Lorsque les internes de la Parole eurent été ouverts par le Seigneur, les types représentatifs ont été abrogés; pourquoi? 10637.

TYPOGRAPHIE, 8385, 9353, 10384; inconnue dans les autres terres, 10384.

TYR *sign.* l'église quant aux connaissances intérieures du bien et du vrai: et, dans le sens abstrait, ces connaissances elles-mêmes, 10199. Sidon *sign.* les connaissances extérieures, et Tyr les connaissances intérieures, 1201. Tyr et Sidon *sign.* ceux de l'église qui est dans les connaissances du vrai et du bien; ainsi, dans le sens abstrait, les connaissances mêmes du vrai et du bien, 1201. Par Tyr sont signifiés ceux qui possèdent les richesses célestes et spirituelles, ou les connaissances, 1156.

TYRAN. Le roi, qui a un pouvoir absolu, et qui croit que ses sujets sont tellement esclaves qu'il a droit sur leurs possessions et sur leur vie, n'est pas un roi s'il exerce un tel pouvoir, mais c'est un tyran, 10805.

U

ULCÈRE, *Ulcus*. L'ulcère *sign.* les saletés qui proviennent des maux, 7524. L'ulcère florescent de pustules *sign.* les saletés et les infamies des cupidités avec des blasphèmes, 7519, 7529. Esprits qui par leur manière d'agir peuvent être appelés ulcères mortels, 5188.

UN, *Unum*. Tout ce qui est un tire son existence de choses variées, 8003. Ce qui est un existe d'après trois choses en ordre successif, 9866. Tout un est formé de successifs, 3035. Tout ce qui est un résulte de l'harmonie de plusieurs, et tout le ciel est un, 457, 687, 4263. Le divin est un, et cependant trine, 9818. Le trine divin est un, à savoir, le divin même, le divin humain et le divin procédant, 2149, 2156. Il ne peut jamais subsister un *un* d'une manière absolue, mais seulement un *un* harmonique, 457. *Voir* UNITÉ.

Dans les cieux tous font un par l'amour procédant du Seigneur, 457, 3986. Chez ceux qui sont du royaume céleste, la partie volontaire et la partie intellectuelle font absolument un, 9818.

UNANIME (l'), *Unanimum*, se compose d'autant d'images de soi-même, 4625.

UNANIMITÉ. Dans l'autre vie, il faut qu'il y ait entre tous unanimité afin qu'ils soient un, de même que dans l'homme toutes et chacune des choses font un par l'unanimité, quoique partout elles soient différentes, 5182. Unanimité du ciel, 684. Tout ce qui détruit l'unanimité dans l'autre vie est contre l'ordre du ciel même, et conspire ainsi à la destruction du tout, 2027.

UN ET DEMI. Ce nombre, étant la moitié de trois, *sign.* de même que trois, le plein, ce qui est complet, 9488, 9489.

UNION, *Unio*. Toute union se fait d'abord par l'influx de l'un dans l'autre, et de là par la perception, ensuite par l'application, puis par l'immission, et enfin par la conjonction, 8666. L'union de l'essence divine du Seigneur avec son essence humaine a été faite par les tentations, 4341. Le Seigneur s'est sucessivement avancé vers l'union avec le Père, 1864. L'union du Seigneur avec Jéhovah n'est pas telle qu'une union entre deux, mais c'est une union réelle en un, de sorte qu'ils sont non pas deux mais absolument un, 3737, 10824. Dans son union avec le Père, le Seigneur a eu en vue sa conjonction avec le genre humain; *montré*, 2034. Il y a eu union réciproque de l'essence divine du Seigneur avec son essence humaine, et de son essence humaine avec son essence divine, 2004. L'union réciproque du divin et de l'humain dans le Seigneur est appelée mariage divin, 2803. C'est cette union qui sauve ceux qui sont dans la foi de la charité, 2854. L'union du Père et du Fils dans le Seigneur est comme celle de l'âme et du corps, 2804. Différence entre l'union et la conjonction, 2004, 2021. Il y a union de la divine essence du Seigneur avec son humaine essence, mais conjonction du Seigneur avec l'homme, 2021. Union réciproque du divin vrai et du divin bien dans le divin humain du Seigneur; *montré*, 10067. Depuis l'union le divin vrai procède du Seigneur, 3704, 3712, 3969, 4577, 5704, 7499, 8127, 8241, 9199, 9398. L'union dans les cieux se fait par l'amour et la charité, 5962.

UNIQUE-ENGENDRÉ, *Unigenitus*. Pourquoi le Seigneur est appelé l'unique-engendré, 2628.

UNIQUE SEIGNEUR. Les habitants et les esprits de la planète de Jupiter reconnaissent notre Seigneur pour le suprême divin qui gouverne le ciel et la terre; ils l'appellent l'unique Seigneur, et ils savent tous qu'il est Homme, 8541 et suiv.

UNIR. L'homme interne et l'homme externe n'ont jamais été unis chez aucun homme, et ils n'ont pu être unis et ne peuvent être unis; ils le sont seulement chez le Seigneur, 1577. Le Seigneur, d'après la propre puissance, a uni l'humain au divin, 1616, 1749, 1752, 1813, 1921, 2025, 2026, 2523, 3141, 5005, 5045, 6716. *Voir* UNION.

UNITÉ (l') se compose de choses variées, et elle en reçoit la forme et la qualité, et aussi la perfection selon la qualité de l'harmonie et de l'accord, 457, 3241, 8003. De là tout le ciel forme une unité, 457; et cela, parce que tous y considèrent une seule fin, qui est le Seigneur, 9828. Telle est l'harmonie des parties d'une unité, telle est l'unité, 457. C'est une règle commune, que toute unité dans laquelle il y a quelque qualité, existe par des variétés qui sont ramenées à une unanimité par un accord d'harmonie, de manière qu'elles apparaissent comme ne faisant qu'un, 5962. Une unité n'est jamais constituée par des unités qui soient les mêmes, mais elle est formée d'unités différentes harmonieusement conjointes, et ces unités harmonieusement conjointes présentent un seul tout, 3986. L'entendement et la volonté sont ramenés à l'unité dans l'autre vie, et il n'est pas permis d'y avoir un mental divisé, 8250. *Voir* UN.

UNIVERS. Dans l'univers, il y a un nombre immense de terres, et sur ces terres des hommes, 6697, 6698, 6927. Le Seigneur gouverne l'univers; *montré*, 3704. Celui qui dispose et gouverne le ciel dispose et gouverne aussi l'univers, parce que l'un ne peut être séparé de l'autre, 4658. L'univers avec ses astres, ses atmosphères, ses trois règnes, n'est autre chose qu'une sorte de théâtre représentatif de la gloire du Seigneur, gloire qui est dans les cieux, 3000, 8483. L'univers visible n'est autre chose que le théâtre représentatif du royaume du Seigneur, et ce royaume est le théâtre représentatif du Seigneur lui-même, 3483. Toutes les choses dans l'univers se réfèrent au bien et au vrai pour être quelque chose, et à la conjonction de l'un et de l'autre pour produire quelque chose; ainsi à l'amour et à la foi, et à leur conjonction, 3166, 4390, 4409, 5232, 7256, 10122, 10555. De même que dans l'univers toutes les choses qui sont selon l'ordre divin se réfèrent au bien et au vrai, de même toutes celles qui sont contre l'ordre divin se réfèrent au mal et au faux, 3166, 4390, 4409, 10122.

Ceux qui sont fourbes sont dans la tonne infernale, au-dessus de laquelle il y a un petit globe qu'ils considèrent comme l'univers; et, quand ils sortent de la tonne, ils foulent aux pieds ce globe comme si c'était l'univers, 947.

UNIVERSEL, *Universale*. L'universel n'est quelque chose qu'autant qu'il y a en lui des particuliers et des singuliers par lesquels il existe, et d'où il tire son nom; et il existe en proportion des particuliers et des singuliers qui sont en lui, 4329. L'universel n'existe que d'après des singuliers et avec eux, puisque les singuliers pris ensemble sont appelés l'universel, 1919, 6159, 6338, 6482 à 6484. L'universel, dans lequel sont les très-singuliers procédant du Seigneur, dispose toutes choses en ordre dans le commun et dans toute partie, 6338. Tels sont les singuliers, tel est l'universel, 917, 1040, 6483, 8857. Il y a stupidité à décider qu'il existe un universel chez le divin, et d'en supprimer les singuliers, 4329, *f.* L'universel qui forme et dispose toutes choses en général et en particulier est le divin bien du divin amour procédant du Seigneur, 8470. Dans les divins vrais l'universel régnant est le divin bien, 9639. Les douze tribus ont signifié deux universaux qui comprennent en eux et renferment sous eux toutes et chacune des choses de l'église, 3863. Deux universaux d'où dépendent toutes les autres choses de l'église, 10730. L'universel chez l'homme pose des limites et empêche que certaines choses n'entrent intérieurement, 3399. Quand l'universel régnant qui fait la vie de l'homme est touché, c'est comme lorsque la prunelle de l'œil est touchée, 8865.

UNIVERSELLEMENT, *Universaliter.* Ce qui règne ou domine universellement chez l'homme est dans chaque chose de sa vie, ainsi dans toutes les choses et dans chacune des choses qui appartiennent à sa pensée et à son affection, 4459, 5949, 6159, 6571, 7648, 8067, 8853 à 8858. Ce qui règne universellement fait la vie de l'esprit de l'homme, 7648. Ce qui règne universellement, conjoint, 9639. Les choses du culte qui ont été inscrites non-seulement dans la mémoire, mais aussi dans la vie elle-même, sont dites régner universellement chez l'homme, 9286.

UPHAZ. L'or d'uphaz *sign.* le bien céleste, 9881.

UR DES CHALDÉENS *sign.* le culte externe dans lequel sont les faux, 1365, 1368. Ur des Chaldéens, d'où Abraham a été tiré, *sign.* le maternel que le Seigneur reçut par la naissance, ou l'héréditaire provenant de la mère, 1816.

URÉTÈRES (les) et la vessie, qui sortent des reins, *sign.* le vrai extérieur et son exploration, puis aussi la correction, 10032. Esprits qui constituent la province des urétères, 5378. Situation de ces esprits respectivement au corps humain, 5380. A cette province appartiennent ceux qui ne désirent rien plus ardemment que d'explorer et de scruter quels sont les autres, et aussi ceux qui se plaisent à châtier et à punir, pourvu qu'il y ait quelque justice à le faire, 5381. Leurs fonctions, 5381. Manière dont ils explorent et scrutent les intentions des autres, 5382, 5383. Manières dont ils exercent les châtiments, 5384.

URI. Par Uri et par Chur, le père et le grand-père de Betsaléel, il est signifié la doctrine du vrai céleste et la doctrine du bien céleste, 10329.

URIM. *Voir* PECTORAL. Ce qui est signifié par les pierres précieuses dans l'urim et le thumim en général et en particulier, 3862, 9864, 9866, 9891, 9895, 9905. Des bigarrures de la lumière par l'urim et le thumim, 3862, 9864. Urim *sign.* feu brillant, et thumim, éclat provenant de ce feu; le feu brillant est le divin vrai d'après le divin bien du divin amour du Seigneur, et l'éclat est ce vrai dans les derniers, ainsi dans l'effet, 9905. Par l'urim et le thumim, c'est-à-dire, par l'éclat de la lumière du ciel, le pectoral révélait les divins vrais dans la lumière naturelle, ainsi dans les derniers; *illustré*, 9905. L'urim et le thumim sur le pectoral étaient les représentations de tout ce qui appartient à l'amour et à la foi envers le Seigneur, 3858. Les réponses du Seigneur données par l'urim et le thumim étaient des resplendissements de lumière selon les états de la chose d'après l'ordre du bien et du vrai, 3862. Dans l'urim et le thumim il y avait douze pierres précieuses selon les douze tribus d'Israël, 4606 ; à savoir, pour chaque tribu une pierre précieuse particulière, 6335. Il est mentionné et décrit dans la Parole quel était l'ordre des pierres précieuses dans l'urim et le thumim, mais il n'est pas mentionné à quel tribu chacune des pierres correspondait, 3862. La lumière brillait et étincelait à travers l'urim et le thumim, et même avec variété selon l'état de la chose sur laquelle il y avait interrogation, 6335. On obtenait des réponses par les divers éclats de lumière, auxquels était adjointe ou une vive voix ou une perception interne, 6640. Quand l'éclat paraissait, si la réponse à la chose demandée était donnée de vive voix, c'était par des anges, à qui le Seigneur par un tel éclat révélait la réponse, 9905.

URINE. Les corruptions du vrai correspondent à l'urine, 5390. Les faux dans lesquels sont les esprits infernaux, ne sont que de l'urine dans le sens spirituel, 5380. Les esprits et les sociétés d'esprits auxquels correspond l'urine, surtout l'urine fétide, sont infernaux, 5381, 5387. Dès que l'urine a été séparée du sang, quoiqu'elle soit dans les petits tubes des reins ou intérieurement dans la vessie, elle est néanmoins hors du corps, 5381 ; elle n'est en elle-même qu'un impur et vieux sérum qui a été repoussé, 5387. Les esprits qui, dans la vie du corps, ont exercé des brigandages, et ceux qui ont été pirates, préfèrent à tous les autres liquides l'urine fétide et croupie, 820, 587, 588. Esprits qui sont opposés à ceux auxquels correspond l'éjection de l'urine, 5387.

URNE (l') *sign.* le vrai, 8530. *Voir* VASE, CRUCHE.

Us, fils de Dischan, chorite, — Gen. XXXVI. 28, — c'est une cinquième classe de vrais dans le divin humain, et une qualité de ces vrais, 4648.

USAGE, *Usus.* L'usage est la fin pour laquelle on agit, 3565, 4054, 4104, 6815. L'usage est le premier et le dernier, par conséquent le tout de l'homme, 1964. C'est de l'usage, par l'usage et selon l'usage, que la vie est donnée par le Seigneur, parce qu'il n'y a aucune vie dans ce qui est inutile, car ce qui est inutile est rejeté, 503. Les usages, quand l'homme vit dans le monde, sont que chacun dans son poste remplisse régulièrement sa fonction, etc., 7038. La vie de la charité consiste à faire des usages, 8253. En général la vie est la vie des usages, 1964. Toute félicité et tout plaisir de la vie proviennent des usages, 997. Tout bien a son plaisir d'après les usages et selon les usages, et aussi sa qualité ; de là, tel est l'usage, tel est le bien, 3049, 4948, 7038. La vie angélique consiste dans les usages provenant des biens de la charité, 454. Le Seigneur, et par suite les anges, ne considèrent chez l'homme que les fins, qui sont les usages, 1317, 1645, 5844. Le royaume du Seigneur est le royaume des usages, par conséquent le royaume des fins, 454, 696, 1103, 3645, 4054, 7038. Remplir ou faire des usages, c'est servir le Seigneur, 7038.

Toutes les choses et chacune des choses qui sont ont été formées pour l'usage, 3565, 4104, 5189, 9297 ; et d'après l'usage ; ainsi l'usage est antérieur aux formes organiques chez l'homme par lesquelles se fait l'usage, parce que l'usage procède de l'influx du Seigneur par le ciel selon les correspondances, 4223, 4926. Ainsi l'usage commande aux formes, 4223. Avant que les formes du corps aient existé il y avait l'usage, et l'usage les a produites et se les est adaptées, et non *vice versâ*, 4223. Mais quand les formes ont été produites, ou quand les organes ont été adaptés, les usages en procèdent, et alors il semble que les formes ou les organes sont avant que les usages soient, 4223.

L'homme est formé pour servir le Seigneur dans tous les usages que demandent l'amour envers le Seigneur et la charité à l'égard du prochain, d'abord dans le monde naturel, et ensuite dans le monde spirituel, 5947. Les intérieurs de l'homme, qui appartiennent à son mental, sont formés aussi d'après l'usage et pour l'usage, quand l'homme grandit, 1964, 6815, 9297. De là, tels sont les usages chez l'homme, tel est l'homme, 1568, 3570, 4054, 6571, 6934, 7038, 10284. L'affection, qui appartient à l'amour, s'adjoint toujours aux vrais selon les usages de la vie, 3336, 3824, 3849, 4205, 5893. L'usage fait que le scientifique est le bien, 3049. L'homme interne est ouvert et est successivement perfectionné par les sciences et par les connaissances, si l'homme a pour fin un usage bon, surtout un usage qui concerne la vie éternelle, 3086. Les usages de la vie céleste sont alors par le Seigneur, au moyen de l'homme interne, extraits, épurés, et élevés hors des scientifiques et des connaissances qui sont dans l'homme naturel, 1895, 1896, 1900 à 1902, 5871, 5874, 5901. Faire les usages pour les usages, c'est la charité, 7038, 8253. L'amour conjugal, d'après l'usage et le plaisir qui en résulte, l'emporte sur tous les autres amours, 5053. La nourriture spirituelle est tout ce qui appartient à l'usage, et tout ce qui conduit à l'usage, 5293; ce qui conduit à l'usage est de savoir ce que c'est que le bien et le vrai, et ce qui appartient à l'usage est de vouloir et de faire le bien et le vrai, 5293. Quand la Parole est lue d'après l'amour du vrai et d'après l'amour de l'usage de la vie, l'entendement est illustré, 9382, 10548, 10549, 10551.

Dans l'autre vie, tous doivent remplir des usages, 1103; même les méchants et les infernaux; mais comment? 696. Toutes choses sont formées selon l'usage de la vie, 9297; les esprits et les anges sont les formes de leur usage, les mauvais esprits les formes d'un usage mauvais, les esprits et les anges les formes d'un usage bon, 9297. Les esprits infernaux doivent aussi remplir un usage, mais les usages qu'ils remplissent sont les plus vils, 1097, 1103; pendant qu'ils remplissent des usages, ils sont moins tourmentés, mais l'usage cessant, ils retombent dans l'enfer, 696. Le Seigneur tourne en bien et en quelque usage chaque peine et chaque tourment; il ne peut y avoir aucune peine dont le Seigneur ne tire une fin d'usage, 696.

USURE, *Fœnus*. Loi sur l'intérêt et l'usure, 9211. Imposer une usure d'argent, c'est prêter les vrais ou instruire pour le gain; imposer une usure d'aliment, c'est prêter les biens du vrai pour le gain, 9210, 9211. Donner son argent à usure,

— Ps. XV. 2, — c'est enseigner pour le gain seul, ainsi faire le bien pour en être récompensé, 9210. Recevoir usure et intérêt, — Ézéch. XVIII. 8, — c'est faire le bien pour le gain et pour en être récompensé, 9210.

USURIER, *Fœnerator*. L'usurier est celui qui fait le bien pour du gain, et celui qui n'est point usurier est celui qui le fait d'après la charité, 9210. *Voir* USURE.

UTÉRUS, *Uterus*. C'est où reposent le bien et le vrai conçus, 4918. L'utérus *sign.* l'intime de l'amour conjugal dans lequel est l'innocence, parce que l'utérus correspond à cet amour dans le très-grand homme, 4918, 6433. Être dans l'utérus et sortir de l'utérus, c'est être régénéré, 9042. Celui qui est conçu de nouveau vient comme une seconde fois dans un utérus, et celui qui naît de nouveau sort comme une seconde fois d'un utérus, 8043. Sortir de l'utérus et des lombes se dit du bien, et être séparé des entrailles se dit du vrai, 3294. Comparaison de la régénération de l'homme avec la conception et la formation de l'embryon dans l'utérus, 3570, 4931, 9258. Le Seigneur, dans la Parole, est nommé formateur dès l'utérus, c'est-à-dire, régénérateur, 8043. Dans l'utérus *sign.* dans la conception nouvelle, 3293, *f.* Quand l'homme est embryon, ou quand il est encore dans l'utérus, il est dans le royaume du cœur, mais quand il est sorti de l'utérus il vient en même temps dans le royaume du poumon, 4931 ; et si l'homme se laisse conduire par les vrais de la foi dans le bien de l'amour, alors du royaume du poumon il retourne dans le royaume du cœur, dans le très-grand homme, car il vient de nouveau dans un utérus, et il renaît; *illustré,* 4931.

Anges qui sont près des enfants dans l'utérus ; par eux le Seigneur a soin que les enfants soient nourris et perfectionnés ; ce sont eux qui veillent sur les femmes enceintes, 5052. Dans la province de l'utérus et des organes d'alentour sont ceux qui ont aimé avec une grande tendresse les petits enfants, 5054 ; ils sont là dans la vie la plus suave et la plus douce, et plus que les autres dans la joie céleste, 5054.

Uz, fils d'Aram, — Gen. X. 23, — *sign.* un des genres des connaissances du bien qui sont signifiées par Aram son père, 1233, 1234.

Uz, fils de Milka. Uz et ses frères, — Gen. XXII. 21, — *sign.* différentes religiosités et les cultes qui en proviennent, 2860, 2864.

UZAH. Pourquoi Uzah fut frappé de mort pour avoir touché l'arche, 878, 4926, *f.*

UZAL, fils de Joktan, — Gen. X. 27, — *sign.* un des rites de l'église hébraïque ; c'était une des nations issues d'Éber, 1245, 1247.

UZIEL, fils de Kéath, — Exod. VI. 18. — C'est une seconde classe des dérivations du bien et du vrai qui proviennent des choses appartenant à la charité, 7230.

V

VA, *Vade*. Va en paix *sign.* un assentiment et un votif, 7018. Va-t'en d'avec nous, *sign.* ne point supporter la présence, 5415.

VACHE, *Vacca*. *Voir* GÉNISSE. Les vaches *sign.* les vrais du naturel, 5198, 5265 ; et, dans le sens opposé, les faux du naturel, 5202, 5268. Ce qui est signifié par la cendre de la vache rousse brûlée, 9723, *f.*, 9300. La vache rousse *sig.* le vrai impur du naturel, qui devient pur par la combustion, 5198.

VAGABONDS, *Vagabundi.* Esprits vagabonds ou errants çà et là, 4054. Parmi la tourbe infernale, il y a des esprits vagabonds plus pernicieux que les autres, 4793, 5180, *f.*, 5389.

VAGUE. Le vide, c'est où il n'y a rien de bien ; et le vague, où il n'y a rien de vrai, 17.

VAIN (en). Porter le nom de Dieu en vain *sign.* proprement tourner le vrai en mal, c'est-à-dire, croire que le vrai est le vrai, et néanmoins vivre dans le mal ; c'est aussi tourner le bien en faux, c'est-à-dire, vivre saintement et ne point croire ; dans l'un et l'autre cas, c'est profaner et blasphémer, 8882. Porter le nom de Dieu en vain *sign.* aussi le blasphème, quand les choses qui appartiennent à la Parole ou à la doctrine de la foi sont tournées en dérision, et portées sur des terrestres impurs, et ainsi sont souillées, 8882. En ce qui concernait les Juifs, porter le nom de Dieu en vain, c'était appliquer au culte des idoles, par exemple, au veau d'or, les préceptes et les statuts qui leur étaient commandés, 8882.

VAINCRE, *Vincere.* C'est combattre d'après le bien et le vrai, car le mal est vaincu par le bien, et le faux par le vrai, 9338. Le divin seul peut vaincre les enfers, 8175. Celui qui a vaincu une fois les enfers les vaincra continuellement ; *illustré*, 8273, 9715, 9937. Les maux et les faux sont vaincus par les combats des tentations, 1740. Les mauvais esprits, après avoir été vaincus, n'osent plus rien entreprendre, 1695, 1717, 1820.

VAISSEAUX, *Vasa. Voir* VASE. La vie ne peut pas être reçue distinctement par l'homme externe, à moins que ne soient ouverts les vaisseaux organiques qui doivent être les récipients des particuliers et des singuliers de l'homme interne, 1563. Les vaisseaux les plus petits de tous, et absolument invisibles, sont contigus aux intérieurs de l'homme, 5726. Le mal bouche ces vaisseaux les plus petits et absolument invisibles, dont sont tissus des vaisseaux immédiatement plus grands invisibles aussi, 5726. D'après la correspondance, ces vaisseaux plus petits doivent être appelés les délinéaments des premières trames de l'homme, 5726. — Vaisseaux spermatiques, 5391.

VALEUR, *Strenuitas.* La valeur *sign.* les forces qui proviennent du vrai, 8710. Les hommes de valeur *sign.* les vrais les plus éminents dans la doctrine, 6086.

VALIDES, *Validi.* Les spirituels paraissent faibles et malades d'esprit à ceux qui sont entièrement naturels, mais ils sont forts et valides, tandis que ceux qui sont entièrement naturels paraissent à eux-mêmes forts et valides, et ils le sont aussi quant au corps, mais quant à l'esprit ils sont absolument non valides, parce qu'ils sont morts spirituellement, 7217.

VALLÉE, *Vallis.* C'est ce qui est inférieur, 1723, 3424, et ce qui est impur dans le culte, 1292. L'homme externe est appelé vallée, parce qu'il est inférieur, 1723. Ce que c'est que la vallée de Siddim, 1666, 1688. La vallée, ce sont les inférieurs, comme les naturels, les sensuels et les scientifiques ; *montré*, 4715. La vallée de Schaveh *sign.* les biens de l'homme externe, et la vallée du roi *sign.* les vrais de cet homme, 1723. La vallée de Gérar, ce sont les vrais inférieurs, 3417. La vallée de la vision *sign.* les fantaisies sur les spirituels d'après les sensuels, ainsi d'après les inférieurs, 4715. La vallée de la vision *sign.* les fantaisies et les raisonnements par lesquels le culte est falsifié et enfin profané, 1292. La vallée de la vision, c'est cette fantaisie que la foi peut être donnée sans la charité, 382. La vallée du fils de Hinnom, c'est l'enfer, et aussi la profanation du vrai et du bien, 1292. La vallée qui n'est ni cultivée ni ensemencée, c'est le mental naturel non encore cultivé par les vrais et les biens, par conséquent qui est encore dans l'ignorance, 9262. Dans l'autre vie, il y a des montagnes, des collines, des rochers et des vallées, et dans les vallées sont ceux qui n'ont pas encore été élevés au ciel, 10438.

VANITÉ, *Vanitas.* La vanité, c'est la fausseté de la doctrine, ou de la religion, et le mensonge est le faux de la vie; *montré*, 9248, 10287, *f.*

VAPEUR, *Vapor.* C'est la tranquillité de la paix, lorsque le combat des tentations a cessé, 90. La tranquillité de la paix dont jouit l'homme devenu céleste, est signifiée par la pluie et par la vapeur, — Gen. II. 5, 6, — car elle est comme une vapeur de laquelle son homme externe est arrosé et imbibé par son homme interne, 91.

VARIATIONS, *Variationes.* D'où viennent, dans le monde naturel, les variations de la lumière et de l'ombre, et celles de la chaleur et du froid, 10261. Dans le ciel, il y a de perpétuelles variations et de perpétuels changements d'état; il en est de ces variations et de ces changements comme des retours des temps dans le monde, à savoir, des retours des saisons de l'année et des temps du jour, 8108, 10134. Les variations des états dans le ciel peuvent être connues par la comparaison avec les états de la chaleur et de la lumière du monde, 10200. Toutes les affections qui appartiennent à l'amour ou au bien sont les variations de la chaleur qui procède du Seigneur comme soleil, 3862. Les variations de la lumière du ciel ne sont pas des variations journalières et annuelles, comme celles de la lumière dans le monde, mais ce sont des variations de l'intelligence et de l'amour, 5097. L'homme qui est régénéré, et même l'homme qui a été régénéré, subissent des variations d'état, quant à l'amour et à la foi, par des élévations vers les intérieurs et par les abaissements vers les extérieurs, 10134. Toutes les opérations du mental sont des variations de la forme, variations qui dans les substances plus pures sont d'une telle perfection qu'elles ne peuvent être décrites, 6326; les idées de la pensée ne sont pas autre chose, et ces variations existent selon les changements d'état des affections; *illustré*, 6326. Variations de l'état de l'église chez l'homme, 6645. Variations des vrais selon la qualité et l'état de l'affection de l'homme, 7343. Variations de l'état des pensées de l'homme, 4850, *f.* Variations de la face chez les anges, 4797. Variations des états de la foi et de l'amour, 8211, 10200.

VARIÉ, *Variatum.* Le bien par les vrais devient varié, en sorte qu'il n'est nulle part semblable en quelque manière que ce soit, 4149.

Dans un seul bien, il y a d'innombrables choses variées, 4005. Tout ce qui est un tire son existence de choses variées, 8003. L'église du Seigneur est partout variée quant aux vrais et néanmoins une par la charité, 3267. Le bien est varié et de plusieurs sortes, et de tant de sortes, qu'il n'y a pas un ange, un esprit et un homme, qui soit dans un bien semblable au bien d'un autre 10334.

VARIÉTÉ, *Varietas*. Il existe une variété infinie, et jamais une chose n'est identiquement la même qu'une autre, 7236, 9002. Dans les cieux il existe aussi une variété infinie, 684, 690, 8744, 5598, 7236. Les variétés dans les cieux sont les variétés du bien; et par suite il y a distinction de toutes choses, 3519, 3744, 3804, 3986, 4005, 4067, 4149, 4263, 7236, 7833, 7836, 9002. Ces variétés viennent des vrais, qui sont de plusieurs sortes, par lesquels chacun a le bien, 3470, 3519, 3804, 4149, 6917, 7236. Les variétés quant à la vie du bien et du vrai sont innombrables dans le ciel, et sont dans le même rapport que les variétés innombrables dans le corps humain, 3744, 3745, 3746. Ces innombrables variétés font un par harmonie, comme les organes, les membres et les viscères du corps, 3241. La variété vient, non de l'influx, mais de la réception, 3890. Dans le ciel, il y a de perpétuelles variétés, disposées en forme afin qu'elles fassent un, 5598. Dans le ciel et partout, il y a de perpétuelles variétés, et le bien de l'un n'est jamais absolument semblable au bien d'un autre, 7236. L'infinie variété vient des affections qui appartiennent à l'amour, 9002. Tout le ciel consiste dans la variété quant au bien; par cette variété l'un est distingué de l'autre, 10334. Dans le ciel les variétés sont disposées par le Seigneur pour représenter des familles, où il y a frères, sœurs, gendres, brus, neveux, nièces, et ainsi du reste, 5598. Les variétés des biens chez les hommes, tant au dedans de l'église, qu'au dehors de l'église, existent par les vrais avec lesquels les biens sont conjoints, 3986.

VASE, *Vas*. *Voir* VAISSEAUX. En général, les vases sont les choses qui tiennent lieu de réceptacles, comme sont les scientifiques et les connaissances relativement aux vrais, et les vrais relativement au bien, 3079. Les scientifiques et les connaissances sont les réceptacles et comme les vases du vrai et du bien qui appartiennent à l'homme interne, 1469, 1496, 3068, 5489, 6004, 6023, 6052, 6071, 6077, 7770, 9922. C'est pour cela que, dans la Parole, par les vases sont signifiés dans le sens spirituel les scientifiques et les connaissances, 3068, 3069, 3079, 9394, 9544, 9723, 9724. Le vase commun, récipient des célestes et des spirituels, est la Parole, 1775. Le vase du bien est le vrai, et le vase du vrai est le scientifique; sans le vrai le scientifique est un vase vide, et sans le bien le vrai est aussi un vase vide, 3068. Les scientifiques sont signifiés, dans la Parole, par des vases de tout genre, tels que les bassins, les coupes, les cruches, etc., 9394. Les derniers vases, dans lesquels sont les choses qui appartiennent à l'intelligence et à la sagesse, sont les scientifiques, 5874. Les vases qui reçoivent du rationnel le bien et le vrai sont les vrais mêmes du naturel qui ne sont autres que des scientifiques, des connaissances et des doctrinaux, 3508. Par les connaissances sont formés les vases de la mémoire, et par les rationnels les vases de la mémoires intérieure, 1900. Les inférieurs, lorsque l'intérieur en est ôté, ne sont que des vases sans vie ni action, 5947. Les vases récipients du vrai sont amollis par les tentations, et prennent un état propre à recevoir le bien, 3318. Dans le sens de la lettre de la Parole, les mots sont comme des vases très-communs, dont chacun contient de profonds arcanes célestes en si grand nombre, qu'on ne saurait en découvrir la millième partie, 937, 6222.

Les vases de la table sur laquelle étaient les pains des faces *sign.* les connaissances du bien et du vrai célestes, 9544. Les vases de l'autel, du chandelier, sont les scientifiques qui servent au bien, 9723, 9724. Les vases du chandelier, et les mouchettes et les écumoires, *sign.* les purificatoires et les évacuatoires, 9572. Les vases d'argent sont spécialement les scientifiques comme récipients du vrai, et les vases d'or sont spécialement les vrais comme récipients du bien, 3164, 6917. Vase de terre et vase d'airain, 10105, *f.*

VASTATION, *Vastatio.* Voir DÉVASTATION, DÉSOLATION. Distinction entre la désolation et la vastation, 5376. Il y a désolation quand les vrais manquent, et vastation quand les biens manquent, 5360. La désolation et la vastation sont décrites bien des fois dans la Parole, et sont désignées par divers noms, 5360. La désolation se dit des spirituels de la foi, et la vastation se dit des célestes de la foi, 411. La vastation complète est appelée dévastation, 8285. Dans la Parole, il est fait mention de quatre genres de vastations et de punitions, 7102. Vastation de l'église et vastation chez l'homme, 2959.

Il y a des vastations dans l'autre vie, 698. De ces vastations, 1106 à 1113. Swedenborg a été envoyé vers ceux qui y étaient dans les vastations, 699. Des vastations se font dans l'autre vie, c'est-à-dire que ceux qui y viennent de ce monde sont dévastés, 698, 7122, 7474, 9763. Les esprits probes sont dévastés quant aux faux, et les esprits méchants le sont quant aux vrais, 7474, 7541, 7542. Chez les esprits probes, les vastations se font afin qu'ils soient dépouillés aussi des terrestres et des mondains qu'ils ont contractés, quand ils vivaient dans le monde, 7186, 9763; et afin que les maux et les faux soient repoussés, et qu'ainsi il y ait passage pour l'influx des biens et des vrais procédant du Seigneur par le ciel, et faculté de les recevoir, 7122, 9333; ils ne peuvent pas être élevés au ciel avant la vastation, parce que ces terrestres et ces mondains font obstacle et ne concordent pas avec les célestes, 6928, 7122, 7186, 7541, 7542, 9763. Il est dangereux de venir dans le ciel avant d'avoir été préparé par une vastation, 537, 538. Toute vastation, dans l'autre vie, s'avance des externes vers les internes, 7795. De l'état d'illustration et de la joie de ceux qui sortent de vastation et sont élevés dans le ciel, et de leur réception là, 2699, 2701, 2704. La région où ces vastations sont faites est appelée terre inférieure, 4728, 7090; cette région est sous les plantes des pieds, entourée de tous côtés par les enfers; elle est décrite telle qu'elle est, 4940 à 4951, 7090; d'après l'expérience, 699. Quels sont les enfers qui, plus que les autres, infestent et dévastent, 7317, 7502, 7545. Ceux qui ont infesté et dévasté les esprits probes les craignent ensuite, les fuient et les ont en aversion, 7768. Ces infestations et ces vastations se font de diverses manières, selon l'adhérence des maux et des faux, et durent en raison de la qualité et de la quantité de ces maux et de ces faux, 1106 à 1113. Quelques esprits veulent de plein gré entrer en vastation ou être dévastés, 1107; quelques-uns sont élevés immédiatement au ciel sans vastation, 1112; d'autres sont dévastés par des craintes, 4942; d'autres, par des infestations provenant des maux qu'ils ont faits dans le monde, et des faux qu'ils ont pensés dans le monde, d'où résultent des anxiétés et des douleurs de conscience, 1106; d'autres, par une captivité spirituelle, qui est une ignorance et une interception du vrai, conjointes avec le désir de savoir les vrais, 1109, 2694; d'autres, pendant le sommeil; d'autres, dans un état moyen entre la veille et le sommeil, 1108.

Les méchants, avant d'être jetés dans l'enfer, sont dévastés quant aux vrais et aux biens, et après en avoir été dépouillés, ils sont portés d'après eux-mêmes dans l'enfer, 6977, 7039, 7795, 8210, 8232, 9330. Le Seigneur ne les dévaste pas, mais ils se dévastent eux-mêmes, 7643; *illustré*, 7926. Les méchants se dévastent eux-mêmes, en ce qu'ils tournent en mal le bien qui influe du Seigneur, et cela a lieu successivement et davantage selon que le Seigneur met en ordre le ciel pour influer de plus près, 7679, 7710. Les méchants sont dévastés quant aux vrais, et les bons sont dévastés quant aux faux, 7474. Différence entre les infestations, les tentations et les vastations, 7474. On est successivement et par degrés précipité dans l'enfer, ou successivement et par degrés élevé dans le ciel, parce qu'il y a vastation du vrai et du bien chez les méchants et vastation du faux et du mal chez les bons, 7541, 7542. Quand il y a eu vastation des vrais et des biens, alors comme des poids sans support, ou des oiseaux privés d'ailes, ils tombent dans l'abîme, 7545; pour ceux qui ont été de l'église et ont vécu la vie du mal, c'est pire que pour ceux qui étaient hors de l'église; raison de cela, 7554. Les méchants sont dévastés quant aux biens et aux vrais qui sont dans l'extérieur naturel et qui regardent en bas, et toute communication avec les biens et les vrais de l'intérieur naturel, qui sont tournés en dedans, est fermée, 7601, 7604, 7607. Si les méchants sont dévastés par degrés, avant d'être damnés et d'être envoyés dans l'enfer, c'est afin que les méchants soient confirmés qu'ils sont dans le mal, et aussi afin que les bons soient illustrés sur l'état de ceux qui sont dans le mal, 7795. Chez ceux qui sont dévastés, les connaissances du vrai et du bien leur sont enlevées et sont transférées dans les bons, 7770.

On est tenu dans l'ignorance, et les vrais de la foi ne sont ouverts que quand on a été dévasté; et cela, afin que les choses saintes ne soient point profanées, 301, 302, 303. De la vastation de l'église, 407 à 411. Quand une vieille église est en vastation, les vrais intérieurs sont révélés pour servir à une autre église, qui alors est instaurée, 3398, 3786. Les églises ont eu leur vastation, 407. Une nouvelle église a toujours succédé à une vieille église dévastée, 408, 411. Il y a deux genres de vastation; l'un, de ceux qui sont au dedans de l'église; l'autre, de ceux qui sont hors de l'église, ou des gentils, 410. Ceux qui infestent, dans l'autre vie, sont ceux qui, dans l'église, ont confessé la foi seule et ont vécu la vie du mal; *illustré*, 7317, 7502, 7545. État d'instruction de ceux qui viennent de la vastation ou de la désolation, 2701, 2704. La désolation et la vastation sont plusieurs fois décrites dans la Parole, en ce que l'église est dans le faux et dans le mal, et aussi en ce qu'elle est dans la désolation de la régénération; *montré*, 5376. Les esprits de notre terre sont dévastés avant qu'ils puissent être élevés dans le ciel, 6929. La vastation du faux se fait aujourd'hui dans la terre inférieure, 7090. Il faut absolument que les esprits probes soient tenus dans un lieu de vastation, pour que les choses grossières et impures des amours de soi et du monde soient dépouillées, 7186.

VEAU, *Vitulus*. Les taureaux ou les veaux sont le bien de l'innocence dans l'homme externe; *montré*, 6391. Le taureau ou le veau est le bien externe de l'innocence, la brebis le bien interne, et l'agneau le bien intime, 10132. Le veau *sig*. le bien de la charité, 7779, *f*. Le veau est le bien dans le rationnel; dans le sens opposé, quand il fut devenu une idole, c'était le plaisir naturel et sensuel; *montré*, 10407. Dans l'Égypte, les génisses et les veaux d'or étaient les principales idoles, à cause de la signification, parce que dans le naturel il y a le scientifique; plusieurs détails sur le veau de l'Égypte, 9391. Ce que c'est que le veau, la chèvre et le bélier dans les sacrifices, 1824. Le sacrifice fait avec un veau est la purification des maux et des faux qui sont dans l'homme naturel, 9990. Le taureau ou le veau dans les sacrifices a signifié le divin dans le Seigneur, et par suite le naturel spirituel chez l'homme, 2830. Le veau coupé en deux parties, c'est le bien procédant du Seigneur d'une part, et le bien reçu par l'homme d'une autre part; passer entre les parties de ce veau, c'était conjoindre, 9391. Le veau d'or *sig*. le plaisir des amours externes, 10407, 10459. Si les fils d'Israël se sont fait un veau d'or, et l'ont adoré au lieu de Jéhovah, c'est parce que dans leur cœur était restée l'idolâtrie égyptienne, quoique de bouche ils eussent confessé Jéhovah, 9391. Ce qui est signifié par ce veau d'or moulu et réduit en poudre, 9391. Ceux qui disent qu'ils adorent le Dieu de l'univers, mais qui disent cela de bouche et non de cœur, sont entendus par ceux qui adorent un veau de fonte, 10407. Le veau de Samarie, — Hosée, VIII. 6, — *sign*. le bien dans l'homme naturel et non en même temps dans l'homme spirituel, par conséquent le non-bien, 9391. Les veaux des peuples, — Ps. LXVIII. 31, — *sign*. les biens qui appartiennent au volontaire chez ceux de l'église, 9391. Les veaux du milieu de l'engrais, — Amos, VI. 4, — *sign*. les biens extérieurs de l'innocence, 9391. Les veaux des lèvres, — Hosée, XIV. 3, — *sign*. la confession et l'action de grâces provenant d'un cœur bon, 9391. Le veau gras, — Luc, XV. 23, — *sign*. les biens communs correspondants aux vrais communs signifiés par la robe,

9391. La conversation des anges sur les affections bonnes est représentée, dans la partie correspondante du monde des esprits, par des animaux doux, tels que les veaux, 3218.

VÉGÉTAL. Il y a un influx du Seigneur par le ciel dans les sujets du règne végétal, 1632, 3648. Toutes les choses qui existent dans le règne végétal viennent de l'influx du monde spirituel, 5116. Si le spirituel procédant du Seigneur n'agissait pas en dedans continuellement dans leurs formes primitives, qui sont les semences, jamais les arbres ni les plantes ne végéteraient et ne croîtraient d'une manière et par une succession si admirables, 3648. Dans le règne végétal, il n'y a rien qui ne représente en quelque manière le royaume du Seigneur, 1632.

VÉGÉTATIF. D'où provient l'âme ou la vie végétative, 1632. Par l'influx de la chaleur du soleil dans toutes les choses de la terre existe la vie végétative, et par l'influx de la lumière dans ces mêmes choses existe un secours pour la vie végétative, 6128.

VEILLE, *Vigilia.* Voir SOMMEIL. La veille *sign.* l'état clair, 3715, 5210. Il y a veille spirituelle quand les vrais sont dans la clarté, et sommeil spirituel quand les vrais sont dans l'obscurité, 5210. La veille du matin *sign.* l'état d'illustration et de vastation pour les bons, et l'état d'obscurité et de destruction pour les méchants, 8211. Il est dit la veille du matin, parce que la nuit avait été divisée en veilles, dont la dernière de la nuit et la première du jour était la veille du matin, 8211. Esprits qui, pendant la vastation, sont tenus dans un état moyen entre la veille et le sommeil, 1108.

VEILLER, *Vigilare.* C'est s'appliquer à vivre selon les préceptes de la foi, 4638. Esprits angéliques qui sont chargés de veiller sur certains hommes pendant qu'ils dorment, 1977.

VEINE, *Vena.* Le rationnel n'a point la vie, à moins que le naturel ne corresponde, il en est de cela comme de la veine d'une source qui se bouche, si les eaux n'ont aucun écoulement, 4618.

VELU, *Pilosum.* Le velu ou le poilu *sign.* le naturel surtout quant au vrai, 3526.

VENAISON, *Venatio.* C'est le vrai du naturel dont provient le bien de la vie, 3501.

VENDANGER, *Vindemiare.* Vendanger les grappes de la terre, — Apoc. XIV. 18, — c'est détruire toutes les choses de la charité, 5117. Vendanger le cep de la terre, — Apoc. XIV. 19, — c'est détruire l'intellectuel de l'église, 5113.

VENDANGEURS (les) qui laissent du grapillage, — Obadie, vers. 5, — ce sont les faux qui ne proviennent pas du mal, parce que ces faux ne consument point les biens et les vrais renfermés par le Seigneur dans le naturel intérieur chez l'homme, c'est-à-dire, les restes, 5135.

VENDEUR, *Venditor.* Le vendeur, — Ézéch. VII. 12, 13, — c'est celui qui a aliéné les vrais et insinué les faux, 5886.

VENDRE, *Vendere.* C'est aliéner au point que la chose n'appartienne plus, 4098. Vendre, c'est aliéner les choses qui sont de l'église, 5886. Vendre, c'est approprier à un autre, 5371. Vendre, c'est abdiquer et se soumettre, 6143. Vendre, c'est communiquer les connaissances du vrai et du bien, 5886. Vendre, c'est aliéner de la part de ceux qui sont dans la foi séparée, et recevoir de la part de ceux qui sont dans le simple bien, 4752, 4758. Ceux qui vendent de l'huile, — Matth. XXV. 9, — ce sont ceux qui vantent le bien du mérite, 4638. Vendre tout ce qu'on a, c'est aliéner le propre qu'on avait auparavant, c'est-à-dire, les maux et les faux, 5886.

VENGEANCE (la) provient de l'amour de soi et du monde, 10038. Les vengeances découlent du penchant de l'homme à vouloir commander aux autres et posséder les richesses des autres, 10791. Les vengeances sont une des origines des maladies, parce qu'elles détruisent les intérieurs de l'homme; et, quand les intérieurs ont été détruits, les extérieurs souffrent et entraînent l'homme dans la maladie, et ainsi à la mort, 5712. De la vengeance dans l'autre vie, 8223. Des enfers de ceux qui ont passé leur vie dans les vengeances et dans les haines, 815.

VENIN, *Venenum*. Le venin, c'est la haine, 251. Anciennement on nommait venin de serpent les raisonnements d'après les sensuels sur les mystères de la foi, et serpents ceux qui les employaient, 195. Le venin *sign.* la ruse, et les serpents venimeux *sign.* les fourbes, 9013.

VENIR, *Venire*. Voir ENTRER. Venir, c'est la présence, 5934, 6063, 6989. Venir vers quelqu'un ou entrer chez quelqu'un, c'est la présence ou l'apparence, 7498, 7631; et quand cela se dit des mariages, c'est être conjoint, 3914, 3918. Venir vers quelqu'un, c'est la communication, 5249. Venir, c'est le successif, 5505. C'est l'approche, 5941, 5947. Venir, c'est être appliqué, 6117. C'est la conjonction, 6782, 6783. Venir après eux, quand il s'agit de ceux qui sont dans les faux d'après le mal, c'est l'effort pour faire violence par l'influx du faux d'après le mal, 8187, 8209. Venir pour s'enquérir de Dieu, c'est s'informer de ce que dicte le divin, et ainsi de ce qu'on doit vouloir et faire, 8692, 8694. Venir en Égypte, c'est s'instruire, 1479; c'est être initié aux scientifiques, 6638. Venir vers ses pères, c'est passer de la vie du corps dans la vie de l'esprit, ou du monde dans l'autre vie, 1853. Venir pour parler, c'est apporter un commandement, 7167. Venir pour séjourner, c'est pour chercher la vie, 6077.

VENT, *Ventus*. Dans la Parole, tous les esprits, tant les bons que les mauvais, sont comparés et assimilés au vent, et aussi nommés vents, le même mot, dans la langue originale, servant à désigner les esprits et les vents, 842. Du vent oriental, 842, 2128, 5215, 7679, 8201. Le vent oriental ou l'eurus, ce sont les choses qui appartiennent aux cupidités, et par suite aux fantaisies; *montré*, 5215; *voir* EURUS. Le vent oriental *sign.* le moyen de destruction, parce qu'il était sec et accompagné de tempêtes, 7679, 8201. Le vent occidental, ou vent de mer, *sign.* la cessation de l'influx du divin par le ciel, 7702. Le vent de Jéhovah, ou la respiration de Jéhovah, *sign.* la vie procédant du divin, 8286. Le vent des narines de Jéhovah, c'est la vie par le divin ou le ciel; *montré*, 8286. Les quatre vents et les quatre angles sont toutes les choses du vrai et du bien ; *montré*, 9642. Les quatre vents, d'où seront assemblés les élus, *sig.* tous les états du bien et du vrai, 4060, *f.* Se repaître de vent, c'est multiplier le mensonge, et poursuivre l'eurus, c'est multiplier la dévastation, 7679. Dans Hosée, — XII. 2, — le vent *sign.* les fantaisies, et l'eurus les cupidités, 5215. Dans Ésaïe, — XLI. 16, — la dispersion est comparée au vent, et la dissipation à la tempête, 842.

VENTE, *Venditio*. L'achat *sign.* l'appropriation du bien et du vrai, et la vente l'aliénation du bien et du vrai, 5886. La vente signifie aussi la communication des connaissances du bien et du vrai, et cela, parce que l'acquisition et la communication de ces connaissances sont signifiées par la négociation, 5686.

VENTRE (le), *Venter, sign.* les choses qui sont le plus près de la terre ; ainsi le serpent marchant sur le ventre *sign.* le sensuel qui en soi, lorsque l'homme s'est tourné vers le terrestre, est ce qu'il y a de plus bas, 247, 248; *voir* SERPENT. Le ventre correspond au chemin qui conduit à l'enfer, 8910. Le fruit du ventre *sign.* la reconnaissance du vrai et du bien par la foi et par l'acte, et la conjonction du vrai et du bien qui en provient, 3911. Dans David, — Ps. LVIII. 4, — se détourner dès le sein maternel, c'est se détourner du bien qui appartient à l'église ; et se fourvoyer dès le ventre, c'est se détourner du vrai, 4918. Dans Hosée, — IX. 11, — la gloire qui s'envole dès l'enfantement, dès le ventre et dès la conception, *sign.* que le vrai de l'église périra entièrement ; dès l'enfantement, le vrai qui est né ; dès le ventre, celui qui est en gestation, et dès la conception, celui qui est à son origine, 4918.

VENTRICULE ou Estomac, *Ventriculus. Voir* ESTOMAC.

VENTRICULES DU CERVEAU, 4045, 4222, 5386, 5724, ou grandes cavités du cerveau, 4049. Esprits qui appartiennent à cette province; quels ils sont, 4049.

VÉNUS (terre ou planète de). Des habitants et des esprits de la planète de Vénus, 7246 à 7253. Il y a dans cette planète deux espèces d'habitants et d'esprits d'un caractère opposé, 7246 ; les uns bons, les autres méchants ; ceux qui sont méchants apparaissent par la partie de la planète qui regarde de ce côté-ci, et les bons par l'autre partie, 7246. Comment apparaît la planète de Vénus dans l'idée des esprits, 7247 ; *voir* PLANÈTE. Les bons reconnaissent notre Seigneur comme leur unique Dieu, 7252. Les autres sont pillards et presque sauvages, 7248. Ils se réjouissent de leurs rapines, 7248. Ce sont des géants, et ils sont stupides, 7249. Ceux d'entre eux qui sont sauvés sont réduits, dans les tentations, au dernier point du désespoir, 7250. Leurs enfers sont auprès de leur terre, 7250. Ceux qui sont sauvés reçoivent la foi au Seigneur comme seul Dieu sauveur et médiateur, 7251. Les esprits qui étaient bons, s'entretenant avec Swedenborg, lui dirent que, quand ils étaient dans le monde, ils avaient reconnu, et qu'à plus forte raison maintenant, ils reconnaissent notre Seigneur pour leur unique Dieu, et que sur leur terre ils l'avaient vu, marchant au milieu d'eux, 7252. Dans le très-grand homme, ils ont relation avec la mémoire des choses matérielles, qui concorde avec la mémoire des choses immatérielles, avec laquelle ont relation les esprits de Mercure, 7253. Des esprits de Mercure vinrent vers des esprits de Vénus dans la seconde partie de cette planète, et ils furent d'accord avec eux, et alors Swedenborg sentit un changement notable dans le cerveau, 7170. *Voir* TERRE.

VER, *Vermis. Voir* VERMISSEAUX. Le ver se dit du faux du mal, car il en est du bien quand il devient le mal, comme de la chair et du pain quand ils se putréfient; le faux d'après ce mal est comme le ver qui s'y produit par la putréfaction, 8482. Le faux du mal qui est dans le bien provenant du propre est comparé au ver, 8481.

VERDOYANT (le), *Viride*. Le verdoyant est le sensitif, 10137. Tout arbre verdoyant, — Ésaïe, LVII. 5, — c'est tout perceptif, tout cognitif, et tout confirmatif du faux, 10137.

VERDURE (la) *sign*. le scientifique et le sensuel, 7691; c'est aussi le sensitif du vrai, 7691. La verdure d'herbe et le vert sont les choses viles des plaisirs, 996. La verdure à laquelle il ne sera point nui, — Apoc. IX. 4, — c'est le vrai scientifique par lequel existe le vrai de la foi, 9936.

VERGE, *Virga*. La verge de fer, c'est la puissance du vrai spirituel dans le naturel, 4876. C'est la vérité qui appartient à la Parole du Seigneur, 426. La verge sortie du tronc de Jischaï, c'est le Seigneur, 4594. La verge dont Aschur frappera, c'est la puissance de ceux qui raisonnent d'après les scientifiques contre les vrais de la foi, et qui les pervertissent ou les regardent comme rien, 4876. La verge de la bouche et l'esprit des lèvres, — Ésaïe, XI. 4, — c'est le divin vrai dont procède le jugement, 6119.

VERGERS, *Arboreta*. Vergers dans le monde spirituel, 4529.

VÉRITÉ, *Veritas. Voir* VRAI. La vérité, c'est la foi, 3121. Tout ce qui dans les anciennes églises a été appelé vérité est appelé foi dans l'église chrétienne, 4690, 4765; et, dans la langue originale, la vérité et la foi sont exprimées par le même mot, 4690. La vérité dans le sens interne, c'est la charité, 3121. Par la miséricorde et la vérité procédant du Seigneur, les très-anciens, qui étaient célestes, n'entendaient rien autre chose que la réception de l'influx de l'amour envers le Seigneur, et par suite celle de l'influx de la charité à l'égard du prochain, 3122; mais, par la miséricorde et la vérité procédant du Seigneur, les anciens, qui étaient spirituels, entendaient la charité et la foi; pourquoi? 3122. Miséricorde et vérité, c'est amour et foi; *montré*, 10577. « Faire miséricorde et vérité, » c'est le bien et le vrai; formule chez les anciens; *montré*, 6180. « Des hommes de vérité, » *sign*. des vrais purs, 8711.

Une vérité consiste en une infinité d'autres vérités; mais chez ceux qui sont dans le mal elle consiste en une infinité de faussetés; de là chez ceux-ci il n'y a dans cette vérité aucune vie, 9424, *f*. Il y a une grande différence entre savoir les vérités, reconnaître les vérités, et avoir foi aux vérités, 896. Quand la charité, qui est la bonté de la foi, est présente, alors est présente la reconnaissance qui est la vérité de la foi, 654. Toute vérité apparaît mieux d'après le rapport avec les opposés, 7075. La confirmation de la vérité se fait par l'illustration, et l'illustration est différente selon l'état de la vie de chacun, 7012. Autant l'homme est dans la vérité, autant il est dans la lumière dans laquelle sont les anges dans le ciel, 5749. Les vérités de la foi sont les lois de l'ordre dans le royaume où l'homme doit vivre à éternité, 1775. Il fallait qu'il y eût quelque part les vérités célestes dont l'homme doit s'instruire, puisqu'il est né pour les choses célestes, 1775. Les vérités de la foi sont les intérieurs de la Parole, et ces vérités sont opposées aux illusions, aux persuasions et aux cupidités, 1879. Quoique l'historique dans la Parole renferme un sens interne, cet historique reste toujours selon le sens de la lettre dans sa vérité; *exemple*, 2015. C'est une vérité éternelle que nul ne vit par soi-même excepté le Seigneur, et qu'en conséquence tout ce qui appartient à la vie influe, 6325. Il y a des milliers de vérités que le rationnel de l'homme ne peut nullement croire d'après sa lumière née de ses sensuels et obscurcie par eux; *exemples*, 2196, 2209, 2520, 2654, 2718. Dans l'autre vie, la vérité n'admet pas les raisonnements, 2733. Dans le monde spirituel, les vérités sont représentées par des lumières, et par les innombrables modifications de la lumière, 3222.

VERMISSEAUX, *Vermiculi*. Voir INSECTE. La transformation des vermisseaux en chrysalides et en volatiles est le représentatif de l'amour conjugal, 2758. Représentation du royaume du Seigneur dans les vermisseaux qui deviennent papillons, 3000. L'état des esprits dans le monde spirituel, quand ils sont préparés pour le ciel, est représenté par les changements des vermisseaux en papillons qui alors sont dans leur ciel, 8848. Vermisseaux de différent genre; ce qu'ils signifient, 9331.

VERRE, *Poculum*. Voir COUPE. Donner à boire un verre d'eau au nom du Seigneur, c'est instruire dans les vrais de la foi d'après une très-faible charité, 5120.

VERRE D'OPTIQUE, 5849, 6614, 9577. Voir MICROSCOPE.

VERROU, *Vectis*. Les verroux *sign.* des doctrinaux, 402. Les verroux ou barres *sign.* la puissance qui appartient au vrai d'après le bien, 9496.

VERSER le sang, c'est faire violence à la charité, 1010. Verser le sang innocent, c'est éteindre le divin vrai et le divin bien qui procèdent du Seigneur, ainsi étouffer le Seigneur lui-même chez l'homme de l'église, 9262, 9264. Voir RÉPANDRE.

VERTÈBRES, 5560.

VÉSICULE DU FIEL. Le foie abandonne le sang vil à la vésicule du fiel, 5183. Ceux qui constituent la province de la vésicule du fiel sont du côté du dos; ce sont ceux qui, dans la vie du corps, ont méprisé la probité et en quelque sorte la piété, et aussi ceux qui les ont couvertes d'opprobre, 5186, 5187.

VÉSICULES SÉMINALES. Combien sont grands les désirs de ceux qui sont dans la province à laquelle correspondent les vésicules séminales; d'après l'*expérience*, 5056, 8847.

VESSIE, *Vesica*. Les urétères et la vessie, qui sortent des reins, *sig.* le vrai extérieur et son exploration, puis aussi la correction, 10032. Esprits qui constituent la province de la vessie, 5377, 5378; ce sont ceux qui ne désirent rien plus ardemment que d'explorer et de scruter quels sont les autres; et aussi ceux qui désirent châtier et punir, pourvu qu'il y ait quelque justice à le faire, 5381. Situation de ces esprits respectivement au corps humain, 5380. Manières dont ils explorent et scrutent les intentions des autres, 5382, 5383. Manières dont ils exercent les châtiments, 5384. Esprits qui correspondent au fond ou à la partie supérieure de la vessie, 5389. Leur mode d'opérer, 5389.

Vestales, 6832, 10177.

Vestibule. L'homme n'est point dans le ciel avant d'être dans le bien; s'il est seulement dans les vrais de la foi, il se tient seulement devant la porte, et si d'après ces vrais il regarde le bien, il entre dans le vestibule, 9832.

Vêtement, *Vestis*. Le vêtement est le vrai, *illustré* par des représentatifs, et *montré*, 9212, 9213. Les vêtements *sign*. les vrais, ainsi les connaissances, 1073, 2576, 5319, 5954, 9216, 9952, 10536. Les vêtements sont les vrais inférieurs respectivement, 2576. Les vêtements sont les scientifiques inférieurs, 6918. Le vêtement est le vrai sensuel, 9158. Le vêtement est l'extérieur, puis aussi le sensuel, 9212. Les vêtements sont les vrais d'après les représentatifs dans l'autre vie, 10536. Les rationnels et les scientifiques sont comme un corps et un vêtement pour les spirituels, 2576. Les vêtements *sign*. les choses qui sont au-dessous ou en dehors, et couvrent celles qui sont au-dessus ou en dedans, par conséquent les vrais parce qu'ils couvrent les biens, 5248. Les vêtements *sign*. d'une manière spéciale les vrais qui appartiennent à la foi, parce que ces vrais couvrent les biens qui appartiennent à la charité, 5248. Chez les anciens, chaque chose dont ils étaient vêtus signifiait quelque vrai spécial et particulier; ainsi un vrai était signifié par la tunique, un autre par la chlamyde, un autre par la toge, un autre aussi par les coiffures, telles que le turban et la tiare, et un autre par les vêtements des cuisses et des jambes, tels que les caleçons et les bas, et ainsi du reste, 4875. Les vêtements tirent leur signification de la partie du corps qu'ils couvrent, 9827, 9959. Dans la Parole, ce qui revêt une chose, de quelque nature que ce soit, est appelé vêtement, 10258.

Si le vêtement est le significatif du vrai, c'est parce que les esprits et aussi les anges paraissent couverts de vêtements, et chacun selon les vrais qui sont chez lui; de vêtements blancs ceux qui sont dans les vrais de la foi d'où provient le bien, et de vêtements d'une blancheur resplendissante ceux qui sont dans les vrais de la foi qui proviennent du bien, 5954, 10536; *voir* aussi 165. Dans l'autre vie, les vêtements de ceux qui sont dans les externes sans l'interne sont noirs et en lambeaux, tels que sont ceux des mendiants dans les rues et des voleurs dans les forêts, 10536. Les esprits ne savent pas même d'où leur viennent ces vêtements, mais ils en sont revêtus à leur insu; et leurs vêtements varient aussi selon les changements de leur état quant aux vrais, 10536. Les vêtements des esprits sont sans splendeur, mais ceux des anges sont comme produits par la splendeur; *illustré*, 5248. Les esprits ont coutume, pour attester leur innocence, d'ôter leurs vêtements, et de se montrer nus, 8375, 9960.

Les vêtements du Seigneur *sign.* son divin humain, 10258. Les vêtements du Seigneur divisés, et non la tunique, *sign.* que les vrais ont été dissipés par les Juifs dans la forme externe, mais qu'ils n'ont pu l'être dans la forme interne, 9093. Est expliqué ce qui est signifié par les vêtements qu'on étendit quand le Seigneur alla à Jérusalem, 9212; puis, ce qui est signifié quand il est dit que ses vêtements devinrent comme la lumière, lorsqu'il fut transfiguré, 9212; quand il est dit de ne point joindre une pièce d'un vêtement neuf sur un vêtement vieux, 9212; et que Pierre serait ceint et n'irait pas où il voudrait, lorsqu'il serait vieux, 9212. Les vêtements de sainteté d'Aharon sont le représentatif du royaume spirituel du Seigneur adjoint à son royaume céleste; *illustré*, 9814, 10068. Changer de vêtements était le représentatif qu'on revêtait les saints vrais; de là les vêtements de rechange; *montré*, 4545. Les vêtements de rechange sont les vrais initiés au bien, 5954. Les vêtements de lin *sign.* le vrai du naturel extérieur, 7601. Les vêtements blancs comme de fin lin sont les vrais procédant du divin, 5319. Les vêtements de broderie *sign.* les vrais scientifiques qui sont dans le naturel, 9825. Les vêtements d'hyacinthe *sign.* les connaissances du vrai d'après l'amour céleste, 9466. Déchirer ses vêtements, c'est le deuil à cause du vrai entièrement perdu et détruit, 4763. L'or, l'argent et les vêtements, empruntés aux Égyptiens, *sign.* les vrais et les biens enlevés aux mauvais esprits, et livrés à ceux qui étaient de l'église

spirituelle, 6914, 6917. Laver dans le vin son vêtement se dit du Seigneur, et *sign.* que son naturel est le divin vrai procédant de son divin bien, 6377. Ne point souiller ses vêtements, — Apoc. III. 4, — c'est ne point corrompre les vrais par les faux, 5954. Acheter du Seigneur des vêtements blancs, — Apoc. III. 18, — c'est acquérir les vrais réels provenant du bien réel, 10227. Pourquoi il avait été défendu de s'habiller d'un vêtement tissu de laine et de lin, 9470. Peine de la lacération, de manière qu'on devient comme un vieux vêtement, 956.

VÊTU (être), *Vestiri*. On est vêtu, dans l'autre vie, selon les vrais; c'est l'intellectuel qui revêt le volontaire, 9952. Les anges sont vêtus d'habits, et d'où vient cela ; *illustré* et *montré*, 9814. Les choses spirituelles et les naturelles sont vêtues, mais non les célestes, 297. Les fourbes hypocrites ont été signifiés par celui qui était entré sans être vêtu de la robe nuptiale, 2132.

VEUVAGE, *Viduitas*. La privation d'enfants et le veuvage *sign.* la privation de vrai et de bien, 5536. Le veuvage est la privation du vrai et par suite celle du bien, la privation d'enfants est la privation du vrai et du bien, 9188. Les habits de veuvage *sign.* le vrai sans le bien, mais désirant le bien, 4858, 4884.

VEUVE, *Vidua*. Les veuves *sign.* ceux qui sont dans le vrai sans le bien, et qui cependant désirent être conduits au vrai par le bien; et les orphelins ceux qui sont dans le bien sans le vrai et désirent être conduits au bien par le vrai; *montré*, 4844, 4858; dans le sens opposé, les veuves *sign.* ceux qui ne sont point dans le vrai, parce qu'ils ne sont point dans le bien, et aussi ceux qui sont dans le faux, 4844. Ceux qui sont conduits par le bien dans le vrai de l'intelligence sont des veuves dans le sens bon, 4844. De ce qu'un homme signifie le vrai et sa femme le bien, la femme d'un homme devenue veuve, signifie le bien sans le vrai; mais dans un sens plus intérieur, la veuve signifie le vrai sans le bien, et cela parce que dans ce sens le mari signifie le bien et son épouse le vrai, 9198; ainsi, les veuves *sign.* ceux qui sont dans le bien sans le vrai et cependant désirent le vrai; et, dans le sens céleste, ceux qui sont dans le vrai sans le bien et désirent le bien, 9198. Les choses que le Seigneur a dites de la veuve de Sarepta de Sidon sont expliquées, 9198. La veuve dans Sarepta, ce sont ceux qui, hors de l'église, désirent le vrai, 4844; mais les veuves, qui étaient au dedans de l'église dévastée, vers lesquelles Élie ne fut pas envoyé, sont ceux qui ne sont pas dans le vrai parce qu'ils ne sont pas dans le bien, 4844. Par ces paroles de Jehudah à sa bru : « Demeure veuve en la maison de ton père, » il est signifié que l'église représentative des spirituels et des célestes, qui est représentée par Thamar, était repoussée par l'église juive que représente Jehudah, 4844. Quand le voyageur, l'orphelin et la veuve sont nommés ensemble, ils ne forment qu'un même sens chez les anges, à savoir, que chez ceux qui sont dans l'église le bien et le vrai doivent être conjoint selon l'ordre, ainsi réciproquement le vrai avec le bien et le bien avec le vrai, 9200; par le voyageur sont entendus ceux qui veulent être instruits dans les choses qui appartiennent à l'église; par les veuves la conjonction du bien avec le vrai, et par les orphelins la conjonction du vrai avec le bien, 9200. La veuve *sign.* le désir du bien pour le vrai, et l'orphelin le désir du vrai pour le bien, 9207, *f.* Comme, dans le sens opposé, les veuves *sign.* ceux qui ne sont pas dans le vrai parce qu'ils ne sont pas dans le bien, c'est pour cela qu'il était ignominieux pour les églises, même pour celles qui étaient dans les faux d'après le mal, d'être appelées veuves; *montré*, 4844. Il avait été défendu aux prêtres de prendre pour épouse une veuve qui ne serait pas veuve d'un prêtre; pourquoi? 4844. La veuve d'un prêtre représentait et signifiait l'affection du vrai d'après le bien, 4844. Dévorer les maisons des veuves, c'est priver des vrais ceux qui les désirent, et enseigner les faux, 4844. Les anciens désignaient sous le nom de veuves une des classes du prochain, 7260. Exercer la charité à l'égard des veuves, c'est être dans le culte externe, l'exercer à l'égard de ceux qui sont spirituellement entendus par les veuves, c'est être dans le culte interne, 7263.

VEXATEURS, *Vexatores*. Esprits vexateurs; quels ont été ces esprits dans la vie du corps, 5185, 5187.

VEXATIONS, *Vexationes*. Il y a dans l'autre vie plusieurs modes de vexations, 5173, 5174. Ces vexations sont représentées par les purifications du sang, du sérum ou de la lymphe, et du chyle dans le corps, lesquelles se font aussi par diverses castigations, 5173. Les vexations ne sont autre chose que des tentations de différents genres, 5182. Genre de vexation qui consiste à contraindre à parler plus vite qu'on ne pense, 5187.

VIBRATION. Le langage des anges apparaît quelquefois dans le monde des esprits comme la vibration d'une lumière, 1646.

VICAIRE DU SEIGNEUR, *Vicarius Domini.* Le monde chrétien ne reconnaît pas l'humain du Seigneur pour divin, par suite d'une décision prise dans un concile, à cause du Pape, afin qu'il fût reconnu pour le vicaire du Seigneur; *illustré*, 4738. Sur la conséquence de cette décision, *voir* 4738, 4818.

VICES DU SANG. D'où vient le vice premier et intime du sang, vice qui cause la maladie, et enfin la mort, 5726. Esprits ayant leur rapport avec les vices du sang qui se répandent dans toutes les veines et dans toutes les artères, et corrompent toute la masse, 5719.

VICIÉES (choses), *Vitiosa.* Esprits qui correspondent chez l'homme aux choses viciées du sang plus pur, qui est nommé esprit animal; quels sont ces esprits, 4227.

VICTOIRE. La dernière victoire du Seigneur dans Gethsémané et sur la croix a été la complète victoire, par laquelle il a subjugué les enfers et en même temps glorifié son humain, 2776, 2803, 2818, 2854, 10655, 10659, 10828. Par ses victoires le Seigneur a rejeté tout l'héréditaire provenant de la mère, et il a dépouillé l'humain qu'il tenait d'elle, à un tel point qu'enfin il n'était plus son fils, 2159, 2574, 2649, 3036, 10830. Par ses victoires le Seigneur a aussi disposé toutes choses en ordre dans les cieux, 4287, 4295, 9528, 9935. Le prix des victoires du Seigneur a été le salut du genre humain, 1789. Les victoires dans les tentations ont cela de propre, c'est que les génies et les esprits mauvais, après avoir été vaincus, n'osent plus rien entreprendre, 1820, *f.*

VIDE (le), *Vacuum.* C'est où il n'y a rien du vrai, parce qu'il n'y a rien du bien, 4744. Aller à vide, c'est vivre dans le dénûment spirituel, 6915. Le Seigneur n'habite point chez un homme vide, c'est-à-dire, chez un homme qui ne connaît point les vrais du Seigneur, et ne les fait point, 10645. Une illusion des sens, purement naturelle, c'est qu'il n'existe qu'une seule atmosphère, que seulement dans ses parties elle est excessivement plus pure, et que là où elle se termine, c'est le vide, 5084.

VIE, *Vita. Voir* VIVANT, VIVRE. Il y a une vie unique, de laquelle tous vivent tant dans le ciel que dans le monde, 1954, 2021, 2536, 2658, 2886 à 2889, 3001, 3484, 3742, 5847, 6467. Cette vie vient du Seigneur seul; *illustré*, 2886 à 2889, 3344, 3484, 4319, 4320, 4524, 4882, 5986, 6325, 6468, 6469, 6470, 9276, 10196. Le Seigneur est la vie même; *montré*, 2658; seul il est la vie et le vivant, 290. Le Seigneur, même quant à l'humain, a cette vie unique en lui, 2658. Cette vie unique se répand d'une manière incompréhensible dans toutes et dans chacune des formes, 2886 à 2889, et elle est diversifiée dans les objets selon leurs qualités, 2888. A cette vie unique correspondent des formes, qui sont des substances ou des organes, et telle est la manière dont ces organes correspondent à la vie, tels ils sont, 3484. Tous les anges, tous les esprits et tous les hommes, ne sont que des formes récipientes de cette vie unique, et la vie du Seigneur est appropriée d'après son amour et sa miséricorde envers tout le genre humain ; *montré*, 3742. La vie influe du Seigneur chez les anges, chez les esprits et chez les hommes d'une manière merveilleuse, 2886 à 2889, 3337, 3338, 3384, 3742. Cette vie unique, qui influe, fait que l'homme vit, et que non-seulement les bons vivent, mais aussi les méchants, 3001. A cette vie correspondent des récipients, qui sont vivifiés par cet influx divin, et même de telle sorte qu'il leur semble vivre par eux-mêmes, 3001, 3484, 3742. De même que sont les récipients, de même ils vivent, 3001. Cette vie est variée dans les sujets selon la réception, 5847, 5986, 6467. Tous vivent de la vie unique, et chacun autrement qu'un autre, 4321, 5847. Les méchants vivent de cette même vie, et aussi les enfers, 4321. Les méchants et les infernaux sont aussi des formes récipientes de la vie du Seigneur ; mais ou ils en rejettent le bien et le vrai, ou ils les étouffent, ou ils les pervertissent, 3743. Le tout de la vie influe du Seigneur ; il en est de cela comme de la lumière du soleil qui se répand dans tous les objets de la terre, 2888. Le principal de la sagesse et de l'intelligence des anges est de percevoir et de savoir que le tout de la vie vient du Seigneur, 4318.

Vie chez l'homme. L'homme ne vit pas par lui-même, mais il est un récipient de la vie, 3318. La vie apparaît comme dans l'homme, et non comme influant, parce que la cause principale, qui est la vie influant du Seigneur, et la cause instrumentale, qui est la forme récipiente, font une seule cause, qui est sentie dans la cause instrumentale, 3742, 4320, 6325. Si la vie chez chaque homme apparaît comme si elle était en lui, c'est d'après l'amour du Seigneur envers tout le genre humain, 4320. La vie qui influe du Seigneur chez l'homme est variée selon l'état de l'homme et selon la réception, 2069, 5986, 6472, 7343. Le tout de la vie chez l'homme influe du Seigneur par le ciel, 9276, *f.* Les choses qui appartiennent à la vie procèdent chez l'homme dans l'ordre qui suit : Du Seigneur procède la sagesse, par la sagesse l'intelligence, par l'intelligence la raison, par la raison sont vivifiés les scientifiques qui appartiennent à la mémoire ; tel est l'ordre de la vie, 121. Comment on peut saisir que le tout de la vie chez l'homme vient du Seigneur, 9128. Le tout de la vie appartient à l'amour et à l'affection, 1904, 9383. Chacun a la vie selon la forme des intérieurs, qu'il s'est acquise par le vouloir et le faire, le penser et le parler, 6468. La vie du langage vient de la pensée, et la vie des œuvres vient de la volonté, toutes deux viennent de l'intention ou de la fin, 5128. La vie des sens et des mouvements du corps dépend de la respiration des poumons, 371. Il ne peut exister aucune vie sans le sens, et la qualité de la vie est selon la qualité du sens, 4622. Sans l'influx du spirituel dans les parties organiques du corps, et sans la correspondance du spirituel et du naturel, il n'y a pas une seule partie du corps qui puisse avoir la vie, 3629. D'où vient l'apparence que la vie est dans le corps, lorsque cependant elle est dans les intérieurs, qui la tiennent du Seigneur qui seul est la vie, 6451.

La vie existe dans l'homme, telle qu'elle est reçue par lui, 6467, 6472.

Il y a vie réelle pour la première fois chez l'homme, alors que la vie de l'amour de soi et du monde est éteinte, 3610. On n'a la vie réelle que quand la vie antérieure, qui est la cupidité du mal et la persuasion du faux, a été éteinte, et alors pour la première fois il y a vie, 2889. Chez ceux qui sont dans les faux d'après le mal, il y a, non pas la vie réelle, mais la vie de la fantaisie, et une telle vie est chez ceux qui sont dans l'enfer, 4623, 10284, 10286. La vie est de vouloir le bien et de croire le vrai, et ceux qui veulent et croient ainsi sont appelés hommes vivants, mais la mort est de vouloir le mal et de croire le faux, ceux qui veulent et croient ainsi sont appelés hommes morts; *montré*, 7494. L'amour est le feu de la vie, et la vie elle-même en actualité vient de l'amour, 4906, 5071, 6032, 6314. La vie est l'intelligence du vrai et la volonté du bien, 4417. Comprendre le vrai et vouloir le bien, c'est la vie qui procède du divin, 4417.

Vie de l'homme. La volonté de l'homme est l'être même de sa vie, et l'entendement en est l'exister, 3619, 5002, 9282. Dans le penser et dans le vouloir est la vie de l'homme, parler et agir est la vie qui en résulte, 5847. La vie de la volonté est la principale vie de l'homme, et la vie de l'entendement en procède, 585, 590, 3619, 3742, 8885, 9282, 10076, 10109, 10110. Toute vie, tant de la pensée que de la volonté, vient du Seigneur, 4319, 4524. Tout ce qui constitue la vie de l'homme procède de son entendement et de sa volonté, la vie du bien appartient à la volonté, et la vie du vrai appartient à l'entendement, 10076,
10177, 10264, 10284. La lumière spirituelle et la chaleur spirituelle constituent la vie de l'homme; *illustré*, 6032. La vie de l'homme est selon les fins, 1909. Les fins déterminent la vie de l'homme, et en constituent la qualité, 4464. Les amours et les affections de l'homme font sa vie, 4464. L'influx du vrai divin procédant du Seigneur fait la vie intérieure de l'homme, 94. L'amour et la foi font la vie de l'esprit de l'homme, 10714. La vie de l'homme interne est distincte de la vie de l'homme externe, 1883. La vie de l'homme a été jointe d'un côté aux enfers, et de l'autre aux cieux, c'est-à-dire, au Seigneur par les cieux, 9715. Toute vie de l'homme vient du Seigneur par les sociétés des anges et des esprits, 8794. Il y a autant de degrés de vie dans l'homme qu'il y a de cieux, et ils sont ouverts après la mort selon sa vie, 3747, 9594. Les choses qui sont reçues par la volonté deviennent choses de la vie, 9386, 9393. Les choses qui deviennent choses de la vie s'évanouissent de la mémoire externe, 9394. Dans la Parole, il est dit quelquefois au pluriel « les vies, » c'est qu'il y a deux facultés de la vie, l'une qui est appelée entendement et appartient au vrai, l'autre qui est appelée volonté et appartient au bien, 3623. Ces deux vies ou facultés de la vie font une seule vie, quand l'entendement appartient à la volonté, ou quand le vrai appartient au bien, 3623.

Tous, même les plus méchants, ont la vie par le Seigneur, mais selon la réception, 2706. Vie des méchants; quelle elle est, et d'où elle vient, 1742. Ceux qui sont dans les maux, et par suite dans les faux, n'ont point la vie réelle; quelle est leur vie, 726, 4623, 10284, 10286. Les méchants tournent le bien en mal et le vrai en faux, car tel est l'homme, telle est la réception de la vie, 4319, 4320, 4417. Si la vie de l'amour de soi et du monde était ôtée aux méchants, ils seraient comme un enfant nouveau-né quant à toutes les choses de la vie; *expérience*, 2871. Combien la vie procédant du Seigneur est à charge pour ceux qui ne sont pas dans le bien de la charité; *exemples*, 6471. La vie du mal ferme tout chemin et toute communication avec le rationnel, 5128. La vie du mal éteint les vrais, 4674. Dans les amours de soi et du monde, il n'y a pas la vie, mais il y a la mort spirituelle, 7494, 10731, 10741. L'homme méchant intérieurement a pour plaisir de sa vie de faire le mal, et est en effort pour le faire, quoiqu'il apparaisse autrement à l'extérieur dans le monde, 7032. Chez les méchants les biens et les vrais, qui procèdent de la vie du Seigneur, deviennent des maux et des faux, 3743.

Vie spirituelle de l'homme. Il y a deux choses qui font la vie de l'esprit de l'homme; c'est l'amour et la foi, 10714. L'amour fait la vie de sa volonté, et la foi fait la vie de son entendement, 10714. L'amour du bien et par suite la foi du vrai font la vie du ciel; la vie du mal et par suite la foi du faux font la vie de l'enfer, 10715. La vie du ciel est celle qui est appelée vie éternelle, et la vie de l'enfer est celle qui est appelée mort spirituelle, 10596. La vie de l'enfer ne peut être transformée en une vie du ciel, 10749. La vie spirituelle, c'est aimer Dieu par-dessus toutes choses, et aimer le prochain comme soi-même, et la vie naturelle, c'est s'aimer et aimer le monde plus que le prochain et même plus que Dieu, 8549. La vie spirituelle consiste à être affecté des vrais pour le bien, et à être affecté du bien d'après les vrais, et enfin à être affecté des vrais d'après le bien, 9634. La vie spirituelle est acquise d'abord par savoir les vrais, ensuite par les reconnaître, et enfin par les croire, 8772. La vie spirituelle est acquise par les tentations, 8346. La vie spirituelle consiste dans les exercices selon les vrais, conséquemment dans les usages, 6119. La vie spirituelle vient non pas de l'interne, mais du Seigneur par l'interne, 6576. La vie chrétienne, qui est appelée vie spirituelle, est la vie selon les préceptes du Seigneur dans la Parole, 8257. La vie civile et morale est la vie selon les lois du juste et de l'honnête, 8257. La vie civile et morale fait que l'homme est citoyen du monde, et la vie spirituelle fait qu'il est citoyen du ciel, 8257. La vie spirituelle et la vie civile correspondent, et celle-là est représentée dans celle-ci, 4366. Ce que c'est que la vie de la piété, et ce que c'est que la vie de la charité, 8253; *voir* PIÉTÉ. La vie de la charité est la vie selon les préceptes du Seigneur, 10143, 10153, 10310, 10578, 10648. L'affection même du bien qui appartient à la charité et l'affection même du vrai qui appartient à la foi sont la vie spirituelle, 5561. La vie naturelle, ou de l'homme externe, sans la vie spirituelle est morte, 9075. Ce qui fait le ciel, c'est la vie du bien chrétien, et non la vie du bien naturel, 7197. Le bien naturel a seulement en soi la vie naturelle, et cette vie ne diffère point de la vie des bêtes, qui sont aussi dans le bien quand elles sont douces, 8772. La vie devient nouvelle quand le spirituel influe de l'interne, et agit par l'intérieur dans les choses qui sont dans le naturel, 5972. Aujourd'hui on vit de la vie naturelle, et cette vie, quand on l'a uniquement pour fin, excite le dégoût pour tout ce qui appartient à la vie spirituelle, 3881. Sans une vie active, point de félicité, 454. La vie de l'âme de l'homme, ou sa vie spirituelle, de laquelle il doit vivre durant l'éternité, est décrite dans la Parole par des choses qui appartiennent à la vie du corps, 9127. Dans la Parole, par la vie il est entendu la vie spirituelle, qui est l'intelligence et la sagesse, et en général le ciel et la félicité éternelle ; et par la mort il est entendu le contraire, 5407 ; *montré*, 5890. Le tout de la vie influe du premier Être de la vie, parce que toute chose a existé, non d'après soi, mais d'après des antérieurs à soi, ainsi toutes choses en général et en particulier d'après le Premier, 4523, 4524. Tous, au dedans de l'église, croient que la vie du mal et du faux vient de l'enfer, et que la vie du bien et du vrai vient du Seigneur, 2893 ; néanmoins l'homme ne croit point que la vie influe, 4249. Le tout de la vie se réfère au bien et au vrai, et au mal et au faux, au point que sans eux il n'y a rien de la vie, 2893, 4151. Les doutes sur l'influx de la vie procédant du Seigneur ne peuvent être éloignés, tant que règnent les illusions, l'ignorance et le négatif, 6479. La vie des méchants leur semble être la vie, mais c'est une vie qui est appelée mort spirituelle, 4417. La foi ne sauve point l'homme, mais ce qui le sauve, c'est la vie de la foi, qui est la charité, 2228,

Vie de l'homme après la mort. La vie après la mort est la continuation de la vie dans le monde, 6054. La vie humaine, depuis l'enfance jusqu'à l'extrême vieillesse, n'est autre chose qu'une progression du monde vers le ciel, et le dernier instant, qui est la mort, est le passage même, 3016. Vie après la mort, confirmée par des raisons, 4364, 4760. La vie après la mort est telle qu'ont été l'amour et la foi de l'homme, 2364, 10596. La vie de chacun le suit après la mort, 4227, 5060, 5387, 5718. La vie de l'homme après la mort est la vie de son amour et la vie de sa foi, 1056. La vie de l'homme ne peut être changée après la mort ; elle reste alors telle qu'elle a été, car l'esprit de l'homme est tout entier tel qu'est son amour, et l'amour infernal ne peut être changé en un amour céleste, puisque ces amours sont opposés, 10749. Ce que c'est que la vie qui reste après la mort ; ce n'est pas la vie externe, mais c'est la vie interne, 5128. Les externes de la vie sont tenus fermés après la mort, et les internes de la vie sont ouverts, 4314, 5128, 6495. Alors toutes et chacune des choses de la vie de chacun sont mises en évidence, et tout ce qui appartient en général et en particulier à la pensée se manifeste, 4633, 5128. L'homme, après la mort, apparaît tel qu'il avait été dans les intérieurs, et non tel qu'il avait été dans les extérieurs, 6495, *f.* La vie dans les extérieurs est obscure relativement à la vie dans les intérieurs, 6451 ; dans les extérieurs la vie est commune, existant par l'influx de plusieurs choses, et même de choses innombrables venant des intérieurs, 6451. Chacun, dans l'autre vie, peut facilement être mis dans un état qu'il a eu dans le monde, 3750. Chacun reçoit, dans l'autre vie, un sort conforme à sa vie, 7439. Tous, dans l'autre vie, sont consociés selon la vie, 8700. Si l'homme a vécu la vie de la charité et de l'amour, il peut être transporté jusque dans le troisième ciel, 5145.

La vie sensitive des esprits est double, à savoir, réelle et non-réelle; l'une a été distinguée de l'autre en ce que tout ce qui apparaît à ceux qui sont dans le ciel est réel, et que tout ce qui apparaît à ceux qui sont dans l'enfer est non-réel, 4623. Il ne peut y avoir qu'une seule vie véritable, d'où proviennent les véritables joies et les véritables félicités, 33. La vie angélique consiste à faire les biens de la charité, qui sont les usages, 454. Ce que c'est que la vie éternelle; c'est recevoir du Seigneur ce qui appartient à la vie, à savoir, l'intelligence et la sagesse du vrai et du bien, 5070. La vie et l'être ne sont que dans les choses qui procèdent du Seigneur; ainsi, qui sont éternelles, 726. La vie qui n'est pas éternelle n'est pas la vie, mais elle périt dans un espace de temps très-court, 726. La vie du ciel, qui est appelée la vie éternelle, n'est point introduite en l'homme immédiatement, mais elle l'est médiatement, 10578. Par la vie éternelle est entendue la félicité éternelle, 726, 5070. La vie éternelle, que posséderont les justes, c'est la vie procédant du bien, 5070.

VIEIL HOMME (le) doit mourir avec toutes ses convoitises, pour que l'homme devienne une nouvelle créature; ce qui est entendu par là, 9708.

VIEILLARD, *Senex.* Voir ANCIENS, *Seniores.* Le vieillard sign* le sage; et, dans le sens abstrait, la sagesse, 3183, 6523; c'est la sagesse dans laquelle il y a l'innocence, 3183. C'est le nouveau de la vie, 4620; *illustré* par l'expérience, 4676. Les anciens sont les choses principales de la sagesse, ainsi les choses qui concordent avec le bien, et les vieillards sont la sagesse; *montré*, 6524. « Depuis l'enfant jusqu'au vieillard, » ce sont les choses récentes et les choses confirmées, 2348.

VIEILLES FEMMES. Les personnes du sexe féminin qui sont mortes vieilles et décrépites, et qui ont vécu dans la foi au Seigneur, dans la charité à l'égard du prochain, et dans un amour conjugal heureux avec leur mari, viennent de plus en plus, après une succession d'années, dans la fleur de la jeunesse et de l'adolescence, et parviennent à une beauté qui surpasse toute idée de beauté perceptible à la vue, 553. Ceux qui ne veulent et ne reconnaissent que le sens de la lettre de la Parole sont représentés dans le monde spirituel par une vieille décrépite, 1774.

VIEILLESSE, *Senectus.* Ce que c'est que la vieillesse dans le sens interne, 1854, 2198. La vieillesse, c'est la fin de la représentation, 6257. La vieillesse, c'est dépouiller l'humain, 2198, 3016. La vieillesse, c'est l'action de dépouiller un état antérieur, et celle de revêtir un état nouveau, 3492, 4676. La vieillesse, c'est dépouiller le vieux et revêtir le nouveau, et c'est le nouveau de la représentation, 3254; c'est le nouveau de la vie, 4620; *illustré*, 5804. Ce que c'est qu'être enseveli dans une bonne vieillesse, 1854. La vieillesse d'Abraham représente l'état dans lequel le Seigneur devait dépouiller l'humain et revêtir le divin, 2624. L'homme a été créé de manière qu'à proportion qu'il s'avance vers la vieillesse il devienne comme un enfant, et qu'alors l'innocence soit dans la sagesse, et afin que l'homme en cet état passe dans le ciel et devienne ange, 3183. Ceux qui sont morts dans une bonne vieillesse sont continuellement conduits par le Seigneur dans une vie plus parfaite, et enfin dans la fleur de la jeunesse, 4676; par suite la vieillesse *sign.* la vie, 4676.

VIEILLESSE BLANCHE, *Canities.* La blanche vieillesse, c'est le dernier de l'église; *montré*, 5550, 5832.

VIEILLIR, *Senescere.* C'est la présence d'un état nouveau, 3492. L'homme a été créé de manière que, lorsqu'il vieillit et devient comme enfant, l'innocence de la sagesse se conjoigne avec l'innocence de l'ignorance qu'il avait eu dans l'enfance, et qu'il passe ainsi dans l'autre vie comme un véritable enfant, 5608, *f*.

VIERGE, *Virgo.* C'est l'affection du bien, ainsi l'église céleste, 2362. C'est l'affection du bien, 3067, 3110, 3179, 3189, 6721, 6742; et aussi l'église, 3963, 4638, 6729, 6775, 6779. La vierge est le royaume du Seigneur et l'église, particulièrement l'église céleste; et aussi l'église spirituelle; et les vierges se disent de l'amour conjugal, ainsi de l'innocence, 3081. Les vierges *sign.* ceux qui sont de l'église, 4638, *c*. Les vierges, que les prêtres devaient prendre pour épouses, représentaient et par suite signifiaient l'affection du vrai, 4844. La parabole des dix vierges, dans Matth. — XXV. 1 à 14, — est expliquée, 4635 à 4638. Dans Amos, — VIII. 13, — les belles vierges *sign.* ceux qui sont dans les affections du bien, et les jeunes hommes ceux qui sont dans les affections du vrai, 8568. Dans le très-grand homme, ce sont de chastes vierges qui constituent la province des capsules rénales, 5391. Ceux qui veulent et reconnaissent le sens de la lettre de la Parole, et en même temps le sens spirituel, sont représentés dans le monde spirituel par une vierge décemment vêtue, 1774. Par les vierges que les grecs appelaient Grâces, ils entendaient les affections du bien, et par les vierges qu'ils appelaient Héliconides ou Parnassides, ils entendaient les affections du vrai, 4966; par les neuf vierges qu'ils appelaient Muses, ils entendaient les sciences, 7729. Vierges appelées Vestales, 6832.

VIGILANT, *Vigil.* Quand l'homme commence à savoir que ce n'est pas par lui-même qu'il vit, pense, parle et agit, il se réveille comme d'un sommeil et devient vigilant, 147.

VIGNE, *Vinea.* Voir CEP, VIN et RAISIN. Ce que les vignes représentent et signifient, 3220. Les vignes *sign.* l'église spirituelle, et les vrais de cette église, 1069, 9139. La vigne et le cep, c'est l'église spirituelle, parce que le vin *sign.* le spirituel du ciel, 1069, 9139; ainsi la vigne est l'église quant au vrai, par suite aussi le vrai de cette église, 9139. Ce que c'est que le spirituel du ciel et de l'église; *voir* CIEL, ÉGLISE et SPIRITUEL. La vigne *sign.* le bien spirituel qui est le bien de la charité à l'égard du prochain, 9277. La vigne, c'est où il y a la doctrine ou la religion, 5117, *f*. Planter des vignes, c'est cultiver les choses qui sont de l'église spirituelle, 5117. Quand les anges s'entretiennent de choses qui appartiennent à l'intelligence et à la sagesse, ainsi de choses qui appartiennent au vrai d'après le bien, il y a, dans les sociétés correspondantes des esprits, représentation de paradis, de jardins, de vignes et de forêts, 3220, 9841.

VII. L'homme, quand il naît, est l'être le plus vil entre tous les animaux et toutes les bêtes, 987. Le dernier naturel et le corporel, c'est ce qu'il y a de plus vil chez l'homme, 1748, f. Les mauvais esprits qui sont chez l'homme, et par lesquels l'homme communique avec l'enfer, ne le considèrent que comme un vil esclave, 2890. Ceux qui ont placé le culte seulement dans les externes remplissent des usages vils dans l'autre vie, 1097, 1103. Les esprits infernaux doivent même remplir un usage, mais les usages qu'ils remplissent sont les plus vils; *illustré*, 1097.

VILLAGE, *Villa*. Les villages, parce qu'ils sont hors des villes, *sign.* les externes de l'église, 3270.

VILLE, *Urbs.* Voir CITÉ, *Civitas.* Dans l'ancienne église, les villes n'étaient pas des villes telles que celles qui ont existé plus tard et qui existent aujourd'hui; c'étaient des cohabitations de familles séparées; la famille d'un même père constituait une ville, par exemple, la ville de Nachor, 2943. Anciennement, les villes n'étaient autres que des familles qui habitaient ensemble, et plusieurs familles n'étaient autres qu'une nation, 1358. La ville est le doctrinal vrai, et aussi le doctrinal hérétique, 402. Les villes sont les doctrinaux, 2449, 3216, 5297. Les villes *sign.* les intérieurs du mental naturel, 5277. Les villes sont les vrais, l'habitant est le bien, 2268, 2451, 2712. Dans la Parole, quand il est dit les hommes de la ville, ce sont les vrais, et quand il est dit les habitants de la ville, ce sont les biens, 3066. Les villes, lorsque par elles il est entendu les habitants, *sign.* aussi les biens, et dans le sens opposé les maux, 4555. Dans la Parole, il est dit que les villes sont détruites, quand les faux prennent la place des vrais, 2449. On semait autrefois du sel sur les villes détruites, afin qu'elles ne fussent pas rebâties; c'est parce que le sel *sign.* la vastation, et les villes les doctrinaux du vrai, 2455. Bâtir les villes dévastées, c'est rectifier les doctrinaux du vrai qui avaient été falsifiés, 5117. Une ville vide, ou sans habitants, *sign.* le vrai dans lequel il n'y a pas le bien, 2451. Ce qui est dans la ville et ce qui est dans le champ *sign.* tout vrai et tout bien de l'église, 4507. Ville contre ville *sign.* les hérésies combattant les unes contre les autres, 2547. La ville de sangs, — Nah. III. 1, — *sign.* la doctrine du faux, 6978. Dans Jérémie, — XXXIII. 13, — les villes de la montagne *sign.* les doctrinaux de la charité, et les villes de la plaine les doctrinaux de la foi, 2418. Les villes de dépôts à Pharaon *sign.* les doctrines d'après les vrais falsifiés, 6661. La ville des marchands d'aromates *sign.* où il y a la doctrine du vrai intérieur, 10199. La porte de la ville *sign.* la doctrine par laquelle se fait l'introduction dans l'église, 2943, 4477, 4478; c'est pour cela que les anciens siégeaient à la porte de la ville et y jugeaient, *ibid.*

Villes et palais qui sont vus dans l'autre vie, 1626, 1627. Quand les anges ont des conversations sur les doctrinaux, des villes et des palais sont représentés dans la sphère inférieure correspondante, 3216. D'une ville appelée la Jérusalem souillée, 940. D'une autre ville de Jérusalem entre la géhenne et l'étang, 941.

VIN. Le vin, en général, *sign.* le bien de la charité, 6377. Il signifie aussi le bien de l'amour mutuel; le bien de la foi; le divin vrai d'après le divin bien du Seigneur, 6377. Dans la sainte cène le vin est le bien de la foi, et le pain le bien de l'amour, 10521. Le vin correspond à l'amour spirituel, et le pain à l'amour céleste, 5360. Quand il s'agit du Seigneur, le vin *sign.* le divin vrai procédant de son divin bien, 1071, 1798. Le vin de libation *sign.* le vrai de la foi procédant du bien de l'amour, 5943. Le vin est appelé sang du raisin, — Deutér. XXXII. 14, — parce qu'ils signifient l'un et l'autre le vrai procédant du Seigneur; mais le vin se dit de l'église spirituelle, et le sang se dit de l'église céleste, 5117. L'huile et le vin *sign.* le bien et le vrai de ce bien, 6708. Le vin est l'amour à l'égard du prochain, et le lait est la foi, 6377. Le moût est le vrai et le blé est le bien, l'un et l'autre dans l'homme naturel, 3580. Le vin est le vrai d'après le bien, et dans le sens opposé le faux d'après le mal, 8481, 10031. De même que le vin rend insensé, de même aussi le faux, 5120. La sphère de ceux qui sont dans le bien de la charité et de la foi est perçue parfois, dans l'autre vie, comme une odeur de vin, 1517.

VINGT. Ce nombre étant le double de dix, *sign.*, comme dix, les restes (*reliquiæ*), 2280. Vingt *sign.* aussi le bien de l'ignorance, et ceux qui ont ce bien; *montré*, 2280; *voir* VINGTIÈME. Vingt *sign.* ceux chez qui il y a l'état de l'affection du bien, 2141. Vingt, quand ce nombre se dit du Seigneur, ce sont ses propres, 4176. Vingt, c'est le saint, et aussi le non saint; *montré*, 4759. Vingt, c'est le plein; puis, de toute manière, et absolument, 9641 Vingt *sign.* plusieurs choses dont il est parlé, 10222. Vingt, quand il s'agit des années de l'âge, c'est l'état de l'intelligence; *illustré* et *montré*, 10225. Vingt ans *sign.* les états du propre, 4168.

VINGTIÈME. Le bien de l'ignorance existe chez l'homme depuis la dixième année de son âge jusqu'à la vingtième année, 2280. A partir de la vingtième année l'homme commence à devenir rationnel, et à avoir la faculté de réfléchir sur le bien et le vrai, et à s'acquérir le bien de l'intelligence, 2280. De la cinquième année à la vingtième, quand il s'agit de l'âge de l'homme, c'est l'état de l'instruction et de la science; et depuis la vingtième année jusqu'à la soixantième, c'est l'état de l'intelligence, 10225.

VINGT ET UN. Ce nombre *sign.* le saint, parce qu'il vient de trois multiplié par sept, 7842. *Voir* TROIS et SEPT.

VINGT ET UNIÈME (le) jour, c'est l'état saint, 7903. *Voir* VINGT ET UN et JOUR.

VINGT-HUIT. Ce nombre, parce qu'il vient de sept multiplié par quatre, *sign.* le saint de la conjonction, 9600. *Voir* SEPT et QUATRE.

VINGT-QUATRE. Ce nombre *sig.*, comme douze, toutes les choses du vrai et de la foi dans un seul complexe, 5313. *Voir* DOUZE.

VINGT-QUATRE MILLE. Même signification que vingt-quatre; ce sont tous les vrais et tous les biens du vrai dans le complexe, 10652.

VINGT-SEPTIÈME (le) jour, *sign.* un état saint, parce que le nombre vingt-sept vient de trois multiplié deux fois par trois, 901. *Voir* TROIS.

VIOLENCE (la) est la force employée contre la charité, 6353. La violence est la destruction de la charité; *montré*, 6353. Les instruments de violence sont les choses qui servent à détruire la charité, 6353. La violence se dit des choses qui appartiennent à la volonté, quand elle est dévastée, 621; elle se dit par conséquent des volontaires, ainsi de cupidités infâmes, 623. Être un témoin de violence, c'est affirmer contre le bien de la charité, 9250.

VIOLENT (le), c'est celui qui emploie la force contre la charité, 6353. Le fils violent et qui répand le sang, — Ézéch. XVIII. 10, — *sign.* celui qui détruit la charité et la foi, 6353. Les violents des nations, — Ézéch. XXVIII. 7, — *sig.* les maux, 2967.

VIOLER *sign.* pervertir, 9348. Violer le sens interne de la Parole, c'est nier les choses qui sont les principales de ce sens; à savoir, le divin humain du Seigneur, l'amour envers lui et l'amour à l'égard du prochain, 3454. Violer les veuves, — Ézéch. XIX. 7, — c'est pervertir les biens qui désirent les vrais, 9348. « Les épouses seront violées,» — Ésaïe, XIII. 16, — *sign.* que les biens du vrai seront pervertis par les maux du faux, 8902.

VIPÈRE (la) *sign.* un genre de mal ou de haine en rapport avec son venin, 251. Le serpent peut seulement blesser les naturels infimes, mais il ne peut, à moins que ce ne soit une espèce de vipère, blesser dans l'homme les naturels intérieurs, 259. Les vipères *sign.* la malice, l'astuce et la fourberie, 6398. Les vipères, ce sont les fourbes, 9013; ce sont les plus fourbes, 5608. Sont appelés par le Seigneur race de vipères ceux chez qui le faux est intérieurement caché dans les vrais qu'ils prononcent, et le mal dans les biens qu'ils font, 9013. « L'enfant qui tette jouera sur le trou de la vipère, » — Ésaïe, XI. 8, — *sign.* qu'il ne peut arriver rien de mal à ceux qui sont dans l'innocence, 5608. Dans l'autre vie, les fourbes examinés par les anges apparaissent comme des serpents, et les plus fourbes comme des vipères, 4533.

VISAGE, *Vultus. Voir* FACE. Le visage est un type des intérieurs, 3527. Le visage *sign.* les états des pensées et les états des affections, 4066.

VISCÈRES, *Viscera. Voir* ENTRAILLES. Les choses qui sont au dedans du corps, et qu'on nomme viscères, reçoivent les fibres qui partent du cervelet; de là l'homme n'a point le sens de ces viscères, et ils ne sont point sous l'arbitre de sa volonté, 4325; *voir* CERVELET. Les viscères intérieurs, vers lesquels l'atmosphère aérienne ne peut point entrer, sont contenus dans un enchaînement et dans une forme par un air plus subtil, qui est appelé éther, 6057. Les viscères qui sont chez l'homme signifient des choses qui y correspondent dans le monde spirituel ou très-grand homme, 10030. De la correspondance des viscères intérieurs avec le très-grand homme, 5174 à 5189, 5377 à 5396. Chacun des viscères correspond à des sociétés dans le ciel, 3630, 4222. Un viscère entier correspond à des sociétés qui dans le très-grand homme sont plus universelles, et les parties du viscère et les parties de parties à celles qui sont moins universelles, 4625.

VISCOSITÉS, *Viscosa*. Les viscosités du sang ont leur rapport avec ceux qui méprisent, tournent en ridicule, blasphèment et profanent la Parole, 5719. Les esprits qui ont leur rapport avec les viscosités du cerveau excitent des scrupules de conscience, et les insinuent dans des choses absolument étrangères à la conscience, 5724. Qui sont et quels sont ceux qui ont leur rapport avec les parties les plus visqueuses du cerveau, lesquelles en sont les excrémentitiels, 5717.

VISIBLE. L'homme n'est point visible pour les esprits, et les esprits ne sont point visibles pour l'homme, 5862. L'autre monde, qui est invisible aux yeux du corps terrestre, est visible aux yeux du corps spirituel, et il est dans une lumière qui surpasse mille fois la lumière de midi dans le monde; d'après l'*expérience*, 8939; le monde spirituel s'y présente visible, en ce que les représentatifs y sont des externes figurés selon les états des intérieurs, 10194. Dans l'autre vie, les vrais et les biens se présentent visibles; comment? 8458.

VISION, *Visio*. Des visions et des songes, et aussi des visions et songes prophétiques qui sont dans la Parole, 1966 à 1983. Il y a peu de personnes qui sachent comment s'opèrent les visions, et quelles sont les visions réelles, 1966. Comment existent les visions par des fantaisies qui sont des illusions; ceux qui les ont sont des visionnaires, 1967. Visions des esprits enthousiastiques; quelles elles sont, et d'où elles viennent, 1968. Il y a visions réelles ou choses vues, lorsque la vue intérieure est ouverte, et que les choses qui sont dans l'autre vie sont vues, 1970. Les visions qui existent devant les bons esprits sont les représentatifs des choses qui sont dans le ciel, 1971. Quant à ce qui concerne les visions, ou plutôt les vues, qui apparaissent devant les yeux de l'esprit et non devant les yeux du corps, elles sont de plus en plus intérieures; d'après l'*expérience*, 1972. Les visions sont d'autant plus parfaites qu'elles sont plus intérieures, 1786. De deux visions : Guirlandes verdoyantes; jeux d'enfants, 1974. Visions des prophètes : Elles n'étaient autre chose que l'ouverture de leur vue intérieure, 1532, 1619, 1626. Les visions sont selon l'état de l'homme, 1786. Deux visions extraordinaires : La première, qui consiste à être détaché du corps, et ne savoir si on est dans le corps ou hors du corps, 1883; la seconde, à être emporté par l'esprit dans un autre lieu, 1884. En ce qui concerne Swedenborg, il y a eu, non pas des visions, mais des choses vues en pleine veille du corps, 1885. Vision dans laquelle étaient représentés des oiseaux d'une couleur sombre et d'une forme laide, puis des oiseaux nobles et beaux, pendant qu'on s'entretenait sur l'influx des pensées; et alors des esprits, qui étaient dans les faux, tombaient d'une société angélique, 3219. Comment, dans une des terres du ciel astral, la vision divine est distinguée de la vision non-divine, 10833. La vision devant ceux dont les intérieurs ont été fermés est absolument différente de la vision devant ceux dont les intérieurs ont été ouverts, 1786.

Dans la Parole, une vision de nuit *sign.* une révélation obscure; *montré*, 6000. La vision de vanité *sign.* une révélation fausse, 9248. Quand il s'agit des prophètes, la divination est la révélation concernant la vie, et la vision est la révélation concernant la doctrine, 9248.

VISIONNAIRES. Ce sont ceux qui se livrent beaucoup aux fantaisies et sont malades d'esprit, et qui par suite sont devenus crédules, 1967. *Voir* VISION.

VISITATION ou VISITE, *Visitatio*. Le dernier temps d'une église dans le commun, et de chaque homme dans le particulier, est appelé dans la Parole la visite, 2242. La visite précède toujours le jugement, 2242, 2318, 2323. La visite n'est autre chose que l'examen de la qualité, à savoir, de ce qu'est l'église dans le commun ou l'homme dans le particulier, 2242. La visite se dit tant de l'église nouvelle qui naît que de la vieille église qui expire, et tant de l'homme qui est sauvé que de l'homme qui est damné, 6588. La visite ne vient point avant que le mal ait été consommé, c'est-à-dire, tant qu'il reste encore quelque bien et quelque vrai de la foi, 1857. La visitation se fait dans l'autre vie où sont ensemble tous ceux qui ont été d'une église depuis son commencement jusqu'à sa fin, 10622. Quand la visitation se fait, tous ceux qui sont dans le mal sont rejetés, et tous ceux qui sont dans le bien sont reçus, 10622. La visite, c'est l'avénement du Seigneur dans le monde, et par suite la salvation, 7066. Le jour de la visitation, c'est le dernier temps de l'église, et l'état de chaque homme après la mort; comment se fait la visitation, 10509, 10810. La visite, c'est le rejet et la damnation des méchants, 10623.

VISITE. *Voir* VISITATION.

VISITER, *Visitare*. C'est délivrer; et, dans le sens opposé, c'est condamner, 6588. C'est l'avénement du Seigneur vers ceux qui sont de l'église spirituelle, 6895; et la damnation de ceux qui sont dans les maux et dans les faux du mal, 10623. Par visiter il est entendu délivrer des faux, et ainsi initier dans les choses qui appartiennent à l'église et au royaume du Seigneur, 6895, *f*. Par visiter l'iniquité des pères sur les fils, dans le sens le plus proche, il n'est pas entendu que les fils porteront la peine de leurs pères, cela est contre l'ordre divin; mais il est entendu que le mal s'accroît chez les pères, et passe ainsi par l'héréditaire dans les enfants, et que par suite il y a successivement accumulation du mal, 8876; mais dans le sens spirituel, cela signifie la prolification du faux d'après le mal continuellement, 8876. Ce que signifie « Jéhovah visita Sarah, » 2616; c'est la présence du divin céleste dans le divin spirituel, 2616.

VISQUEUX, *Viscosum*. Esprits qui ont leur rapport avec les parties les plus visqueuses du cerveau, et savent les imprégner d'une sorte de venin, 5717. *Voir* VISCOSITÉS.

VITAL (le), *Vitale*. L'amour est le vital même de l'homme, 4906. Ce vital vient de la chaleur spirituelle, qui est l'amour, 4906. La flamme du soleil spirituel est l'igné vital même qui remplit de chaleur les intérieurs de l'homme, 6832;

c'est de là que vient tout le vital chez l'homme, 5071, 5097. Les cinq sens externes du corps de l'homme constituent tout le vital du corps, 5077. Le bien du naturel sans le scientifique est seulement un vital tel que chez les petits enfants, 3293. Dans la haine, il y a une sorte de vital, et ce vital fait que l'homme qui est dans la haine sait à peine autre chose sinon que c'est un bien, 1860.

VIVANT, *Vivens*. Est appelé vivant tout ce qui a reçu du Seigneur la vie, 1026. Tout ce qui est vivant chez l'homme vient de l'amour céleste, 1436. Tout spirituel est vivant, parce qu'il procède du Seigneur, 7847. Le vivant qui apparaît dans les choses du monde naturel ne vient d'autre part que du monde spirituel, c'est-à-dire, du Seigneur par le monde spirituel, 5079. Comment, dans l'autre vie, apparaît le vivant, et comment apparaît le mort, 671. Est vivant en soi tout ce qui procède du Seigneur, 3344. Est vivant en soi tout ce qui vient de la Parole, 8943. Les choses qui sont dans l'autre vie ont en elles-mêmes le vivant que n'ont point celles qui sont proprement du monde naturel, 5079. Tout homme, en raison de ce qu'il y a de vivant chez lui, est appelé âme vivante, 1050. L'âme vivante, c'est tout ce qui vit par le Seigneur chez l'homme régénéré, 1026. Le ciel, qui vit par le Seigneur, est appelé la terre des vivants, 290. Ceux qui ont la foi envers le Seigneur sont aussi appelés les vivants, 290.

VIVIFICATION (la), *Vivificatio, sig.* la vie spirituelle ou la vie nouvelle par la régénération, 5890. Vivification du vrai, 6013. Vivification de la Parole par le Seigneur, 1771,

1776. Vivification du propre de l'homme par les tentations, 731.

VIVIFIER, *Vivificare*. Faire vivre ou vivifier, c'est gratifier de la vie spirituelle; *montré*, 5890, 5898, 6161, 9189. Vivifier, c'est conserver, 6680. Ne point vivifier, c'est priver de la vie spirituelle, 9189. Sont dits vivifiés ceux qui reçoivent la foi envers le Seigneur, 290, 726. Quand la lumière du ciel tombe chez l'homme dans les choses qui viennent de la lumière du monde, elle les vivifie et fait que l'homme voit les objets intellectuellement, 5114. C'est le bien de la charité et le vrai de la foi qui vivifient l'homme, 6231. Le divin bien céleste par le divin vrai qui en procède vivifie toutes choses, et il vivifie selon la qualité de la réception, 10262.

VIVRE, *Vivere*. Voir VIE, VIVANT. Nul ne vit par soi-même excepté le Seigneur, 6325. L'homme ne vit pas par lui-même, mais il est un organe récipient de la vie, 3318; *illustré* par cela que le bien et le vrai influent du Seigneur, et que le mal et le faux influent de l'enfer, 4151. L'homme a été créé de manière que dans ses intimes, et par suite dans toutes les choses qui suivent en ordre, il puisse recevoir le divin, être élevé vers le divin, et être conjoint au divin par les biens de l'amour et par les vrais de la foi, et que par conséquent il vive éternellement, ce qui n'a pas lieu pour les bêtes, 5114. Vivre éternellement, c'est aussi vivre dans la damnation, ou vivre la vie de la mort, 304. L'homme vit par le Seigneur au moyen des biens et des vrais de la doctrine, 2536. L'homme interne est celui qui vit, et qui fait que l'homme externe vit, 3. Chez l'homme rien ne vit que son âme, car le corps sans l'âme ne vit point, 10125. Ce qui est intime est dans les dérivés l'unique chose qui vive essentiellement, 10011. Autant l'homme reçoit du divin, autant il vit, 10011. Les méchants aussi vivent par le Seigneur, mais leur vie est la mort spirituelle; *montré*, 4417. Les méchants ne veulent pas être convaincus qu'ils ne vivent pas par eux-mêmes, 3743. Autant l'homme vit selon l'ordre, ainsi dans le bien selon les vrais divins, autant alors il est homme et a en lui l'église et le ciel, 4839, 6605, 8067. Chez chaque homme il y a des esprits de l'enfer, et il y a des anges du ciel; sans eux l'homme ne peut nullement vivre, 9715. L'homme ne pourrait pas vivre un seul moment, si l'influx provenant du monde spirituel lui était ôté, 2887, 5849, 5854, 6321. Sans une communication avec les enfers par le moyen des esprits qui en proviennent l'homme ne peut pas vivre, 5093. Sans une communication d'une part avec l'homme interne et de l'autre avec l'homme externe, l'homme ne peut vivre ni par la raison, ni par le corps, 3293. Lorsque les anciens disaient: « En Dieu nous nous mouvons, nous vivons et nous sommes, » par se mouvoir ils entendaient l'externe de la vie, par vivre l'interne, et par être l'intime, 5606, *f*. Ceux qui vivent selon le divin vrai du Seigneur sont illustrés dans l'autre vie, 9410, *f*. Ceux qui vivent la vie de l'amour et de la charité ont en eux une sagesse angélique, mais cachée dans les intimes de leur mémoire intérieure, 2494. Ceux qui vivent la vie de la foi et de la charité sont régénérés, sinon dans le monde, du moins dans l'autre vie, 989, 2490. Celui qui vit dans le bien, et qui croit que du Seigneur procèdent le vrai, le bien et la vie, celui-là peut être gratifié du bien céleste, 2892. Les lumières et les chaleurs chez l'homme, chez l'esprit et chez l'ange, vivent d'après l'influx de la vie du Seigneur, 3337, 3338. Perception de la douceur et de la paix qu'éprouvent les anges, de ce qu'ils vivent non d'après eux-mêmes mais d'après le Seigneur, 6469. Tous les langages vivent par la vie du Seigneur, mais selon les degrés dans lesquels sont les langages, 3344.

Vivre selon l'ordre, c'est vivre dans le Seigneur, car le Seigneur lui-même est l'ordre, 8512. Vivre selon les préceptes du Seigneur, c'est croire en lui et l'aimer; *montré*, 10645, 10829. Vivre selon les vrais, 10129. Vivre la vie du ciel, 8747. Vivre éternellement, c'est être conjoint à Dieu, 10591.

Dans la Parole, par vivre il est entendu la vie spirituelle, qui est l'intelligence et la sagesse, et en général le ciel et la félicité éternelle, 5407. « Vive Pharaon, » c'est une formule d'affirmation; ainsi, pour affirmer que la chose est certaine, 5449. Le sens littéral de la Parole vit par le sens interne, 8943.

VIVRES, *Annona*. Les vivres *sig.* les vrais de l'église ou les vrais qui appartiennent à la foi, 5402, 5462. L'abondance de vivres *sign.* la multiplication du vrai ou le vrai multiplié, 5276, 5292, 5402. Des vivres chargés sur des ânes *sign.* des vrais portés ensemble dans les scientifiques, 5492.

VOCIFÉRATION ou clameur, *Vociferatio*. Entendre la voix du peuple en sa vocifération, — Exod. XXXII. 17, — c'est examiner et apercevoir ce qu'étaient les intérieurs de la nation israélite, 10454.

Vœu, *Votum.* Dans les temps anciens, les vœux étaient des pactes singuliers, surtout pour reconnaître un Dieu pour son Dieu s'il pourvoyait aux choses qu'on désirait, 3732. Vouer un vœu, c'est, dans le sens interne, vouloir que le Seigneur pourvoie ; et, dans le sens suprême, c'est que le Seigneur pourvoit ; *illustré,* 3732, 4091.

Voici, *Ecce, sign.* l'aperception, 6764. Me voici *sign.* l'audition, 6842 ; — *sign.* la présence, 3495. Quand le Seigneur, ayant la couronne d'épines sur la tête, a dit : « Voici l'homme, » cela signifiait : Voici le divin vrai tel qu'il est aujourd'hui dans l'église, 9144.

Voie, *Via. Voir* Chemin.

Voie de femmes, *Via feminarum. Voir* Menstrues.

Voile, *Velum.* Se couvrir d'un voile, c'est obscurcir le vrai, 4859 ; et retirer le voile, c'est dissiper cet obscur, 4883. Les vrais rationnels sont comme un voile pour les vrais spirituels, 2576. Des voiles de la tente et du temple ; il y en avait trois, 2576 : Le premier, qui faisait la séparation entre le saint et le saint des saints, représentait les apparences proches et intimes du bien et du vrai rationnels, dans lesquelles sont les anges du troisième ciel, 2576 ; le second voile ou la tapisserie pour la porte de la tente, représentait les apparences du bien et du vrai, inférieures aux précédentes, ou les moyennes du rationnel, dans lesquelles sont les anges du second ciel, 2576 ; le troisième voile, ou la tapisserie pour la porte du parvis, représentait les apparences du bien et du vrai encore plus inférieures, ou les infimes du rationnel, dans lesquelles sont les anges du premier ciel, 2576. Le voile entre le saint et le saint des saints est le médium unissant le ciel intime et le ciel moyen, 9670. Le voile pour l'entrée de la tente est le médium unissant le ciel moyen et le dernier ciel, 9686. Quelle chose était représentée quand Moïse retirait le voile de dessus ses faces, et quelle chose quand il ramenait le voile sur ses faces, 10703, 10706. Moïse couvrit sa face à cause de la radiation de sa peau ; il représentait ainsi le vrai qui était caché pour les Israélites, 4859. Les Juifs aussi dans les synagogues se couvrent de voiles, 4859. Le voile du temple déchiré en deux, quand le Seigneur souffrit le supplice de la croix, signifiait la glorification de son humain ; pareille chose était signifiée, — Lévit. XVI, — quand Aharon entrait en dedans du voile, ce qui est expliqué, 9670. Le voile sous les agrafes *sign.* la faculté de la conjonction, et par suite l'actualité, 9678. Quelles sociétés angéliques correspondent au voile ; ces sociétés sont celles qui sont appelées Joseph et Benjamin, 9671. Le voile, dont les fiancées se couvraient la face, quand pour la première fois elles voyaient le fiancé, *sign.* les apparences du vrai, 3207 et 4859. Peine du voile ; quelle elle est, et à qui elle est infligée, 963. Autre genre de la peine du voile ; entortillement dans un drap, 964.

Voiler. Le divin vrai a été accommodé selon la conception de chacun, et voilé comme d'une nuée, même chez les anges, et ce voile chez les esprits apparaît comme une nuée, dont la densité ou la ténuité est selon la réception de chacun, 9433. Pour qu'ils ne soient point blessés par l'influx de la chaleur procédant du Seigneur comme soleil, les anges sont voilés, chacun en particulier, d'une sorte de nuée légère et convenable, par laquelle est tempérée la chaleur qui influe de ce soleil, 6849. La présence du divin est comme un feu dévorant pour ceux qui n'ont point été voilés, 8838. Moïse voilait ses faces toutes les fois qu'il parlait aux fils d'Israël ; cela représentait que le vrai interne leur avait été caché, et ainsi obscurci, au point qu'ils ne supportaient rien de la lumière qui en provient, 4859, *f.*, 6752, 10600, 10701. Voiler les faces, — Ézéch. XII. 12, — *sign.* afin que le vrai ne soit nullement vu, 5044.

Voir, *Videre*. Personne ne peut voir le divin même, 1990, 10579. Personne ne peut voir Dieu et vivre ; pourquoi ? 8946 ; cela signifie que le divin même ne peut être vu tel qu'il est en soi, mais qu'il peut être vu tel qu'il est au moyen du Seigneur dans le ciel, 10579. Les anciens craignaient de voir Dieu, 6849. On ne peut voir Dieu autrement que d'après les choses qu'on a en soi ; ainsi, celui qui est dans la haine le voit d'après la haine, celui qui est sans miséricorde le voit sans miséricorde, et *vice versâ*, 8819. Il est impossible par la lumière naturelle de voir les choses qui appartiennent à la lumière spirituelle, cela est contre l'ordre ; mais il est selon l'ordre qu'on voie par la lumière spirituelle les choses qui sont dans la lumière naturelle, 5008 *f*. Les choses qui sont dans l'autre vie ont été vues des yeux de l'esprit de Swedenborg, et non des yeux de son corps, 4622. L'homme par son esprit peut voir les choses qui sont dans le monde spirituel, s'il peut être détaché des sensuels qui sont du corps, et être élevé dans la lumière du ciel par le Seigneur, 4622. Voir, quand il s'agit des représentatifs qui apparaissent dans le ciel, c'est voir par les yeux de l'esprit, 9577. Ce que c'est que voir par les yeux de l'esprit, 9577. L'interne peut voir toutes choses dans l'externe ; mais non *vice versâ*, 1914, 1953, 5427, 5428, 5477. La sagesse consiste à voir et à percevoir si une chose est un vrai avant de la confirmer, et non à confirmer ce qui est dit par d'autres, 1017, 4741, 7012, 7680, 7950. Voir et percevoir si une chose est un vrai, avant de la confirmer, cela n'est donné qu'à ceux qui sont affectés du vrai pour le vrai, 8521, 8780. Celui qui pense voir les vrais de la foi autrement que par les biens de l'amour et de la charité se trompe lourdement, 859. D'après le bien le mal peut être vu, et d'après le vrai le faux peut être vu, mais non *vice versâ*, 9128.

Voir par l'intérieur, c'est voir par le Seigneur, 9128. Ceux-là voient par l'intérieur, qui sont dans la foi et dans la charité, parce qu'ils voient par le Seigneur, mais non ceux qui sont dans le mal et dans le faux ; *illustré*, 9128. Dans les sensuels qui appartiennent au naturel extérieur, l'homme voit les intérieurs, à peu près de la même manière qu'il voit les affections sur la face et des affections plus intérieures encore dans les yeux, 5165. Le sensuel de la vue chez l'homme a la vie par l'intellectuel, parce que l'intellectuel voit par la lumière du ciel, 5114. Le naturel de l'homme, ou son mental naturel, ne voit par lui-même aucune chose en avant, son action de voir en avant provient de l'intérieur, qui voit en avant dans l'extérieur, à peu près comme un homme se voit en avant dans un miroir, 5286. Ce qui ne peut être ni vu, ni entendu, ne peut pas non plus entrer dans aucune idée de la pensée, ni dans aucune affection de l'amour, 10267. Le régénéré voit les vrais scientifiques autrement que ne les voit le non-régénéré, parce que chez lui ils sont illustrés par la lumière du ciel, 4967. Le Seigneur voit toutes choses en général et en particulier, et même jusqu'aux plus petits singuliers qui sont chez l'homme, 9128. L'homme voit le Seigneur non d'après lui-même, mais d'après le Seigneur chez lui, 9297.

Voir en dedans de soi, c'est voir d'après le ciel ; voir en dehors de soi, c'est voir d'après le monde, 10675. Celui qui voit seulement d'après le monde voit d'après une lueur fantastique, 10675. Voir par soi-même, c'est voir des faux pour des vrais, 10638. Ne percevoir qu'une chose est le vrai que par des confirmations d'après les autres, c'est voir le vrai par le dehors et non par le dedans, 10551. Ceux qui sont dans l'affection du vrai par les usages de la vie peuvent seuls voir si le doctrinal de leur église est le vrai, 8521. De ceux qui n'aiment les autres qu'autant qu'ils se voient en eux et qu'ils les voient en eux-mêmes, 4776. De ceux qui ne croient que ce qu'ils voient des yeux et touchent des mains, 5094, 7693.

Dans la Parole, voir, c'est comprendre ; dans un sens plus intérieur, c'est avoir la foi ; et, dans le sens suprême, c'est prévoir et pourvoir, 2807. Voir, dans le sens suprême, c'est la prévoyance ; dans le sens intime, la foi au Seigneur ; dans le sens intérieur, l'entendement ; et, dans le sens extérieur, la vue, 3863. Voir, c'est la foi par l'entendement, et entendre est la foi par la volonté ; *montré*, 3869. Voir, c'est apercevoir et comprendre, 2150, 2325 ; puis aussi avoir la foi de la charité, 2325. Voir, lorsque cela enveloppe quelque chose à faire, *sign.* l'action du naturel de voir en avant (*prospectio*), 5286. Voir, c'est être conjoint, parce que dans l'autre vie la vue intérieure, ou la pensée, conjoint ; *illustré*, 5975. Voir, quand il s'agit de Jéhovah, c'est la providence et la prévoyance, 10428. Voir, quand il s'agit du Seigneur, c'est la miséricorde, 6851. Voir, c'est l'aperception des choses qui appartiennent à la foi, 5400. Voir, c'est la perception, l'entendement, la foi, et aussi la reconnaissance, 10705. Voir, c'est reconnaître et avoir foi, 897. Voir, c'est percevoir et être éclairé, 1584. Ce que c'est que voir respectivement au Seigneur, 626, 1054, 1584. Ce que c'est que voir les internes par les externes, 1806, 1807. Voir, c'est penser, 3679. Voir, c'est percevoir, 3764. Voir, c'est reconnaître, 3796. Voir, c'est prévoir et pourvoir, 3854 ; ce que c'est que prévoir et pourvoir, 2837, 2839, 3686, 3869. Voir de loin, c'est une perception éloigné, 4723. Se détourner et voir, c'est réfléchir, 6836, 6839. Voir Dieu, c'est la présence du Seigneur dans la Parole, 9405, 9411. Voir les faces de Dieu, c'est soutenir les tentations les plus graves, 4298, 4299. Voir les faces de Jéhovah, c'est voir les intérieurs de la Parole, de l'église et du culte, 10578. Voir les derrières de Jéhovah et non les faces, c'est voir les externes de la Parole de l'église et du culte ;

et non les internes, 10584. Voir le fils de l'homme, c'est voir la présence du Seigneur dans la Parole, 9405, 9411. Voir d'entre le peuple, c'est choisir, 8709. Ne pouvoir voir, c'est l'obscurcissement, 7645. Voir, c'est approuver, 10410. « Dieu apparut ou fut vu, » quand il s'agit du Seigneur, *sign.* une perception intérieure, 4567. « Dieu les vit » *sign.* qu'il gratifia de la foi, 6805. « Que Jéhovah voie et juge, » *sign.* la divine disposition, 7160.

Voisin, *Vicinus.* Le voisin, le proche de la maison, *sign.* le bien du vrai le plus près, 7835. Les frères sont les biens qui appartiennent à la charité, et les voisins sont les choses adjointes et alliées aux biens et aux vrais, 5135.

Voisine, *Vicina.* La voisine *sign.* l'affection du vrai chez ceux qui sont dans les scientifiques, 6916.

Voix, *Vox.* Les voix qui sont le bruit du tonnerre *sign.* les vrais divins, et les éclairs *sign.* les splendeurs qui frappent la vue interne de l'homme, et éclairent ceux qui sont dans le vrai d'après le bien, et aveuglent ceux qui sont dans le faux d'après le mal, 8813. Les voix des tonnerres *sign.* les vrais divins portant la terreur et la dévastation chez les méchants, 7592. La voix *sign.* le divin vrai, ainsi la Parole, et l'annonce d'après la Parole, 6971, 10240. La voix *sign.* la pensée et l'affection, qui sont les intérieurs de la voix, ainsi la qualité des intérieurs, 10455. La voix de Jéhovah est prise pour la Parole elle-même, pour la doctrine de la foi, pour la conscience ou avertissement interne, et même pour tout reproche qui en provient, 219. Les foudres sont aussi appelées voix de Jéhovah, 219. La voix de Jéhovah, c'est le divin vrai, 6832 ; c'est le précepte du Seigneur, 8360 ; c'est la Parole, 8766 ; c'est le divin vrai procédant du divin bien du Seigneur, 10182 ; c'est la Parole et la doctrine tirée de la Parole, 9307. La voix est prise aussi pour tout ce qui accuse, 374. La voix de la trompette, c'est le vrai céleste ou angélique conjoint au divin, 8823 ; c'est le vrai du bien céleste, 8815. La voix des ailes et la voix des roues, ce sont les vrais spirituels, 9926. Voix qui crie et voix de cri, est une formule solennelle, dans la Parole, et s'applique à tout ce qui a rapport à quelque bruit, à quelque tumulte, à quelque événement malheureux, même à un événement heureux, 375. « La voix de qui crie dans le désert », — Esaïe, XL. 3, — c'est l'annonce de l'avénement du Seigneur, 220.

Vol, *Furtum. Voir* Voleur, Voler. Le vol, c'est le mal qui aliène les biens et les vrais, et c'est aussi la réclamation pour soi de ce qui est à autrui, 5135. Le vol, c'est l'enlèvement du bien ou du vrai, 9125. Le vol spirituel consiste à s'attribuer le bien et le vrai qui procèdent du Seigneur, 5758. Avant la régénération, l'homme s'attribue le vrai et le bien, et est ainsi dans le vol spirituel ; il n'en est pas de même après la régénération, 5747. L'homme est dans le vol spirituel, quand il s'attribue le bien et le vrai, et alors il ne peut entrer dans le ciel, 5758 ; cependant ceux qui s'attribuent le bien et le vrai par ignorance et par simplicité ne sont point damnés ; mais, dans l'autre vie, ils sont délivrés par un mode de vastation, 5759. Le vol, c'est le mal du mérite, 4174. Le vol est l'enlèvement des choses qui font la vie spirituelle de l'homme, 9150. Le vol, c'est le mal s'arrogeant les célestes qui sont dans le naturel, 5135. Les vols manifestes, commis deux ou trois fois de propos délibéré, s'attachent continuellement à la pensée de l'homme, de sorte qu'il ne peut ensuite cesser d'en commettre, 6203.

VOLATILES, *Volatilia.* Dans la Parole, les volatiles signifient tous les intellectuels, et par suite les vrais ; et, dans le sens opposé, les faux, 40, 745, 776, 778, 866, 988, 993, 5149, 7441 ; avec variété selon leurs genres et leurs espèces ; d'après l'*expérience*, 3219. Les volatiles de la classe infime, qui sont les insectes, *sign.* les vrais ; et, dans le sens opposé, les faux, qui sont plus bas et plus obscurs, comme sont ceux qui sont les propres du sensuel, 7441. Le volatile nuisible chez les Égyptiens, *sign.* les faux d'après les maux par lesquels tout vrai est détruit, 7378 ; ce sont les faux de la malveillance, 7441, 7448.

VOLER, *Furari.* C'est enlever à quelqu'un les biens spirituels et aussi s'attribuer ce qui appartient au Seigneur, 8906 ; à savoir, le bien et le vrai, 4002 ; c'est là le vol spirituel, 5758. Voler, c'est aliéner le bien et le vrai par le mal, et aussi réclamer pour soi les biens et les vrais qui ne sont pas à soi ; et, plus encore, les appliquer aux maux et aux faux ; *illustré* et *montré*, 5135, 9018, 9020. Voler, c'est réclamer pour soi, ou s'attribuer la justice et le mérite qui appartiennent au Seigneur, 2609. *Voir* VOLEUR, VOL.

VOLER, *Volitare.* Voir VOLTIGER.

VOLEUR, *Fur.* Par le voleur il est signifié la même chose que par le vol, à savoir, l'enlèvement du bien et du vrai, 9125, 9126. Celui qui enlève au Seigneur les choses qui lui appartiennent, et se les attribue, est appelé voleur, 5135. Les prêtres, qui prennent des confirmatifs dans les paroles du Seigneur dans le but de dominer, sont des voleurs spirituels, 9020. Le voleur, dans le sens abstrait, c'est le mal du mérite, 5135. Il est dit du Seigneur qu'il vient comme un voleur, — Apoc. III. 3. XVI. 15 ; — ce que cela signifie, 9125 ; dans le sens interne, la dureté de l'expression s'efface, ainsi, « venir comme un voleur, » c'est inopinément ou sans qu'on s'y attende, 4002. Le percement fait par le voleur, c'est l'accomplissement du mal dans le secret, 9125. Être saisi, quand il s'agit du voleur, c'est le ressouvenir, 9151. La liaison d'amitié entre ceux qui ont l'amour de la domination est telle que celle qui existe entre des voleurs, 7773, 4776. Ce sont des esprits et des génies infernaux qui, comme des voleurs, entourent et attaquent l'homme, et l'induisent en tentations, 5246. Certains esprits, principalement les voleurs, inspirent de la crainte, quand ils s'approchent des autres, 5566.

VOLONTAIRE (le), *Voluntarium.* Chez l'homme, il y a un volontaire et il y a un intellectuel, et les deux sont non-seulement dans son homme interne, mais aussi dans son homme externe, 6125, 9055. Le volontaire est constitué d'après l'affection du bien, 10264. Chez les très-anciens, le volontaire et l'intellectuel faisaient un, 4328. Chez l'homme de la très-ancienne église les biens et les vrais avaient été implantés dans la partie volontaire ; mais ils ne l'ont pas été dans cette partie chez l'homme de l'ancienne église, 895, 927.

Chez les antédiluviens le bien volontaire a été entièrement détruit, et aujourd'hui chez les chrétiens le bien intellectuel commence à périr, 2124. Chez les anciens le volontaire était entièrement détruit, mais l'intellectuel était entier, et le Seigneur par la régénération formait dans cet intellectuel un nouveau volontaire, et aussi par ce volontaire un nouvel intellectuel, 4328. Le volontaire de l'homme s'est continuellement dépravé, au point que le mal s'est emparé totalement de lui, de sorte qu'il n'y est resté rien de sain, 6296. L'homme est régénéré quant à la partie intellectuelle, et non quant à la partie volontaire, 863, 875. L'homme de l'église spirituelle est régénéré par le Seigneur quant à la partie intellectuelle, et dans cette partie est formé un nouveau volontaire, qui est entièrement séparé du volontaire que l'homme tient de l'héréditaire, 8194. Le volontaire propre de l'homme n'est que mal, 8194. Le Seigneur prend les plus grandes précautions pour que les infernaux n'influent point dans le volontaire de l'homme, 8194; s'ils influaient dans le volontaire de l'homme, après que celui-ci a été régénéré, c'en serait fait de lui, puisque son volontaire n'est que mal, 8194. Chez les spirituels la partie intellectuelle est séparée de la partie volontaire, 2256. Le propre volontaire de l'homme doit être séparé, afin que le Seigneur puisse être présent, 1023, 1044. Le propre volontaire de l'homme répand continuellement dans la partie intellectuelle de l'homme l'obscur ou le faux, 1047. Tout l'obscur de la partie intellectuelle de l'homme, ou toute la densité de sa nuée, existe par la partie volontaire, 1044. Plus l'influx du volontaire est grand, plus la densité de la nuée augmente, mais plus le volontaire est repoussé, plus la nuée diminue, 1044. Chez l'homme de l'église spirituelle, le nouveau volontaire apparaît comme une conscience, qui est la conscience du vrai, 8457. L'intellectuel a été distingué du volontaire par un certain médium, qui est la conscience dans laquelle la charité a été mise par le Seigneur, 863. Autant l'homme veut le bien, autant le nouveau volontaire prévaut contre le propre volontaire, 8209. Ce sont les scientifiques qui constituent l'intellectuel du mental naturel; et le bien, qui influe de l'intime et y dispose les scientifiques, est ce qui constitue là une sorte de volontaire, 5904.

Ce que le volontaire veut, il le forme, afin qu'il se montre à la vue dans l'intellectuel; cette vue est la pensée, 9915. Le volontaire influe dans l'intellectuel et le tisse, au point que les choses qui sont dans l'intellectuel sont des tissus provenant du volontaire, 9915. Chez l'homme, il y a trois choses qui se succèdent en ordre; à savoir, le volontaire, l'intellectuel et le scientifique, 9915. Le volontaire reçoit le céleste; l'intellectuel reçoit le spirituel, et le scientifique, qui fait l'intellectuel de l'homme naturel, les renferme, 9915. Sans l'intellectuel, qui est la vie interne de l'homme, le volontaire est aveugle, 9071. Lorsque le mal, qui appartient au volontaire, passe dans l'intellectuel, il passe de l'obscurité dans la lumière, 9071. Le dernier du volontaire est le plaisir sensuel, et le dernier de l'intellectuel est le scientifique sensuel, 9996. Le plaisir sensuel, qui est le dernier du volontaire, est puisé par deux sens, qui sont le goût et le toucher, 9996.

Successif des volontaires ; c'est le successif depuis les intimes chez l'homme jusqu'à son extime, dans lequel est le sensuel, 5144. Quels sont les sensuels qui ont été soumis à la partie volontaire, 5077. Les intellectuels peuvent être comparés aux formes qui varient continuellement, et les volontaires aux harmonies qui résultent de la variation, 5147. La partie droite du cerveau correspond aux affections ou aux volontaires, et la partie gauche aux rationnels ou aux intellectuels, 3884. Chez ceux qui sont dans le royaume spirituel du Seigneur les biens et les vrais ont été inscrits dans leur partie intellectuelle, mais chez ceux qui sont dans le royaume céleste dans leur partie volontaire, 9835.

Les choses qui appartiennent aux poumons et au cerveau sont appelées volontaires, et celles qui appartiennent au cœur et au cervelet, sont appelées involontaires et spontanées, 9670. Chez l'homme les volontaires détournent continuellement de l'ordre, mais les involontaires ramènent continuellement à l'ordre; *illustré*, 9683. Le commun sens est distingué en volontaire et involontaire, 4325. Le sens volontaire est propre au cerveau, et le sens involontaire est propre au cervelet, 4325. Ces deux communs sens ont été conjoints chez l'homme, mais néanmoins ils sont distincts, 4325. *Voir* SENS.

VOLONTÉ, *Voluntas. Voir* PROPRE, LIBRE, AMOUR. La volonté est l'une des deux facultés qui constituent le mental de l'homme, 7179; *voir* MENTAL. La volonté est l'homme même, 10777. La volonté est l'intime de l'homme et l'être même de sa vie, 9585, 10122. La volonté considérée en elle-même n'est que l'amour, 5526. La volonté est la substance même de l'homme ou l'homme même, 808. La volonté, c'est ce que l'homme aime, 9995. Tout amour appartient à la volonté, 9585. La volonté ou l'amour est l'homme même, 8910, 8911. L'essentiel de la volonté, c'est l'amour, et par suite l'affection, 4337. La volonté a été destinée à recevoir les biens qui appartiennent à l'amour, 10064. La volonté de l'homme est telle que sont les biens qui la forment, et telle qu'est l'amour de ces biens, 10064. Telle est la volonté de l'homme, tel est l'homme tout entier, 10076. Soit qu'on dise la volonté, ou la fin, ou l'amour, ou le bien, c'est la même chose, 10076. Le bien n'est pas approprié à l'homme avant qu'il devienne chose de sa volonté, 10109, 10110. Les choses qui sont reçues par la volonté deviennent des choses de la vie, et sont appropriées à l'homme, 3161, 9386, 9393. Le livre de vie est la mémoire intérieure, parce que les choses qui appartiennent à la volonté y ont été inscrites, 9386. La volonté fait que ce qui d'abord était vrai devient bien, 4984, 5526. Ce qui procède de la volonté est appelé bien chez ceux qui ont reçu du Seigneur un nouveau volontaire par la régénération, mais mal chez ceux qui n'ont pas voulu le recevoir, 5354. La volonté du bien est de vouloir les vrais d'après l'affection, 9799. Qui sont ceux qui sont dans la volonté du bien, 9800.

La volonté de l'homme n'est que cupidité, 895, 999 ; elle a été entièrement corrompue, 895, 933. La volonté corrompue de l'homme a été entièrement séparée de la nouvelle volonté qu'il reçoit du Seigneur, laquelle appartient au Seigneur et non à l'homme, 933. La nouvelle volonté est formée dans la partie intellectuelle, 863, 4493. Les biens du vrai constituent la nouvelle volonté chez les spirituels, 8649. Du commencement de la nouvelle volonté dès l'enfance ; ainsi, de la réception du bien et du vrai et de l'état qui suit, 9296, 9297. Quand l'homme régénéré fait le bien, c'est par le Seigneur au moyen de la volonté nouvelle, 928. La nouvelle volonté, que le Seigneur forme dans la partie intellectuelle, est la conscience, 1023, 1043.

L'homme tire de la volonté la faculté de comprendre, 585. Influx de la volonté dans les pensées, 3033. Dans chaque idée de la pensée, il y a quelque chose qui appartient à son entendement et à sa volonté, 590, 803. Par l'intellectuel la volonté se produit en lumière, elle s'effigie et se forme, et elle se fixe par des images et fixe ces images par des idées, et celles-ci de nouveau par des mots, 8311. La pensée tombe dans le langage, et la volonté tombe dans les gestes chez l'homme, selon l'influx commun, 5862, 5990, 6192, 6211. La volonté par les formes musculaires découle en action, 3741 ; pour une seule action elle meut les muscles de tout le corps et les milliers de fibres qui y sont éparses, 3748. A la volonté correspond la pulsation du cœur, et à l'entendement correspond la respiration du poumon, 3888. Quelles choses dans le corps de l'homme sont dans l'arbitre de la volonté, et quelles choses n'y sont pas, 4325. Distinction entre les choses qui, chez l'homme, viennent de la volonté du Seigneur, ou de son indulgence, ou de sa permission, 1384. Dans la Parole, la volonté est appelée cœur, 9113. Dans Jean, — I. 12, 13, — volonté de chair *sign.* ce qui est opposé à l'amour et à la charité, et volonté d'homme *sign.* ce qui est opposé à la foi procédant de l'amour ou de la charité, 1608.

Volonté et Entendement. Il y a dans l'homme deux facultés, l'une qui est appelée la volonté, et l'autre qui est appelée l'entendement ; *voir* à l'article ENTENDEMENT, le § *Entendement et Volonté.*

VOLTIGER, *Volitare.* Quand l'homme est réformé, les esprits infernaux, qui sont dans les maux et dans les faux de son homme externe, voltigent tout autour de lui et s'efforcent en toute manière de le perdre, 6724.

VOLUPTÉ, *Voluptas.* Voir PLAISIR. Les voluptés n'ont jamais été défendues à l'homme, pourvu qu'il ne les ait pas pour fin, et qu'il ait pour fin les biens intérieurs, 945, 995. Il y a deux genres de voluptés, à savoir, les voluptés des volontaires et les voluptés des intellectuels, 994. Il y a les voluptés des possessions de la terre et des richesses, les voluptés des honneurs et des fonctions dans l'état, les voluptés de l'amour conjugal et de l'amour envers les petits enfants et les enfants, les voluptés de l'amitié et de la conversation, les voluptés de lire, d'écrire, de savoir, 994. Il y a aussi les voluptés que procurent les sens de l'ouïe, de la vue, de l'odorat, du goût et du toucher, 994. Les voluptés ont par l'usage leur plaisir, 997. Le vrai et le bien spirituels veulent que l'homme n'ait aucune volupté dans les dignités ni dans la prééminence sur les autres hommes, mais qu'il en ait dans les devoirs envers la patrie et la société, ainsi dans les usages des dignités, 5025. La volupté tirée des dignités en vue de soi-même est une volupté morte ; mais la volupté tirée des dignités en vue des usages pour la société est une volupté vivante, 5025. C'est dans le bien appartenant aux sensuels du corps, ou dans la volupté des sensuels, qu'est avant tout initié l'homme qui est régénéré, 4117. Voluptés qui concordent avec les célestes, et voluptés qui ne concordent point, 1547. Il y a des affections intérieures qui se manifestent dans des voluptés, 994, 995. Toute volupté qui est produite par la charité a son plaisir qui vient de l'usage, 997. Le plaisir des voluptés de l'homme, tant qu'il est dans le corps, est grossier respectivement à son plaisir après la vie du corps, 996. Les voluptés entièrement corporelles sont une des origines des maladies, parce qu'elles détruisent les intérieurs de l'homme ; et, quand les intérieurs ont été détruits, les extérieurs souffrent et entraînent l'homme dans la maladie, et ainsi à la mort, 5712. Dans la Parole les voluptés sont signifiées par des reptiles, 994.

Ceux qui n'ont eu pour fin que les voluptés sont d'abord, dans l'autre vie, portés dans des lieux où il y a de semblables voluptés, et ensuite dans un enfer excrémentitiel, 943. Dans quelles fantaisies sont changées les voluptés entièrement corporelles dans l'autre vie, 954. Les femmes, d'une condition vile, qui se sont livrées aux voluptés, se battent entre elles dans l'autre vie, 944.

Voluptueux (les) sont principalement sensuels, 6310 ; *voir* Sensuels. De là, chez les voluptueux, lourdeur dans les choses qui concernent la pensée et le jugement, et adresse dans celles qui concernent le corps et le monde, 8378. Des enfers des voluptueux, 1514, 4948, 5395. *Voir* Volupté.

Vomissement, *Vomitus*. Sphères qui, dans l'autre vie, excitent le vomissement, 814, 1512, 1513, 1514, 5006. Ceux qui sont dans le mal et par suite dans le faux ont tellement en aversion le bien et le vrai de l'église, que, quand ils en entendent parler, ils sentent en eux comme des nausées et des dispositions au vomissement, 5702.

Votif, *Votivum*. Les sacrifices votifs, qui étaient le second genre de sacrifices eucharistiques, signifiaient, dans le sens externe, la rétribution ; dans le sens interne, la volonté que le Seigneur pourvût, et dans le sens suprême, l'état de la providence, 3880.

Vouer, *Voverc*. *Voir* Vœu.

Vouloir, *Velle*. Vouloir, voilà l'homme lui-même ; penser et dire ce qu'on ne veut pas, ce n'est pas là l'homme, 379. L'homme est homme par vouloir, non de même par savoir et comprendre, 585 ; savoir et comprendre découlent de son vouloir, 585. L'homme peut difficilement distinguer entre penser et vouloir, 9995. Le vouloir même de l'homme est ce qui vit après la mort, il n'en est pas de même de son penser, à moins qu'il ne découle de son vouloir, 2431. Le vouloir de l'homme est le premier de sa vie, et son comprendre vient ensuite et s'applique selon son vouloir, 5351. Le vouloir de l'homme est au premier rang, et le penser de l'homme est au second rang, 6273. Le vouloir de l'homme fait que l'homme pense de telle manière, et non autrement, 6273. Tout le vouloir de l'homme provient du bien ou du non-bien, et tout son penser provient du vrai ou du non-vrai, 3623. Vouloir bien d'après l'amour, c'est la sagesse, et comprendre bien d'après vouloir bien, c'est l'intelligence, 10332. Il n'est personne, soit homme, esprit ou ange, qui puisse vouloir et penser par soi-même, mais c'est par d'autres, 2886. Le vouloir et le penser de l'homme viennent des sociétés d'esprits et d'anges, et apparaissent comme en lui, 4096. Vouloir les vrais, et par suite les mettre en acte, cela fait qu'ils sont le bien, 8725. Le vouloir même n'est autre chose que l'œuvre, 10332; ainsi, être jugé selon ses œuvres, c'est être jugé selon son vouloir, 10332. La vie influe du Seigneur par le nouveau vouloir qu'il crée chez l'homme, 3870. Le vrai vit non par le savoir, mais par le vouloir, 3870. Ce que c'est que vouloir et faire le vrai et le bien pour le vrai et le bien, 10336. Vouloir le bien et aimer le bien, c'est la même chose, 10367. Soit qu'on dise vouloir et faire, ou qu'on dise aimer, c'est la même chose, 10645. Faire sans vouloir, c'est de l'hypocrisie, car c'est faire devant les hommes, et non devant Dieu, 10645. Vouloir et aimer le vrai et le bien, et agir d'après cela, c'est l'interne de l'église, 4899, 6775.

VOYAGE, *Peregrinatio*. Le voyage *sign.* l'instruction, et par suite la vie acquise au moyen de l'instruction, 2025, 3672, 8103. Le voyage d'Abraham en Égypte signifiait l'instruction du Seigneur dans les scientifiques, quand il était encore dans le second âge de l'enfance, 2496, 3368. Le voyage d'Abraham à Gérar, où régnait Abimélech, signifiait aussi l'instruction du Seigneur, mais dans les doctrinaux de la charité et de la foi, 2496. « Les années des voyages, » c'est le successif de la vie, 6095. Des voyages dans les autres terres, 10785.

VOYAGE (provision de), *Viaticum*; c'est l'alimentation par le vrai et par le bien, 7981; *voir* aussi, 5490, 5953.

VOYAGER, *Peregrinari*. C'est s'instruire, 2025. Voyager, de même que partir, *sign.* vivre, et *sign.* aussi le progressif de la vie, 3335, 4554, 4585, 4882, 5493, 5605, 5996, 8345, 8397, 8417, 8420, 8557. Par voyager et habiter dans les tentes, les anciens entendaient, dans le sens interne, être dans un culte saint, 1102. Abraham et Isaac ont voyagé chez les Philistins, mais non Jacob; pourquoi? 1197.

VOYAGEUR, *Peregrinus*. Être voyageur, c'est être instruit dans les choses qui appartiennent à l'église, 6796. Le voyageur est celui qui est instruit dans le vrai et dans le bien de l'église, et qui les reçoit et y conforme sa vie, 8007, 8013, 9196. Le voyageur *sign.* ceux qui étaient nés hors de l'église et néanmoins étaient instruits dans les choses de l'église, 8650. Les voyageurs qui séjournaient chez les Juifs étaient ceux qui se laissaient instruire et qui acceptaient leurs statuts et leurs lois, 4444; et ils devaient être comme les indigènes; *montré*, 4444. Pour le voyageur, même droit que pour l'indigène; *montré*, 8013. Les voyageurs sont ceux qui doivent être instruits, 1463. Dans le décalogue, « le voyageur qui est dans tes portes, » *sig.* le scientifique dans le commun, 8890. « Voyageurs vous fûtes dans la terre d'Égypte, » *sign.* qu'ils ont été mis en sûreté contre les maux et les faux, quand ils étaient infestés par les infernaux, 9197. Le voyageur, l'orphelin et la veuve *sign.*, dans un seul sens, que chez ceux qui sont dans l'église il doit y avoir conjonction réciproque du bien et du vrai ; *montré*, 9200. Qui étaient ceux que les anciens entendaient par les voyageurs qu'ils devaient recueillir, 4444, 7908, 8007, 8013, 9196, 9200.

VOYANTS, *Videntes.* Dans les temps anciens, les prophètes étaient appelés voyants ; *montré*, 2534, 3863, 9248. Par les prophètes sont entendus ceux qui enseignent le vrai, et par les voyants ceux qui voient le vrai, 2534.

VRAI. *Voir* BIEN. Le vrai tire du bien son être, 3049, 3180, 4574, 5002, 9144. Le vrai n'est autre chose que ce qui procède du bien ; *illustré* par des exemples, 2434, 3324. Tout vrai appartient au bien, 10619. Le vrai n'est essentiellement le vrai qu'autant qu'il procède du bien, 4301, 7835, 10252, 10266. Le vrai est la forme du bien, 3049, 3180, 4574, 5951, 9154. Le vrai est au bien ce que l'eau est au pain, 4976. La vie du vrai procède du bien, 1589, 1997, 2579, 4070, 4096, 4097, 4736, 4757, 4884, 5147, 9667. Le vrai est le vase du bien, 3068. Le vrai est un vase pour les célestes, 1496. Tout vrai a son bien, et tout bien a son vrai ; *illustré*, 9637. Le vrai ne peut pas être donné sans le bien, parce que le vrai est la variation de la forme, et le bien le plaisir qui en provient, 5147. Du plaisir et de la félicité du vrai, et aussi du bien, 1470. Le vrai pur n'est point donné chez l'homme, 7902. Le vrai n'est pas le vrai avant qu'il ait été accepté par le bien, 2429, 3324. Le vrai est vivifié selon le bien de chacun, ainsi selon l'état d'innocence et de charité chez l'homme, 1776, 3111, 3324. Le vrai n'est le vrai que par le bien, et le faux quand il est reçu par le bien devient un vrai, 4736. Le vrai chez l'homme est selon le bien, dans un semblable rapport et un semblable degré, 2429.

Le vrai est formé d'abord dans l'homme naturel au moyen de l'influx du bien par l'homme rationnel, 3128. Pour que le vrai soit reçu, il faut qu'il y ait innocence et charité, 3111. Le vrai ne peut pas être reçu profondément quand l'incrédulité est dominante, parce qu'elle pose des limites et met des empêchements, 3399. L'homme doit se contraindre à penser le vrai et à faire le bien, 1937, 1947. L'homme doit penser le vrai et faire le bien comme par lui-même, afin de recevoir le propre céleste et le libre céleste, 2882, 2883, 2891. Ceux qui sont dans l'interne de la Parole, de l'église et du culte, aiment faire le bien et penser le vrai, et aussi ceux qui sont dans l'externe dans lequel est l'interne, mais quelle est la différence ; et ceux qui sont dans l'externe sans l'interne font le vrai pour eux-mêmes et pour le lucre, 10683. Il ne peut pas y avoir de reconnaissance du vrai, si l'homme n'est pas dans le bien, 2261, 3324. Tout vrai a une sphère d'extension selon la quantité et la qualité du bien, 8063. Le vrai devient le bien, quand l'homme le veut et le fait, 7835. Le vrai, quand il passe dans la volonté, devient le bien du vrai; *illustré*, 5526. Le vrai est appelé bien quand il passe dans la volonté et dans l'acte, et il devient chose de la vie, 5595. Le vrai chez l'homme n'est pas le vrai de l'intelligence, avant que ce vrai soit conduit par le bien et passe de la volonté dans l'acte; *illust.* 4884. Comment le vrai est implanté dans le bien de la charité, quand l'homme est régénéré, 2189. Le vrai dans l'homme qui doit être régénéré est de même que chez l'enfant, à savoir, d'abord il est appris comme étant de la science, et ensuite il devient une chose de la vie, 3203. Le vrai est la première chose du combat de la tentation, 1685. Celui qui est régénéré combat le plus ordinairement, non d'après le vrai réel, mais d'après le vrai de son église, et alors il peut être conjoint avec le bien, et l'innocence est un moyen, 6765. Le vrai pour être le vrai réel tire de la charité et de l'innocence son essence et sa vie, 6013. Le bien est le premier de l'ordre, et le vrai est le dernier de l'ordre, 3726. L'homme n'est pas régénéré par le vrai, mais il l'est par le bien du vrai, 2697. C'est le bien qui illustre, mais par le vrai, 3094. Le bien est le premier né, et le vrai est ensuite engendré; *illustré* par l'état des enfants, 3494. Le bien est respectivement seigneur, et le vrai serviteur, 4267. Le vrai est en apparence au premier rang quand l'homme est régénéré, ainsi dans l'ordre renversé; mais le bien est au premier rang, quand l'homme a été régénéré, 3324, 3325, 3330, 3336, 3494, 3539, 3548, 3556, 3563, 3570, 3576, 3603, 3701, 4243, 4245, 4247, 4337, 4925, 4926, 4928, 4930, 4977, 5351, 6255, 6269, 6272, 6273, 8516, 10110. Quel est l'état quand le vrai est au premier rang, et quel il est quand c'est le bien, 3610. Ceux qui sont dans le vrai, et non en même temps dans le bien, ne peuvent être régénérés, 10367. Ceux qui sont dans le vrai et non encore dans le bien sont dans les illusions, 6400. Ceux qui sont dans le vrai sont raides, ceux qui sont dans le bien sont doux, 7068.

Le vrai désire le bien, c'est-à-dire, faire le bien et être conjoint au bien, 9206, 9207. Le vrai est conjoint au bien et le bien au vrai par l'affection, 5365. Le vrai est conjoint au bien quand l'homme est dans la charité, 5340, *f*. Le vrai et le bien doivent être conjoints pour être quelque chose, 10555. Il y a le réciproque du vrai, quand il doit être conjoint au bien, 3090. Conjonction du vrai et du bien, illustrée par l'action et la réaction, 10729. Le réciproque ou la réaction du vrai sur le bien vient aussi du bien; et comment ; *illustré*, 5928. C'est le bien qui agit, et le vrai qui réagit vient du bien, 4380. Il est expliqué comment le vrai est séparé des scientifiques et est conjoint au bien, 3203, 5342. Du vrai procédant immédiatement du Seigneur, et de sa conjonction avec le vrai qui en procède médiatement ; cette conjonction se fait chez ceux qui sont dans le bien; *illustré*, 7055, 7056, 7058. Pour que le vrai soit conjoint au bien, il faut qu'il y ait consentement de l'entendement et de la volonté; quand la volonté aussi consent, alors il y a conjonction, 3157, 3158, 3161. Le vrai est initié et conjoint au bien dans le rationnel selon les degrés d'instruction,

3141. Quand le vrai est conjoint au bien dans le rationnel, il est approprié à l'homme, et il s'évanouit de la mémoire externe, 3108. Le vrai est initié et conjoint au bien, non pas une fois, mais pendant toute la vie, et même dans l'autre vie, 3200. Le vrai a une force immense sur le faux ; *illustré*, 6784. Un seul vrai ne suffit pas pour confirmer le bien, mais il en faut plusieurs, 4197. Quand le vrai est privé de la vie qu'il tient de lui-même il est conjoint au bien, et par le bien il reçoit la vie même, 3607. Ce qui est entendu par la vie que le vrai tient de lui-même, 3610. Le vrai ne peut être conjoint au bien que dans l'état libre, 3158. Avant que le vrai soit accepté et conjoint au bien, les confirmatifs précèdent et font que l'on croit ; *illustré*, 4364. Le vrai ne peut jamais être conjoint au mal, mais il est conjoint au bien ; *illustré* par les lumières, 4416. Le vrai connaît son bien, et le bien son vrai, et ils sont conjoints, 3101, 3102. Sur la conjonction du bien et du vrai, et sur leur conjonction réciproque, *voir* aux articles Bien et Conjonction.

D'après divers raisonnements il semble que le vrai est antérieur au bien, mais c'est une illusion, 3324. Chez l'homme spirituel, le vrai domine sur le bien quant au temps en apparence, mais le bien du vrai obtient la domination, 3325, *c.*, 3330, 3336 ; cela a lieu, parce que dans l'affection du vrai il y a plusieurs choses provenant de l'amour de soi et du monde, et parce qu'on ne sait pas que le bien est antérieur et en dedans, 3325, 3330, 3336. L'affection du vrai semble venir du vrai, mais elle vient du bien, 4373. Ceux qui sont dans l'affection du vrai ne restent pas dans les doctrinaux, mais ils scrutent la Parole pour savoir s'ils sont des vrais, 5432. La première affection du vrai dans le naturel ne procède pas du vrai réel, mais l'affection du vrai réel vient successivement, 3040. La première affection du vrai qui doit être initié dans le bien est impure, et est successivement purifiée, 3089. Qui sont ceux qui peuvent venir dans les connaissances du vrai, et qui sont ceux qui ne le peuvent pas, 2689. Les connaissances du vrai externe ou corporel sont telles que celles des historiques et des rites dans le monde, 3665, 3690, 3982, 3986 ; de telles connaissances du vrai admettent successivement les spirituels et les célestes, parce qu'en elles il y a intimement le divin, 3665.

Vrai Même. Le Seigneur est le vrai même, car seul il est la vérité ; *montré*, 10336, 10619. L'infini divin ne peut être appelé autrement que le bien même et le vrai même, 2011. Dans le Seigneur c'est le vrai même qui s'est uni au bien, et c'est le bien même qui s'est uni au vrai, 2011. Sur le vrai même, *voir* Divin Vrai.

Vrai Divin. Différence entre le vrai divin et le divin vrai, 2814, 7270. Il y a six degrés du vrai divin, 8443. Le vrai divin, qui est dans le ciel, est le troisième des successifs du vrai qui procède immédiatement du Seigneur, les deux premiers successifs ne pouvant en aucune manière être reçus par aucune substance vivante qui est finie, ainsi par aucun ange, 7270. Le vrai divin, qui influe dans le troisième ciel, le plus près du Seigneur, influe aussi en même temps jusque dans les derniers de l'ordre, 7270. Le vrai divin dans l'humain divin du Seigneur, qui a subi les tentations, n'est pas le divin vrai même; celui-ci est au-dessus de toutes tentations; mais c'est le vrai rationnel, tel qu'il est dans les anges, consistant dans les apparences du vrai, et c'est ce qui est appelé le Fils de l'homme, mais avant la glorification, 2814. Ainsi, il convient d'appeler vrai divin dans l'humain divin du Seigneur le vrai qui, chez le Seigneur, a pu être tenté et qui a subi les tentations, et d'appeler divin vrai dans le divin humain du Seigneur le vrai qui, chez lui, n'a pu être tenté ou subir aucune tentation parce qu'il était glorifié, 2814. C'est le vrai divin qui a été flagellé par les Juifs et crucifié, 2813. Le vrai divin brille, mais non le divin bien, 4180. C'est au vrai divin qu'appartient la toute-puissance, et il est la puissance même et l'essentiel même, 8200. Le vrai divin devient le vrai combattant par l'influx chez ceux qui sont dans un zèle ardent, 8595. Le vrai divin, dans le premier degré et aussi dans le second, est ce qui procède immédiatement du Seigneur; ce vrai est au-dessus de l'entendement angélique, 8443. Ces deux premiers procédants du Seigneur sont au-dessus des cieux, et sont comme des ceintures radieuses de flammes enveloppant le soleil spirituel, qui est le Seigneur, 7270. Dans le troisième degré, le vrai divin est tel qu'il existe dans le ciel intime ou troisième ciel; ce vrai est tel, que rien n'en peut être saisi par l'homme, 8443, 8920. Dans le quatrième degré, le vrai divin est tel qu'il existe dans le ciel moyen ou second ciel; ce vrai n'est pas non plus intelligible pour l'homme, 8443, 8920. Dans le cinquième degré, le vrai divin est tel qu'il existe dans le dernier ou premier ciel; ce vrai peut être pour un moment perçu par l'homme, mais par l'homme illustré; toutefois, cependant, il est tel, que la plus grande partie n'en peut être énoncée par des expressions du langage humain; et quand il tombe dans les idées, il constitue la faculté de percevoir et aussi de croire que telle chose est ainsi, 8443, 8920. Dans le sixième degré, le vrai divin est tel qu'il existe chez l'homme, adapté à son aperception, ainsi il est le sens de la lettre de la Parole, 8443, 8920. Quand le vrai divin descend par les cieux vers les hommes, comme était descendue la Parole, il est accommodé en chemin pour tous, tant pour ceux qui sont dans les cieux que pour ceux qui sont dans les terres, 8920; mais le vrai divin est dans les cieux absolument dans une autre forme que dans le monde, 8920. Si le vrai divin ou la Parole ne se présentait pas dans une forme accommodée, il ne pourrait pas être saisi, 8920. De là vient que le vrai divin a été donné à l'homme tel qu'est la Parole dans la lettre, 8920. Le vrai divin condamne à l'enfer, mais le divin bien élève au ciel, 2258. Le vrai divin inspire la terreur, mais non le divin bien, 4180. Ce que c'est que d'être jugé d'après le vrai, et ce que c'est que d'être jugé d'après le bien, 2335.

Vrai céleste. Autre est le vrai céleste, et autre le céleste vrai, 1545. Le vrai céleste tire son origine du vrai qui est implanté dans le céleste par les connaissances, le céleste vrai est ce qui tire son origine du céleste, 1545. Le vrai céleste est le vrai qui est devenu chose de la vie par la volonté et par l'acte, 4487.

Vrai spirituel. Est appelé vrai spirituel le vrai qui avec le bien fait la vie de l'homme interne, 9030 ; ce vrai est tiré du sens interne de la Parole, 9030 ; c'est par conséquent le vrai de la doctrine de la foi de l'église d'après la Parole ; *exemples*, 9032, 9033, 9034. Le vrai spirituel est le vrai qui appartient à la doctrine, 4487. Ce que c'est que le vrai spirituel, et ce que c'est que le vrai non spirituel ; *illustré*, 5006. Le vrai spirituel est conjoint au céleste au moyen de la rationalité, 2558. Le vrai spirituel est nommé foi, 7753. Le vrai spirituel et le vrai naturel se rencontrent dans les derniers, mais alors il y a seulement affinité, et non conjonction, *illustré*, 5008, 5028. Ce que c'est que les vrais spirituels ; ce sont les choses qui procèdent de la charité, 5951. Les vrais qui proviennent du bien sont des vrais spirituels, 5951. Les vrais sont d'abord des scientifiques, puis des vrais de l'église, et enfin des vrais spirituels, 5951. Comment apparaissent les vrais non spirituels et les vrais spirituels, 5951. Les vrais spirituels abstraits n'ont rien pour se défendre contre les naturels, 5008, 5009, 5028.

Vrai intellectuel. Autre est le vrai scientifique, autre le vrai rationnel, et autre le vrai intellectuel, 1496. Le vrai intellectuel est distingué du vrai rationnel, et celui-ci l'est du vrai scientifique, comme sont distingués entre eux l'interne, l'intermédiaire et l'externe, 1904. Le vrai intellectuel est interne, le vrai rationnel est intermédiaire, le vrai scientifique est externe, 1904. Le vrai scientifique appartient à la science, le vrai rationnel est le vrai scientifique confirmé par la raison, le vrai intellectuel est conjoint avec la perception interne que la chose est ainsi, 1496. Chez tout homme le vrai intellectuel, qui est interne ou dans son intime, appartient non à l'homme, mais au Seigneur, 1904. L'homme ne peut jamais penser comme par lui-même d'après le vrai intellectuel, mais il le peut d'après le vrai rationnel et le vrai scientifique, parce que ces deux vrais se montrent comme lui appartenant, 1904. Chez le Seigneur le vrai intellectuel a ouvert le chemin vers les célestes, 1496. Marche de la régénération de l'homme par les vrais intellectuels, 1555. Le vrai intellectuel, qui est chez l'homme intime, est absolument privé d'enfants, quand il n'y a pas encore quelque rationnel dans lequel et par lequel il puisse influer, 1901. Le rationnel premièrement conçu méprise le vrai intellectuel, parce qu'il ne le saisit point, 1911, 1936, 2654. C'est un vrai intellectuel que toute vie vient du Seigneur, 1911. C'est un vrai intellectuel que tout vrai et tout bien viennent du Seigneur, 1911. C'est un vrai intellectuel, que du Seigneur il ne vient que le bien, et pas le moindre mal, 1911. C'est un vrai intellectuel que l'homme céleste a, par le Seigneur, la perception du bien et du vrai, 1911. Le vrai intellectuel n'est pas reconnu, avant que les illusions et les apparences aient été dissipées, 1911.

Vrai rationnel. C'est le vrai scientifique confirmé par la raison, 1496 ; *voir* ci-dessus, *Vrai intellectuel.* Par le vrai rationnel est entendu ce qui se présente comme vrai selon la compréhension ou devant le rationnel, 3386. Le vrai rationnel humain ne saisit point les choses divines, parce qu'elles sont au-dessus de la sphère de son entendement ; ainsi il ne peut nullement les croire ; *exemples*, 2196, 2203, 2209. Les apparences appartiennent au vrai rationnel, 2516. Il y a l'affection du vrai rationnel, et il y a l'affection du vrai scientifique, 2503. L'affection du vrai rationnel est intérieure, et l'affection du vrai scientifique est extérieure, 2503. Du vrai rationnel séparé d'avec le bien rationnel, 1947 : L'homme qui est dans ce vrai rationnel est morose, n'endurant rien, opposé à tout le monde, voyant chacun comme dans le faux, sur le champ réprimandant, châtiant, punissant ; il est sans pitié ; il ne s'applique ni ne s'étudie à concilier les esprits, car il examine tout d'après le vrai et ne considère rien d'après le bien, 1949 ; il combat contre tous, et tous combattent contre lui ; à peine même pense-t-il et aspire-t-il à autre chose qu'à des combats ; son plaisir commun ou son affection dominante est de vaincre ; et, lorsqu'il a vaincu, de se glorifier de la victoire, 1950. Dans l'autre vie, ce même vrai se manifeste représentativement de diverses manières, et toujours comme fort, vigoureux, dur, au point qu'il est impossible de lui résister ; il suffit que les esprits pensent à un tel vrai, pour qu'ils soient saisis d'une sorte de terreur, et cela, parce que sa nature est de ne point céder, par conséquent de ne point se départir, 1951.

Vrai scientifique. C'est le vrai qui appartient à la science, 1496 ; *voir* ci-dessus *Vrai intellectuel.*

Est appelé vrai scientifique ce vrai qui fait la vie de l'homme externe, et vrai spirituel ce vrai qui fait la vie de l'homme interne, 9030 ; ce vrai scientifique est tiré du sens littéral de la Parole, 9030. Le vrai scientifique de l'église est la Parole dans le sens de la lettre ; c'est aussi tout représentatif et tout significatif de l'église chez les descendants de Jacob, 6832. L'affection du vrai scientifique est extérieure, 2503 ; *voir* ci-dessus *Vrai rationnel.* Comment le vrai scientifique sert le vrai spirituel, 9034.

Vrai naturel (le) est tout doctrinal et tout scientifique pour la fin d'être sage, c'est-à-dire, de les mettre en pratique, 3167, *f.* Ce que c'est que le vrai naturel, et ce que c'est que le bien naturel, 3167. L'homme ne naît point dans le vrai naturel, ni à plus forte raison dans le vrai spirituel, mais il apprend tout ; autrement il serait plus vil qu'une brute, 3175. Le vrai peut difficilement être élevé du naturel dans le rationnel, à cause des cupidités du mal, et des persuasions du faux et des illusions qui en proviennent, ainsi à cause des raisonnements et des doutes si telle chose est de telle manière, 3175 ; le vrai est élevé dans le rationnel alors que l'homme commence à avoir en aversion les raisonnements contre le vrai et à se moquer des doutes, 3175. Il est illustré par un exemple comment la chose se passe, quand le vrai est élevé du naturel dans le rationnel, 3182, 3190. Quand le vrai est élevé du naturel dans le rationnel, il passe des choses qui sont dans la lumière du monde dans celles qui sont de la lumière du ciel, ainsi de l'obscurité dans la clarté ; l'homme est ainsi élevé dans la sagesse, 3190. Par l'influx les vrais sont continuellement évoqués de l'homme naturel, élevés et implantés dans le bien qui est dans le rationnel, 3085, 3086. Le bien rationnel influe immédiatement dans le bien naturel, mais non de même dans le vrai naturel, 3160. Du vrai naturel non spirituel, et du vrai naturel spirituel, 4988. Ce que c'est que le vrai naturel non spirituel, et ce que c'est que le vrai naturel spirituel ; *exemples*, 4982.

Vrai sensuel (le) est le premier vrai qui est insinué, 1434. Voir tous les terrestres et les mondains, comme créés par Dieu, tendant tous vers une fin, ayant tous quelque chose à l'instar du royaume de Dieu, c'est un vrai sensuel ; mais ce vrai sensuel n'est insinué que chez l'homme céleste, 1434.

Vrai du bien. Différence entre le vrai du bien et le bien du vrai, 5733. Le vrai du bien appartient à l'église céleste, et le bien du vrai appartient à l'église spirituelle, 5733. Le vrai du bien chez l'homme céleste est le bien de l'amour à l'égard du prochain, 6295. Autre est le bien qui provient du vrai ou le bien du vrai, et autre est le bien d'où provient le vrai ou le vrai du bien ; l'un est l'inverse de l'autre, 3669. Dans le bien qui provient du vrai sont ceux qui sont régénérés, avant qu'ils aient été régénérés ; mais dans le bien d'où provient le vrai sont les mêmes, quand ils ont été régénérés, 3669. Ce que c'est que regarder par le bien vers le vrai, et regarder par le vrai vers le bien, ce qui est l'inverse, 8505, 8506, 8510. Il ne faut pas d'après le bien regarder vers le vrai ; *illustré*, 8516, 10184. Le bien du vrai est l'inverse du vrai du bien au commencement de la régénération, mais ils sont conjoints après que l'homme a été régénéré ; *illustré* par un exemple, 3688. Le vrai du bien est représenté par Ésaü, et le bien du vrai est représenté par Jacob, 3688. Autre est le vrai qui tend au bien pour être uni au bien, et autre est le vrai qui a été tellement uni au bien qu'il procède absolument du bien, 2063. Le vrai qui tend au bien tire encore quelque chose de l'humain, mais le vrai qui a été absolument uni au bien se dépouille de tout ce qui est humain, et se revêt du divin, 2063. Le vrai qui procède du bien est le vrai qui fait que l'homme est église, 5816. Les vrais du bien sont ceux qui procèdent du bien, et que le bien, qui influe par l'homme interne dans l'homme externe a avec lui, 4385. Les vrais qui proviennent du bien ont été distingués des vrais dont provient le bien ; les vrais dont provient le bien sont ceux dont l'homme se pénètre avant la régénération, tandis que les vrais qui proviennent du bien sont ceux dont il se pénètre après la régénération, 4241. Ce que c'est que le vrai du bien de l'innocence, 7877.

Vrai et bien. Le vrai sans le bien n'a pas la vie, et le bien sans le vrai n'a pas la qualité ; *illust.* 9154. Voir à l'article Bien, le § *Bien et Vrai*.

Vrai conjoint au bien. Le vrai est conjoint au bien, quand l'homme perçoit du plaisir en faisant du bien au prochain à cause du vrai et du bien, et non à cause de soi et du monde, 5340. Voir à l'article Bien, le § *Conjonction du bien et du vrai*.

Bien du vrai. Voir à l'article Bien, le § *Bien du vrai*.

Vrais. Les vrais sont les formes du bien ; *illust.*, 4574. Les vrais sont les vases du bien, parce qu'ils en sont les récipients, 1469, 2063, 2261, 2269, 3318, 3368. Les vrais sont les perceptions des variations de la forme selon les changements de l'état, 3318. Les vrais chez l'homme sont des apparences imbibées d'illusions et même de faux, mais néanmoins le Seigneur se conjoint avec l'homme dans ces choses impures, et il y forme la conscience, 2053. Il n'y a pas de vrais purs chez l'homme, ni même chez l'ange, les vrais purs sont chez le Seigneur seul, 3207 ; mais les apparences du vrai chez l'ange, et chez l'homme qui est dans le bien, sont reçues par le Seigneur comme des vrais, 3207. Ce que c'est que les apparences du vrai ; *exemples*, 3207. Les vrais ne sont point les connaissances, mais ils sont dans les connaissances, 3391.

Les vrais sont introduits dans le naturel par des charmes convenables, 3502, 3512. Les plaisirs des affections s'attachent aux vrais pour être vivants, et sont excités par les anges selon les affections, 7967. Le Seigneur adapte les choses qui sont chez l'homme, afin qu'elles servent de vases pour les célestes et qu'elles apparaissent comme des vrais, 1832. Les scientifiques ne sont point des vrais, mais ils sont les vases du vrai, 1469. Les vrais qui ne sont pas d'après le Seigneur sont d'après le propre ; ils sont des vrais quand ils sont dans la forme externe, mais non dans la forme interne, 3868. Il n'y a point de parallélisme entre le Seigneur et l'homme quant aux vrais ou quant aux spirituels, mais il y en a quant aux biens ou quant aux célestes, 1832. S'il y a correspondance, les vrais sont formés ; s'il n'y a pas correspondance, les faux sont formés au lieu des vrais, 2128, 3138. On ne doit pas croire les vrais en un moment ; il est décrit quels sont les vrais qu'on croit en un moment, 7298. Les vrais de l'homme naturel sont les sensuels, les scientifiques et les doctrinaux, ils se succèdent ainsi, 3309, 3310, *f*. Les doctrinaux sont fondés sur les vrais scientifiques, et ceux-ci sur les sensuels ; sans les sensuels et sans les scientifiques, on ne peut pas avoir quelque idée des doctrinaux, 3310, *f*. Les premiers vrais sont des apparences du vrai, ensuite les apparences sont dépouillées, et ils deviennent en essence des vrais ; *exemples*, 3131. Les mêmes vrais sont davantage des vrais chez l'un, chez un autre ils le sont moins, et chez un autre ils sont des faux, parce qu'ils ont été falsifiés, 2439. Les vrais aussi sont des vrais selon la correspondance entre l'homme naturel et l'homme spirituel, 3128, 3138. Les vrais diffèrent selon les diverses idées et les diverses perceptions qu'on en a, 3470, 3804, 6917. L'homme peut difficilement distinguer entre le vrai et le bien, parce qu'il peut difficilement distinguer entre penser et vouloir, 9995. Les vrais doivent être insinués dans les scientifiques ; *illustré*, 6004, 6023, 6071, 6077. Si les vrais ne sont pas insinués dans les scientifiques, la conjonction de l'homme interne avec l'homme externe ne peut pas se faire, 6052.

Tous les vrais regardent l'amour et la charité comme leur principe et leur fin, et ils y sont implantés, 4353. Les vrais ne peuvent être

acceptés et conjoints au bien, que chez ceux qui sont dans le bien de la charité et de l'amour; *illustré*, 4368. Les vrais sont reçus par l'homme selon sa compréhension, 3385. Si les vrais ne sont pas reçus, le bien ne peut pas influer pour devenir bien rationnel ou humain, et par conséquent vie spirituelle, parce que les vrais sont les vases récipients du bien, 3387. Comment le bien est adjoint aux vrais dans le naturel, quand l'homme est régénéré, 3336. Les vrais sont conjoints aux biens, quand ils sont appris à cause de l'usage de la vie, 3824. Les vrais ne sont conjoints à l'homme, si ce n'est qu'autant qu'il est dans le bien, c'est-à-dire qu'autant qu'ils deviennent choses de sa vie ; et les savoir et les reconnaître, cela ne fait pas qu'ils lui aient été conjoints, 3834, 3843. Les vrais doivent être insinués dans le bien pour qu'il soit le bien, et ils sont insinués par l'affection; *illustré*, 4301. Les vrais sont reproduits quand est excitée l'affection du bien avec laquelle sont entrés les vrais, et réciproquement, 4305. Les vrais font la qualité du bien, parce les vrais deviennent des biens, quand ils deviennent choses de la vie, 6917. Quels doivent être les vrais, pour qu'ils puissent devenir des biens ? *décrit*, 8725. Les vrais sont multipliés seulement d'après le bien, 5345 ; sur cette multiplication, 5355. Les vrais sont appliqués sous le bien par le bien, 5709. Quand les vrais sont conjoints au bien, la progression se fait des plus communs vers les particuliers et vers les singuliers, 4345. Les vrais cherchent leur vie dans les scientifiques, et le bien cherche la sienne dans les vrais,
6077. Les vrais conduisent au bien; *illustré*, 6044.

Quand l'homme est régénéré, le Seigneur insinue le bien dans les vrais, ainsi les vrais sont les vases récipients du bien, 2063. Les vrais et les biens chez le régénéré sont disposés dans la forme céleste ; au milieu sont les meilleurs, et ainsi successivement, 6028. Les vrais ont été disposés en ordre dans les biens quand ils sont selon leur ordre dans les cieux, 4302. Les vrais chez l'homme ont été disposés et mis en ordre dans des séries, 5530 ; ceux qui conviennent le plus aux amours sont dans le milieu, ceux qui ne conviennent pas autant sont sur les côtés, et enfin ceux qui ne conviennent nullement ont été rejetés vers les périphéries, 5530 ; hors de cette série sont les vrais qui sont opposés aux amours ; *illustré*, 5530. Les vrais chez l'homme ont été disposés en séries selon l'ordination des sociétés angéliques dans les cieux, 10303. Les vrais se reconnaissent mutuellement, et cela vient des sociétés angéliques dans lesquelles on s'aime et on se connaît mutuellement, 9079.

Tous les vrais ont de l'affinité entre eux, 2863. Tous les vrais doivent être sous une affection commune ; s'ils sont sous diverses affections, ils périssent, 9094. Les vrais et les biens chez l'homme sont comme des générations ou comme des familles, et ils se tiennent ainsi, 9079. Autant les célestes dominent, autant sont multipliés les vrais ; et autant les mondains dominent, autant sont diminués les vrais, 4099. Les vrais chez ceux qui sont dans le mal sont falsifiés, parce qu'ils sont conduits vers les maux, et les faux chez ceux qui sont dans le bien sont rendus vrais, parce qu'ils sont conduits vers les biens, 8149. Les vrais exterminent les faux, et les faux exterminent les vrais, 5207 ; et les vrais et les faux ne peuvent subsister ensemble, 5217. Les vrais apparaissent désagréables, quand est interceptée la communication avec le bien, 8352. Il est permis à chacun de croire les vrais selon qu'il les saisit ; si cela n'était pas, il n'y aurait point de réception, parce qu'il n'y aurait aucune reconnaissance, 3385, f. Les vrais, dans l'autre vie, ont avec eux la puissance, 4802. Les vrais brillent dans l'autre vie ; il en est traité, 5219.

Il y a d'innombrables genres de biens et de vrais ; *illustré*, 3519. Il y a des vrais et des biens qui regardent en haut chez l'homme, et il y en a qui regardent en bas, 7601, 7604, 7607. Des vrais externes et des vrais internes ; ceux qui sont seulement dans les vrais externes sont faibles, ils vacillent et changent ; mais ceux qui sont en même temps dans les vrais internes sont fermes ; *illustré*, 3820. Les vrais intérieurs ne sont pas reçus par l'homme, parce qu'ils ne tombent point dans ses idées, mais les vrais extérieurs sont reçus, et ceux-là le sont par ceux-ci ; *illustré*, 3857. Les vrais intérieurs sont les conclusions tirées des vrais extérieurs, 4748. Les vrais intérieurs sont ceux qui ont été implantés dans la vie, et non ceux qui sont seulement dans la mémoire, 10199. Dans l'autre vie, les vrais et les biens sont ôtés aux méchants et donnés aux bons ; *montré*, 7770. Celui qui est dans les vrais est en sûreté, même dans l'enfer, 6769.

Vrais de la foi. Tous les vrais de la foi découlent de la charité, et sont dans la charité, 1928. Les vrais de la foi ne peuvent être reçus que par ceux qui sont dans le bien, 2343, 2349, 3324. Nul ne peut savoir, par une reconnaissance intérieure, ce que c'est que le vrai de la foi, à moins qu'il ne sache ce que c'est que le bien, et à moins qu'il ne soit dans le bien, 7178. Le vrai de la foi ne produit rien sans le bien de l'amour, de même que la lumière ne produit rien sans la chaleur, 3146. Le vrai de la foi est la lumière céleste, 3888. Le saint du culte est en proportion de la qualité et de la quantité du vrai de la foi implanté dans la charité, 2190, 3324. Le vrai de la foi tire son origine du vrai de la paix, 8456. Les vrais de la foi hors de l'homme, de l'esprit et de l'ange, ne sont point des vrais de la foi, car ils n'ont été appliqués à aucun sujet dans lequel ils le deviennent ; mais quand ils sont appliqués à l'homme, à l'esprit ou à l'ange, comme sujet, ils deviennent des vrais de la foi, avec différence cependant selon les états de la vie de chacun, 5951 ; chez ceux qui commencent à les apprendre, ce sont seulement des scientifiques ; plus tard, si ceux-là les vénèrent saintement, ils deviennent des vrais de l'église ; mais quand ils en sont affectés et y conforment leur vie, ils deviennent des vrais spirituels, 5951. Les vrais de la foi ne sont rien sans les affections ; *illustré*, 3849. Quand le vrai de la foi est reproduit, l'affection de ce vrai est aussi reproduite, et *vice versâ*, 5893. Par les vrais de la foi l'homme ne peut pas être sauvé, mais il l'est par les biens qui sont dans les vrais, 2261.

L'homme est régénéré au moyen des vrais de la foi, 2189. Dans les tentations, les combats se font par les vrais de la foi qui sont tirés de la Parole, 8962. L'homme doit combattre par ces vrais contre les maux et les faux ; autrement, il n'obtient pas la victoire, 8962. Les vrais de la foi sont confirmés par les tentations, 8966, 8967. De quelques-uns qui perçoivent les vrais de la foi et vivent mal ; dans l'autre vie, ils abusent des vrais de la foi pour dominer ; il est décrit quels ils sont, 4802. A ceux qui sont dans l'affirmatif sur les vrais de la foi il est permis de les confirmer intellectuellement par les scientifiques, mais non à ceux qui sont dans le négatif, parce que l'affirmatif qui précède attire tous les scientifiques dans son parti, et que le négatif qui précède les attire tous dans le sien, 2568, 2588, 3913, 4760, 6047. Entrer par les vrais de la foi dans les scientifiques est selon l'ordre, mais entrer par les scientifiques dans les vrais de la foi est contre l'ordre, 10236. Ceux qui raisonnent d'après les scientifiques contre les vrais de la foi, raisonnent avec rigueur, parce que c'est d'après les illusions des sens qui captivent et persuadent, car elles ne peuvent être dissipées que difficilement, 5700. Ceux qui ne comprennent rien du vrai, et aussi ceux qui sont dans le mal, peuvent raisonner sur les vrais et les biens de la foi, et n'être cependant dans aucune illustration, 4214. La vue de l'œil gauche correspond aux vrais de la foi, et la vue de l'œil droit aux biens de la foi, 4410. Sur la correspondance de la vue de l'œil et de la lumière avec les vrais de la foi, 4523 à 4524 ; spécialement,

4526. Dans la Parole, les vrais de la foi sont comparés à des vêtements, 1073. Les vrais qui appartiennent à la foi sont signifiés, dans la Parole, par des lumières, 3222 ; et le vrai de la foi est appelé lumière, 7625.

Des vrais sans le bien. Les vrais sans le bien ne sont pas en eux-mêmes des vrais, parce qu'ils n'ont point la vie, car toute la vie des vrais vient du bien, 3603 ; ainsi ces vrais sont comme un corps sans âme, 8530, 9154. Les connaissances du vrai et du bien qui sont dans la mémoire de l'homme, et non dans sa vie, sont crues par lui être des vrais, 5276. Les vrais ne sont pas appropriés à l'homme, et ne deviennent pas sa chose, quand seulement il les sait et les reconnaît d'après des causes qui procèdent de l'amour de soi et du monde, 3402, 3834 ; mais ceux qu'il reconnaît à cause du vrai même et du bien même sont appropriés, 3849. Les vrais sans le bien ne sont pas acceptés par le Seigneur, 4368, et ne sauvent point, 2261. Ce qui en est du vrai par rapport au bien, et quel est le vrai sans le bien ; d'après plusieurs comparaisons, 8530. Quelle est l'idée du vrai sans le bien, et quelle est sa lumière dans l'autre vie, 2425. Ceux qui sont dans les vrais sans le bien ne sont point de l'église, 3963 ; ils ne peuvent être régénérés, 10367. Établir le vrai l'essentiel de l'église renferme en soi plusieurs erreurs, dont il est traité, 4925. Le Seigneur n'influe dans les vrais que par le bien, 10367. Quel est le vrai sans le bien, et quel il est d'après le bien, 1949, 1950, 1964, 5951. Dans le monde spirituel il apparaît dur, 6359,

7058; et aigu, 2799. Le vrai sans le bien est comme la lumière de l'hiver, dans laquelle toutes les choses de la terre sont engourdies et rien n'est produit, mais le vrai d'après le bien est comme la lumière du printemps et de l'été, dans laquelle toutes choses fleurissent et sont produites, 2231, 3146, 3412, 3413.

Des vrais par lesquels vient le bien. Ce que l'homme aime ou veut, il l'appelle bien, et ce que l'homme par suite pense et confirme par divers arguments, il l'appelle vrai, 4070. C'est de là que le vrai devient le bien, quand il devient chose de l'amour ou de la volonté, c'est-à-dire, quand l'homme l'aime ou le veut, 5526, 7835, 10367; et comme l'amour ou la volonté est la vie même de l'homme, le vrai ne vit pas chez l'homme quand seulement l'homme le sait et le pense, mais il vit quand il l'aime et le veut, et que d'après l'amour et la volonté il le fait, 5595, 9282. Les vrais par suite reçoivent la vie, ainsi d'après le bien, 2434, 3111, 3607, 6077. Par conséquent les vrais ont la vie d'après le bien, et il n'y a pour les vrais aucune vie sans le bien, 1589, 1947, 1997, 3579, 4070, 4096, 4097, 4736, 4757, 4884, 5147, 5928, 9154, 9667, 9841, 10729; *illustré*, 9154. Quand les vrais doivent être dits avoir reçu la vie, 1928. L'homme est conduit au bien par les vrais, et non sans les vrais, 10124, 10367. Si l'homme n'apprend pas ou ne reçoit pas les vrais, le bien ne peut influer, 3387. Le bien ne reconnaît pour vrai rien autre chose que ce qui concorde avec l'affection qui appartient à l'amour, 3161.

Des vrais d'après le bien. Différence qu'il y a entre le vrai qui conduit au bien et le vrai qui procède du bien, 2063. Le vrai, quand il procède du bien, fait un avec le bien, au point que tous deux ensemble sont un seul bien, 4301, 7835, 10252, 10266. Le bien du vrai est le vrai par la volonté et par l'acte, 4337, 4353, 4390. L'homme qui est dans les vrais d'après le bien est en actualité élevé de la lumière du monde dans la lumière du ciel, ainsi de l'obscurité dans la clarté; et *vice versâ*, il est dans la lumière du monde et dans l'obscurité, tant qu'il sait les vrais et n'est pas dans le bien, 3190, 3192. L'homme, qui est dans les vrais d'après le bien, vient dans l'intelligence et la sagesse angéliques, et elles sont cachées dans ses intérieurs tant qu'il vit dans le monde, mais elles sont mises à découvert dans l'autre vie, 2494. L'homme, qui est dans les vrais d'après le bien, devient ange après la mort, 8747. Il en est des vrais d'après le bien comme des générations, 9079, ils sont disposés en séries, 5339, 5343, 5530, 7408, 10303. L'ordination des vrais d'après le bien comparée avec les fibres et les vaisseaux sanguins dans le corps, et par suite avec leurs textures et leurs formes, selon les usages de la vie, 3470, 3570, 3579, 9154. Les vrais d'après le bien forment comme une ville, et cela, d'après l'influx du ciel, 3584; dans le milieu sont les vrais qui appartiennent à l'amour principal, et les autres en sont éloignés selon les degrés de disconvenance, 3993, 4551, 4552, 5530, 6028. Les vrais, quand ils procèdent du bien, sont mis en ordre selon la forme du ciel, 4302, 5704, 5339, 5343, 6028, 10303; et cela, selon l'ordre dans lequel sont les sociétés angéliques, 10303. Les vrais d'après le bien, étant conjoints, présentent l'image de l'homme, 8370.

Par les vrais il y a la foi, 4352, 4997, 7178, 10367. Par les vrais il y a la charité à l'égard du prochain, 4368, 7623, 7624, 8034. Par les vrais il y a l'amour envers le Seigneur, 10143, 10153, 10310, 10578, 10645. Par les vrais il y a la conscience, 1077, 3053, 9113. Par les vrais il y a l'innocence, 3183, 3494, 6013. Par les vrais il y a la purification des maux, 2799, 5954, 7044, 7918, 9088, 10229, 10237. Par les vrais il y a la régénération, 1555, 1904, 2046, 2189, 9088, 9959, 10028. Par les vrais il y a l'intelligence et la sagesse, 3182, 3190, 3387, 10064. Par les vrais il y a la beauté pour les anges, et par conséquent pour les hommes quant aux intérieurs qui appartiennent à leur esprit, 553, 3080, 4985, 5199. Par les vrais il y a la puissance contre les maux et les faux, 3091, 4015, 10481. Par les vrais il y a l'ordre tel qu'il est dans les cieux, 3316, 3417, 3570, 5704, 5339, 5343, 6028, 10303. Par les vrais il y a l'église, 1798, 1799, 3963, 4468, 4672. Par les vrais il y a le ciel pour l'homme, 1900, 9832, 9931, 10303. Par les vrais l'homme devient homme, 3175, 3387, 8370, 10298. Mais cependant toutes ces choses par les vrais d'après le bien, et non par les vrais sans le bien, 2434, 4070, 4736, 5147.

De la falsification du vrai. Le vrai est dit falsifié, quand il est appliqué au mal par des confirmations, 8602 ; ce qui se fait principalement par les illusions et par les apparences dans les externes, 7344, 8602. Il est permis aux méchants de falsifier les vrais ; pourquoi ? 7332. Les vrais sont falsifiés par les méchants, par cela qu'ils sont appliqués et par conséquent dirigés vers le mal, 8094, 8149. Il est permis aux infernaux d'attaquer les vrais mais non les biens, et cela, parce que ce sont les vrais qui peuvent être assaillis, mais non les biens, 6677. La falsification du vrai se fait de trois manières : 1° Si l'homme est dans le mal de la vie, et reconnaît les vrais de la doctrine ; 2° si l'homme est d'abord dans les vrais quant à la doctrine, et qu'ensuite il s'attache aux faux d'une autre doctrine ; 3° si l'homme, qui est dans le mal quant à la vie et dans les faux quant à la doctrine, saisit les vrais d'une autre doctrine, 10648. Toutes ces falsifications sont appelées dans la Parole scortations et prostitutions, et cela, parce que par le mariage il est entendu la conjonction légitime, qui est celle du bien et du vrai, 10648. Le vrai falsifié d'après le mal est contre le vrai et le bien, 8062. Le vrai falsifié d'après le mal sent excessivement mauvais dans l'autre vie, 7319. Le vrai falsifié est le faux non conjoint mais adjoint au vrai, et dominant sur le vrai, 7319. Le vrai est falsifié, quand d'après des raisonnements on conclut et l'on dit que, comme personne ne peut faire le bien par soi-même, le vrai ne fait rien pour le salut, 7318. Le vrai est encore falsifié, quand on dit que tout bien que l'homme fait le concerne lui-même et est fait pour une rémunération, et que, cela étant ainsi, on ne doit point faire les œuvres de la charité, 7318. Le vrai est falsifié, quand on dit que, tout bien venant du Seigneur, l'homme ne doit rien faire du bien, mais attendre l'influx, 7318. Le vrai est falsifié, quand on dit qu'il peut y avoir chez l'homme le vrai sans le bien qui appartient à la charité, ainsi la foi sans la charité, 7318. Le vrai est falsifié, quand on dit qu'il ne peut entrer dans le ciel que celui qui est misérable et pauvre ; et aussi quand on dit qu'il n'y peut entrer que celui qui donne tout ce qu'il a aux pauvres et se réduit à la misère, 7318. Le vrai est falsifié, quand on dit que chacun, quelle qu'ait été sa vie, peut être admis dans le ciel par miséricorde, 7318. Le vrai est encore plus falsifié, quand on dit qu'il a été donné à l'homme le pouvoir d'introduire qui il lui plaît dans le ciel, 7318. Le vrai est falsifié, quand on dit que les péchés sont effacés et lavés comme des saletés le sont par les eaux; et le vrai est encore plus falsifié, quand on dit qu'un homme a le pouvoir de remettre les péchés, et que, lorsqu'ils ont été remis, ils sont entièrement effacés, et que l'homme est pur, 7318. Le vrai est falsifié, quand on dit que le Seigneur a fait retomber sur lui-même tous les péchés, et les a ainsi portés, et qu'ainsi l'homme peut être sauvé, quelle qu'ait été sa vie, 7318. Le vrai est falsifié, quand on dit qu'aucun homme n'est sauvé, à moins qu'il ne soit au dedans de l'église, 7318. Il y a d'innombrables falsifications du vrai, semblables à celles-là, car il n'y a pas un seul vrai qui ne puisse être falsifié, et pas une seule falsification qui ne puisse être confirmée par des raisonnements d'après des illusions, 7318.

Les vrais non réels, et aussi les faux, peuvent être consociés avec les vrais réels, mais les faux dans lesquels est le bien, et non les faux dans lesquels est le mal, 3470, 3471, 4551, 4552, 7344, 8149, 9298. Les faux dans lesquels est le bien sont reçus par le Seigneur comme vrais, 4736, 8149. Celui qui dans sa première jeunesse croit les vrais, et plus tard ne les croit pas, profane légèrement ; mais celui qui plus tard confirme chez lui les vrais, et ensuite les nie, profane grièvement, 6959, 6963, 6971. Ceux-là aussi profanent, qui croient les vrais et vivent mal, et aussi ceux qui ne croient pas les vrais et vivent saintement. 8882.

Obs. Il est dit *vrais* au pluriel, quoique le mot *vrai* pris substantivement n'ait pas de pluriel ; mais l'auteur employant les deux expressions *vera* et *veritates*, la première a été traduite par *les vrais*, et la seconde par *les vérités*. Il faut distinguer entre les vrais et les vérités comme entre l'antérieur et le postérieur ; l'antérieur est plus universel que le postérieur, R. C. 21.

VUE, *Visus. Voir* ŒIL. La vue externe vient d'une vue interne, 994. S'il n'y avait pas une lumière intérieure, qui appartient à la vie, à laquelle lumière correspondît une lumière extérieure qui appartient au soleil, la vue n'existerait nullement, 3628. La vue corporelle ne peut exister sans l'organe visuel ou l'œil, comment donc pourrait exister la vue interne ou la pensée, si elle n'avait pas une substance organique d'où elle pût tirer l'existence ? 444. Le sens de la vue correspond à l'affection de comprendre et de devenir sage, 4404. La vue de l'homme externe, qui est la vue de l'œil, correspond à la vue de l'homme interne, qui est l'entendement, 4420. La vue de l'œil correspond aussi aux vrais de la foi, 4405, 4526. La vue de l'entendement est appelée vue intellectuelle,

4409. Si la vue de l'esprit ou la vue intérieure n'influait pas continuellement dans la vue externe ou de l'œil, jamais la vue de l'œil ne pourrait ni saisir ni discerner aucun objet, 1954. C'est la vue intérieure qui par l'œil saisit les objets que l'œil voit, et ce n'est jamais l'œil, quoique cela semble ainsi, 1954. Ce n'est pas l'œil de l'homme qui voit, mais c'est l'esprit de l'homme qui voit par l'œil, 1954. La vue intérieure, qui appartient à la pensée, est celle qui voit dans la vue extérieure et par cette vue, 10712. Telle est la pensée de l'homme, telle est sa vue, 10712. Les premières idées, qui sont tirées des objets de la vue, sont matérielles, ainsi qu'elles sont même appelées, mais il y a encore une vue intérieure qui les considère, et qui conséquemment pense, 1953. La vue de l'homme interne n'est autre chose que l'entendement, 3863. La vue spirituelle n'est autre chose que la perception du vrai, c'est-à-dire la perception de ce qui appartient à la foi, 5400. La vue de l'homme interne est dans la lumière du ciel, et c'est pour cela que l'homme peut penser analytiquement et rationnellement, 1532. La vue de l'homme interne n'attire des scientifiques et des connaissances de l'homme externe que ce qui appartient à son amour, 9394. Le bien influe chez l'homme par le chemin interne ou de l'âme, mais les vrais par le chemin externe ou de l'ouïe et de la vue, 1378, 3030, 3093. La vue pénètre vers le *sensorium* interne, qui est dans le cerveau, par un chemin plus court et plus intérieur que celui du langage perçu par l'oreille, 4407. La vue de l'homme dépend de son intellectuel ; *illustré*, 4407. Le sensuel de la vue, chez l'homme a la vie par l'intellectuel, parce que l'intellectuel voit par la lumière du ciel, 5114. La vue oculaire correspond à la vue intellectuelle, 4409. Les vaisseaux organiques de l'homme externe, qui doivent être des récipients, ne s'ouvrent qu'au moyen des sens, et surtout des sens de l'ouïe et de la vue, 1563. Si la vue de l'œil n'a pas hors d'elle des objets qu'elle voie, elle périt, 4618. Combien est émoussée la vue ! cela résulte évidemment des objets vus par le microscope, 6614, 9577. Correspondance de la vue de l'œil avec l'entendement et avec les vrais, 4403 à 4421. De la vue par l'intérieur, 9128.

Dans l'autre vie, la vue intérieure ou la pensée conjoint ; *illustré*, 5975. Quand la vue intérieure est ouverte, les choses qui sont dans l'autre vie apparaissent, 1619. La vue de l'esprit de l'homme est ouverte par l'éloignement de la vue du corps, 10758. Pénétration de la vue ; quels sont les esprits qui, dans le très-grand homme, ont relation avec elle, 9969. Les esprits, quant à leurs parties organiques, ne sont point où ils apparaissent ; *illustré* d'après l'ouïe et la vue, 1378. — *Voir* SENS ; ŒIL.

VULGAIRE, *Vulgus*. Le vulgaire est séduit par les illusions des sens, 5084, 6948, 7693.

X

XIPHOÏDE. Les habitants de la lune, dans le très-grand homme, représentent le cartilage scutiforme ou xiphoïde, auquel par devant sont attachées les côtes, et d'où descend la bandelette blanche, qui est le soutien des muscles de l'abdomen, 9236.

XYLINUM (étoffe de coton). Dans le pectoral d'Aharon le xylinum représentait des choses qui appartiennent à l'amour, 114.

Y

YEUX. *Voir* ŒIL. Par les yeux, dans la Parole, lorsqu'il s'agit des hommes qui reçoivent les divins du Seigneur, il est signifié la foi, et aussi l'entendement qui reçoit, 10569. Lever les yeux et voir, *sign.* comprendre, percevoir et considérer, 2789, 2829, 3198, 3202, 4083, 4086, 4339, 5684. Avoir des yeux et ne point voir, c'est ne vouloir ni comprendre ni croire, 2701. Les affections naturelles de l'homme se peignent d'une manière représentative sur la face ; mais les affections intérieures qui appartiennent à la pensée se manifestent dans les yeux par une certaine flamme de vie, et de là par une vibration de lumière qui brille selon l'affection dans laquelle est la pensée, 4407. Poser la main sur les yeux d'un homme, quand il meurt, *sign.* que le sensuel externe ou du corps sera fermé, et que le sensuel interne sera ouvert, qu'ainsi l'élévation se fera, et que par conséquent il sera vivifié, 6008. Comment il faut entendre qu'on doit toujours avoir Dieu devant les yeux, 5949. Quand dans la Parole il est dit : « Aux yeux de Jéhovah, » il est signifié qu'il y a présence divine du Seigneur dans les vrais et les biens de la foi et de l'amour chez les hommes dans les terres et chez les anges dans les cieux, 10569. Les yeux de l'homme ont été formés pour saisir les terrestres et les corporels, par conséquent les matériels ; aussi sont-ils si grossiers, qu'ils ne peuvent pas même saisir par la vue les intérieurs de la nature, 9577. Dans le très-grand homme, vers les yeux apparaissent les esprits qui sont intelligents et sages, 4403,

Z

ZAPHÉNATH-PAËNÉACH, surnom donné à Joseph par Pharaon, signifie, dans sa langue originale, celui qui révèle les choses secrètes et qui découvre les choses futures ; dans le sens céleste, il signifie le divin dans les choses que représente Joseph, 5331.

ZÉBAOTH. *Voir* SÉBAOTH. Le Seigneur, dans la Parole, est appelé Jéhovah Zébaoth ou des armées, parce qu'il combat pour l'homme contre les enfers, 3448, 7988. Le Seigneur est appelé Jéhovah Zébaoth ou des armées, quand il s'agit de la puissance divine du bien ou de la toute-puissance, 2921.

ZÉBOÏM. *Voir* SÉBOÏM.

ZÉBULON, qui tire son nom de cohabiter, signifie dans le sens suprême le divin même du Seigneur et son divin humain, dans le sens interne le mariage céleste, et dans le sens externe l'amour conjugal, 3960, 3961. Zébulon signifie aussi ceux qui dans l'église concluent sur les vrais spirituels d'après les scientifiques, et les confirment ainsi chez eux, 6383, 9755.

ZÈLE, *Zelus.* Le zèle est un feu qui éclate d'après l'affection du bien, 9143. Dans la forme externe, le zèle se montre semblable à la colère, mais dans la forme interne il est absolument différent, 4164. Le zèle diffère de la colère, en ce que dans le zèle il y a le bien, tandis que dans la colère il y a le mal, 4164, 4444, 8598. Ceux qui sont dans le zèle combattent, non par quelque inimitié ou hostilité, mais bien plutôt d'après la charité, 8598. Lorsque le zèle combat, il repousse seulement ceux qui sont dans le faux et dans le mal, afin qu'ils ne blessent point ceux qui sont dans le bien et dans le vrai, 8598. Le zèle, d'après la charité qui est en lui, veut même du bien à ceux qui sont dans le mal et dans le faux, et leur en fait aussi en tant qu'ils ne nuisent point aux bons, 8598. Le zèle a en soi le bien, et la colère le mal, 8598. Chez les anges il n'y a pas de colère, mais à la place de la colère il y a le zèle, 4164. Le zèle du Seigneur est l'amour et la miséricorde; mais, tel qu'il apparaît à ceux qui sont dans les maux et dans les faux, c'est la colère et la vastation, 8875. Dans les tentations chez l'homme, les biens avec les vrais sont dans le milieu, entourés de maux et de faux, mais selon le zèle de l'affection ils sont élevés en haut, ainsi au ciel vers le Seigneur, 5356. Des prédicateurs, qui manquent de foi, peuvent néanmoins dans certains états prêcher avec zèle, prouver et persuader, 896, 4799 ; ce zèle est produit par les feux des amours de soi et du lucre, qui les enflamment et les excitent, 3413, 3414 ; quel est leur sort dans l'autre vie, 4314, 10309.

ZÉMARIENS (les) *sign.* un genre de faussetés et de cupidités qui sont adorées, 1205.

ZÉRACH, fils de Réuel, fils d'Ésaü, — Gen. XXXVI. 13, 17, — *sign.* un état des dérivations d'après le mariage du bien et du vrai, 4646, 4647.

ZÉRACH, fils de Thamar ; ce que c'est, 4930. Comme fils de Jehudah, il signifie l'amour céleste et ses doctrinaux, 6024. Par Pérès et par son frère Zérach a été représentée la contestation sur la priorité et sur la supériorité à l'égard du bien et du vrai, 3325.

ZÉRUBABEL, qui devait fonder la maison de Dieu et la terminer, représente le Seigneur, en ce qu'il devait venir et restaurer le ciel spirituel et l'église, 9548.

ZICHRI, fils de Jishar, fils de Kéath, *sign.* une dérivation successive provenant de la seconde classe des dérivations du bien et du vrai signifiées par Jishar, 7230.

ZIDON, (ville). *Voir* SIDON.

ZIIM. Le peuple des Ziim, ou Siim, — Ps. LXXIV. 14, — *sign.* ceux qui sont dans les faux, ou les faux eux-mêmes, 9755.

ZILLAH, *Voir* ADAH ET ZILLAH.

ZILPAH, servante de Léah. Elle signifie les affections externes, ou les liens externes, qui sont des moyens propres à servir, 3835, 3931, 4344. C'est l'affection subséquente servant de moyen à l'affection du vrai extérieur, 4609.

ZIMRAN, fils d'Abraham et de Kéturah, représente une des portions communes ou lots du royaume spirituel du Seigneur dans les cieux et dans les terres, 3238, 3239.

ZION. *Voir* SION.

ZIPHION, fils de Gad. Les fils de Gad *sign.* le bien de la foi, et par suite les œuvres et leurs doctrinaux, 6024.

ZIPPORAH, épouse de Moïse, *sign.* la qualité de l'église représentative,

6393, 7044. Elle représente le bien divin, 8647. Ce que signifie la circoncision du fils de Moïse par Zipporah, 6941, 7044, 7045.

Zoan. Dans Ésaïe,—XIX. 11, 13, —les princes de Zoan et les princes de Noph sont les vrais falsifiés dans le dernier de l'ordre, 5044 ; là aussi, les princes de Zoan et les sages conseillers de Pharaon *sign.* les scientifiques principaux, 1482.

Zoar. (Ville.) C'est l'affection du bien, 1589. C'est aussi l'affection du vrai, 2439, 2459.

Zochar, fils de Schiméon. *Voir* Sochar.

Zorpa. La femme de Sidon en Zorpa, — I Rois, XVII. 12 à 16, — représente l'église qui est dans les connaissances du vrai et du bien, et Élie, le prophète, représente le Seigneur quant à la Parole ; explication du miracle opéré par Élie, 9995. *Voir* Sarepta.

ERRATA

TOME PREMIER

Page, 256, col. 2, ligne 39, 4248, lisez : 4648.
— 515, — 2, — 7, *le divin vrai*, lisez : *le vrai divin.*

TOME SECOND

Page 326, col. 2, ligne 38, *I Rois, XVI,* lisez : *I Rois, XVII.*

Dans le Tome Troisième nous donnerons, ainsi qu'il a été dit dans la Préface du Tome Premier :

Un *Index* des passages de la Parole contenus dans les *Arcanes Célestes* ;

Plusieurs *Tableaux*, en ordre alphabétique, qui pourront être d'un grand secours pour des travaux ultérieurs ;

Un Exposé de la Science des Correspondances, avec une sorte de Grammaire ;

La Théorie des Degrés ; celle des Nombres, etc., etc.

www.ingramcontent.com/pod-product-compliance
Lightning Source LLC
Chambersburg PA
CBHW051124230426
43670CB00007B/666